DENTRO DA FLORESTA

Coleção Jornalismo Literário — Coordenação de Matinas Suzuki Jr.

A sangue frio, Truman Capote
Berlim, Joseph Roth
Chico Mendes: Crime e castigo, Zuenir Ventura
Dentro da floresta, David Remnick
Fama e anonimato, Gay Talese
A feijoada que derrubou o governo, Joel Silveira
Filme, Lillian Ross
Hiroshima, John Hersey
O imperador, Ryszard Kapuściński
A milésima segunda noite da avenida Paulista, Joel Silveira
Na pior em Paris e Londres, George Orwell
Radical Chique e o Novo Jornalismo, Tom Wolfe
O segredo de Joe Gould, Joseph Mitchell
O super-homem vai ao supermercado, Norman Mailer
A vida como performance, Kenneth Tynan

DAVID REMNICK

Dentro da floresta

Perfis e outros escritos da revista The New Yorker

Tradução
Alvaro Hattnher
Celso Nogueira
Ivo Korytowski

Posfácio
João Moreira Salles

Jornalismo Literário
Companhia Das Letras

Copyright © 2006 by David Remnick
Publicado originalmente pela Alfred A. Knopf, Nova York

Título original
Reporting — Writings from *The New Yorker* (partes I e III: tradução de Alvaro Hattnher; parte II: tradução de Celso Nogueira; partes IV e V: tradução de Ivo Korytowski)

Capa
João Baptista da Costa Aguiar

Créditos das imagens das pp. 6-7:
© Steve Northup/ Time Life/ Getty Images (Katharine Graham); © AFP/ Getty Images (Vladimir Putin); © Nancy Crampton (Philip Roth); © Micha Bar Am/ Magnum Photos (Amós Oz); © Rodolfo del Percio/ AFP/ Getty Images (Mike Tyson)

Edição de texto
Claudia Abeling

Preparação
Cacilda Guerra

Revisão
Otacílio Nunes
Marise S. Leal

Dados Internacionais de Catalogação na Publicação (CIP)
(Câmara Brasileira do Livro, SP, Brasil)

Remnick, David
   Dentro da floresta : perfis e outros escritos da revista
The New Yorker / David Remnick ; tradução Alvaro Hattnher,
Celso Nogueira, Ivo Korytowski ; posfácio João Moreira
Salles. — São Paulo : Companhia das Letras, 2006.

   Título original: Reporting : writings from The New
Yorker
   ISBN 85-359-0919-2

   1. Jornalismo e literatura 2. The New Yorker (Revista)
3. Repórteres e reportagens I. Salles, João Moreira. II. Título.

06-6827   CDD-070.4

Índice para catálogo sistemático:
1. Jornalismo literário   070.4

[2006]
Todos os direitos desta edição reservados à
EDITORA SCHWARCZ LTDA.
Rua Bandeira Paulista, 702, cj. 32
04532-002 — São Paulo — SP
Telefone (11) 3707-3500
Fax (11) 3707-3501
www.companhiadasletras.com.br

Para Natasha, Noah, Alex e Esther

Katharine Graham, *publisher* do *Washington Post*, com o secretário de redação Howard Simmons, em 1973.

O presidente Vladimir Putin na cerimônia de posse, no Kremlin, em Moscou, 2000.

Philip Roth na sacada de seu apartamento de Nova York, 1998.

O escritor israelense Amós Oz em Arad, Israel, 1992.

Mike Tyson e o empresário Don King no México, em 1988.

Sumário

Prefácio 11

PARTE I

A campanha do ostracismo: Al Gore.. 17
Sra. Graham 54
A campanha do masoquismo: Tony Blair 79
Maré alta 113

PARTE II

Em campo aberto: Philip Roth 135
Não mais, ainda não: Don DeLillo 162
Saída do castelo: Václav Havel 178
O exílio: Soljenitsyn em Vermont... 194

PARTE III

Dentro da floresta: Soljenitsyn em Moscou 237
O último czar 256
As guerras da tradução.. 279
Blues pós-imperiais: Vladimir Putin 304

PARTE IV

Sobrevivência: Natan Sharansky 335

O outsider: Benjamin Netanyahu 362

Raiva e razão: Sari Nusseibeh e a OLP 389

O nível do espírito: Amós Oz 407

Após Arafat 435

O jogo da democracia: o Hamas chega ao poder na Palestina 469

PARTE V

Kid Dynamite explode: Mike Tyson 495

Treinador: Teddy Atlas 523

Retorno: Larry Holmes 545

O moralista: Lennox Lewis 547

O aperto de Tyson 561

Agradecimentos 565

Posfácio 567

Ouvido, instinto e paciência — João Moreira Salles

Prefácio

Meu primeiro trabalho fixo como repórter foi à noite, acompanhando a ronda em Washington e escrevendo sátiras anônimas sobre a desgraça dos outros. Em outras palavras, um começo típico. Em minha primeira noite — o turno começava às seis e terminava às duas ou três da manhã —, fui de carro até a central da polícia de D. C. na Indiana Avenue para dar uma olhada na "sala de imprensa". Entre visões que rodopiavam interminavelmente na minha cabeça — fumaça de charuto, jogos de pôquer, estalidos de máquinas de escrever e alguns repórteres no estilo de William Powell fazendo observações cheias de sabedoria sobre "a editoria" —, encontrei a porta certa, abri-a e acendi a luz. Os tubos fluorescentes piscaram com um ruído e começaram a funcionar. Havia algumas escrivaninhas de metal cinzentas empurradas para um dos cantos, e, em uma delas, um homem grandalhão ainda de chapéu dormia profundamente, a respiração pesada e ruidosa sob uma capa de chuva verde-ervilha. Por fim, incomodado pela luz, ele se pôs de pé, apertou os olhos na minha direção e em seguida remexeu o interior de um saco de compras. Tirou duas latas e colocou-as nos bolsos.

"Oi", disse ele, avançando com destreza pelo linóleo. "Eu sou o cara do *The Washington Times* do turno da noite. Você deve ser o mais novo repórter do *Post*." Enfiou a mão no paletó e tirou uma Schlitz. "Quer cerveja?"

Foi assim que comecei meu período a serviço de Katharine Graham, Benjamin C. Bradlee e da Washington Post Company. No final das contas, eu tinha muita sorte e sabia disso. Morava em um pequeno apartamento em Adams-Morgan e trabalhava para um jornal que ainda desfrutava do glamour residual de suas proezas relacionadas com o caso Watergate. Meu amigável concorrente do *Times* estava a serviço do reverendo Sun Myung Moon e morava em seu carro — um clássico furgão funerário Cadillac —, onde passava suas horas de lazer lendo processos policiais. O meu trabalho, que a princípio eu executava com grande entusiasmo, era realizar um ciclo de telefonemas de hora em hora para as diversas delegacias municipais, quartéis do corpo de bombeiros e prontos-socorros situados na área de circulação do *Post* e perguntar se tinha havido "crimes, incêndios ou acidentes sobre os quais eu devesse saber". E com freqüência havia. Na época, Washington era mal administrada, racialmente dividida e estava no meio da epidemia de crack que assolava o país. A cidade era uma eterna concorrente na lista das capitais do país com maior taxa de homicídios e alguns dos bairros residenciais também não ficavam atrás. Caso acontecesse alguma confusão, eu tinha ordens ou de passar na cena do crime para obter detalhes, ou, se fosse muito tarde, de obtê-los por telefone. Invariavelmente, o editor noturno, depois de ser informado sobre os terríveis fatos, diria: "Dois parágrafos. Ponha 'Assassinato' como título". Seu tom de voz era mordaz, mas experiente, autoconsciente; o pós-modernismo estava avançando até na editoria de cidades. A forma literária que corporificava essa instrução era tão precisa quanto uma vilanela. De maneira geral, era: "Um homem da região noroeste, de 25 anos, foi morto a tiros ontem à noite na altura do número 1300 da Florida Avenue. Fontes da polícia disseram acreditar em envolvimento com drogas". Se houvesse espaço para dar alguma cor local ao drama, as ruas eram descritas como "entulhadas de lixo e infestadas pelas drogas" ou como "pacatas e bem arborizadas".

No *Post* eu era o oposto de um especialista. Os furos a que todo mundo aspirava estavam na pasta de assuntos nacionais: na Casa Branca, no Departamento de Estado, no Pentágono, no Congresso. Na maior parte do tempo, eu estava nas margens. Para a seção de esportes, cobri um time de futebol iniciante chamado Federals (que hoje não existe mais), e, porque ninguém mais dava bola, o mundo praticamente morto do boxe. Para Estilo, a seção com as principais atrações, meus assuntos variaram do funeral de um rei cigano (cujos arranjos florais foram tingidos e montados nos formatos de um maço de

Marlboro, de uma Glock e de um violão) até o desaparecimento, e provável assassinato, de Shergar, o cavalo de corrida irlandês. Nesse extenso aprendizado, escrevi para quase todos os cadernos do jornal, menos para Assuntos Nacionais, e, quando por fim me apresentei como voluntário para a sucursal em Moscou, fui mandando para lá entendendo muito bem que não apareceram outros voluntários (faz frio na Rússia e a comida é indigesta) e que eu era o segundo na hierarquia em uma sucursal de duas pessoas.

Seja lá o que eu tenha aprendido naquela época, não posso fingir ter desenvolvido instintos infalíveis — nem mesmo instintos especialmente aguçados. No verão de 1991, minha mulher, que trabalhava no *The New York Times*, e eu estávamos fazendo as malas para sair de nosso apartamento na Kutuzovsky Prospekt. Nosso período em Moscou havia terminado. Na verdade, a atmosfera política naquele verão estava superaquecida: havia movimentos de libertação surgindo desde os Estados bálticos até a Ásia Central. O Partido Comunista estava rachando. Dentro da KGB reinava uma sensação de perigo típica dos animais encurralados. Havia até rumores sobre um golpe de Estado, a derrubada de Mikhail Gorbachev. Certa tarde, como uma espécie de presente de despedida, Aleksandr Yakovlev, que tinha sido o assessor em quem Gorbachev mais confiava, e também o mais liberal, concedeu-me uma entrevista e anunciou que também ele esperava um golpe de Estado. Era praticamente inevitável, disse ele. No entanto, não parecia haver motivos para reagir de maneira excessivamente emocional. Os rumores do apocalipse em Moscou eram uma constante — quem os levasse a sério ficaria maluco —, e, alguns dias depois que o *Post* publicou minha reportagem sobre a entrevista com Yakovlev, nós nos despedimos. Saímos de Moscou. E isso foi um erro. Doze horas mais tarde, já em Nova York, com a televisão ligada na CNN, minha mulher e eu vimos uma coluna de tanques passar ruidosamente pelo prédio em que tínhamos morado. O golpe começara. Na manhã seguinte peguei um avião de volta para o Aeroporto Sheremetyevo e em seguida, um tanto encabulado, consegui transporte até as barricadas, onde os manifestantes contrários ao golpe já se sentiam confiantes o suficiente para enfiar cravos vermelhos de cabos compridos nos canos das metralhadoras do Exército. A KGB havia perdido o poder de intimidar e a confiança para disparar — pelo menos naquele momento. Dois dias depois o golpe havia acabado; por volta do Natal, a União Soviética também.

Fugir da cena do crime é um delito jornalístico que pode ser perdoado com o tempo somente se você lembrar que até a pessoa mais observadora pode ver apenas sinais de um grande acontecimento no momento de sua ocorrência. Pense em George Orwell, o herói de todos os repórteres. Na condição de soldado na Guerra Civil Espanhola — um soldado que foi à guerra como idealista político e escritor —, Orwell nem sempre pôde discernir as formas do conflito, as políticas faccionárias em Barcelona e Madri, o movimento das tropas, o envolvimento das potências estrangeiras. Sobretudo quando se encontrava em uma trincheira. Era um lugar escuro e desconfortável, e ele não enxergava muita coisa além, ignorante de quase tudo o que se passava fora do buraco onde estava vivendo. Ele podia registrar as impressões da *sua* guerra, o frio, a chuva, a imundície, a falta de combustível, a sensação de levar um tiro, de como era apontar um rifle para outro ser humano e disparar. A análise política, os julgamentos bastante ponderados poderiam ser registrados mais tarde.

Os textos aqui reunidos — todos escritos para a *The New Yorker*, onde trabalho desde 1992 — procuram ver as pessoas de perto, mesmo que por um breve momento no tempo: Alexander Soljenitsyn enquanto fazia as malas para voltar à Rússia, Václav Havel enquanto se preparava para encerrar sua carreira mágica como presidente e deixar o Castelo de Praga. Alguns de meus autores favoritos de Perfis, inclusive os dois grandes Joes da revista, Liebling e Mitchell, com freqüência escreveram sobre pessoas que eram claramente desconhecidas e não tinham restrições de tempo. Os resultados desse trabalho, o material humano, emocional, quase sempre era tão profundo quanto a melhor ficção. As pessoas que são a minha matéria aqui tendem a ser mais evasivas. São figuras na arena pública, indivíduos que estão no meio de uma crise, saindo dela ou antevendo-a no horizonte. Com algumas exceções, são pessoas obcecadas com a alteração da história da era em que vivem ou com seu registro. O tempo de que dispunham geralmente era limitado e às vezes cedido de má vontade. Tinham reputações a proteger, agendas públicas e particulares a considerar, às vezes até uma máquina de relações públicas para manter os repórteres na baia. A esperança, assim como a presunção, é de que, cedo ou tarde, mesmo as figuras públicas abaixem a guarda, sejam elas mesmas, cruzem a linha. De maneira geral, elas fazem o que podem para garantir que isso não aconteça.

PARTE I

A campanha do ostracismo: Al Gore

"Ei, Dwayne!... Dwayne!"

"Sim, senhor vice-presidente?"

"Poderia me trazer mais um pouco de café?"

"Sim, senhor vice-presidente. Já estou indo..."

"Obrigado, Dwayne."

Eram dez da manhã em Nashville, um dia de semana tranqüilo; a maioria dos vizinhos tinha saído para trabalhar, e Albert Gore Jr. estava sentado à cabeceira da mesa da sala de jantar, tomando o café-da-manhã. O prato estava cheio, com ovos mexidos, bacon, torrada. A caneca enorme tinha sido rapidamente reabastecida por Dwayne Kemp, seu cozinheiro, homem habilidoso e educado que fora contratado pelos Gore quando, como seu patrão sempre diz, "nós ainda trabalhávamos na Casa Branca". De banho tomado e barba feita, Gore estava usando uma camisa azul-escura e calça de lã cinza. Nos meses que se seguiram à perda da batalha pelos votos eleitorais da Flórida e depois de reconhecer a vitória de George W. Bush, no dia 13 de dezembro de 2000, Gore pareceu relaxar, saindo de cena e viajando pela Espanha, Itália e Grécia durante seis semanas com sua esposa, Tipper. Usava óculos escuros e um boné de beisebol enterrado na cabeça. Deixou crescer uma barba de montanhês e ganhou peso. Quando começou a aparecer em público novamente, quase sempre em salas de aula, passou a se apresentar dizendo: "Oi, meu nome é Al Gore. Eu costumava ser o próximo presidente dos Estados Unidos". As pessoas olhavam para aquele homem corpulento e hirsuto — um político que havia não muito tempo recebera 50 999 897 votos como candidato à presidência, mais do que qualquer democrata na história, mais do que qualquer candidato na história, com exceção de Ronald Reagan em 1984, e mais de meio milhão de votos a mais do que o homem que assumiu o cargo — e não sabiam muito bem o que sentir ou como se comportar, e acabavam cooperando com as esmeradas manifestações de autodepreciação dele. Elas riam de suas piadas, como se para ajudá-lo a apagar aquilo que todos entendiam ser uma decepção de proporções históricas — "o desgosto de toda uma vida", como disse Karenna, a mais velha de seus quatro filhos.

"É como se costuma dizer", Gore explicava a uma platéia atrás da outra. "A gente ganha umas, perde outras — e tem aquela terceira categoria menos conhecida."

Desde essa época Gore já perdeu a barba, mas não o peso. Ele ainda está acima do peso. Come com rapidez e entrega-se ao ato por inteiro, com total satisfação, exatamente como um homem que não tem mais de se importar se vai parecer gordo no programa *Larry King Live*. "Quer uns ovos mexidos?", perguntou ele. "Dwayne é o máximo."

Essa era a primeira temporada eleitoral em que Al Gore não disputava um cargo público. Ele concorreu à presidência em 1988, com 39 anos; à vice-presidência, junto a Bill Clinton, em 1992 e 1996; e depois novamente à presidência em 2000. Depois de decidir que uma nova disputa contra Bush traria muito conflito (ou talvez fosse muito difícil), Gore esforçou-se para não lamentar aquilo que não fez. Em vez disso, passou a usar palavras como "liberado" e "livre" com uma convicção inabalável para descrever sua condição interior. Ele estava livre do fardo, livre da pressão, livre dos olhos das câmeras. Em sua casa em Nashville, o telefone tocava poucas vezes. Não havia ninguém da equipe, nem assessores à sua volta. Ele podia dizer o que quisesse e isso causava pouca repercussão na mídia. Quando tinha vontade de chamar George Bush de "covarde moral", quando tinha vontade de comparar Guantánamo e Abu Ghraib a ilhas em um "gulag americano", ou os agentes de mídia do presidente a "fascistas digitais", ele simplesmente o fazia. Sem preocupações, sem hesitação. É verdade que, ao meio-dia no Belcourt Theatre, ele iria discursar para um grupo chamado Music Row Democrats, mas as únicas câmeras que estariam por lá seriam de estações locais. De maneira brincalhona, ele resumiu o discurso na folha de um pequeno bloco de anotações com apenas duas palavras: "guerra" e "economia".

Depois que Al e Tipper Gore recuperaram-se do choque inicial da eleição de 2000, eles gastaram 2,3 milhões de dólares na casa em que moram agora: uma construção em estilo colonial de cem anos de idade no Lynwood Boulevard, na área de Belle Meade, em Nashville. Eles ainda possuem uma propriedade em Arlington, Virgínia — uma casa que foi construída pelo avô de Tipper —, e uma fazenda de gado de 36 hectares na sede da família Gore em Carthage, Tennessee. Mas Arlington ficava perigosamente perto de Washington, e Carthage era longe demais para se fixar residência, especialmente para Tipper. Belle Meade, que se parece com Buckhead, em Atlanta, ou com Mountain Brook, em Birmingham, é um próspero reduto para executivos e estrelas da música country. Abrange uma área de grandes gramados em declive, e casas com magnólias e entradas de carro amplas na frente e anexos envidraçados e piscinas nos fundos. Chet Atkins foi um dos vizinhos; Leon Russell ainda é. Algumas das características da casa, que o casal ampliou com a ajuda de um arquiteto, são nitidamente ao estilo Gore: a bateria de Tipper na sala de visitas (completa, com congas); fotografias de Al sorrindo e apertando as mãos dos Clinton e de líderes mundiais em todas as paredes. Há menos livros e mais televisores do que se poderia esperar. Quando o arquiteto estava projetando o anexo na parte de trás do imóvel, Gore pediu-lhe que curvasse as paredes para dentro em dois lugares para evitar o corte de várias árvores. "As árvores não tinham nada de especial, não eram raras nem nada", disse ele. "Eu apenas não suportava a idéia de ter de cortá-las." No terreno nos fundos da casa, ao redor do pátio e da enorme piscina, onde Al e Tipper se exercitam, Gore também instalou um sistema contra insetos que borrifa uma fina névoa de crisântemos rasteiros a partir de lugares diferentes, como o tronco de uma árvore ou uma das paredes do pátio. "Os mosquitos odeiam", comentou. Outras atrações da casa são menos ambientalmente corretas. Um Cadillac preto 2004, que Gore dirige, estava estacionado na entrada para carros. Um Mustang 65 — presente de Dia dos Namorados que Al deu para Tipper — estava na garagem.

Gore terminou de comer os ovos. Andou até um pátio coberto na lateral da casa e acomodou-se em uma cadeira macia. Dwayne trouxe-lhe a caneca de café e a encheu novamente.

Não se pode dizer que Gore tenha sido um recluso desde que decidiu, no final de 2002, que não iria se candidatar novamente. No ano passado, ele fez uma série de discursos em Nova York e Washington criticando severamente a administração Bush, mas respondeu a poucas perguntas. "É melhor assim, por uns tempos", disse. Fez palestras pelo mundo todo e foi pago por elas. E tem dado cursos, especialmente sobre a intersecção entre a comunidade e a família americana, na Middle Tennessee State University, em Murfreesboro, e na Fisk University, em Nashville.

"Já temos umas quarenta horas de palestras e aulas em fita", disse Gore, inexpressivo. "Agora é sua oportunidade de assistir a elas."

Gore está começando a ganhar dinheiro para valer. É membro do conselho administrativo da Apple e assessor sênior da Google, que acabou de abrir seu capital. Também tem trabalhado na criação de uma estação de televisão a cabo e no desenvolvimento de uma empresa financeira.

"Estou me divertindo muito", observou.

Em um sistema parlamentar, um candidato a primeiro-ministro, depois de perder uma eleição, com freqüência retorna a uma posição proeminente no parlamento. Não é assim que as coisas funcionam nos Estados Unidos. Aqui, a pessoa tem de se arranjar sozinha: faz palestras, escreve memórias, acumula fortuna, encontra uma boa causa para defender. Às vezes pode aparecer algum repórter, mas não é algo freqüente. De qualquer forma, Donna Brazile, gerente de campanha de Gore em 2000, disse: "Quando tudo acabou, o Partido Democrata chutou-o para um canto", preferindo esquecer não só a catástrofe que aconteceu na Flórida, mas também os lances errados de Gore — sua personalidade instável nos três debates com Bush; sua confiança em consultores políticos; sua inabilidade para explorar a duradoura popularidade de Bill Clinton e seu fracasso em conquistar o Arkansas de Clinton, sem falar no Tennessee; sua decisão de não pressionar imediatamente para que se fizesse uma recontagem em nível estadual na Flórida. Agora, aonde quer que vá, Gore enfrenta multidões que perderam toda e qualquer esperança na administração Bush e que vêem nele tudo o que poderia ter sido, todo um "o que aconteceria se". *O desgosto de toda uma vida.* Às vezes as pessoas se aproximam e dirigem-se a ele como "senhor presidente". Algumas tentam animá-lo e lhe dizem: "Nós sabemos que foi o senhor quem realmente ganhou". Algumas balançam a cabeça, assumindo um ar de profunda solidariedade, como se ele tivesse acabado de perder um membro da família. Ele tem de enfrentar não apenas os seus próprios desapontamentos; será para sempre o espelho dos desapontamentos dos outros. Um homem inferior teria feito algo muito pior do que apenas deixar a barba crescer e ganhar alguns quilos.

Mais do que Franklin Roosevelt, ou mesmo John F. Kennedy, Gore foi criado para ser presidente. Seu pai, Albert Gore Sr., senador conhecido por ter a aparência nobre de um estadista romano, esperava isso dele. Quando a mãe de Gore estava grávida, o pai disse aos editores do *The Tennessean*, de Nashville, que, se a esposa desse à luz um menino, ele não ia querer ver a reportagem escondida no meio do jornal. Depois que Al nasceu, a manchete foi: BEM, SR. GORE, AQUI ESTÁ ELE, NA PÁGINA 1. Seis anos depois, o senador plantou uma história no *The Knoxville News-Sentinel* sobre como o menino Al havia convencido o pai a dar-lhe um jogo de arco-e-flecha mais caro do que aquele que planejavam comprar. "É possível que haja outro Gore a caminho do pináculo político", dizia a matéria. "Agora ele só tem seis anos de idade. Mas, com suas experiências até agora, nunca se sabe o que pode acontecer." Na época em que Gore entrou em Harvard (a única escola a que se candidatou), ele já falava à sua classe sobre sua ambição suprema. Sua primeira candidatura, em 1988, depois de ter passado poucos anos no Senado, foi menos um ato de arrogância juvenil do que uma tentativa apressada de chegar à Casa Branca enquanto o pai ainda era vivo.

Gore tem 56 anos. Depois que a corrida eleitoral de 2000 finalmente se resolveu, algumas pessoas a seu redor o consolaram dizendo-lhe para "lembrar Richard Nixon", lembrar como Nixon perdeu a eleição presidencial em 1960, perdeu o governo da Califórnia em 1962 — informando à imprensa que ela não o teria mais para "chutá-lo por aí" — e em seguida voltou para conquistar a Casa Branca em 1968. Por algum motivo, quando essa opinião é mencionada para Gore atualmente, ela não consola nem encoraja. Se John Kerry vencer em novembro, isso provavelmente significaria o fim da carreira de Gore na política nacional. Se Kerry perder, ainda assim haveria outras figuras fortes em perspectiva para 2008, como John Edwards e Hillary Clinton.

"Basicamente, a resposta é: eu não espero ser candidato de novo", disse Gore. "Realmente não espero. A segunda parte da resposta é que eu ainda não descartei essa possibilidade por completo. E o terceiro qualificador é que não estou afirmando a segunda parte como uma forma de sinalizar acanhamento. É apenas para completar uma resposta honesta à pergunta e de maneira alguma muda a parte principal da resposta. Que é: eu realmente não espero voltar a ser candidato. Se tivesse alguma expectativa de ser candidato de novo, eu provavelmente não me sentiria tão livre quanto me sinto para falar o que quero nas palestras. E eu gosto disso. É uma sensação" — e aí vem a palavra novamente — "é uma sensação libertadora para mim." Uma candidatura ao Senado ou algum cargo em um ministério, ele disse, também estavam fora de questão.

Gore, junto com uma parcela do país que não é pequena, está convencido de que se as coisas tivessem sido diferentes na Flórida em 2000, se os conservadores da Suprema Corte não tivessem superado numericamente os liberais por um único voto, os Estados Unidos não estariam na situação em que se encontram: as primeiras páginas não estariam descrevendo o caos no Iraque, déficits orçamentários recordes, o retrocesso de inúmeras iniciativas ambientais, uma diminuição das liberdades civis, uma redução das pesquisas com células-tronco, uma erosão do prestígio americano no exterior. Gore não admite nenhum tipo de amargura, mas ela está clara em quase todos os discursos e palestras que faz. E, embora o sentimento possa ser parcialmente pessoal — quem poderia culpá-lo? —, ele atinge um nível mais profundo, é mais um sentimento público do que uma decepção em relação às próprias ambições, ou às de seu pai.

"Esse é um sujeito que trabalhou a vida toda para alcançar a única coisa que queria — ser o presidente dos Estados Unidos —, e ela estava lá, ao alcance dele", disse Tony Coelho, diretor da campanha de Gore em 2000. "Ele achou que Clinton o prejudicou, mas mesmo assim se matou de trabalhar e resolveu a situação. Ele teve a maioria dos votos, meio milhão a mais, mas aí a Suprema Corte se meteu e já era. É difícil para qualquer um de nós entender o significado disso ou como ele se sente. A verdade é que Gore é um cara de políticas, e não um cara político, e para ele sentir que estava quase conseguindo o principal cargo para o estabelecimento de políticas, um cargo por meio do qual ele poderia influenciar as políticas e o mundo como ninguém mais, e então nada acontece — bom, imagine o que isso significa!"

* * *

Dali a pouco, um novo amigo de Gore, um músico extravagante e artista visual chamado Robert Ellis Orrall, ia passar por lá para levar o casal ao Belcourt.

"Você vai gostar de Bob", disse Gore sorrindo. "Mas já vou lhe avisando: ele só faz o que quer. É um cara meio doido."

Gore disse a última frase em um tom que passei a chamar de sua voz de Senhor Pateta. Quando quer diminuir o impacto de alguma coisa que esteja dizendo, para indicar que sabe que está falando um clichê ou que está usando um tom pomposo ou uma voz mais firme, ele usa a voz do Senhor Pateta, retorcendo o rosto em uma expressão desajeitada e fingindo um tom mais adequado a um dinossauro de um programa de televisão. E tem também a voz do Herr Professor, que é Gore como palestrante. A princípio ele realmente não queria falar sobre política, mas quando surgiu o assunto da imprensa ele o agarrou e fez, na minha melhor estimativa, um discurso de vinte minutos sobre a degradação da "esfera pública", uma expressão cunhada pelo filósofo alemão Jürgen Habermas na década de 1960. (Pode-se tentar, sem sucesso, imaginar o atual presidente fazendo referências ao autor de *Consciência moral e agir comunicativo*.) "Ele é um cara mu-uuito interessante", disse Gore. "Por que só agora eu vim a conhecê-lo?"

É fácil perceber que Gore, na falta de um cargo público, gosta de ensinar. Em sua resposta ininterrupta, ele mencionou o centro de ressonância magnética na New York University; *The alphabet versus the goddess*, de Leonard Shlain; *Broca's brain*, de Carl Sagan; um texto na terceira página do *Times* sobre o declínio da leitura nos Estados Unidos, escrito por Andrew Solomon; a falta de pesquisas sobre a relação entre o cérebro e a televisão — "Não existe *nada* sobre o nível de dendritos relacionado ao hábito de assistir à televisão"; Gutenberg e o surgimento da imprensa; o domínio soberano da razão no iluminismo; individualismo — "um termo usado pela primeira vez por Tocqueville para descrever os Estados Unidos na década de 1830"; Thomas Paine; Benjamin Franklin. "O. k., agora vamos acelerar, passando pelo telégrafo e o fonógrafo." O. k., mas nós *não* aceleramos: primeiro, houve Samuel Morse, que, enquanto pintava um retrato, não conseguiu receber a notícia de que sua mulher estava morrendo — "Sabe, ele estava pintando na Casa Branca, se não me engano" — e, assim, foi inventar um meio mais rápido de comunicação. "Agora vamos avançar a fita de novo até Marconi... essa é uma história interessante"; o naufrágio do *Titanic*; David Sarnoff; a origem agrícola do termo "*broadcast*";* seguindo até os "dezenove centros visuais do cérebro"; um artigo sobre "fluxo" na *Scientific American*; o "reflexo orientado" em vertebrados; a pungência e o "fracasso fundamental" das passeatas políticas como meio de engajar a já mencionada esfera pública — "Quer dizer, o que você realmente tem ali? Um bando de pessoas segurando cartazes com cinco palavras neles, esperando, no máximo, que uma câmera de TV as focalize por alguns segundos?" —; e, finalmente, a dissertação de mestrado do próprio Gore em 1969 em Harvard, sobre o efeito da televisão na presidência e a ascensão, àquela época, da imagem em detrimento da palavra impressa como meio de transmissão de notícias. Todo esse percurso para falar sobre a estação de televisão a cabo que ele está desenvolvendo.

"Que tipo de estação vai ser?", perguntei.

"Bom, na verdade não posso falar a respeito. Ainda não."

Mas o assunto sobre o qual Gore faz questão de falar, e sobre o qual tem falado abertamente e em uma linguagem chocante em comparação com sua cautela formal de sempre, diz respeito aos fracassos do homem que venceu em 2000.

"O senhor pode falar o que quiser", propus.

"Eu não tenho papas na língua", disse ele.

Alguns minutos depois, Robert Ellis Orrall chegou. Um homem cativante, de quase cinqüenta anos, com cabelo cortado rente e brinco na orelha. Orrall tem um forte senso de atuação artística, a ponto de parecer estar constantemente atuando. Ele começou a contar piadas desde o momento em que chegou, e Gore pareceu relaxar completamente em sua presença.

Tipper Gore, de suéter de algodão e calça rosa-shocking, veio até o pátio para cumprimentar Orrall.

"Como *vai*, Bob?"

"Tudo bem, Tipper, mas estou um pouco nervoso. Me pediram para apresentar o Al nesse negócio, então escrevi um pequeno discurso..."

---

* O termo *broadcast*, que se usa para transmissão ou retransmissão em televisão e rádio, designava a prática de lançar (*to cast*) sementes em todas as direções (*broad*), em oposição ao plantio em fileiras organizadas. (N. T.)

Uma leve brisa de ansiedade passou pelas feições de Gore. Orrall dava todos os sinais de ser imprevisível em um palco. Uma coisa era fazer palhaçadas ali no pátio, outra, bem diferente, era apresentar o ex-vice-presidente na frente de uma centena de partidários.

"Espero que você... é... tenha escrito o que vai falar, Bob", disse Gore.

"Está bem aqui", respondeu Orrall, dando um tapinha no bolso.

Nós quatro andamos até a entrada de carros e entramos no de Orrall, um apertado Volkswagen Golf. O ex-vice-presidente abriu a porta da frente, curvou-se cuidadosamente e inseriu-se no estreito espaço disponível, como se entrasse na abertura de uma caixa postal. Lá dentro, mudou a posição das pernas, moveu-as para cima e para a direita, formando com elas o que parecia ser uma letra especialmente complicada do alfabeto cirílico. Em seguida fechou a porta lentamente. Não houve grandes danos. Tipper entrou no banco de trás.

Orrall manobrou o carro e rumou para o teatro. Não havia sirenes, nem carros batedores, só o fluxo normal do tráfego.

Gore sorriu e disse: "Bob, você poderia fingir que é do serviço secreto, mas teria que usar um fone de ouvido em vez do brinco".

"Vou fazer o possível", disse Bob.

"Por favor, faça isso", disse o Senhor Pateta.

Orrall desempenha muitos papéis, e um deles é o de "Bob Qualquer Coisa", o principal compositor e cantor de uma banda cômica chamada Monkey Bowl, que poderia ser descrita como um cruzamento entre os Fugs e Ali G.

Enquanto dirigia, Orrall tirou de algum lugar um CD da Monkey Bowl chamado *Plastic three-fifty*, que continha canções como "Stupid man things", "Hip hop the bunny" e "Books suck". A segunda canção do disco chamava-se, simplesmente, "Al Gore".

Pouco depois de terem se conhecido, por meio de um amigo em comum, Orrall tocou uma primeira versão da música para Gore. Gore gostou tanto da canção que acrescentou-lhe um toque pessoal.

"Vamos ouvi-la", disse Orrall, botando o disco no aparelho. Depois de uma contagiante série de acordes de violão e base rítmica, Orrall começou a cantar:

Al Gore lives on my street,
Three-twenty-something, Lynwood Boulevard.
And, he doesn't know me

but I voted for him. Yeah, I punched the card!
I don't know how he lives with knowing,
That even though he won the popular vote
He still lives on my street, right down the street
From me.

Todos no carro começaram a rir, talvez Gore mais do que os outros, e Tipper batia a mão no joelho no mesmo ritmo da bateria:

One time, I had a bike
And I was a kid, and someone stole it from me
And still I'm mad about that,
Carrying anger, I just can't let it be.
I need to be more forgiving, I know it,
'Cause even with the popular vote,
Al Gore lives on my street, right down the street,
From me.

Depois de outra estrofe comparando comicamente as derrotas de infância e a autopiedade de Orrall com a histórica decepção de Gore e sua recuperação, o refrão assume seu ponto alto:

Life isn't fair, don't tell me, I know it
'Cause even with the popular vote,
Al Gore lives on my street, right down the street from me [repete]
*President Gore lives on my street, right down the street from me.**

---

* Al Gore mora na minha rua, / No número 32 e qualquer coisa do Lynwood Boulevard. / E ele não me conhece, / mas eu votei nele. É, eu marquei a cédula! / Eu não sei como ele vive, sabendo / que mesmo tendo conquistado o voto popular / Ele ainda mora na minha rua, bem no fim da rua onde eu moro. // Eu tinha uma bicicleta, / Era moleque, e alguém a roubou de mim / E eu ainda fico louco com isso / Carrego minha raiva, não consigo esquecer. / Preciso ser mais indulgente, eu sei, / Porque mesmo com o voto popular / Al Gore mora na minha rua, bem no fim da rua onde eu moro. // A vida não é justa, nem me diga, eu sei / Porque mesmo com o voto popular / Al Gore mora na minha rua, bem no fim da rua onde eu moro. / O presidente Gore mora na minha rua, bem no fim da rua onde eu moro. (N. T.)

Por fim, quando a canção estava aparentemente terminando, surgiu a voz do próprio Gore: "Ei, cara, gostei da sua música, mas você precisa superar essas coisas. Puxa, esta vizinhança é ótima!".

Todos aplaudiram, e Orrall seguiu em frente.

Depois de um tempo, começamos a conversar sobre *Fahrenheit 11 de setembro*, o documentário de Michael Moore, e as cenas iniciais, que mostram o que talvez seja a cena mais dolorosa da vida política de Gore — o dia em que ele teve que presidir uma sessão conjunta do Congresso em seu papel de presidente do Senado na ratificação dos votos do colégio eleitoral, um processo que foi repetidamente interrompido por diversos membros afro-americanos do Legislativo que tentaram, sem sucesso, tomar a palavra e opor-se ao procedimento. Gore, é claro, tinha de seguir as regras de ordem e mandá-los de volta para seus lugares, ao mesmo tempo que sabia que sua defesa do decoro e da lei seria vista como uma espécie de autoflagelo, uma defesa de um homem que ele desprezava, ou que viria a desprezar.

"Aquela cena é inacreditável", comentou Orrall.

Houve uma longa pausa, e então Gore disse: "Ainda não tivemos a oportunidade de ver o filme. Estávamos de férias quando foi lançado". Gore fez aquilo soar como se ele tivesse perdido uma oportunidade de ver *Madrugada muito louca*, mas Tipper disse: "Não sei se eu conseguiria assistir".

Gore observou que estivera no programa de rádio de Al Franken havia pouco tempo. "Eu telefonei de Nashville", contou. O convidado era Michael Moore. Franken seguiu sua rotina representando o terapeuta new age Stuart Smalley, e, com Gore e Moore na linha, disse: "E agora, Michael, tem alguma coisa que você gostaria de dizer ao vice-presidente?".

Em 2000, Moore e outros da esquerda apoiaram a candidatura alternativa de Ralph Nader, cuja plataforma era a idéia de que não havia diferença entre Gore e Bush. Sem Nader na disputa, Gore provavelmente teria conquistado a presidência, mesmo excluindo a Flórida.

"Nós lamentamos muito, Al", disse Moore.

Gore riu ao lembrar da história. "Depois de uma longa pausa, eu disse: 'Por que motivo, Michael?'. Então ele deu uma explicação complicada sobre como ele votava no estado de Nova York, que não estava na jogada, e sobre como Nader havia prometido não fazer campanha em nenhum dos *swing states*, os estados indecisos, e blá-blá-blá. Então eu disse: 'Isso me parece *te-rri-*

velmente complicado, Michael." (Mais tarde eu ouvi a conversa na internet. Franken observou que aquela não era na verdade "uma desculpa completa", e Moore fez questão de dizer a Gore: "Você está mais liberal do que era quatro anos atrás".) Mais tarde, Gore me contou: "Eu vi *Tiros em Columbine*. Eu realmente gosto do que ele está tentando fazer, mas, antes de ver o filme, eu nunca teria pensado que alguém pudesse despertar em mim alguma empatia por Charlton Heston. E no entanto ele conseguiu isso... Tenho certeza de que deve haver algo assim em *Fahrenheit 11 de setembro*".

Orral entrou na área de estacionamento do Belcourt Theatre. Alguém indicou-lhe uma vaga que havia sido reservada com um cone alaranjado de plástico.

"Ei!", disse Gore. "Ganhamos um cone alaranjado!"

Quando os Gore entraram por uma porta lateral, encontraram Bob Titley, um dos co-fundadores do grupo Music Row Democrats. Nashville é um centro da indústria da música, e a área que circunda a Sixteenth Avenue, onde todas as principais gravadoras e editoras musicais têm seus escritórios, é chamada de Music Row. Em sua maior parte, as atividades comerciais ligadas à música country estão nas mãos dos republicanos. Mas sempre houve exceções, como na ocasião em que uma das integrantes do grupo Dixie Chicks declarou, no ano passado, que tinha vergonha de ter Bush como presidente. Quando o grupo foi severamente censurado, diversos executivos e compositores em Nashville decidiram fundar o novo grupo.

"Há alguma razão para vocês não terem me convidado para uma das noites de 'Kerry-okê'?", Gore perguntou a Titley.

"Nós estávamos guardando o senhor para uma noite realmente importante", respondeu ele.

Orral subiu no palco, fez propaganda de uma apresentação que estava fazendo em um dos clubes locais, o Bluebird Café, e anunciou eficientemente o convidado. "Ele venceu no voto popular... e mora na mesma rua que eu!" Gore, que agora estava de paletó e gravata, apareceu para ser aplaudido de pé, sorrindo muito, acenando e fazendo o ritual de expressar gratidão e apontar com alegria amigos na multidão que é prática comum entre políticos. Ele vinha atacando a administração Bush com bastante freqüência ultimamente, e conhecia muito bem as peculiaridades de suas acusações.

Quando a multidão enfim se acalmou, ele agradeceu a algumas pessoas e disse: "Olá, meu nome é Al Gore, e eu costumava ser o próximo presidente dos Estados Unidos".

Todos gargalharam. O ar inexpressivo ensaiado do rosto se manteve. "Pessoalmente, não vejo muita graça nisso", disse.

Todos gargalharam novamente. "Coloquem-se no meu lugar. Eu voei de Air Force Two durante oito anos. Agora tenho que tirar os sapatos para entrar em um avião.

"Há não muito tempo, eu estava na Interestadual 40, indo daqui para Carthage. Eu mesmo estava dirigindo. Olhei no retrovisor. Não havia cortejo de veículos acompanhantes. Já ouviram falar na sensação de dor no membro fantasma dos amputados?" Perto da hora do jantar, na saída para a cidade de Lebanon, continuou ele, o casal Gore encontrou um Shoney's — "um restaurante familiar barato" —, a garçonete fez um estardalhaço quando viu Tipper, e em seguida foi conversar com outros fregueses e disse: "Ele já passou por tanta coisa, não?". Pouco tempo depois, prosseguiu Gore, ele voou para a Nigéria em um Gulfstream V para apresentar uma palestra sobre energia. Na palestra, ele contou a história sobre o que havia acontecido naquele jantar no Tennessee, explicando cuidadosamente o que era o Shoney's. Em sua viagem de volta da África, o avião parou para reabastecer nos Açores. Enquanto Gore aguardava, um homem apareceu correndo com uma mensagem urgente: "Senhor vice-presidente! O senhor tem que ligar para Washington!", e passou-lhe uma folha de papel.

"Eu me perguntei que problema poderia estar havendo em Washington", disse Gore. "E então eu percebi: havia *um monte* de problemas."

O que acontecera era que um repórter em Lagos havia confundido as coisas e escrito uma matéria dizendo que Gore havia "aberto um restaurante familiar barato chamado Shoney's".

Ora, continuou Gore, "mais tarde recebi uma carta de Bill Clinton que dizia: 'Parabéns pelo novo restaurante'. Pois é, nós gostamos de comemorar os sucessos um do outro".

Gore disfarçou sua indignação em relação às eleições de 2000 com uma mistura bastante clara de equilíbrio conformado e ironia *media-age* que, em nossas mentes, o mantém separado dos três homens na história dos Estados Unidos com quem ele partilha a mesma situação peculiar: Andrew Jackson, Grover Cleveland e Samuel Tilden.

Quando Jackson perdeu as eleições em 1824 para John Quincy Adams apesar de ter vencido no voto popular, nunca deixou de fazer acusações de fraude e de manifestar sua ira contra "as trapaças, a corrupção e o suborno" do sistema, isso sem falar na traição de Henry Clay, que passou os votos de seu colégio eleitoral para Adams em troca do cargo de secretário de Estado. Quatro anos mais tarde, Jackson concorreu novamente e venceu.

Cleveland, concorrendo à reeleição em 1888, perdeu a votação do colégio eleitoral para Benjamin Harrison, mas rapidamente garantiu a seus partidários que seria redimido. Cuidem bem da mobília da Casa Branca, teria dito sua esposa, Frances, aos funcionários — nós vamos voltar. Cleveland ganhou seu segundo mandato, e sua vingança, quatro anos depois.

Tilden foi diferente. Democrata de Nova York, Samuel Tilden foi um governador reformista que propôs um desafio magnânimo a Rutherford B. Hayes em 1876. Parecia ser o inquestionável vencedor do voto popular, mas quando chegaram resultados questionáveis de quatro estados, especialmente os da Flórida, o Congresso nomeou uma comissão eleitoral especial, que era controlada, em sua maior parte, pelo Partido Republicano. A comissão votou de acordo com a orientação partidária e deu a Hayes os votos em questão, e Tilden perdeu. Ele era visto como um homem inteligente, mas inábil e arredio. Foi criticado por ser fraco demais, por ter hesitado demais em contestar a comissão com a ferocidade necessária. Em vez de fazer pressão política sobre o caso, fugiu para a Europa e depois de algum tempo retirou-se para Graystone, sua propriedade em Yonkers. Diante da decisão de se candidatar ou não em 1880, escreveu uma carta recusando: "Não há nada que eu deseje mais do que uma exoneração honrada". Ele raramente saía de Graystone, e morreu em 1886. Na lápide do túmulo de Tilden foi gravado: "Eu ainda confio no povo".

Al Gore lidou com a derrota e, em última análise, com a decisão de ficar fora da corrida presidencial de 2004 de maneiras que fazem eco a Tilden. Depois da decisão da Suprema Corte, e depois que Gore decidiu não adotar uma estratégia de "terra arrasada" para solapar a legitimidade de Bush na imprensa e nos tribunais, ele fez um discurso de reconhecimento em 13 de dezembro de 2000 que será lembrado como uma demonstração quase perfeita de serenidade e intensidade, um discurso que exaltava o princípio de direito e parecia dedicar bastante espaço ao abrandamento da guerra pública e de sua própria fúria interna. Para escrever esse discurso, Gore baseou-se na amarga derrota de Al Gore Sr. em 1970, nas mãos de um oponente que usou a questão racial a seu favor. "Quanto à batalha que se encerra esta noite", disse ele, "acredito, como meu pai disse certa vez, que, não importa quão grande seja a perda, a derrota deve servir tanto quanto a vitória para moldar o espírito e deixar a honra transparecer."

O tom de Gore foi elegíaco, mas, como Tilden, ele ainda teve de enfrentar uma decisão, e ela foi tomada exclusivamente no seio da família Gore. Mesmo durante a campanha, ele esteve cercado sobretudo por profissionais pagos, e não por legalistas. E mais tarde seu círculo, por assim dizer, fraturou-se e cada um seguiu seu próprio caminho. Diferente de Clinton, que podia contar com um enorme contingente de amigos para aconselhá-lo, Gore não tinha o dom, ou a paciência, para demonstrar gratidão, para se manter em contato constante. Donna Brazile reclamou de nunca ter recebido sequer um "obrigado" pelos serviços que prestou em 2000, e muitos que haviam trabalhado para Gore ou dado quantias significativas para a campanha relataram experiências semelhantes. "Ele tratava as pessoas mal", disse Robert Bauer, um dos assistentes de Gore durante a batalha na Flórida. "Era frio, indiferente, arrogante, ingrato. Há algumas histórias famosas sobre como algumas pessoas foram tratadas com ingratidão por ele. Há uma natureza estranha em Gore... Ele é um homem isolado." Outros assistentes foram menos severos, dizendo que Gore era áspero e exigente, mas não insensível. Ainda assim, uma vez liberto dos mecanismos e das exigências de uma campanha política, ele realmente aproveitou seu tempo sozinho, pensando, lendo, escrevendo discursos e palestras, surfando pela internet. "Um aspecto do lado pessoal de Gore é que ele é um introvertido", disse outro ex-assistente. "A política foi uma péssima escolha de carreira para ele. Ele deveria ter sido professor universitário, ou cientista, ou engenheiro. Teria sido muito mais feliz. Ele acha extenuante ter que lidar com pessoas. Por isso tem problemas em manter o relacionamento com elas. A diferença clássica entre um extrovertido e um introvertido é que, se você manda um introvertido a uma recepção ou a um evento com outras cem pessoas, ele sairá de lá com menos energia do que quando entrou. Um extrovertido sai de um evento desses energizado, com mais energia do que tinha antes de entrar. Gore precisa de descanso depois de um evento. Clinton sairia revigorado, porque lidar com pessoas era natural para ele."

Gore concorreu à presidência à sombra de Clinton: à sombra dos talentos de Clinton e de seus erros — acima de tudo, o caso com Monica Lewinsky, o melhor presente que se poderia dar à oposição republicana. Após ficar claro que Clinton havia mentido para a esposa, para Gore, para todos, e que na verdade ele havia tido um caso, o relacionamento entre Clinton e Gore, que sempre fora mais formal do que o anunciado, se deteriorou e quase silenciou. A escolha de Gore para seu companheiro de chapa, Joe Lieberman, foi muito influenciada pelas acusações morais que este fez a Clinton.

"Não consegui convencer Gore a usar Clinton", disse Tony Coelho, o chefe da campanha. "Gore tinha plena convicção de que haveria pessoas que não o apoiariam caso ele o fizesse. Em grande medida, Clinton manifestara indiferença em relação a seus próprios erros. Por isso, para ele, infidelidade não era um problema tão importante. Para Al Gore significava alguma coisa. Al é um marido leal e dedicado a Tipper. Eles são como adolescentes apaixonados, e portanto aquele ato não poderia ser descartado. Para ele, foi real. Ele se ressentia do fato de Clinton nunca ter admitido publicamente o que aconteceu. Eles se encontravam — Clinton e Gore — porque nós marcávamos coisas para os dois. O ambiente ficava tenso, até hostil às vezes. Al é o tipo de sujeito que prefere bater de frente a fingir qualquer coisa, e ele tentou isso com Clinton. Clinton só dava risada e tocava em frente."

Pouco depois de 11 de setembro de 2001, Gore visitou Clinton em Chapaqua, estado de Nova York. O relacionamento ruim entre os dois agora parecia ter melhorado. Quase todos os partidários de Gore ainda acreditam que Clinton queria muito que seu vice-presidente o sucedesse, mas alguns desconfiam que ele não ficou totalmente insatisfeito pelo fato de a derrota ter deixado mais espaço no cenário político para Hillary em 2008. O relacionamento entre Gore e Hillary havia muito se complicara, e às vezes era frio.

No verão de 2001, Gore havia encerrado seu período de silêncio e lançado uma crítica pública à administração Bush por meio de um discurso na Flórida. No entanto, depois dos ataques terroristas, declarou que Bush era seu "comandante supremo", um gesto que pretendia promover a unidade e não ofender o estado de espírito nacional. Mas em setembro de 2002, quando a administração Bush começou sua marcha em direção a uma guerra contra o Iraque, Gore pôs um fim à sua circunspecção com um discurso arrasador no Commonwealth Club em San Francisco, cujo alvo foi a política externa da administração. Gore, que fora um dos poucos democratas a votar a favor da resolução do Congresso em 1991 que endossava a primeira Guerra do Golfo, disse agora que uma invasão do Iraque liderada pelos Estados Unidos iria corroer as tentativas de desmantelar a Al Qaeda e prejudicar os laços multilaterais necessários para combater o terrorismo:

> Se nós conseguíssemos rapidamente ter êxito em uma guerra contra as forças militares de quarta categoria enfraquecidas e esgotadas do Iraque, e em seguida abandonássemos essa nação, da mesma forma que o presidente Bush rapidamente abandonou quase todo o Afeganistão depois de derrotar um poder militar de quinta categoria lá, então o caos resultante no período após uma vitória militar no Iraque poderia facilmente representar um perigo muito maior para os Estados Unidos do que o representado por Saddam.

O desafio de Gore à Casa Branca de Bush para que apresentasse evidências reais de uma ligação entre Saddam Hussein e os atentados de 11 de setembro foi, em tom e conteúdo, mais crítico do que qualquer discurso jamais feito pelos candidatos na esfera dos democratas. De repente, a perspectiva de uma candidatura de Gore atingiu a mídia como uma onda.

"Eu não fiquei surpreso com a política econômica de Bush, mas fiquei surpreso com a política externa, e acho que ele também ficou", disse-me Gore. "O que distingue essa presidência é que, em sua essência, ele é um homem muito fraco. Ele se projeta como inacreditavelmente forte, mas a portas fechadas é incapaz de dizer não a seus maiores patrocinadores financeiros e para sua coalizão no Salão Oval. Ele tem sido surpreendentemente flexível em relação a Cheney, Rumsfeld e Wolfowitz, e a todo o grupo do New American Century.* Ele foi envolvido no desfecho imediato do Onze de Setembro. Foi fraco demais para resistir.

---

* O Project for the New American Century (PNAC) é um *think tank* neoconservador criado em 1977, com sede em Washington D. C., que tem o objetivo de promover a liderança global americana por meio da força militar, da firmeza diplomática e do compromisso com os princípios morais. (N. E.)

"Não faço parte do grupo que questiona a inteligência dele", continuou Gore. "Existem diversos tipos de inteligência, e seria arrogância para uma pessoa com um tipo de inteligência questionar outra pessoa que tenha outro tipo. Ele sem dúvida é um mestre em algumas coisas, e tem seguidores. Ele busca força na simplicidade. Mas isso com freqüência é um problema no mundo de hoje. Eu não acho que ele seja intelectualmente fraco. Acho que ele é indiferente. É surpreendente para mim que ele passe uma hora com seu secretário do Tesouro sem lhe fazer uma única pergunta. Mas acho que a fraqueza dele é uma fraqueza moral. Acho que ele é um fanfarrão e, como todos os fanfarrões, é um covarde quando confrontado por uma força da qual tem medo. A reação dele à lista de desejos extravagante e inacreditavelmente egoísta dos grupos de interesse ricos que o puseram na Casa Branca é a subserviência. O grau de subserviência envolvido em dizer 'sim, sim, sim, sim, sim' a tudo que essas pessoas querem, não importando os danos e males que isso possa causar à nação como um todo, só pode originar-se de uma autêntica covardia moral. Eu não vejo nenhuma outra explicação para isso, porque não é uma questão de princípios. O único denominador comum é que cada um dos grupos tem um monte de dinheiro, que desejam colocar a serviço do destino político dele e de sua feroz e obstinada busca por políticas públicas que os beneficie às custas da nação."

Os boatos diziam que Gore iria decidir ou não desafiar Bush antes do final de 2002. A história vai registrar que sua declaração de não ser candidato não foi feita no dia 15 de dezembro, no programa *60 Minutes*, mas um dia antes, quando apareceu como anfitrião convidado do *Saturday Night Live*. No monólogo de abertura, Gore disse: "O aspecto positivo de não ser presidente é que eu tenho os fins de semana livres. O aspecto negativo é que meus dias da semana também são livres. Mas eu apenas queria dizer de saída que esta noite não é para rediscutir coisas do passado. Quer dizer, todos sabemos que existem coisas que eu deveria ter feito de maneira diferente na campanha de 2000. Talvez em algumas ocasiões eu tenha sido muito desajeitado e inflexível, e tenha suspirado demais, e as pessoas disseram que fui muito condescendente. Ser condescendente, é claro, significa falar com as pessoas como se elas fossem estúpidas".

Em um sketch que parodiava seu processo de seleção para um candidato a vice-presidente, Gore aparecia enfiado em uma banheira de água quente com "Joe Lieberman". Al Franken, fazendo o papel de terapeuta de auto-ajuda em outro quadro, dizia a Gore que, quando ele estava na fase em que a barba havia crescido, "Está bem claro para mim que você se encontrava em uma enorme espiral de vergonha". E mais adiante, com Martin Sheen mostrando-lhe cenários de *The West Wing*, Gore sentava-se com ar sonhador na cadeira do presidente no set do Salão Oval.

"Escute, John", Gore pedia a John Spencer, que faz o papel de chefe do Estado-maior. "Você poderia me fazer um favorzinho?"

"É claro."

"Eu vou ficar em pé aqui perto da janela, de costas para você, e gostaria que você se aproximasse da mesa e dissesse: 'Senhor presidente, os chefes do Estado-maior aguardam sua resposta.'"

Essas não eram atitudes de um homem que estivesse se preparando para concorrer a um cargo público nacional.

Na noite seguinte, usando um terno adequado e uma expressão mais adequadamente sóbria, Gore tornou a decisão oficial. Ele disse a Lesley Stahl: "Pus um ponto final nessa questão". Uma nova disputa com Bush, sentia Gore, teria sido contraproducente. Ela ficaria muito focada no que ocorrera em 2000. Outras pessoas ao redor de Gore concordaram, mas também disseram que Bush parecia popular, até mesmo imbatível, naquele momento. Na manhã seguinte, no *Times*, Katharyne Seelye, uma repórter que havia atormentado Gore durante a campanha com o que ele considerava ser uma interminável caça às gafes dele, reais ou imaginárias, declarou que Al Gore estava "liberado".

No Belcourt Theatre, depois da saraivada inicial de autodepreciação, Gore passou de um elogio da "administração Clinton-Gore" para uma crítica severa da administração Bush. Ele repetiu todos os temas que o obcecavam havia muitos meses: a corrida precipitada rumo à guerra, a manipulação de dados, o retrocesso das liberdades civis, a "vergonha" e a "traição" de Abu Ghraib, a exploração da guerra para manipular a campanha eleitoral. ("Ele [...] está *usando* a guerra! *Usando* a divisão! *Fomentando* o medo!") O novo tempero daquele dia foi uma denúncia do indicado de Bush para a chefia da CIA, Porter Goss, que havia atacado John Kerry na Câmara dos Deputados. Goss, declarou Gore, era uma escolha inadmissivelmente sectária.

Os principais discursos políticos de Gore, que foram organizados pela ONG pacifista MoveOn.org e pela American Constitution Society for Law and Policy, um grupo empenhado na defesa da cidadania, são desprovidos do tipo de pedantismo que às vezes transparece na sua maneira de falar. Em sua maioria, eles são apresentações irrefutáveis de críticas anti-Bush com as quais os leitores dos editorais e colunistas mais liberais já estão familiarizados. O que lhes dá sua força adicional é o próprio orador, a autoridade que vem do fato de ele ter vencido pelo voto popular, e suas credenciais, tanto no Senado quanto na Casa Branca, em relação a temas como política externa, meio ambiente e proliferação nuclear.

Quando vi Gore proferir um desses discursos em Washington, e quando vi outros em fita, ele se mostrava muito menos formal e desajeitado do que na campanha de 2000. A sombra das habilidades quase sobrenaturais de apresentação pública de Clinton paira sobre Gore (da mesma maneira que paira sobre Kerry agora), e de vez em quando, em um esforço para demonstrar paixão, ele aumenta um pouco seu próprio volume, entrando em uma zona de exaltação. Começa a gritar, a transpirar, a percorrer a linha que separa a paixão do deserto da histeria. Mas isso só acontece raramente. Tais momentos de superaquecimento, é claro, foram aqueles mostrados de maneira mais proeminente não só pela Fox, mas também pela CNN, onde Soledad O'Brien informou aos telespectadores, com toda a objetividade, que Gore havia se entregado a um discurso público "bombástico".

Os críticos republicanos e conservadores de Gore foram ferozes e zombeteiros. As agências de notícias que pertenciam a Rupert Murdoch foram especialmente rápidas em mostrar Gore em seus momentos de maior exaltação, citando os trechos mais incendiários de seus discursos. Escrevendo no *New York Post*, John Podhoretz declarou: "Agora ficou claro que Al Gore é maluco [...]. Um homem que por pouco, muito pouco mesmo, não se tornou o presidente dos Estados Unidos ficou reduzido a uma daquelas pessoas na Times Square com um megafone na mão que ficam apregoando a justiça de Deus". David Frun, um ex-redator de discursos de Bush, escreveu sobre a "deterioração emocional" de Gore e sugeriu que ele "deveria, para seu próprio bem, procurar algum quarto escuro silencioso e fresco". E Charles Krauthammer, colunista do *The Washington Post* que já havia trabalhado como psiquiatra, foi ao programa *Special Report* do canal Fox News e apresentou um diagnóstico: "Parece que o calmante de Al Gore acabou novamente".

Entre os aliados de Gore, a reação foi sobretudo positiva, mas não inteiramente. Um deles disse que Gore estava "jogando dos dois lados", combinando "os atributos da MoveOn.org" com uma vida nova em grandes negócios bancários. "Os discursos me dão náuseas", disse o amigo, apontando especialmente para o uso da palavra "gulag" para descrever as prisões comandadas por americanos. "Não consigo imaginar um cenário de retorno. Ele se ligou à extrema esquerda do partido com esses discursos. Ele vai dizer que não é verdade, mas é." Essa tende a ser a perspectiva de alguns que têm fé na metade de novo democrata de Gore, o Gore que era duro em relação ao déficit e que estava pronto para usar a política do porrete na Bósnia e em Kosovo. Mas a maioria de seus aliados, os mais liberais e os mais condescendentes, endossou o tom do ataque exatamente por aquilo que seus discursos não tinham quatro anos antes: clareza, convicção, até mesmo audácia. Eli Attie, um redator de discursos de Gore que agora escreve roteiros para *The West Wing*, disse: "Estamos vivendo tempos de furor, e Gore está reagindo a eles com uma linguagem passional e cheia de furor. O que ele tem a perder, na verdade?". Lisa Brown, que foi conselheira de Gore na Casa Branca, disse que, embora ele tenha se movido para a esquerda, "não acredito que ele tenha cruzado a linha em direção a idéias conspiratórias".

Quando Gore terminou seu discurso no Belcourt, foi de novo aplaudido de pé. Fora do palco, posou para fotografias. Seu colarinho estava encharcado, o rosto, avermelhado. Não estava especialmente quente no palco.

No caminho de volta para Belle Meade, Gore começou a teorizar sobre a eleição de novembro. "Vinte e oito presidentes eleitos candidataram-se para um segundo mandato e quase nenhuma dessas eleições teve resultados apertados", comentou. "Dez foram derrotados e houve dezoito vitórias. Entre os dez derrotados, um deles havia vencido no voto popular. As exceções são Ford e Truman, mas nenhum dos dois tinha sido eleito em primeiro lugar. E a eleição de Truman traz a lembrança de um resultado apertado devido àquela manchete de jornal incorreta,* mas na verdade a diferença foi de três ou qua-

---

* Em 1948, o *Chicago Daily Tribune* publicou, erroneamente, uma manchete que anunciava a derrota eleitoral de Truman. (N. T.)

tro pontos, se não me falha a memória. Tudo isso implica que a eleição é um referendo sobre a pessoa que já ocupa o cargo. Em termos de teoria da informação, os eleitores têm muito mais informações sobre a pessoa que está no cargo porque tiveram quatro anos para observá-la, e o oponente representa uma questão secundária: será que o desafiante vai ser razoavelmente bom?"

Gore, é claro, acredita que Kerry é mais do que razoavelmente bom. Os dois estiveram juntos no Senado em 1984 e partilhavam algumas qualidades: seriedade intelectual, circunspecção, um passado de privilégios e altas expectativas. Não se podia dizer que fossem amigos.

Quando perguntei a Gore sobre o relacionamento dos dois, ele disse: "No primeiro ano, as coisas assumiram uma feição... é... competitiva. Nós trabalhávamos algumas das mesmas questões da mesma maneira, e isso pode ser uma receita para um relacionamento difícil. Mas ele teve a iniciativa de vir até mim e identificar o fato de que sentia que o relacionamento entre nós não era o que poderia e deveria ser, e pediu que nos sentássemos e conversássemos a respeito, e que conjuntamente criássemos uma base para um relacionamento de trabalho melhor. Eu gostei disso e fiquei impressionado com a atitude. A partir daí, nós quase sempre trabalhamos extremamente bem juntos".

Cinco anos atrás, Kerry estava se perguntando em voz alta se ele, e não Gore, deveria ser o indicado do partido para suceder a Clinton.

"Ele fez alarde sobre isso para mim", disse Gore. "Foi bastante franco em relação ao assunto. E me contou o porquê, contou exatamente o que pensava. Ele achava que seria um bom candidato, que poderia ser sua última chance, que ele também tinha condições, e blá-blá-blá. Eu lhe disse por que achava que aquilo seria um erro e, obviamente, eu tinha interesse próprio em dizê-lo."

Perguntei se Kerry achava que Gore era "mercadoria danificada por associação" depois do impeachment.

"Ele não expressou isso em termos de uma crítica a mim ou a minhas perspectivas, mas em termos de sua crença de que ele faria um trabalho melhor ou que seria um candidato melhor." Gore sorriu. Então fechou o sorriso e falou com... muita... cautela. "Eu não fiquei zangado. Se ele tivesse pensado essas coisas e feito essas opções sem falar comigo a respeito, isso teria me deixado zangado." Quando chegou a época de Gore escolher um nome para vice-presidente, sua curta lista incluía John Kerry e John Edwards.

De volta à casa, Gore tirou o paletó e a gravata e sentou-se à mesa de jantar. Dwayne serviu costeletas de carneiro com verduras e legumes temperados. Outro empregado trouxe enormes jarros com água e chá gelado.

Enquanto Gore se entregava a suas costeletas, comentou que estava realmente convencido de que Kerry ganharia em novembro.

"Os fracassos de Bush têm sido espetaculares", disse. "As evidências de fraude e de erros de cálculo combinaram-se para produzir nas mentes de muitas pessoas uma convicção cada vez maior de que isso não é realmente bom para os Estados Unidos."

Então por que as pesquisas mostravam que a corrida eleitoral estava tão apertada?

"Eu sempre digo às pessoas que vai ser apertado e que é extremamente importante que todos façam a sua parte, mas minha previsão é de que, no final, não vai ser tão apertado assim. Acho que agora o processo começou a apontar para a direita. Além disso, a ala direita dos republicanos lançou uma espécie de guerra fria civil de maneira muito inescrupulosa."

Gore manteve um laptop aberto e ao alcance da mão enquanto comia. (Ele e Tipper têm máquinas Apple G4 idênticas. "O que você esperava?", disse ela. "Eu vivo com o homem que *inventou* a internet.") Seus sites favoritos são o que era de se esperar: o *Times*, *The Washington Post*, Google News — mas também incluem páginas mais à esquerda, como mediawhoresonline.com e truthout.com. Com base em suas leituras, on-line ou não, ele se convenceu mais ainda de que, na esteira do colapso de Goldwater em 1964, e com o movimento contrário à Guerra do Vietnã, os conservadores americanos decidiram "fazer um jogo demorado" e organizaram-se, ideológica, financeira e intelectualmente, para vencer as eleições nacionais e levar à frente uma revolução conservadora. Gore está interessado em um memorando escrito a pedido do presidente de uma comissão da Câmara Americana de Comércio por um advogado da Virgínia chamado Lewis F. Powell Jr., e datado de 23 de agosto de 1971, apenas dois meses antes de Nixon indicar Powell para a Suprema Corte. O memorando de Powell retrata o sistema econômico americano "sob amplo ataque" de esquerdistas bem financiados, que dominam a mídia, a academia e mesmo algumas áreas do mundo político. O texto descreve uma batalha pela sobrevivência da iniciativa privada, e exige "menos hesitação" e "uma atitude mais agressiva" em todas as frentes. O memorando foi marcado como "confidencial" e distribuído para as câmaras de comércio e para os principais executivos por todo o país.

Como juiz da Suprema Corte, Powell revelou-se um moderado, mas o movimento conservador de fato ajudou seus candidatos favoritos, como Ronald Reagan, para dizer o mínimo. Perguntei a Gore se ele achava que Hillary Clinton, no meio do período Lewinsky, estivera certa ao acenar com o espectro de uma "imensa conspiração de direita".

"É difícil separar a frase de todas as coisas que foram ditas em torno dela", disse. "Acabou significando algo que originalmente não era para significar. A palavra 'imensa' é correta; a expressão 'de direita' é correta; é a palavra 'conspiração' que as pessoas querem modificar, porque para muitos dos que a ouvem ela sugere algo que não acredito que Hillary quisesse dizer quando a usou. Tenho certeza de que minha expressão 'guerra fria civil' está sujeita a interpretações até piores."

Gore foi rápido em distinguir a administração Bush de qualquer predecessor. As coisas estavam "muito piores" agora, em sua opinião, do que nos anos 1980. "A experiência da administração Reagan foi, de muitas maneiras, decepcionante para a direita", disse. "Era satisfatório ver um campeão que conquistou os corações de tantos americanos e que era tão eloqüente como apresentador de muitas das idéias deles, mas foi algo profundamente decepcionante para eles o fato de ele ter cedido à razão muito mais do que gostariam. O maior aumento de impostos da história não foi o aumento Clinton-Gore em 1993, mas o de Reagan em 1982. Aquilo foi realmente perturbador para eles. Suas iniciativas de controle de armas, nas quais cumpri um papel importante, foram muito incômodas para pessoas como Richard Perle, que é muito notável na gênese da política em relação ao Iraque. Havia uma determinação, imediatamente após a experiência com Reagan, de se prepararem para a próxima oportunidade que tivessem, para estabelecerem uma postura abrangente e inflexível para todo o grupo. Então, quando Gingrich e seu pessoal foram bem-sucedidos em 1994, eles lançaram a base para a identificação de cada uma das alavancas de poder e programas, políticas, repartições e agências específicas que precisavam, segundo a perspectiva deles, ser transformados... Bush, quando candidato, basicamente apertou as mãos desse ajuntamento de grupos que foram reunidos para respeitar os respectivos interesses próprios. O que tinham em comum era o fato de todos serem poderosos e possuírem um conjunto de objetivos que eram contrários ao interesse público."

Gore fez uma pausa para tomar um longo gole de chá. As costeletas e os legumes haviam desaparecido, e granita com frutas, servida em taças de cristal, fora colocada à nossa frente. Ele comeu rapidamente e deu uma olhada no laptop. Então começou a falar sobre o desaparecimento da União Soviética e do velho mundo "bipolar".

"Uma das conseqüências é que existe um triunfalismo emergente entre os fundamentalistas de mercado que assumiu uma atitude de infalibilidade e arrogância que levou seus partidários a serem indiferentes e desdenhosos em relação a valores que não são monetizados se não se encaixam na ideologia deles."

O que está faltando?, perguntei.

"Famílias, o meio ambiente, comunidades, a beleza da vida, as artes. Abraham Maslow, mais conhecido por sua hierarquia das necessidades, dizia que, se a única ferramenta que você usa é um martelo, então todo problema começa a se parecer com um prego. Traduzindo isso para a nossa discussão: se a única ferramenta que você usar para medir o valor for uma etiqueta de preço ou a monetização, então aqueles valores que não são facilmente monetizados começam a parecer sem valor. Daí surge um desprezo fácil, que eles trazem à tona em um piscar de olhos, contra 'abraçadores de árvores' ou pessoas preocupadas com o aquecimento global."

Ainda assim, a ideologia de Bush tem traços de crença religiosa, disse eu. Nem tudo vem com uma etiqueta de preço.

Gore aperta a boca. Batista do Sul, ele também havia se declarado renascido, mas era claro seu desdém pelo tipo manifestação pública de fé por parte de Bush.

"É um tipo especial de religiosidade", disse. "É a versão americana do mesmo impulso fundamentalista que vemos na Arábia Saudita, na Caxemira, nas religiões ao redor do mundo: hindus, judeus, cristãos, muçulmanos. Todos têm alguns traços em comum. Em um mundo de mudanças desconcertantes, quando forças complexas e abrangentes ameaçam sinalizadores que nos são familiares ou confortadores, o impulso natural é o de agarrar o tronco da árvore que tem as raízes mais fundas e tentar salvar a própria vida, e nunca questionar a possibilidade de que isso seja a fonte de sua salvação. E as raízes mais profundas estão nas tradições filosóficas e religiosas mais antigas. Você não os ouve falar muito sobre o Sermão da Montanha, não os ouve falar muito dos ensinamentos de Jesus sobre caridade, ou sobre as bem-aventuranças. É sempre a vingança, o enxofre."

Tipper tinha saído para almoçar com Christine, mulher de Bob Orrall, e agora estavam de volta.

Pouco tempo antes Tipper havia comprado três mata-moscas artísticos e queria exibi-los.

"Mata-moscas?"

"Eu sei que você consegue pegá-las com a mão, Al, mas dê uma olhada nestes."

Tipper mostrou três mata-moscas extraordinariamente decorados e colocou-os sobre a mesa de jantar.

"Ei, Christine", disse Gore, "como faço para achar as pinturas de Bob na internet? Quero mostrar..."

Christine, uma mulher muito menos teatral do que seu marido, disse-lhe o que fazer.

Gore digitou o URL correto e o que ele queria apareceu. Em nenhum momento do dia ele tinha ficado tão feliz.

"Bob faz essas pinturas sobre seus traumas de infância e então escreve sobre isso na tela."

"Nós estávamos fazendo terapia de casal", disse Christine, "e ele parou e começou a fazer essas coisas sobre as lembranças de infância."

"Deve ter ficado mais barato que a terapia", disse Gore.

"Bom, nós ainda estamos casados!"

Gore virou o laptop e começou a abrir as pinturas na tela e a ler as legendas. Uma delas mostrava um grupo de pessoas reunidas ao redor de uma criança em um parque de diversões. O texto dizia: "Não vomite na Disneylândia. Todo mundo passa a se comportar como se você tivesse infringido a lei ou algo assim, e seus pais fingem que você é filho de outra pessoa. Então eles isolam a área como se fosse a cena de um crime e aparecem os caras da limpeza com roupas anti-radiação. Não é brincadeira. Aí você ouve 'Bom, acho que já deu por hoje', e você volta a dividir uma cama com seus irmãos em algum hotel de beira de estrada".

Gore estava gargalhando. "Isso foi traumático, não?" Então voltou a clicar no laptop. "Cadê aquela em que ele era tão gordo que escondia lápis nas dobras da barriga?"

Então disse: "Esse negócio tornou-se uma fonte de lucros para a sua família, não é?".

"Lucinda Williams comprou cinco", disse Christine. "Sabe, ela é..."

Gore interrompeu. A voz estava verdadeiramente empolgada, meio sincera, meio Senhor Pateta.

"Olha, querida, eu cometi notícias!"

Pelo Google, Gore havia achado seu discurso no Belcourt, e havia uma matéria a respeito. Os primeiros parágrafos falavam sobre suas críticas a Porter Goss.

Antes de Christine ir embora, ela, Tipper e Al fizeram planos para o fim de semana. Poderiam sair para jantar, ouvir música no Bluebird ou em algum outro lugar.

Gore continuou olhando para a tela do computador.

"Como regra geral, no que diz respeito ao noticiário, se você é o presidente, tem uma assessoria de imprensa itinerante, e se você é o indicado do partido também", observou. "Mas, com essas duas exceções, e com a exceção do julgamento de Scott Peterson,* nada — um discurso, uma proposta, alguma coisa no discurso democrático —, nada vira notícia nacional, a menos que ocorra a dez minutos de táxi do centro de Manhattan ou de Washington D. C. Los Angeles, Chicago, St. Louis não existem. Este negócio sobre o discurso? Vai dar só uma nota na Associated Press. E mais nada."

Uma oportunidade para Gore transcender os limites das notícias menores neste ano foi sua aparição na Convenção Nacional do Partido Democrata, em Boston, no final de julho. Gore não tinha a intenção de ficar muito tempo. O partido, agora liderado por pessoas que estavam depositando suas esperanças nas perspectivas de John Kerry, parecia disposto a dar a Gore apenas um papel terciário na convenção. Em vez de lembrar aos democratas sobre o que poderia ter sido, em vez de despertar qualquer sentimento de raiva ou de desapontamento, eles pareciam ter a intenção de escondê-lo. Donna Brazile estava certa: ele havia sido chutado para o canto. A convenção começou em

---

* Americano julgado e condenado em 2003 pelo assassinato da esposa grávida de sete meses. (N. T.)

uma segunda-feira, e aquela noite fora designada como a noite dos "antigos", com falas de Gore, Jimmy Carter e Bill Clinton. Mas, com as redes de televisão limitando sua programação a um mínimo de cobertura sobre o evento, o único a aparecer em uma transmissão foi Clinton. O vencedor do voto popular em 2000 seria matéria das operações digitais da MSNBC, CNN e ABC. "Viemos aqui apenas para o discurso de Al e depois vamos embora", disse Carter Eskew, o estrategista de Gore na última campanha. "Já estivemos aqui, sabemos o que vai acontecer, se é que você me entende. Esta festa é de outra pessoa."

"Esta é uma época bastante emotiva", disse Josh Cherwin, de vinte e poucos anos, que costumava levantar fundos para os democratas. "Este deveria ter sido um momento de glória. A renomeação de Gore. Em vez disso, está sendo muito doloroso."

Encontrei Gore cedo na segunda-feira, no Four Seasons Hotel. A caminho de lá, li uma matéria no *Times* sobre a aparição de Gore em Boston, escrita por Katharine Seelye. Mais uma vez, o texto fazia Gore parecer ligeiramente ridículo.

Gore havia prometido fazer um vídeo de saudação para todos os delegados estaduais que iam participar do café-da-manhã "de abertura" nos salões dos hotéis da cidade. Ele e Cherwin chegaram ao local para gravar o programa barato com olhos de sono. Era terrivelmente importante que ele fizesse direito o discurso da convenção, mesmo que isso não fosse terrivelmente importante para mais ninguém. Aquela poderia ser sua última vez no pódio.

Agora tudo o que Gore tinha a fazer era sentar, olhar para uma câmera e dizer algumas palavras simpáticas para os delegados — a tarefa política mais rotineira que se poderia imaginar. E, no entanto, a maquiadora trabalhava nele como se o estivesse preparando para a cena de abertura de *Três homens em conflito*. Depois de ter seus poros retocados por cerca de vinte minutos, Gore sorriu corajosamente e disse: "Esta é provavelmente a maquiagem mais profissional que já foi feita para aparecer diante de uma webcam".

"Na verdade não é uma webcam, senhor", alguém disse. "É uma videoconferência."

"Ah! E isso não é só o botão *mute*", disse Gore, mexendo desajeitadamente em um interruptor à sua frente. "É um *dispositivo de ativação*."

Todos os outros estavam em silêncio, naquele estado de espírito que poderia ser definido como "é cedo demais e eu ainda não tomei café". Gore, no entanto, parecia desesperado para parecer bem-disposto.

44

O diretor pediu que ele testasse o nível de som de seu microfone.

Gore abaixou a cabeça e começou a falar, imitando o sussurro rouco de Ronald Reagan: "Senhoras e senhores, em um minuto vamos começar...".

Nenhum dos jovens técnicos pareceu entender a referência. A maquiadora entendeu e sorriu.

Então algo estranho aconteceu — estranho se você nunca esteve na presença de Al Gore. No instante em que lhe pediram para falar para a câmera, todo o seu corpo endireitou-se. Ele sorriu um pouquinho... demais. O sorriso pareceu quase uma forma de dor. Sua voz começou a apresentar aquele ritmo sulista variável de costume, que tinha a intenção de ser agradável e tranqüilizador, mas com freqüência parecia paternalista e irritante. (Impossível deixar de ouvir ecos de uma paródia sobre os debates feita no *Saturday Night Live*: "... então eu vou colocar em um... cofre fechado".)*

Por fim, ele disse: "Meu coração está exultante e extremamente grato pela oportunidade que vocês me deram de servir". Pronto, tinha acabado. Gore levantou da cadeira e, em toda a cidade, os delegados podiam começar a tomar o café-da-manhã.

Gore e Cherwin agradeceram a todos e voltaram para a suíte de Gore. O lugar parecia a sala de trabalho de um pós-graduando em vias de terminar uma tese, supondo que o aluno pudesse gastar mil dólares por noite em um quarto com vista para o Public Garden. As latas de lixo transbordavam de papel rasgado. Uma das paredes estava coberta com folhas de papel contendo pontos para o discurso, resumidos e anotados às pressas.

"Fiquei acordado quase a noite toda", disse Gore. "É um mau hábito que sempre tive, mas parece que não consigo me livrar dele."

Ele sabia que o discurso a ser apresentado na convenção não poderia se parecer com os discursos anti-Bush que vinha proferindo por todo o país. A linguagem tinha de ser mais dócil; ele tinha de apresentar uma fala política e concisa, certificando-se de agradecer a Bill Clinton e de prestar uma extensa homenagem a John Kerry; e, acima de tudo, ele não podia dar munição para as equipes de réplicas dos republicanos. Fazer referências excessivas à eleição de 2000 era simplesmente inadmissível.

---

* No primeiro debate com Bush, em 2000, Gore repetiu diversas vezes a palavra *lockbox* [cofre fechado]. (N. T.)

"Eles examinam esses discursos com muito cuidado", disse. "Não querem nenhum ataque ao Bush aqui." Ele sorriu diante do ridículo daquela idéia. "Nenhum ataque a Bush na convenção do Partido Democrata! Isso me faz pensar na ocasião em que Steve Martin estava fazendo um discurso em homenagem a Paul Simon no Kennedy Center Honors, alguns anos atrás, e disse: 'Seria fácil ficar aqui e falar sobre a inteligência e o talento de Paul Simon, mas este não é o momento *nem* o lugar'."

Gore passou mais uma hora no Four Seasons cumprimentando velhos amigos — o hotel era o umbigo da convenção, seu centro para os políticos mais importantes, burocratas do partido e as pessoas do dinheiro. Gore desceu no elevador com sua filha Kristin, que trabalhava em Los Angeles como redatora da série de animação *Futurama* e havia recentemente terminado um romance cômico sobre a Washington política. Assim como o pai, Kristin Gore curou suas feridas, ao menos em parte, com linimentos cômicos. Antes da publicação, um entrevistador lhe perguntou por que ela não havia escrito o romance logo depois da eleição, e ela respondeu que queria evitar um livro que soasse como "Sylvia Plath manda ver em Washington".*

Gore, que estava usando um terno escuro, e Kristin, que estava usando camiseta e short de corrida, entraram no banco traseiro de um Cadillac, os assessores entraram em uma minivan e a pequena carreata dirigiu-se para o Fleet Center. Depois de serem liberados pela segurança, os Gore atravessaram uma série de corredores e túneis que levavam aos vestiários que estavam servindo de camarins. Enquanto andávamos, Kristin inspirou fundo e disse: "Esta semana vai ser estranha". Gore tinha de parar a cada minuto para cumprimentar pessoas. Algumas pareciam adorar vê-lo, outras inclinavam a cabeça para demonstrar simpatia.

"É como se fosse a semana da volta ao velho lar!", disse Gore enquanto alguém lhe beijava o rosto.

Jim King, que era diretor de cena das convenções democráticas havia anos, acompanhou Gore até a escada que levava ao palco.

"Ei, Jim! Onde estão os outros?", perguntou Gore.

Subimos a escada e entramos no palco. As atividades da convenção só começariam dali a quatro ou cinco horas. As cadeiras estavam quase todas de-

---

* Referência a um célebre filme pornô, *Debbie does Dallas* (1978). (N. T.)

socupadas. O enorme teto do Fleet Center estava coberto de balões vermelhos, brancos e azuis, presos por uma enorme rede. Eram os balões de John Kerry. Enquanto Gore olhava para o teto, King lhe dizia para tomar cuidado com os cabos e diversos outros perigos que poderiam causar constrangimento e um tornozelo quebrado.

"Essa parte das instruções veio da OSHA?",* perguntou Gore.

Naquela noite, faltando poucos minutos para as oito, mais de duas horas antes das transmissões das grandes redes de televisão, o governador Bill Richardson, do Novo México, apresentou o ex-vice-presidente: "um visionário... um guerreiro... um dos maiores líderes e patriotas do país, e, no dia da eleição nacional de 2000, o homem que o povo escolheu para ser o presidente dos Estados Unidos".

Gore apareceu acenando e sorrindo, e disse: "Meus amigos, companheiros democratas, companheiros americanos: vou ser sincero com vocês. Eu esperava voltar aqui nesta semana em circunstâncias diferentes, concorrendo à reeleição. Mas vocês conhecem o velho ditado" — e lá vinha ele —, "a gente ganha umas e perde outras. E tem aquela terceira categoria menos conhecida".

Uma enorme gargalhada no salão.

"Não vim aqui hoje para falar sobre o passado. Afinal de contas, não quero que vocês pensem que fico acordado à noite contando e recontando carneirinhos. Prefiro focalizar o futuro, porque sei por experiência própria que os Estados Unidos são a terra das oportunidades, onde cada garotinho e garotinha tem uma chance de crescer e de conquistar o voto popular. Com toda a sinceridade..."

Gore recebeu uma ovação que durou pouco mais de um minuto antes de seu discurso e cerca de trinta segundos depois dele. A autodepreciação inicial, seguida da acusação direta, ainda que comedida, ao atual presidente, seguida de gestos de apoio a Kerry e de gratidão a Clinton, tudo foi bem ordenado, bem escrito, e inofensivo para os barões da convenção. O político conhecido em

---

* Sigla de Occupational Safety & Health Administration, órgão do governo americano que cuida de saúde e segurança do trabalho. (N. T.)

2000 por sua impressionante exasperação, sua auto-apresentação desajeitada, tinha sido comedido, inteligente e equilibrado.

Não fazia diferença. No final da noite, as pessoas só comentavam a performance fascinante de Bill Clinton. As redes de televisão haviam ignorado Gore, e a maioria dos jornais deu-lhe apenas pequenas notas. Quando John Kerry chegou a Boston para aceitar sua indicação, Gore já havia ido embora, assistindo a tudo em sua sala de estar com amigos em Nashville.

Al Gore não vai sofrer para o consumo do público. Ele não vai repetir seus velhos ressentimentos — contra os Clinton, contra a imprensa, contra Katherine Harris e Jeb Bush, contra a Suprema Corte, contra Ralph Nader, contra Bob Woodward ("Nem vou começar a falar disso."). Nós conversamos durante horas, e, à primeira menção da eleição de 2000, Gore parou tudo. Ele não ia falar a respeito — não de maneira específica. Ele disse: "Deixe-me fazer uma pausa aqui. Quando liguei para você e o convidei para vir para o discurso e para a convenção, eu lhe disse que a razão para ter feito uma exceção a não conceder entrevistas agora é porque tive tantas experiências nas quais a premissa inicial da história torna-se o fio condutor de algo que vai abrir um discurso muito maior". Naquele instante, Gore estava falando com muitas pausas, que é a forma que ele adota quando quer expressar algo da maneira exata para ser impresso. "Não tenho a intenção de transmitir qualquer desconfiança... apenas meu senso de cautela — existe um elemento autotranquilizador nisso —, eu realmente não quero estabelecer todo um diálogo sobre a campanha de 2000, porque em outra ocasião e outro local eu talvez possa querer lidar com isso de maneira mais detalhada. Eu uso um padrão diferente para decidir o que dizer e o que não dizer sobre a campanha de 2000, porque acho que é preciso passar mais tempo, tanto para mim quanto para as pessoas que viriam a ler as coisas que tenho a dizer sobre isso. Ainda acho que é algo muito... Quarenta e nove por cento das pessoas ainda não estão prontas para ouvir o que tenho a dizer sobre isso sem supor que não houve de minha parte uma distorção por motivos partidários... No momento certo, terei muito a dizer sobre o assunto. Eu mesmo preciso de mais distanciamento em relação à questão." A linguagem era formal, a voz tão aflita quanto cautelosa. "Eu tenho tanto dentro de mim relacionado à eleição de 2000 que, muito embora eu saiba muito bem o que quero dizer, isso leva mais tempo. Precisei de mais tempo para sentir que o que quero dizer está em uma forma que pode representar o máximo de minha contribuição para extrair significados mais profundos daquela eleição. Ora, isso pode ser apenas uma banalidade com roupagem sofisticada."

Entre os colunistas e profissionais da política, Gore dissipou, no ano passado, uma quantia de seu capital político que não foi pequena, ao apoiar a indicação de Howard Dean no Partido Democrata. Na ocasião, pré-Scream,* antes do famoso discurso de Dean, ele parecia o provável indicado, e a posição de Gore aparentemente concedeu-lhe a credencial de uma autoridade pública. Mas em pouco tempo, pós-Scream, depois da queda livre, até o próprio Dean reconheceu que sua candidatura havia começado a cair vertiginosamente no exato momento em que surgiu o apoio, fazendo-o parecer o beijo da morte.

Muitos dos antigos assessores de Gore me disseram que achavam que ele apoiou Dean porque o governador de Vermont estava realizando um tipo de campanha — junto ao eleitorado rural, com intensa presença na internet, resoluta — que ele desejava ter realizado em 2000. Essa interpretação "psicanalítica", disse Gore, era uma tolice. O verdadeiro motivo foi que, acima de tudo, Dean era o único candidato que, como o próprio Gore, estava fazendo uma oposição genuína à guerra no Iraque.

"Acho que Bush apresentou uma falsa visão abrangente", disse Gore. "A guerra no Iraque foi apresentada como uma grande idéia. Bom, foi uma grande idéia idiota. E, mais uma vez, eu não acho que ele seja idiota, mas acho que aquela idéia foi idiota."

Gore continua engajado, sério, credenciado. Ainda é fácil imaginá-lo como um bom presidente, mesmo que não amado. E, no entanto, um traço característico persiste — e é um traço que ele partilha com George W. Bush. Ele reluta muito em reconhecer um erro, mesmo que pequeno. No meio das

---

* Em um famoso discurso na convenção de Iowa em 2004, Dean teve de gritar para ser ouvido, e terminou sua fala com um grito (*scream*) de "yeaaaaagggggh". Ele passou a ser chamado de "Scream Dean", e seu discurso foi chamado de "*I have a scream*" em referência ao "*I have a dream*" de Martin Luther King. (N. T.)

nossas conversas em Nashville, perguntei-lhe qual fora seu maior erro em política. Ele fez uma pausa, ameaçou dizer algo algumas vezes, fez outra pausa, e lembrou-se de que na campanha, quatro anos atrás, tinha preparado uma resposta exatamente para uma pergunta dessas. Mas não conseguia se lembrar qual era.

"Talvez tenha sido meu voto a favor dos subsídios ao açúcar?", arriscou.

Perguntei-lhe sobre sua omissão em avisar a seu antigo companheiro de chapa, Joe Lieberman, que estava apoiando a candidatura de Dean.

"Eu, ahn, considero Joe um amigo", começou Gore. "Lamento muito que ele tenha ficado magoado. E, ahn, acho que algumas pessoas em sua campanha convenceram-no de que isso poderia ser algo positivo se fosse usado. Eu realmente tentei lhe telefonar muitas vezes antes do anúncio público, mas não consegui falar com ele."

Ele achava que a campanha de Lieberman havia tentado propositalmente conquistar alguma vantagem política explorando o incidente?

"Eu, ahn, não tenho certeza sobre isso, então não vou dizer nada. A única coisa que importa é que eu falhei em lhe contar pessoalmente antes de ir a público."

Pouco antes do jantar, Gore verificou seu palmtop Treo.

"Ei", disse ele enquanto caminhávamos perto da piscina. "Acabei de receber um e-mail sobre Jim McGreevey. Ele vai renunciar ao cargo de governador de Nova Jersey. Sabe por quê? Teste de múltipla escolha."*

Eu disse "letra C" — que era a resposta certa — e Gore fez uma cara de espanto digna de um ator de comédia dos tempos do cinema mudo.

"Uau! Como você sabia?"

Dwayne serviu o jantar para três mais cedo, do lado de fora da casa: salmão defumado, verduras, um bom vinho branco. Tínhamos de sair logo. Norah Jones e sua banda iam fazer uma apresentação naquela noite na Grand Ole Opry House, a cerca de meia hora dali. Antes de comer, havíamos conversado sobre as duas figuras da administração Bush que também haviam feito parte do círculo Clinton-Gore: Colin Powell e George Tenet.

---

* James Edward "Jim" McGreevey governou o estado de janeiro de 2002 a novembro de 2004. Renunciou três meses depois de ter admitido publicamente que era gay e que tinha um relacionamento extraconjugal com um homem. (N. E.)

Gore disse que ainda considerava Powell um amigo, "mas está claro para todo mundo que ele foi marginalizado. Pelo fato de a direita desconfiar dos valores e instintos dele, ele se tornou, e muito, um testa-de-ferro... Nós os temos encontrado" — Powell e a esposa — "socialmente e eu gosto dele e o respeito muito, mas acho que ele foi (a) maltratado por esta administração, e (b) permitiu ser usado de maneiras que seriam prejudiciais a ele — e mais importante, prejudiciais ao país. Na minha opinião, ele deveria ter renunciado. Sem dúvida. Estremeci algumas vezes ao assistir à apresentação que ele fez nas Nações Unidas. Foi algo bastante doloroso de assistir... não estou acusando-o de inventar coisas de caso pensado. Acho que a situação é muito mais complexa e com muito mais matizes do que aparenta.

"Acho que uma coisa que Powell e Tenet têm em comum é um sentimento de dívida pessoal com o presidente Bush e com a família Bush. Nos dois casos, o débito pessoal passou a ter um papel muito importante para determinar onde deveriam traçar a linha e dizer: 'Chega, não posso concordar com isso.'"

Comemos rapidamente e entramos no Cadillac. Gore dirigiu; Tipper, com um mapa no colo, mostrava o caminho. Gore contou uma história muito engraçada sobre um encontro secreto com o ex-primeiro-ministro russo, Viktor Chernomyrdin ("o sóbrio"), que ele declarou "confidencial por razões de segurança nacional".

As indicações de Tipper foram certeiras, e Gore as seguiu — uma raridade na história da instituição conjugal. Quando chegamos a Opryland, havia uma vaga aguardando os Gore.

"Não tem mais carreata", disse Tipper enquanto saíamos do carro. "Sou só eu."

Havíamos chegado cinco ou dez minutos antes da atração de abertura começar, e Gore preferiu esperar nas sombras em vez de ocupar seu lugar e ter de ser ele mesmo, cumprimentar, representar.

Quando as luzes se apagaram, corremos para nossos lugares.

Os Gore gostaram da apresentação — ambos conhecem bastante sobre o rock-and-roll de sua geração e sobre o atual cenário da música country —, mas no intervalo algumas pessoas aproximaram-se querendo um pouco de tempo, querendo estabelecer contato.

"Norah Jones *e* Al Gore... na mesma noite!", disse alguém.

Um outro homem aproximou-se, e Gore começou a falar em detalhe sobre algumas crianças em idade escolar de Whitwell, no Tennessee, que haviam feito um memorial do Holocausto com milhões de clipes de papel.

Depois do show, os Gore estavam de bom humor e se ofereceram para me levar para dar umas voltas por Nashville antes de me deixarem em meu hotel. Gore estava até pensando em parar no Bluebird, se ainda houvesse tempo para assistir ao show de Bob Orrall. Passamos pelos escritórios da indústria musical na Sixteenth Avenue, pelas boates do centro, pela área perto da margem do rio, pelo Ryman Auditorium, pela loja de discos de Ernest Tubb.

Tipper esguichou um pouco de creme cor de âmbar nas mãos e esfregou-as, e fez o mesmo nas mãos do marido enquanto estávamos parados em um farol vermelho.

"Creme para as mãos", disse ela em tom profissional, virando-se para trás. "Quer um pouco? Nós demos a mão para muita gente."

Estávamos conversando sobre a possibilidade de Gore escrever um livro, e lhe perguntei se ele havia lido o best-seller número 1 nas listas de não-ficção na época. Gore riu e disse: "Ainda não li o livro de Clinton. Ouvi dizer que ele fala muito sobre o fato de ter perdido a presidência do grêmio estudantil no curso primário!".

Passamos pelo prédio da Convenção Batista do Sul. Em um momento anterior naquele dia, Gore havia feito questão de me contar que ele e Clinton costumavam orar juntos na Casa Branca. Perguntei-lhe qual igreja em Nashville ele e Tipper freqüentavam agora.

Houve uma pausa no banco da frente.

"Agora somos ecumênicos", disse Gore por fim.

Tipper disse, rindo: "Acho que eu sigo o Baba Ram Dass".*

"O influxo de pregadores fundamentalistas com suas posturas políticas de extrema direita nos afugentou", acrescentou Gore.

Aquilo era obviamente um detalhe em um assunto muito mais doloroso. O Tennessee, que nunca fora um estado especialmente liberal, havia rejeitado Al Gore em 2000, uma perda que levou à perda de seu sonho.

---

* Baba Ram Dass: Richard Alpert, ex-professor de psicologia em Harvard, colega de Timothy Leary nas pesquisas sobre LSD entre 1960 e 1962. Depois de estudar ioga e meditação na Índia, fundou diversas organizações dedicadas à expansão da consciência espiritual. (N. T.)

"Dá para se perguntar como é que você chegou a ser eleito para o Congresso", disse eu.

Gore não negou. "Às vezes eu mesmo me pergunto isso."

(2004)

Sra. Graham

Em minha infância como repórter, quase matei a matriarca da conspiração da mídia liberal. Isso foi em 1988, e eu tinha acabado de ser designado para o escritório do *The Washington Post* em Moscou. Em um bem-aventurado período de sobrecarga jornalística, em uma época em que a menor tosse no Kremlin ganhava atenção na primeira página, aconteceu de o *Post* e sua publicação irmã, a revista *Newsweek*, conseguirem algo fantástico: uma entrevista com o secretário-geral do Partido Comunista. Katharine Graham, a secretária-geral da Washington Post Company, e um avião lotado de editores sêniores em breve chegariam à cidade para realizá-la.

Isso não era inteiramente positivo. Havia um grande risco envolvido, ou era isso que se ouvia. A sra. Graham — as pessoas sempre se referiam a ela como sra. Graham, mesmo em conversas particulares e a grandes distâncias — não viajava no estilo da nobreza britânica, mas também não estava chegando em um trem da Eurail. Era preciso prestar atenção. O custo do fracasso era incalculável. Eram inúmeras as histórias de correspondentes e suas diversas habilidades para lidar com uma visita real. Houve o caso do correspondente latino-americano do *Post*, que vagou pelo continente com semanas de antecedência, arranjando suítes de hotel, cabeleireiros e entrevistas com chefes de Estado de Caracas até a Terra do Fogo. Ele foi muito bem-sucedido. Mas também houve o caso de um correspondente baseado na África que entalhou o caixão de sua própria carreira ao agendar um passeio de balão sobre a Reserva Nacional de Masai Mara durante o entardecer. No exato momento em que o sol acabava de cintilar sobre a savana e o balão passava por cima de um bando de girafas, dizem que a sra. Graham virou-se para o correspondente e anunciou, com um sotaque rude: "Sabe, eu não viajei até aqui para ser a porra de uma *turista*". Dizem que o correspondente acabou se tornando checador de receitas na seção de gastronomia. Talvez seja verdade. Nós, em Moscou, não tínhamos nem o tempo nem os luxos que nos permitiriam confirmar tais histórias. Ninguém queria passar o resto da carreira como provador de feijão-de-lima.

Como acontece com qualquer visita da realeza, havia muitos problemas logísticos para serem resolvidos. Por ser o mais novo no escritório, recebi a tarefa de encontrar um cabeleireiro. Não vou insistir no fato de que não havia muitos luxos em Moscou naquela época, a não ser para registrar que eu não só arranjei uma cabeleireira, como criei uma. Em uma das embaixadas, encontrei uma jovem que dizia possuir um secador de cabelos e uma escova. Liguei para ela e expliquei a situação. Em tom sério, como se estivéssemos negociando o Tratado de Ghent, dei-lhe um exemplar da revista *Vogue* com anotações, uma fotografia da sra. Graham de frente e cem dólares.

"Está feito", disse ela.

Essa foi minha contribuição mais importante para a entrevista com o secretário-geral do Partido Comunista. No dia marcado, vesti meu terno azul, dei partida no Volvo do escritório, e orgulhosamente levei a cabeleireira para a suíte da sra. Graham no National Hotel. Ao que parece, a entrevista transcorreu bem. Foi publicada, com uma fotografia, na edição do *Pravda* do dia seguinte. A sra. Graham estava com ótima aparência, pensei. Uma cabeça cheia de cabelos, e bem penteados. Eu me senti íntimo da história.

Alguns dias depois, recebi a missão de levá-la, e a sua grande amiga Meg Greenfield, uma das autoras de editoriais do *Post*, para conhecer a cidade que na época era chamada de Leningrado. Seguindo o exemplo de meu bem-sucedido colega, o correspondente latino-americano, tentei planejar cada minuto dos dois dias que me foram atribuídos. O entretenimento da primeira noite foi uma escolha fácil: o Balé Kirov no Teatro Mariinsky. Na segunda noite, minha opção foi mais barata e descontraída: o circo. A sra. Graham pareceu não se importar com os bancos desconfortáveis ou com os palhaços quase muito engraçados. Ela estava de bom humor. A entrevista fora inebriante. O secretário-geral havia "revelado" seus planos para uma missão conjunta soviético-americana para Marte, e nós demos esse furo jornalístico mundial na primeira página. Em determinado momento, a sra. Graham pediu sorvete. Eu comprei. Mas então, no intervalo, ela pareceu ficar cansada. Enquanto redes e jaulas enormes eram montadas no picadeiro, ela declarou: "Acho que já podemos ir embora".

Entrei em pânico. O meu motorista da limusine recebera instruções bastante específicas — e um suborno considerável — para esperar do lado de fora em caso de emergência. No entanto, como estávamos na Rússia, eu nunca apostaria com confiança contra a possibilidade de que, naquele exato momento, ele estivesse convertendo seu dinheiro em alguma liquidez refrescante em alguma boate local. "Claro, podemos ir", arrisquei, "mas a segunda parte do espetáculo apresenta alguns animais ótimos." Comecei a descrever Misha, o Urso, que usava patins nas patas traseiras e jogava hóquei no gelo.

A sra. Graham piscou e disse: "Acho que já podemos ir embora".

Quando comecei a acompanhá-las na descida dos degraus, uma *babushka* do tamanho de um ônibus — a lanterninha — olhou carrancuda para mim e disse: "*Nel'zya*". Impossível. Vocês não podem sair.

De maneira geral não é aconselhável, nem é possível, discutir com um ônibus soviético, mas minhas prioridades eram muito claras. Pela minha mente passaram imagens daquele colega do balão, voando alto sobre a planície, flutuando em direção à obscuridade jornalística, então fiz o que não se pode fazer comumente com uma *babushka*: insisti. E logo depois menti. Contei-lhe que aquela mulher, aquela mulher que era muito *importante*, estava muito doente e precisava de cuidados médicos imediatos. A *babushka* cedeu.

"Mas sejam rápidos", disse ela. Ao nosso redor havia os miados altos de gatos grandes e crianças pequenas.

Nós três, eu na frente, descemos uma rampa e passamos por algo que parecia uma caixa do tamanho de um ataúde com algumas tábuas abertas. Passei pela caixa sem incidentes. Meg Greenfield também. Então a sra. Graham começou a passar por ela. De repente, uma enorme pata com garras afiadas arremeteu da caixa em direção à inocente panturrilha da presidente da Washington Post Company.

Até hoje não sei dizer qual fera estava lá dentro — um leopardo, uma onça ou um jaguar —, mas ainda posso ver as garras a centímetros da meia e da carne de minha proprietária. Ela também viu a pata, sentiu seu calor e começou a correr para a saída. Pelo menos o carro estava esperando, e o motorista estava sóbrio. Mas o que iria acontecer comigo? Iam me chamar de volta para os Estados Unidos. Com sorte, eu iria cobrir a liga mirim de *softball* em Prince William County.

Mas logo em seguida a sra. Graham estava rindo. Ela estava corada, contentíssima. "Meu Deus!", disse, cobrindo as pérolas com as pontas dos dedos. "Que circo, esse, hein?! Eu quase morri!"

Nem é preciso dizer que, durante anos, deleitei muita gente com minha história sobre a sra. Graham. A história, é claro, não revelava absolutamente nada sobre a sra. Graham. Durante aquela viagem a Leningrado, o único momento que indicou algo de misterioso e humano ocorreu quando estávamos em uma sala de mapas no Museu Hermitage. A sra. Graham encontrou um mapa dos mares Egeu e Negro e começou a falar sobre um cruzeiro que tinha feito no verão de 1963, não muito depois da morte do marido. O assunto do cruzeiro pareceu causar-lhe, tantos anos depois, uma intensa dor — uma dor que transcendia a perda do marido. "Eu nunca deveria ter ido", disse ela. E mais nada. Foi um momento fugaz, misterioso, mas bastante real. Não havia sentido, é claro, em estender o assunto.

Para quase todos os repórteres e editores do *Post*, mesmo os poucos que ousavam chamá-la de Kay, ela era a mulher que assinava nossos cheques, uma rainha-mãe com uma voz aguda que, para nós, soava como dinheiro. Mas aqueles que trabalhavam na sala da redação do *Post* conheciam um fato infinitamente tranqüilizador sobre a sra. Graham: que nos momentos mais importantes de sua vida profissional ela fez a coisa certa. Ela não recuou diante da decisão de publicar os documentos do Pentágono sobre a Guerra do Vietnã, e apoiou seus repórteres e editores durante o Watergate, quando a sobrevivência da Post Company estava sob ameaça e o jornal estava sozinho na investigação da história. Ao fazê-lo, ela e seu editor, Bem Bradlee, arrancaram o *Post* do mar do comum e tornaram-no um grande jornal, um rival do *The New York Times*. Mas mesmo isso era difícil de entender. Por que uma mulher criada com tantos privilégios — cujo círculo de amigos, entre eles Robert McNamara e Henry Kissinger, Lyndon Johnson e Nancy Reagan, raramente se ampliava para além das mais poderosas elites de Washington e Nova York — arriscava-se daquela maneira?

A história dela não é fácil de ser imaginada. Quando uma jovem chamada Deborah Davis publicou uma biografia em 1979 chamada *Katharine the Great*, a sra. Graham opôs-se de maneira tão firme às suas afirmativas e insinuações que o presidente da editora Harcourt Brace, William Jovanovich, ordenou que o livro fosse retirado das livrarias e que o estoque de mais de 20 mil exemplares fosse transformado em polpa. "Mal consigo expressar como me afligem as circunstâncias que lhe causaram tanta angústia e preocupação, de forma totalmente desnecessária", escreveu Jovanovich em uma carta sombria à sra. Graham. "Se algum dia viermos a nos encontrar novamente, vou lhe dizer algumas das minhas idéias sobre o que passei a chamar de um tipo de 'chantagem editorial', na qual as pessoas dizem que se você rejeita uma obra [...] você está reprimindo a livre expressão e limitando a verdade."

Poucos sugeriram que *Katharine the Great* era um livro de boa qualidade, ou mesmo um livro criterioso — seu estilo era monótono, e o texto, temperado por material bastante suspeito, até paranóico —, mas há que se perguntar se o sr. Jovanovich teria feito a mesma coisa por qualquer outra pessoa. Existem muitas biografias ruins neste mundo, e elas definham em prateleiras bolorentas, ignoradas — mas intactas. Jovanovich submeteu-se e transformou tudo em polpa. A sra. Graham, de sua parte, respondeu-lhe: "De qualquer forma, fiquei bastante admirada pelo que o senhor fez e pela maneira como o fez". Para completar esse episódio desagradável, Davis finalmente processou seu editor por difamação e quebra de contrato em 1982 e conseguiu um acordo no valor de 100 mil dólares. O livro foi republicado duas vezes por editoras menores.

Até há pouco tempo, Katharine Graham, tendo em vista sua influência, foi quase invisível. Ela mal aparece nos livros de Woodward e Bernstein, e é retratada de maneira superficial em quase todos os outros lugares. Uma exceção é o livro de David Halberstam, *The powers that be*, de 1979, que apresenta um retrato coletivo brilhante dos homens e mulheres por trás de órgãos da imprensa como o *Post*, a CBS, a *Time* e o *Los Angeles Times*.

Tudo isso mudou com a publicação de *Uma história pessoal*, de autoria da própria Katharine Graham. Essa é uma obra surpreendente em todos os níveis. Até onde sei, Katharine Graham não escrevera muito desde seus primeiros dias no *Post*, quando tinha uma coluna regular e era a autora anônima de editoriais como "Sobre ser um cavalo", "Bebidas misturadas" e "Febre maculosa". E mesmo assim não conheço nenhuma autobiografia de uma personalidade americana que seja mais complexa, e com certeza nenhuma que reconheça momentos de fraqueza, constrangimento e dor. Há muito material em *Uma história pessoal* para satisfazer às mais óbvias expectativas — todos os episódios conhecidos da história do *Post* são revividos, e rostos famosos aparecem como se em uma versão de *Grande Hotel* —, mas o mais interessante é em que medida essas memórias são uma descrição da intimidade opressiva do mundo de Washington e a maneira como uma mulher poderosa aprendeu a levar sua vida ali.

Apesar de todo o seu glamour e grandes personalidades, *Uma história pessoal* é uma litania de humilhações, incidentes nos quais a memorialista se culpa por falta de discernimento, de independência ou de força. Por exemplo, o que eu não poderia saber quando fomos ao Hermitage é que, depois do suicídio de seu marido, no dia 3 de agosto de 1963, e do funeral, a sra. Graham mandou o filho mais velho, Donald, de volta para seu estágio no *Times*, despachou os dois filhos mais novos, Bill e Steve, de volta para um acampamento de verão, e voou logo em seguida para a Europa para encontrar a primogênita — sua filha Lally — e um grupo de amigos considerados corretos para o cruzeiro pelo Egeu.

"Aquela decisão pode ter sido acertada para mim", escreve ela, "mas foi tão errada para Bill e Steve, e até para Don — tão errada que eu me pergunto como posso tê-la tomado [...]. Essa é, para mim, a passagem mais dolorosa de recordar. É difícil retomar decisões e ainda mais difícil repensar decisões não tomadas. Às vezes você não decide realmente, apenas segue adiante, e foi isso que eu fiz — segui adiante cegamente, de maneira descuidada, e entrei em uma vida nova e desconhecida [...]. Na verdade [Bill e Steve] perderam o pai e a mãe ao mesmo tempo. Até aquele momento eu era uma mãe razoavelmente presente, comparecia às atividades da escola, levava de carro times para os jogos, tentava voltar para casa à tarde quando as crianças chegavam da escola. Tudo isso já havia praticamente acabado agora, embora eu tentasse estar com eles o máximo possível." Esse não é o tipo de momento que se espera encontrar na introspecção de Andrew Carnegie, ou do coronel McCormick, muito menos de Bill Gates ou de Rupert Murdoch.

A insegurança de Graham como mulher, como editora e como mãe tem origens claras e dolorosas. O mesmo se pode dizer de seu comportamento despótico. Seu início foi, ao mesmo tempo, de privilégios e de privação. Mesmo levando-se em consideração o estilo das famílias ricas americanas no começo do século XX, os pais dela, Eugene e Agnes Meyer, parecem ter se excedido nos padrões de resguardo emocional. Eugene Meyer era um judeu que preferiria não sê-lo. "Dinheiro, o fato de meu pai ser judeu e sexo" eram assuntos tabus em casa. Katharine, nascida em Nova York em 1917, foi batizada com dez anos para satisfazer o lado luterano da família. Para satisfazer às exigências de classe social, os Meyer tinham seu próprio banco na igreja episcopal de St. John, na Lafayette Square — "a igreja do presidente". (Katharine parece não ter percebido que era em parte judia até estar em Vassar.) Meyer começou sua carreira financeira investindo seiscentos dólares que seu pai lhe dera por não fumar até os 21 anos de idade. Até 1906, Meyer havia ganhado muitos milhões de dólares investindo em ações; por volta de 1915, sua fortuna estava entre 40 e 60 milhões. No entanto, ele estava decidido a deixar sua marca tanto na vida pública quanto na bolsa de valores. Foi para Washington em 1917 para trabalhar na administração Wilson, ganhando um dólar por ano. E, quando ocupava diversos cargos no Conselho das Indústrias Bélicas, no Conselho de Empréstimos Agrícolas e no Conselho das Reservas Federais, os Meyer fizeram amizade com Bernard Baruch, Oliver Wendell Holmes, Charles Evans Hughes. Não foi preciso muito tempo para ele começar a vasculhar a cidade em busca de um jornal para comprar.

A mãe de Katharine, Agnes Meyer, descendia de ministros luteranos. Era uma mulher de ambição rudimentar — uma ambição que assumia principalmente a forma de amizades ambiciosas e pretensões intelectuais exageradamente cômicas. Ela estava sempre no encalço dos famosos. Quando viajava a Paris, se aproximava de Brancusi e Rodin, Stein e Satie. Teve aulas de esgrima com Mme. Curie. Mais tarde, desenvolveu uma paixão pela obra de Thomas Mann e parece ter-lhe exigido muito de seu tempo e paciência. Certa vez alguém perguntou a Mann se Agnes era alemã. Ele respondeu: "Ah, é, deveras. Ela tem um tipo valquiriano com algo mais — uma mistura de Valquíria com Juno".

As ambições de Agnes eram alimentadas pelo ressentimento de sua posição de esposa e mãe. (Os Meyer tiveram cinco filhos, dos quais Katharine era a quarta.) "Ela nunca havia pensado no que o casamento implica quando se trata do relacionamento com marido e filhos", escreve Graham. "Acho que nunca foi realmente capaz de fazer isso. Até onde se possa dizer que ela era capaz de amar, ela amava meu pai e nos amava, mas era um ser humano muito complexo, e algumas vezes profundamente infeliz." Em suas próprias memórias, Agnes escreveu sobre rebelar-se contra as responsabilidades do casamento. Ela se comportava "como se todo mundo estivesse numa conspiração para aplainar minha personalidade e me lançar em um molde universal chamado 'mulher'".

Katharine via os pais apenas ocasionalmente. Agnes estava sempre envolvida em escrever livros em andamento. Quando falava com a filha, era geralmente no tom farpado do insulto. Eugene servia o café-da-manhã para Agnes na cama todos os dias; ele comia sobre o criado-mudo. Às vezes Katharine via os pais de relance quando estava se vestindo para sair, ou quando Agnes estava sendo massageada e atendida pela manicure, preparando-se para algum entretenimento noturno. Mesmo depois que Katharine já era editora do *Post*, escreve David Halberstam em *The powers that be*, ela se sentia como se estivesse na sombra de sua mãe. Ela certa vez apresentou a Agnes um amigo, o arquiteto I. M. Pei.

Pei estava falando, e Katharine disse: "Eu não sabia disso".

"E qual é a novidade?", disse Agnes. "Você nunca soube de nada."

"Não posso dizer que eu ache que mamãe nos amava verdadeiramente", escreve ela. "Perto do fim da vida, eu era um sucesso aos olhos dela, e talvez fosse isso que ela amava. Ainda assim, com toda a sua complexidade, eu me senti mais próxima de minha mãe durante toda a minha primeira infância do que da figura muito afastada e bastante difícil do meu pai." Era uma leal amaseca, Powelly, quem "fornecia os abraços, o conforto, a sensação do contato humano, até o amor que minha mãe não nos dava".

Katharine, em seu próprio relato e nos relatos de outros, era uma garota alta e desajeitada com um "jeito de andar masculino", mas também era inteligente, e absorveu bem as lições de sua classe social. Ela freqüentou a Madeira School, em McLean, Virgínia, uma das poucas escolas de garotas que tinham o propósito de treinar moças para uma carreira. A fundadora, Lucy Madeira

Wing, acreditava que Deus era mulher e tentava moldar as garotas como "fabianas ao estilo de Bernard Shaw", um exército brandindo sua *noblesse oblige*.

Em Vassar e na Universidade de Chicago, Katharine interessou-se pela política de esquerda, que estava muito em voga na época, mas sua percepção das coisas e sua educação a impediram de tomar o que pareciam ser medidas extremas. Ela recusou o convite de Norman O. Brown para se filiar ao Partido Comunista. Na Inglaterra, almoçava com Harold Laski,* mas depois foi para Salzburgo encontrar a mãe, que "nos levou para o Bristol Hotel e nos deu ingressos para o festival de música de lá". Enquanto um amigo seguiu em frente para visitar um experimento socialista em Moscou, Katharine, seguindo o conselho rigoroso do pai, não foi. Ela apoiou Roosevelt, mas seus valores políticos eram fundamentalmente conservadores e perfeitamente dentro dos limites das classes altas americanas.

Apesar do temor de Katharine de viver toda a sua vida sozinha e sem realizações, ela logo conheceu um dos mais brilhantes jovens de seu círculo em Washington — Philip Graham, secretário e protegido de Felix Frankfurter, juiz da Suprema Corte. Graham era de uma família da Flórida cujas perspectivas financeiras, ainda que longe de serem terríveis, eram assunto de dramas ocasionais. O pai de Graham teve problemas em arranjar dinheiro para mandar o filho a Harvard, mas acabou conseguindo. Phil surpreendeu Katharine propondo-lhe casamento quase instantaneamente, e logo em seguida ele insistiu que os dois fossem para a Flórida e começassem a vida sem o dinheiro da família. A ansiedade dele como genro já estava em ação muito antes da cerimônia.

Desde o início, Katharine ficou deslumbrada com a inteligência e a perspicácia do marido, com sua habilidade em iluminar um ambiente: "Ele começou a me libertar de minha família e dos mitos que eles haviam alimentado". Mas havia algum ressentimento também. Apesar de toda a sua irreverência e liberalidade, Phil Graham não era menos dominador do que tantos outros maridos de sua época:

Sempre quem decidia era ele e eu correspondia. Desde os primeiros dias de nosso relacionamento, por exemplo, eu pensava que tínhamos amigos por ele e que

---

* Harold Laski (1893-1950): cientista político inglês, ligado ao Partido Trabalhista. (N. T.)

recebíamos convites devido a ele. Só anos mais tarde é que avaliei os aspectos negativos de tudo e percebi que, perversamente, eu parecia ter gostado do papel de esposa-capacho. Por algum motivo, eu gostava de ser dominada e de ser quem fazia as coisas. Mas, embora estivesse completamente fascinada e encantada por Phil, eu também ficava um pouco ressentida, quando pensava no assunto, por sentir tamanha dependência em relação a outra pessoa [...] eu não pensava muito nisso naquela época, mas aquilo foi o começo de um padrão que agora posso ver como bastante prejudicial. De mim era esperado que fizesse tudo que era preciso. Phil me dava as instruções e punha alegria na minha vida e na das crianças. Aos poucos me tornei um burro de carga e, além disso, aceitei meu papel como uma espécie de cidadão de segunda classe. Acho que essa definição de papéis aprofundou-se com o tempo e eu me tornei cada vez mais insegura de mim mesma.

Apesar da autoflagelação constante de Phil Graham sobre o fato de ser o genro de um clã rico e poderoso, ele não se esquivou das vantagens por muito tempo. Eugene Meyer havia comprado o *The Washington Post* em um leilão por 825 mil dólares em 1933, e em 1946 fez de Phil seu editor. Os Graham administravam os gastos domésticos, bastante elevados, com o fundo de reserva de Katharine. Enquanto isso, Meyer deu a Phil quase o triplo do número de ações do *Post* que tinha dado a sua filha. "Phil recebeu mais ações porque, segundo me explicou papai, nenhum homem deveria estar em uma posição em que tivesse que trabalhar para sua esposa. Curiosamente, eu não só aceitei como estava de pleno acordo com aquela idéia."

Para se entender o sentido de como foram significativas as duas decisões de Katharine Graham nos anos 1970 — sobre os documentos do Pentágono e sobre Watergate —, é fundamental entender como ela foi mal preparada para tomar tais decisões por sua família, por seu fabuloso marido e pela atmosfera na qual sempre viveu. Hoje em dia, o *Post* é considerado o segundo melhor jornal do país, depois do *Times* — ou, se não o segundo melhor, empatado honrosamente nessa posição com o *The Wall Street Journal* e, com algum esforço, o *Los Angeles Times*. Sob Phil Graham, o *Post* tinha uma página de editorial bastante respeitada e o resto era uma mediocridade; não chegava sequer a ser o melhor jornal da cidade. Os maiores sucessos de Phil foram nos negócios: a compra e absorção do *Times-Herald* em 1954, a compra da *Newsweek* (a preço de banana) em 1961 e alguns avanços sobre o jornal dominante na cidade, o *Evening Star* (que fechou em 1981).

É difícil lembrar agora como o *Times* estava na frente depois da Segunda Guerra Mundial. Mesmo antes de Adolph Ochs comprar o jornal, em 1896, o *Times* havia conquistado seu recorde por rigor ao ir atrás de Boss Tweed.* Sob Ochs, o *Times* institucionalizou a noção de reportagem objetiva e não partidária. Como forma de solidificar esse código, Ochs desenvolveu a idéia de um "jornal de registro".

Sob Philip Graham, o *Post* não chegava sequer a ter a pretensão de se igualar ao padrão do melhor jornal do país. Ele simplesmente estava menos interessado no ideal do *Times* do que em transformar o *Post* em um participante do jogo em Washington e, talvez ainda mais, em se tornar ele próprio um jogador. O *Post* era seu instrumento, seu meio de ser ouvido. No verão de 1949, houve revoltas raciais em Washington relacionadas com a integração em uma piscina municipal. O jornal enviou um jovem repórter de nome Ben Bradlee para cobrir o que estava acontecendo, mas Bradlee mal conseguiu achar sua história; ela praticamente desapareceu no jornal, e quase todas as menções a raça e violência tinham sido extirpadas. Bradlee ficou furioso, e disse isso em voz alta e recheada de palavrões. Graham ouviu o que ele tinha a dizer. "Chega, Buster", disse ele, e arrastou Bradlee para uma reunião com dois funcionários do Departamento de Assuntos Internos e com Clark Clifford, da administração Truman. Graham instruiu Bradlee a contar novamente o que havia visto e ouvido, e depois que ele terminou o editor e os três funcionários fizeram um acordo: contanto que todas as piscinas municipais fossem fechadas por algum tempo e fossem integradas no ano seguinte, o jornal não imprimiria mais nada sobre o que havia acontecido.

O que é exatamente a maneira errada de conduzir os negócios como editor de um jornal. Mas era assim que Phil Graham queria. E ele queria muitas coisas. Queria que Estes Kefauver liderasse uma comissão anticrime e lhe disse isso, repetidas vezes, até que Kefauver concordou. Anos mais tarde, quis mol-

---

* Político corrupto que roubou milhões de dólares dos cofres públicos em Nova York em 1870. (N. T.)

dar a carreira de seu amigo, o senador Lyndon B. Johnson. Como editor do *Post*, ficou tão íntimo de LBJ que escrevia discursos para ele e aconselhava-o na área de direitos civis e em nomeações importantes. Foi até procurador para Johnson na compra de uma casa. Em um jantar na casa de Joseph Alsop no começo de 1961, Graham ofereceu insistentemente aconselhamento político ao novo presidente, John Kennedy. "Phil", disse Kennedy, "quando você for eleito para ser o homem da carrocinha, eu vou ouvir o que você tem a dizer sobre política." Mas, na verdade, Kennedy havia escutado o que ele tinha a dizer. Sem Graham atuando como intermediário na convenção democrata de 1960, Kennedy talvez nunca tivesse escolhido Johnson como seu companheiro de chapa. Quando Johnson anunciou que estava concorrendo à presidência naquele ano, Phil Graham ajudou a escrever o discurso; ele até acabou "ficando de joelhos e andando de um lado para outro no último minuto para recuperar uma das lentes de contato de Lyndon que havia caído". Essa é uma postura imprópria para um editor de jornais. James Reston, que na época era amigo dos Graham e era a figura mais eminente do *Times*, recusou diversas ofertas para ir para o *Post*. Phil Graham, dizia ele, era "quente demais para mim, envolvido demais em política, envolvia-se demais com as pessoas, mesmo as pessoas de seu próprio jornal".

Nem sempre Phil Graham teve vigor para apoiar seu melhor pessoal. Durante a era do macarthismo, o *Post* se isentou bem, especialmente nos relatos do repórter Murray Marder, mas quando todos da imprensa, do *Chicago Tribune* até uma publicação conservadora barata intitulada *Plain Talk*, atacaram o *Post* chamando-o de *Pravda* de Washington, Graham apresentou perigosos sinais de capitulação. Em determinado momento, ele quis despedir Alan Barth, um editorialista muitíssimo respeitado, que ousou defender o direito de Earl Browder, antigo secretário-geral do Partido Comunista nos Estados Unidos, de não apresentar nomes perante um subcomitê do Senado. O mentor de Graham, Felix Frankfurter, convenceu-o a não despedir Barth, mas Graham fez imprimir uma nota de desculpas no jornal desmerecendo o editorial original. Graham apoiou Eisenhower em 1952 e, a serviço desse apoio, censurou o trabalho de sua maior estrela, o cartunista Herblock, nas últimas duas semanas da campanha.

No final dos anos 1950, a saúde e o comportamento de Phil Graham também passaram a apresentar problemas cada vez mais difíceis — problemas que poderiam ter sido resolvidos com medicamentos, se ele não os tivesse recusado. Ele era maníaco-depressivo. Durante anos, Katharine testemunhou as mudanças violentas no estado de espírito do marido — seus períodos de consumo pesado de bebidas, seu comportamento bizarro, suas depressões prolongadas. E no entanto seus períodos de lucidez e bom humor, de inteligência vivaz, eram freqüentes o bastante para confundi-la e fazê-la adiar qualquer decisão que pudesse ser tomada. Com o tempo, Katharine estava se tornando cada vez mais preocupada, cada vez menos segura. As duas presenças mais poderosas em sua vida — a mãe e o marido — estavam claramente sofrendo de problemas psicológicos, e mesmo assim Katharine ainda se sentia inferior a elas. "Minha mãe parecia diminuir muito as coisas que eu fazia, depreciando sutilmente minhas escolhas e minhas atividades à luz das dela, que eram maiores e mais importantes", escreve ela. "Quanto a Phil, ao mesmo tempo ele estava me construindo e me fazendo desmoronar. À medida que ele emergia mais e mais na cena jornalística e política, eu na mesma medida passava a me sentir como a rabiola de sua pipa — e, quanto mais obscurecida eu me sentia, mais isso se tornava uma realidade." Phil Graham começou a se referir à sua esposa, que em 1952 já tinha dado à luz quatro filhos, como Porcolina, e, para salientar a piada, deu a ela de presente a cabeça de um porco obtida em um açougue francês. "Um outro hábito dele que surgiu durante aqueles anos era o de, quando estávamos com amigos e eu estava falando, olhar para mim de tal maneira que eu sentia que estava falando demais e aborrecendo as pessoas. Aos poucos parei completamente de falar muito quando saíamos juntos." Ela se "sentia como Trilby em relação a Svengáli".* Sentia como se ele a tivesse "criado", o que a tornava totalmente dependente.

"Mesmo hoje não consigo pôr em ordem os meus sentimentos a esse respeito; é difícil separar o que era uma conseqüência da terrível aflição de Phil, que se manifestou apenas mais tarde, daquilo que era mais básico. A verdade é que eu o adorava e via apenas o lado positivo do que ele estava fazendo para mim. Eu simplesmente não ligava minha falta de autoconfiança ao seu comportamento em relação a mim."

O fim desse casamento cada vez mais doloroso foi prolongado e extremamente público. Em 1962, Phil Graham conheceu Robin Webb, uma jovem

---

* Personagens do romance *Svengáli* (1894), de George du Maurier. Svengáli é um músico com poderes hipnóticos. (N. T.)

australiana que trabalhara na sucursal de Paris da *Newsweek*, e começou a aparecer com ela nos escritórios da *Newsweek* de todo o mundo. Katharine logo descobriu o caso deles, ao pegar o telefone e "ouvir Phil e Robin dizendo um ao outro coisas que deixavam a situação bastante clara".

Pouco tempo depois de Phil tê-la deixado, Katharine enviou-lhe um telegrama desesperado:

> Mascotes são para amar ajudar e ouvir. Você está preso a mim como um mascote repito mascote. O momento de felicidade que você me deu é uma ajuda maior do que a maioria das pessoas tem durante toda a vida. Obrigada por ele. Eu estou aqui se precisar de mim e te amo.

Phil respondeu com uma carta que Katharine corretamente descreve como "bastante estranha":

> Querida Kay,
> Certa manhã quando você estava se desesperando eu tentei ajudar com palavras. Eu lhe contei como tinha sido solitário quando visitei o meu País Longínquo e como não consegui chegar perto o suficiente para ajudá-la em seu País Longínquo. E pelas palavras você chegou bastante perto para pedir ajuda e eu toquei você e saíamos para caminhar e estávamos novamente na vida.
> Agora eu fui embora. Fui não para o meu País Longínquo mas para o meu Destino. E acontece que é um Destino lindo e eu vou ficar lá enquanto ele for lindo e enquanto ele não for.
> Eu não fui ajudar você. Não fui porque não quis. Fui porque era o meu Destino. E por ora "ajudar" você, eu acredito e rezo para vir a *ajudar* você.

Logo Phil começou a dizer a seus amigos que ia se divorciar da esposa e se casar com Robin Webb. Ele também começou a fazer cenas em público — certa vez lançando-se em uma diatribe obscena no meio de um discurso, em outra ocasião, esmurrando um detetive em um aeroporto. Em determinado momento, o presidente Kennedy enviou um avião presidencial para levá-lo de Phoenix até Washington.

O que tornava a situação ainda mais complicada era o status do *Post*. Não só Phil possuía a maioria das ações, mas ele também acreditava que seus esforços como editor davam-lhe o direito à propriedade. Para ganhar o jornal, Phil empregou o advogado mais temido de Washington, Edward Bennett Williams. Katharine sabia que seu marido e seu antigo modo de vida estavam perdidos para ela, mas, apesar de temerosa diante do conflito e de Williams, estava determinada a lutar pelo jornal.

Mas não precisou fazê-lo. No verão de 1963, Phil parecia estar melhorando — estava se submetendo a um tratamento em um centro psiquiátrico em Maryland — e havia até a esperança de que ele retomasse uma vida normal em casa. Em uma tarde de agosto, Phil e Katharine foram juntos para a fazenda deles, Glen Welby:

> Almoçamos com duas bandejas na varanda de trás em Glen Welby, conversando e ouvindo uns discos de música clássica. Depois do almoço subimos para nosso quarto para tirar uma soneca. Pouco depois Phil levantou-se, dizendo que queria deitar em um quarto separado que às vezes usava. Alguns minutos depois, ouvi o som ensurdecedor de uma arma sendo disparada dentro de casa. Saí correndo do quarto e corri por toda parte, procurando por ele. Quando abri a porta de um lavabo no andar de baixo, eu o encontrei.

Phil Graham tinha 48 anos quando morreu. Sua viúva teria de enfrentar todos os mitos e todos os isolamentos que seu casamento, sua classe e sua condição de mulher haviam lhe imposto. Na meia-idade e em estado de luto, ela de repente descobriu-se encarregada de um jornal que ainda tinha de mostrar algum sinal de grandeza, e de um grupo de homens que a olhavam, na melhor das hipóteses, com considerável desconfiança. Em reunião após reunião, em Washington e em Nova York, ela era a única mulher na sala, e sem muita confiança em si mesma. Ela ainda não tinha desenvolvido a máscara de aço que mais tarde iria perturbar o sono de seus assistentes. Antes de falar em público, ela tremia de terror. Diante de notícias perturbadoras, tinha o péssimo hábito de se derramar em lágrimas. As pressões eram enormes, e seu preparo para elas era superficial. Tinha de aprender a ser uma editora e, além disso, tinha de ser uma editora bem melhor do que fora seu marido. ("Uma área que, para minha surpresa, começou a mudar sob a minha direção foi a qualidade editorial do *Post*. Eu não tinha percebido que o *Post* não era perfeitamente bom.")

Cercada por seus editores e executivos, Graham podia reconhecer em si própria os mesmos reflexos de deferência que havia aprendido como filha e como esposa. Quando sugeriu aos editores da *Newsweek* que poderia ser uma boa idéia contratar Aline Saarinen, do *Times*, para finalizar as edições, eles descartaram a sugestão, dizendo que os fechamentos aconteciam muito tarde, que as "demandas físicas" do trabalho seriam demasiadas para ela. Graham se viu concordando: Saarinen não receberia uma oferta.

Adotei a suposição de muitas pessoas de minha geração de que as mulheres eram intelectualmente inferiores aos homens, de que nós não éramos capazes de governar, liderar, administrar qualquer coisa além de nossos lares e nossos filhos. Uma vez casadas, éramos limitadas a administrar a casa, promover uma atmosfera serena, lidar com as crianças, apoiar os maridos. Em breve esse tipo de pensamento — na verdade, esse tipo de vida — cobrou seu preço: a maioria de nós *tornou-se* inferior de alguma forma. Passamos a ficar cada vez menos capazes de lidar com o que estava acontecendo no mundo. Em grupos, nós nos mantínhamos a maior parte do tempo em silêncio, incapazes de participar de conversas e discussões. Infelizmente, essa incapacidade produzia nas mulheres — como aconteceu comigo — uma maneira difusa de falar, uma incapacidade de concisão, uma tendência à digressão, a começar pelo fim e voltar para o começo, a expor em demasia, a falar por tempo demais, a pedir desculpas.

As mulheres tradicionalmente também têm sofrido — e algumas ainda sofrem — de um desejo exagerado de agradar, uma síndrome tão instilada nas mulheres de minha geração que isso inibiu meu comportamento durante muitos anos, e em alguns aspectos ainda inibe. Embora na época eu não percebesse o que estava acontecendo, fui incapaz de tomar uma decisão que desagradasse àqueles ao meu redor. Durante anos, qualquer ordem que eu tenha dado terminava com a expressão "se você não se importar". Se eu pensasse ter feito alguma coisa que deixasse alguém infeliz, eu agonizaria. O resultado final de tudo isso é que muitas de nós, na meia-idade, chegaram ao estado que mais tentavam evitar: nós entediávamos nossos maridos, que em boa parcela haviam ajudado a nos reduzir a essa condição, e eles partiam para se aventurar em pastagens mais jovens e viçosas.

As circunstâncias pareciam conspirar para desafiar Graham. Algumas empresas consideravam o *Post* como uma propriedade potencialmente lucrativa, e Graham como uma figura tão improvável para comandá-lo, que abordaram-na com ofertas de compra. Para surpresa de alguns, ela facilmente repeliu as lisonjas de Samuel I. Newhouse (certa vez com Theodore Sorensen como seu agente um tanto desonesto) e da Times-Mirror Company. Desde o início, ela estava decidida a manter o jornal nas mãos de sua família e a passá-lo a seus filhos.

Mas isso não significava que ela era forte em todos os aspectos. O mundo de Phil Graham havia sido o mundo dos poderosos, e sua viúva não queria ofender seus principais membros. Em uma reunião com LBJ em 1964, no quarto dele, ela se sentou em uma poltrona enquanto o presidente estava deitado na cama. "Eu então falei em termos que havia herdado de Phil e de uma maneira que nunca mais falaria mais tarde — e que agora me constrangem", escreve ela. "Eu lhe disse que tinha a impressão de que ele achava que meu ponto de vista era diferente do de Phil, mas que em geral Phil e eu tínhamos concordado. Eu disse que, por mais que eu admirasse e amasse o presidente Kennedy, Phil havia se dado muito melhor pessoalmente com ele do que eu. Eu também disse que admirava a legislação que ele mesmo conseguira aprovar, e que estava a favor dele e queria garantir que ele soubesse disso."

Na primeira grande matéria de sua era como editora — a guerra no Vietnã —, o desempenho do *Post* foi quase um constrangimento. Enquanto o *Times* e as duas agências de notícias, a AP e a UPI, estavam enfurecendo a Casa Branca com reportagens que mostravam o contraste entre as declarações oficiais dos generais e a terrível situação no campo, o *Post* não conseguiu acompanhar.

Em 1967, Katharine escreveu uma carta a Johnson (que não foi citada no livro), expressando enorme empatia: "Os tempos estão tão difíceis que meu coração sofre por você [...]. O único agradecimento que você parece receber é o ensurdecedor coro de críticas destrutivas. Ao contrário de Phil, eu tenho dificuldade de expressar emoções. Não sei escrever usando os termos eloqüentes que ele usava. Mas quero que saiba que estou entre as muitas pessoas neste país que acreditam em você e o apóiam com confiança e devoção".

Seu tom reverencial era institucional e político, e não meramente pessoal. No início, até Richard Nixon recebeu o mesmo tratamento. Na véspera da primeira moratória contra a guerra, o *Post* publicou um editorial desagradável (que também não foi citado em *Uma história pessoal*) que tentava separar o jornal do movimento antiguerra. "Se existem agentes literários espertos por aí hoje em dia, um deles vai adquirir os direitos de publicação do título 'A ruína do presidente' ", dizia o texto, "pois está se tornando mais óbvio a cada dia que os homens e o movimento que abalaram a autoridade de Lyndon B. Johnson em 1968 estão prestes a fazer o mesmo com Richard M. Nixon em 1969 [...]. Ainda existe uma distinção vital [...] entre a expressão de discordância, constitucionalmente protegida [...] e movimentos de massa que têm por objetivo a ruína do presidente." Por fim, o debate sobre a guerra levou a uma mudança na página editorial — o conservador Russell Wiggins foi substituído pelo mais liberal Phillip Geyelin —, mas o *Post* nunca se distinguiu completamente quando o assunto era o Vietnã.

A posição pró-establishment de Katharine Graham não passou despercebida. Em 1968, Truman Capote, seu vizinho no UN Plaza, onde ela mantinha seu apartamento de Nova York, dedicou-lhe seu famoso baile à fantasia "Preto e Branco". ("Eu tinha um vestido francês — uma criação de Balmain, copiado na Bergdorf Goodman", escreve ela. "Era de crepe branco com contas coloridas ao redor do pescoço e nas mangas. A máscara combinava com o vestido, também feita na Bergdorf, por Halston, que na época ainda fazia chapéus.") Graham considerou o baile uma espécie de apresentação de uma "debutante de meia-idade". Mas, na coluna de Pete Hamill no *New York Post*, ela de repente havia se tornado Maria Antonieta. Hamill intercalou um relato falsamente vivaz da festa ("E Truman estava simplesmente maravilhoso!") com relatos da guerra no Vietnã: "O helicóptero pousou em um campo aberto com vegetação rasteira a nove quilômetros a norte de Bong Son".

Em 1965, Graham ajudou imensuravelmente a si mesma e ao jornal contratando Bem Bradlee, o carismático chefe do escritório da *Newsweek* em Washington e amigo dos Kennedy. Bradlee fora amigo de Phil, não dela, mas ele pressionou para conseguir o cargo de editor-chefe, pressionou com sua costumeira mistura de charme e vulgaridade ("Eu daria a minha esquerda" pelo cargo, contou ele certo dia a Katharine em um almoço), e ela aceitou. Com o passar dos anos, ela despediria uma fila interminável de editores da *Newsweek* e de executivos do *Post*, mas em Bradlee ela encontrou alguém que, desde o início, deixou-a satisfeita em todos os aspectos: entusiasmo, poder, classe social e talento. E, com o incentivo de Bradlee, ela começou a gastar o dinheiro necessário para criar, entre outras coisas, um staff estrangeiro de primeira classe. Com o apoio de Graham, Bradlee logo estava despedindo os preguiçosos e medíocres, os racistas e os embotados, e então começou a caçar talentos nos principais jornais do país. O nível de talento na redação começou a mudar, e o mesmo aconteceu com a cultura do local. Em 1968, a reportagem e os editoriais sobre o Vietnã escritos por Ward Just e alguns outros ajudaram a mudar a atmosfera de reverência nas páginas do *Post*, e essa mudança teve efeitos na maneira de pensar da editora — um efeito tão forte que quando o *Times*, graças a Neil Sheehan e sua fonte, Daniel Ellsberg, começaram a publicar os documentos do Pentágono sobre a guerra, no dia 13 de junho de 1971, Bradlee sentiu-se ferido em seus brios e, com o incentivo de Graham, pressionou seu pessoal para que encontrasse cópias dos documentos. Em 17 de junho, graças a seu editor nacional, Ben Bagdikian, ele tinha seu próprio conjunto de documentos.

Graham tinha todos os motivos para recusar ou protelar a publicação dos documentos do Pentágono. O *Times* ficou imediatamente encrencado com a Casa Branca e com os tribunais. A Post Company tinha aberto seu capital apenas dois dias antes de conseguir os documentos, e a publicação poderia facilmente ter afetado de maneira negativa os preços das ações. Além do mais, Graham era bastante sensível à imagem do *Post* como um jornal liberal e, por isso, tinha escolhido uma firma de advocacia com boas relações com o Partido Republicano. Não é de surpreender que seus advogados tenham insistido com ela para que adiasse a publicação ou não publicasse o material.

Para um repórter, e especialmente para um repórter agora, isso não parece uma decisão especialmente incômoda. Se você tem o material, você publica. Mas, na primavera de 1971, a Suprema Corte ainda não havia declarado seu apoio à liberdade de imprensa com a intensidade que viria a fazer no caso dos documentos do Pentágono. Além do mais, o próprio *Post* ainda não tinha a estatura financeira ou o autodomínio para seguir em frente com confiança. Graham estava arriscando todas as heranças que lhe eram importantes: o jornal, sua fortuna e, talvez o mais importante, o julgamento dos fantasmas que andavam ao seu redor. Se havia um jornalista que ela admirava mais do que qualquer outro era seu amigo James Reston, e foi Reston quem, apesar de suas muitas virtudes, teria dito a famosa frase: "Eu não admito que o *The New York Times* faça sensacionalismo com o presidente dos Estados Unidos". Mas no final ela tomou sua decisão.

"Tudo bem", disse ela a Bradlee pelo telefone, no meio de uma recepção em sua casa, com o advogado do *Post* aconselhando no outro ouvido que ela tivesse cautela. "Tudo bem. Vamos publicar." E ao fazer isso ela abriu o caminho para Watergate e para a posição do *Post* como rival do *Times*.

Semana após semana, as principais figuras da administração Nixon vergastaram Graham e o *Post* por causa das reportagens sobre Watergate. Um deles, Charles Colson, tentou descartar a conspiração como ficção — uma acusação que, se verdadeira, provavelmente teria arruinado o jornal para sempre. "A acusação de subversão de todo um processo político, isso é uma fantasia, uma obra de ficção que rivaliza apenas com ... *E o vento levou* em sua divulgação e com *O complexo de Portnoy* em sua indecência", disse Colson. "O sr. Bradlee agora vê a si mesmo como autonomeado líder da [...] pequena facção de elitistas arrogantes que infectam as posturas saudáveis do jornalismo americano com sua visão de mundo peculiar." No entanto, o fato é que, dois dias depois de fazer essas afirmações, Colson conversou com Howard Hunt sobre a necessidade de fornecer mais auxílio financeiro para os réus no julgamento de Watergate.

John Erlichman, Ronald Ziegler, H. R. Haldeman e o próprio Nixon, todos acusaram o *Post* de deslealdade. Nixon instruiu seus homens a "tratarem o *Post* de maneira absolutamente fria" e a fornecer "furos" para seu rival local, o *Star*. Também jurou pressionar o *Post*, e ir atrás das licenças de radiodifusão da família Graham. Os repórteres e editores podem ter ficado um tanto nervosos com a histeria da administração, mas a sra. Graham não. Em meio à crise, ela escreveu para Erlichman, dizendo: "O que aparece no *Post* não é um reflexo de meus sentimentos pessoais. E, justamente por isso, eu acrescentaria que meu orgulho verdadeiro e contínuo em relação ao desempenho do jornal nos últimos meses — o período que parece estar em questão — não provém de algum sentimento de que tenha gratificado meus caprichos pessoais. Ele provém de minha crença de que os editores e repórteres atenderam aos mais elevados padrões de responsabilidade e senso de dever profissional".

Mais ou menos na mesma época, ela estava em um vôo intercontinental e encontrou o senador Bob Dole, que trabalhava então como presidente e principal executivo do Comitê Republicano Nacional. Em discursos, Dole havia acusado o *Post* de empreender uma vingança ideológica contra o presidente.

"A propósito, senador, eu não falei que odiava Nixon", disse ela a Dole.

"Ah, a senhora sabe como é", replicou ele, "durante uma campanha eles colocam essas coisas nas mãos da gente e a gente tem que ler o que está lá." (Dole admitiu a mesma coisa para um repórter do *Times* depois da campanha de 1996. Ele realmente não quis dizer nada quando passou semanas difamando o *Times* por favorecimento, disse ele.)

Era inegável que Graham tinha, historicamente, tomado a decisão certa, e nos anos seguintes ela apoiou os esforços investigativos do *Post*. Mas ela nunca deixou de mostrar sinais de sua ambivalência em relação a seu papel social e político. Ao ficar mais velha e mais autoconfiante, ela podia ser despótica, até assustando seus editores e executivos, mas seu desejo de agradar àqueles que estavam no poder, ou pelo menos de manter boas relações com eles, nunca desapareceu inteiramente. Nos primeiros dias de Watergate, ela tentou, em termos bastante submissos, construir uma ponte pessoal que a ligasse ao único homem que estava além até do próprio Nixon em seu ódio pelo *Post*: Spiro Agnew. Seu gesto "em retrospectiva, me parece indigno, levando-se em consideração as terríveis críticas que estávamos recebendo dele", escreve ela. "Acho que meu comportamento foi uma combinação de uma idéia racional — a de que era melhor falar com pessoas que nos odeiam ou desaprovam o que fazemos do que não falar — com aquele velho estorvo pessoal, o desejo de agradar."

Não muito tempo depois de Watergate, ela se preocupou com o "excesso de envolvimento" e a necessidade de um jornal de se resguardar contra "a tendência romântica a se retratar no papel de um campeão heróico e sitiado, defendendo virtudes em condições terrivelmente adversas". Watergate, escreve ela, "fora uma aberração, e eu senti que não podíamos ficar procurando em toda parte por conspirações e acobertamentos".

As relações pessoais da sra. Graham com os poderosos e os que já haviam sido poderosos tornou-se, no mínimo, mais visível depois de Watergate. Robert McNamara, Henry Kissinger, Lawrence Eagleburguer, George Shultz, Paul Nitze, Douglas Dillon, McGeorge Bundy, Jack Valenti, Joe Califano: sua lista de amigos que pertenciam ao establishment é longa e decididamente não partidária. Se ela esteve indiferente a algum presidente desde Watergate, eles foram os dois democratas, Jimmy Carter e Bill Clinton, no mínimo porque ambos tinham grande desconfiança em relação à Georgetown* conservadora — que era a Washington de Katharine Graham.

Ronald Reagan não deixava de aceitar os convites para ir à casa da sra. Graham depois de sua eleição em 1980, e ao fazê-lo horrorizava seus vassalos mais ideologicamente ortodoxos — aqueles que (diferentemente de velhos profissionais como Dole) de fato acreditam em uma conspiração conjunta da mídia com os setores liberais. Em uma reunião da Religious Roundtable, uma das organizações da direita cristã, Howard Phillips, o diretor da Convenção Conservadora, advertiu em tom sombrio: "Não se pode ter Kay Graham indo às suas festas e sorrindo para você sempre. Se até junho o establishment de Washington estiver satisfeito com Ronald Reagan, então devemos estar insatisfeitos com Ronald Reagan". Nos anos seguintes, a sra. Graham constituiu uma amizade especialmente íntima com Nancy Reagan. Lembro-me de que durante a visita a Moscou em 1988, a sra. Graham disse que talvez devesse telefonar para Nancy e lhe contar os esforços que o Kremlin estava realizando na preparação de uma iminente conferência de cúpula. Os editores à sua volta resmungaram de maneira quase inaudível, mas suficiente, me pareceu, para dissuadi-la de fazer a chamada.

"Não vejo nada errado no fato de as pessoas que estão no poder freqüentemente lidarem com os outros em mais de um nível", escreve ela. "Às vezes você fica amigo das pessoas com quem trabalha devido a algum interesse comum ou simplesmente porque vocês têm que trabalhar juntos. Mas também existem relacionamentos que começam dessa maneira e vão além, tornando-se verdadeiras amizades que duram para sempre. Algumas das minhas amizades mais profundas começaram com uma pessoa da administração que eu vim a conhecer devido à minha associação com o jornal."

Ler *Uma história pessoal* é entender como é ridícula a imagem direitista de Graham como a matriarca de uma conspiração conjunta da mídia e dos setores liberais. Sua lealdade ao capitalismo democrático não é menos sólida do

---

* Área residencial e comercial rica da cidade de Washington. (N. T.)

que a de William F. Buckley Jr.,* e sua fé inata de que as elites do establishment vão fazer a coisa certa é quase absoluta. Ela realmente parece acreditar que Watergate foi uma aberração.

Não há dúvida de que na maioria os repórteres em jornais como o *Post* são, eles próprios, mais liberais do que a população em geral: uma pesquisa recente mostrou que 89% dos correspondentes baseados em Washington votaram em Clinton em 1992. Mas essa estatística tem de ser equilibrada pelo conservadorismo de quase todos os editores. O *Post* investigou Watergate como notícia, e não como uma cruzada ideológica. De maneira semelhante (ainda que com menos sucesso), o jornal investigou o caso Irã-Contras e as omissões éticas de Bill Clinton. Em comparação, a página de editorial do *The Wall Street Journal* ignorou Watergate e o Irã-Contras, considerados ideologicamente inconvenientes, e investigou o caso Whitewater** quase espumando de raiva. Quando se compara a abordagem da mídia liberal (o *Post*, o *Times* etc.) com a da mídia conservadora, cada vez mais poderosa (a página de editorial do *Journal*, *The Weekly Standard*, *The American Spectator* etc.), é absurdo dizer que as regras do jogo são as mesmas.

Katharine Graham tem agora 79 anos, e o *Post* está nas mãos de seu filho Donald, que tem 51. Seu temperamento, seu estilo e seus interesses são bastante diferentes dos de sua mãe. Ele não viaja pelo globo para entrevistar líderes estrangeiros. Não mora em Georgetown. Seus amigos, em sua maioria, não são especialmente famosos. Seus maiores interesses políticos são locais. Como editor, Don Graham talvez nunca venha a enfrentar crises tão críticas quanto a dos documentos do Pentágono sobre a Guerra do Vietnã ou Watergate. Mas, se isso acontecer, as decisões não deverão ser tão difíceis para ele quanto foram para Katharine Graham. Ele não tem de inventar a si mesmo, nem tem de inventar um conjunto de princípios. Ele tem um exemplo a seguir.

(1997)

* Jornalista americano, fundador da revista política conservadora *National Review*. (N. T.)
** Escândalo que envolveu Bill e Hillary Clinton, acusados de investimentos imobiliários ilegais. (N. T.)

Em 1998, Katharine Graham ganhou o prêmio Pulitzer por *Uma história pessoal*. Embora a Washington Post Company estivesse então nas mãos de seu filho, ela continuou com voz ativa e, junto com Ben Bradlee, que havia se aposentado em 1991, manteve-se como uma importante presença simbólica para o jornal. Em julho de 2001, enquanto participava de um congresso sobre mídia em Sun Valley, Idaho, a sra. Graham caiu e se machucou muito, e, alguns dias depois, morreu devido aos ferimentos. Tinha 84 anos.

O funeral na catedral de São Pedro e São Paulo — conhecida de todos em D. C. como a Catedral — aconteceu em uma manhã quente e úmida. Mais de 3 mil pessoas compareceram, incluindo o vice-presidente Dick Cheney, os Clinton, Alan Greenspan, Bill Gates, Warren Buffett, os funcionários do *Post* e da *Newsweeek*, um grupo de diplomatas estrangeiros, a maior parte dos representantes das duas casas do congresso, e assim por diante. A quantidade absoluta de poder político, financeiro e de mídia que lotava a Catedral sugeria uma cena de alguma obra literária comercial retratando uma Washington antiquada, um romance de Irving Wallace ou Fletcher Knebel. Os oradores foram os filhos dos Graham, Ben Bradlee, o historiador Arthur Schlesinger Jr., Henry Kissinger; carregando o féretro estavam Barry Diller, Vernon Jordan e Robert McNamara; e entre os acompanhantes estavam Lloyd Cutler, os De la Renta, Barbara Walters, Mike Nichols, Diane Sawyer e Bob Woodward. Até o clérigo que conduziu a cerimônia, um sacerdote episcopal, era um "notável": o senador John Danforth, de Missouri. Com a Catedral cheia, e a cerimônia prestes a começar, puderam-se ouvir os frenéticos sons de passos de duas pessoas ilustres de Nova York que insistentemente abriam caminho para ficar na frente: o financista Ron Perelman e sua esposa, a atriz Ellen Barkin. Yo-Yo Ma tocou uma alemanda de Bach, e a Orquestra Sinfônica Nacional, acompanhada do Conjunto de Metais da Orquestra da Kennedy Center Opera House, executou peças de Respighi, Gabrieli e Handel. O caixão da sra. Graham foi carregado em procissão pela longa nave da igreja com a dignidade de um funeral real.

Nos anos seguintes, proprietários de jornais e editores têm enfrentado uma série de novos desafios. A internet acena com a promessa de um aumento no número de leitores do *Post*, mas a questão de como ganhar dinheiro com a web, à medida que decai a circulação do jornal tradicional, permanece um mistério. Os editores agora enfrentam muito mais críticas e exigências de transparência (o que é bom), mas também um governo preparado para excluir, atacar e mesmo processar repórteres honestos (o que claramente é perigoso). Na Gannett, Knight Ridder, na Tribune Company e nas redes de televisão, a demanda por lucros irracionais está prejudicando a qualidade do jornalismo nos Estados Unidos. Durante Watergate, Katharine Graham estava preparada não só para publicar e apoiar seus repórteres, mas também para protegê-los com todos os meios a seu alcance. Seus valores, assim como sua coragem, parecem estar, cada vez mais, correndo o risco de desaparecer.

A campanha do masoquismo: Tony Blair

Pouco antes de fazer uma série de visitas ao número 10 da Downing Street, eu estava lendo o romance sobre o qual todos em Londres pareciam estar debruçados, nos cafés e nos bancos do St. James's Park: *Sábado*, de Ian McEwan, que se passa em 15 de fevereiro de 2003, o dia dos protestos mundiais contra a guerra. O personagem central é um neurocirurgião de meia-idade chamado Henry Perowne. Ele é bem-sucedido, feliz por ter uma esposa e dois filhos, satisfeito, e no entanto assombrado pelo começo da meia-idade. E, embora não seja especialmente envolvido com política, está aflito e ambivalente em relação ao apoio dado por Tony Blair à invasão do Iraque liderada pelos Estados Unidos. Em um determinado momento, Perowne se recorda de ter encontrado Blair. Como membro do Royal College of Surgeons, ele fora convidado para a inauguração da galeria Tate Modern, onde, acompanhado da esposa, Rosalind, viu-se em meio a 4 mil convidados. Perowne perambula por uma enorme galeria e de repente encontra-se ao lado de Blair, que, como sempre, está pronto para um aperto de mãos, pronto para forjar uma conexão.

"Eu realmente admiro o seu trabalho", diz Blair. "Na verdade, temos dois quadros seus na Downing Street. Cherie e eu os adoramos." É evidente que Blair achou que Perowne fosse um dos artistas da Tate, e, depois de refletir um pouco, Perowne opta pela honestidade.

"O senhor está cometendo um engano", diz ele.

"E, com essa palavra, passou pela fisionomia do primeiro-ministro, por um brevíssimo instante, uma expressão de repentino sobressalto, de dúvida fugaz", escreve McEwan. "Uma fratura fina como um fio de cabelo havia aparecido na convicção do poder."

Acompanhar a política britânica nessas últimas semanas, assistir à campanha de Blair por um terceiro mandato — o Dia de Eleições é 5 de maio — é testemunhar um político colocando-se diante de qualquer público, de qualquer câmera, de qualquer um que fale com ele. Seus assessores chamam-na de "a campanha do masoquismo". A punição é diária e assume diversas formas. Durante uma sessão televisionada de encontro com eleitores em Coventry, a declaração de Blair de que ele havia melhorado o Serviço Nacional de Saúde foi respondida pela sra. Valerie Holsworth, que lhe contou ter ficado tão desesperada por não encontrar um dentista do SNS disponível que usou o alicate do marido para arrancar os próprios dentes podres — quatro. Como prova do que dizia, ela prontamente mostrou as gengivas. Blair estremeceu em solidariedade. Em uma conferência de imprensa na Downing Street, o repórter de um tablóide reagiu ao anúncio orgulhoso do governo de um aumento no salário mínimo perguntando a Blair: "O senhor estaria disposto a limpar o traseiro de alguém por esse salário mínimo 'maior'?". E, em um almoço no número 10 com jornalistas ingleses, ouvi um repórter dizer que Blair havia aparecido na capa de *Attitude*, uma revista muito semelhante à *Out*, o que o levou a perguntar ao primeiro-ministro: "O senhor é um ícone gay?". Em todos os casos, pode-se ver a "fratura fina na convicção do poder", o ricto de Halloween, uma tentativa ensaiada mas fútil de mascarar o constrangimento ou a raiva com uma expressão decidida que espera projetar sinceridade, paciência e (a categoria essencial para os peritos em opinião pública) agradabilidade.

A campanha do masoquismo é um tipo de estratégia de desgaste: a idéia é que, por meio de constante exposição à gentil persistência de Blair, a suas lúcidas, ainda que padronizadas, explanações, o eleitorado acabe se cansando de sua raiva e desconfiança contínuas — principalmente em relação ao apoio firme de Blair a George W. Bush — e chegue a admitir que os conservadores, sob o olvidável Michael Howard, têm pouco a oferecer além da disseminação do temor em relação a questões como imigrantes da Ásia e do Leste Europeu em busca de asilo, e que os democratas liberais e sua tendência política à esquerda ainda são um partido marginal na Câmara dos Comuns, promovendo, nas palavras de um assessor de Blair, "a ideologia dos ciclistas".

De certa forma, depois de oito anos de crise e de proximidade irritante, Blair tem de reavivar a noção de seu próprio charme. Quando chegou ao poder em 1997, como dirigente do novo trabalhismo, ele pôs um fim a dezoito anos de governo conservador e à evidente possibilidade de que os trabalhistas nunca comandariam um governo novamente. Blair não possuía exatamente o glamour de um Kennedy, mas, comparado com seu predecessor administrativo, John Major, ele era positivamente vibrante, prometendo uma renovação progressista tão minuciosa quanto a revolução conservadora de Margaret Thatcher. Ele tinha apenas 43 anos, o mais jovem primeiro-ministro desde as Guerras Napoleônicas. Sua maioria na Câmara dos Comuns foi a mais expressiva desde 1935. Ele se tornou o primeiro premiê do Partido Trabalhista a permanecer no cargo por dois mandatos consecutivos, ganhando votos não só entre as elites urbanas e os pobres urbanos, as bases dos trabalhistas, mas também dos tradicionais eleitores conservadores nos subúrbios da "Inglaterra Média".* Agora, apesar de uma oposição desorientada, Blair ficará aliviado se conseguir ganhar um terceiro mandato com uma maioria menos espalhafatosa na Câmara dos Comuns do que a que teve até o momento. A única ansiedade de sua campanha é a de uma mal-humorada apatia entre os eleitores dos trabalhistas. Os conservadores apontam para a campanha de 1970, quando o governo trabalhista de Harold Wilson manteve a dianteira e acabou sendo tirado do poder pelo conservador Edward Heath.

A campanha do masoquismo é uma operação diária. Certa manhã, eu estava em uma das salas de visitas do segundo andar do número 10, enquanto um grupo de técnicos de televisão montava suas câmeras, microfones e luzes para uma gravação com Little Ant e Little Dec, duas encantadoras crianças de dez anos que se especializaram em entrevistar celebridades de maneira dissimuladamente ingênua para um programa de variedades da ITV chamado *Ant and Dec's Saturday Night Takeaway*. Little Ant e Little Dec estava sentados

---

* Conjunto de eleitores de classe média, que se concentram principalmente no sul do país. (N. T.)

juntos em uma das melhores poltronas da Downing Street aguardando o primeiro-ministro. Usavam terninhos pretos e tinham gel nos cabelos. Seus nomes são Dylan McKenna-Redshaw e James Pallister, e eles são as miniaturas das pegajosas estrelas adultas do show, Ant e Dec.

"Meninos! Sentem direito!"

Era a voz de Georgie Herford-Jones, a produtora do programa. Herford-Jones, que se parece com uma Linda Evans jovem, tem absoluto controle de suas marionetes. Quando ela vociferou, eles se endireitaram na poltrona, e, quando ela ergueu a sobrancelha, começaram a ensaiar as perguntas sabichonas que haviam sido escritas para eles. A idéia era serem engraçadinhos e impertinentes, do tipo "criança-diz-cada-coisa". Eles tinham entrevistado o meio-campista David Beckham, marido de uma das Spice Girls. "Você e a sua esposa acabaram de ter o terceiro filho", dizia um dos textos. "Meu pai diz que vocês devem ser que nem coelhos. Do que ele está falando?" Perguntaram a Angelina Jolie: "Quanto mede a sua boca?". Bruce Willis ficou tão ofendido com o interrogatório pré-pubescente que saiu no meio do programa, o que lhe rendeu algumas estocadas nos tablóides.

Por fim, Blair apareceu, sem paletó, mas com um sorriso sincero.

"Tudo bem, meninos?", disse ele, acomodando-se em uma poltrona na frente de Little Ant e Little Dec.

Os assessores de imprensa de Blair, David Hill e Hilary Coffman, ficaram atrás das câmeras e pareciam ansiosos.

"Sete, oito milhões de pessoas assistem a esse programa nas noites de sábado", Hill sussurrou para mim. "Para este país, é um número enorme." Hill havia dito, várias vezes, que Blair tinha de se "reconectar" com o público britânico, sobretudo os eleitores que raramente assistiam aos noticiários ou liam jornais. Se alguns dos eleitores liberais de Blair iam ficar em casa em protesto por sua fidelidade a Bush, ele precisava de novos eleitores, mais clementes. O *Saturday Night Takeaway* era o foro perfeito para mostrar um Blair "acessível, lúcido, simpático".

Little Ant e Little Dec estavam prontos para começar.

O primeiro-ministro balançava a cabeça com ar de quem estava distante. Nuvens baixas de preocupação envolviam-no. Não era só porque as últimas pesquisas mostravam resultados apertados demais para uma posição de conforto absoluto. O papa estava em seu leito de morte e, em poucas horas,

Blair teria uma reunião do Ministério na qual iria enfrentar seu ministro das Finanças, Gordon Brown. Grandes camaradas quinze anos atrás, Blair e Brown governaram o país trabalhando juntos por oito anos, mas, às vezes, mal se falavam. Brown, que esperava ele próprio liderar o partido, sempre mostrou insatisfação por sua posição secundária no arranjo governamental, e seus assessores constantemente vazam informações sobre seus ressentimentos particulares para uma imprensa faminta por conflitos. Durante a campanha, e pela cortesia partidária, Blair e Brown teriam de se comportar como um casal divorciado litigiosamente que precisa comparecer junto ao casamento da filha. O preço de uma briga agora seria a eleição de Blair e as ambições de Brown.

As câmeras iniciaram a gravação. As perguntas começaram.

"O senhor manda no país todo. O senhor sempre foi assim mandão?"

"Quando seus filhos são malcriados, o senhor alguma vez diz: 'Como ousam falar com o primeiro-ministro dessa maneira!?'?"

"Meu pai diz que o senhor deve ser louco para ter o cargo que tem. O senhor é louco?"

A história política mais importante daquela semana tinha sido uma campanha feita pelo jovem cozinheiro da TV Jamie Oliver, "The Naked Chef", para melhorar as refeições nas escolas, que são notoriamente ruins. Little Ant perguntou:

"Como eram as refeições na escola onde o senhor estudou?"

Antes de ir para o St. John's College, em Oxford, Blair freqüentou Fettes, um internato de ótimo nível na Escócia. Na Grã-Bretanha, a comida nos internatos, com seus bolinhos de carne ou peixe fritos em gordura e couve-de-bruxelas murcha, não é melhor do que no resto, mas, ainda assim, Blair raramente conta a alguém sobre Fettes, acabando por manter vaga sua resposta.

"O senhor já experimentou um Turkey Twizzler?", insistiu Little Ant. Turkey Twizzlers, um tipo de comida processada gordurosa, nunca fizeram parte do cardápio de Blair. Outra evasiva.

A cada pergunta, Blair esquivava-se com uma postura brincalhona, fingindo pigarrear, mas tornou-se cada vez mais claro que ele tinha sido orientado apenas casualmente. De qualquer forma, era impossível imaginar algum primeiro-ministro anterior — Gladstone, Asquith, Churchill, Eden, Mcmillan, Thatcher — aturando a inquisição de Little Ant e Little Dec. A informalidade fazia parte do "estilo americano" de Blair — "Pode me chamar de Tony", dizia ele a todos, e todos o chamavam assim —, mas agora o preço da informalidade tornara-se óbvio.

Então as coisas pioraram. Depois que Blair mencionou que, quando estudante, tocou em uma banda de rock chamada Ugly Rumours [Rumores Desagradáveis], Little Dec disse: "Quando minha tia solta um pum ela diz: 'Puxa, acho que comecei um rumor desagradável'. É daí que veio o nome da banda?".

Bom, não, disse Blair, o nome veio de um disco do Grateful Dead que...

"Se o senhor soltar um pum desagradável, as pessoas fingem que não reparam porque o senhor é o primeiro-ministro?"

E lá estava: o sorriso forçado, a fratura fina...

Atrás das câmeras, Linda Evans estava radiante com seus queridinhos. De vez em quando ela pedia-lhes que repetissem uma pergunta feita de forma errada e gesticulava para que eles se sentassem direito. Blair olhava para ela, como se buscando um sinal de que aquela agonia estava para acabar.

"Por que o Partido Trabalhista tem flores no logotipo? Isso não é meio... coisa de menininha?"

O interrogatório finalmente terminou, mas agora ia acontecer uma troca de presentes. Um dos garotos pegou um saco de compras e tirou de lá diversos presentes: um buquê de flores baratas, algumas lembrancinhas sem valor do programa, uma calcinha e uma jibóia cor-de-rosa para Cherie, a esposa de Blair.

"Este é para Cherie? Nem sei o que dizer."

"Diga obrigado", replicou Little Dec.

Blair olhou para o ajuntamento de assessores. "Não acredito!", exclamou, fingindo indignação. "Não estou acostumado com entrevistas como esta. Vou tentar descobrir quem me meteu nisso."

"Ontem eles entrevistaram Ozzy Osbourne", contou-me o pai de um dos meninos.

"Quanto do que foi gravado eles vão usar?", perguntou Blair, esgotado, levantando-se da cadeira.

"Mais ou menos a metade."

"Acho que algumas coisas poderiam ser cortadas", observou.

Linda Evans informou ao primeiro-ministro que ele teria de gravar mais uma cena. Blair já havia dedicado quarenta e poucos minutos aos moleques e revirou os olhos. Mas obedeceu. Linda Evans disse-lhe que os garotos iam se sentar em um sofá perto de um telefone e que ele, Blair, entraria de repente. "O senhor entra na sala e diz: 'Bom dia, meninos. Estão cuidando de vocês?'"

Blair balançou a cabeça afirmativamente, quase mal-humorado, como se tivesse acabado de receber uma repreensão grave do ministro das Finanças.

Todos nós fomos para a sala ao lado para a tomada. De repente, Cherie Blair chegou. Alguém havia colocado Little Ant e Little Dec em sua agenda também.

"Oi, gente!", disse Cherie, alegre.

"Estes são Little Ant e Little Dec", disse o primeiro-ministro, quase com a mesma voz com que uma pessoa diria "Estes são os gêmeos McCrary* e eles vieram raptar seus filhos e matar seu cachorro."

"Os nomes de vocês não são realmente esses, não é?", perguntou ela. "Vocês são muito mais bonitinhos do que os grandões."

"Acabei de lhes perguntar se eles passam mais tempo lendo ou jogando com o Playstation", disse Blair.

"Eu ainda leio muito", disse Cherie. "Vocês precisam ler. É realmente importante. Eu adoro me aninhar na cama com um bom livro."

"Obrigado, querida", disse o primeiro-ministro. "Meninos, é isso o que se consegue depois de 25 anos de casados."

Cherie ficou sabendo que a jibóia cor-de-rosa era para ela. Ela a segurou e tentou pensar em alguma coisa inteligente para dizer. Tudo o que conseguiu foi: "Bom! Foi ótimo! Mas eu tenho que fazer algumas coisas para os Jogos Olímpicos!". Londres está no páreo para sediar os Jogos de Verão em 2012. Então ela desceu correndo um lance de escadas.

"O senhor tem inveja da rainha?", Little Ant perguntou a Blair.

"Não. Ela é a rainha, e eu não."

"É mesmo?"

Aquilo estava começando a soar como cenas excluídas de *Krapp's last tape*.**

---

* Bill e Benny McCrary, considerados os gêmeos mais gordos do mundo pelo *Guiness book*, o *livro dos recordes*. (N. T.)
** Filme dirigido por Atom Egoyan, em 2000, baseado no texto "A última gravação de Krapp", de Samuel Beckett. (N. T.)

"Bem, ela é rainha durante muito tempo. Primeiros-ministros, não", disse Blair, enquanto esperava uma deixa para sair da sala e entrar novamente. "O que vocês querem fazer quando crescerem?"

"Ser o diretor", diz Little Dec.

Por fim, Linda Evans disse: "O senhor poderia entrar?".

"Por esta porta?", perguntou Blair. Ela confirmou. Ele saiu. Entrou de novo, sorrindo. Agora Beckett fazia uma reverência a Feydeau.

"Oi, meninos! Estão cuidando de vocês?"

Little Dec disse: "Um homem simpático chamado George Bush acabou de ligar. Disse que vai trazer pizzas...".

"Corta!", interrompeu Linda Evans, balançando os braços. Ela não gostou da tomada. "É... será que poderíamos fazer de novo?"

Blair apertou os olhos, enfurecido.

"Certo", disse, recuperando-se. "Então eu digo..."

Então saiu novamente.

Alguns segundos depois, ele entrou de novo. As câmeras estavam ligadas.

"Oi, meninos! Estão cuidando de vocês?"

"Um homem simpático chamado George Bush acabou de ligar. Disse que vai trazer pizzas."

Então Tony Blair, com um suspiro, perguntou: "Ele vai trazer uma para mim também?".

Depois de tudo isso, o primeiro-ministro requisitou o que os assessores da Casa Branca chamam de "um pouco de tempo sozinho". Fui levado para uma sala de espera no andar de baixo. Blair mora e trabalha no que certamente é o menos confortável centro de operações de qualquer líder de um Estado industrializado importante. A Downing Street é um pequeno beco sem saída em Whitehall, e o número 10 é uma casa do século XVII, grande e um tanto desgastada. (Os Blair e seus quatro filhos, que têm idades entre quatro e 21 anos, moram em um apartamento acima do número 11. Os Brown são vizinhos. Há um trepa-trepa no quintal.) O primeiro-ministro nem mesmo tem um escritório oficialmente designado para ele. Margaret Thatcher usava uma sala no segundo andar. John Major lia documentos na enorme mesa na Sala do Ministério. Blair ocupa uma sala ao lado da Sala do Ministério conhecida como "pequeno gabinete", que é grande o suficiente para conter um sofá, uma escrivaninha e duas poltronas.

Quando me recebeu no pequeno gabinete, Blair parecia ter superado os estragos causados por Little Ant e Little Dec.

"Foi tudo muito divertido, só isso", disse, mostrando espírito esportivo, mas ainda assim continuou, "é sempre uma batalha, não é?, entre o mundo moderno em que vivemos, no qual as pessoas esperam que seus líderes sejam muito mais acessíveis... e o decoro do cargo. E deve-se ter o cuidado de não se comprometer um na tentativa de entrar no outro."

Há na crítica política uma tendência a ser mais severa entre as classes bem-informadas de Londres do que, digamos, nos subúrbios e pequenas cidades do interior, onde a preocupação com política externa é mínima diante de questões como bebedeiras e disciplina nas escolas. Apesar disso, foi notável o número de pessoas que se voltaram contra Blair. Mesmo no começo de seu primeiro mandato, sempre houve aqueles que o consideraram insuportavelmente virtuoso, propenso a um idealismo vazio e a pronunciamentos intelectuais afetados — um dissimulado, um fingido. Já em 1997, a piada que corria era que, se você ligasse para a central telefônica da Downing Street depois do horário de expediente, a secretária eletrônica diria: "Por favor, deixe sua mensagem depois do tom de moral em alta". Ele era chamado de Bambi e de Phony Tony, o Tony Falso. Dizia-se que não era especialmente inteligente, se comparado aos gigantes trabalhistas de uma geração anterior: Denis Healey, Harold Wilson, Tony Crosland, Richard Crossman. Em Oxford, ele recebeu um grau inferior, e, bem, *todo mundo* em Oxford não recebe um grau inferior só por respirar? O mentor de Blair, o falecido Roy Jenkins, uma figura colossal no Parlamento e biógrafo de Churchill e Gladstone, repetiu uma antiga observação sobre Franklin Delano Roosevelt quando contou a um redator da *The Spectator* que Blair tinha "uma mente de segunda classe" e "um temperamento de primeira classe". Infelizmente para Blair, a maioria das pessoas parecia se lembrar apenas da primeira parte. Ele foi ator na escola — fez Marco Antônio e o capitão Stanhope em *Journey's End* — e agora era capaz de mudar sua retórica, e até mesmo seu sotaque, quando a ocasião permitisse. Ele não era apenas uma versão britânica de Bill Clinton com um arranjo doméstico mais assentado? "Blair é como um pudim muito doce", foi o que me disse um veterano membro do Parlamento, da ala conservadora. "A primeira colherada é ótima, mas depois fica enjoativo — a facilidade com que ele age de maneira exagerada, o queixo trêmulo..."

Era implacável. Talvez apenas na Inglaterra — o único país onde, segundo dizem, as pessoas sentem um prazer sádico em relação a elas próprias — poderia um primeiro-ministro tão promissor e, com o tempo, cheio de realizações verdadeiras ser atacado de maneira tão impiedosa.

Depois da guerra no Iraque, a situação transformou-se em outra coisa, mais séria. Blair e sua equipe foram totalmente culpados por "tornarem atraente" um dossiê de informações que fora compilado sobre o Iraque e por apresentar conjeturas sobre armas de destruição em massa como um fato indiscutível. Pior ainda, Blair passou a ser visto como o "poodle" de Bush e dos neoconservadores do Pentágono, ignorando a opinião doméstica e a ambigüidade das estimativas da inteligência simplesmente para correr para os braços do presidente dos Estados Unidos. Então agora ele era Tony Bliar. E Tony Blur.* E Membro Honorável da Sucursal do Texas no norte. No ano passado, um pequeno grupo de membros da Câmara dos Comuns empreendeu o que foi, na verdade, uma iniciativa de impeachment contra Blair, com uma moção chamada de "Conduta do primeiro-ministro em relação à guerra contra o Iraque". Caso fosse bem-sucedida, seria o primeiro impeachment desde o processo contra lorde Melville, primeiro lorde do Almirantado, em 1806, por desfalque. Alguns diplomatas do próprio Blair acharam que ele havia exagerado o caso sobre o Iraque. Um de seus primeiros secretários nas Nações Unidas, Carne Ross, disse à BBC: "Eu pessoalmente não confio nele, não [...]. Receio que o governo não tenha contado toda a verdade sobre a suposta ameaça representada pelo Iraque. É por isso que acho que essa história é enganosa". A retórica de seus oponentes poderia ser perturbadora. No *The Guardian*, que já havia sido o jornal da base eleitoral de Blair, Harold Pinter teria dito: "Blair vê a si próprio como um representante da retidão moral. O que ele faz é assassinato em massa".

Certa tarde, eu me encontrei com Peter Kilfoyle, um tradicionalista do Partido Trabalhista na Câmara dos Comuns — "Não um velho trabalhista", insistiu ele. "Um trabalhista clássico." —, no Pugin Room, um dos muitos salões de chá dentro de Westminster. Kilfoyle representa um eleitorado de bai-

---

* Trocadilhos com as palavras *liar* [mentiroso] e *blur* [obscuridade]. (N. T.)

xa renda em Liverpool. Tinha sido tão entusiasta entre a velha guarda do partido que conseguiu um cargo de ministro. Renunciou em 2000.

Kilfoyle representa o que um jornalista chamou de a ala "operária" do partido, e, no fim das contas, parecendo muito com alguns dos críticos de Clinton no Partido Democrata, ele descobriu que Blair era um oportunista, insensível em relação aos pobres e falso. "Certa vez eu o levei a uma partida de futebol", disse Kilfoyle. "Ele apareceu com um terno escuro e um suéter de pólo. Eu disse: 'Tony, que diabos! Você parece um dançarino apache!'. Ele chamou Peter Mandelson" — um dos consultores mais íntimos de Blair na época — "para perguntar o que ele achava. Precisava estar seguro sobre como representar o papel."

"Ele se perdeu completamente", continuou Kilfoyle. "Está tentando recriar o Partido Trabalhista, e tentando remodelá-lo à sua imagem. O Partido Trabalhista era um partido ideológico e agora é um culto de personalidade." O Pugin Room estava lotado, barulhento e esfumaçado. Kilfoyle acendeu seu quinto Silk Cut em uma hora e disse: "Veja, nós todos nos mobilizamos para apoiar Tony Blair depois de dezoito anos de oposição. As pessoas à volta dele tratam-no como Chauncey Gardiner em *Muito além do jardim*. O melhor governo foi o de Clement Attlee no pós-guerra, que realmente mudou este país: com benefícios previdenciários, o serviço de saúde, os programas massivos de renovação. Este governo apenas se encaixou no esquema".

Quando perguntei a Kilfoyle se ele apoiaria Blair desta vez, ele sorriu e disse apenas: "Sem comentários".

"Eu sou um amigo crítico", comentou ele. "Se o seu amigo está bravo e diz: 'Me dá a chave, eu dirijo', você não pode dizer O. k."

É realmente notável como os antagonistas de Blair — conservadores ou trabalhistas — relutam em dar-lhe crédito por tudo o que deu certo nos últimos oito anos: a menor taxa de inflação desde os anos 1950; uma queda clara no desemprego; crescimento econômico sustentado para cada ano de mandato; uma brecha histórica na contenda da Irlanda do Norte, levando ao Acordo de Paz de Sexta-Feira Santa de 1998 e à quase suspensão da violência dos dois lados; o estabelecimento de um parlamento na Escócia, uma assembléia no País de Gales, e o cargo e mandato de prefeito em Londres; uma melhoria nos serviços públicos — ou, pelo menos, um fim à sua deterioração; um aumento no número de médicos, enfermeiras e dentistas (lamento, sra. Holsworth!) e uma redução no período de espera para cirurgias. Talvez a mais significativa das realizações de Blair tenha sido liderar o resgate do Partido Trabalhista, que, nos anos Thatcher-Major, parecia destinado à marginalidade, à medida que a classe trabalhadora inglesa diminuía em número.

Blair arriscou tudo em sua decisão de apoiar Bush, e, quando seu motivo para a guerra revelou-se infundado, ele perdeu a confiança de grande parte da população. É quase certo que ele vença no dia 5 de maio, mas será que vai vencer de maneira convincente o bastante para governar? Ou ele vai de repente ficar à deriva, um político que não conseguiu a reeleição patinando nos rastros de Gordon Brown? Chris Patten, o último governador britânico de Hong Kong e a própria encarnação do establishment político britânico, disse: "Nunca, depois de oito anos, se pode ter outra manhã alegre e confiante novamente. O jovem líder pareceria desgastado mesmo sem o Iraque. Mas o Iraque mostrou a lacuna entre a imagem e a realidade [...]. A verdadeira pergunta a ser feita sobre Blair é se ele sacrificou o objetivo com o qual assumiu o cargo — o de tornar a Grã-Bretanha confortável na Europa — e se o sacrificou para o presidente Bush".

O debate sobre Blair e o Iraque está centrado em dois assuntos controversos e relacionados: a natureza das convicções centrais do primeiro-ministro e a eficácia do "relacionamento especial" entre os Estados Unidos e a Grã-Bretanha.

Dois anos e meio atrás, enquanto Blair deixou claro que seria o aliado político e militar mais forte dos Estados Unidos, Roy Jenkins levantou-se na Câmara dos Lordes e, como Marco Antônio em seu discurso fúnebre, começou com uma homenagem:

> Tenho o primeiro-ministro em alta consideração. Tenho sido rechaçado por tentativas de retratá-lo como um homem inexpressivo com um sorriso artificial e sem convicções. Sou lembrado de tentativas semelhantes de uma direita frustrada de sugerir que Gladstone era louco, Asquith era corrupto e Attlee era negligente. Minha opinião é que o primeiro-ministro, longe de não possuir convicções, as tem até demais, especialmente quando lida com o mundo além das fronteiras da Grã-Bretanha. Ele é um pouco maniqueísta para o meu gosto talvez exausto, ao

ver as questões em termos rigorosos de bem e mal, preto e branco, lutando entre si, e com a conseqüente crença de que, se o mal for subjugado, o bem inevitavelmente prevalecerá. Estou mais inclinado a ver o mundo e os regimes que nele existem em tons variáveis de cinza.

Embora não tenha dito exatamente em quais tons de cinza Roy Jenkins via os partidários do Baath no Iraque, ele indubitavelmente estava certo ao ver um moralista em seu protegido. Quando Blair estava em Oxford, no começo dos anos 1970, ele não impressionou ninguém como um político em ascensão: não era um ativista, nem se filiou ao Centro Acadêmico ou a quaisquer grupos políticos — nem mesmo a ala estudantil do Partido Trabalhista. (Na verdade, seu pai era um conservador que reverenciava Margaret Thatcher.) Ele estudou direito, mas também teve tempo para história e teoria política, especialmente para as obras de socialistas cristãos como R. H. Tawney; e, por intermédio de um amigo mais velho em Oxford, o vigário australiano Peter Thomson, veio a ler a obra de John Macmurray, filósofo escocês cujo pensamento de centro-esquerda — desprezo pelo individualismo absoluto, anseio por solidariedade sem coletivização — antecede a obra de alguns comunitários americanos, segundo escreve John Rentoul, um dos biógrafos de Blair. Da mesma forma que o próprio Blair um quarto de século mais tarde, Macmurray foi um triangulador filosófico, rejeitando os esquemas prescritivos do socialismo, ainda que aceitando suas generalidades mais brandas e de retórica semelhante ao Sermão da Montanha. "Se você realmente quiser entender o que eu sou", disse Blair certa vez, "dê uma olhada em um sujeito chamado John Macmurray. Está tudo ali."

Quando Blair estava em Oxford, a observância religiosa já estava em declínio, mas ele se tornou praticante e acabou sendo confirmado na Igreja Anglicana. Como jovem advogado, casou-se com uma colega, Cherie Booth, que fora criada no Partido Trabalhista e na Igreja Católica. Blair com freqüência comungava na igreja de Cherie, em Islington, na região norte de Londres, até que, em 1996, o cardeal Basil Hume escreveu-lhe e pediu que, como anglicano com acesso irrestrito a igrejas anglicanas, não fizesse mais aquilo. Blair respondeu e atendeu ao pedido do cardeal, mas, com uma gota de ácido em sua caneta, acrescentou: "Eu me pergunto o que Jesus teria feito".

Como ativista do Partido Trabalhista e depois como membro do Parlamento representante do eleitorado de Sedgefield, Blair continuou a falar de política em termos moralistas. De maneira alguma ele estava ancorado no vocabulário socialista e trabalhista de Michael Foot e Tony Benn, seguindo, em vez disso, o caminho vitoriano de luminares do Partido Liberal tais como Gladstone, Asquith e Lloyd George. Ele não vagava pelas ruas de Londres à noite, como fazia Gladstone, buscando salvar a alma das prostitutas, mas escreveu com a energia de um pastor que invoca a barbaridade do relativismo moral. O cristianismo é uma religião muito inflexível", escreveu. "E sentenciosa. Há o certo e o errado. Há o bem e o mal."

Blair vai à igreja quase todos os domingos, e dizem que lê a Bíblia diariamente (ele até disse que leu o Alcorão três vezes, uma delas durante umas férias em Portugal), no entanto aprendeu com o tempo a evitar menções à religião em um contexto político. Afirmações como "Jesus foi um modernizador" — que soava como se o líder do novo trabalhismo tivesse trazido o Filho de Deus para o seu rebanho — causaram-lhe enorme mágoa. Em comparação com os Estados Unidos, onde apregoar as próprias crenças é quase uma exigência dos altos cargos, apenas 7% da população britânica vai à igreja regularmente, e exibições públicas de fé são desprezadas e consideradas carolice. Em 2003, Blair rascunhou seu discurso à nação sobre o Iraque, encerrando-o com um solene "Deus os abençoe". Seus assessores, boa parte dos quais ateus, substituíram a frase ofensiva por um simples "Obrigado". Mas a assessoria não consegue desfazer a imagem. A revista satírica *Private Eye* ainda chama Blair de "o vigário de St. Albion", e Jeremy Paxman e David Frost, entrevistadores da televisão, tentaram irritá-lo perguntando se ele rezava com George Bush — uma idéia que certamente desanimaria muitos britânicos. Em uma de nossas entrevistas, tentei perguntar a Blair sobre sua prática religiosa e, previsivelmente, ele não respondeu.

"Isso leva a todo o tipo de rotas principais e secundárias que não têm nada a ver com política", comentou ele. "Eu aprendi a lição quando dei uma entrevista sobre religião e me fizeram a seguinte pergunta três vezes: 'O senhor está dizendo que se a pessoa é cristã ela tem que votar no Partido Trabalhista?'. Em todas as vezes eu respondi 'não', e a manchete que saiu dizia algo como 'Se você é cristão, tem que votar no Partido Trabalhista, diz Blair'. O fato é que, em nossa política, você nunca, nunca, nunca entra nesse tipo de discussão e sai dela sem que as pessoas a interpretem erroneamente."

Blair guarda seus altos princípios para grandes ocasiões. Diante de crises humanitárias nos Bálcãs e em Serra Leoa, ele começou a invocar seus predecessores do século XIX e a fazer uma defesa moral da ação militar. Em uma viagem à Bulgária em 1999, falou sobre a campanha de Gladstone nos anos 1870 para chamar a atenção para as atrocidades cometidas ali pelos turcos. "Hoje, nós enfrentamos as mesmas questões que confrontaram Gladstone há mais de 120 anos", afirmou. "Será que uma nação ou povo tem o direito de impor sua vontade a outra? Pode alguma vez haver justificativa para uma política baseada na supremacia étnica de um grupo étnico? O mundo exterior pode simplesmente ficar observando quando um Estado nocivo abusa dos direitos básicos daqueles que ele governa? A resposta de Gladstone em 1876 foi clara. E a minha hoje também é."

De muitas maneiras, Thatcher havia preparado o caminho para o novo trabalhismo. Ela não presidiu apenas a privatização das principais empresas do serviço público e a contração das indústrias deficientes como a de carvão e aço; também mostrou de que maneira um primeiro-ministro poderia responder ao desafio do pós-guerra de Dean Acheson, quando ele disse que a Grã-Bretanha "havia perdido um império e ainda não havia encontrado sua função". Da mesma forma que Harold Macmillan antes dela, Thatcher via a função da Grã-Bretanha como a de aliado mais próximo dos Estados Unidos — a Atenas britânica fazendo o papel de conselheira para a superpotência romana-americana.

Durante a Segunda Guerra Mundial, a escolha, enraizada no interesse nacional, fora clara. Churchill disse a De Gaulle: "Toda vez que eu tiver que escolher entre você e Roosevelt, eu sempre escolherei Roosevelt". Mais tarde, a Grã-Bretanha oscilou entre impulsos contraditórios, entre seus aliados europeus e sua aliança atlântica. Em 1956, durante a crise de Suez, quando a Grã-Bretanha, a França e Israel conspiraram para tirar o canal do Egito, Anthony Eden agiu sem o apoio de Washington — um erro de cálculo que provocou uma ira sem precedentes no presidente Eisenhower. A Grã-Bretanha foi forçada a se retirar do canal, e a crise deixou um alerta para o país: nunca mais ele deveria ignorar os interesses americanos nem desafiar Washington. No entanto, durante a Guerra do Vietnã, Harold Wilson recusou o pedido de Lyndon Johnson de enviar tropas para o Sudeste Asiático. Então, nos anos 1980 e começo dos 90, a tendência alterou-se mais uma vez. A aceitação de Ronald

Reagan por Thatcher foi absoluta, uma versão republicano-conservadora do modelo Atenas-Roma. E, depois que Saddam Hussein invadiu o Kuwait, Thatcher apoiou a confiança de George H. W. Bush na corrida para a Guerra do Golfo, dizendo-lhe: "Não é hora de vacilar".

No final dos anos 1990, quando os europeus e a administração Clinton demoraram para intervir no Kosovo, Blair repetidamente insistiu que o Ocidente agisse de maneira mais enérgica. Seus protestos ajudaram a ocasionar o primeiro grande emprego de tropas da OTAN desde a assinatura do tratado, meio século antes. A ação no Kosovo suscitou novas questões acerca de política externa, em especial sobre o uso da força contra Estados soberanos que não haviam atacado um vizinho. Em 1879, quando Gladstone enfrentava questões semelhantes sobre intervenção humanitária, ele defendeu a perspectiva do moralista vitoriano:

> Lembrem-se dos direitos do selvagem, como nós o chamamos. Lembrem-se de que a felicidade de seu humilde lar, lembrem-se de que a santidade da vida nas vilas das colinas do Afeganistão, entre as neves de inverno, é tão inviolável aos olhos de Deus Todo-Poderoso quanto a sua própria.

Se ele estivesse certo quanto a ser "moralmente forçado" rumo à intervenção, Gladstone escreveu em seu diário, então ele poderia considerar sua obra em política como "a grande e elevada bem-aventurança de Deus".

Em 1999, Blair liderou uma Inglaterra que não toleraria menção ao Todo-Poderoso em política e que há muito tempo havia perdido as capacidades de um poder imperial. Mesmo assim, ele estava preparado para incentivar o mundo — o novo "mundo independente", como ele dizia constantemente — a pôr um fim na Realpolitik e a um restabelecimento de um intervencionismo de base moral. Blair escreveu um discurso intitulado "Doutrina da comunidade internacional", que apresentou no Economic Club de Chicago. O mundo moderno, disse Blair, não podia mais evitar a intervenção no tipo de crises que ocorreram na Bósnia e em Ruanda. Ele expôs cinco critérios para a ação:

> Em primeiro lugar, temos certeza de nossa causa? A guerra é um instrumento imperfeito para retificar os infortúnios humanitários. Mas a força armada é, às vezes, o único meio de lidar com ditadores. Em segundo lugar, exaurimos todas

as opções diplomáticas? Temos sempre que dar todas as chances possíveis à paz, como fizemos no caso do Kosovo. Em terceiro lugar, com base em uma avaliação prática da situação, existem operações militares que possamos, de maneira sensata e prudente, realizar? Em quarto lugar, estamos preparados para o longo prazo? No passado nós discutimos muito sobre estratégias de saída. Mas, depois de termos nos comprometido, não podemos simplesmente ir embora uma vez que a luta esteja terminada. É melhor ficar com um número moderado de tropas do que retornar para ações repetidas com grandes grupos. E, por fim, temos interesses nacionais envolvidos? A expulsão em massa de albaneses étnicos do Kosovo exigiu a atenção do resto do mundo. Mas faz diferença o fato de isso estar acontecendo em uma parte tão inflamável da Europa.

Durante a campanha para as eleições de 2000 nos Estados Unidos, o círculo de Blair foi razoavelmente indiscreto ao trair sua esperança de que Al Gore derrotasse George Bush. O relacionamento Clinton-Blair fora de irmãos que pensam do mesmo jeito (com Clinton no papel do irmão mais velho e mais sábio, ainda que imprevisível), e os lugar-tenentes de Blair, incluindo seu chefe do Estado-maior, Jonathan Powell, haviam aprendido muitas de suas técnicas de campanha e truques de mídia observando James Carville, George Stephanopoulos e Paul Begala na primeira campanha de Clinton em 1992. Juntos, eles promoveram uma "terceira via" não muito clara — liberal em questões sociais como aborto, meio ambiente e raça, centrista em questões econômicas como previdência e despesas públicas, e cada vez mais intervencionista no exterior.

A princípio, parecia haver pouca chance de que uma política externa de Bush pudesse, em qualquer aspecto, se parecer com os princípios apresentados no discurso de Blair em Chicago. Em 2000, Condoleezza Rice publicou um artigo em *Foreign Affairs*, "Favorecendo os interesses nacionais", que era kissingeriano em sua ênfase nos interesses nacionais e seu desprezo pela "intervenção humanitária" e edificação das nações. Ainda assim, o primeiro conselho que Clinton deu a Blair depois que Bush, de fato, foi declarado presidente pela Suprema Corte foi claramente não partidário. "Seja amigo dele", disse Clinton a Blair em Chequers, o refúgio de fim de semana do primeiro-ministro. "Seja o melhor amigo dele. Seja o sujeito a quem ele recorre."

Depois que Blair teve sua primeira reunião séria com Bush, em Camp David, em fevereiro de 2001, ele contou a um assessor que Bush era "decidido, franco, com uma seriedade essencial. Com ele você sempre sabe em que pé andam as coisas. Eu gosto dele". Como disse Bush na entrevista coletiva à imprensa dos dois: "Ele desencadeou uma ofensiva de simpatia sobre mim". Quando lhe perguntaram se eles partilhavam algum interesse, Bush fez uma piada: "Bom, nós dois usamos creme dental Colgate".

Certa manhã, Blair e seu séquito partiram para fazer campanha na cidade de Gravesend, a leste de Londres. O objetivo ostensivo era promover o desenvolvimento das indústrias e da infra-estrutura ao longo das margens do Tâmisa, mas o verdadeiro motivo era atingir os votos indecisos do condado de Kent. Blair sentou no banco de trás de seu carro — um Jaguar Sovereign verde-garrafa — e, junto com seus assessores de imprensa, David Hill e Hilary Coffman, e mais alguns outros assistentes, eu subi em uma van. Depois de um trajeto sinuoso e arriscado até o desembarcadouro de Canary Wharf, embarcamos em uma espécie de *bateau-mouche* e nos lançamos em uma viagem de uma hora pelo rio. Durante o trajeto, Blair deu uma série de entrevistas, sempre tomando o cuidado de repetir fatos relevantes sobre o projeto de desenvolvimento Thames Gateway, de bilhões de dólares. Ele repetia as mesmas frases — "o maior projeto de recuperação de áreas poluídas da Europa ocidental", "preocupação com as questões ambientais" etc. — com precisão. Ele sabia de cor o livro de instruções.

David Hill ficou de lado e, com um irônico brilho de admiração, observou seu chefe em ação na frente de câmeras e gravadores.

"Você o familiariza com o assunto, depois é só dar corda e deixar que ele ande sozinho", disse o assessor.

A equipe de Blair desembarcou em Gravesend, realizou um evento público no píer com políticos e empresários locais sobre o programa de desenvolvimento, deu um passeio pela "histórica High Street" (fotos, fotos, frases de efeito, frases de efeito), e então voltamos correndo para as vans. Na pressa, quase perdemos de vista o Jaguar de Blair.

"Você se lembra daquele episódio de *The West Wing* em que Josh e Toby perdem a carreata e são deixados para trás em Indiana?", disse Hilary Coffman. "Podemos entender aquilo."

Alguns minutos mais tarde, chegamos a um trem que nos levaria de Gravesend de volta para Charing Cross, bem próximo da Downing Street. Não era um trem especial, nem mesmo um carro reservado. O grupo que acompanhava Blair observou como tudo aquilo era "diferente do estilo da Casa Branca". Blair sentou perto de uma janela e alguns assessores apertaram-se a seu lado, inclusive John Prescott, vice-primeiro-ministro de Blair. Prescott, que vem de uma família de mineiros, ferroviários e sindicalistas, freqüentou o Ruskin College, em Oxford, com uma bolsa de estudos, com pouco menos de trinta anos. Quando jovem, trabalhou como camareiro em um navio de cruzeiro, e, quando ganhou um assento na Câmara dos Comuns, membros do Parlamento conservadores como o grã-fino Nicholas Soames costumavam gritar para ele: "Um uísque com soda para mim, Giovanni! E um gim-tônica para o meu amigo!". Prescott tem o rosto carnudo de um velho trabalhista, e é um executivo habilidoso e durão do partido. Certa vez, quando Blair o deixou nervoso, ele o chamou de "Jesus Cristo do cacete". Uma das principais tarefas de Prescott é servir como árbitro entre a parceria pouco funcional entre Blair e Gordon Brown. Enquanto o trem andava, pude ouvir Hill passando informações a Blair em voz baixa sobre alguns eventos próximos, dizendo em um determinado momento: "E a mensagem é...". Blair faz anotações em um bloco de papel branco. Quando o trem parou para pegar mais passageiros, ele alegremente disse aos seguranças que deixassem alguns entrar e ocupar os poucos assentos vazios em nossa parte do vagão. "Ao contrário da direita, nós precisamos de mensagens positivas", dizia Hill. "Uma mensagem clara... refinada... avançada..."

Os passageiros comuns pareciam pouco impressionados por estarem na presença de seu primeiro-ministro. Um homem com um exemplar do *The Daily Telegraph* sentou-se, deu uma olhada rápida em Blair, abriu o jornal e não parou mais de ler. Uma garotinha perguntou à mãe: "Mãezinha, aquele é Tony Blair?". Percebendo o interesse, Blair convidou-a a se aproximar e tirar uma foto com a câmera do celular. A mãe, uma imigrante italiana, disse a ele que Silvio Berlusconi nunca andaria em um trem daqueles.

"Imagino que não", disse Blair.

Durante boa parte da viagem de uma hora até a cidade, pude sentar-me perto de Blair e perguntar-lhe sobre o Iraque. Praticamente desde que assumiu o cargo, ele tem dito aos visitantes do número 10 que ficou abalado com os relatórios de inteligência que leu sobre as intenções de Saddam e seus programas de armamentos. "Eu não compreendo por que os franceses e os outros não entendem isso", disse em 1997 a Paddy Ashdown, na época líder dos democratas liberais. "Não podemos deixá-lo impune."

Os ataques da Al Qaeda a Nova York e Washington marcaram o fim das esperanças da administração Bush de conduzir a política externa de isolamento prevista pelo artigo de Rice em *Foreign Affairs*. "Somos todos internacionalistas agora", Blair havia dito em Chicago, e, como Clinton aconselhara, ele tornou-se rapidamente o aliado mais constante de Bush, assumindo um compromisso com os esforços militares no Afeganistão e no Iraque. Nenhum outro país forneceu tantas tropas para as incursões lideradas pelos Estados Unidos. Perguntei a Blair se ele achava que os Estados Unidos poderiam ter ido à guerra no Iraque sem a Grã-Bretanha, que tinha dado à invasão a aparência mínima de uma coalizão internacional.

"Não sei", disse Blair. "Acho que os Estados Unidos, no final das contas, fariam qualquer coisa que fosse necessária para sua própria segurança. Mas era importante que não deixássemos que eles decidissem isso sozinhos. Eu também acredito profundamente que o Onze de Setembro foi um ataque ao mundo livre, não aos Estados Unidos. Foi um ataque à América porque a América é a principal potência do mundo livre. Se a América não fosse, e a Grã-Bretanha fosse, teria sido um ataque à Grã-Bretanha. Não vamos nos enganar a esse respeito. Essa aliança com os Estados Unidos é muito vantajosa para o meu país."

Parte do problema de Blair é que, apesar de suas diferenças com a administração a respeito de tudo, desde os acordos ambientais de Kioto até questões de assistência a outros países, para não mencionar as políticas domésticas muito mais liberais dos trabalhistas, uma boa parte do público britânico agora vê o tipo de intervencionismo de Blair como indistinguível do neoconservadorismo dos "Vulcanos"* da Casa Branca. E ainda assim Blair parecia não se importar.

"O que acho interessante é que as pessoas podem chegar à mesma posição partindo de perspectivas diferentes", observou ele. "O conceito de que nos-

---

* Vulcanos: grupo formado por Dick Cheney, Donald Rumsfeld, Colin Powell, Paul Wolfowitz, Richard Armitage e Condoleezza Rice. Receberam esse nome em alusão ao deus romano do ferro e do fogo, em razão de suas posições inflexíveis na área internacional. (N. T.)

sa segurança básica reside na difusão dos valores de democracia e liberdade é uma idéia com a qual eu, como progressista, me sinto bastante confortável. Agora, isso não significa que você pode sair e alterar qualquer regime no mundo que não corresponda a esses princípios. Mas significa, sim, que, nos lugares em que tomamos aquelas medidas para intervir, temos fé no povo — seja no Iraque, seja no Afeganistão, ou, de fato, na Palestina ou no Líbano — para que ele decida seu próprio futuro."

Existe mesmo muita diferença entre o neoconservadorismo americano e o intervencionismo liberal de Blair?

"Eu não passo muito tempo tentando analisar isso", disse. "Apenas digo o que considero correto em uma determinada situação. E no final tivemos que tomar uma decisão em relação a Saddam. Podíamos tê-lo deixado lá e podíamos tê-lo removido, e achei que seria melhor removê-lo... O que era apenas uma causa moral agora também é uma causa em nosso interesse próprio, motivo em torno do qual os conservadores e progressistas podem se unir."

Às vezes, eu disse, parece que Blair tem mais admiradores nos Estados Unidos do que em seu próprio país.

"É uma gentileza da parte das pessoas me tratarem bem nos Estados Unidos, mas neste momento eu preciso disto aqui", disse Blair. "O Iraque tem sido uma questão bastante divisória. Não há sentido em contestar isso. Mas a coisa mais importante agora é nos concentrarmos no futuro, porque em uma batalha entre o povo do Iraque — e agora está claro que o povo do Iraque quer democracia com todas as garantias, direitos e liberdades que para nós são um pressuposto — e um bando de terroristas e insurgentes, é bastante óbvio de qual lado vamos ficar, mesmo para aquelas pessoas que se opuseram ao conflito inicial. Acho que agora existe uma percepção de mudança espalhando-se pelo Oriente Médio. Deixemos de lado os motivos para isso estar acontecendo, mas o que está ocorrendo no Líbano, o anúncio feito pelo presidente do Egito sobre eleições democráticas, aquilo que já aconteceu em um país como o Afeganistão, tudo isso é surpreendente depois de décadas e décadas de brutal repressão.

"Às vezes essas questões têm que ser julgadas a longo prazo e temos que aceitar isso. Eu espero e creio que, quando as pessoas olharem para trás, elas verão isso como algo que motivou a mudança, como algo bom não só para o Iraque e para a região, mas também para o nosso país."

* * *

Nos meses anteriores à guerra, Blair denunciou freqüentemente a história e a natureza da ditadura do Baath, mas apoiou sua defesa da guerra sobre o argumento legalista de que Saddam havia repetidamente desafiado as resoluções da ONU sobre posse e desenvolvimento de armas de destruição em massa. Depois da invasão, quando essas armas não foram encontradas, Blair foi atacado por políticos e figuras públicas de todo o espectro político — incluindo membros de seu próprio governo — por forçar a adoção da idéia de guerra com base em informações duvidosas. Duas investigações independentes, os relatórios Hutton e Butler, liberaram Blair da acusação de que ele havia deliberadamente mentido para o povo britânico, mas sua credibilidade sofreu imensamente. O que aconteceu?

"Eu não sei", disse Blair, enquanto o trem passava pelos quintais cercados da Londres suburbana. "O melhor que posso dizer é o que o Iraq Survey Group [Grupo de Pesquisa sobre o Iraque] descobriu. Duas coisas nós sabemos: Saddam tinha armas de destruição em massa e nós não as encontramos."

Se soubéssemos que o programa bélico do Iraque era tão reduzido, teríamos ido à guerra baseados nas "intenções" de Saddam de construir mais armas de destruição em massa e com um argumento relacionado a direitos humanos?

"O argumento legal para a guerra apoiou-se nas violações das resoluções da ONU, mas em fevereiro de 2003 fiz um discurso em Glasgow no qual descrevi a relevância da natureza do regime", afirmou ele. "E a verdade é que a relevância da natureza do regime significava que, em primeiro lugar, obviamente, qualquer risco de armas de destruição em massa nas mãos de um regime como esse era maior do que as mesmas armas nas mãos de um regime relativamente benigno. E, em segundo lugar, significava que a remoção desse regime não era, em si, algo ruim. Ao contrário, era uma coisa boa a se fazer. Agora, o argumento legal tinha que se basear na violação das resoluções da ONU. Essa é a distinção, na verdade. Mais uma vez, contrário a isso tudo, acho que, para todos nós que olhamos para a questão, a natureza do regime era um contexto muito importante no qual aquele argumento legal foi examinado. Em termos do argumento legal, tudo girou em torno de armas de destruição em massa."

Blair se aborrece com esse tipo de questionamento. Ele não podia, politicamente ou de qualquer outra forma, dizer que a guerra foi travada sobre uma falsa premissa. "Então, em outras palavras, o senhor está dizendo não?"

"No final, a questão tinha a ver com a violação das resoluções da ONU com relação às armas de destruição em massa", disse Blair. "Uma forma melhor de colocar a questão é: 'Mas, em relação ao Onze de Setembro, esta é uma discussão que estaríamos tendo?'. E a resposta para isso é não. O que o Onze de Setembro fez foi mudar fundamentalmente a minha maneira de pensar. Na época achei que todas aquelas preocupações que eu tinha sobre armas de destruição em massa e sua proliferação foram muito realçadas, e pensei: não, a única coisa da qual temos que ter absoluta certeza é de que essa conexão de Estados repressivos, o desenvolvimento de armas de destruição em massa, o desenvolvimento desse tipo virulento e extremado de terrorismo — temos que pôr um fim nisso tudo. O que isso significa? Significa tomar medidas de segurança que são necessárias. Significa mandar um sinal para o mundo todo dizendo que, de agora em diante, se alguém desenvolve esse tipo de coisas diante das resoluções da ONU, vai ter problemas. Agora, essa foi a razão para assumir o controle no Iraque. Não foi porque eu de repente achei que o Iraque fosse invadir a Grã-Bretanha. Não foi por isso. Nunca argumentamos nesses termos. Mas a importância de se fazer cumprir a vontade internacional versus as armas de destruição em massa me foi trazida pelo Onze de Setembro e, portanto, o local para começar era o Iraque, porque estava violando as resoluções da ONU já havia alguns anos."

Blair fez uma pausa e então continuou: "Agora, eu pessoalmente acho que desde então tem havido um diálogo imperfeito com o Irã, mas pelo menos a Europa e os Estados Unidos estão trabalhando juntos nisso. A Líbia está desistindo de suas armas de destruição em massa. A rede de A. Q. Khan, que era realmente muito perigosa, foi eficientemente desmantelada. A Coréia do Norte é um ponto de controvérsia, mas o mundo está focado nele. Não se permitiu que se inflamasse. Para mim, a razão de segurança para empreender uma ação — e, sem a razão de segurança, essa ação não poderia ser empreendida apenas com base em direitos humanos —, a razão de segurança estava muito ligada à minha percepção de que, depois do Onze de Setembro, todo o jogo havia mudado. O equilíbrio de risco havia mudado. Se, na situação anterior, o equilíbrio da dúvida dizia respeito à inação, depois do Onze de Setembro o equilíbrio da dúvida, sempre, para mim, implicava ação".

* * *

Segundo o livro *Thirty days*, de Peter Stohard, um dos muitos relatos informativos do debate sobre o Iraque na Grã-Bretanha, menos de uma semana antes que a Câmara dos Comuns votasse em relação à guerra, Blair disse a uma de suas assessoras, Sally Morgan: "O que me surpreende é quantas pessoas estão contentes com a permanência de Saddam. Elas perguntam por que não nos livramos de Mugabe, por que não nos livramos do bando de Mianmar. É, vamos nos livrar deles todos. Eu não vou fazer isso porque não posso, mas, quando você pode, é o que deve fazer".

Essa observação, e outras parecidas, mostraram o desencanto cada vez maior de Blair com a esquerda. Ainda que, das mesma forma que Clinton, Blair tenha movido seu partido para o centro, ele nunca imaginou, em 1997, que tantos leitores do *The Guardian* iriam, digamos, abandoná-lo. (Na mesma medida, muitos leitores do *Guardian* nunca teriam imaginado que um primeiro-ministro trabalhista iria restringir as liberdades civis ou cortejar Rupert Murdoch, o principal provedor da mídia de direita, de maneira tão assídua quanto fez Blair.)

Quando lhe perguntei sobre sua exasperada observação feita na Downing Street, ele disse: "O maior escândalo em política progressista é que você não tem pessoas com cartazes na rua na Coréia do Norte. Ora, aquele é um regime odioso. As pessoas são mantidas em uma forma de escravidão, 23 milhões, e ninguém protesta! Você põe 100 mil pessoas na rua de quase qualquer capital européia para protestar sobre os Estados Unidos, que, apesar de todos os seus erros, é um país livre!

"A esquerda tem dois impulsos, que entram em conflito um com o outro, embora ambos sejam perfeitamente bons", continuou Blair. "Um deles é a paz, o outro é a intervenção para ajudar as pessoas. A paz é ótima. Mas, se a pessoa estiver vivendo em um regime tirânico, ela não tem muita paz."

Perguntei a Blair sobre todos os erros e mesmo os desastres que se seguiram à queda de Saddam: o fracasso americano em prever os saques em massa, a insurreição, as baixas intermináveis, a tortura na prisão de Abu Ghraib.

"Sobre isso eu tenho uma opinião ligeiramente herética", afirmou. "Acho que, quando esse tipo de coisa acontece, é terrível e medonho e devemos condená-la imediatamente e lidar com ela. Mas também penso que as pessoas no

Oriente Médio, no Iraque e em lugares assim são mais inteligentes do que geralmente as consideramos. E o que elas vêem é uma coisa terrível acontecendo e os Estados Unidos agindo a respeito, os políticos dos Estados Unidos sob pressão, os soldados dos Estados Unidos responsáveis sendo processados. Acho que as pessoas dizem que essas coisas acontecem, mas a diferença entre uma democracia e uma ditadura é que em uma democracia, quando alguma coisa terrível acontece, alguém é responsabilizado, e em uma ditadura não.

"Eu tive uma reunião após a outra sobre planejamento do pós-guerra, mas todo o planejamento do pós-guerra estava, na verdade, baseado no colapso humanitário", continuou. "Quero dizer, isso é o que se pensou que ia acontecer. Foi sobre isso que fomos avisados." Apenas se a coalizão conseguisse fornecer ao Iraque os rudimentos de uma democracia segura e funcional, disse Blair, os insurgentes se enfraqueceriam. "Ora, como eles podem se voltar para as pessoas no Oriente Médio e em outros lugares, para os muçulmanos de todo o mundo, e dizer 'Este é o terrível Satã explorando e aviltando nosso povo e impedindo-nos de ter nossa religião', quando as pessoas no Iraque na realidade são mais livres para orar do que eram e têm uma democracia?"

As próprias frustrações de Blair estavam claras. A ausência de armas de destruição em massa no Iraque deixou-o desamparado, evasivo. Pensei no Perowne de McEwan e sua tentativa de ver por trás da máscara enérgica de Blair nos dias que antecederam a guerra:

Perowne se pergunta se momentos como aquele, golpes de uma dúvida fria e cheia de pânico, representam uma parte cada vez maior nos dias e noites do primeiro-ministro. Talvez não haja uma segunda resolução da ONU. O próximo relatório dos inspetores de armas também pode ser inconclusivo. Os iraquianos podem usar armas biológicas contra a força invasora. Ou, como um antigo inspetor continua insistindo, talvez não haja mais nenhuma arma de destruição em massa. Fala-se em fome e em 3 milhões de refugiados, e já estão preparando os campos para recebê-los na Síria e no Irã. A ONU prevê centenas de milhares de mortes entre os iraquianos. Em represália, pode haver ataques em Londres. E ainda assim os americanos se mantêm vagos em relação a seus planos para o pós-guerra. Talvez não tenham nenhum. No final das contas, Saddam pode ser derrubado a um custo muito alto. É um futuro que ninguém pode ler. Os ministros do governo se manifestam com lealdade, diversos jornais apóiam a guerra, existe um razoável grau de apoio apreensivo no país junto com aqueles que discordam, mas ninguém duvida realmente que na Grã-Bretanha apenas um homem está levando a questão adiante. Suores noturnos, sonhos horríveis, as enganosas e desenfreadas fantasias da insônia?

Agora, com o combate principal provavelmente acabado, continua incerta a maneira pela qual a história vai julgar Blair. Conor Gearty, um defensor dos direitos humanos que trabalha nas mesmas salas de audiências que Cherie Blair, contou-me que foi contra a guerra e a maneira de agir de Blair em relação a ela, e no entanto ele às vezes pergunta a seus alunos na London School of Economics se eles podem imaginar Blair e Bush sendo declarados heróis algum dia, por terem aberto o caminho para uma onda democratizadora nos Estados autoritários do Oriente Médio. "Meus alunos só dão risada", diz Gearty. "Mas reconheço que não é algo inconcebível."

Em todos os melhores relatos sobre a diplomacia de Blair — *Thirty days*, de Stothard, *Hug them close*, de Peter Riddell, *Blair's wars*, de John Kampfner, os relatórios Hutton e Butler, e o documentário da BBC *Iraq, Tony and the Truth* — o primeiro-ministro está convencido de que Saddam violou as resoluções da ONU. Ele não está enganando a Grã-Bretanha propositadamente, mas, ao mesmo tempo, ele parece excessivamente disposto a aceitar como absolutas informações secretas não confirmadas e a anunciar essa evidência como um fato para o público. "No cerne do problema estava um choque de culturas: entre os mundos da personagem George Smiley de John le Carré e *The West Wing*, entre palavras cautelosas, advertências e nuances do Comitê de Inteligência Conjunta e os comunicados em megafones dos assessores de mídia e o ciclo de 24 horas dos noticiários", escreveu Peter Riddell, um colunista do *The Times*, de Londres. "Quanto mais há avaliações públicas das informações, tanto mais desaparecem quaisquer restrições ou incertezas. Tony Blair e o governo com certeza estavam errados ao não enfatizarem as dúvidas."

Até alguns dos conselheiros mais próximos a Blair pareciam saber que estavam envolvidos em um jogo temerário ao prepararem um dossiê duvidoso para a liderança e para a absorção pelo público. Em um e-mail enviado em setembro de 2002 — e isso foi revelado publicamente um ano mais tarde —, Jonathan Powell, chefe de gabinete de Blair, contou ao diretor do Comitê de Inteligência Conjunta, John Scarlett, que embora "o dossiê seja bom e convincente para aqueles que estão preparados para serem convencidos [...] o documento nada faz para demonstrar uma ameaça, muito menos uma ameaça iminente, de Saddam".

Peter Oborne, o editor político da revista conservadora *The Spectator*, contou-me que acreditava que Blair poderia ser um homem "quebrado" como resultado da perda de confiança. "Isso tudo importa devido a 100 mil iraquianos mortos, Abu Ghraib, uma coisa vergonhosa pela qual ninguém foi demitido", disse Oborne, que havia acabado de publicar um livro sobre mentiras na política britânica. "A prontidão em violar as leis internacionais, em mentir para os eleitores e a comunidade internacional, em ignorar o processo adequado, a arrogância pura. É o ato mais maldoso, destrutivo e bárbaro da minha vida e abalou minha fé. Aquelas armas de destruição em massa não existiam e nos disseram que elas existiam. [...] Como conseqüência, todo o sistema político sofreu um colapso catastrófico na confiança no próprio Blair."

Embora alguns historiadores possam muito bem concordar com Blair que a destruição do regime Baath — apesar das baixas, do terrível planejamento do pós-guerra, de Abu Ghraib — evitou que outros atos de violência fossem praticados por Saddam e seus filhos e conduziu a mudanças na região, a antipatia, até mesmo o ódio, contra George Bush entre alguns britânicos é tão intensa que o pecado mais imperdoável de Blair parece ser seu papel de subordinado na aliança anglo-americana. Essa impressão só aumentou quando, no começo de 2003, o secretário de Defesa Donald Rumsfeld disse à imprensa que a coalizão poderia ficar sem o auxílio militar britânico, ou quando assessores da Casa Branca, como Scooter Libby, chefe de gabinete do vice-presidente Dick Cheney, zombaram abertamente dos pedidos de Blair para que fosse feita uma segunda resolução (condenada) no Conselho de Segurança. "Oh, puxa, é melhor não fazermos isso, se não vamos aborrecer o primeiro-ministro", disse Libby, segundo a biografia de Blair escrita por Philip Stephens.

Os britânicos não ficaram tão aborrecidos com os Estados Unidos quanto passaram a desejar um primeiro-ministro que venha a remover a marca da subserviência do relacionamento entre os dois países. No ano passado, o público inglês foi ver *Simplesmente amor*, comédia levíssima estrelada por Hugh Grant representando um improvável primeiro-ministro, bonitão e faminto de amor. As pessoas irromperam em aplausos durante uma cena na qual o primeiro-ministro Grant, numa entrevista coletiva à imprensa no número 10 com um libidinoso (clintoniano) cowboy (bushiano) como o presidente americano, interpretado por Billy Bob Thornton, diz que o relacionamento não é mais especial. "Receio que tenha se tornado um mau relacionamento", diz ele, "um relacionamento baseado em ações nas quais o presidente faz exatamente o que quer e ignora por completo todas aquelas coisas que realmente interessam para a Grã-Bretanha." E no entanto todas as pessoas que aplaudiam sabiam que essa cena de *Simplesmente amor* era tão improvável no governo de Tony Blair, ou de qualquer primeiro-ministro moderno, quanto a ascensão de Don Corleone ao papado. Pelos escritórios da Downing Street, os assessores não têm dúvidas de que Blair vai vencer, mas não fingem que o dilema Bush-Blair foi totalmente resolvido. "O problema é Bush", disse-me um de seus assessores veteranos. "A monumental obrigação para com Bush fez aflorar um antiamericanismo latente. As pessoas estão preocupadas com a confiança e com o discernimento de Blair. O fato de ele ter feito a coisa errada no Iraque significa que eles têm preocupações sérias sobre seu discernimento."

A fim de reconquistar a esquerda, disse o funcionário, Blair tem de mostrar que está pressionando os americanos a agirem de maneira mais enérgica na disputa entre Israel e a Palestina, na ajuda à África, nas mudanças climáticas. "Isso não compensa a questão do Iraque", disse o funcionário, "mas, se você é um eleitor que precisa de algum tipo de autorização para votar em Blair, mesmo de má vontade, pelo menos pode dizer que ele é bom quando se trata da questão palestina ou dos serviços públicos." Para os eleitores conservadores, Blair precisa mostrar que está ativo naquilo que outro funcionário chamou de "política Rudy Giuliani": acabar com os inúmeros casos de embriaguez em público, erradicar aborrecimentos como os grafites, assumir o controle da disciplina nas escolas. Os líderes do Partido Conservador admitem que só podem vencer por meio da apatia e pelos votos de protesto. A voz geral do partido, segundo me disse um membro conservador do Parlamento, é "mais Dole em 1996 do que Bush em 2000, mais desanimadora do que esperançosa". E isso deveria ser revelador. Simon Jenkins, que escreve uma coluna no *Times* de Londres atacando Blair regularmente, disse-me que, contanto que a economia se mantenha em seu nível atual, "as pessoas se sentem muito bem. E estão preparadas para dar crédito ao sujeito sorridente que está lá em cima. E não há outro, a não ser Tony Blair".

* * *

O presidente Bush ainda não pagou um preço político muito alto pelos erros que acompanharam a guerra no Iraque. O escândalo das torturas em Abu Ghraib foi ultrajante para a opinião mundial, no entanto Rumsfeld teve de agüentar pouco mais do que um dia de interrogatório no Congresso. Recentes investigações do governo mostraram que toda a burocracia da inteligência estava completamente enganada no que diz respeito às armas de destruição em massa do Iraque. Mas não houve renúncias importantes — George Tenet deixou o posto de chefe da CIA, mas em seguida recebeu a Medalha da Liberdade. Durante os debates presidenciais, Bush não conseguiu citar um erro grande que tenha cometido em seu primeiro mandato. As palavras "Abu Ghraib" jamais foram pronunciadas nos debates, nem por Bush, nem por John Kerry.

Blair suportou muito mais críticas, mas ele, também, deverá pagar um preço mínimo nas eleições. Há pouco tempo eu o vi em um programa de televisão chamado *The Wright Stuff*, no qual um dissimulado anfitrião chamado Matthew Wright fez o primeiro-ministro passar por mais uma hora de campanha do masoquismo. (Ele o chamou de Tony nada menos do que vinte vezes.) Em um determinado momento, Wright apresentou a Blair um vídeo no qual os eleitores diziam para a câmera o que queriam dele:

MULHER: Eu gostaria que Tony Blair se livrasse da burocracia nos hospitais, para que as enfermeiras pudessem de fato realizar seu trabalho...

HOMEM: Eu quero direitos iguais para os pais.

UMA JOVEM: Eu quero que Tony Blair melhore as escolas dando mais poder aos professores.

HOMEM: Eu quero que seja proibido fumar em público.

MULHER: Eu quero que as mensalidades do ensino universitário sejam abolidas.

MULHER: Eu quero honestidade do governo.

HOMEM: Eu quero uma administração regional para o Noroeste.

HOMEM: Eu quero que os imigrantes não sejam tratados como animais.

UMA JOVEM: Eu quero que Tony Blair introduza cobranças por congestionamentos por toda a Grã-Bretanha, para incentivar as pessoas a usar os transportes públicos.

UMA JOVEM DE LENÇO NA CABEÇA: Eu quero que Tony Blair pare de fazer o que o governo dos Estados Unidos diz, e que faça mais o que pensa o público britânico. MULHER: Eu quero que Tony Blair pare de fazer pressão sobre mães como eu para voltarem a trabalhar.

"É uma longa lista", disse Blair. Mas ele só podia estar satisfeito. Apenas uma pessoa, a mulher usando um *hijab*, disse alguma coisa sobre política externa. Todo o resto foi sobre o pão com manteiga de todo dia.

Blair está se concentrando em reconquistar a afeição do público britânico centímetro por centímetro. Tem-se a impressão de que ele participa de qualquer reunião. Uma recepção para a Sociedade Britânica de Editores de Revistas na Downing Street não pareceu dar destaque às revistas de opinião — *New Statesman, The Spectator,* ou *Prospect.* Os participantes faziam parte de um círculo mais amplo: *CosmoGirl!, Waitrose Food Illustrated, Motorcycle News,* revistas de moda, revistas de viagem. Sentei-me ao lado da editora de *Spirit & Destiny.* Perguntei-lhe sobre o que era a revista, e ela disse: "Estilos de vida alternativos, saúde e algumas alusões a bruxaria". Blair abriu o encontro dizendo: "Um agradecimento especial para a moça da revista *Flower Arranger,* que trouxe flores para Cherie".

Algumas das perguntas foram sérias — sobre direitos humanos na China, alianças européias, a campanha —, mas houve mais sobre coisas como "a campanha de segurança para motociclistas" e, de novo, a opinião do primeiro-ministro sobre Turkey Twizzlers. Então alguém perguntou a Blair quem ele escolheria para ministro das Finanças "se Gordon Brown fosse atropelado por um ônibus".

Blair é imperturbável, e ainda assim ele fez uma pausa, como se para recuperar o fôlego. "Bem, essa seria uma ótima coisa para se especular", comentou. "Na verdade, eu o vi esta manhã e ele está com excelente saúde."

Quando o grupo de editores já havia razoavelmente exaurido seu estoque de perguntas, algo estalou em Blair — "Seja um bom anfitrião! Mostre-lhes o lugar!" — e, com um toque de ironia de quem já havia feito isso antes, comandou a mais rápida de todas as turnês pelo número 10.

"Certo", disse. "Bem, estamos na sala de jantar." Ele apontou para um canto do salão. "Ali fica a prataria. É melhor não mexer." Então, apontando para uma enorme pintura às suas costas: "Este é um retrato do rei George. Quando ele era vivo, nós ainda tínhamos a América".

Blair voltou para seu pequeno gabinete. Quando lhe perguntei se ele tinha alguma crítica a fazer sobre a Casa Branca de Bush, ele foi, como sempre, cuidadoso, até mesmo indulgente. Disse que as políticas da administração a respeito de tudo, do meio ambiente até o auxílio à África, eram muito menos de orientação direitista do que vítimas da imprensa ruim.

"A chave é entender o ponto de partida da administração", observou. "A administração não está dizendo que a África não é importante. Eles são teimosos em relação à necessidade de bom governo, anticorrupção, resolução de conflitos, e também diminuição das dívidas. Mais uma vez, ao contrário do que as pessoas pensam, eles aceitam a importância de se abordar a questão das mudanças climáticas e a ultrapassagem da economia baseada em carbono. Mas vão ser bastante teimosos em relação a como fazê-lo e de que maneira isso afeta o crescimento econômico e os padrões de vida.

"É uma questão de persuasão e também de entender o ponto de partida dos Estados Unidos, em vez de *ler* sobre o ponto de partida dos americanos, porque a minha experiência é, com freqüência, completamente diferente."

A suscetibilidade de Blair em relação aos Estados Unidos é tanta que ele parece não levar em consideração o antiamericanismo na Grã-Bretanha, especialmente nas universidades e entre as elites políticas e na mídia.

"É uma moda!", exclamou. "Para as pessoas, menosprezar o relacionamento entre os dois países, dizer que a Grã-Bretanha não ganha nada com ele, dizer que eu sou um *poodle* dos Estados Unidos e todas essas coisas... Se você escuta qualquer uma dàs pessoas que fazem programas de entrevistas ou qualquer outra coisa assim, existe uma cultura subjacente de zombar do relacionamento, dizendo que ele não tem importância etc. É exatamente assim que as coisas são. Mas, se você opta pela perspectiva mais ampla e pergunta: 'O que está realmente no âmbito dos interesses do país?', você simplesmente tem que se levantar e explicar adequadamente para as pessoas por que o relacionamento é importante e que nós partilhamos certos valores.

"Existe uma parte da mídia na Grã-Bretanha que é antieuropéia, existe uma parte que é antiamericana, e existe uma parte que é contrária às duas alianças", continuou ele. "O que é uma posição bizarra, se colocar com a Grã-Bretanha do início do século XXI, em oposição à Grã-Bretanha do século XIX... Às vezes é preciso trazer as pessoas de volta para aquilo que é elementar e dizer: O. k., então você não gosta deste ou daquele aspecto de uma determinada política. Será que estamos dizendo que se deva desistir desse relacionamento com a Europa ou com os Estados Unidos? É claro que não. Isso seria uma insanidade. Nenhum país ajuizado faria isso na época atual, em que, a menos que você tenha a estatura da China, da Índia ou dos Estados Unidos, exatamente o que lhe dá apoio para todos os tipos de situações internacionais que têm relação direta com os interesses de seu país são essas alianças. Elas são os dois pilares da política externa britânica e nós estaríamos malucos se desistíssemos de qualquer uma delas."

Na primavera passada, Blair estava pensando em se candidatar novamente. Em 1994, ele e Gordon Brown tiveram um jantar particular em um restaurante chamado Granita, no bairro de Islington, na zona norte de Londres — um acontecimento que é o mistério folclórico da política britânica contemporânea. Tanto Blair quanto Brown têm pessoas indicadas para vazar informações. Os indicados de Brown afirmam que Blair prometeu que, depois de dois mandatos como primeiro-ministro (ou dez anos como líder do partido), abriria caminho para Brown; e, nesse ínterim, Blair teria autoridade sem precedentes no amplo setor da política doméstica. Blair me contou, como contou a todo mundo, que "não se fazem acordos" com essas posições, e nenhum acordo foi feito no Granita. O que é evidente é que Blair viu o que aconteceu com Thatcher, que certa vez disse que continuaria "mais e mais" — um pouco de presunção que acabou quando seu próprio partido a demitiu, substituindo-a por John Major. E então Blair decidiu candidatar-se pela terceira vez, mas, diferentemente de Thatcher, prometeu que não tentaria um quarto mandato.

"Ninguém conseguiria permanecer por quatro mandatos", observou. "O país não ia querer."

Nas últimas duas semanas, Brown e Blair mais uma vez cerraram fileiras, aparecendo juntos nos roteiros da campanha e até em um delicado anúncio realizado por Anthony Minghella, diretor de *O paciente inglês*. O apoio televisivo de Brown tem ajudado Blair a aumentar sua dianteira.

Em momentos de crise, a imprensa com freqüência recorre a um pouco de descrição física para representar aquilo que ela imagina ser o desespero ou a exaustão de Blair. Ele passa a ter "o rosto muito pálido". Seu cabelo "está rareando". Ele emagreceu. Eu não percebi nada disso. Ele ainda tem uma aparência absurdamente jovial, apesar de episódios de arritmia cardíaca no ano passado. No entanto, Blair fez o favor de negar que sempre esteve no comando absoluto, mesmo com as pesquisas de opinião mudando repentinamente a seu favor.

O trabalho "é totalmente implacável", afirmou ele. "Você tem que lidar com uma multiplicidade de questões o tempo todo. E o processo de tomada de decisão pára em você. Isso é surpreendente — quando cada decisão pára em você. Como entender isso? Por meio do reconhecimento de que é um privilégio fazer isso, de que se pode fazer isso apenas por um período limitado de tempo, e que a única maneira de tirar o máximo proveito disso é manter a calma, fazer aquilo que se considera correto, reconhecer que não é possível agradar a todas as pessoas todo o tempo — na verdade, agradar a algumas pessoas durante algum tempo já é uma bela façanha. E, quaisquer que sejam os julgamentos feitos no período em questão, a história pode ter uma outra perspectiva."

(2005)

Cinco dias antes da eleição de 5 de maio, o *The Sunday Times* de Londres publicou um memorando até então secreto, as atas de uma reunião de Blair e diversos de seus funcionários de segurança, política externa e informações, realizada sete meses antes da guerra. O documento mostrava claramente que a liderança britânica concluía que o presidente Bush, apesar do que havia alegado, estava decidido a invadir o Iraque, independentemente do que Saddam fizesse com seus programas de armas. "A ação militar agora era vista como inevitável", dizia o documento, que resumia um relatório enviado a Blair por Richard Dearlove, que na ocasião era chefe do MI6, a agência de inteligência britânica. Dearlove acabara de voltar a Londres, depois de reuniões com funcionários da administração em Washington. "Bush queria depor Saddam por meio de ação militar, justificada pela conjunção de terrorismo e armas de destruição em massa. Mas a inteligência e os fatos estavam sendo determinados em torno da política." *Fatos estavam sendo determinados em torno da política.* A revelação do memorando aprofundou a impressão de que Blair não tinha sido inteiramente sincero com o público britânico e de que ele tinha feito muito pouco para contestar Bush. Mesmo aqueles que defendiam a guerra, mesmo aqueles que viam a possibilidade de um bom resultado para a guerra — o fim do regime de Saddam —, ainda que fosse travada com base em uma falsa premissa, mesmo esses ficaram espantados com a relação flexível mantida por Blair em relação à verdade e a George W. Bush.

No fim, os resultados das eleições foram tão fracos para os trabalhistas quanto os conselheiros de Blair puderam imaginar. Uma combinação de baixo comparecimento, votos para os democratas liberais, em protesto, e uma visibilidade maior dos conservadores nas últimas semanas da campanha não conseguiram impedir que Blair se elegesse — ele conquistou o terceiro mandato —, mas a maioria trabalhista no Parlamento foi reduzida em cem votos, uma queda enorme que representava a diferença entre o domínio fácil e o impasse.

No dia 7 de julho de 2005, enquanto Blair, Bush e o resto dos líderes dos principais países industrializados se reuniam em Gleneagles, na Escócia, quatro atentados suicidas com bombas em Londres — três no metrô e um em um ônibus — mataram 56 pessoas e feriram centenas. Duas semanas depois, quatro outros suicidas tentaram repetir o feito. A especulação sobre a possível renúncia de Tony Blair em favor de Gordon Brown diminuiu até quase desaparecer, pelo menos por enquanto.

Maré alta

No dia 10 de setembro de 1965, o presidente Lyndon Johnson almoçou no Salão Roosevelt — o Salão de Peixe, como Franklin Delano Roosevelt costumava chamá-lo — com diversos assessores e meia dúzia de embaixadores de países não muito grandes. Em seguida ele voltou ao Salão Oval para uma rodada rotineira de reuniões e telefonemas — um dia razoavelmente comum e movimentado em meio à crescente crise da guerra no Vietnã. Às 2h36, segundo cópias dos registros diários de Johnson, o presidente atendeu um telefonema do senador Russell Long, da Louisiana. No dia anterior, o furacão Betsy havia se aproximado da costa do Golfo. Os ventos atingiram até 260 quilômetros por hora, e em Nova Orleans os diques haviam se rompido, fazendo com que boa parte da cidade ficasse inundada da noite para o dia, sobretudo os bairros de Bywater, Pontchartrain Park e o pobre e predominantemente negro Ninth Ward. A Unidade de Engenharia do Exército relatou mais tarde 81 mortos, um quarto de milhão de pessoas evacuadas, e níveis de água atingindo quase três metros de altura. O furacão Betsy foi o pior desastre a atingir Nova Orleans desde a epidemia de cólera de 1849 e a de febre amarela de 1905.

Russell Long, filho de Huey Long e velho amigo de Johnson no Senado, tinha uma meta simples. Ele queria convencer o presidente sobre a urgência da crise e fazer com que ele fosse imediatamente até a Louisiana. A conversa entre os dois é repleta de manipulação emocional e política. Long deixou claro a Johnson que uma demora, ou mesmo o envio de um subordinado, poderia facilmente ter conseqüências na eleição de 1968.

SENADOR LONG: Senhor presidente, depois dos Grandes Lagos, o maior lago dos Estados Unidos é o lago Pontchartrain. Agora ele está seco. O furacão Betsy levantou o lago e o colocou dentro de Nova Orleans e Jefferson Parish, o Terceiro Distrito [Eleitoral]. [...] Se estou dizendo é porque, nosso povo é como... Lá é como a minha própria casa. E o diacho da casa foi inteiramente destruída, mas tudo bem. Minha mulher e filhos ainda estão vivos, então está tudo bem. Senhor presidente, as coisas realmente aconteceram por lá, e precisamos de sua ajuda.

PRESIDENTE JOHNSON: Tudo bem. Vamos ajudar.

LONG: Veja bem, o que estou dizendo é... perdemos apenas uma vida até agora. Não sei dizer por que não perdemos mais. [...] Por exemplo, aquela árvore danada de grande de quatrocentos anos de idade caiu em cima da minha casa. Graças a Deus, minha mulher e meus filhos estavam no cômodo certo. Então ainda estamos vivos. Eu não preciso de ajuda federal. Mas o meu povo, senhor presidente — ah, eles estão em péssimo estado [...]. O que estou dizendo é que o senhor poderia eleger Hale Boggs e qualquer sujeito que quisesse eleger na trilha desse furacão, é só agir da maneira certa.

Agora, se o senhor quiser ir à Louisiana agora mesmo... O senhor perdeu o estado no ano passado. O senhor poderia recuperá-lo simplesmente indo até lá como presidente, apenas para ver o que aconteceu. Simplesmente vá e diga: 'Meu Deus, que coisa terrível!... Esses diques levantados pelo governo federal que Hale Boggs e Russell Long ajudaram a construir são a única coisa que salvou 5 mil vidas'. Veja bem, se quiser fazer isso, pode fazer agora. Pode recuperar um estado só por visitá-lo — o senhor o perdeu da última vez. Se o senhor fizer isso, vai conquistar todo mundo. Ed Willis [deputado pela Louisiana] está aqui sentado ao meu lado e sabe como eu que tudo o que o senhor tem a fazer é um gesto de generosidade, ele seria reeleito, um sujeito que apóia o senhor.

JOHNSON: Russell, não tenha dúvida de que eu quero ir. Tenho dois dias com a agenda terrivelmente cheia. Deixe-me dar uma olhada para ver o que posso descartar, o que não posso, e todas aquelas coisas, e eu ligo de volta. Se eu não puder ir, vou enviar o meu melhor homem para lá.

LONG: Escute uma coisa, nós não estamos nem um pouco interessados no seu melhor homem. [...] Só me interessa o Johnson. Que tal...

JOHNSON: Eu sei disso. Eu sei disso.

LONG: ... apenas uma parada no meio de uma viagem [...]. O senhor vai para a Louisiana agora mesmo, desce no Aeroporto Moisant. [Imaginando uma reportagem no jornal] "O presidente estava muito transtornado com a horrível destruição e todos os estragos causados à cidade de Nova Orleans, uma cidade encantadora. A cidade que todo mundo adora." Se o senhor for até lá agora, senhor presidente, ninguém poderia derrotá-lo, nem Eisenhower.

JOHNSON: Um-hmm. Deixe-me pensar a respeito e volto a ligar para você.

Johnson desligou. Ele reuniu-se com Bill Moyers, Larry O'Brien, J. Edgar Hoover e outros. Aceitou uma distinção que lhe foi oferecida pelos líderes da Convenção Mundial de Igrejas de Cristo. Então, às 17h03, embarcou em um helicóptero no gramado da ala sul que o levou para a Base Aérea Andrews. Dali, o presidente — junto com Russell Long e o deputado Hale Boggs, os principais poderes congressionais da Louisiana, e funcionários da Cruz Vermelha e da Unidade de Engenharia do Exército — voou para Nova Orleans no Air Force One. "O presidente passou boa parte do tempo conversando c/ o senador Long e o deputado Boggs durante o vôo", diz o diário. "Também trabalhou em seu quarto c/ [seus assistentes] em correspondência que havia levado no vôo. Mais tarde, o presidente cochilou por uns 30 minutos antes da chegada em Nova Orleans."

Mesmo no aeroporto, Johnson começou a perceber os danos causados pelo Betsy. "Partes do telhado do terminal haviam sido arrancadas e diversas janelas grandes estavam quebradas", relata o diário. "Os integrantes do grupo que acompanhava o presidente já haviam tido uma visão aérea da cidade — água cobrindo — da cidade até os beirais das casas etc." Diante da insistente solicitação do prefeito de Nova Orleans — um democrata conservador diminuto chamado Victor Hugo Schiro, a quem Johnson referia-se como "o prefeitinho" —, o presidente decidiu excursionar pelas áreas inundadas. O cortejo parou em uma ponte que se estendia sobre o Canal Industrial, na parte leste da cidade, e dali o grupo viu bairros inteiros engolidos pela inundação. Segundo o diário, eles puderam ver que "pessoas estavam andando pela ponte depois de terem desembarcado de barcos que as haviam trazido para terra firme. Muitas delas carregavam o mínimo possível e muitas tinham ficado sentadas no topo de suas casas esperando que as equipes de resgate retirassem as famílias e as levasse para terra firme". Johnson conversou com um homem negro de 74 anos chamado William Marshall e perguntou o que havia acontecido e como ele estava passando. Quando a conversa terminou, Marshall disse: "Deus o abençoe, senhor presidente. Que Deus o abençoe sempre".

No bairro de Ninth Ward, Johnson visitou a Escola Primária George Washington, na St. Claude Avenue, que estava sendo usada como abrigo. "A maioria das pessoas dentro e fora do prédio eram negras", relata o diário. "A princípio, elas não acreditaram que fosse de fato o presidente." Johnson entrou no abrigo lotado sob uma escuridão quase total: havia apenas algumas lanternas para iluminar o caminho.

"Aqui é o seu presidente!", anunciou Johnson. "Vim para ajudá-los!"

O diário descreve o abrigo como "uma massa de sofrimento humano", com as pessoas pedindo ajuda "com lamentos terrivelmente comoventes vindos de vozes de todas as idades [...]. Era um lamentável espetáculo de destruição humana e material". Segundo um artigo do historiador Edward F. Haas, publicado quinze anos atrás na *Gulf Coast Historical Review*, Johnson ficou profundamente tocado à medida que as pessoas se aproximavam e pediam-lhe comida e água. Uma mulher pediu a Johnson um barco para que ela pudesse sair para procurar os dois filhos que haviam se perdido na inundação.

"Prefeitinho, que coisa terrível", disse Johnson a Schiro. "Eu nunca vi nada assim em toda a minha vida." Johnson garantiu a Schiro que os recursos do governo federal estavam à disposição dele e que "toda a burocracia seria eliminada".

O presidente voou de volta para Washington e no dia seguinte mandou a Schiro um telegrama de dezesseis páginas com planos de ajuda e reconstrução de Nova Orleans. "Por favor, saiba", escreveu Johnson, "que meus pensamentos e orações estão com você e com os milhares de cidadãos da Louisiana que sofreram de forma tão intensa."

O furacão Katrina foi mais devastador do que o Betsy. O número de mortos é com certeza muitas vezes maior, e os danos físicos, muito mais extensos e duradouros. E agora, também, ver a cidade de Nova Orleans uma semana depois da inundação, ver as ruínas, significava ficar tão chocado quanto Johnson ficou há quarenta anos. Nova Orleans nunca é abandonada facilmente. Andando de carro pela St. Charles Avenue, através de poças tóxicas que já haviam pertencido ao rio Mississippi ou ao lago Pontchartrain, podia-se ver uma placa pintada pendurada em uma porta, onde estava escrito: "Ainda aqui. Cozinhando um guisado de cachorro". Em outra, ao lado de uma agência do Whitney National Bank, o texto dizia: "Estou dormindo aqui dentro com um cachorro enorme, uma mulher feia, duas espingardas e um martelo". Quando o furacão Rita tornou a inundar partes da cidade, não havia quase ninguém por lá.

As últimas pessoas que restaram, especialmente as mais pobres, ostentavam um olhar de delírio. Pareciam perceber que ir embora agora, sem economias, sem recursos, significava ir embora para sempre. Em uma esquina desolada de Ninth Ward, sentei-me no meio-fio com uma mulher que há mais de uma semana se recusava a ser salva. Ela usava um vestido comum sujo. Ela era muito velha e não deveria pesar mais do que uns 35 quilos. "Vou ficar aqui até o fim", disse ela. Havia uma garrafa de cerveja morna em um saco de papel a seus pés. Ela não estava bebendo. Estava apenas confusa pelo efeito do sol e do calor e pela desolação da rua em que morava. Ela estava inabalável em sua crença de que todos os seus vizinhos, agora em abrigos em Lafayette, Houston, Pensacola e sabe Deus onde mais, eram os perdidos. "São uns tontos", disse ela. A rua tinha o cheiro que fica no ar quando a maré baixa em um pântano. Ela disse: "Eles têm inveja de mim. Tenho quarenta dólares em carne naquela geladeira de isopor lá dentro, e eles não vão tirar de mim. Ninguém vai me tirar da minha casa".

Embora não houvesse saqueadores agora e restassem pouquíssimos moradores, as ruas ainda estavam sendo patrulhadas em números fantásticos — e isto é apenas uma amostra aleatória — pela polícia de Nova Orleans, por equipes da SWAT de Nova Orleans, pelo Departamento de Polícia de Nova York, pelo Corpo de Bombeiros de Sacramento, pela polícia da cidade de Greenbelt, em Maryland, pelo pessoal da empresa de segurança particular Blackwater, pelo Departamento Florestal e de Pesca da Louisiana, pela 82ª Tropa de Pára-quedistas, Vida Selvagem e Pesca, por soldados da Guarda Nacional, por salva-vidas de San Diego, pelos voluntários do grupo Surf Zone Relief Operations e, de camisetas amarelas, equipes de Reação a Desastres da Cientologia. Os cientologistas armaram uma tenda do lado de fora do Harrah's Casino com uma placa onde se lia "Algo pode ser feito", e ofereciam "assistência" com massagens à polícia.

Eddie Compass, o superintendente do Departamento de Polícia de Nova Orleans, estava atendendo o público na frente do Harrah's. Conheci Compass anos atrás, quando ele era um profissional com boas perspectivas de êxito no departamento, e Jack Maple, que ajudou a acertar o departamento de Nova York no começo da administração Giuliani, estava lá como consultor contratado pelo DPNO. Maple se adaptou perfeitamente a Nova Orleans: ele era a própria personagem de um carro alegórico do Mardi Gras, o carnaval da cidade. Gordo e engraçado, usava um chapéu de feltro, sapatos de duas cores, ternos bem cortados e fumava um enorme charuto mexicano. Em muitas cidades dos Estados Unidos, a combinação da prosperidade tecnológica com o tipo de técnicas inovadoras de policiamento que Maple ajudara a desenvolver estava fazendo cair as taxas de criminalidade. No entanto Maple, como tantos consultores antes dele, podia fazer pouca coisa em relação à pobreza e à corrupção em Nova Orleans. Ele morreu há alguns anos, e agora Eddie Compass, que mal havia envelhecido, estava dizendo que sentia saudades dele. "A gente bem que podia ter o Gordo aqui", disse ele. "Tudo o que tentamos falhou." Quinhentos de seus policiais — aproximadamente 30% — não se apresentaram logo no começo da crise. "Eles foram ou para casa, para tomar conta de suas famílias, ou desapareceram, ou, Deus me livre, coisa pior." O próprio Compass esteve ausente nos três primeiros dias da crise. Dois de seus policiais, incluindo seu porta-voz, cometeram suicídio durante a inundação. As cadeias, como todo o resto, estavam desativadas, e ele estava mantendo quase duzentos prisioneiros — principalmente saqueadores — em uma prisão temporária na estação ferroviária local. Agora as ruas estavam tão militarizadas — e tão despovoadas — que a cidade parecia uma zona de guerra sem um inimigo.

"Neste exato momento", disse ele, "Nova Orleans deve ser a cidade mais segura dos Estados Unidos."

O furacão Katrina destruiu as estruturas, confortos e proteções da civilização, e, quanto mais pobre fosse a pessoa, mais exposta estaria às dificuldades. Privadas de eletricidade, ar-condicionado, remédios, segurança, comida, água potável, médicos, transporte, terra firme — privadas de tudo que parecia necessário para viver em Nova Orleans —, as pessoas acabaram ficando com um gesto de correção política. Um dia depois de a cidade ser inundada, os comentaristas da TV haviam instruído os telespectadores sobre o fato de que as pessoas que estavam fugindo da cidade não deveriam, em circunstância alguma, ser chamadas de refugiados: "Eles são americanos!". Não são bósnios, não são do Kosovo, nem de Bangladesh — americanos. E, no entanto, de todos os cidadãos de Nova Orleans que encontrei — na cidade, ou no Cajundome em Lafayette, no centro de Baton Rouge, nas igrejas e parques de New Iberia, no Astrodome de Houston —, ninguém dava a mínima para a terminologia. Eles estavam fugindo do perigo e agora estavam desabrigados, com poucas perspectivas, ou sem nenhuma.

Em uma casa onde eu estava passando a noite, sentei-me na varanda até o começo da madrugada ouvindo em um rádio transistor ao sinal mais potente de ondas: WWL, 870 AM. Era uma maneira estranhamente eficiente de perscrutar o mistério que havia atingido a costa do Golfo. O apresentador era Garland Robinette, um locutor grandiloqüente com uma longa história na cidade como âncora na televisão. O programa de Robinette era um ponto de convergência para boatos, para a ridicularização dos boatos, para entrevistas, especulação e um tipo de terapia para desastres regional.

"Aqui é Alexandra, em Algiers Point. Eu ainda estou procurando minha irmã, Lee Ann. Se você ficar sabendo de alguma coisa, por favor telefone para..."

"Elise, você ainda está procurando sua família?"

"O pessoal da Allstate National Catastrophe Team está a postos pelo número 1-800-54-STORM."

"Ray de Houma" ligou para informar que no Aeroporto Louis Armstrong duas pessoas se fazendo passar por agentes da FEMA (Agência Federal de Gerenciamento de Emergências) estavam dizendo às pessoas que precisariam pagar quinze dólares cada uma para entrar em quaisquer ônibus que estivesse saindo de Nova Orleans. As pessoas trocavam informações sobre gás, eletricidade, suprimentos e imóveis de aluguel por todo o sul. Havia boletins com notícias: as águas da inundação estão contaminadas com *E. coli*, carne podre, petróleo derramado. Washington está mandando 52 bilhões de dólares. Cuidado com websites de caridade falsos: há "tantos que o FBI não consegue cuidar de todos". Como conseguir geradores e serras da marca John Deere. Como preencher pedidos de pagamento de seguros. Poucos dias depois do furacão, a WWL juntou-se a um consórcio de estações rivais para formar os Radiodifusores Unidos de Nova Orleans, e agora estavam alcançando 38 estados e treze países. O momento que trouxe maior atenção para a WWL foi a entrevista que Robinette fez com o prefeito Ray Nagin enquanto ainda havia pessoas presas no Superdome e no Centro de Convenções, e Washington, em especial a Casa Branca, parecia estar em férias de verão prolongadas. Diferentemente de Lyndon Johnson, o presidente Bush demorou para responder à emergência — na verdade, demorou tanto que seus assessores se sentiram compelidos a preparar um DVD com o noticiário da televisão para inculcar nele a extensão e gravidade das inundações, do caos e do sofrimento. "Deus está vendo tudo isso", disse Nagin, "e, se eles não estão fazendo tudo a seu alcance para salvar as pessoas, eles pagarão o preço. Porque a cada dia de protelação as pessoas morrem, e elas estão morrendo às centenas, posso garantir [...]. Não me digam que 40 mil pessoas estão vindo para cá. Elas não estão aqui. É tarde demais. Agora, tirem seus rabos da cadeira e façam alguma coisa, vamos consertar a maior crise da história deste país."

Certa manhã, entrei na Interestadual 10 em direção a St. Gabriel, uma cidadezinha a 75 quilômetros ao sul de Baton Rouge, onde funcionários federais haviam convertido um armazém em necrotério. À medida que as equipes de resgate encontravam mais corpos em sótãos, hospitais e clínicas de repouso, eles mandavam a maioria deles para St. Gabriel. O número de mortos era tópico de especulação, no entanto 25 mil sacos para os corpos estavam a caminho da Louisiana. Na estrada, ouvi uma entrevista na WWL com Kathleen Rhodes Astorga, da cadeia de funerárias Rhodes Funeral Home, em Nova Orleans e Baton Rouge.

"Nós fazemos funerais com jazz, cerimônias de celebração da vida, todos os tipos de funerais", disse ela. "Só queremos que seja com dignidade e respeito."

O locutor abaixou a voz para um tom que indicava solenidade e disse: "Essas pessoas se afogaram, passaram dias na água. A senhora, uhn, acha que as pessoas deveriam simplesmente aceitar sua avaliação quanto à necessidade de um caixão lacrado com uma foto sobre ele?".

Rhodes concordou. "Pensar em caixões lacrados não é má idéia", disse ela.

Parei na frente do necrotério de St. Gabriel. Uma cerca rodeava o local, e o policial na porta repeliu educadamente quaisquer perguntas. "Tudo o que posso lhe dizer é nada", disse ele. "E tudo o que posso lhe dar é isto." Ele me passou uma folha de papel.

Procedimentos da Força-Tarefa Mortuária para Desastres (DMORT)

- À medida que as vítimas desaparecidas são localizadas pelas equipes de emergência locais e por voluntários, elas são levadas para o local de coleta. Um local de coleta é um lugar no qual o pessoal da FEMA DMORT coleta as informações preliminares para ajudar a identificar a vítima. As informações coletadas incluem:
Endereço ou localização da vítima
Quaisquer documentos associados à vítima
Coordenadas por GPS
Objetos de uso pessoal

- Do local de coleta, elas são levadas para a Unidade Mortuária Portátil para Desastres (DPMU) com dignidade e de maneira bastante respeitosa com auxílio de comboio policial.

Os estúdios da WWL ficam no quinto andar da Dominion Tower, um edifício comercial perto do Superdome. Mas todas as janelas quebraram durante o furacão, e nos primeiros dias a WWL transmitiu de uma instalação de despejo de lixo em Jefferson Parish. Por fim, a estação mudou suas operações para um estúdio em Baton Rouge. Uma tarde fui até lá para encontrar o diretor de notícias, Dave Cohen, um homem de uns trinta e poucos anos com uma camiseta branca suja e short que em breve seria melhor incinerar do que lavar. A cada poucos minutos, seu telefone celular tocava, fazendo-o ficar alerta. O ringtone era "When the saints go marching in". Ele procurava o aparelho no bolso quase em pânico. "Sim! Aqui é Dave!" Sua casa, em Metairie, a oeste de Nova Orleans, estava inundada, mas nada, disse ele, comparado com o que aconteceu em Ninth Ward.

Pelo fato de sua estação ser a fonte mais imediata de informações momento-a-momento da região, perguntei a Cohen qual a sensação de estar dentro do furacão. "Na sexta-feira antes da tempestade nós estávamos bem", disse ele. "O Centro Nacional de Furacões dizia que aquele iria, na verdade, atingir a Flórida, e não a gente. Nós mal estávamos no 'cone de erro' em Nova Orleans. Então eu saí lá pela uma da tarde e fui para a academia. Mas por volta das quatro meu pager começou a enlouquecer. Max Mayfield, o diretor do Centro Nacional de Furacões, tinha mudado sua previsão. Houve uma mudança de 240 quilômetros para o oeste." Ia ser um problema fazer com que as pessoas na cidade se adaptassem àquilo. "Em Nova Orleans, as pessoas vão almoçar em casa nas sextas-feiras", disse Cohen. "Durante o ano todo. E a noite de sexta é noite de futebol. Os Ravens estavam na cidade para um jogo da pré-temporada com os Saints no Superdome. Também era uma noite importante para o futebol do ensino médio, os chamados 'jogos festivos', que inauguram a temporada. As pessoas estavam nos bares bebendo e se divertindo. Não estavam consumindo muitos produtos da mídia. Mas na manhã de sábado ficamos sabendo que havia uma evacuação obrigatória na área de Plaquemimes Parish, a sudeste, e em algumas áreas costeiras, embora nada para Nova Orleans. No sábado, Ray Nagin ainda estava dizendo que tínhamos tempo para observar. Muitas pessoas não tinham a menor noção. Não tinham a menor idéia de que estava havendo evacuações.

"Nós sempre conversamos sobre como seriam os piores cenários na Louisiana", continuou Cohen. "Eles falam sobre 'modelos SLOSH'* — modelos gerados por computador sobre o que aconteceria. A geografia é óbvia. Se você está andando pelo rio no centro de Nova Orleans, você está olhando para o rio Mississippi em cima. Você olha para o lago Pontchartrain e ele está em cima, e os canais também. Quando a água entra, você tem uma cidade que se torna um lago de maré, com tubarões, peixes-boi e todo o resto.

"Lá pelas dez da noite no sábado, Nagin estava realmente preocupado. Ele recebeu um telefonema de Max Mayfield dizendo que deveria evacuar a cidade. E na manhã de domingo Nagin deu a ordem de evacuação obrigatória. Na noite de domingo, já havia ventos fortes. Disseram que se você ainda não tinha saído era tarde demais, que — e isso foi o que eles disseram — 'preparativos para proteger vidas e propriedades devem ser acelerados e completados'. Nós transmitimos durante toda a noite do domingo. A energia acabou na cidade. O olho do furacão não estava sequer perto de nós, mas nossas janelas no estúdio do centro da cidade começaram a rachar. E na manhã de segunda-feira, quando Garland Robinette estava no ar, as janelas estouraram.

---

* Sigla de Sea, Lake and Overland Surges from Hurricanes [Movimento de ondas sobre mar, lagos e terra proveniente de furacões]. (N. T.)

"O furacão tocou a terra às seis da manhã na costa", continuou ele. "Nós temíamos que ele atingisse Nova Orleans exatamente aos noventa de longitude, trinta de latitude, e ele chegou a 89,6. À uma da manhã, ele foi para o norte, e parecia que o Natal tinha chegado mais cedo. Ficou em 89,6 às duas, três, quatro da manhã, com ventos de 240 quilômetros por hora, mas ainda não parecia ser o pior cenário. Telhados estavam sendo arrancados das casas, carros estavam se movendo com o vento, havia enxurradas nas ruas, mas ainda assim... Na noite de segunda feira, surgiram relatos de que a água fizera transbordar o canal da Seventeenth Street, que separa Orleans Parish de Jefferson Parish, a oeste. A água estava subindo no escuro. O dique fica em Lakeview, um bairro caro situado de frente para o lago perto de onde a I-10 e a I-610 se separam. Às seis da manhã, ficamos sabendo que o dique havia arrebentado e que a água estava entrando. Fui para a rádio e disse que testemunhas oculares haviam dito que 'A cidade está sendo inundada'. Então eu disse: 'Se você está a leste do canal da Seventeenth, saia daí. Isso significa a cidade toda. É tão ruim quanto o rio Mississippi transbordando. O lago Pontchartrain está se derramando na cidade de Nova Orleans. As águas estão subindo e não vão parar. Saia daí agora'.

"Começamos a receber telefonemas surpreendentes: uma mulher em sua casa com uma criança de dois anos no colo e uma de cinco anos a seu lado, sem leite, sem comida. 'O que eu faço?' E o que eu digo a ela? Eu sou apenas o cara do rádio!'"

Assim como muitos outros jornalistas da cidade, Dave Cohen vinha preparando matérias sobre os quarenta anos do furacão Betsy quando o Katrina chegou. Embora Lyndon Johnson e os funcionários locais de Nova Orleans e do estado da Louisiana tenham reagido à sua crise com coordenação e velocidade muito maiores do que as de seus sucessores em 2005, as lembranças do Betsy permanecem amargas, e não só pela destruição e sofrimento que ele causou. Como Edward Haas deixou claro, a passagem do Betsy foi seguida em poucos dias por boatos de que o prefeito Schiro havia ordenado o bombeamento de água de sua própria subdivisão, a próspera área de Lake Vista, para dentro de Ninth Ward. Na época da enchente, Schiro estava em uma corrida pela reeleição com outro democrata, o presidente da Câmara Municipal, James E. Fitzmorris Jr. Também houve histórias que diziam que ele havia mandado romper os diques. Thomas E. Allen, da Hunt Foods & Industries, um aliado do prefeito, escreveu-lhe para dizer que dois de seus criados afro-americanos "trouxeram essa história ontem para a minha mulher e disseram que todos os negros estavam falando a respeito e estavam zangados com você por causa disso". Haas cita a secretária de Schiro, Marguerite Guette, contando ao prefeito que "um homem de cor de 71 anos de nome Williams, que diz que o senhor o ajudou durante toda a sua vida e que mora no número 2630 da Republic Street, telefonou para dizer que está muito preocupado com um boato que está correndo por aí e que pode arruinar sua imagem com os eleitores de cor. O boato é o de que o senhor bloqueou o Canal Industrial para afogar as pessoas de cor, pois assim elas não votariam nas próximas eleições". Um assessor do prefeito relatou mais tarde que pessoas afirmando ser assistentes sociais e partidários de Schiro entregaram sacos com "mantimentos" para as vítimas da inundação em Ninth Ward. As pessoas abriam os sacos e só encontravam comida estragada e roupas tão gastas que eram inúteis.

Quatro anos atrás, uma peça apresentada em Nova Orleans chamada *Uma noite com Betsy* explorou os velhos boatos conspiratórios. E, embora os historiadores tenham Schiro em alta conta pela maneira como lidou com a inundação (se não por suas perspectivas pertinazes sobre a questão racial), os rumores persistiram. "Essa teoria é que explica por que as pessoas mais velhas em Ninth Ward mantêm machados em seus sótãos", contou-me Dave Cohen. "Elas se lembram de como foi ficar encurralado, com a água subindo e sem ter um acesso para o telhado."

O padrão na esteira do Katrina é semelhante. Em todos os lugares aonde eu ia na Louisiana e no Texas para falar com os evacuados, muitos dos mais pobres entre eles estavam não só furiosos — furiosos com o presidente e com os funcionários locais, furiosos por terem sido ignorados durante dias —, mas também estavam inclinados a acreditar, como muitas pessoas depois do Betsy, que a inundação da cidade foi, ou poderia ter sido, um ato proposital.

Na cidade de New Iberia, ao sul de Lafayette, algumas centenas de cidadãos de Nova Orleans, a maioria deles afro-americanos, estavam abrigados em um ginásio na área do West End Park. Estava anoitecendo quando cheguei, e as pessoas andavam pelo campo de atletismo, espantando nuvens de mosquitos, bebendo garrafas de água gelada fornecidas pela Cruz Vermelha e recontando, uns para os outros e mais uma vez, suas histórias de êxodo. "Proporções bíblicas" — todo mundo usava essa expressão, e por que não? Entrei e reparei em alguns avisos: "Este é o nosso lar. Por favor, nos respeite". "Apenas evacuados e voluntários além deste ponto: toque de recolher às 7h30, luzes apagadas às 10, TV desligada às 10h30." Dois dos voluntários da Cruz Vermelha que haviam organizado o abrigo e o mantinham em atividade contaram-me que estiveram no Ponto Zero em Nova York quatro anos atrás e que, de muitas maneiras, aquilo ali era pior. "Uma cidade inteira arruinada", disse um deles. "Mais de 1 milhão de pessoas abandonando seus lares." "Foi algo de proporções bíblicas", disse o outro.

Um homem amigável de quase quarenta anos, Walter Hays, sentou-se para conversar. Hays é afro-americano, um veterano da Marinha que trabalhava como montador na Northrop Grumman. As pessoas tinham histórias fantásticas e dolorosas para contar — uma família em uma pequena piscina inflável até atingir um lugar seguro, noites no Superdome e nas ruas, fugas em helicópteros nos braços de um soldado —, e Walter Hays queria contar a sua. Ele estava em New Iberia com um grupo de 28 parentes e amigos, incluindo três bebês e muitas crianças pequenas. Os adultos haviam prometido tirar todos juntos. Ele falou sobre o belo clima no dia seguinte à tempestade, e então, no outro dia, disse ele, "a água começou a sair do chão", rolando pelas ruas abaixo, escorrendo pelas tábuas do assoalho. Em três horas, ela estava na altura do peito. Hays encheu uma caixa de isopor com documentos e o grupo saiu, vagando por dois dias e noites, junto com 2 mil outras almas, no sufocante elevado da Claiborne Avenue, perto do Superdome.

"Levávamos conosco dois gêmeos de três meses, um bebê de dois meses, e não tínhamos água", disse ele. "As pessoas carregavam armas. O que vimos naquele elevado estava além da imaginação: houve suicídios, pessoas pulando do viaduto, pessoas mais velhas que não conseguiam suportar aquilo, havia cadáveres flutuando embaixo, o elevado inteiro exalava um cheiro forte de fezes e urina. Havia brigas o tempo todo. As pessoas tentavam subir em qualquer veículo militar que passasse, mas, é claro, eles não deixavam ninguém subir. Havia helicópteros sobre nossas cabeças. Nós podíamos ver a movimentação arriscada dos helicópteros — foi a noite inteira e ninguém conseguiu dormir. Estava tão quente e úmido. E a outra coisa que nunca vou esquecer é que o céu estava tão limpo e estrelado. Estava limpo porque não havia as luzes da cidade. E durante toda a noite as crianças choraram, os adultos choraram, os idosos choraram."

Nos dias que se seguiram, eles abriram caminho até chegar a um local mais elevado. Um viciado em heroína que encontraram andava saqueando, e ele lhes deu água, comida, fraldas. Até deixou que eles tomassem banho em sua casa. "E continuou saqueando", contou Hays. "Eu não tenho muito o que dizer a esse respeito. Se o cavalo é dado, não se olha os dentes." Walter Hays e os outros sabiam que tinham de sair da cidade, mas ainda não havia transporte. Um policial sugeriu que eles deveriam arrombar carros para ver se conseguiam roubar um. Hays e seu melhor amigo, um gerente de mercearia chamado Chester Pye, foram até um estacionamento de ônibus perto de onde estavam. "Um sujeito que estava lá me ensinou a fazer ligação direta em um ônibus escolar. Nossas mãos ficaram todas cortadas de tanto arrancar os fios, e parecia que todas as baterias estavam descarregadas. Por fim, Chester encontrou uma bateria boa e começamos a procurar chaves." Eles encontraram uma que serviu no ônibus de número 9322, pegaram o resto da extensa família e saíram da cidade. No caminho, perto do projeto habitacional Fisher, em Algiers, alguém atirou no ônibus e exigiu que o deixassem entrar, mas não havia espaço. Eles continuaram indo para oeste na Rota 90, e chegaram até Houma, Louisiana. Na estrada para New Iberia, um policial mandou que eles encostassem. "Eu estava assustado", disse Hays. "Afinal de contas, nós tínhamos roubado o ônibus. O policial, um sujeito branco, olhou lá dentro e viu que não havia ligação direta. Tinha uma chave no contato. E sabe o que ele fez? Ele nos deu uma escolta policial e chamou outra escolta policial quando saímos de Raceland, e fomos escoltados o caminho todo até New Iberia. E em New Iberia um policial me disse uma coisa, e eu vou me lembrar disso para sempre, ele disse: 'Quero que você entenda uma coisa. Você acha que isto é o fim da vida para você. Mas isto é um novo começo. Você tem muita gente que vai ajudá-lo.'"

Walter Hays ficou contando sua história durante algumas horas, com muitos outros detalhes de desastres evitados e gentilezas prestadas. Àquela altura, muitos de seus amigos haviam se juntado ao seu redor, acrescentando esclarecimentos e dizendo que, no final das contas, eles eram abençoados.

"Durante todo o caminho, as coisas foram estrategicamente colocadas para nós pelo Senhor", disse Hays, concordando. "O viciado que nos ajudou, a chave do ônibus, as pessoas em Houma, andando com dificuldade no meio da água, os corpos, os bebezinhos que conseguiram se salvar, dormindo no elevado, como se aquilo fosse um terrível deserto. É bíblico, não é? Depois de tudo o que passamos, se a pessoa não mudar moralmente, espiritualmente, ela deve estar morta por dentro."

E então, no exato ponto em que a história parecia ter acabado, com um fecho de "améns" e "graças-a-Deus", Tyrell Pye, sobrinho de Chester, disse: "Agora, lembre de uma coisa." Ele fez uma pausa e abaixou os olhos na minha direção. "Lembre", prosseguiu, "que esse foi um desastre premeditado. Eles inundaram a cidade. Aconteceu num lindo e ensolarado dia, dois dias de água subindo. Diga uma coisa: onde estavam os ricos?"

E Chester Pye acrescentou: "Como a barragem da Seventeenth Street arrebentou? É uma área totalmente pobre. E depois que a água começou a chegar em St. Bernard Parish é que os caras falaram 'Opa! Talvez a gente deva fazer alguma coisa!'". Os outros balançaram a cabeça afirmativamente. Concordaram com isso tanto quanto concordavam com a graça salvadora de Deus.

Menos Walter Hays. Ele estava incerto. "Eu realmente não sei de nada disso", disse.

Quando perguntei a Chester Pye se ele e a família iriam voltar a Nova Orleans, ele disse: "Não há razão para voltar agora. Voltar para quê? Voltar como turista? A nova Nova Orleans vai ser como Six Flags Bourbon Street, entende o que quero dizer?"*

O elo entre teorias da conspiração e opressão é tão antigo quanto o conflito racial. Alguns dos primeiros escravos americanos estavam convencidos de que seus novos proprietários eram canibais que os levavam ao Novo Mundo para lhes comer a carne. Em Washington nos anos 1980, havia com freqüência uma conversa nas comunidades negras mais pobres sobre o Plano. Era a crença de que a "estrutura do poder branco" tinha um esquema secreto para mudar inexoravelmente a população negra do distrito. De maneira semelhante, nos abrigos da Louisiana e do Texas, ouvia-se a suspeita de que os "poderes superiores" de Nova Orleans queriam adotar uma política de enobrecimento de toda a cidade, e que um exílio em massa de afro-americanos

---

* Six Flags é uma cadeia de parques temáticos. O receio é de que a Bourbon Street, símbolo de Nova Orleans, seja destruída pelo comercialismo. (N. T.)

pobres era "o cenário ideal". Para a maioria, mal parecia importar o fato de que alguns bairros mais ricos em Nova Orleans, especialmente Lakeview, não escaparam aos danos.

No Astrodome de Houston, por exemplo, as pessoas faziam afirmações e perguntas que misturavam o lógico com o conspiratório.

"Onde estavam os ônibus?"

"Por que você acha que o French Quarter e o Garden District estão altos e secos e o Ninth está inundado e vai ser terraplenado?"

"No Betsy eu sei que o prefeito explodiu o dique para salvar aqueles casarões de frente para o lago. Um monte de gente acredita nisso, especialmente as pessoas que estavam em cima de seus telhados!"

"Eu não consegui ir embora. Eu estava aterrorizada. Eu não tinha dinheiro, não tinha carro, nada. Para onde eu ia? Eles deviam ter arrumado uns ônibus. Sou eu e meus cinco filhos. Eu moro em Desire, em Ninth Ward. Acho que foi uma armação para tirar os negros de Nova Orleans para sempre. Olhe em volta. Quem está aqui? Só os negros e os pobres. Tem só dez famílias brancas em todo o Astrodome."

"Isso veio de um poder maior, o alfa e o ômega."

No Reliant Center, em Houston, Patricia Valentine, uma mulher de 54 anos de Treme, bairro negro perto do French Quarter, contou-me que sua área estava com "água pela cintura", e que os restaurantes da rua "não tinham nada". Sentada em uma cadeira de rodas, disse que não tinha intenção de voltar para casa. "Podem ficar com Nova Orleans", disse ela. "Agora virou um depósito de lixo tóxico. Eu vi o Betsy quarenta anos atrás: setembro de 1965. E o dique quebrou. O que acham que somos, estúpidos? Que nascemos ontem? São as mesmas pessoas que estão se afogando hoje que se afogaram ontem. Eles estavam tentando fazer com que a gente saísse do mesmo jeito. Querem uma atração turística maior, e nós, negros, não somos atração turística."

O escritor mais conhecido a vir de Ninth Ward é Kalamu ya Salaam. Poeta, dramaturgo e ativista de direitos civis, Salaam costumava usar o nome de Val Ferdinand. Quando contei a Salaam o que andei ouvindo em New Iberia e em Houston, ele riu, mas não com indiferença. E disse: "A verdadeira pergunta é: por que não?". Ele relembrou que em 1927, em meio à pior inundação causada pelo rio Mississippi da história registrada, os vereadores brancos de Nova Orleans — os homens do Louisiana Club, do Boston Club e do Pickwick Club — conseguiram permissão do governo federal para dinamitar o dique Caernarvon, em um ponto do rio abaixo da cidade, para manter seus interesses secos. Mas a destruição do dique também garantiu que as áreas adjacentes mais pobres de St. Bernard e Plaquemines fossem inundadas. Milhares de caçadores que viviam ali perderam suas casas e seu meio de vida. A promessa de compensação nunca foi cumprida. Isso, e mais os persistentes rumores sobre o que pode ou não ter acontecido durante o furacão Betsy, disse Salaam, tem tido um efeito duradouro. "Então, quando vi na TV que havia uma ruptura no dique da Seventeenth Street, eu pensei que eles tinham feito de novo", disse ele. "Ou, digamos, eu não supus automaticamente que aquilo fosse por acaso."

Lolis Eric Elie, um colunista afro-americano do *The Times-Picayune* de Nova Orleans, contou-me que não acreditou que os diques tivessem sido explodidos propositadamente — "e a maioria dos cidadãos negros com alguma educação ou dinheiro também não acredita" —, mas ele conseguia entender "facilmente" por que tantas pessoas estavam desconfiadas. "Os negros, em estado de escravidão pura, construíram aqueles mesmos diques que foram explodidos em 1927. Quando os barcos apareceram para salvar as pessoas, os brancos fizeram questão de não resgatar os negros no Mississippi em razão de seu medo de que eles não voltassem a trabalhar nas fazendas. Se a vida dos negros não é valorizada — e não é isso que se viu durante dias em Nova Orleans? —, então a especificidade das explicações é irrelevante. Você começa a dizer para si mesmo: 'Como é que se ajuda vítimas do tsunami imediatamente e apenas três ou quatro dias mais tarde a ajuda chega a Nova Orleans? Que outra explicação além de raça pode haver?'. Eu acredito que a verdadeira explicação é múltipla, mas posso entender como as pessoas começaram a acreditar nessas coisas."

Em Washington, os brancos rejeitaram o Plano como parte da "patologia" da pobreza. Mesmo assim, na capital do país e em outras cidades, lendas conspiratórias persistiam como a contranarrativa da perspectiva convencional do progresso inexorável e do crescimento da classe média negra. Muitos na população que foi deixada para trás podiam acreditar em quase qualquer coisa: que a aids foi inventada em laboratórios do governo como parte de uma conspiração antinegra; que o governo distribuiu crack nos bairros negros como prática de genocídio; que a Ku Klux Klan tem investimentos na Church's Chicken, cigarros Kool e refrigerantes Tropical Fantasy e os usa para causar danos à saúde dos afro-americanos e até para esterilizá-los; que entre 1979 e 1981 o FBI teve participação em uma série de assassinatos de crianças negras em Atlanta. Pesquisadores como Patricia Turner, da Universidade da Califórnia, autora de *I heard it through the grapevine*, escreveram extensamente sobre o papel do boato e da teoria da conspiração na comunidade afro-americana, especialmente entre os pobres (e também sobre o fenômeno dos boatos extraordinários sobre negros entre os brancos), e eles defendem de maneira convincente a idéia de que essas contranarrativas surgem de décadas de racismo institucional e de episódios específicos da história americana, tais como o uso de centenas de afro-americanos pobres, entre 1932 e 1972, como ratos de laboratório em testes do governo dos Estados Unidos, conhecidos como estudos de Tuskegee, sobre os efeitos da sífilis.

John Barry, em *Rising tide*, seu livro sobre a inundação de 1927, cita um relato do *The New York Times* sobre uma ruptura de dique no condado de Washington, Mississippi, em 1912. Um engenheiro que havia ficado sem sacos de areia "ordenou [...] que várias centenas de negros [...] se deitassem sobre o dique, o mais juntos possível. Os homens negros obedeceram e, embora a água arremetesse constantemente contra eles, eles impediram o transbordamento que poderia ter se transformado em uma brecha perigosa no dique. Isso durou uma hora e meia, até que mais sacos de areia chegassem". O *Times* considerou a idéia "brilhante".

Nova Orleans era 67% afro-americana na ocasião do Katrina. A cidade sempre teve uma população negra grande — era um dos principais mercados de escravos —, e décadas de migração iniciada na época da reconstrução a tornaram ainda maior. A cidade era, em termos per capita, a mais rica dos Estados Unidos antes da Guerra Civil e a mais rica do Sul até os anos 1920. Não é mais. Poucas das melhorias urbanas do país — o crescimento de uma classe média negra, o declínio das taxas de homicídios, a maior atenção dada às escolas decadentes das áreas centrais — se fixaram em Nova Orleans. Quase não há base industrial, nenhuma sede de corporação, nenhuma empresa local do porte da FedEx em Memphis, da Coca-Cola em Atlanta, do Hospital Corporation of America em Nashville. O coronel Terry Ebbert, diretor da Homeland

Security na cidade, contou-me que "as drogas são o maior negócio por aqui, maior do que o turismo". Não surpreende que, nas reuniões escolares em Orleans Parish, os pais pensem o pior — por exemplo, que as "escolas-ímãs"* fazem parte de um plano geral de privação de direitos educacionais. Não surpreende que possam acreditar que a ruptura nos diques foi algo tramado.

"Percepção é realidade, e a realidade deles é terrível", disse Jim Amoss, o editor do *The Times-Picayune*. "Estamos falando sobre pessoas que são muito pobres e têm uma predisposição para aceitar essa crença. Muitas e muitas delas estão desligadas dos principais fluxos de notícias e informações. Elas estão isoladas em abrigos e sabem uma ou outra coisa sobre serem vítimas. Isso se encaixa bem em um sistema de crença."

Em 1900, depois que um furacão matou milhares em Galveston, Texas, a cidade morreu como porto, e a ascensão do porto de Houston começou. Depois das inundações de 1927, escreve John Barry, os vereadores de Nova Orleans começaram seu longo declínio em direção à estagnação e ao isolamento, Huey Long chegou ao poder como governador da Louisiana, e Herbert Hoover, que liderou o programa de resgate, foi eleito presidente.

Catástrofes e desalojamentos não são assuntos apenas para os livros de história. O destino de uma cidade pode mudar em uma única virada do clima. Segundo as pesquisas, um número grande de pessoas que agora vivem em abrigos diz que não vai voltar para Nova Orleans. Poucos têm apólices de seguros ou mesmo contas bancárias, cartões de crédito ou poupanças suficientes para recomeçar. Muitos estão doentes ou desempregados. Quando o furacão Rita passou pelo Texas na semana passada, ainda havia aproximadamente 150 mil evacuados só em Houston. Uma pesquisa realizada em conjunto pelo *The Washington Post*, a Escola de Saúde Pública de Harvard e a Henry J. Kaiser Family Foundation mostrou que pouco menos da metade dos evacuados em abrigos vai voltar, e não houve nada em todos os dias em que passei conversando em Houston, New Iberia, Lafayette e outros lugares que fizesse esse número parecer exagerado. Sem dúvida, o establishment branco não estava

---

* Escolas direcionadas para interesses específicos, como matemática ou comunicações, além do currículo tradicional. (N. T.)

insatisfeito com a possibilidade de uma cidade menor, uma Nova Orleans despojada de seus pobres por uma terrível tormenta e diques incapazes de resistir a ela.

Kalamu ya Salaam contou-me que achava que o sofrimento estava longe de ter terminado. O furacão Rita tornou a recuperação ainda mais difícil. Por enquanto, as pessoas estão focadas na dádiva de sua própria sobrevivência, e estão gratas pelos pequenos e grandes atos de compaixão que surgiram em seu caminho. E no entanto, disse ele, "você vai ver um monte de suicídios nesse inverno. Muitas pessoas pobres dependem inteiramente de suas famílias e amigos que compartilham de sua condição para diminuir o impacto da dor dessa condição. Quando o inverno chegar, muito da generosidade e do auxílio que têm sido tão tangíveis recentemente vão começar a diminuir, e a realidade de não voltar para casa novamente vai atingir as pessoas com força. Elas vão se sentir muito sozinhas.

"As pessoas esquecem o quanto os programas de auxílio social e os clubes de lazer são importantes para os outros. Representam uma comunidade para muita gente que não tem nada. Algumas pessoas nunca saíram de Nova Orleans. Algumas nunca viram neve. Então a pessoa acorda e se percebe longe do alcance dos amigos, longe do alcance dos membros de sua família, e está trabalhando em um restaurante de fast-food em algum lugar de Utah, e não há uma única maneira concebível para que ela volte para a cidade que ama. Como é que ela vai se sentir?"

(2005)

PARTE II

Em campo aberto: Philip Roth

No verão retrasado Philip Roth saiu de casa, no interior de Connecticut, para seu raide periódico na Babilônia. Visitou uns poucos amigos, cortou o cabelo e pouco antes de voltar deu uma passada na redação da *The New Yorker*. Enquanto comíamos sanduíches ele falou primeiro dos Yankees, pois o time de beisebol colecionava vitórias naquela temporada, e depois, menos animado, sobre os Clinton, que sofriam derrotas seguidas. Durante o ano seguinte, quando nos encontrávamos em Nova York ou na casa dele em Connecticut, Roth se mostrou divertido e profundo, como os amigos diziam que ele era. "Philip é um sujeito incrivelmente impetuoso", disse a biógrafa Judith Turman. "Seus sentidos são aguçados e rápidos — ele é o oposto da fleuma." Roth, quando disposto, revela-se um imitador hábil (consegue reproduzir qualquer voz, dos comentários febris dos locutores esportivos Mike e Mad Dog aos antiamericanismos afetados de Harold Pinter); ele é divertido como um grande comediante de Catskills* poderia ser, caso possuísse também traquejo lingüístico privilegiado. Entretanto, naquele dia de verão, enquanto o

---

* Referência aos humoristas que se apresentavam nos anos 1950-60 em hotéis das montanhas Catskill, no estado de Nova York. Em geral judeus, foram pioneiros do show humorístico solo, hoje considerado tipicamente americano. (N. T.)

país aparentemente se debatia entre indignação sonsa e ataques de riso, Roth não estava para brincadeiras. Seus olhos escuros expressivos transmitiam extrema seriedade. Era o verão de Monica, uma estação plena do "prazer mais traiçoeiro e subversivo: o êxtase da santimônia", como Roth definiu. Era a estação do "tudo depende de qual é a sua definição de 'é' ", do relatório do promotor Starr e das piadas de escritório sobre sexo oral; da raiva, das acusações e dos mexericos incessantes que alimentavam quedas na popularidade. Muitos dos temas mais persistentes de Roth entraram em cena: traição, falsa piedade, o conflito de um homem imperfeito contra o repulsivo e o libidinoso — e agora, enquanto debatia o que Clinton poderia fazer, Roth se empertigou e disse, meio a sério: "Talvez ele devesse ir a um programa de televisão e falar francamente sobre adultério". Talvez ele devesse falar a respeito da complexidade de um casamento longo e difícil, a respeito da fragilidade, e quem sabe assim criar coragem e perguntar se estava realmente sozinho em sua fraqueza. Mas não havia, claro, sentido político nisso. Então Roth disse: "Por que não convidar um grupo de romancistas para escrever sobre isso?". Por que ceder a discussão da moralidade, das relações entre homens e mulheres, ao *Hardball* e aos *Beltway Boys*?* No final, porém, um dos poucos escritores a dizer não à idéia foi Philip Roth.

Pelo que se soube não teve tempo, pois escrevia um romance passado no verão da "febre de puritanismo, quando o terrorismo — que se seguiu ao comunismo como a principal ameaça à segurança do país — foi sucedido pela felação". Ele estava escrevendo *A marca humana*, livro que completa sua trilogia sobre a vida americana no pós-guerra. Antes ele havia publicado *Pastoral americana*, situada na época da Guerra do Vietnã, e *Casei com um comunista*, cujo pano de fundo era o período macarthista. Roth é um contador de histórias que acredita na abordagem rápida dos problemas e dificuldades do personagem. Em *A marca humana*, num tom inconfundível por sua franqueza e indignação, ele habilmente esboça o clima político e moral em que seus personagens atuarão:

---

* *Hardball*, programa de entrevistas da emissora norte-americana MSNBC. *The Beltway Boys*, programa político do canal Fox News. (N. T.)

Nos Estados Unidos, foi o verão em que a náusea voltou, em que as piadas não paravam, em que as especulações e teorizações e hipérboles não cessavam, em que a obrigação moral de explicar aos filhos como é a vida adulta foi ab-rogada em nome da necessidade de conservar-lhes todas as ilusões a respeito do assunto, em que a pequenez das pessoas tornou-se esmagadora, em que uma espécie de demônio andava à solta por toda a nação e em que as pessoas, tanto as pró como as contra, se perguntavam: "Por que somos tão malucos?", em que homens e mulheres, quando acordavam de manhã, constatavam que, durante a noite, num estado de sono que os levara além do alcance da inveja e da repulsa, haviam sonhado com a desfaçatez de Bill Clinton. Eu, em particular, sonhei com uma faixa gigantesca, envolvendo dadaisticamente, como numa instalação de Christo, a Casa Branca, cobrindo-a por completo, com a legenda: AQUI MORA UM SER HUMANO. Foi o verão em que — pela bilionésima vez — o caos, a brutalidade, a bagunça se revelaram mais sutis do que a ideologia ou a moralidade. Foi o verão em que o pênis de um presidente esteve na cabeça de todos, e a vida, com toda a sua impureza desavergonhada, mais uma vez confundiu todo o país.

Roth não pretende dar um tratamento ficcional a figuras históricas, como fez Don DeLillo com Lee Harvey Oswald em *Libra*, e com J. Edgar Hoover em *Submundo*. Em vez disso, em cada volume da trilogia, a história invade a vida das pessoas comuns sem explicação racional. Muitos anos antes, na experiência cômica de *Our gang*, Roth atirara em cena um presidente grotescamente caricato — seu Nixon, Trick E. Dixon, dava a impressão de brotar do pântano da iniqüidade americana —, mas agora, em sua fase mais recente, ele trabalha na tradição de Stendhal ou Tolstoi, que punham seus Fabrices e Pierres, e não Napoleão, em primeiro plano. A história não é cenário; a história permeia a narrativa, a mente dos personagens e a tessitura moral do livro. Em *Pastoral americana*, um adônis judeu americano, Seymour (Swede) Levov — bom filho, atleta consagrado que herda a fábrica de luvas do pai, nas ruínas de Newark —, casa com a ex-Miss Nova Jersey e muda para a casa de pedra de seus sonhos, na rústica Old Rimrock; perde tudo que considera valioso em sua vida quando a filha Merry "leva a guerra para casa", explodindo a agência de correio de Nova Jersey. Em *Casei com um comunista* uma estrela do cinema mudo, Eve Frame, trai o marido Ira Ringold, ator radiofônico e comunista idealista, em sua cólera matrimonial açulada pelo clima persecutório da era macarthista. Ela publica um livro de memórias (redigido por um colunista de fofocas), acusando o marido de espionar para a União Soviética. O livro que ela escreve chama-se *Casei com um comunista.*

A marca humana retrata uma versão contemporânea do "frenético nativo americano": as devoções esquerdistas e reacionárias, os mexericos onipresentes e bem informados, a atmosfera de inquisição política e sexual. O personagem principal, Coleman Silk, é um professor de "ego autocrático" que leciona numa pequena faculdade da Nova Inglaterra. Alguns colegas de Silk guardam rancor por ele ter forçado professores parasitas a se aposentarem, quando foi reitor da faculdade, e por se mostrar refratário e insuficientemente deslumbrado com as tendências da moda em estilística e didática. Esses colegas enxergam a oportunidade de vingança quando Silk, incomodado com a constante ausência de dois alunos, pergunta inocentemente à classe, durante a chamada, se "Eles existem ou são apenas sombras". Só que os estudantes ausentes são negros. Pouco importa que Silk não saiba: pelo uso de uma palavra de conotação negativa, "sombras", é acusado de racismo, humilhado na frente dos colegas e finalmente demitido do emprego. O incidente, de tão traumático e inexplicável, leva Silk a culpar a faculdade pela morte da esposa. O segredo do romance, revelado no segundo capítulo, é o próprio Silk ser negro. Silk suportou perseguições racistas na infância e, como Alexander Portnoy antes dele, ansiava por se libertar do fardo e das obrigações do grupo, do "Nós"; mas, ao contrário de Portnoy, teve a pertinácia e a disposição — além da cor da pele — para atingir o objetivo. Ele dribla os obstáculos históricos e étnicos. Ou pensa assim. ("Seria seu objetivo burlar as restrições sociais? Estaria apenas agindo como qualquer americano e, na grande tradição da fronteira, aceitando o convite democrático para se desvencilhar de suas origens se isso facilitasse sua busca pela felicidade?") A "vitória" de Silk, sua negação da raça e da própria família, agora contribuía para arruiná-lo. Conforme o mundo passa a considerá-lo um velho judeu racista, ele é destruído numa batalha que não pode lutar, por um Nós do qual não tem como escapar.

Nos romances posteriores o narrador de Roth, Nathan Zuckerman, não desempenha mais o papel central e singular que teve nas obras intermediárias dos anos 1980, como *The ghost writer, Zuckerman unbound, Lição de anatomia* e *O avesso da vida.* O Zuckerman de Roth foi consideravelmente envelhecido (e libertado da próstata e da potência, para completar); Zuckerman fica em segundo plano, como anjo que testemunha — e imagina. Antes o tema de Roth fora a vocação de um escritor; agora ele se virou para fora, na direção de uma narrativa da história americana. Usa o romance como veículo para uma tragédia de classe média na qual a história acontece para homens e mulheres comuns e os arrasta e até destrói: um empresário, um ator, um professor. Roth deixou de ser o menino-prodígio; tem 67 anos e seus livros refletem a idade. Sua voz ainda é intensa, um instrumento infinitamente flexível de comédia e personificação, mas esta voz se adensou, o humor é mais profundo, a história contada, mais trágica e dolorosa. O leitor se surpreende a rir justamente no momento em que o abismo se alarga. A cena mais engraçada de *A marca humana* acontece quando um veterano do Vietnã, traumatizado, tenta superar sua condição e o ódio pelos asiáticos indo a contragosto até um restaurante chinês, com seu grupo local de apoio ("Eles contam como japas!"). Os amigos o ajudam a enfrentar a sopa *wonton* como se estivesse num tiroteio no delta do Mekong: "O. k., Les, está tudo sob controle. Agora você pode largar o menu. Les, larga esse menu. Primeiro a mão direita".

Silk, leitor profundo de Homero, Sófocles e Ésquilo, segue no rumo de um destino ático familiar. Após a expulsão do Athena College e da morte da esposa, seu único consolo é um relacionamento ardente com Faunia Farley, mulher bem mais nova que trabalha na roça e fazendo faxina. Silk também é condenado, perseguido e arrasado por isso. Sua acusadora mais sequiosa é uma jovem professora de literatura francesa chamada Delphine Roux, que "denuncia" o caso de Silk com Faunia, enviando a ele uma carta anônima que diz: "Todo mundo sabe que você está explorando sexualmente uma mulher maltratada e analfabeta com a metade da sua idade".

A expressão insidiosa que ecoa pelo livro é "todo mundo sabe".

"Todo mundo sabe" é a invocação do clichê e o início da banalização da experiência. A solenidade e o senso de autoridade que as pessoas demonstram ao vociferar o clichê é o que o torna tão insuportável. O que sabemos é que ninguém sabe nada, sem cair no lugar-comum. Não se pode saber nada. As coisas que sabemos, não sabemos. Intenção? Motivo? Conseqüência? Sentido? O que não sabemos é assombroso. Ainda mais assombroso é o que é tido por sabido.

Philip Roth reside numa cidade que, a rigor, não tem cidade. Há uma agência do correio e mais nada, praticamente. Ele vive no nordeste de Connecticut, onde há cidades como Sharon, Litchfield e Kent, com restaurantes, antiquários, lojas de artesanato, bibliotecas, escolas, guerreiros de fim de semana em picapes. "Lá não tem praia nem cidade, nem lugares para as pessoas visitarem, a única coisa que sobra para a gente fazer é ficar em casa", Roth explicou. Viajávamos no Volvo dele, acompanhando a margem do rio Housatonic. De repente, ele entrou num clima de *Amargo pesadelo*:* "Muito bem, olha só, aí tem um rio, cara, tá vendo?".

Seguimos pelas montanhas. Nova York fora um conluio terrível de chuva e frio, mas ali o rio gelado era límpido como gim, e a neve cobria bosques e árvores. Roth, ainda bancando o Virgílio caipira, manifestou-se novamente, dizendo: "Tem até ponte. Quer ver uma ponte *de verdade*? Aqui tem!". Ele também inventou uma história a respeito da inundação nas imediações da ponte. "Quase afogou a cidade inteira, sabe!"

Roth foi criado em Newark (a região leste de Jersey urbana é seu Yoknapatawpha, seu Combray)**, passou longas temporadas em Chicago, Manhattan, cidade de Iowa, Roma e Londres. Sua casa de madeira, um sobrado cinzento, foi construída em 1790. Não é fácil encontrá-la, e parte de sua atração, para o dono, reside nisso. Roth adquiriu, há pouco, mais vinte acres para aumentar os quarenta que já possuía. Desde a separação da atriz inglesa Claire Bloom, sete anos atrás, ele vive sozinho. Recebe poucas visitas. Em *The ghost writer*, o idoso escritor Lonoff diz, a respeito de Zuckerman, que "uma vida pessoal desregrada provavelmente ajuda mais um escritor como Nathan do que andar pelo mato assustando os cervos. Sua obra tem turbulência — ela deve ser nutrida, e não é no meio do mato". Não mais. Chega de desregramento. Mesmo que a turbulência permaneça como uma das expressões literárias dominantes de Roth, "ordem na vida" tornou-se seu credo. "Philip vive como se estivesse aquartelado em Ford Dix", afirmou seu amigo Ross Miller, professor de literatura na Universidade de Connecticut. "Tudo exato, cama arrumada." Roth acorda cedo e caminha cerca de cinqüenta metros até seu escritório

---

* *Amargo pesadelo* (*Deliverance*, 1972): filme de John Boorman. A viagem de canoa por um rio da Geórgia, feita por quatro amigos, transforma-se num pesadelo quando dois deles são cruelmente atacados por montanheses. (N. T.)

** Yoknapatawpha: condado imaginário do Sul dos Estados Unidos, cenário de diversas obras de William Faulkner que retratavam a decadência daquela região. Combray: vilarejo de Illiers, de *Em busca do tempo perdido*, de Marcel Proust. (N. T.)

de dois cômodos, sete dias por semana. A sala da frente possui lareira, mesa e um computador instalado numa espécie de plataforma alta que lhe permite escrever em pé, cuidando melhor das costas. Aqui e ali há fotografias da família: o pai, Herman, vendedor de seguros da Metropolian Life; a mãe, Bess; o irmão mais velho, Sandy, que trabalhava com publicidade e hoje pinta. A maior parte dos livros de Roth fica na casa maior, onde se espalham por diversas salas, divididos por categoria, em ordem alfabética.

Cheguei no final de uma manhã de inverno, quando fui visitá-lo, e a neve se acumulara em volta do escritório, alta. Roth usava suéter de lã shetland e calça de veludo verde. Com freqüência, prefere tweed. Veste-se como um acadêmico do final dos anos 1950. Levou-me para a sala dos fundos. Vi uma foto do time dos Dodgers de Brooklyn, de 1947. Havia pesos, halteres e uma esteira. Roth passara por uma cirurgia cardíaca onze anos antes, para cinco safenas, e decidiu manter a forma. Passa o dia inteiro ali, varando a noite: nada de telefone ou fax. Não entra nada. No final da tarde ele sai para longas caminhadas, com freqüência para criar vínculos e resolver problemas do romance que o absorve.

"Moro sozinho, não há ninguém para cuidar de mim, nem para eu cuidar ou passar o tempo", Roth disse. "Minha agenda só depende de mim. Normalmente, escrevo o dia inteiro, mas se resolvo voltar para o escritório à noite, depois do jantar, não preciso fazer sala para alguém que passou o dia inteiro sozinho. Não preciso ficar lá sentado conversando ou fazendo companhia. Volto e trabalho mais duas ou três horas. Se acordo às duas da manhã — acontece raramente, mas acontece — e uma idéia surge, acendo a luz e escrevo no quarto. Deixo essas folhinhas amarelas por toda parte. Leio até de madrugada, se me der vontade. Se acordar às cinco e não conseguir mais dormir, com vontade de trabalhar, levanto da cama e vou trabalhar. Vivo de plantão. Sou como um médico, e este é o pronto-socorro. Estou na emergência."

Pouco antes de visitar Roth em Connecticut eu estava lendo a conversa que ele teve com o filósofo francês Alan Finkielkraut. Ao se deparar pela milionésima vez com a pergunta: "Você é o personagem de seus livros?", Roth citou uma passagem do romance *A viagem*, de Virginia Woolf, publicado em 1915. Um aspirante a escritor declara: "Lemos um romance apenas para ver que tipo de pessoa o escritor é e, se o conhecemos, quais dos seus amigos ele incluiu. Quanto ao romance em si, sua concepção inteira, o modo como alguém vê as coisas, sente-se a respeito delas e as situa em relação a outras coisas, nem um em um milhão liga para isso".

Considerando a extensão com que Roth usou sua própria vida e personalidade na ficção (nesse aspecto ele se assemelha a Céline, Genet e Gombrowicz), e considerando inclusive o grau com que foi ocasionalmente explorado como tema de mexericos, não surpreende que goste dessa passagem de Woolf. Certa noite fui com ele até a Columbia University, onde participou de um seminário de pós-graduação ministrado por seu amigo romancista David Plante. Estudavam *Operação Shylock,* em que o personagem principal, "Philip Roth", chega a Israel no ano do julgamento de Demjanjuk,* para ser atormentado por um impostor, um demônio petulante chamado Pipik que circula por Jerusalém proclamando que na verdade ele é Roth. Não tardou para que um dos estudantes de Columbia perguntasse a Roth se a história era "verdadeira".

Não era, respondeu, paciente: "Nada disso soa autobiográfico para mim. É tudo ficção. Não quero afirmar que um escritor descarta sua experiência, e sim que interessa o uso que dela faz". A vida é amorfa e o artista não a considera arte, que é algo considerado, construído. Tanto na vida quanto na *Operação Shylock,* Roth sofreu um colapso nervoso depois de tomar o tranqüilizante Halcion. Enquanto na vida real o episódio depressivo não serviu para nada, exceto ser superado, no romance o ataque serve para intensificar o confuso e violento encontro do narrador com Israel. Roth apresentou a explicação calmamente, mas quando chegou por fim à questão da obra construída, do romance, ele se animou. "Todos os antagonismos, exigências e sofrimentos judaicos fluem através de Roth", disse aos participantes. "Em *Finnegans wake* temos o personagem Humphrey C. Earwicker, por sua mente adormecida absolutamente tudo flui, e Joyce usa as iniciais H. C. E. para 'Here Comes Everybody' [Lá vêm todos]. Muito bem, em *Operação Shylock* temos 'Lá vêm todos os judeus'. Leon Klinghofer. Jonathan Pollard. Menachen Begin. Meir

---

* Iwan (John) Demjanjuk: ucraniano naturalizado americano, nascido em 1920, acusado de ser Ivan, o Terrível, famoso oficial da S.S. que abusava da violência contra os prisioneiros do campo de concentração de Treblinka. Entre 1987 e 1988, Demjanjuk foi condenado à morte em Israel; mas foi libertado em 1993, por falta de provas. (N. T.)

Kahane. Esses nomes todos passavam pela mente coletiva judaica da época, e eu queria penetrar nesta mente."

A carreira de Roth se iniciou, 43 anos atrás, com praticamente o mesmo projeto: escrever sobre judeus. E, como resultado de sua intrepidez e de seu desafio, da aversão à literatura pia de virtude e vitimização, sua reputação pública começou marcada pelo escândalo, distorção e mágoa. Um escândalo modesto no início tornou-se uma tempestade violenta que merece ser revisitada como curiosa relíquia.

Anos depois Saul Bellow mencionou que os críticos com freqüência consideravam que ele, Bernard Malamud e Roth eram uma pequena empresa judaica de armarinhos, "o Hart, Schaffner & Marx" da literatura americana. Mas a influência não funciona do modo mimético ou genético descrito pela maioria dos críticos. Roth, que se formou por Bucknell e fez pós-graduação na Universidade de Chicago, lia muito Malamud e Bellow. Em Malamud viu "fábulas ríspidas" sobre imigrantes urbanos; mas eram fábulas sobre a velha geração que falava iídiche, e não a respeito de seus contemporâneos, além de serem escritas no tom menor da imigração em vez do dó maior da imersão americana total. Em Bellow, especialmente em *The adventures of Augie March*, Roth percebeu algo mais compatível, mais livre, um narrador dotado de voz nativa agressiva, muito mais americana do que de imigrante judeu. O romance principia com uma declaração de cidadania, não de nostalgia: "Sou americano, nascido em Chicago". Para Roth, "a espinha dorsal da literatura americana" no século XX é Faulkner e Bellow, e, embora Roth jamais tenha escrito como Bellow — nenhum leitor confundiria a expressão de um com a de outro —, *Augie March* lhe deu a permissão para se soltar, deixando de escrever sobre uma geração européia vitimizada que vivia no limbo da imigração para falar de uma geração mais jovem mergulhada na América, na liberdade e no discurso, na energia e na superabundância continental.

Para Roth, crescer em Nova Jersey nos anos 1940 nunca teve a ver com espancamentos, pogrom ou comerciantes torturados. "Minha experiência", Roth disse, "era sobre a nossa agressão, as nossas saídas para Newark, três ou quatro, perambulando à noite pelas ruas, jogando dados nos fundos da escola à luz de lanterna, moças, ir depois do namoro ao local de encontro, chamado Syd's, na Chancellor Avenue, para contar casos sexuais. Era uma robusteza verbal, pessoas falando, incrivelmente alegres, jogando bola, competindo, as energias fluíam... Apetite. Talvez seja a palavra certa. A agressividade vinha dos apetites."

Então, em março de 1959, a *The New Yorker* publicou "Defender of the faith", conto sobre um recruta judeu num quartel do Exército no Missouri ao final da Segunda Guerra Mundial. Ele tenta cavar tratamento especial do sargento judeu. O germe do escândalo residia, para começar, no fato de que o recruta era malandro, aproveitava-se do sentimento de solidariedade carregado de culpa do superior, e depois no fato de a história não ter sido publicada numa revista judaica ou literária. Roth já havia feito contos sobre judeus antes, inclusive "You can't tell a man by the song he sings", na *Commentary*, e "The conversion of the Jews" na *Paris Review*, mas elas não passavam de publicações relativamente pequenas para leitores instruídos, acostumados a idéias e anedotas muito mais radicais. A *The New Yorker* era diferente. A revista divulgava muitos escritores judeus, incluindo J. D. Salinger, S. J. Perelman e Irwin Shaw; contos de Isaac Bashevis Singer, traduzidos do iídiche, acabaram por se tornar obrigatórios; mas a atmosfera da redação em 1959 estava mais para Bronxville do que para Upper West Side.

Roth não anteviu nada além do prazer básico de ser publicado precocemente. Residia num apartamento de dois cômodos num porão do East Village, e no dia em que a revista sairia, foi seguidamente à banca de jornais mais próxima, para perguntar: "Já chegou?". Quando finalmente ela saiu, comprou quatro exemplares.

"Eu a abria e fechava, olhava por um ângulo e depois por outro, depois a lia, relia e de repente as palavras fugiam da mente sem fazer o menor sentido. Foi uma emoção imensa." Dias depois sua editora na revista, Rachel MacKenzie, telefonou avisando que estavam recebendo muitas cartas, em grande parte indignadas. Em seguida telefonaram da Liga Antidifamação, e os alertas sobre rabinos locais e de outros lugares que execravam o conto nos sermões. Seu pecado foi simples: tivera a audácia de descrever os defeitos de um rapaz judeu agressivo e ardiloso, além de interessado em dinheiro — e fizera isso numa revista de circulação nacional. Violara o código tribal da exposição dos judeus: Nunca na frente dos *goyim*! As cartas não paravam de chegar, endereçadas tanto à revista quanto a Roth:

Sr. Roth

Com um conto, "Defender of the faith", o senhor causou tanto dano quanto todas as entidades anti-semitas organizadas para levar as pessoas a acreditar que todos os judeus são trapaceiros, mentirosos e aproveitadores. Seu conto leva as pessoas — o público em geral — a esquecer todos os judeus que viveram, todos os rapazes judeus que serviram nas forças armadas, todos os judeus que levam uma vida dura e honesta em todo o mundo.

Uma carta chegou à Liga Antidifamação, assinada por um rabino conhecido: "O que está sendo feito para silenciar este homem? Os judeus medievais saberiam o que fazer com ele".

Roth ficou mais animado do que temeroso em relação às hostilidades. Aos 26 anos, não era ingênuo; ambicioso, trabalhara e lecionara na Universidade de Chicago, servira no Exército. No início, havia algo de excitante na reação a seus contos, uma reação do público em geral, distinto de seu círculo de amigos e editores.

"Não fugi e queria saber quem eram aquelas pessoas", Roth me contou. "De repente, eu estava no centro de uma controvérsia com vários rabinos, todos trinta anos mais velhos, que tinham seguidores e uma congregação."

Por um tempo o escândalo deu a impressão de ser suave, administrável. *Goodbye, Columbus*, reunião de contos que incluía "Defender of the faith", ganhou o National Book Award de 1960, e Roth foi convidado a debater com grupos do campus de Hillel e das sinagogas. Normalmente as perguntas eram educadas, facilmente assimiladas. Mas em 1962, quando Roth lecionava em Iowa, foi convidado a participar de um debate na Yeshiva University, bastião acadêmico do judaísmo ortodoxo, em Washington Heights. "Eu achava que tinha obrigação de fazer isso, queria fazer, e me parecia vinculado ao escrever", Roth disse. "Eu havia escrito algo que provocara aquela reação, e me considerava responsável. Não sei se aos 28, 29, trinta anos, poderia ter reagido de modo diferente. Hoje em dia responderia deixando simplesmente que a literatura falasse por si."

O debate chamava-se "A crise de consciência nos romancistas das minorias", e incluía também Pietro di Donato, autor do romance proletário *Christ in concrete*, e Ralph Ellison, cujo romance de 1952, *O homem invisível*, começava a sofrer ataques por parte dos radicais nacionalistas negros. Aquela noite na Yeshiva foi um massacre. Os estudantes praticamente ignoraram os gentios Ellison e Donato e se concentraram em Roth. Eles o encurralaram, perguntando repetidamente, de um jeito ou de outro: "Senhor Roth, escreveria os mesmos contos se vivesse na Alemanha nazista?". (Mais ou menos a mesma questão que o arrogante juiz de Newark Leopold Wapter faz a Nathan Zuckerman, quase duas décadas depois, em *The ghost writer*: "O senhor poderia declarar honestamente que existe algo em seu conto capaz de desagradar a Julius Streicher ou Joseph Goebbels?".) Insistentemente, Roth respondia: "Mas vivemos no *oposto* da Alemanha nazista!". E não chegou a lugar nenhum.

"Finalmente, lá pelo décimo primeiro assalto", Roth relembra, "quando Ralph percebeu que eu não voltaria para o décimo segundo, ele se adiantou e disse: 'Qual é o problema, aqui?'. Ele afirmou que recebera cartas de leitores negros furiosos por ele ter descrito o incesto numa família negra — um bóia-fria que dorme com a filha. Uma carta típica indagava como ele tinha coragem de criar uma cena daquelas, quando o movimento dos direitos civis mal engatinhava. Ellison explicou à platéia que sua reação só poderia ser insistir na independência do romancista: 'Não sou uma peça na engrenagem da legislação dos direitos civis.'"

Os estudantes da Yeshiva ouviram Ellison educadamente — e voltaram a espancar Roth sem piedade. Assim que o debate acabou e Roth tentou deixar o palco, os universitários mais agressivos o cercaram, gritando. Um chegou a erguer o punho fechado, vociferando: "Você foi educado pela literatura anti-semita!".

"É mesmo?", Roth retrucou. "E o que seria isso?"

"Literatura inglesa", foi a resposta. "A literatura inglesa é anti-semita!"

Naquela mesma noite, numa esticada na Stage Delicatessen, Roth tirou os olhos do sanduíche de pastrami para dizer aos amigos: "Nunca mais vou escrever a respeito dos judeus".

A bem da verdade, seus dois livros seguintes, *Letting go* e *When she was good*, foram os menos humorísticos, os menos judaicos. Mas o comedimento não o satisfez, tampouco. O incidente na Yeshiva, a ânsia de se expressar num tom que vinha mais de Newark do que dos grupos de estudo universitários, o desejo de mostrar uma prosa tão enérgica quanto os anos 1960, desembocaram em *O complexo de Portnoy*. Desta feita não houve inocência, nada foi por acaso. Ele parou e pensou: Querem ficar chocados? Vou lhes dar um choque!

O período de gestação de *O complexo de Portnoy* foi longo, complicado e caótico. Sua primeira encarnação foi um estudo de duzentas páginas chamado "The Jewboy", baseado em sua infância em Newark. Depois preparou o rascunho de uma peça intitulada "The nice Jew boy" — "a seu modo, uma versão menos comportada e mais agressiva de *Abie's Irish Rose*",* segundo a definição de Roth —, que foi lida como exercício num workshop no American Place Theatre em 1964, com Dustin Hoffman no papel principal. Depois, assim que terminou *When she was good,* em 1966, Roth criou um longo monólogo, "ao lado do qual as indiscrições podres de *O complexo de Portnoy* pareciam um livro de Louisa May Alcott". A obra incluía uma conferência com apresentação de slides sobre as partes íntimas dos famosos e um longo exame do tema da masturbação adolescente. Depois veio outro manuscrito, intitulado "Portrait of the artist", que enfocava em parte uma família judia, os Portnoy. Finalmente, houve um conto, "A Jewish patient begins his analysis" — o achado do conto foi situá-lo no consultório de um psicanalista, cenário posterior de *O complexo de Portnoy.* Ele serviu para criar um ambiente literário, um contexto de confissão espontânea para a raiva e a obscenidade, para a performance ridicularizada.

"Eu precisava de permissão, e a permissão veio ao situar o livro na confissão psicanalítica", Roth me contou. "O ambiente do consultório psicanalítico diz que a regra lá é não haver regras, que a regra lá é a desinibição, que a regra lá é não haver restrição, que a regra lá é não haver decoro." O romance resultante pouco tinha a ver com Vietnã, direitos civis ou outras questões políticas dos anos 1960, mas em sua franqueza, em seu humor e liberdade desvairados, foi um livro de seu tempo. Alexander Portnoy conta tudo a seu analista, tudo: a alegria do bairro judeu de Newark —

White bread, rye bread,
Pumpernickel, challah,
All those for Weequahic,
Stand up and hollah!**

---

* Comédia de autoria de Anne Nichols, encenada com grande sucesso na Broadway entre 1922 e 1927, na qual um americano judeu se casa com uma irlandesa católica, contra a vontade de ambas as famílias. (N. E.)

* "Pão branco, pão de centeio, / Pumpernickel, rosca, / Quem apóia Weequahic / Levante-se e saúde!" Weequahic era um bairro tipicamente judaico de Newark nos anos 1960. (N. T.)

— o controle passional de sua deusa-mãe presunçosa, Sophie, "que era capaz de fazer qualquer coisa... Ela preparava gelatina, por exemplo, com pedaços de pêssego boiando no *meio*, suspensos, a desafiar a lei da gravidade"; as agonias do pai desanimado no banheiro, que mastigava inutilmente comprimidos de Ex-Lax e frutas secas "por quilo" e pegava no sono no toalete, um homem que, "na aposentadoria, tem apenas um assunto sobre o qual discorrer, a via expressa de Nova Jersey". Portnoy confessa suas aventuras na masturbação: ejacula numa maçã descaroçada, numa luva de beisebol, na embalagem de uma barra de Mounds, numa garrafa de leite vazia, no "sutiã enorme vermelho e fofo de Lenore Lapidus!" e (na que pode ser considerada a mais famosa performance solo desde que Lindbergh cruzou o Atlântico) num pedaço de fígado da geladeira, o jantar da família Portnoy. Portnoy anseia ser bom, amarrar-se ao mastro da respeitabilidade; mas, ao mesmo tempo, revolta-se contra todos os laços que o prendem ali — família, religião, tabus.

Olha, será que estou exagerando ou é praticamente um milagre eu não ser um inválido? Tanta histeria, tanta superstição! Cuidado com isso, cuidado com aquilo! Não faça isso, não faça aquilo — pare com isso! Não! Você está desobedecendo a uma lei importante! *Que* lei? Lei de *quem*? Era tanta maluquice que eu nem me espantaria se eles andassem com um prato enfiado no beiço e um monte de argolas no nariz e a cara toda pintada de azul! Isso para não falar nos *milchiks* e *flaishiks*, todas aquelas *meshuggeneh* de regras e proibições, como se não bastassem as manias pessoais deles!* Até hoje minha família conta que uma vez, bem pequeno, eu estava olhando pela janela, vendo uma nevasca, quando me virei para dentro e perguntei, desconfiado: "Mamãe, a gente acredita em inverno?". O senhor entende o que eu estou *dizendo*? Fui criado por hotentotes e zulus! Eu não podia nem pensar em tomar um copo de leite junto com um sanduíche de salame sem cometer uma grave ofensa contra Deus Todo-Poderoso. Imagine o quanto não me pesava na consciência aquela punheteria desenfreada!

O complexo de Portnoy foi um sucesso (mais de 400 mil exemplares vendidos no lançamento, em 1969), tornando-se tão importante para a cultura

---

* *Milchiks* e *flaishiks*: carnes e produtos lácteos, que não podem ser ingeridos juntos, segundo a tradição judaica. *Meshuggeneh*: maluquice, loucura. (N. T.)

popular daquele ano quanto Woodstock e os Mets. Roth conseguira; ele já conquistara uma reputação de seriedade, agora mostrava que poderia passar facilmente do burlesco vulgar ao drama erudito. Contudo, houve repercussões que o perseguiriam por décadas. Não só o sucesso de *Portnoy* atirou Roth no reino bizarro e desconcertante das celebridades americanas (o colunista de fofocas Leonard Lyons escreveu que ele estava saindo com Barbra Streisand; eles nem se conheciam); também misturou Roth e seu autor de tal modo que qualquer um — qualquer um — se sentia à vontade para classificar Roth como um erotômano que percorria a Broadway atrás de *shiksas*.* Jacqueline Susann foi ao *Tonight Show* para promover *A máquina do amor* naquele ano e disse ao apresentador Johnny Carson que gostaria de conhecer Philip Roth, seu rival no primeiro lugar da lista de mais vendidos do *The New York Times*, "mas não queria apertar sua mão". Jacqueline Susann! A intimidade da expressão de Roth parecia instigar esse tipo de reação. Ainda ocorre. Até hoje, na Broadway, as pessoas o param para fazer piadas sobre masturbação ou delicatessens.

Até os pais de Roth, que colecionavam resenhas e notícias como se fossem troféus, tiveram de suportar o escárnio das pessoas que supunham ser eles modelos para os Portnoy, e consideravam Philip suspeito de anti-semitismo. "Nossos pais lidaram muito bem com isso", explicou-me Sandy, irmão de Roth. "Os amigos deles não eram grandes leitores, apenas repetiam bobagens que ouviam de outros."

O livro foi, no geral, mal lido. *Portnoy* sem dúvida era hilário e profano, mas muitos críticos e leitores de Roth pareciam não perceber o lado doloroso do ridículo, a violência cometida, por exemplo, quando o pai trai o filho e paga à namorada gentia cem dólares para ela sumir de vista, o que leva a uma briga terrível com o filho, no porão. O que as pessoas não captavam, tampouco, era o paradoxo de Portnoy, seu desejo de desertar — libertar-se do Nós sufocante, da família, da congregação, do etos da vitimização e da virtude, de tudo aquilo — e, ao mesmo tempo, seu desejo igualmente poderoso de ouvir a mãe, de acabar com o caso com a amante, Monkey, de ser um bom rapaz, de respeitar a história, sendo bom filho e bom judeu:

> Nem todos tiveram a felicidade de nascer judeu, não é? Um pouco mais de *rachmones* com os que não tiveram essa sorte, está bem? Porque estou de saco cheio

* Termo iídiche depreciativo para garota ou mulher não judia. (N. E.)

dessa história de que isso é *goyische* e aquilo é *goyische*! Se é ruim, é coisa de gói; se é bom, é coisa de judeu! Será que vocês não percebem, meus caros pais, em cujas entranhas, não sei como, fui gerado, que essa maneira de pensar é um pouco bárbara? Que vocês estão apenas manifestando seu *medo*? A primeira distinção que aprendi com vocês, tenho certeza, não foi entre noite e dia, nem entre frio e quente, e sim entre *goyische* e judeu! Mas, agora, o fato é que, meus caros pais, parentes e amigos aqui reunidos para celebrar meu *bar-mitsvá*, o fato é que, seus babacas! seus babacas bitolados! — ah, como odeio vocês, por essa mentalidade judaica bitolada! [...] Judeu judeu judeu judeu judeu judeu! Já está transbordando dos meus ouvidos, a saga dos judeus sofredores! Me faça um favor, meu povo, pegue seu legado de sofrimento e enfie no cu — *porque por acaso eu também sou um ser humano!*

Talvez seja difícil imaginar hoje como isso tudo era profano há trinta anos, difícil compreender o escândalo, muito mais amplo do que o causado por "Defender of the faith". Até agora a ficção étnica exige ser apreciada somente por sua origem, por sua pureza e virtude; aquela era uma voz em *conflito* com seus vínculos, rebelada contra a pureza. Não pedia para ser amada, e com freqüência não o era. Com certeza, não o era pela liderança étnica. Mais uma vez os rabinos subiram ao púlpito. A reação entre muitos intelectuais judeus foi tão histérica quanto nos Hadashas de subúrbio. Um dos ensaios mais virulentos veio de Gershom Scholem, respeitado estudioso do judaísmo e autor de estudos consagrados sobre o misticismo judaico. Scholem escreveu sobre *Portnoy* no diário israelense *Ha'aretz,* chamando-o de "livro revoltante", pior que "Os protocolos dos sábios do Sião", pois dava aos anti-semitas "provas autênticas" da perfídia judaica:

> Este é o livro pelo qual todos os anti-semitas oravam. Ouso dizer que na próxima etapa da história, que não tardará muito, este livro nos levará aos tribunais como réus. Pagaremos o preço, e não o autor... imagino que preço *k'lal yisrael* (a comunidade judaica mundial) — e existe tal entidade, aos olhos dos gentios — pagará por este livro. Pobres de nós, neste dia do acerto de contas!

Saul Bellow, que conhecera Roth na Universidade de Chicago, nos anos 1950, disse-me: "Gershom Scholem era um judeu que deixara a Alemanha e se fixara em Jerusalém, propenso a criar um paralelismo entre os Estados Unidos e a Alemanha que abandonara, vendo sintomas deste problema terrível também na obra de Philip. Ele estava enganado. Aquelas histórias não tinham o significado que atribuía a elas. Creio que Scholem tinha em mente a Alemanha nazista, e não os Estados Unidos".

Menos compreensível e muito mais penoso para Roth foi o ataque de Irving Howe na *Commentary*, em 1972. Howe não era imigrante. Como eminência tanto no jornalismo literário quanto na política esquerdista, ele conhecia o contexto americano melhor do que ninguém e, mesmo assim, após o apoio inicial, declarou que Roth era um autor "sem a menor graça", cuja "hostilidade difusa" é a "nota predominante" de sua sensibilidade. Ele não atacou apenas *Portnoy*, mas também o autor, alertando para a "deficiência" de caráter de Roth, para o vazio debaixo dos "truques e arenga de comediante".

"A coisa mais cruel que alguém pode fazer com o *O complexo de Portnoy* é ler o livro duas vezes", Howe escreveu. "O livro, coleção de piadas vulgares costuradas ao desabafo de um paciente psicanalítico, se apóia em reações superficiais; exige do leitor pouco mais do que o humorista de boate." Num insulto que certamente ecoaria nos leitores da *Commentary*, ele comparou Roth a Harry Golden, e não a Aristófanes ou Swift: "Entre *O complexo de Portnoy* e *For two cents plain** não existe grande diferença de sensibilidade, em última análise". Na mesma revista em que ajudara a impulsionar a carreira de Roth, o consagrado Howe sabotava a autenticidade e a seriedade de Roth. (O mesmo Howe denunciara Ralph Ellison e James Baldwin, num ensaio para a *Dissent* em 1963, por não serem, no fundo, suficientemente negros.)

A resenha de Howe na *Commentary* representou uma terrível censura a Roth, e o atormentou por vários anos. Em *The anatomy lesson* (1983), Roth se transforma em Zuckerman e Howe no insuportável Milton Appel, escrevendo com ódio mal disfarçado que Appel havia "desferido um ataque contra a carreira de Zuckerman que fazia a carga de MacDuff contra Macbeth parecer desanimada". Até hoje Roth mantém na parede um desenho feito para ele por um artista amigo, Philip Guston, que retrata um crítico a sangrar, com o cachimbo pendente nos lábios.

---

* *For two cents plain*: coletânea dos pequenos textos publicados por Harry Golden — um cronista popular nos anos 1950 e 1960 — no jornal *The Carolina Israelite*. (N. T.)

Mesmo assim Scholem, Howe e os rabinos que o execravam não estavam sozinhos. *Portnoy* era um livro difícil até para o leitor mais solidário. Na época, nem um partidário firme como Bellow conseguiu aprovar completamente a extravagância cômica do romance de Roth.

"Não me entusiasmei com *O complexo de Portnoy* na época", Bellow disse. "Talvez ainda houvesse um resquício de respeitabilidade em mim, então", acrescentou. "Não me impressionou. Eu me diverti, mas não foi uma alegria pura.

"Não tenho certeza de que Philip sempre perceba que está sendo ultrajante", Bellow prosseguiu. "Ele acha que o escritor deve provocar — e deve mesmo, se estiver inclinado a seguir este caminho —, mas não pode querer escapar das conseqüências de suas provocações. Philip é um radical. Sente que deve tratar o bizarro como se fosse perfeitamente normal."

Roth me disse que nunca foi ingênuo em relação à natureza provocativa de alguns de seus livros, mas que os ataques, bem como a sensação estranha de se tornar celebridade, ajudaram a empurrá-lo para longe da cidade, para um modo de vida cada vez mais solitário.

"Eu me sinto visível, exposto", ele disse. "Alguém que acabou de ler *O complexo de Portnoy* chega para mim e diz: 'Não como mais fígado'. Foi engraçado nas primeiras 7 mil vezes em que ouvi isso." Por um tempo, Roth morou em Woodstock, no estado de Nova York, perto de Philip Guston, depois comprou a casa de Connecticut e desde então passa a maior parte do tempo por lá.

Roth trabalhou em Connecticut e às vezes em Londres parte do ano, nas décadas de 1970 e 80. Evoluiu, tornando-se um escritor continuamente prolífico. O estereótipo pseudoliterário que o descartava como mero cômico inspirado que mergulhou de cabeça em sua piscina narcísica jamais passou de vulgaridade do mesmo baixo nível que descartava Updike como um hábil escritor superficial, ou, na mesma linha, Dickens como comercial. Muitos romancistas sofrem repúdio, mas a Roth foi dada uma dose dupla.

Ocorrem surpresas agradáveis. No ano passado, Roth recebeu um convite para comparecer a uma conferência literária sobre sua obra, em Aix-en-Provence. Não ia à Europa havia uma década, relutava em interromper o trabalho, mesmo por alguns dias. Os amigos o convenceram, alegando que se bronzear ao sol do Mediterrâneo e conhecer um grupo de leitores sérios de seus livros não era exatamente o desterro em Elba. Roth chegou a Aix e adorou: seus livros eram vendidos e lidos, evidentemente; o prefeito lhe entregou a chave da cidade; era bem recebido onde quer que fosse; nas ruas principais e travessas de Aix estandartes vermelhos esvoaçantes exibiam seu retrato e os dizeres "A explosão de Roth" — um detalhe que o levou a comentar com seus anfitriões franceses: "Comecei a entender como era ser o Grande Timoneiro Mao".

Roth ouviu, sentado diariamente na platéia do imenso auditório, grupos de críticos americanos e franceses discutirem seus últimos romances; ministrou duas aulas magnas, no palco. As aulas mais pareciam entrevistas coletivas, e as perguntas provinham, em sua maioria, de estudantes locais, rapazes e moças instruídos, formados na grande tradição francesa de erudição cosmopolita, plena de retórica derridiana e jogos de palavras dúbios. Roth, que aprendera a ler em Bucknell e na Universidade de Chicago, meio século antes, ficou atônito ao ser questionado sobre o significado dos nomes de seus personagens: Seymour (Swede) Levov queria dizer "love"? Lev? Leão? E Seymour, significava See-more? E quanto a Merry: Seria Maria? A Maria de Cristo? Surgiram perguntas sobre numerologia e a "natureza tripartite" da *Pastoral americana*: três gerações, três partes, três membros da família. Aí o debate desviou para o Talmud e a filologia hebraica (os conhecimentos de Roth sobre judaísmo são modestos, ele fala o iídiche de Catskills, mas não entende hebraico). Em relação a esses temas, Roth insinuou aos acadêmicos franceses que eles poderiam estar lendo sua obra com uma "sutileza fora de propósito". Esperava que começassem a pensar em *Pastoral americana* menos como um livro sobre os mistérios dos nomes e mais como uma obra a respeito do custo de um período revolucionário para a vida americana, uma obra sobre "a incontrolabilidade das coisas reais", sobre a "incapacidade de explicar eventos e catástrofes aleatórios na vida de um homem decente".

Depois, quando indaguei a respeito dessas leituras, ele riu e disse: "É que nem beisebol. Suponha que você e eu vamos juntos ao estádio, e que ao lado haja um sujeito com o filho. E ele diz: 'Quero que você se concentre no placar. Não olhe para o campo. Observe apenas o que acontece quando os números do placar mudam. Não é incrível? Está vendo o que acabou de acontecer? Viu o que aconteceu? Viu?'. E a gente dirá: 'Esse cara é louco'. Mas o menino gostou e volta para casa, onde lhe perguntam: 'Como foi o jogo?'. E ele responde: 'Ótimo! O placar mudou 32 vezes, e papai disse que no último jogo mudou só catorze vezes, e que o time local fez o placar mudar mais vezes que o outro time. Foi muito legal! Comemos cachorro-quente, depois levantamos para esticar as pernas, e no final voltamos para casa.'".

"Isso é politizar o jogo de beisebol? É teorizar o beisebol? Não. Isso é não ter a menor idéia do que é o beisebol."

Não faz muito tempo que Norman Manea, escritor romeno imigrante, um dos melhores amigos de Roth, convidou-o para falar a uma turma do Bard College sobre seu romance de 1995, *O teatro de Sabbath*, descrição instigante de Mickey Sabbath, um Falstaff desesperado e arrasado que recusava todas as restrições sociais e regras sexuais. Manea temia que os estudantes atacassem Roth pelos motivos costumeiros: nas mulheres retratadas não haveria "solidariedade" suficiente, as idéias sobre sexo seriam retrógradas, o herói Mickey Sabbath não era nem heróico nem apropriado, que o livro falhava no teste da compaixão. "Claro, no dia anterior tentei prepará-los, mostrar que algumas mulheres são de um jeito, outras de outro, e que Drenka, o principal personagem feminino, é similar a Sabbath em sua propensão erótica", Manea disse. "Elas são mulheres, afinal, e não gatos. São diferentes. Tive de explicar que exigir que todos os personagens femininos fossem bons seria igual à época em que eu vivia na Romênia, onde todos os personagens operários tinham de ser operários exemplares." Para mostrar que o rude e o obsceno não são novidade na literatura ocidental, Roth leu trechos de Rabelais. Deu certo. No encontro seguinte, sobre *Casei com um comunista*, as coisas não foram tão bem. Quase no final da aula, Roth leu aos estudantes um relato do julgamento de Andrei Sinyavsky e Yuli Daniel, dois importantes escritores dissidentes do período Brejnev. Na transcrição, o juiz interroga Daniel a respeito do motivo de ele escrever coisas tão desagradáveis sobre "o povo soviético". Daniel responde que eles não são o povo soviético, e sim personagens de seu livro. "Nem no sindicato dos escritores", Daniel declara, "eles me pedem para escrever apenas sobre pessoas boas."

Mas a tática de Roth só serviu para piorar as coisas.

"Philip não conseguiu fazer com que vissem o romance do ponto de vista literário, sem dar a tudo uma interpretação política", Manea explicou.

* * *

Embora muitos anos já tenham transcorrido desde que os próceres da comunidade judaica atacaram Roth, ainda corre o lugar-comum de que seus romances não retratam personagens femininos em profundidade, que são de algum modo "hostis" à mulher. A certa altura de *O teatro de Sabbath*, Roth satiriza este conceito estereotipado quando cita as anotações de uma moça, feitas durante as aulas da faculdade. Ela escreve, a respeito do poema "Meru", de Yeats: "Poema classista, pela ausência de perspectiva feminina. Destaque para os aspectos masculinos privilegiados — o terror *dele*, o triunfo *dele*, os monumentos (fálicos) *dele*".

A romancista irlandesa Edna O'Brien, amiga de Roth, me disse: "Em relação às mulheres, Philip foi equivocadamente acusado de não gostar delas, de não compreendê-las. Isso é bobagem! Veja Faunia, sua heroína mais recente: ela é generosa, divertida, astuta e, como muitas mulheres, castigada por seu vigor sexual. Ela serve como contraste extremo e salutar a Monica Lewinsky, cuja sedução continha a decisão oculta de trair".

Roth não gosta de falar muito dessas coisas, teme estimular mais discussões e hostilidades. Sua opinião sobre as condições de leitura, na academia e na cultura em geral, pelo jeito é o problema que mais o incomoda.

"A cada ano, morrem setenta leitores e apenas dois são substituídos. Eis um modo bem fácil de visualizar a questão", Roth disse. Por "leitores" ele entende pessoas que lêem livros sérios regular e seriamente. A prova de que "a era literária chegou a seu final está por toda a parte", ele afirmou. "A prova é a cultura, a prova é a sociedade, a prova é a tela, a passagem da tela do cinema para a tela da televisão e para a do computador. Não temos muito tempo, nem muito espaço, e poucos hábitos mentais determinam o modo como as pessoas usam seu tempo livre. A literatura exige um hábito mental que desapareceu. Exige silêncio, algum tipo de isolamento e a concentração continuada na presença de um fator enigmático. É difícil apreender um romance maduro, inteligente, adulto. É difícil saber o que fazer da literatura. Por isso digo que dizem coisas estúpidas sobre ela, pois, a não ser que as pessoas sejam suficientemente educadas, elas não sabem o que fazer dela."

Estávamos sentados na mesa da cozinha de Roth, e percebi seu desejo intenso de mudar de assunto. Havíamos falado a respeito antes, o que o deixara ansioso; ele intuía que essa abordagem faria com que parecesse amargurado e excêntrico, hostil a seu público. Mas falei: "Prossiga".

Roth ajeitou-se na cadeira. "Prosseguir? Quer saber? Tudo bem. Creio que todo o esforço da primeira metade do século XX, pelo menos, que todo o esforço intelectual e artístico buscava ver *atrás* das coisas, e isso não interessa mais. Explorar a consciência era a grande missão da primeira metade do século — quer falemos de Freud ou de Joyce, dos surrealistas, de Kafka, Marx, Frazer, Proust ou quem quer que seja. O esforço todo visava expandir nossa noção do que era a consciência e do que havia por trás dela. Isso não interessa mais. Creio que estamos vendo o estreitamento da consciência. Li outro dia num jornal que ocasionalmente folheio que Freud era uma espécie de charlatão, ou algo pior. Este grande poeta trágico, nosso Sófocles! O escritor deixou de interessar ao público, enquanto alguém capaz de penetrar a consciência. O escritor só interessa em termos de quanto dinheiro ganha e do escândalo que provoca. O interesse reside apenas nisso. Por quê? Porque o resto é inútil, ninguém quer saber. Sempre existiu o debate a respeito do que é a literatura e para que serve, pois é um mistério, e o lado misterioso da existência, pelo menos para as pessoas leigas, não é um problema urgente.

"Não sou estudioso do que se deve ser um estudioso para entender isso, mas a gente acaba percebendo — e não somente com base na morte da leitura — que o ramo americano da espécie vem sendo reorganizado. Vejo a morte da leitura apenas como um aspecto disso. Tenho de ver isso assim, caso contrário seria apenas lamúria cultural, e a lamúria cultural é maçante. Trata-se de um aspecto da grande mudança que ocorreu — vem ocorrendo faz algum tempo — em relação ao que interessa aos membros mais inteligentes da sociedade americana."

Neste período de maturidade de Roth as vendas de seus livros têm sido modestas, variando de 30 a 45 mil exemplares de capa dura. Os dias de *Portnoy* há muito ficaram para trás. Mas este não é o problema, afirmou: "Não faz realmente muita diferença se 100 mil pessoas lêem um livro, ou 10 mil, ou 5 mil, francamente. Cinco mil pessoas é muita gente. Como um amigo meu disse, sobre 5 mil leitores: 'Se eles entrassem juntos na sala da sua casa, fariam com que você chorasse'.

"Portanto, quando falo na morte da leitura, não estou dizendo: 'Coitado de mim, nem coitado de algum outro sujeito, não temos leitores'. Só quero dizer que esta monumental iniciativa humana chegou ao final, no que diz respeito ao romance sério, e isso vale a pena mencionar. Tenho 67 anos, escrevo no ano 2000. Comecei a publicar em 1959, na *The New Yorker*. Pode acreditar em mim, sei do que estou falando. Se fosse de outro jeito, eu estaria feliz. Mas não me desespero, veja bem. Como alguém poderia se desesperar por causa disso e escrever dez horas por dia? Eu escreveria, fosse como fosse."

Em 1993, bem quando chegava ao ponto de se tornar um verdadeiro mestre, Philip Roth sofreu uma crise. Como artista, aprofundara seus temas, passando a abordar um universo mais amplo de personagens, além de desenvolver um sentido espacial — e, acima de tudo, rumava para um aprofundamento dos sentimentos, para uma voz mais trágica. Deixara algumas obras menores pelo caminho — *The facts* e *Deception* —, além de três livros entre os melhores que já escreveu: *O avesso da vida*; uma recordação da morte do pai, *Patrimony*; e *Operação Shylock*. *O avesso da vida* emprega recursos pós-modernos — o passar e repassar de cenas — embora esteja, simultaneamente, impregnado de emoção, inclusive com a revolta do autor contra o anti-semitismo inglês. De várias maneiras, *Operação Shylock* é *Portnoy* levado ao degrau seguinte da comédia e do tumulto psicológico. Contudo, embora Roth estivesse escrevendo bem, sua vida desmoronava. Dores terríveis nas costas, a desintegração do casamento com Claire Bloom e uma profunda depressão o derrubaram. Mesmo assim, graças à ajuda dos amigos, Roth conseguiu retornar ao trabalho com mais concentração do que antes. Com esta sensação de ter superado uma crise veio o sentimento libertador do relaxamento estético, e ele começou a escrever *O teatro de Sabbath*.

"Philip estava desmoronando", disse Judith Turman. "Ficou esquisito e incrivelmente deprimido, arrasado. Sentia-se aprisionado, esmagado por uma vida que não queria levar. Além disso sentia uma profunda exasperação com a condescendência dos críticos e seus clichês: Roth, o inimigo dos judeus, o bicho-papão do feminismo, o histérico, o narcisista — até isso, embora fosse o que menos o incomodasse. Sua resposta foi: 'Estou fazendo o que faço por mim e pelas 25 pessoas com quem me importo. Vou me mudar para o campo e escrever meus livros'. E do caos surgiu este retraimento."

Ross Miller: "O que aconteceu a ele foi, essencialmente, reconhecer que mesmo o ser humano mais forte pode cair de joelhos por conta de uma combinação quase farsesca de casamento ruim, costas ruins e morte. Todas as coisas que ele satiriza em *Lição de anatomia* aconteceram a ele: a perda repentina de vitalidade, o colapso — e depois a recuperação, que lhe deu o sentido de liberdade".

Norman Manea: "Philip apresenta hoje a estrutura interna de um soldado. Mantém-se próximo dos colegas, amigos e familiares, numa trincheira. Há solidariedade ali, e ele não a trairá. Isso é crucial para ele. *O teatro de Sabbath* foi escrito após essa crise enorme, ele se trancou em casa, comendo comida enlatada, e escreveu [...]. Eu mudei muito depois que vim da Romênia para cá, mas Philip mudou mais. Ele passou de sujeito sociável com o mundo a seus pés a um homem muito recluso, relutante em reentrar no caos do mundo. Ele criou sua ordem artificial potente, que se tornou sua ordem natural.

"Pagou um preço enorme, mas deu sorte, pois, tendo pago, foi compensado pela literatura."

Certa vez, quando falávamos sobre sua carreira, perguntei a Roth quando ele se sentiu mais feliz. Por vezes, quando fala dos livros, ele pausa por um momento, apenas, para sintetizar uma argumentação bem embasada. Mas naquele instante ele respondeu imediata e definitivamente: "Quando fui mais feliz? Quando estava escrevendo *O teatro de Sabbath*".

"Mas por quê? Logo no momento seguinte a toda aquela dor?"

"Porque eu me sentia livre. Sinto que agora está tudo por *minha* conta."

Houve um período, nos anos 1980, em que para Roth era penoso escrever, quando centenas de páginas acabavam no lixo, antes que um romance pudesse começar de verdade: "Eu me sentava lá e pensava: não agüento isso, não me agüento, não agüento ficar nesta sala, não agüento a frustração desta sala. Era assim: pinga, pinga, pinga, o pingar da frustração. Como se fossem pingos de ácido". Mas hoje em dia há uma fluência tremenda. Sem supervalorizar a importância da crise pessoal na criação da literatura — milhares a atravessam sem que saia de lá qualquer arte —, Roth foi capaz de superar a crise pessoal, um período em que pensou nunca mais conseguir escrever de novo, sair de lá e atingir um nível mais alto, de maestria. "Como Charlie Parker, Philip agora consegue tocar o que ele ouve", disse Ross Miller. "Escrever para ele ficou fácil, mas antes era difícil." Claro, a fluência de Roth nos livros recentes não poderia ter surgido sem anos de labuta, assim como Parker não poderia ter feito seus improvisos sem milhares de horas de estudo de mudanças de acorde. A perícia e a criatividade não estariam lá, não estariam disponíveis, sem aquele sentido peculiar de devoção e o tempo, a quietude, a saúde que exigem.

"Duvido que Philip tenha sido tão feliz, não o é desde que o conheci, com certeza", disse Judith Turman. "Ele hoje leva a vida que sempre quis levar, sem se fixar nos outros, exceto no caso das pessoas com quem se importa. Ele é como um estudante/monge. Não há muitas partes móveis em sua vida, agora. Os arranjos domésticos complicados, as necessidades e os conflitos da vida familiar, são todos máquinas Rube Goldberg,* e ele passa sem eles. Quando a pessoa é mais jovem, um monte de desejos insatisfeitos a impulsionam. Agora só existe uma coisa: o trabalho."

Com o passar dos anos, Roth permitiu-se ser desviado do trabalho, esporadicamente. Lecionou na Universidade da Pensilvânia e no Hunter College. Realizou uma série de entrevistas com Aharon Appelfeld, Ivan Klíma, Milan Kundera, Isaac Bashevis Singer, Edna O'Brien e Primo Levi — coleção que um dia será publicada como "Conversa de bastidor". Para a Penguin, editou a influente série "Escritores da outra Europa", um projeto de livros de bolso que chamou a atenção dos leitores americanos para Kundera, Tadeusz Borowski, Bruno Schulz, Ludvík Vaculík, Tadeusz Konwicki a Danilo Kis. Realizou conferências e leituras, relatórios para o PEN e viagens a Praga e Jerusalém, escreveu artigos de encomenda para o *Times*, assinou petições, deu aulas, manteve casos amorosos e amizades, cuidou dos pais idosos. Agora, tem seu trabalho, que é praticamente tudo. Por muito tempo, Roth exibia duas plaquinhas em cima da mesa. Uma dizia "Fique firme", e a outra, "Nenhum trabalho opcional". O trabalho opcional pelo jeito é uma categoria que inclui tudo, exceto escrever, praticar exercícios, dormir e ficar sozinho.

"É uma experiência maravilhosa", Roth disse. "O ato da lembrança apaixonada e minuciosa vincula os dias uns aos outros — os dias, as semanas, os meses — e viver com isso tornou-se meu maior prazer. Creio que deve ser um

---

* Aparelhos absurdamente complexos capazes de realizar tarefas simples, assim batizados em homenagem às engenhocas estapafúrdias desenhadas pelo cartunista americano Reuben Lucius (Rube) Goldberg (1883-1970). (N. T.)

prazer enorme para qualquer romancista, por isso agimos assim — fazemos conexões diárias. Eu consigo, graças a uma vida muito austera. Não a considero austera no sentido pejorativo, mas a gente precisa ser meio como um soldado vivendo no quartel, ou como quiser classificar isso. Ou seja, deixo o resto de fora da minha vida. Nem sempre agi assim, mas agora ajo."

Quando iniciamos as entrevistas, no inverno, Roth me disse que estava "entre dois livros", pensando no que viria após *A marca humana*. Poucos meses depois, fazia graça a respeito da Newark antiga, dizendo: "Nasci antes da meia-calça e da comida congelada". Em seguida, acrescentou: "É uma frase de meu novo romance". Fiquei sabendo que já havia escrito mais de cem páginas. Naquele momento ele fez lembrar o período fugaz na vida do atleta, quando todos os componentes de sua capacidade física e o domínio do jogo — sua experiência, inteligência e imaginação — se unem num ápice. Embora *O teatro de Sabbath, Casei com um comunista, Pastoral americana e A marca humana* sejam todos romances situados no abismo, e todos tratem o caos com um espírito humorístico de fracasso e decadência, a sensação de vigor de seu autor é inconfundível.

"Devo confessar que não acredito na morte, não percebo o tempo como limitação. Sei que é, mas não me parece", Roth disse. "Talvez eu viva mais três horas, ou três anos, sei lá. O tempo não acossa minha mente. Deveria, mas não o faz. Ainda não sei para onde isso vai me levar, mas não importa mais, pois não há parada. E nada disso importará mais, como sabemos. Portanto, não adianta nem pensar, entende? Só quero fazer o óbvio. Basta entender direito, e o resto é a comédia humana: as avaliações, as listas, os artigos nojentos, os insultos, os elogios.

"Só quero reagir ao meu trabalho. Não quero reagir a essas coisas todas. Não são importantes. Já foram, e o são para outros em determinado momento, mas não podem mais ser importantes.

"Se eu tiver saúde e energia, escrever todos os dias, para que me importar? Sempre que surge um problema para mim, derivado da escrita, penso nele. Não me preocupo com ele, é só questão de tempo. Basta o tempo. Não me preocupo mais em não ter o que é preciso para resolver o problema. Não há interrupções, e tenho todo o tempo do mundo. O tempo está do meu lado."

(2000)

O ritmo de Roth não diminuiu. *A marca humana* foi a etapa final do que ele chamou de trilogia americana. Em 2001 publicou uma novela, *O animal agonizante*, que completou a "trilogia de David Kepesh" — os livros anteriores foram *O seio* (1972) e *O professor de desejo* (1977) — e, em 2004, terminou *Complô contra a América*, que dá a impressão de negar suas declarações sombrias sobre os limites da leitura, pois tornou-se rapidamente seu livro mais vendido desde *O complexo de Portnoy*. Em 2005 a Biblioteca da América iniciou a publicação das obras completas de Roth, começando por *Goodbye, Columbus*. Em seguida ele terminou uma novela curta chamada *Everyman*.

Certo dia estávamos caminhando nas imediações de seu apartamento do West Side. "A única parte da caminhada que me permite uma pausa", ele disse, "é esta", e apontou para um obelisco bem na frente da entrada do planetário Hayden. Quando nos aproximamos vi que os nomes gravados na pedra eram dos ganhadores americanos do prêmio Nobel. Roth sorriu. Saul Bellow falecera poucas semanas antes, uma perda que o afetou profundamente. Ele apontou o nome de Bellow e disse: "Bem, neste caso eles acertaram".

Não mais, ainda não: Don DeLillo

Na primavera de 1988 os editores do *New York Post* enviaram dois fotógrafos para New Hampshire com instruções de localizar J. D. Salinger e tirar seu retrato. Se a frase "tirar seu retrato" conserva algum sentido violento, ou, pelo menos, de violação, se ainda causa temor em certas pessoas, convencidas de que o fotógrafo as ameaça com o furto de suas almas, isso se aplica ao caso. Não há mistério no motivo para o *Post* caçar sua presa. Por motivos obscuros (e ninguém presume que sejam motivos agradáveis), Salinger parou de publicar há muito tempo — seu último conto, "Hapworth 16, 1924" saiu na *The New Yorker* em 1965 — e ele tem levado uma vida reclusa desde então. Seu isolamento tornou-se um caso jornalístico que exigia solução, intervenção, exposição. Inevitavelmente, o *Post* achou seu homem. Os jornalistas tiraram a foto de Salinger. O jornal publicou na primeira página a foto de um homem de 69 anos, emaciado, assustado como quem prevê uma catástrofe. Naquele instante, a expressão nos olhos de Salinger era de tamanho terror que chega a ser surpreendente que tenha sobrevivido. APANHADOR APANHADO, proclamava a manchete triunfal.

No dia em que o retrato de Salinger saiu no *Post* outro romancista consagrado, Don DeLillo, passou a refletir sobre o poder inescapável e místico da imagem na era da mídia, e, em termos específicos, sobre suas tentativas débeis de se manter distante dos mecanismos midiáticos. Desde o início ele tentou evitar uma exposição que não fosse da obra em si. Quando publicou seu primeiro romance, *Americana*, em 1971, pediu que na nota sobre o autor, na capa, constasse apenas: "Don DeLillo reside e trabalha na cidade de Nova York".

Depois de residirem no Bronx e em Manhattan por muitos anos, DeLillo e a esposa Barbara Bennett se mudaram para a comarca de Westchester, a meia hora de trem ao norte da cidade. Os dois trabalham em casa: DeLillo como escritor, no escritório do andar superior, e Bennett como paisagista. (Era antes executiva do Citibank.) DeLillo não leciona, raramente faz leituras ou conferências, concede o mínimo possível de entrevistas. Quando os amigos perguntam seu lema, DeLillo declara viver conforme as palavras de Stephen Dedalus: "Silêncio, retiro, astúcia — e assim por diante".

Mas o que DeLillo aprendeu com a foto no *Post*, e o que ele provavelmente aprendeu graças a sua amizade com Thomas Pynchon, foi que o preço do total recolhimento também é alto. Pouco tempo depois de ver a foto de Salinger, DeLillo começou a escrever *Mao II*, livro que apresenta como personagem central um romancista chamado Bill Gray. A certa altura, Gray diz: "Quando um escritor não mostra a cara, ele se torna o sintoma local da famosa relutância de Deus em aparecer... As pessoas ficam interessadas em sua aparência, mas também ressentidas, e zombam dele, querem enlameá-lo e observar seu rosto se deformar de choque e medo, quando o fotógrafo escondido salta do meio das árvores".

Houve uma época na qual as pessoas que aspiravam pertencer a algo chamado "público leitor americano" sentiam a vaga obrigação de comprar e até ler os romances do momento. Dava culpa perder *A perfect day for bananafish*, *The adventures of Augie March* ou *O grupo*. Talvez hoje em dia as pessoas fiquem mais ansiosas por não terem visto *Pulp fiction* um mês depois da estréia do que por não terem lido o último romance de Saul Bellow. Ocasionalmente, um romance sério embute um apelo popular urgente, abre caminho pelo meio da mediocridade e chega à lista dos mais vendidos. O exemplo mais recente foi *Mason & Dixon*, de Pynchon — um fenômeno que pode ter tanto a ver com o longo silêncio do autor e a embalagem primorosa do livro quanto com o romance propriamente dito.

Será interessante ver o que vai acontecer com o novo romance de DeLillo, *Submundo*. DeLillo, aos sessenta anos, lançou seu décimo primeiro livro, o mais longo, mais ambicioso e mais complicado. Possui mais de oitocentas páginas; sua ambição é retratar a psique americana durante a ascensão da Guerra Fria, começando com o *home run* de Bobby Thomson, na vitória dos New York Giants em Polo Grounds em 1951, na National League, para terminar com uma explosão subterrânea nas planícies do Cazaquistão após o colapso do império soviético. No centro do romance está um homem chamado Nick Shay, que na adolescência baleou e matou um garçom no Bronx; o romance acompanha Shay e os Estados Unidos, desde o *homer* de Thomson, um momento singular de alegria do pós-guerra que animou a cidade, até sua maturidade ressentida. Shay cresce para se tornar executivo especializado em gerenciamento de resíduos. Assim como o romance *Libra*, de 1988, foi uma espécie de biografia ficcional de Lee Harvey Oswald, *Submundo* também apresenta personalidades públicas imaginadas, uma série delas, inclusive J. Edgar Hoover, Frank Sinatra, Jackie Gleason e Lenny Bruce, assim como elementos da Guerra Fria, como o filme "perdido" de Sergei Eisenstein chamado *Unterwelt*, grafites no metrô e murais de pintores alternativos no centro das cidades, bem como o monólogo jogo por jogo do comentarista dos Giants, Russ Hodges.

No processo de rotulagem que passa por crítica popular, DeLillo foi chamado de "xamã-chefe da escola de ficção paranóica dos Estados Unidos" — e não sem motivo. Até DeLillo admite que o fio condutor de seus livros é "viver numa época perigosa", destacando complôs e conspirações, homens atormentados em salas pequenas. Mas, apesar de todos os espaços apertados e previsões sombrias de seus romances, *Submundo* incluiu algo que costuma escapar aos críticos do trabalho de DeLillo, o humor, o modo como a linguagem mina, e até redime, o lado sombrio dos cenários. *Submundo* é o humor negro na Guerra Fria; está cheio de frases que capturam, com a escolha da palavra estranha, um momento da história americana. Eis Shay num restaurante contemporâneo:

> A garçonete trouxe um garfo gelado para minha salada *lifestyle*. Big Sims comia um cheeseburger com três tipos de cheddar, todos detalhadamente descritos no cardápio. Havia um racho na parede, por causa do terremoto da véspera, e quando Sims riu vi sua boca feito cama-de-gato de filamentos de queijo reluzente.

Embora DeLillo jamais tenha sido um best-seller, a editora Scribner pagou quase 1 milhão de dólares por *Submundo*, e Scott Rudin, produtor de *As patricinhas de Beverly Hills* e *O clube das desquitadas*, comprou os direitos para o cinema. Com uma mistura de surpresa e resignação, DeLillo concordou em fazer sua parte pública, mas tentou manter as coisas dentro do razoável. Quando conversamos pela primeira vez pelo telefone, para combinar um encontro na casa dele, DeLillo disse: "Peço que não revele a ninguém onde moro, em hipótese alguma. Pode mencionar Westchester". Encontramo-nos numa manhã de verão, no horário combinado, na estação ferroviária que não posso mencionar.

Conhecer DeLillo, no início, é conhecer alguém que eliminou todos os traços autoritários e tensões da personalidade: sua voz monótona é pura, irônica, e conserva apenas traços de sotaque do Bronx; usa óculos grossos enormes, veste calças jeans ou de sarja, que parecem compradas pelo correio, e camisas de brim azul. Sua vida é igualmente dionisíaca: quatro horas de escrita pela manhã, alguns quilômetros de voltas na pista do colégio local na hora do almoço ("árvores, passarinhos, garoa"), e depois mais trabalho, até cair a noite. De vez em quando ele vai ao cinema. De vez em quando aluga um filme. DeLillo disse certa vez: "Um escritor toma medidas duras para garantir seu isolamento, depois arranja inúmeras maneiras de desperdiçá-lo". Ele aprendeu a não desperdiçá-lo demais, ou quase nada. Quando começou a escrever, na metade dos anos 1960, trabalhava esporadicamente, e só com o passar do tempo desenvolveu a concentração e o rigor de um atleta, bem como o senso de responsabilidade que lhe permitiu publicar regularmente desde *Americana*.

"Eu não tratei a ficção a sério por um longo tempo", disse quando nos acomodamos na sala de estar de sua casa. A sala é decorada com algumas antiguidades, poucos livros e CDs, flores naturais. "Eu não tinha a ambição, o senso de disciplina. Não tinha idéia do que era exigido de um escritor que deseja tratar seu ofício com seriedade, e precisei de muito tempo para desenvolver o necessário. Não me ocorreu na época que escrever me exigia muito mais, e que muita coisa estava em jogo no trabalho cotidiano. Sabe, alguém melhora como escritor ao envelhecer, ao viver mais tempo."

DeLillo não esboçou a arquitetura de *Submundo* e depois começou a escrever. O processo foi muito mais intuitivo, misterioso, oscilante. Nunca houve um plano. O texto começou com um derrame de 25 mil palavras — um bloco autônomo que se tornou o prólogo do romance. Ele abre com um rapaz negro chamado Cotter Martin, que entra como penetra no Polo Grounds e depois, como uma câmera cinematográfica que amplia seu campo, absorve a multidão. A abertura, que foi inicialmente publicada como novela, como o nome de "Pafko at the wall" na *Harper's*, é uma das performances mais extraordinárias da ficção americana contemporânea. DeLillo consegue transmitir a interação privilegiada com os famosos de Hollywood no camarote pessoal de Leo Durocher (Gleason vomita na meia de linho de Sinatra), os temores e o prazer de Cotter em sua clandestinidade, os movimentos animalescos da torcida, a ação em campo, a reação da cidade em êxtase, e até o estudo disfarçado de J. Edgar Hoover sobre uma tela de Brueghel ("as cores de carne sangrenta e corpos amontoados"). Hoover, sentado no camarote, sabe que, enquanto o jogo se desenvolve, a União Soviética testa secretamente uma arma nuclear no Cazaquistão, e pensa: Que história secreta eles estão escrevendo? O foco de DeLillo, sua câmera, dá a impressão de realizar uma panorâmica pelo local, de cena a cena, de rosto a rosto, mente a mente, absorvendo tudo, como se fosse tudo simultâneo.

Depois que ocorre o *home run*, ele encerra o trecho retratando Russ Hodges, o locutor:

> Esta é a cena que latejará em seu cérebro quando chegar a velhice, a visão dupla, a tontura — a subida da onda, o pulo das pessoas que já estavam em pé, o trovão de alegria quando a bola chegou. Esta é a lenda popular e tem carne e fôlego que se acelera com a força deste nosso velho jogo inofensivo, e os torcedores que vieram ao Polo Grounds hoje poderão contar a seus netos — eles serão velhos tagarelas debruçados sobre o próximo século, tentando convencer qualquer um que se dispuser a escutar, soltando o bafo de remédio, que estavam aqui quando tudo aconteceu.
>
> O bêbado de capa de chuva percorre as bases. Eles o vêm passar pela primeira, as mãos agitadas no ar para evitar que descambe para o campo direito. Ele se aproxima da segunda numa confusão de membros, capa e sapatos desamarrados. Percebem que ele vai se atirar e param para observá-lo, quando levanta os pés.
>
> Todos os fragmentos da tarde envolvem seu corpo aéreo. Gritos, batidas, bexigas cheias e bocejos, a multiplicidade áspera das coisas que não podem ser contadas. Tudo já resvala indelevelmente para o passado.

Quando os Giants enfrentaram os Dodgers na final de 1951, DeLillo estava num consultório dentário da Crotona Avenue, no Bronx. Naturalmente, era fã dos Yankees, portanto principalmente esperava para ver quem seria a próxima vítima no Campeonato Nacional. O *homer* de Thomson não significou para ele o mesmo que para os torcedores dos Giants. Mas, quarenta anos depois, ao ler um relato no jornal no aniversário do evento, começou a pensar no caso, como parecia irrepetível, e como sua alegria comum combinava, na primeira página do *Times* de 1951, com a explosão nuclear no Cazaquistão. "Alguém esperava para me contar algo, ali", DeLillo me disse.

Por muito tempo DeLillo se interessou pela passagem no diário de John Cheever onde este escreveu, após assistir a um jogo no Shea Stadium: "A tarefa do escritor americano não é descrever as fantasias de uma mulher que pensa em adultério enquanto olha a chuva através da janela, mas sim descrever quatrocentas pessoas no estádio iluminado à procura de uma bola perdida... [ou] o trovejar surdo de 10 mil pessoas no final do oitavo tempo, a caminho da saída. O sentido do julgamento moral embutido numa vastidão migratória".

"Eu não fazia idéia de que isso se transformaria num romance", DeLillo disse. "Tudo que eu queria fazer era escrever um relato ficcional do jogo e, pela primeira vez, eu estava escrevendo algo cuja precisa natureza não poderia medir. Não sabia se estava escrevendo um conto, uma novela curta ou um romance. Mas eu sabia que as dimensões do Polo Grounds eram meus limites. Eu não tinha idéia de que iria além, até terminar.

"O prólogo transcorre numa espécie de superonisciência. Há sentenças que podem começar numa parte do estádio e terminar em outra. Eu queria abrir as frases. Elas se tornaram uma espécie de passe livre; viajavam da mente de uma pessoa para outra. Fiz assim em larga medida porque era gostoso. O próprio beisebol permite um tipo de liberdade que talvez eu nunca tenha experimentado antes. Foi o jogo."

Depois do prólogo, *Submundo* passa para 1992 e vai recuando pelos anos da Guerra Fria, de modo que o dia do jogo, 3 de outubro de 1951, e o dia em que Nick Shay atira no garçom, 4 de outubro de 1951, estão separados por quarenta anos de narrativa. O artifício mecânico que viaja pela narrativa, conforme esta avança e recua no tempo, é a bola de beisebol — a bola que Bobby Thomson atira na arquibancada do Polo Grounds, a bola que Cotter Martin apanha e leva para casa, a bola que os colecionadores, entre eles Nick Shay, cobiçam como talismã da história. Muitos dos temas anteriores de DeLillo aparecem em *Submundo*: o poder crescente da imagem e da mídia no mundo moderno, a incerteza da vida americana após o assassinato de Kennedy; a sensação de perigo nacional; homens e mulheres a viver à margem da corrente principal da linguagem e da vida ordinária. Há inclusive o sopro, aqui e ali, da marca mais singular de DeLillo: a paranóia. Entretanto, com mais freqüência, *Submundo* é uma sátira sombria e divertida da linguagem, dos modos e das obsessões do pós-guerra.

DeLillo revela um regozijo nabokoviano com a linguagem americana. Assim como os nomes de escolares americanos são catalogados em *Lolita*, como se fossem navios homéricos, DeLillo lista palavras dos anos 50 — "breezeway", "crisper", "sectional", "broadloom", "stacking chairs", "scatter cushions", "storage walls"* — e revisita a tragédia miúda da dona de casa naquele momento de loucura tecnológica da história: "Ela comprou recentemente um aspirador de pó em forma de satélite, que adorava empurrar pela sala porque zumbia mansinho e parecia futurista e promissor, mas ela era obrigada a olhá-lo com raiva agora, após o Sputnik, como objeto desajeitado, cheio de culpa".

A façanha mais curiosa de DeLillo até hoje, em termos de disciplina literária, foi a determinação de desviar a vista de seu lugar de origem, a área de Fordham, no Bronx. É difícil imaginar um autor manter uma cor local tão vívida afastada de sua obra por tanto tempo. Numa manhã de verão abafada DeLillo me levou a passear pela Arthur Avenue, no centro do Bronx italiano, passando por mercearias e lojas de massas, dizendo: "Houve um assassinato da máfia aqui, quando eu era menino — um gângster foi assassinado quando comprava frutas. Creio que serviu de modelo para a cena de *O poderoso chefão*, quando Mario Puzo mostrou Don Corleone na rua, comprando frutas, ao tomar um tiro. Ele pertencia a uma quadrilha de City Island e veio aqui fazer compras. A bem da verdade, foram três episódios do gênero, quando eu era criança. Um dos sujeitos era tio de um menino que eu conhecia. Outro esta-

---

* Pela ordem: passagem coberta da casa à garagem; compartimento para vegetais na geladeira; modular; feito em tear; cadeiras empilháveis; almofadas soltas no chão; estantes em alvenaria ou armários embutidos. (N. T.)

va na loja de bebidas". Nos dias de festa na Arthur Avenue, as mulheres usavam vestidos marrons e prendiam notas de um dólar nas imagens de gesso de Jesus. Nas noites de verão, os jogos tomavam conta do bairro — bocha, taco, *softball, stoopball* — e os rádios ficavam ligados enquanto o hidrante esguichava água e as mulheres gritavam dos telhados com as crianças, pois a brincadeira reduzia a pressão da água. Dion & the Belmonts* residiam naquela rua. John Garfield** freqüentava o P. S. 45 quando ainda era Julius Garfinkle. *Marty*, de Paddy Chayevsky, foi filmado no bairro, e quando saiu "sentimos que nossa existência fora justificada", DeLillo disse.

"Vou lhe mostrar a casa antiga", disse, e seguiu para a esquina da 182nd Street com Adams Place. A casa é estreita, de três andares, com telhado de placas de amianto. DeLillo cresceu ali com os pais, imigrantes italianos, a irmã e um tio com seus três filhos. Havia um velho sentado nos degraus. Tinha uma barriga imensa, que se projetava para a frente, por baixo da camiseta, que dizia: "Seu idiota, sua braguilha está aberta". Tímido e amigável, DeLillo o cumprimentou e explicou que residira ali havia muitos anos.

"Quer voltar?", o velho perguntou, com forte sotaque do Sul da Itália. "Vendo por 125 mil dólares."

DeLillo sorriu e disse: "Vê aquela passagem de tijolo? Foi meu pai quem construiu!".

"Cento e vinte e cinco mil", o sujeito repetiu.

Naquela altura já suávamos, cozinhávamos, e não havia muitos lugares abertos. DeLillo acabou encontrando uma cafeteria e doceira onde o ar-condicionado funcionava. Depois que nos acomodamos, perguntei-lhe por que esperara até encher uma prateleira razoável com romances antes de se voltar para o Bronx, em sua obra. Em *Submundo*, Nick Shay cresce num prédio de apartamentos perto da antiga casa de DeLillo.

"Tive de esperar trinta anos até me considerar pronto para escrever sobre tudo isso", DeLillo disse. "Precisava do distanciamento. Além do mais, precisava de um contexto mais amplo para escrever sobre isso. Não poderia fazer um romance a respeito de meu lugar de origem sem situá-lo num ambiente mais abrangente. Eu abordei o Bronx em meus primeiros contos, mas eles não

---

* Grupo de rhytm-and-blues. (N. E.)
** John Garfield (1913-52): ator e produtor de cinema nova-iorquino. (N. T.)

eram muito bons. Nem me dou ao trabalho de examiná-los, atualmente. Eram um tipo de relato literário sobre a classe trabalhadora. Falavam de operários oprimidos. Lembro-me de um a respeito do sujeito que foi despejado de sua casa e ficou no meio da calçada, rodeado por seus pertences."

DeLillo freqüentou a Cardinal Hayes High School ("onde eu dormia"), e a Fordham University ("onde me formei em uma coisa chamada artes comunicativas"). Seu pai trabalhava como funcionário no escritório da Metropolitan Life, em Manhattan. "Sabe aquele livro de Graham Greene, chamado *England made me* [Feito na Inglaterra]? Eu fui feito em Nova York", DeLillo disse. "A sensibilidade, o senso de humor, a abordagem, aquela abordagem sombria das coisas é em parte nova-iorquina, em parte católica, e isso, no que me diz respeito, determina meu trabalho mais do que qualquer texto que li. Passei por experiências de leitura maravilhosas, *Ulisses* em especial, que li pela primeira vez ainda bem jovem, e depois quando tinha cerca de 25 anos. Foi muito importante. A beleza da linguagem me cativou — particularmente nos três ou quatro primeiros capítulos. Lembro de ter lido o livro numa parte do quarto em geral ensolarada. Foi uma experiência muito intensa. Mas eu não lia quando era menino, e ninguém lia para nós, com certeza. Não faz parte de nossa tradição. As pessoas falam e gritam, mas não se lê muito. Eu não me entusiasmei com o material da Inglaterra do século XIX. Era uma luta enorme, um fardo, eu não conseguia me concentrar. Certa vez, precisei fazer um trabalho sobre um romance de Dickens, e Dickens, claro, é fácil. Mas li a versão em quadrinhos e me dei bem. Foi uma luta sair de um lugar como o Bronx e me instalar em Manhattan. Trata-se de uma jornada enorme que abrange modos, linguagem, trajes, praticamente tudo."

Hoje em dia Fordham é um passeio tranqüilo de trem no rumo sul, para DeLillo, e quando pensava nas áreas do Bronx que dominam as últimas centenas de páginas de *Submundo* ele visitava o bairro: os becos em torno do prédio de apartamentos onde Nick Shay cresceu, os conjuntos habitacionais a um ou dois quilômetros ao sul, o cinema Paradise, na Grand Concourse, semelhante a uma catedral, que depois foi destelhado e abandonado para apodrecer. DeLillo, como qualquer nova-iorquino, fala do bairro em termos estritos. Quando passamos pela Bathgate Avenue, ele apontou para a placa na rua e disse: "Fico longe dali. É território de Doctorow". Ainda restam muitos italianos ao longo da Arthur Avenue, mas há também negros, hispânicos, albaneses, bósnios. Caminhar pelas ruas o ajudou a criar os rostos e o aspecto do local, mas também o ajudou a se lembrar do pensamento da época — o modo como as pessoas sabiam o que sabiam, o modo como raramente viviam num mundo mais amplo, exceto quando pegavam o elevado da Third Avenue para Manhattan e vislumbravam a vida alheia através das janelas dos apartamentos. E como *Submundo* é sobre o mundo maior, sobre a Guerra Fria, seus passeios o ajudaram a lembrar como ele e os vizinhos viviam naquela época assustadora.

"Naquele tempo o modo como absorvíamos as notícias era diferente", disse por cima do sibilar e gorgolejar da máquina de café expresso. "A gente tinha de ir ao cinema para realmente ver alguma coisa. Passavam um desenho animado e a explosão da bomba de hidrogênio. Fazia parte do espetáculo, por assim dizer — uma extensão do filme."

Em 1959, quando terminou a faculdade, DeLillo mudou-se para um apartamento minúsculo em Murray Hill, um tipo de lugar em que a geladeira fica no banheiro. No início, trabalhou como redator na Ogilvy, Benson & Mather. Seus amigos eram redatores também, sujeitos divertidos e sofisticados, "uma mistura de Jerry Lewis, Lenny Bruce e Noël Coward". Eles iam juntos a galerias de arte e ao Village Vanguard, ver filmes italianos e franceses do momento. Enquanto isso, DeLillo trabalhava em *Americana*.

Foi um começo incerto, mas em poucos anos DeLillo pegou o jeito do romance e se convenceu de que era escritor de verdade. Pediu demissão da Ogilvy, Benson & Mather. Para ganhar algum dinheiro fazia serviços como freelancer, escrevendo textos para catálogos de móveis, diálogos para desenhos animados e roteiros para comerciais de televisão. Em 1971, *Americana* foi publicado e considerado um romance promissor. Em 1975, ele se casou com Barbara Bennett. Eles não têm filhos.

"Para mim, é uma vida muito boa", DeLillo disse. "As coisas que distraem outros romancistas não me distraíram. Ganho dinheiro suficiente para viver só disso, por exemplo. Aprendi a viver com muito pouco, muito pouco mesmo. E os problemas familiares não foram fonte de dificuldades, no meu caso, como são para quase todas as pessoas."

Os primeiros romances de DeLillo — *Americana, End zone, Great Jones Street, Ratner's star, Players* e *Running dog* — e depois a série triunfal de *Os nomes, Ruído branco, Libra, Mao II* e *Submundo* irradiam uma sensibilidade temperada pelos anos 1960 e 1970. Mas, ao contrário de alguns de seus amigos e contemporâneos, DeLillo se manteve praticamente à margem das questões políticas. "Participei de alguns protestos pacifistas, mas apenas fazia parte da massa, nas últimas fileiras", disse. "Eu me interessava muito pelo rock. Por outro lado, devo confessar que não comprava um único disco. Ouvia tudo no rádio. Deixei que a cultura passasse através de mim. Usei maconha, não com freqüência, mas com certa regularidade. Considerava os anos 60 e 70 extremamente interessantes, e, simultaneamente, enquanto tudo acontecia — a imensa ruptura social —, também sentia haver um tédio curioso, um fastio, que deve estar presente em meu primeiro romance. Creio que é algo que eu intuía em torno de mim, que parecia totalmente oposto ao que se ouvia e via nas ruas. Suponho que sentia, durante boa parte deste período, uma sensação de estranhamento, de não fazer parte de nenhum tipo de sistema oficial. Não era uma forma de protesto, mas uma separação. Alienação, mas não alienação política, predominantemente. Era algo mais espiritual."

DeLillo, quando jovem urbano, freqüentava a ala dos expressionistas abstratos no Museu de Arte Moderna. Naquele verão nos encontramos no museu certa tarde, passeamos por entre os cartazes dos grandes artistas soviéticos dos anos 1920, os irmãos Stenberg, uma série de fotos de Cindy Sherman e uma história da natureza-morta que começava em Cézanne e terminava numa tábua branca lisa coberta de leite cuja visão levou DeLillo a comentar: "Belo leite".

Mais tarde, almoçando no restaurante do museu, perguntei-lhe a respeito da possível influência das visitas em sua obra; e no modo como os elementos instigantes de sua juventude — Joyce, filmes italianos e franceses dos anos 1960, bebop, rock — apareciam em seus romances.

"Sinto muita dificuldade em responder isso", ele disse. "Mas a influência é quase metafísica. Não creio que se possa fazer qualquer conexão direta. Creio que a ficção deriva de tudo que a gente fez, disse, sonhou e imaginou. Vem de tudo que a gente leu e não leu. Das coisas que estão no ar. A certa altura, passamos a redigir sentenças e parágrafos que não soam como os dos outros escritores. Para mim, o ponto central desta questão toda é a linguagem, e a linguagem que um escritor acaba desenvolvendo. Se falarmos a respeito de Hemingway, vemos que são as sentenças de Hemingway que fazem Hemingway. Não são as touradas, safáris e guerras, e sim as sentenças claras, diretas e vigorosas. É um simples conectivo — a palavra 'e' que liga os segmentos de uma longa frase de Hemingway. A palavra 'e' é mais importante na obra de Hemingway do que a África ou Paris. Creio que meu trabalho vem da cultura mundial que me cerca. Acho que minha linguagem vem daí. Daí saem meus temas. Não creio que venham de outras pessoas. A personalidade e a visão de alguém é moldada por outros escritores, filmes, quadros, música. Mas a obra em si, entende — sentença a sentença, página a página —, é íntima demais, privada demais, para vir de qualquer lugar que não sejam as profundezas do próprio escritor. Vem de todo o tempo desperdiçado pelo escritor. Levantamos, olhamos pela janela, andamos pelo corredor, voltamos à página, e nesses intervalos algo subterrâneo se forma, um sonho literal que sai do devaneio. É muito profundo para ser atribuído a fontes claras."

Perguntei se DeLillo se reconhecia quando lia críticas acadêmicas ou resenhas jornalísticas de sua obra.

"Não muito", ele disse. "O que quase nunca se discute é o que você e eu estamos conversando: a linguagem na qual um livro se estrutura. E há uma boa razão para isso. É difícil de abordar. Difícil de escrever a respeito. E assim recebemos uma ampla análise das questões sociais de uma obra, por exemplo, mas raramente algo sobre o modo como o escritor chegou lá."

A crítica política mais vívida a DeLillo veio da direita, um massacre que começou em 1985 com Bruce Bawer, que escrevia na *The New Criterion*, e foi seguido pelo *The Washington Post*, por George Will e pelo crítico de livros do jornal, Jonathan Yardley.

Em seu ensaio "A América de Don DeLillo", Bawer principia pela duvidosa afirmação de que, embora alguém sempre encontre os livros de DeLillo nas lojas, é muito difícil encontrar as obras de Fitzgerald, Hemingway ou Faulkner. Ainda mais mistificador do que o fator Barnes & Noble foi a noção de Bawer de que os romances de DeLillo não são romances convincentes, e sim "panfletos produzidos com a finalidade de inculcar em nós, insistentemente, uma única idéia: de que a vida nos Estados Unidos hoje é entediante, entorpecente e desumanizante". Ele prossegue: "É melhor, DeLillo parece afirmar em um romance após outro, ser um maníaco assassino ou saqueador — e portanto *humano* — a apreciar os Estados Unidos pelo que são, com apare-lhos de ar condicionado, linhas de montagem, televisores, supermercados, te-cidos sintéticos e cartões de crédito. Pelo menos, quando levamos uma vida de violência primitiva, estamos mais próximos do mistério que existe no fundo de tudo". Um romance como *Ruído branco*, Bawer escreveu, está cheio de chavões de esquerda, de "marxismo de boteco".

Will, por sua vez, interrompeu as reflexões sobre a corrida presidencial de 1988 para atacar *Libra*, um romance que especulava sobre o caráter e a res-ponsabilidade de Lee Harvey Oswald, em sua opinião "existencialismo cole-gial" e "ato de vandalismo literário e péssima cidadania". Ele trata DeLillo como maluco de carteirinha, a brandir uma arma antiamericana — o dom da prosa. Que DeLillo ouse questionar a veracidade da Comissão Warren, ou que espe-cule sobre a psicologia de um assassino e a própria cultura, "desacredita a ética da literatura". E que DeLillo descreva o escritor como um estranho nessa cul-tura não passa de "um arroubo de dramatização universitária", pois, afinal de contas, "Henry James, Jane Austen, George Eliot e outros, de estranhos não tinham nada". Will continua: "A noção de DeLillo, do escritor distanciado do cerne da vida cotidiana, é tão radical" que "pára a apenas um passo curto de declarar que o escritor é similar a Oswald, um desertor, portanto o máximo em distanciamento".

"Não levo isso a sério, mas ser chamado de 'mau cidadão' é elogio a um romancista, pelo menos na minha visão", DeLillo disse. "É exatamente isso que devemos ser. Precisamos ser maus cidadãos. Devemos ser, no sentido de que escrevemos freqüentemente contra o que o poder representa e contra o que as corporações ditam e contra o que a consciência dos consumidores pas-sou a representar. Neste sentido, se formos maus cidadãos, estaremos realizan-do nossa missão. Will disse também que eu culpei os Estados Unidos por Lee Harvey Oswald. Mas eu não culpo os Estados Unidos por Lee Harvey Oswald. Eu culpo os Estados Unidos por George Will. Não creio que exista em *Libra* qualquer indicação de que os Estados Unidos são a força motriz que conduz Oswald até aquela janela no sexto andar. Na verdade, Oswald é interessante por ser, pelo menos em sua própria concepção, um sujeito intensamente polí-tico, que não apenas desertou para a União Soviética como tentou assassinar um representante da direita, o general Walker, cerca de sete meses antes do as-sassinato do presidente Kennedy. Nesses sete meses sua vida se desenrolou.

Creio que ele perdeu a noção de sua consciência política, e de quase tudo ao seu redor. Creio que ele se tornou o precursor de todos os jovens brancos mimados do final dos anos 60 e início dos 70, que saíam por aí cometendo crimes de conveniência, atirando em figuras da política ou celebridades que passassem na sua frente." De Lillo disse que não pretendia resolver o enigma do assassinato, embora pensasse que provavelmente havia um segundo atirador. Quando visitou o sexto andar do museu da Texas School Book Depository, ele escreveu no livro dos visitantes: "Ainda aguardando o homem sobre o montinho de grama".

DeLillo não tem idéia de como *Submundo* será absorvido pela cultura, se é que o será. Ele não demonstra preocupação com isso. Na verdade, não acredita que a condição cada vez mais marginal do romancista sério seja necessariamente ruim. Sendo marginal, ele pode se tornar mais importante, mais respeitado, mais agudo em suas observações. Não faz muito tempo, DeLillo escreveu uma carta a seu amigo e romancista Jonathan Franzen. Sua carta soa muito como um incentivo a seu sucessor:

O romance é aquilo que os romancistas fazem em determinada época. Se não estivermos escrevendo o grande romance social daqui a quinze anos, isso provavelmente significará que nossa sensibilidade mudou de maneiras que tornaram este tipo de obra menos atraente para nós — e não vamos parar porque o mercado diminuiu. O escritor lidera, ele não segue. A dinâmica reside na mente do escritor, não no tamanho da platéia. Se o romance social sobreviver, por pouco, superando as fendas e rotinas da cultura, talvez seja levado mais a sério, enquanto espetáculo ameaçado de extinção. Um contexto reduzido, porém mais intenso... Escrever é uma forma de liberdade pessoal. Nos liberta da identidade de massa que vemos impregnar tudo em torno de nós. No final, os escritores não escreverão para serem heróis marginais de uma subcultura, mas principalmente para se salvarem e sobreviverem enquanto indivíduos.
P.S.: Se os leitores sérios se reduzirem a quase nada, isso provavelmente significará que a questão abordada quando usamos a palavra "identidade" chegou ao final.

Em *Libra*, em *Mao II* e agora em *Submundo*, DeLillo incluiu cada vez mais o mundo do poder e das celebridades em sua obra — o mundo da história contemporânea. É provável que continue seguindo nesta direção.

"Creio que a pressão por eventos públicos aumentou nas últimas décadas", ele me disse. "É o poder da mídia, o poder da televisão. Mas há também, creio, algo nas pessoas que, talvez, tenha mudado. As pessoas parecem precisar de notícias, de qualquer tipo — más notícias, notícias sensacionalistas, notícias irresistíveis. Pelo jeito, a notícia é a narrativa de nosso tempo. Ela praticamente substituiu o romance, substitui o diálogo entre as pessoas. Ela substituiu uma forma de comunicação mais cuidadosamente construída, um modo mais pessoal de comunicação. Nos anos 50, a notícia era uma parte sinuosa da vida. Ela entrava e saía de um modo ordinário, pouco perceptível. Agora a notícia provoca impacto, largamente por causa do jornalismo televisivo. Depois do terremoto de San Francisco mostraram uma casa em chamas, seguidamente, de modo que o televisor se tornou uma espécie de instrumento do apocalipse. Isso ocorre repetidamente nos videoteipes de tiroteios, assaltos a banco, espancamentos. Eles os repetem, é como se acelerassem o tempo de algum modo. Acho que isso induz uma sensação apocalíptica nas pessoas que não tem nada a ver com o final do milênio. E isso nos torna... isso nos torna consumidores de um certo tipo. Consumimos esses atos violentos. É como comprar produtos que na verdade são imagens, produzidos de acordo com um mercado de massa. Mas também é real, é a vida real. Como se esta fosse nossa última experiência da natureza: ver um sujeito armado totalmente distanciado da violência coreografada do cinema. É tudo o que nos restou da natureza, de um modo estranho. E está tudo acontecendo em nosso televisor."

No dia em que conversávamos a televisão se encheu de imagens do empresário da moda Gianni Versace, assassinado a tiros na rua, em Miami Beach. DeLillo não se interessou tanto pelo crime em si, e sim pela formatação instantânea do assassinato, por sua súbita aparição em todas as telas e, portanto, em milhões de conversas. "As pessoas falam do homicídio, mas não falam do que ele causa a elas, a seu modo de pensar, sentir e temer", ele disse. "Elas não falam sobre o que ele gera, num sentido mais amplo. A verdade é que não sabemos falar a respeito disso, eu creio. Talvez por isso alguns escrevam ficção."

Submundo termina com a queda da União Soviética e o fim do conflito com o Ocidente. Conforme reflete sobre a era em que vivemos e escreve sobre ela, DeLillo também pensa sobre uma passagem de Hermann Broch, no romance *A morte de Virgílio*. "Ele usa a expressão 'não mais, ainda não' ", DeLillo diz. "Creio que se refere ao fato de que o poeta, Virgílio, entra numa espécie de delírio, não vive mais, mas ainda não morreu. Mas creio que ele se refere ao intervalo entre o paganismo e a cristandade. E penso neste 'não mais, ainda não' em termos de não mais a Guerra Fria, e ainda não o que vem a seguir, seja o que for." Mas, seis meses depois de terminar *Submundo*, acrescentou, o germe de algo realmente novo ainda não se manifestou.

A caminho da estação para me levar ao trem no qual eu retornaria de Westchester para o centro, DeLillo disse: "O que acontece entre livros é que divago, sinto-me sem rumo. Eu me sinto meio estúpido, pois minha mente entra em contradição. Ela não é treinada para se concentrar em algo, cotidianamente, por isso sinto-me meio entorpecido. O tempo passa de uma maneira totalmente diferente. Não consigo registrar um dia, um dia específico. Ao final do dia, não sei o que fiz".

(1997)

Saída do castelo: Václav Havel

Em seu último dia no Castelo de Praga como presidente da República Tcheca, Václav Havel gravou uma breve despedida à nação e depois atendeu uma ligação de George Bush. Havel, que assumira o cargo treze anos antes usando uma calça emprestada que chegava só até o tornozelo, agora estava de terno azul-marinho bem ajustado, camisa branca e uma gravata que indubitavelmente já cumprira sua missão em reuniões de cúpula e funerais. Uma equipe de eficientes assessores se mantinha a postos, na ante-sala do gabinete. Um garçom de guardanapo branco dobrado no braço servia um cálice de vinho branco. A luz do sol entrava por todas as janelas, e os candelabros lançavam seu brilho sobre as flores e os tapetes orientais.

O presidente americano teria ficado surpreso se soubesse que o castelo de Havel fazia a Casa Branca parecer deselegante, e Bush provavelmente se lembrava bem do local. Poucos meses antes estivera no castelo para uma conferência de cúpula da OTAN — a primeira a se realizar numa capital do Pacto de Varsóvia. Bush, o secretário de Defesa Donald Rumsfeld e dúzias de generais e políticos não participaram apenas das reuniões políticas costumeiras, como também assistiram a espetáculos teatrais organizados pelo próprio Havel. Os visitantes da OTAN viram uma recriação das danças do século XVIII (com direito a perucas empoadas e simulações de cópulas) que poderia ser considerada obscena se não fosse tão engraçada. Ouviram versões retumbantes da "Ode à alegria", uma "Marselhesa" entusiasmada e a canção "Power to the people", de John Lennon.

"Não entendi nada", Rumsfeld comentou, a caminho do salão de banquetes. "Sou de Chicago."

Quanto tive a oportunidade de indagar a Havel a respeito de sua performance para a OTAN, ele sorriu e disse: "Eu não queria que fosse igual a qualquer outra conferência de políticos e generais, por isso tomei algumas providências e caprichei. O balé se passava na Europa central, apresentava música de Mozart e elementos da extravagância americana, para enfatizar o caráter euro-atlântico do evento. Talvez tenha beirado o limite do que o senhor Rumsfeld e alguns outros podiam tolerar".

Desajeitado e retraído, Havel é um curioso diretor natural. Quarenta e tantos anos antes ele começou como contra-regra e autor teatral. Era discípulo de Beckett e Ionesco — do teatro do absurdo. O senso de absurdo invadiu sua própria vida. Não existe outra trajetória moderna tão improvável, embora dramaticamente coerente. Havel é a vida rara, Milan Kundera escreveu, que lembra uma obra de arte e dá "a impressão de uma unidade compositiva perfeita". A saber: um rapaz burguês se torna autor teatral boêmio; depois vira dissidente, que pelos crimes de escrever ensaios subversivos e ajudar a organizar um movimento subversivo chamado Carta 77, foi encorajado pelo regime a dominar a arte da solda numa fétida penitenciária tcheca; finalmente, em novembro de 1989, tudo implode e ele lidera as manifestações na praça Wenceslas, enquanto centenas de milhares de pessoas gritam "*Havel na hrad!*" ("Havel no castelo!"); em poucos dias ele se torna chefe de Estado, e vai trabalhar no mesmo palácio no alto que serviu de símbolo do poder ao reino da Boêmia e à monarquia dos Habsburgos, aos emissários de Berlim e aos sátrapas do Kremlin.

Durante o levante, que rapidamente se tornou conhecido como Revolução de Veludo, e por algum tempo depois dele, havia grafites pela cidade proclamando "*Havel je král*" — "Havel reina". O rei tentou desmistificar seu castelo. Pediu ao cenógrafo do filme *Amadeus* que criasse uniformes em vermelho, branco e azul para os guardas do palácio. (Os guardas comunistas usavam cáqui.) Ele mesmo se recusava a vestir os ternos que seu amigo, o príncipe Karel Scwarzenberg, comprou para ele. "Não posso usar isso!", Havel declarou.

"Fico parecendo um gigolô!" De jeans e pulôver, ele andava de scooter pelos salões do palácio. Promoveu um "festival de democracia" nos pátios, com malabaristas e mímicos que se apresentavam enquanto ele circulava bebendo cerveja Pilsner e cumprimentando os presentes. Mais tarde, quando descobriu que os candelabros dourados do Salão Espanhol estavam fora de moda, uma dupla de visitantes típicos, Mick Jagger e Keith Richards, bancaram a troca. Por semanas a fio ele deixou sua assessoria maluca, passeando pelo local com o controle remoto, diminuindo as luzes só para aumentá-las novamente.

"Quando cheguei aqui deparei-me com muitas coisas que considero absurdas", Havel me contou, em seu gabinete. Um sorriso maroto, do tipo você-não-vai-acreditar, tomou seu rosto. "Por exemplo, no primeiro dia tivemos a impressão de que havia três salas, perto de onde estamos agora, onde não se podia entrar. Quando finalmente conseguimos ir até lá, descobrimos que era um complexo de comunicações para contatos com o Pacto de Varsóvia. Tiramos proveito disso, mandando uma mensagem de feliz ano-novo a Mikhail Gorbachev. Depois, soube por fontes confidenciais que o chefe da KGB, Vladimir Kryuchkov, não apreciara nem um pouco o fato de termos encontrado a tal central."

Depois da ascensão de Havel, em poucos meses a euforia da Revolução de Veludo começou a passar. A poesia daquelas semanas de inverno, as entrevistas coletivas teatrais, as demonstrações de rua, deram lugar à prosa de governar um país falido. Acabaram-se os scooters e as escapadas do palácio para um drinque no bar da esquina. Havel admitiu que se sentia "estranhamente paralisado, vazio por dentro", e temia que ser da oposição e ser do governo fosse muito diferente. "No âmago deste sentimento havia, em última análise, uma sensação de absurdo: o que Sísifo teria sentido no dia em que a pedra parou, ficou em cima do morro, deixando de rolar de volta", explicou a uma platéia em Salzburgo. "Era a sensação de um Sísifo mentalmente despreparado para a possibilidade de que seus esforços fossem bem-sucedidos, de um Sísifo cuja vida perdeu o sentido anterior e ainda não havia desenvolvido o novo."

Ditadores precederam Havel, e, portanto, ele precisou aprender a governar como presidente por sua própria conta. Recorreu a alguns exemplos, como o humanismo de Tomás Garrigue Masaryk, presidente da primeira República Tcheca depois da Primeira Guerra Mundial, e de seu amigo Richard von Weizsäcker, presidente da Alemanha. (Os poderes do presidente tcheco se baseiam largamente no modelo da Alemanha do pós-guerra; o presidente vem depois do primeiro-ministro em questões internas, mas tem autoridade para fazer nomeações e conduzir a política externa.) Por vezes, Havel se sentia totalmente inadequado, uma fraude. Uma voz familiar de Praga, a voz de Kafka, lhe disse que qualquer um criado num Estado policial sabe, instintivamente, que tudo pode acabar tão facilmente como começou.

"Sou o tipo de pessoa que não ficaria nem um pouco surpresa se, no meio de meu mandato como presidente, fosse chamado e conduzido a um tribunal sombrio para ser julgado, ou diretamente a uma pedreira, para trabalhos forçados", disse à platéia atônita na Universidade Hebraica, em Jerusalém, menos de seis meses depois de assumir o poder. "Tampouco me surpreenderia se de repente ouvisse o toque de alvorada e acordasse na minha cela na prisão e então, em minha imensa confusão, passasse a relatar aos outros prisioneiros tudo que me acontecera nos seis meses anteriores. Quanto mais baixo estou, mais adequado me parece aquele lugar; e, quanto mais alto vou, maior a suspeita de que houve algum engano."

Nos treze anos de Havel como presidente — primeiro da Tchecoslováquia e depois da República Tcheca, quando os eslovacos e os tchecos se dividiram em dois países, em 1993 —, muitos de seus conselheiros imploraram seguidamente para que ocultasse ou pelo menos suavizasse esses momentos públicos de dúvida. Que efeito isso poderia ter num povo exausto que esperava uma radical transformação de seu país? (Imagine Chirac ou Blair, Bush ou Schröder iniciando um pronunciamento à nação com uma ode a seus temores noturnos!) Havel, contudo, não aceitava ser editado. O discurso presidencial era o único gênero literário que lhe restara na ocasião, seu meio mais direto de expressão não só de seus sentimentos pessoais, como também do espírito da política inegavelmente humanizada que pretendia estimular após tantas décadas de ideologia desumana. "Alguns assessores tentaram detê-lo, mas os discursos tinham um valor terapêutico para ele", contou-me o conselheiro mais próximo de Havel, Valdimír Hanzel. E, realmente, de vez em quando Havel não parecia ser presidente e sim um Kafka a ler seu diário, fazendo um inventário de tudo que o assombrava:

> Há uma sensação poderosa de alienação geral [...] uma experiência de insuportável opressão, uma necessidade constante de eu me explicar a alguém, de me

defender, um anseio pela ordem inalcançável nas coisas, um anseio que cresce conforme o terreno que percorro se torna mais confuso e embaraçado [...]. Tudo que encontro mostra a mim primeiro seu aspecto absurdo. Sinto como se decepcionasse continuamente homens poderosos, confiantes, que eu nunca poderia superar, e muito menos emular. Eu me sinto essencialmente odioso, merecedor apenas de escárnio.

O debate político, assim com o jornalismo político, abominam a estase, e os últimos dias do governo Havel estiveram por tanto tempo na agenda dos colunistas e parlamentares de Praga que se tornou lugar-comum dizer que ele era "igual a Mikhail Gorbachev" — uma figura de importância histórica que exagerou na permanência, mantendo a popularidade internacional, mas não a doméstica. Sobre Gorbachev, isso era certamente verdadeiro. Na noite de Natal de 1991, quando ele renunciou ao cargo e transmitiu os códigos nucleares a seu herdeiro hostil, Boris Yeltsin, sua popularidade caíra para a casa de um algarismo. O caso de Havel é bem diferente. Sua popularidade quando assumiu o governo era superior a 80%; quando saiu, estava em torno de 55%. Até para herói tamanha persistência é rara. Em 2000, Lech Walesa, o líder do Solidariedade, concorreu novamente à presidência da Polônia. Recebeu 1% dos votos.

Havel seguramente tem seus detratores: a "geração perdida" dos pensionistas e trabalhadores que não souberam lidar com as mudanças culturais estonteantes e o aumento do custo de vida; os esquerdistas que lamentavam o colapso da ideologia comunista; os direitistas que consideravam seu pensamento econômico muito vago, e seus discursos, ingênuos e excessivamente filosóficos. Alguns intelectuais, como o sociólogo Ernest Gellner, pensavam que a retórica de Havel, do triunfo do amor sobre o mal, era admirável, mas, talvez, "absurda, indefensável" como explicação para a queda do comunismo; que a brandura, Gellner escreveu, permitira que membros do antigo regime escapassem sem punição e conseguissem lucros fabulosos com a nova economia. Havia também formas mais sutis e pessoais de ressentimento. Certa manhã tomei café com um diretor de teatro de setenta e tantos anos, que conhecia Havel desde que ele era jovem. Ficou claro que o diretor antipatizava com ele, não por causa da política oficial, mas pelo "moralismo" de Havel, por sua insistência, após a invasão soviética de agosto de 1968, em que os tchecos tentassem resistir ao regime "vivendo na verdade". Até hoje a pureza de Havel incomoda o diretor; serviu como censura duradoura, profunda e pessoal. O velho diretor não assinara a Carta 77; fazer isso seria uma afronta quase suicida. Apenas algumas centenas de pessoas foram tão longe, ele disse, enquanto "o resto de nós só queria viver".

Embora os tchecos não tenham sofrido a violência que assolou outros países da região, especialmente a Iugoslávia e a Romênia, a transição não foi inteiramente pacífica. Longe disso. Apesar das objeções de Havel, a Tchecoslováquia foi dividida. A campanha de "limpeza" para barrar de certos empregos os informantes e pessoas culpadas pela era anterior foi um processo confuso e traumático. "Por que tanto veludo?", alguns perguntavam. Por que formar uma equipe presidencial com exilados e dissidentes sem experiência, além de quadros suspeitos do partido? Havel foi sui generis até o fim: ele não formou um partido ou movimento duradouro; tinha admiradores, assessores, mas não deixou um herdeiro real. Na verdade, quando deixou o cargo, o Parlamento não conseguia escolher seu sucessor.

O mais sério e persistente inimigo de Havel durante muitos anos foi sua imagem invertida, o antigo primeiro-ministro Václav Klaus. Por uma década seu relacionamento foi o tema principal da política de Praga. Klaus é um tecnocrata thatcherista — e, vale dizer, um sujeito duro e arrogante. Sempre demonstrou ressentimento contra "os intelectuais do palácio", acusando Havel de ser "meio socialista" e "apaixonado pelo poder estatal". Em 2001, disse de Havel: "Não acredito no que ele diz, no que ele defende, no que ele faz. Não compreendo sua idéia de sociedade civil. Para mim, é uma expressão vazia [...]. Ele é a pessoa mais elitista que já conheci na vida. Sou uma pessoa normal. Ele não é".

Apesar disso, com notáveis exceções, quase todos ressaltam imediatamente a estatura da moral e a importância das conquistas políticas de Havel, seu papel na reformulação da Europa. Para um país que perdera as melhores mentes por deportação, Holocausto, exílio, emigração e execução, Havel personificava um senso de futuro e de idealismo tcheco. Como dissidente, e depois como presidente, ele foi a voz tcheca mais incisiva na recuperação da liberdade e dos direitos humanos, na restauração do senso de responsabilidade pública num momento de apatia e ganância pós-comunista. Havel foi um autor teatral e ensaísta que escreveu como se a censura não existisse; quando se tornou político, comportou-se como se seu país, mesmo pequeno, fosse indispensável para a reorganização da Europa. Com sua autoridade moral e seu encanto, ele exerceu uma influência enorme. Bill Clinton, Tony Blair e outros líderes das grandes potências foram profundamente influenciados por ele. A rápida expansão e redefinição da OTAN é, em larga medida, obra de Havel.

Fui certa tarde a uma recepção de despedida de Havel, no castelo. Centenas de assessores do castelo, do passado e do presente, se reuniram no Salão Espanhol sob os candelabros dos Rolling Stones, e ficaram por ali bebendo cerveja, comendo sanduíches, fazendo fila para se despedirem de seu antigo chefe. Havel posou para fotos, aceitou conselhos e votos de felicidades — por vezes com prazer, por vezes com uma careta normalmente reservada ao dentista. Havel possui o carisma peculiar dos retraídos. Ele é pequeno, tem mãos miúdas que mexem nervosamente nas lapelas. Tende a falar para o chão ou por cima do ombro. Todos se abaixam para ouvi-lo. Todos riem de suas brincadeiras.

Ali perto estava Michael Zantovský, um dos colaboradores mais próximos durante esses anos. Zantovský fora dissidente e escrevera um livro sobre Woody Allen; depois da revolução, tornou-se embaixador nos Estados Unidos.

"Creio que foi a quinta ou sexta festa de despedida, e haverá outras", disse Zantovský, rindo. "Aconteceu até a chamada despedida alternativa, quando todo mundo ficou bêbado, claro." Em seguida, o diplomata adotou um tom grandioso. "É o final de uma era", disse. "Quer dizer, o fim da transição, o fim das mudanças e revezes e recomeços, como preferir. O que ocorrerá em seguida: nós seremos um país como qualquer outro da Europa. Talvez eu seja cínico, mas esses momentos da história, para uma pessoa ou para um país, vêm e vão. Como os quinze minutos de fama de Andy Warhol. Os nossos foram a presidência de Havel — especialmente os primeiros anos. Em algum momento do futuro, pode acontecer de novo, mas a esta altura não somos mais atraentes do que a Bélgica ou a Holanda. Como disse Brecht, 'infeliz do país que precisa de heróis'. Espero que não precisemos de outro." E brindou a isso.

Václav Klaus pode desprezar Havel, mas tem razão numa coisa: Havel não é um sujeito normal. "Estou começando a entender como tudo não passou de uma diabólica armadilha preparada para mim pelo destino", Havel declarou numa viagem recente a Nova York, a última como presidente. "Fui catapultado de um dia para outro para um mundo de contos de fadas."

Havel nasceu em 1936, antes da barganha que entregou a Tchecoslováquia em Munique, da ocupação nazista e do golpe comunista. Nasceu em berço esplêndido. O pai era um rico empresário, e sua família circulava num meio altamente intelectualizado. Empregavam uma cozinheira, uma governanta, uma arrumadeira, um jardineiro e um chofer. Os Havel queriam que seus filhos, Václav e Ivan, se formassem em Oxford ou Harvard. Quando eram meninos, foram para o colégio interno. Quando os comunistas tomaram o poder em 1948, as propriedades da família Havel foram confiscadas e, num ato de engenharia social reversa, o regime barrou os filhos da burguesia, como Václav, das melhores escolas. Se não fosse pelo golpe, Havel disse certa vez, ele teria "estudado filosofia na universidade, freqüentado [...] simpósios de literatura comparada e, depois de formado, eu sairia por aí num carro esporte importado, sem ter feito nada para merecê-lo".

Em função da precária educação formal, Havel foi atraído pelo teatro, particularmente pelo Teatro da Balaustrada, centro dos artistas boêmios. Seu irmão mais novo, Ivan, cientista cognitivo, disse: "Originário de uma família burguesa, meu irmão foi exposto à literatura e a muitas pessoas interessantes, mas ele se sentia mal, meio culpado por causa disso. Em seu círculo literário, era o raro burguês e sentia um certo constrangimento". Ele fala da Praga dos anos 1960, uma época mais liberal, e Havel rapidamente se adaptou à vida das prolongadas discussões noturnas em cozinhas enfumaçadas e no Café Slavia, com cerveja e Becherovka, com casos amorosos, *samizdat* e rock-and-roll. Seu gosto musical ia até o Velvet Underground e, principalmente, ao Plastic People of the Universe. Entre os vinte poucos e trinta e poucos anos, ele escreveu uma série de peças teatrais — *A festa no jardim, O memorando* e *A crescente dificuldade de concentração* —, que foram todas consideradas pela platéia críticas implícitas do regime: seu "automatismo" (um termo favorito de Havel) rigoroso, sua linguagem desumana. As peças, tidas no exterior como exemplos de abertura gradual, tornaram-se símbolos da Primavera de Praga, permitida pelo reformista Alexander Dubcek.

Na metade dos anos 1960, Havel, para desespero de sua mãe, se casou com uma moça pobre mas altiva, chamada Olga Splíchalová. Até sua morte, de câncer, em 1996, Olga serviu como contraponto pragmático ao idealismo e à confiança natural de Havel; era a inteligência prática, e durante os anos de pressão e prisão, um apoio incansável. "Olga e eu somos muito diferentes", Havel disse certa vez. "Olga é uma mulher da classe operária, muito centrada, sóbria, sem sentimentalismos, e sabe às vezes ser desagradável e ofensiva. Em outras palavras, como dizemos aqui, ela não fica de porre à toa... Em Olga, encontrei exatamente o que precisava: alguém capaz de contrabalançar minha instabilidade mental, de criticar com sensatez minhas idéias mais malucas, de fornecer apoio privado a minhas aventuras públicas."

Depois que a União Soviética invadiu Praga, depôs Dubcek e instituiu um período de "normalização" linha-dura que durou mais de vinte anos, o Partido Comunista proibiu as obras de Havel. Ele e Olga se mudaram para uma casa no campo, que chamavam de Hradecek (o Pequeno Castelo), e rumaram paulatinamente para uma posição de dissidência em tempo integral. Por mais emocionante que *A festa no jardim* fosse para as jovens platéias de Praga, a fase seguinte revelou-se ainda mais importante — e, talvez, até mais apropriada ao talento de Havel. "Havel tornou-se político nos anos 60", disse-me o romancista Ivan Klíma. "Suas peças eram instigantes naquele momento e lugar, e tiveram muita importância, mas tendem a se perder fora do contexto, principalmente no exterior."

Muito mais ambiciosos e duradouros foram os ensaios de Havel como dissidente, particularmente a carta aberta ao líder comunista Gustav Husák e *The power of the powerless*, que serviu como principal embasamento teórico para a Carta 77 e a resistência tcheca. Os textos de Havel chegavam ao público por uma variedade de meios clandestinos: datilografados, manuscritos, copiados em papel-carbono; nos livros publicados no exterior e contrabandeados de volta para o país, ou em transmissões da Rádio Europa Livre. (Como presidente, Havel retribuiu a ajuda à emissora, ajudando a transferir estúdios e administração de Munique para a praça Wenceslas, em 1995.)

Assim como Soljenitsyn foi a mais importante testemunha da opressão comunista dentro do império soviético, Havel foi seu crítico moral mais contundente. "Havel sintetizava as idéias que estavam no ar aqui, e, como se viu, em todo o mundo totalitário", disse Ivan Havel. Em dois ensaios, ele descreve a "entropia" da vida sob a opressão comunista, a miríade de instrumentos cotidianos pelos quais todos os homens e mulheres eram "submetidos a um prolongado e abrangente processo de violação, enfraquecimento e anestesia".

Quando visitei Havel no castelo, seus pertences estavam sendo encaixotados pelos assessores, e havia um quadro da era comunista que dizia, em eslovaco: "Trabalhadores de todo o mundo, uni-vos!". Em *The power of the powerless*, Havel pede ao leitor para imaginar o encarregado de uma mercearia pondo aquele cartaz na vitrine, "entre cebolas e cenouras":

> Seria uma tentativa de comunicação com o mundo? Ele se entusiasma de verdade com a idéia de união entre os trabalhadores do mundo? [...] Faz isso porque precisa agir assim para tocar a vida. É um dos milhares de detalhes que lhe garantem uma vida relativamente tranqüila.

O poder da ideologia totalitária, escreveu, é que serve "como um véu por trás do qual os seres humanos podem ocultar sua própria vida prostrada, sua trivialidade, sua adaptação ao statu quo [...]. É como uma coleção de sinais de trânsito e placas indicativas que dão ao processo forma e estrutura. Esta ordem metafísica garante a coerência interna da estrutura totalitária de poder. É a cola que mantém tudo unido, seu princípio aglutinador, seu instrumento disciplinador".

Havel não descreve a dissidência como uma ideologia política alternativa, e sim como uma insistência individual em sua própria condição humana, na ação e no pensamento honestos, mesmo nas menores coisas. Em meados dos anos 1970, Havel teve de ganhar a vida trabalhando numa cervejaria e, em *The power of the powerless*, ele recorda uma disputa na fábrica. Um trabalhador sugeriu aos chefes maneiras de aumentar a produção. Não era intelectual nem político rebelde, apenas alguém com idéias para produzir cerveja com mais eficiência. Mas ousou desafiar os chefes, e isso não podia ser tolerado. Com freqüência, Havel escreveu, viver normalmente "começa com uma atitude de fazer direito seu serviço e acaba com a classificação de inimigo da sociedade".

Foi assim com Havel. Como analista, ele mostrou que o sistema não podia tolerar o menor sinal de mudança, pois sua existência dependia da unanimidade para sobreviver. Como resultado, Havel sabia que podiam bater em sua porta a qualquer momento. Em entrevista a um *samizdat*, ele disse: "Preparei o que chamo de 'pacote de emergência', contendo cigarro, escova de dentes, pasta de dentes, sabonete, alguns livros, uma camiseta, papel, laxante e outras miudezas". Levava isso tudo consigo, sempre que saía de casa.

Por bons motivos. Entre 1977 e 1989, Havel foi preso várias vezes, em muitas celas diferentes. Sua detenção mais longa durou de 1979 a 1983, e encontrava na carta semanal para casa um alívio singular. *Cartas para Olga*, que incluía tudo, desde queixa de hemorróidas à inconstância de Olga como correspondente, passando por reflexões sobre o ser e a responsabilidade política, é seu livro mais pessoal e talvez o melhor. Havel escrevia as cartas sob uma pressão terrível, que incluía um guarda pró-nazista que examinava as cartas para garantir que não continham códigos ou rasuras misteriosas. Trabalhava na lavanderia, ele explicou, "e escondia os rascunhos sob as pilhas de lençóis sujos, manchados por milhões de crianças não nascidas, e as revisava durante a folga para o almoço, tentando evitar que os informantes me vissem".

As únicas visitas permitidas eram de Olga e Ivan. Podiam ir quatro vezes por ano, por períodos de meia hora. Quando perguntei a Ivan a respeito dessas visitas, ele riu, tristonho: "Eu o via com mais freqüência quando ele estava preso do que agora".

Certa noite, durante a frenética última semana de Havel na presidência, houve uma apresentação de gala em sua homenagem no Teatro Nacional, uma noite a rigor, com muitas câmeras de televisão do lado de fora e ministros e astros pop na platéia. Fui ao evento com Jirí Pehe, um ex-exilado que retornara a Praga depois da revolução, tornando-se um dos conselheiros mais próximos de Havel. Ele me disse que o espetáculo fora organizado pela segunda mulher de Havel, uma atriz chamada Dagmar Veskrnová, a quem todos conhecem simplesmente como Dása. Ao contrário de Olga, que exibia credenciais impecáveis como dissidente, Dása era atriz de cinema e televisão, e durante a "normalização" aparecia esporadicamente em montagens de Shakespeare e Strindberg, embora trabalhasse com mais freqüência em comédias medíocres; certa vez, fez papel de vampira topless. A noite de gala, Pehe disse, foi motivo de controvérsia, pois a parte musical estava mais para Andrew Lloyd Weber do que para os favoritos de Havel, Lou Reed e Frank Zappa. Ele não estava exagerando. Cheguei a pensar que assistia a um especial de Natal de Bob Hope. Dása convidou até Karel Gott, uma cantora melosa, símbolo da "cooperação" na época comunista. Alguns dos velhos amigos de Havel da Carta 77, inclusive os cantores Jaroslav Hutka e Vlasta Tresnak, boicotaram o evento. Praga é uma capital pequena de uma pequena república; com freqüência, a política ganha ares provincianos. Alguns tchecos, pelo que parece, jamais perdoarão figuras como Gott; outros nunca perdoarão Havel por ter casado com Dása.

"Olga foi muito mais que esposa", Pehe me explicou. "Havel era boêmio, cometia loucuras, houve muitas outras mulheres, mas ele sempre voltava para ela: era uma pessoa rija, séria. E o tratava feito menino, de certa forma, e ele gostava disso, precisava de correção. Quando ela morreu, uma parte do universo dele desmoronou. Casou-se novamente muito depressa, na humilde opinião do público."

Na opinião de Havel, Dása salvou sua vida. Fumante inveterado e veterano das prisões tchecas, Havel sofreu pneumonias, uma perfuração no intestino e várias outras moléstias. "Ele quase se matou na presidência", disse o escritor e amigo Timothy Garton Ash. "Chegou perto da morte várias vezes." O maior risco ocorreu no final de 1996. O médico de Havel encontrou uma mancha em seu pulmão e o tratou de pneumonia. Havel continuou tendo febre e visão dupla. Finalmente, os especialistas determinaram que ele tinha câncer e retiraram metade de seu pulmão direito. (Pouco antes de entrar na sala de cirurgia, Havel foi mostrado na televisão fumando, com o ministro da Saúde.) Dása demitiu o médico que errou o diagnóstico. (Ela também chamou um curandeiro, mas tudo bem.) A crise não terminou aí. Certo dia, no hospital, segundo John Keane, biógrafo de Havel, Dása apareceu para visitá-lo na terapia intensiva. Encontrou-o aparentemente engasgado, em ventilação mecânica. Dása pediu socorro e o salvou. Poucas semanas depois, Havel e Dása se casaram.

Como a imagem de Olga permanecia forte na mente do público, Havel sentiu que deveria se explicar à nação. "Antes de morrer, Olga disse que eu deveria me casar novamente", Havel declarou. "Na época, descartei a idéia categoricamente e decidi terminar meus dias sozinho. Ela estava convencida de que eu não posso nem devo viver sozinho. Tinha razão, e a vida confirmou isso quando tive a sorte de conhecer Dása."

Na festa de gala, Havel ocupou o camarote presidencial ao lado de Dása e acompanhou, enlevado, as apresentações no palco. Aplaudiu a todos igualmente. Bateu palmas para Karel Gott e Ivan Král, ex-exilado que cantou uma balada do Plastic People of the Universe, e depois a canção de Patti Smith

"Dancing barefoot". Mas o maior prazer de Havel, visível em seu rosto, aconteceu quando um ator chegou na beira do palco e leu o texto da denúncia contra os líderes da Carta 77, publicado no jornal comunista *Rudé Právo* 25 antes, com a manchete OS NÁUFRAGOS E OS AUTODESIGNADOS. Na época da publicação do artigo, o líder do partido, Gustav Husák, afirmou confiante que o movimento da Carta 77 afundaria e que Havel e os "títeres contratados para esta campanha" acabariam "na lata de lixo da história". Tudo isso parecia piada, agora.

Um dia no castelo Havel estava em companhia de Oldrich Cerny, um sujeito baixinho que falava inglês perfeito. Por muitos anos Cerny ganhou a vida dublando filmes de Hollywood em tcheco. Quando era adolescente, viu *A festa no jardim* e quis conhecer o autor. Cerny acabou ficando amigo de Havel e passou a desempenhar tarefas para a coalizão de forças chamada Fórum Cívico, que conduziu a revolução. Quando Havel chegou ao poder, James Baker, na época secretário de Estado de George H. W. Bush, enviou aos tchecos um resumo do que os americanos sabiam a respeito das forças de segurança comunistas. Havel, cujo conhecimento de inglês é limitado, pediu a Cerny que traduzisse os documentos; mais tarde, convidou-o a ser seu conselheiro de segurança nacional. Sempre que Cerny mencionava o cargo para mim, sorria e fazia o sinal universal de aspas. "Eu não era nenhuma Condoleezza Rice", dizia.

Depois da revolução, prosseguiu, "éramos totalmente ingênuos, por isso pedi ajuda ao Ocidente." Funcionários do MI6 e da CIA ajudaram os tchecos a reconstruir seu sistema de segurança, livrando-o, acima de tudo, da função de polícia privada e força armada do governo. Até hoje, anos depois de deixar o castelo, Cerny não consegue esquecer o dia da chegada, como muitos outros. Ele disse: "Quando entrei no castelo pela primeira vez, foi muito estranho — pouca mobília, tudo conforme o gosto comunista pelo mau gosto, como poltronas enormes de couro sintético que gelavam a gente no inverno e grudavam na calça no verão".

Saímos a passear pela antiga residência de verão, uma mansão de dois andares no mesmo terreno do castelo.

"Esta era a casa de Husák", Cerny disse, passando por um guarda para chegar à porta da frente. "Ainda guardo a chave."

Subimos. Cerny começou a bater nas paredes com os nós dos dedos, e também no teto, que era inusitadamente baixo. "Quando entrei aqui, notei que a recepção do celular era muito ruim", ele disse. "Descobrimos que Husák era paranóico. Mandou reforçar o teto com concreto. Ao que parece, temia que disparassem mísseis cruise contra ele."

Cerny me levou ao porão. Lá vi o luxo favorito de Husák: uma piscina com máquina de fazer ondas artificiais. "Ele nadava muito bem", explicou.

No início da presidência, Havel residiu na casa de Husák por alguns meses. Naturalmente, foi uma tortura. "Eu me vi num mundo de privilégios, exceções, arrogâncias, num mundo de VIPs que gradualmente perdiam a noção de quanto custava uma passagem de bonde ou um pacote de manteiga, que esqueciam de como fazer café, guiar um carro, dar um telefonema", disse. Acabou se acostumando com tudo, embora nunca mais tenha enchido a piscina de Husák. Havia muito trabalho a fazer, milhares de documentos a analisar, um país quebrado a reconstruir.

"Pelo que sei, Havel não vê a hora de largar tudo", Cerny me disse. "Está exausto, e não é um sujeito saudável. Ele também leva tudo muito a sério. Quando ficou claro que a presidência não poderia salvar a vida de todo mundo, tornou-se um ritual para os jovens jornalistas tchecos — quase um rito de iniciação — escrever coisas terríveis sobre Havel, e ele nunca se acostumou com isso. Havia até um aspecto psicossomático: ele ficou deprimido e seu corpo começou a doer."

No dia seguinte à saída da presidência, Havel marcou férias de cinco semanas no exterior. Está sempre tossindo, e o tempo quente faz bem a seus pulmões. Por vezes, ele diz que vai trabalhar numa peça do "teatro do absurdo" ou numa conversa com Timothy Garton Ash e Adam Michnik, para transformá-la num livro. Seu assessor Vladimír Hanzel me disse que Havel não manteve um diário no governo, e que provavelmente não escreveria suas memórias, pelo menos não no sentido tradicional. Certa manhã, li em *The Prague Post* que Havel ia escrever suas memórias, mas que seria algo "entre Henry Kissinger e Charles Bukowski".

Neste sentido, ele passou a vida escrevendo suas memórias. Eu me lembro de ter lido um texto curto dele, em 1987, no qual conta que caminhava perto do Teatro Nacional quando por acaso viu Gorbachev, que estava na cidade para uma conferência de cúpula com os líderes do partido tcheco. Ele avistou o ditador soviético, cercado por uma multidão, rodeado de guarda-costas:

> De repente, começo a sentir pena dele. Tento imaginar a vida que leva, o dia inteiro na companhia de guardiões de cara fechada, sem dúvida com a agenda cheia, inúmeras reuniões, discursos e negociações: obrigado a conversar com muitas pessoas importantes; lembrar quem é quem; dizer coisas, e ao mesmo tempo ter certeza de que são as coisas *certas*, coisas que as pessoas ávidas por sensacionalismo, no mundo exterior, não possam pegar e usar contra ele.

Em meu encontro com Havel no castelo recordei a passagem para ele, que riu. Perguntei se havia se tornado, de algum modo, a pessoa de quem sentira pena.

Havel deu de ombros e começou a falar, sem tirar os olhos do carpete. "Eu me lembro", disse. "Claro, encontrei-me com Gorbachev uns dois meses depois de ser eleito presidente. Fui a Moscou para minha primeira visita ao Kremlin, e nos reunimos por oito ou nove horas. No início, Gorbachev olhava para mim como se eu fosse uma criatura exótica — o primeiro dissidente vivo que ele viu, e que vinha ter com ele como chefe de um Estado que fizera parte de seu reino. Mas, gradualmente, desenvolvemos uma certa amizade, que começou a nascer no final daquela longa visita ao Kremlin." Havel ergueu a cabeça e sorriu. "Naquela época eu fumava, e após duas horas de conversa perguntei a Gorbachev se podia fumar um cigarro. Ele disse: 'Claro, não se acanhe, pode fumar'. Ele não chamou ninguém, mesmo assim surgiu uma pessoa, de repente, com um cinzeiro. Havia microfones lá, suponho."

Um ano depois de Havel ascender ao poder houve uma crise no Iraque, e agora, quando está deixando o cargo, envolveu-se em outra. No início do mês ele passou horas com os assessores na casa de campo, discutindo o problema, e naquele dia, no *The Wall Street Journal*, foi publicada uma carta assinada por Havel, além de outros sete chefes de Estado europeus, que na essência concordava com a posição do governo Bush. Perguntei a ele a razão.

"Não creio que seja obra do acaso que a idéia de confrontar o mal possa encontrar mais apoio nos países que passaram por uma experiência recente com sistemas totalitários, em comparação com outros países europeus que não passaram pelo mesmo tipo de experiência recentemente", ele disse. "A experiência tcheca em Munique, com a conciliação, com a aceitação do mal, com as exigências cada vez maiores de que se provasse que Hitler era realmente o mal — esta pode ser uma razão para olharmos as coisas de maneira diferente dos outros. Mas isso não significa que vamos dar sinal verde automático a ataques preventivos. Sempre acreditei que cada caso deve ser julgado individualmente. O mundo europeu-americano não pode simplesmente declarar guerra preventiva a todos os regimes de que discorda."

Havel tossiu e bebeu um gole de vinho. Perguntei por que ele pensava que uma política de contenção não poderia funcionar mais ou menos indefinidamente, no caso do Iraque.

Ele pôs o copo na mesa e disse: "A civilização mudou. Hoje em dia, qualquer maluco, qualquer pessoa desequilibrada pode explodir metade de Nova York. Isso era praticamente impossível há quinze ou vinte anos. Esta é a única razão. No geral, o mundo mudou. Antes havia um equilíbrio bipolar entre as duas grandes potências, que chegavam a acordos sobre a redução das armas, de modo que pudessem destruir o mundo sete vezes em vez de dez. Agora, vivemos num mundo multipolar... Claro, a questão é: Quando é o melhor momento para entrar em ação? Deveria ter ocorrido muito antes? Trata-se de uma questão política, de uma questão diplomática, de uma questão sociológica. Mas, no conjunto, é uma questão ligada ao funcionamento do sistema imunológico mundial, de saber se o mundo consegue lidar com um caso de mal extremo antes que seja tarde demais".

No domingo à noite, 2 de fevereiro, o rádio e a televisão tchecos transmitiram o discurso de despedida de Havel. Ele fez questão de agradecer à esposa e a partidários. A todos os que ficaram desapontados, "ou simplesmente me acharam odioso, eu peço desculpas sinceras, e espero que me perdoem". Havel mostrou o símbolo da paz ao país e sua tarefa terminou.

(2003)

O exílio: Soljenitsyn em Vermont

Na manhã de 7 de janeiro de 1974 a liderança do Partido Comunista da União Soviética se reuniu para traçar o plano de batalha contra uma grave ameaça à ideologia e ao poder comunista: um escritor e seu livro. Leonid Ilyich Brejnev, secretário-geral do partido, sentou-se à cabeceira da mesa de reuniões e deu início ao encontro. "Camaradas", começou, "segundo nossas fontes no exterior e a imprensa estrangeira, Alexander Soljenitsyn publicou uma nova obra na França e nos Estados Unidos — *Arquipélago Gulag*."

Naquela época a saúde de Brejnev começava a se deteriorar. Ele trabalhava apenas quatro ou cinco horas por dia, intercalando tarefas com cochilos freqüentes, massagens, saunas e lanches, sob os cuidados permanentes de seus médicos. Sua fala era lenta, arrastada. "Soube pelo camarada Suslov que o secretariado tomou a decisão de iniciar na imprensa daqui uma operação de desmoralização contra esta obra de Soljenitsyn e sua utilização pela propaganda burguesa", Brejnev prosseguiu. "Ninguém teve ainda a chance de ler o livro, mas seu conteúdo essencial já é conhecido. Trata-se de uma revoltante arenga anti-soviética. Precisamos decidir o que fazer com Soljenitsyn. Pela lei, temos motivos de sobra para mandá-lo para a prisão. Ele tentou desacreditar o que consideramos mais sagrado: Lênin, o sistema soviético, o poder soviético — tudo que mais valorizamos... O arruaceiro Soljenitsyn escapou ao controle."

Yuri Andropov, chefe da KGB na época e futuro sucessor do trono do partido, não esperou muito para dar suas recomendações. Era de longe o membro mais inteligente do Politburo, e fica claro pela leitura das atas daquela sessão do Politburo (uma pilha de documentos classificados como "Ultra-secretos", nos arquivos do partido) que Andropov foi a voz decisiva. Melhor do que qualquer outro ele compreendia a ameaça que a obra de Soljenitsyn representava ao regime. Em 1962, quando Nikita Krushchev permitiu a publicação de *Um dia na vida de Ivan Denissovitch* como forma de desacreditar a era Stálin, uma grande abertura cultural estava começando — uma abertura que enervou tanto os líderes comunistas que eles finalmente a bloquearam, proibiram a impressão dos livros de Soljenitsyn e em 1964 "aposentaram" Krushchev "por motivos de saúde". Mas a missão literária de Soljenitsyn, o processo de dar voz a 60 milhões de vítimas do terror soviético, prosseguiu secretamente e mesmo coletivamente. Grande parte de *Gulag* se baseou em centenas de cartas e relatos de ex-prisioneiros, enviados a Soljenitsyn depois que *Um dia* foi publicado. Andropov intuiu que a nova obra poderia a seu modo minar, tanto quanto todo o arsenal nuclear do Ocidente, o poder soviético.

"Creio que Soljenitsyn deve ser deportado do país sem seu consentimento", Andropov disse, segundo a ata do Politburo. "Trotsky foi deportado em sua época, sem concordar com isso [...]. Todos estão esperando para ver o que vamos fazer com Soljenitsyn — se vamos puni-lo ou simplesmente deixá-lo em paz [...] defendo que precisamos tomar medidas legais contra ele, usando toda a força da lei soviética."

Andropov então avivou a evidente raiva dos outros membros com descrições sucintas do "descaramento" de Soljenitsyn — encontros com correspondentes estrangeiros, desafio do controle do partido sobre a literatura e a edição de obras no estrangeiro. (Os originais de *Gulag* e outros livros haviam sido microfilmados por Soljenitsyn e sua esposa em Moscou, e contrabandeados por amigos e contatos, até chegarem aos editores ocidentais.)

Nikolai Podgorny, titular do Presidium, ficou furioso e defendeu, indignado, a proposta de suprimir Soljenitsyn, apesar da possibilidade de reação externa. "Na China há execuções públicas", ele disse. "No Chile, o regime fascista fuzila e tortura pessoas! Na Irlanda, os ingleses usam a repressão contra as classes trabalhadoras! Devemos enfrentar um inimigo que consegue atirar lama em todos e se dar bem."

"Podemos despachar Soljenitsyn para Verkoiansk, para lá do círculo ártico", sugeriu Alexei Kossiguin, o premiê soviético, um "liberal" na visão de muitos analistas estrangeiros. "Nenhum correspondente estrangeiro irá visitá-lo lá, pois faz muito frio."

Independentemente do que fosse feito, Brejnev disse, o problema com Soljenitsyn passaria. O regime era inabalável. "Em nossa época — 1968 —, não hesitamos em agir para acabar com a contra-revolução na Tchecoslováquia", ele disse. "Não nos importamos em deportar Alliluyeva" — a filha rebelde de Stálin, Svetlana. "Sobrevivemos a tudo isso. E sei que vamos superar este momento."

Enquanto o secretário-geral prosseguia, monótono, o alvo da fúria do Politburo trabalhava, escrevendo num pequeno quarto de hóspedes da dacha de um amigo no vilarejo de Peredelkino, a cerca de meia hora de carro a oeste de Moscou. Como fazia desde a temporada na prisão, usava cadernos pequenos, que enchia de caligrafia minúscula, para poder esconder melhor notas e originais em caso de busca; após um dia de trabalho, ele ia ao quintal da dacha e queimava os rascunhos. Soljenitsyn sempre foi um ouvinte ávido de emissoras estrangeiras de ondas curtas, e quando ouviu a notícia de que *Gulag* fora publicado no exterior permitiu-se um momento de satisfação. Depois retornou à mesa de trabalho. Era notável que conseguisse isolar o mundo externo — o mundo do Politburo, das denúncias, da censura — e trabalhar de catorze a dezesseis horas por dia. Enquanto a mulher permanecia no apartamento da família no centro de Moscou, com os três filhos pequenos, Soljenitsyn passava seis dias por semana em Peredelkino, como hóspede da família de sua amiga Lidiya Chukovskaya, autora de *A casa abandonada*, um romance curto admirável sobre os expurgos de Stálin. Em Peredelkino a luz era melhor, e não havia filhos ou telefonemas para distraí-lo.

"Alexander Isayevich dormia e trabalhava no quarto de hóspedes, mantendo um forcado ao lado da cama, como se isso pudesse protegê-lo de um ataque", Chukovskaya me contou, muitos anos depois, em seu apartamento de Moscou. Recordou o quanto era solícito em relação a ela, o quanto relutava em perturbar suas atividades. Por vezes, Chukovskaya entrava na cozinha e encontrava um recado preso na geladeira: "Se estiver livre às nove horas, vamos ouvir rádio juntos". Em outras ocasiões, Soljenitsyn saía para dar um passeio, mas nunca passava pelo vilarejo. Em vez disso, andava de um lado para o outro, no pequeno quintal da dacha. Quando Chukovskaya perguntou se ele não se entediava de andar pelo mesmo lugar, ele disse: "Não. Eu me acostumei a fazê-lo, na prisão".

"Onde quer que Soljenitsyn residisse, e qualquer que fosse a condição ditada por seu destino, ele jamais deixou de ser o senhor absoluto de sua vida, nem por um momento", Chukovskaya escreveu. "Uma longa conversa (exceto sobre seu trabalho ou processo criativo) seria relaxamento, ociosidade — mas Soljenitsyn e ócio são duas coisas completamente incompatíveis. Era como se, em determinado momento (não sei quando nem por quê), ele tivesse se condenado à prisão num campo de regime muito severo, e agora estivesse reforçando este regime. Era prisioneiro e guarda numa só pessoa, e sua própria vigilância sobre seus atos talvez fosse mais implacável do que a da KGB."

Gulag não foi apenas lançado no Ocidente; estava sendo lido para a Rússia, pela Rádio Liberdade — fenômeno que provocou uma revolta ainda maior no Kremlin. Contudo, apesar da sensação, Soljenitsyn não percebeu o quanto sua situação pessoal e familiar era precária. Mas não se mostrava completamente ingênuo: no dia de ano-novo de 1974, listou as possíveis represálias que o regime poderia realizar contra ele — a lista incluía detenção, exílio interno e até assassinato, mas imaginava que uma campanha pela imprensa e intimidação cotidiana seriam as punições mais prováveis. Ele não fazia idéia de que o partido estava naquele momento escolhendo entre as opções mais draconianas.

Em 7 de fevereiro — um mês após a reunião no Kremlin — ele anotou em seu diário: "Previsão para fevereiro: a não ser pelas tentativas de me desacreditar, eles não parecem dispostos a fazer nada, e provavelmente terei algum espaço para respirar".

No mesmo dia Andropov enviou um memorando ultra-secreto a Brejnev, dizendo que o chanceler da Alemanha Ocidental, Willy Brandt, estava disposto a aceitar Soljenitsyn como exilado. "Precisamos agir com rapidez, antes que Brandt mude de idéia ou Soljenitsyn fique sabendo do plano", Andropov disse. "Haverá um custo, mas infelizmente não resta alternativa. Os atos ilegais cometidos por Soljenitsyn já nos deram um prejuízo maior do que o que teremos, vindo do exterior, em caso de expulsão ou detenção." Andropov passou a descrever em detalhe, minuto a minuto, o plano para prender Soljenitsyn e tirá-lo do país antes que ele ou sua família pudessem reagir.

No final da tarde de 13 de fevereiro, Soljenitsyn foi preso no apartamento onde residia com a família, pois retornara para lá, e levado para uma cela na prisão de Lefortovo. Naquela noite foi acusado de traição, e no dia seguinte guardas da KGB o levaram à força até o Aeroporto Sheremetyevo e o puseram num jato da Aeroflot para Frankfurt. O avião ficou retido no solo por três horas, e aos passageiros as autoridades declararam que o motivo havia sido "nevoeiro".

Já há muitos anos existe um aviso na porta da Cavendish General Store, no sul de Vermont:

NÃO INDICAMOS O CAMINHO PARA A RESIDÊNCIA DE SOLJENITSYN

Desde que a família de Soljenitsyn mudou de Zurique para Vermont, no verão de 1976, os moradores de Cavendish — todos os 1323 — se esmeram, vigilantes, para proteger a privacidade de seu ganhador do prêmio Nobel. Quando James Jeffords, senador republicano pelo estado, na época congressista, chegou para uma visita há alguns anos, precisou explicar detalhadamente sua posição em Washington, até convencer alguém a ajudá-lo a encontrar a casa de Soljenitsyn.

"Dizem que a família vai regressar para a Rússia em maio", o balconista do armazém local me explicou. "Estou pensando em tirar a placa e ver quanto pega na Sotheby's."

Encontrei Cavendish coberta pela neve quando cheguei na cidade. As pousadas locais estavam lotadas, em geral por esquiadores interessados nas encostas de Ludlow, duas cidades a oeste. Uns poucos trenós circulavam pelos morros. Jantei num restaurante local naquela noite, onde um jogo de futebol americano invadia todos os cantos. Enquanto observava John Madden* operar o *telestrator*, eu considerava inconcebível que a poucos quilômetros dali Soljenitsyn estava em seu escritório, escrevendo. De todo modo, não era estranho que um escritor vivesse em Cavendish: afinal, que outro lugar retrataria

---

* Ex-técnico que se tornou um bem-sucedido comentarista do futebol americano. (N. T.)

melhor a perene fantasia literária de isolamento e tranqüilidade? Mas tratava-se de Soljenitsyn, sobrevivente de campos de concentração, que nada sabia a respeito de John Madden, falava pouco inglês e raramente saía de casa. Ali adiante, num morro, morava o homem que escreveu o seguinte trecho (em *Gulag*), sobre a incapacidade dos contentes de imaginar os requintes do mal:

> Se os intelectuais das peças de Tchekhov, que passam o tempo tentando adivinhar o que acontecerá em vinte, trinta ou quarenta anos, soubessem que em quarenta anos o interrogatório sob tortura seria praticado na Rússia; que prisioneiros teriam o crânio comprimido por aros de ferro, que um ser humano seria mergulhado numa banheira de ácido; que outros seriam despidos e abandonados para serem picados por formigas e percevejos; que uma barra metálica seria aquecida num fogareiro para ser introduzida no canal do ânus (a "marca secreta"); que os órgãos genitais de um homem seriam lentamente esmagados sob a ponta de um coturno; e que, na melhor das possíveis circunstâncias, prisioneiros seriam impedidos de dormir por uma semana, como forma de tortura, deixados sem água ou surrados até se desmancharem em sangue, nenhuma das peças de Tchekhov teria final, pois todos os heróis acabariam em hospícios.

O exílio de Soljenitsyn nos Estados Unidos continua a ser um assombro. Reside no mais pacato estado da União um russo cujo destino é singular e, ao mesmo tempo, praticamente idêntico ao da própria Rússia. Soljenitsyn, nascido em 1918, poucos meses depois da revolução, foi capitão na frente prussiana do leste, durante a Segunda Guerra Mundial, e sobreviveu; foi preso em 1945 por contar piadas sobre Stálin numa carta a um amigo ("o homem de bigode"), sentenciado a um total de oito anos no gulag (passou um ano num centro de pesquisa com presos), bem como ao exílio "perpétuo" no Cazaquistão, e sobreviveu; enquanto vivia no Cazaquistão, sobreviveu a um câncer no estômago que os médicos garantiram ser terminal; e, apesar dos esforços concentrados do Politburo, não somente sobreviveu à batalha contra o poder soviético como a venceu. Agora, após muitos anos de exílio, aos 75 anos, ele vai voltar para casa. Soljenitsyn morrerá na Rússia, não como pária, mas como homem livre. Seria embaraçoso, nesta era de ironias, dizer que sua volta tem algo de bíblico?

* * *

Na manhã seguinte saí da rua principal de Cavendish e subi uma ladeira, passando por linhas de transmissão de energia, um cemitério, trailers e tratores abandonados e belas casas de turistas, até chegar à cerca que rodeia a residência de Soljenitsyn, sua barreira mítica contra o mundo. Na Rússia, e mesmo no Ocidente, corria a lenda de que a cerca era enorme, intransponível, provavelmente eletrificada, como se protegesse um campo de concentração. Quando ele mudou para Cavendish, a manchete do *The Washington Post* foi A LIBERDADE DE SOLJENITSYN NO ARAME FARPADO. A tal cerca não era grande coisa, apenas um alambrado comum. Após a mudança Soljenitsyn compareceu a uma reunião comunitária em 1976 e pediu desculpas aos moradores por ficar no caminho dos trenós e caçadores. "Lamento o fato e peço que me perdoem, mas preciso me proteger de certos incômodos." Ele disse que esperava incomodá-los apenas por pouco tempo: "O povo russo sonha com o dia em que ficará livre do sistema soviético, e quando este dia chegar agradecerei a todos por serem bons amigos e vizinhos, depois voltarei para casa".

O caminho contorna um regato, agora congelado e coberto de neve. Num declive vejo uma pequena cachoeira, um laguinho e uma quadra de tênis. Soljenitsyn sempre sonhou em ter uma, mas consta que considera quinze minutos de jogo suficientes. Sua esposa costuma brincar com ele por gostar de um jogo "tão burguês", e os filhos logo providenciaram um proletário cesto de basquete em cima da porta da garagem.

"Graças a Deus conseguiu nos encontrar", disse Natalia Dmitriyevna Soljenitsyn, em russo. "Pensei que estivesse perdido."

"E estava mesmo, um pouquinho."

"Acontece sempre."

"Os vidoeiros parecem russos", falei.

"Na verdade não são", ela disse. "Aqui os vidoeiros são largos, um pouco retorcidos. Na Rússia, são altos, finos e retos."

Natalia Dmitriyevna é uma cinqüentona bem-apessoada. Iniciou a vida profissional como matemática, mas logo que se casou com Soljenitsyn, em 1973 (ambos haviam sido casados antes), tornou-se absolutamente vital para seu trabalho e sua existência. Ela é assistente, editora, mediadora com o mundo exterior, guardiã — uma mulher de energia notável. No período entre o exílio dele e o dela, conseguiu despachar todos os arquivos, uma quantidade enorme de documentos reunidos durante muitos anos, de Moscou para Zurique. Criou quatro filhos e cuida da casa apenas com a ajuda da mãe, Ekaterina Svetlova.

Graças à vigilância de Cavendish e Natalia Dmitriyevna, Soljenitsyn trabalha sem ser incomodado, mantendo o mesmo ritmo todos os dias do ano. Acorda por volta das seis, toma uma xícara de café e começa a trabalhar. Faz um intervalo para almoçar e volta ao serviço, não raro até tarde da noite. Ele trabalha, come e dorme, e mais nada, ou quase. Para ele, atender um telefonema é uma ocasião especial. Raramente deixa seu sítio de aproximadamente vinte hectares; a ele, basta o lar. Depois que a família comprou o imóvel — com uma casa de fazenda antiga, tipo sobrado —, em 1976, eles construíram um "local de trabalho" de três pavimentos, ao lado. Quando o tempo piora, Soljenitsyn não precisa sair para chegar lá. As casas são ligadas por um túnel de concreto que une os dois porões. A sede é confortável, embora comum; parece um modesto alojamento de esquiadores, bem ventilado e iluminado, mas a mobília é simples e funcional, e o piso, coberto com carpete de cor neutra, quase como se fosse de escritório. Os livros de Soljenitsyn foram publicados em mais de trinta idiomas, portanto a família é próspera, mesmo considerando que todos os direitos autorais de *Gulag*, seu maior sucesso editorial, tenham sido destinados a um fundo de ajuda a prisioneiros políticos e suas famílias. O Fundo Social Russo, que Natalia administra, "é bem mais rico do que nós", ela explica.

Há algo simultaneamente frenético e pacífico na casa de Soljenitsyn. Todo mundo tem algo a fazer, e todos cumprem suas tarefas com eficiência e evidente prazer. Natalia mantém um escritório no andar superior, onde cuida do que se pode chamar de produtora literária. Nas obras mais recentes de Soljenitsyn, ela prepara o texto em uma máquina de composição IBM e o envia para Paris, onde um amigo, Nikita Struve, cuida da YMCA-Press, que edita os livros em russo. Struve só precisa fotografar as páginas compostas, imprimi-las e encadernar os livros. Natalia compôs todos os vinte volumes da *sobranie sochineny* — a obra reunida — de Soljenitsyn. Só agora, depois de completar sua série de volumosos romances históricos, *A roda vermelha*, o autor e sua assistente puderam se concentrar na volta a Moscou.

Os filhos — Yermolai, Ignat e Stephan, bem como o meio-irmão mais velho, Dmitri Turin — também participam ativamente do empreendimento Soljenitsyn. Durante os primeiros anos da família em Cavendish, principiavam o dia com uma prece, para que Deus salvasse a Rússia de seus opressores. Freqüentavam a escola local e, quando voltavam para casa de tarde, o pai lhes dava aulas complementares de matemática e ciências (Soljenitsyn fora professor na Rússia), e a mãe ensinava língua e literatura russa. Até os rapazes saírem de casa e irem para um colégio interno e depois para a faculdade, eles ajudavam nas tarefas literárias, compondo, compilando volumes de memórias da Rússia, traduzindo discursos. Agora, estão espalhados pelo mundo. Dmitri reside em Nova York, onde restaura e vende motocicletas antigas e raras. Yermolai, após dois anos em Eton, foi para Harvard e, enquanto estudava lá, aprendeu chinês e trabalhou meio período como leão-de-chácara no Bow & Arrow, um bar de Cambridge; agora mora em Taiwan e pretende se radicar na China em breve. Ignat estuda piano e rege no Curtis Institute of Music, em Filadélfia. Apresenta-se pelo mundo, recebendo críticas espetaculares, inclusive durante a triunfante série de concertos com Mstislav Rostropovich em setembro, na Rússia e nos países bálticos. Stephan estuda em Harvard e vai se formar em urbanismo.

Ignat e Stephan estavam em casa, para as férias de inverno, e perguntei a eles se o pai ia parar de trabalhar.

Ignat sorriu timidamente e respondeu: "Não. Ele nunca disse: 'Hoje vou dar um tempo, passear um pouco, deixar de lado *A roda vermelha*'. Nem uma vez".

"Dar um tempo não faz parte dos planos dele", Stephan acrescentou.

"E não faz mal. Por que o Ocidente não consegue superar isso?", Ignat disse, mais sério. "Por que trabalhar o dia inteiro incomoda tanto? Por que é tão ruim morar em Vermont, e não no centro de Manhattan?"

"As pessoas acham que ele deve ser maluco", Stephan disse.

Natalia me levou até o local de trabalho, onde Soljenitsyn aguardava. Enquanto escrevia *A roda vermelha*, passava dias a fio na casa onde trabalhava, reproduzindo seu hábito de se isolar por semanas e até meses em dachas nas imediações de Moscou, antes do exílio. No primeiro piso há uma capela ortodoxa russa, com clarabóia e ícones, além de uma biblioteca com livros e documentos que Soljenitsyn reuniu para usar em *A roda vermelha*. Por vezes, ele vai trabalhar no terceiro piso, onde há uma imensa clarabóia, mas no inverno o local é gelado. Nós o encontramos no escritório principal do segundo piso.

Até fisicamente Soljenitsyn é uma figura fora do tempo. Exibe um rosto assustadoramente típico do século XIX: barba à Tolstoi; olhos azuis quase asiáticos; cabelo rareando penteado para trás. Recentemente as rugas aumentaram, bem como seu peso; ainda assim ele não aparenta 75 anos, e sim muita vivência — confortável num cardigã marrom antigo e camisa de lã. Sentamo-nos frente a frente, com uma pequena mesa no meio, onde estava o material preparado por ele para nossa conversa, algumas anotações manuscritas e volumes de sua obra reunidas, com trechos marcados. Perguntei se havia lido os documentos que descreviam a decisão dos líderes soviéticos de exilá-lo.

Soljenitsyn fez que sim. "É estranho, mas não antecipamos aquele último passo", disse numa voz que soava um tanto aguda para seu rosto e presença imponentes. "Minha esposa e eu nos tornamos muito insolentes. Pensávamos que não aconteceria nada conosco, e que mais uma vez daríamos um jeito de permanecer de pé. A pressão chegara a tal ponto, e mesmo assim os amigos vinham nos ver e diziam: 'Sabe, é extraordinário que haja tanta tensão no ar, e aqui reina a paz, a tranqüilidade, e as crianças dormem sossegadas'. Portanto, a resposta é sim, minha intuição falhou."

A intuição de Soljenitsyn se provou aguda quando ele predisse, ao chegar no Ocidente, que seus livros seriam publicados na União Soviética, que ele mesmo ia voltar a uma Rússia livre. No auge da Guerra Fria ele disse a Malcolm Muggeridge, da BBC: "Por algum estranho motivo eu não apenas espero, como estou profundamente convencido de que retornarei. Vivo com esta convicção. Falo de meu retorno físico, não apenas dos livros. E isso contradiz qualquer pensamento racional". Era uma crença íntima firme que contradizia até a análise terrível do próprio Soljenitsyn sobre a crueldade soviética e a acomodação ocidental. Durante os dois anos em que ele viveu em Munique, seus amigos europeus se recordam de terem achado que o exílio provocara delírios que o levaram a falar de seu inevitável retorno. "Quando o encontrei em Zurique, logo após o exílio, em uma de nossas primeiras conversas ele disse: 'Vejo o dia em que retornarei à Rússia'", Nikita Struve me contou, em Paris. "Na época me pareceu loucura, mas havia convicção real, um conhecimento poético. Ele *vê*. Aquele homem *vê*."

"É verdade. No fundo do coração, eu sabia que retornaria", Soljenitsyn me disse. "Todos nós que estávamos na prisão nos anos 40 tínhamos certeza de que o comunismo cairia. A única questão era quando. Talvez eu estivesse exagerando o perigo do comunismo, talvez fizesse isso conscientemente, para inspirar o Ocidente a adotar uma postura mais firme. Mas, lembre-se, os países estavam caindo nas mãos do comunismo, um após o outro."

Ignat, sentado ao lado do pai, sorriu ao ouvir o comentário, como se lembrasse de algo com carinho. Foi isso mesmo. Mais tarde, ele me contou que o pai sentou com eles sobre uma pedra em Vermont, assim que chegaram lá, e disse que a pedra era um cavalo voador que os levaria de volta à Rússia quando chegasse a hora.

"Sempre confiei nos sentimentos de Alexander Isayevich, em sua intuição de que retornaríamos", Natalia Soljenitsyn disse. "Ele tem essa capacidade assustadora de ver coisas que eu e a maioria das pessoas não conseguimos enxergar. Não é algo místico. Trata-se apenas de um certo nível de aprofundamento que o destaca. Mas devo admitir que houve momentos em que minha própria fé diminuiu. No inícios dos anos 80, quando Andropov subiu ao poder, as coisas pareciam muito ruins. Foi um período obscuro, era muito difícil acreditar que voltaríamos para casa. Eu comecei a perder a fé."

Depois a fé foi gradualmente recuperada, no meio dos anos 80, quando a União Soviética mostrou alguma disposição de realizar reformas, sob Mikhail Gorbachev. Mesmo assim, acreditar não era fácil. Enquanto a glasnost desabrochava, em 1988, as obras de Soljenitsyn permaneceram excluídas do processo. Na época, perguntei a Yegor Ligachev, o conservador mais poderoso do Politburo, por que a liderança até então se recusara a publicar Soljenitsyn, e ele ficou furioso — tão furioso quanto Andropov, catorze anos antes.

"Temos coisas sagradas, assim como vocês", Ligachev disse.

Mas não havia apenas o problema dos conservadores. Até os que se diziam liberais, no comando, não conseguiam encarar a possibilidade de liberar os livros de Soljenitsyn na União Soviética. No outono de 1988, Sergei Zalgyn, editor da revista *Novy Mir*, pensou que tinha permissão tácita do governo para publicar Soljenitsyn, e divulgou um anúncio na última capa dizendo que a publicação começaria nos números seguintes. No meio da noite os impressores de *Novy Mir* receberam uma ordem do Comitê Central de "interromper a impressão", e as capas de 1 milhão de exemplares da revista foram arrancadas, provocando um grande prejuízo. O ideólogo chefe do Politburo, Vadim Medvedev, disse numa coletiva de imprensa, pouco depois, que a publicação dos livros de Soljenitsyn não seria permitida, pois eles "sabotam as fundações em que nossas vidas atuais se apóiam". Só no final de 1989, quando o regime perdeu inegavelmente seu controle sobre a sociedade, Gorbachev permitiu que Zalgyn fosse em frente. Soljenitsyn insistiu para que a *Novy Mir* começasse por *Gulag*.

Soljenitsyn não retornou à Rússia na primeira oportunidade, principalmente porque não via como a corrida de volta para casa, deixando de lado a oportunidade de terminar *A roda vermelha*, fosse servir a alguém. Em vez disso, como o resto do mundo, ele acompanhou a queda da União Soviética pelos jornais e pela televisão.

"Em agosto de 1991, minha esposa e eu ficamos incrivelmente excitados ao ver a estátua de Dzerzhinsky ser derrubada, na frente do prédio da KGB", ele disse. "Aquele foi um grande momento para nós, claro. Mas me perguntaram, na época: 'Por que não mandou um telegrama de congratulação?'. Sabe, eu sentia, lá no fundo, que isso ainda não era uma vitória. Sabia o quanto o comunismo penetrara profundamente na trama da vida. Depois disso, por dois anos, comemoramos, e o que estávamos fazendo? O que Yeltsin fazia? Esquecemos de tudo para lutarmos uns contra os outros. O mesmo vale para agora. Está tudo decadente. É cedo demais para comemorar. Por que mantive silêncio sobre Gorbachev, por tantos anos? Graças a Deus, algo havia começado! Mas tudo que começou foi feito errado. E o que se pode fazer? Celebrar ou chorar? O que dizer? Eu não podia ir para lá e tomar uma taça de champanhe com Yeltsin na frente do Parlamento, da Casa Branca. O coração ainda não sentia alegria."

Soljenitsyn terminou o quarto volume de *A roda vermelha* no final de 1991 — a série tem mais de 5 mil páginas — e eu lhe perguntei (apesar das evidências em contrário) se o exílio prejudicara seu estilo e imaginação.

"O problema é que vim para o Ocidente aos 55 anos de idade", ele disse. "Com uma experiência de vida assustadoramente rica e variada. Como escritor, eu não precisava de nenhum acréscimo a esta experiência, e sim de tempo para processá-la. No que diz respeito exclusivamente ao trabalho, os dezoito anos em Vermont foram os mais felizes de minha vida. Em termos simples, por dezoito anos não tive um único momento de bloqueio criativo. Sete dias por semana, 365 dias por ano, sem férias ou descanso, pude trabalhar, e mais nada. Essas condições, deste ponto de vista, em termos de livros, escrita e vida cotidiana, nunca haviam existido antes e não voltarão a existir jamais. Foi o período mais rico de meu trabalho criativo.

"A perda era a dor dentro de mim, a separação da terra natal, de seus espaços e pessoas, da interação. Criar filhos como russos no Ocidente é extremamente difícil, e só graças a Natalia Dmitriyevna conseguimos fazer isso, pois a pessoa normalmente é envolvida pelo país em que vive. Portanto, esta foi a nossa perda. Agora, quando estamos a ponto de voltar para a Rússia, esperamos recuperar esta perda, mas não no sentido de que a dor vai passar. Na verdade, a dor só crescerá, por causa das pavorosas circunstâncias da Rússia. Era de se esperar que a Rússia fosse enfrentar problemas sérios, após a queda do comunismo. Mas era difícil de imaginar que as coisas se deteriorariam continuamente, líder após líder. Privações incríveis nos aguardam, nos próximos anos. Tenho certeza de que não terei oportunidade de trabalhar com tanta tranqüilidade novamente. Sei que serei afetado pelas tragédias do povo e eventos do momento."

E quanto à linguagem? Muitos exilados dizem que esta é a perda mais impressionante.

"Sempre estive rodeado de textos russos, aqui, e escrevo em russo", ele disse. "Estudei inglês e alemão na escola, mas não pude prosseguir com esses estudos depois de vir para o Ocidente. Leio em inglês e alemão, mas não pude aprimorar a conversação. Se for preciso, leio cartas e artigos nesses idiomas. Mas vivo constantemente imerso no idioma russo." Com um gesto, abrangeu as matas e campos nevados, do outro lado da janela, dizendo: "E temos um pedacinho da Rússia, aqui. Certa vez, minha esposa e eu atravessamos este país, do Atlântico ao Pacífico; depois, fiz pesquisas por minha conta — no Meio-Oeste, principalmente. Mas não posso me dar ao luxo de ficar viajando pelos Estados Unidos, só para conhecer lugares. Só me restavam duas opções: escrever *A roda vermelha* ou não. Para escrever o livro, só dando a ele total atenção. Talvez, se não fosse retornar agora à Rússia, eu poderia mudar meu modo de vida, depois de terminar *A roda vermelha*. Mas chegou a hora de voltar à Rússia. Não tive tempo, simplesmente. Não se pode abranger tudo. Nossa história foi bem escondida. Eu precisava cavar muito fundo. Precisava desencavar o que fora enterrado e lacrado. Isso exigiu muitos anos".

* * *

Em termos de efeito sobre a história, Soljenitsyn é o escritor dominante do século XX. Quem poderia se comparar? Orwell? Koestler? Contudo, seu nome surge freqüentemente como se fosse uma aberração, um monarquista, um anti-semita, um maluco, um superado. Nunca como herói. Certa tarde em Cavendish eu estava na cozinha com Natalia e Stephan, e perguntei se Soljenitsyn pretendia aparecer em público ou discursar, antes de trocar Vermont por Moscou, na primavera.

"Quem o convidaria a discursar nos Estados Unidos?", Natalia disse. "Quem deseja ouvi-lo nos Estados Unidos?"

"Tem razão, mãe", Stephan disse. "Não deu certo, aqui."

Soljenitsyn escolheu residir nos Estados Unidos principalmente por causa do *prostranstvo*, seu tamanho e espaço. Em Paris, Nikita Struve me contou: "Aleksandr Isayevich foi para os Estados Unidos para viver longe do mundo — não do mundo no sentido religioso, e sim no sentido mais comum. Não se pode fazer isso na Suíça ou na França. Quando tudo fica perto, como aqui, qualquer um pode passar, bater na porta, tocar a campainha. Em Vermont, não é tão fácil. Ele vive, com sempre viveu, como *otshelnik*, um eremita. Como um monge. Ninguém jamais fez isso por tanto tempo. As pessoas chamaram Gogol de louco quando ele parou de sair. Mas, veja bem, os escritores sempre são considerados malucos. Grandes escritores são gente de um tipo diferente".

Contei a Struve o que ele já sabia — que a receptividade a Soljenitsyn nos Estados Unidos foi complicada desde o início.

"Os americanos não costumam cercar suas casas, e esperam que os outros vivam do mesmo jeito que eles", Struve disse. "Sempre há muitas pessoas que ficam ressentidas quando há alguém entre elas numa posição superior. O sujeito em questão deve ser louco, pois não sai para viver entre elas. Soljenitsyn sempre morou nos Estados Unidos na condição de estrangeiro. E os americanos não gostam disso. Ele residia em Vermont, mas era sua Vermont, especial. Ele não tinha de 'conhecer o Ocidente'. Nunca quis se tornar um 'grande pensador ocidental'. Não era sua tarefa na vida. Soljenitsyn lutava contra o regime soviético — a pena contra a espada. Era esta sua tarefa literária, e ele se dedicou totalmente a ela."

Logo após sua chegada aos Estados Unidos, Soljenitsyn aceitou convites para palestras no AFL-CIO* em Nova York e Washington, no Instituto Hoover, da Califórnia e, com maior destaque, na cerimônia de graduação de Harvard, em 1978. Em seus discursos ele não só criticou o Ocidente pela fraqueza nas negociações com a União Soviética, como também pelo colapso cultural e social. Em sua opinião, a podridão da vida no Ocidente era evidente nos cartazes e jornais sensacionalistas, nas letras de rock e nas denúncias de Daniel Ellsberg.** Ele pronunciava seus discursos em tom inflamado, furioso, quase inquisitorial, raramente ouvido no Ocidente. Eis o que disse, com seu tom típico, no Hoover:

> Liberdade! Para encher as caixas de correio, olhos, ouvidos e cérebros das pessoas com lixo comercial, contra a sua vontade, com programas de televisão impossíveis de assistir com o mínimo de coerência. Liberdade! Para impingir informação às pessoas, sem levar em conta seu desejo de *não* a receber, nem seu direito à paz de espírito! Liberdade! Para os editores e produtores de cinema envenenarem as novas gerações com sujeira degradante. Liberdade! Para adolescentes de catorze anos viverem no ócio e no prazer, em vez de estudo intensivo e crescimento espiritual [...]. Liberdade! Para divulgar os segredos da defesa do país em busca de ganhos políticos pessoais.

No geral, era tudo muito pesado, sarcástico e imprudente. Ele não era Sakharov; não era um sujeito adorável. Dava aos americanos poucos motivos para relaxarem e se admirarem. Dois de seus apoiadores, John Ericson, do Calvin College, e John Dunlop, do Instituto Hoover, compilaram um livro de reações a Soljenitsyn no Ocidente. Mesmo nos anos anteriores à sua chegada ao Ocidente os ataques vinham por cima e por baixo, intermináveis. Em 1974, antes de se tornar o principal crítico literário do *The Washington Post*, Jonathan Yardley escreveu para o grupo Knight-Ridder que Soljenitsyn era "um czarista não muito disfarçado". Em um texto para o *The Guardian*, no ano

---

* Sigla de American Federation of Labour-Congress of Industrial Organizations [Federação Trabalhista Americana-Congresso de Organizações Industriais], uma das maiores centrais sindicais do país. (N. T.)

** Analista militar americano, tornou públicos os documentos secretos do Pentágono sobre a Guerra do Vietnã, em 1971. (N. T.)

seguinte, Simon Winchester referiu-se a Soljenitsyn como o "confuso autor" e "polemizador cabeludo", afirmando que ele se tornara "o preferido dos grupos de extrema direita". Em 1976, o *Daily Mirror* de Londres deu a seguinte manchete: SOLZHENITWIT.* Alan Brien resenhou para o *The Sunday Times* de Londres o ensaio "Carta aos líderes soviéticos" com total desprezo: "Seria Alexander Soljenitsyn um estapafúrdio? Sua carta aberta, ou fechada, ao governo soviético, sem dúvida apresenta semelhança superficial com as arengas intermináveis que surgem nas mesas de todos os jornalistas, de tempos em tempos, com direito a passagens sublinhadas e textos em maiúsculas, cheias de afirmações contraditórias e medos obsessivos, recheadas de estatísticas manipuladas". E por aí foi, ano após ano. Recentemente, em 1993, no *The Boston Globe* o ex-correspondente em Moscou, Alex Beam, publicou um texto opinativo com o título CALE A BOCA, SOLJENITSYN.

Alguns refugiados russos passaram a contestar Soljenitsyn, em parte por ele não demonstrar muita solidariedade a eles e por estimular os opositores a permanecer na União Soviética. Seu exílio, argumentava, era excepcional, pois fora forçado — como se dúzias de dissidentes tivessem outra escolha além da partida e a punição brutal. O romancista cômico Vladimir Voinovich, residente na Alemanha, retratou em seu livro *Moscou 2042* uma figura inspirada em Soljenitsyn, uma combinação de imã e fanático religioso. "A certa altura, a postura inflexível de Soljenitsyn na luta contra o sistema transformou-se em outra coisa", Voinovich me disse. "Comecei a notar uma atmosfera autoritária até em sua obra, e certamente em seu comportamento. Eu o defendia, mas depois de algum tempo tive a impressão de que, após ele ter dito ou escrito algo, ou você concordava e apoiava, ou era um inimigo. Ele era injusto, excluindo pessoas de seu círculo sem a menor cerimônia, por qualquer bobagem, em geral imaginada."

Vasily Aksyonov, romancista emigrado, autor de *A queimadura* e muitos outros livros, mais simpático a Soljenitsyn, disse que o difícil relacionamento com o mundo exterior era natural. "O maior problema de Soljenitsyn é o isolamento", declarou. "Veja o caso de J. D. Salinger. As pessoas supõem que Salinger, por se esconder no interior e transformar o isolamento numa obsessão, só podia ter ficado maluco. O mesmo vale para Soljenitsyn. Ele é uma espécie

---

* *Nitwit*, em inglês, significa parvo, simplório. (N. T.)

de coruja do mato. Mesmo assim, mesmo que as pessoas sejam injustas, ele também tem sua culpa pela imagem negativa. Nas poucas vezes em que o vi na televisão, ele se mostrou uma pessoa perfeitamente normal, sincera. Ele não é um monumento vivo."

Um dos piores momentos da chegada de Soljenitsyn ao Ocidente ocorreu nas mais altas esferas. Durante algum tempo, em 1975, o presidente Gerald Ford pensou em convidá-lo para ir à Casa Branca, mas logo ele e seus assessores mudaram de idéia. O secretário de Estado, Henry Kissinger, enviou um memorando por intermédio de seu assistente executivo George Springsteen ao conselheiro de segurança nacional Brent Scowcroft, dizendo: "Soljenitsyn é um escritor notável, mas sua visão política é constrangedora até para outros dissidentes. Um encontro com o presidente não só ofenderia os soviéticos, como também provocaria controvérsia entre os Estados Unidos e seus aliados, devido a suas opiniões sobre nosso país [...]. Recomendamos que o presidente não receba Soljenitsyn". Quando visitei Ford recentemente, no Colorado, para perguntar sobre o incidente, ele falou de modo ameno sobre a necessidade de evitar ofensas ao Kremlin durante um período delicado de negociações armamentistas. "Foi o eterno conflito entre preocupações da política externa e questões de política interna", ele disse. "Em termos de princípios, tomamos a decisão correta." Mas parece que na época ele foi menos contido. Segundo Ron Nessen, seu ex-assessor de imprensa, Ford chamou Soljenitsyn de "um tremendo pé no saco", e disse que o escritor queria ir à Casa Branca apenas para promover seus livros e conseguir mais conferências.

Ninguém gostou mais dos conflitos de Soljenitsyn no Ocidente do que seus antigos algozes. Em um memorando ao conselho de ministros, datado de 4 de janeiro de 1976, o chefe da KGB, Andropov, escreveu animado sobre Soljenitsyn e "a queda de interesse por ele no exterior e na URSS". Andropov admitiu no memorando que a KGB ajudou a promover, por meio de seus agentes e contatos, "material útil a nós", condenando Soljenitsyn e seu "ódio classista contra o poder soviético". Andropov relatou que o material comprometedor, em boa parte insistindo que Soljenitsyn era um anti-semita que ansiava pelo retorno dos czares, "provocou uma reavaliação de sua personalidade e foi bem-sucedido em levantar e reforçar as dúvidas sobre a confiabilidade de sua 'obra' distorcida".

Mas a KGB não registrou que a recepção a Soljenitsyn foi extremamente variada. Na Europa, e especialmente na França, a publicação de *Gulag* e o exílio em 1974 mudaram imediatamente o panorama intelectual. De repente, uma geração que crescera sob a influência do esquerdismo ao estilo de Jean-Paul Sartre e o poderoso Partido Comunista stalinista adotou o avatar do anticomunismo. Em grande parte graças a Soljenitsyn, os *nouveaux philosophes* — ex-pensadores marxistas como André Glucksmann e Bernard-Henry Lévi — assumiram uma postura intensamente anticomunista e conseguiram respeito intelectual na França. Os pensadores americanos não mudaram tanto quanto seus pares franceses, pois um número menor deles vivera iludido a respeito da natureza do regime soviético. Orwell, afinal de contas, fora publicado e absorvido, e os redutos anti-stalinistas da esquerda — incluindo a *Common Sense*, o *Politics* de Dwight Macdonald e, mais importante, a *Partisan Review* — haviam batalhado muito para eliminar as persistentes fantasias a respeito da União Soviética, mesmo entre antigos simpatizantes do comunismo. Mesmo assim, a *intelligentsia* americana, sobretudo de esquerda, não se convenceu inteiramente da veracidade de tudo que Soljenitsyn relatava — ou, pelo menos, não se dedicou suficientemente a isso, concentrando-se mais na Guerra do Vietnã ou em seu próprio flerte com a Cuba de Castro. Susan Sontag, que chocou uma platéia de intelectuais e ativistas de esquerda na prefeitura de Nova York, em 1982, ao igualar comunismo e fascismo, sugerindo que a *Reader's Digest* fora mais acurada em sua avaliação do comunismo do que o *The Nation*, admite que se chocou com Soljenitsyn e *Arquipélago Gulag*.

"Foi em janeiro de 1976, durante uma longa conversa com Joseph Brodsky", Sontag me explicou recentemente. "Nós dois ríamos, comentando algo que concordávamos a respeito das opiniões de Soljenitsyn sobre os Estados Unidos, e como ele estava profundamente equivocado em sua crítica à imprensa e outras coisas. Então, Joseph disse: 'Sabe, Susan, por outro lado tudo que Soljenitsyn diz a respeito da União Soviética é verdade. Realmente. Todos os números — 60 milhões de vítimas —, é tudo verdade'. Até então, eu acreditava haver um exagero, uma visão parcial, no mínimo. Não sei que tipo de restrição eu tinha. Mas, naquele momento, ela foi superada."

Brodsky, por sua vez, me disse: "Eu não me surpreendi quando Susan ficou tão chocada. Talvez eu achasse aquilo revoltante, estúpido. Mas tenho uma teoria a respeito das coisas que não convencem, é a teoria da autopreservação, da autopreservação mental. O homem ocidental, em geral, é o homem mais natural, um burguês mental, e valoriza seu conforto mental. É quase impossível levá-lo a admitir provas incômodas. Além disso, quando acrescentamos o dado geográfico, que era muito real até uma época recente, quando o adicionamos à especificidade da realidade soviética, inclusive os nomes difíceis — quando se junta tudo isso temos uma barreira considerável, um bloqueio mental que foi construído principalmente pela esquerda ocidental. Ocorre muito entre intelectuais, entre os grupos instruídos. Por vezes a educação resulta apenas em ilusão".

O hábito da ilusão deliberada em relação à União Soviética tem uma longa e dolorosa história entre os mais aclamados intelectuais do século. O desejo de afastar do pensamento a catástrofe da União Soviética resulta num perfil psicológico deprimente. George Bernard Shaw, por exemplo, declarou que "não podemos assumir posturas moralistas quando nosso vizinho mais empreendedor" — a União Soviética — "liquida justa e humanamente um punhado de exploradores e especuladores, tornando o mundo mais seguro para o homem honesto". Shaw também declarou: "Mussolini, Kemal, Pilsudski, Hitler e o restante podem contar comigo para julgá-los conforme sua capacidade de cumprir promessas, e não pelas confortáveis noções de liberdade de Swinburne. Stálin cumpriu suas promessas de uma forma que parecia impossível".

Embora besteiras como as de Shaw tenham se tornado menos comuns com o tempo, muitos intelectuais de esquerda continuaram a hesitar na denúncia da União Soviética. As razões eram variadas, mas talvez a mais importante fosse a aversão liberal em engordar as fileiras do movimento anticomunista. Joseph McCarthy era repulsivo, assim como o senador que recebeu Soljenitsyn com alarde: Jesse Helms. Com freqüência os líderes anticomunistas eram tão fracos em sua retórica e tão repugnantes em suas posições sobre outros assuntos — raça e Guerra do Vietnã são apenas dois exemplos — que não havia meio de a esquerda encontrar uma linguagem em comum com a deles. O que permanece um mistério é o quanto os "anti-anticomunistas" se mostravam refratários à figura de Soljenitsyn. Curiosamente, os filhos dele, enquanto pontes entre o pai e o mundo americano em que cresceram, compreendem tão bem quanto qualquer estudioso a barreira erguida entre o escritor e a terra em que foi viver.

"Meu pai passou a vida inteira lutando contra o sistema comunista, e compreensivelmente não havia como relativizar o caso: eles eram o mal, e pronto", Yermolai me disse antes de partir para Taiwan. "Era uma batalha de vida ou morte, em preto e branco, que exigia coragem. Tendo passado pelo sistema ocidental — pelas escolas de Vermont, Harvard e outros locais —, creio que absorvi uma visão mais relativa das coisas, deixando a porta aberta para os méritos dos dois lados. Mas é importante dizer que meu pai não era nenhuma espécie de ogro antiamericano em casa. É verdade que não víamos muita televisão quando éramos menores. Ficávamos bem abaixo da média nacional. Mas eu me lembro de ter visto as World Series de 86 com minha mãe — Mets e Red Sox —, além de ouvir rock e outras coisas."

Visitar os Soljenítsyn faz com que pareçam menos esquisitos, imediatamente. De certa forma a visão do quarto de Ignat humaniza o pai, com desenhos feitos à mão dos times de Nova York nas paredes, ou ouvir Stephan imitar os quadros de Linda Richman em *Saturday Night Live*, que a mãe ouvia com indulgente incompreensão. Mesmo quando se referem aos ataques contra Soljenítsyn os filhos são irônicos, à moda americana.

"Suponho que, na era do politicamente correto, todos devemos nos sentir emocionalmente vitimizados", Ignat disse.

Durante o almoço na cozinha Soljenítsyn me fez lembrar de um tio pessimista. Sentou-se à cabeceira da mesa e anunciou animado as notícias sobre a Rússia daquele dia, para fazer seu comentário irritado. ("Já não era tempo de Yeltsin dar um jeito nos ladrões?") Quando terminou, passou a comer calmamente seu prato de hambúrgueres, salada de beterraba e batata, pediu licença e retornou ao local de trabalho.

De volta ao escritório, perguntei a Soljenítsyn a respeito de seu relacionamento com o Ocidente. Ele sabia que as coisas tinham dado errado, mas não pretendia pedir desculpas. "Em vez de me refugiar aqui e escrever *A roda vermelha*, suponho que eu poderia passar o tempo a me dedicar a ser agradável ao Ocidente", ele disse. "O único problema é que eu teria de abandonar meu trabalho e meu modo de vida. E, reconheço, é verdade que empreguei o máximo de intensidade na luta contra o dragão do poder comunista. As pessoas no Ocidente não estão acostumadas a este tom. No Ocidente, as pessoas devem ter uma voz calma, pausada, suave; a pessoa deve duvidar de si, sugerir que pode estar completamente enganada, claro. Mas eu não tinha tempo para me comportar assim. Não era meu principal objetivo."

Comentei que comparecera a uma palestra recente em Nova York, proferida pelo biógrafo de Soljenitsyn, Michael Scammell, e que no final todas as questões da platéia se resumiam a "Por que Soljenitsyn não gosta de nós?".

A noção de que ele é "antiocidental" é incorreta e "deriva da excessiva sensibilidade e da superficialidade dos correspondentes ocidentais", ele disse. "Meus discursos na AFL-CIO em 1975 — e não retiro uma única palavra que neles consta — foram elaborados da seguinte maneira: um discurso contra o Estado comunista e o segundo contra a ideologia comunista. Os dois estavam absolutamente corretos. Eu disse na época: 'Tudo bem, não nos ajudem. Mas, pelo menos, não ajudem a cavar nossas covas'. Imediatamente, no dia seguinte, a imprensa provocou um escândalo, dizendo que Soljenitsyn queria destruir a détente e declarar guerra à União Soviética. Nunca em minha vida exigi a libertação vinda do Ocidente. Nem pedi que o Ocidente lutasse por nós, ou mesmo que ajudasse. Eu disse apenas: 'Não ajudem nossos carrascos'. Eles perguntaram sobre a détente. Eu disse: 'Sou a favor da détente, mas só quando todas as cartas estiverem na mesa. Caso contrário, o que acontece na détente é que vocês estão sendo enganados'. Por exemplo, no discurso aos sindicatos ressaltei: 'Entendam, por favor, que vocês estão sendo enganados. Ainda há prisioneiros de guerra no Vietnã. Eles não serão soltos, pois foram torturados'. Todos os jornalistas de Washington riram às minhas custas. Que coisa estúpida ele inventou! Todas as contas foram feitas, está tudo em ordem! E vemos agora que eles estão dizendo que nem todos retornaram. Mas, na época, apenas riram. Entenda, a amplitude da atrocidade do comunismo não poderá nunca ser aceita pela mentalidade jornalística ocidental. Falo com base em minhas experiências no gulag.

"A maioria dos americanos compreende o que digo, mesmo que a imprensa não o faça. A imprensa não entende porque não quer, e porque eu a critiquei. Como eu poderia evitar críticas à imprensa? Como pode a imprensa aspirar ao poder? Não foi eleita por ninguém. Como pode aspirar à igualdade com os três setores do governo? As pessoas da imprensa podem ser vigaristas ou boas — é tudo por acaso. A imprensa desempenha um papel positivo, com muita freqüência. Na Rússia de hoje a imprensa denuncia os planos da oligarquia criminal. Mesmo que a maioria da imprensa russa dependa do governo para suporte financeiro, ainda publicam excelentes artigos. Como alguém pode desvalorizar a imprensa? Mas não deve haver abusos, e em relação a mim houve abusos gritantes."

Uma coisa curiosa: Václav Havel é quase universalmente admirado, chega a ser adorado no Ocidente; isso não ocorre com Soljenitsyn. Contudo, os ensaios e cartas de Havel revelam afinidade e admiração por algumas das maiores obsessões de Soljenitsyn: a necessidade de uma dimensão espiritual na política, a necessidade de o Oriente ver o capitalismo e a democracia ocidentais com clareza, sem romantismo. Sugeri a Soljenitsyn que parte do problema poderia estar numa de suas diferenças notáveis em relação a Havel: enquanto Havel vive imerso na cultura pop ocidental, escrevendo com paixão sobre os Rolling Stones e Frank Zappa, Soljenitsyn chama a cultura pop de "esterco".

"Bem, essas coisas, afinal de contas, são o lixo da cultura ocidental", ele disse. "Elas não contribuem para o desenvolvimento da cultura ocidental. Uso a seguinte imagem: aquele foi o esterco que se esgueirou por baixo da cortina de ferro, e sua influência deformou a juventude. Os jovens não têm idéia de como são os pensadores e escritores do Ocidente. Apenas ouvem rock-and-roll e usam camisetas com dizeres. Isso é perigoso para a juventude, a parcela desprotegida da população. Pode prejudicar seu desenvolvimento. Os jovens precisam de proteção. Nossa juventude passa por apuros terríveis."

As acusações que mais magoaram Soljenitsyn no Ocidente foram de anti-semitismo e autoritarismo. Paira uma certa suspeita de que a crítica do secularismo do Ocidente e o patriotismo russo de Soljenitsyn sejam uma combinação incendiária, que representa uma ameaça de problemas para os judeus e outras minorias não russas. As acusações são infundadas — em nenhum momento Soljenitsyn apóia uma teocracia —, mas persistem mesmo assim. (Na União Soviética, a "acusação" inicial do Kremlin foi de que ele era judeu — "Solzhenitsker" — e contra-revolucionário burguês.) O conjunto mais abrangente de acusações foi publicado na revista judaica americana *Midstream* em 1977. Nela um imigrante russo chamado Mark Perakh acusava Soljenitsyn de adotar, na melhor das hipóteses, uma postura insensível em relação aos judeus. Ele lembra que, no segundo volume de *Gulag*, a maioria dos comandantes dos campos de prisioneiros, mostrados numa seqüência de fotos de página inteira, são judeus, e que em *Lênin em Zurique* o "gênio" do mal que banca Lênin é Parvus, um judeu alemão. (Soljenitsyn, por sua vez, diz que os retratos do gulag eram os únicos disponíveis na época, e que os personagens históricos de *Lênin em Zurique*, Parvus entre eles, foram rigorosamente retratados conforme fontes e testemunhas confiáveis.)

"Na revista *Midstream* fui acusado de anti-semitismo, pois em nenhum trecho de *Um dia na vida de Ivan Denissovitch* aparece a palavra 'Yid' ", Soljenitsyn disse. "A palavra não aparece, e portanto sou anti-semita! O autor tem certeza de que nos campos não havia questão mais urgente do que a questão judaica. Ele acha que todos passavam o dia condenando judeus, e diziam 'Yid'. Bem, ninguém usa o termo no livro, portanto devo ter ocultado os fatos — e por que eu faria isso, a não ser que fosse anti-semita? Na realidade, havia informantes sendo esfaqueados, levantes contra as autoridades, assassinatos com metralhadora por toda parte. Não havia mais do que cinco ou seis judeus no campo inteiro. O mesmo ocorreu com a acusação de czarista — que eu quero voltar ao passado. Não existe um único trecho em minha obra que afirme o desejo de voltar ao passado, ou que apóio uma teocracia, com os padres no poder.

"O anti-semitismo é uma atitude preconceituosa e injusta contra o povo judeu como um todo. Em minha obra não há tal atitude. A imprensa disse: 'Por favor, dê esta declaração'. Mas existe neste país a presunção da inocência. Por que eu deveria me adiantar e declarar que não sou anti-semita? Seria como dizer que não sou ladrão, que não roubei nada. Se for realmente acusado de roubar algo de alguém, então eu me levantarei e negarei isso. Portanto, se alguém me mostrar onde, especificamente, sou injusto ou preconceituoso contra o povo judeu, se citarem o trecho de minha obra em que há tal passagem, eu me defenderei prontamente. Mas ninguém jamais apontou tal passagem, e mesmo assim querem que eu declare que não sou anti-semita."

Soljenitsyn não fez uma viagem de despedida pelo país onde viveu por dezoito anos, mas viajou pela Europa no outono passado. Visitou Nikita Struve em Paris, encontrou o papa João Paulo II em Roma, despediu-se dos antigos amigos na Suíça e na Alemanha. A viagem à Europa foi mais pessoal, mas ele proferiu dois discursos — um em Liechtenstein, outro na França — que deram uma boa idéia do seu pensamento atual e da mudança notável em seu tom e ênfase, embora sua visão permanecesse inalterada.

No Instituto Internacional de Filosofia, no vilarejo de Schaan, Soljenitsyn retomou muitos de seus temas antigos para o povo de Liechtenstein: o fracasso do Ocidente em reconhecer a escala do mal na União Soviética, a ausência de uma dimensão ética na política desde a ascensão do secularismo. Mas, mesmo que soasse para mim e para outros como um pregador, houve menos som e fúria do que em Harvard, dezesseis anos atrás. O tom áspero se foi, assim como as imagens agressivas e as frases sarcásticas. Ele pregou um papel mais saudável e limitado para a tecnologia moderna, pregou uma busca espiritual que permitisse aos homens e mulheres superar o egoísmo e o medo da morte. Uma modéstia agradável, quase new age, suavizou sua retórica. O menos é lindo. O homem está perdido sem uma crença.

Poucas semanas depois, na cidade de Lucs-sur-Bourgogne, Soljenitsyn falou a uma multidão de 30 mil pessoas, reunidas para o aniversário do massacre de 90 mil franceses pelo governo revolucionário jacobino, entre 1793 e 1795. Foi um evento notável, provavelmente a aparição pública mais importante de Soljenitsyn desde Harvard. No palanque ele atacou as revoluções violentas e todas as tentativas de reestruturar a sociedade de repente, com sangue. O levante de Vendée e sua brutal supressão foram, disse, semelhantes à supressão bolchevique dos levantes camponeses de Tambov e da Sibéria ocidental, no início da década de 1920:

> A revolução traz à tona o instinto da barbárie primal, das forças sinistras da inveja, da cobiça e do ódio — isso até seus contemporâneos conseguem ver muito bem. Eles pagaram um preço terrível pela psicose de massa da época, quando o comportamento apenas moderado, ou mesmo a impressão disso, já pareciam constituir um crime. Mas o século XX, especialmente, fez muito para macular o brilho romântico da revolução, que prevalecia no século XVIII. À medida que se passaram meios séculos e séculos inteiros, as pessoas aprenderam com suas desgraças que a revolução demole as estruturas orgânicas da sociedade, perturba o fluxo natural da vida, destrói os melhores elementos da população e dá rédea livre ao pior; que uma revolução nunca traz prosperidade a uma nação, e só beneficia um punhado de oportunistas descarados, enquanto o país como um todo sofre com mortes incontáveis, miséria abrangente e, nos casos mais graves, uma degeneração duradoura de seu povo...

Eu não desejo uma "grande revolução" a nação alguma. Só a chegada do Termidor impediu a revolução do século XVIII de destruir a França. Mas a revolução na Rússia não foi contida por um Termidor, levando o povo diretamente para seu desfecho amargo, para o abismo, para uma profunda ruína.

Mais tarde, quando me encontrei com Soljenitsyn, perguntei por que ele fora tão abrangente em seu julgamento. A revolução americana teria sido também uma catástrofe?

"Não", ele disse. "Por 'revolução' eu entendo a tomada violenta do poder dentro de um determinado país, causando perda de vidas humanas. Tais revoluções ocorreram na França e na Rússia. A palavra 'revolução' tem sido aplicada a qualquer mudança, hoje em dia. Mas não se refere ao que eu chamo de 'revolução'. A revolução americana, para mim, não foi uma revolução. Foi uma luta pela libertação nacional — como a da Itália, que se libertou da Áustria, como a unificação alemã do século XIX. Condeno as revoluções porque elas minam a força da nação, em vez de permitir seu desenvolvimento evolutivo."

Soljenitsyn logo ouviu um endosso claro disso por parte do Kremlin. Em 10 de janeiro de 1994, a nova Comissão para a Reabilitação das Vítimas da Repressão Política divulgou um comunicado condenando Lênin e os bolcheviques pela repressão da rebelião em Kronstadt de 1921. Os marinheiros de Kronstadt, que inicialmente apoiaram os bolcheviques e o sistema socialista, organizaram manifestações em defesa de eleições livres, um Parlamento representativo e outras reformas repugnantes ao novo regime. Os bolcheviques declararam guerra à "conspiração contra-revolucionária" e esmagaram o movimento com execuções em massa, deportações e prisões. Aleksandr Yakovlev, chefe da comissão, declarou que Kronstadt provou que o terror bolchevique foi uma contribuição singular de Lênin à Rússia. Stálin foi apenas "o grande prosseguidor da tarefa de Lênin", disse. "Tudo começou com Lênin".

Em Vermont, Soljenitsyn manteve silêncio durante anos, preferindo se dedicar a seus projetos literários, guardando para si as opiniões sobre a política russa. Em sua única longa entrevista nos Estados Unidos desde a ascensão de Gorbachev, que concedeu ao *Times* em 1989, ele exigiu uma regra rigorosa: não haveria perguntas sobre a política da União Soviética, para evitar demonstrações de euforia indevida ou desestímulo. Em 1990, Soljenitsyn publicou um longo ensaio, "Reconstruindo a Rússia", que clamava pelo fim do império soviético e o desenvolvimento de uma democracia. Mas, mesmo nesse ensaio, ele se manteve reticente a respeito das personalidades russas dominantes nos últimos sete ou oito anos. Por que, perguntei, ele achava que a União Soviética tinha finalmente entrado em colapso? Que papel Gorbachev teve no processo?

"Posso dizer que fui a primeira pessoa a prever o colapso da União Soviética e a declarar que ele era necessário", respondeu. "Não foi só Gorbachev que não queria ouvir falar nisso; o presidente Bush e outros líderes ocidentais também diziam que a União Soviética deveria permanecer intacta. Para mim, isso estava claro havia muitos anos. Para todos nós, na prisão, era claro que o comunismo não se agüentaria sozinho. Ironicamente, o comunismo, que se baseia na teoria de que a economia é a base de toda a atividade humana, fracassou por razões econômicas. Sua economia era totalmente absurda. Só poderia sobreviver com mão de ferro. Quando Gorbachev tentou aliviar um pouco o aperto dessa mão, o processo de colapso se acelerou. Gorbachev não pretendia negar o socialismo. Mesmo quando voltou do cativeiro, após a tentativa de golpe em agosto de 1991, ele repetiu que nossa 'opção' era o socialismo. Ele só queria reformar levemente as coisas, para dar influência econômica à nomenklatura. Havia transações econômicas obscuras em andamento. Sob Gorbachev, a dívida mais que quadruplicou. O país nunca viu a cor deste dinheiro.

"Gorbachev imaginou que daria a glasnost à *intelligentsia* de Moscou, e que, com sua ajuda, e mais a ajuda da imprensa, controlaria os conservadores do partido. Mas a glasnost imediatamente se espalhou pelo país inteiro, e para as questões relativas às nacionalidades. As questões nacionais explodiram por toda a parte, e as visões mais chauvinistas surgiram. Ele não podia lidar com isso. Não imaginava onde tudo isso ia dar. No geral, Gorbachev e seu círculo estavam presos à ideologia marxista, e tinham uma visão muito restrita. Por exemplo, a Europa oriental. Ele não antecipou o que ocorreria lá. Queria substituir os Ligachev por Gorbachev e deixar tudo como era antes. Mas, assim que tocou na questão, as 'revoluções de veludo' ocorreram imediatamente."

Soljenitsyn praticamente não dá crédito a Gorbachev, sustentando que expediente, necessidade ou cinismo motivaram todas as suas ações. Mas e quanto à decisão de Gorbachev de sair da corrida armamentista e acabar com a Guerra Fria?

"Isso não foi cinismo", Soljenitsyn disse. "Ele realmente entendeu que o país se encontrava numa situação econômica tão difícil que sustentar a tensão da antiga rivalidade com o Ocidente não era mais possível. A Guerra Fria foi, basicamente, vencida por Ronald Reagan quando ele embarcou no programa Guerra nas Estrelas, e a União Soviética compreendeu que não poderia acompanhá-lo neste próximo passo. O final da Guerra Fria não teve nada a ver com um ato de generosidade de Gorbachev; ele foi forçado a encerrá-la. Não lhe restava escolha senão o desarmamento."

Em contraste com suas denúncias sobre Gorbachev, Soljenitsyn geralmente defende Yeltsin, e até divulgou uma declaração de apoio em outubro passado, quando este ordenou a intervenção no Parlamento.

"Eu tanto apóio quanto critico Yeltsin", Soljenitsyn disse. "Eu o apóio porque — bem, Gorbachev não era sincero em todos os seus pronunciamentos, enquanto Yeltsin o era. Yeltsin realmente decidiu cortar os vínculos com o partido. Você deve ter visto a cena em 1990, quando ele saiu do congresso do partido e todos ficaram sentados olhando para ele como se fossem lobos. E, em agosto de 1991, quando ele leu seu discurso em cima de um tanque, agiu corajosamente mais uma vez. Não se pode compará-lo a Gorbachev. Yeltsin realmente queria o que era melhor.

"Mas, imediatamente após agosto de 1991, ele cometeu uma série de equívocos, alguns muito sérios. Em setembro ele poderia ter dissolvido o Parlamento facilmente, dispersado os sovietes locais e fechado o Partido Comunista. Ninguém teria coragem de se opor. Havia uma onda de entusiasmo na época! Todos queriam ver essas coisas acontecerem, mas ele não fez nada. E dois anos depois — em outubro de 1993 — ele foi forçado a realizar aquela matança horrível em Moscou. Em 1991, teria saído de mãos limpas.

"Em segundo lugar, há sua indiferença pelos 25 milhões de russos que atualmente vivem no estrangeiro. Ele não fez nenhum discurso a esse respeito. Ainda bem que não entramos em guerra por causa disso, como a Iugoslávia, mas Yeltsin poderia ter dito: 'Sabemos que há 12 milhões de russos na Ucrânia, 7 milhões no Cazaquistão, e em todas as negociações vamos lembrar vocês disso e buscar uma solução política para a questão'. Mas ele não agiu assim. Disse apenas: 'Aceito todas as fronteiras'. E deixou por isso mesmo. As falsas fronteiras foram criadas por Lênin — são fronteiras que não correspondem às fronteiras étnicas. Elas foram demarcadas de forma a enfraquecer a nação russa central — como uma punição deliberada. As regiões de Donetsk e Lugansk apoiaram os cossacos na luta contra os bolcheviques, por isso Lênin tirou essas regiões do Don, como punição. A Sibéria meridional se levantou maciçamente contra os bolcheviques, por isso ele deu a região ao Cazaquistão.

"No que diz respeito à Ucrânia, eu conhecia bem o estado de espírito dos nacionalistas ucranianos vinte anos antes de Moscou ouvir falar neles. Passei bastante tempo com esse pessoal nos campos. Conheço sua intransigência. Eles foram criados na Galícia, e só querem a separação. Respeito muito o povo ucraniano; tenho imensa solidariedade por eles. Eu mesmo sou em parte ucraniano. Se querem se separar, muito bem, façam isso. Mas dentro das fronteiras da verdadeira Ucrânia. A Ucrânia histórica, o lugar onde os ucranianos realmente vivem.

"De repente, portanto, 25 milhões de russos passaram a viver fora da Rússia. Esta é a maior diáspora do mundo. Os líderes da Ucrânia e do Cazaquistão são ambos extremamente míopes. Eles resolveram empreender uma tarefa que culturalmente não pode dar certo. Por exemplo, no Cazaquistão teriam de transformar os russos em cazaquistaneses. Como fariam? Começaram a rebatizar os vilarejos. Tornaram crime protestar contra a exclusividade da língua cazaquistanesa. Na Ucrânia, estão fechando as escolas russas."

Nos últimos dois anos, falei, o Exército russo interferiu pesadamente nos "países próximos", as antigas repúblicas da União Soviética, numa clara tentativa de restabelecer pelo menos parte do poder que Moscou perdeu com o colapso da União. A Rússia tem realmente o direito de mandar tropas para o Tajiquistão, a Armênia, o Azerbaijão e a Geórgia, como tem feito?

"Interferência na Geórgia, Armênia e Arzebaijão? Deus me livre!", Soljenitsyn disse. "Esta esfera de influência, esta presença militar, é resquício de um pensamento imperial. Não deveria ocorrer. Claro, também há uma explicação técnica. Por que a Rússia se comportou assim? Depois da queda da União Soviética, a Rússia se viu sem fronteiras protegidas. Qualquer um podia fazer o que quisesse, trazer qualquer coisa pela fronteira: drogas, materiais radioativos, armas e assim por diante. Portanto, em pânico por causa das fronteiras que não podiam ser rapidamente fortificadas, a Rússia decidiu proteger as fronteiras antigas. Mas precisamos reestruturar tudo, ajustar. Devemos parar de insistir no direito de agir nas repúblicas independentes.

"Por falar nisso, há um imenso núcleo islâmico em formação. Aconteceu uma conferência de nações islâmicas em Alma-Ata, em 1991, e lá eles proclamaram a criação de uma região enorme sob influência turca, da Anatólia a Altai. É isso que eles têm em mente. Não vou dizer que isso é necessariamente melhor para o mundo do que a presença russa na Ásia Central. Vamos deixar que os eventos sigam seu curso. Que o mundo lide com esse problema. Talvez seja uma ameaça, mas não cabe a nós interferir."

Finalmente, perguntei qual seria a probabilidade de que os dois principais problemas da Rússia hoje, a economia em colapso e o advento, após as eleições de dezembro, de uma oposição poderosa dominada por nacionalistas linha-dura, neofascistas e comunistas.

"Os erros econômicos de Yeltsin foram enormes", Soljenitsyn disse. "Yeltsin sentiu necessidade de adotar as reformas o mais rápido possível. Tínhamos Yegor Gaidar, um teórico que ficava sentado no escritório, sob a influência do Fundo Monetário Internacional, exibindo uma total ignorância da situação na Rússia. Gaidar adotou a política do livre mercado, pensando que a liberação dos preços resolveria tudo, pois a competição começaria e os preços se estabilizariam e cairiam. Ele previu primeiro que se estabilizariam em um mês, depois em dois, depois em quatro. Foi assim que esta reforma, que não faz sentido economicamente, começou. Não mostraram a menor compaixão pelo povo. O governo nunca perguntou como o povo ia se virar. Seu grupo vive bem, afinal. Gaidar disse, após um ano de reformas: 'Sim, imaginávamos que haveria uma revolta popular, mas ela não ocorreu'. Yeltsin foi ainda mais longe, dizendo: 'O povo está de parabéns por não se rebelar'. Como se alguém pudesse encontrar você na rua, roubá-lo, tomar suas roupas, e parabenizá-lo por não oferecer resistência.

"Por isso o povo, desesperado, sem saber como se expressar, adotou esta postura nas eleições de dezembro. Disseram, na verdade: 'Qualquer um, menos vocês!'. Quem foi votar quis antes de mais nada protestar contra a reforma, contra a conduta de nosso governo. Seu único recurso era votar em quem se opusesse claramente à reforma. E quem eram esses? Os comunistas, os partidos agrários, o partido das mulheres e Vladimir Zhirinovsky. Ninguém nem mesmo sabe quem está nesses partidos. Só porque Zhirinovsky falou veementemente contra a política atual ele recebeu tantos votos. Não foi uma opção *pelo* fascismo, não foi uma escolha *do* comunismo. Recebo cartas que diziam:

'Sentimo-mos como se nos tivessem jogado no frio. Não temos como influenciar o que está acontecendo, de jeito nenhum. Ninguém precisa de nós'. Isso não é democracia. Temos uma mistura oligárquica da nomenklatura comunista com a economia clandestina. Nosso povo não tem influência.

"Sabe, nunca vi Zhirinovsky na televisão. Dizem que ele é muito eloqüente, provoca um profundo impacto no público. Não sei se isso é verdade. Mas, a julgar por suas ações, ele é um palhaço. Não posso levá-lo a sério."

Hitler também foi um palhaço no início, falei.

"Em termos de bancar o palhaço, Zhirinovsky supera até Hitler", Soljenitsyn disse. "Nunca vi tamanho nível de interminável demência. É uma piada de mau gosto a cada passo. Agora, o que é mais importante, as pessoas falam no perigo do fascismo na Rússia. Para mim, a palavra 'fascismo' é usada no lugar de 'nacional-socialismo'. O nacional-socialismo se baseia no racismo — sem o racismo, o nacional-socialismo é inconcebível. O racismo é sua base e sua teoria. O racismo, como política de Estado, só é possível num país muito homogêneo, como a Alemanha, jamais num país multinacional como a Rússia. O perigo não é o fascismo, como muitos dizem, e sim que se tornou possível chegar ao poder apenas com slogans contra a política atual."

Durante a conversa, Natalia Dmitriyevna juntou-se a nós. Comentei que estivera em Moscou alguns meses antes, e que fiquei receoso por ouvir dizer que a polícia da cidade havia promovido prisões em massa de armênios, azerbaijanos e chechenos sob o pretexto de que eles eram os responsáveis pelo aumento da criminalidade. Fiquei ainda mais preocupado ao ler pesquisas no *Izvestiya* mostrando que a imensa maioria dos moscovitas aprovava as detenções.

De certo modo, os Soljenitsyn não viam a questão pela ótica das liberdades civis. "Sabe, trata-se antes de tudo de uma questão criminal", Soljenitsyn disse. "Os caucasianos criaram uma verdadeira máfia, e, nas regiões de Moscou e São Petersburgo, monopolizaram os ramos de armamentos e restaurantes."

"Vi isso com meus próprios olhos", Natalia disse, pois estivera duas vezes na Rússia, depois que o banimento contra a família acabou. "É monstruoso. Não há nada envolvendo nacionalidade nisso. A situação em Moscou é tão dominada pelo crime que qualquer pai teme que sua filha saia sozinha à noite. Aquelas pessoas estão armadas até os dentes. Eles ocuparam todos os mercados. Vi senhoras russas idosas dos subúrbios de Moscou tentando vender rabanetes e cebolinhas na porta do metrô, pois foram expulsas dos mercados. Uma barraca no mercado precisa ser comprada por um valor absurdo, que nenhuma daquelas mulheres podia dispor, claro. Aquela gente tomou conta da vida em Moscou completamente, e serei a primeira a aplaudir se forem expulsos — não por serem chechenos, e sim por serem bandidos. Eles se comportam como um exército de ocupação num país conquistado."

Em *O primeiro círculo* Soljenitsyn fez a famosa afirmação de que numa tirania um escritor de verdade é como um segundo governo. Seja Pushkin, Tolstoi ou Herzen na época dos czares, ou Akhmatova, Pasternak e Mandelstam sob os bolcheviques, o papel do escritor na Rússia tem sido singular. Mas, se tudo estiver indo bem na Rússia, este tipo de autoridade felizmente desaparecerá.

"Quando eu disse que o escritor era como um segundo governo, eu me referia ao contexto de um regime totalitário", Soljenitsyn explicou. "E, realmente, podemos ver hoje pelos documentos do Politburo recentemente publicados que os membros se preocupavam com meu destino pessoal com muita seriedade, como se eu fosse um Estado. Neste sentido, não houve exagero. Mas, numa sociedade livre, esta receita não mais se aplica. Ademais, a literatura, como o resto na Rússia, chegou a um estado de terrível degradação. No momento, a literatura significa muito pouco. Contudo, ainda espero que meus livros possam ajudar a atingir objetivos morais. Ainda espero que possa ser útil de algum modo. Não sei escrever simplesmente para poder dizer: 'Vejam como construí isso com inteligência'. Eu me recuso a ver a literatura como entretenimento, como um brinquedo. Creio que se deve tratar a literatura com a responsabilidade moral necessária por cada palavra escrita."

A abordagem de Soljenitsyn da literatura, como leitor e escritor, é tão antimodernista quanto algumas de suas posições políticas. Em nossas conversas ele desdenhou alguns escritores contemporâneos da Rússia, que tendem a buscar inspiração, digamos, nas narrativas sexuais do marquês de Sade ou nos experimentos formais de Italo Calvino, e não no realismo russo. Ele não aceita o experimentalismo por si, ou o puro prazer como objetivo da literatura. Para Soljenitsyn, até Nabokov foi, em última análise, uma decepção.

"Não nego a força de sua expressão artística", ele disse. "Indiquei Nabokov para o prêmio Nobel, mas ele não ganhou. Ao mesmo tempo, lamento que Nabokov, vindo de uma família que participou ativamente dos assuntos da Rússia, e que poderia ter escrito muita coisa e compilado muito material sobre a Revolução Russa muito antes de mim — bem, lamento que ele tenha lavado as mãos e se ocupado unicamente de seu sucesso literário. Sofro com isso. Não consigo entender. Eu não entendo como uma coisa dessas é possível.

"A bem da verdade, não gosto de *Lolita* nem um pouco. Para mim, parece ser de mau gosto. Mas ele tem bons romances — *Convite para uma decapitação* e muitos outros. Eu o considero muito. Mas não gosto de *Lolita*, pois na minha opinião não passa de uma história indecorosa sobre a sexualidade."

Com o passar dos anos, uma ortodoxia crítica desleixada se cristalizou em torno da obra de Soljenitsyn. *Um dia na vida de Ivan Denissovitch* é a obra-prima indiscutível. *O primeiro círculo* e, um pouco abaixo, *Pavilhão de cancerosos*, são obras importantes tanto pelo conteúdo político quanto pelo realismo; como se, na terra do realismo socialista, Soljenitsyn tenha dado forma a um estilo aviltado. Considera-se, em geral, que *Gulag* também é uma obra-prima, mas o tipo não parece claro. Memórias? Análise política? Prosa documental? Não importa. Os três volumes de *Gulag*, como *Um dia*, permanecerão.

Soljenitsyn vê sua obra de modo diferente de praticamente todo mundo. Em 1937, quando ainda era comunista convicto, sonhava em escrever uma obra épica que chegasse até a Revolução de Outubro de 1917, e chegou até a fazer anotações e redigir alguns trechos iniciais. *A roda vermelha* foi a obsessão da vida de Soljenitsyn escritor. Conforme a política mudava — principalmente na prisão, onde sua defesa do marxismo, como disse, "foi despedaçada como vidro" — *A roda vermelha* mudava também. No final do processo, ele passou a acreditar que a Revolução de Outubro, celebrada pela mitologia bolchevique como revolta popular, não passou de um golpe de Estado realizado em circunstâncias completamente caóticas. Mais importante, ele pensava, foram os fatos históricos iniciados com a Primeira Guerra Mundial, que chegaram ao clímax com a Revolução de Fevereiro — a derrubada, no início de 1917, do czar e sua substituição pelo Governo Provisório, de curta duração.

"Quando comecei a estudar a Revolução de Fevereiro, compreendi, acima de tudo, que ela foi o evento central da história russa moderna", Soljenitsyn disse. "Entendi suas fraquezas, suas falhas, e como estava condenada a desembocar na de Outubro. Condenada. Entendi isso porque em abril de 1917 Lênin já ria dela. Tudo estava a seus pés. Portanto, gradualmente, minha ênfase mudou para os eventos de fevereiro. Depois me dei conta de que, para explicar a Revolução de Fevereiro, eu precisava explicar como o czarismo e a sociedade estavam organizados naquele momento. Por isso retornei até o final do século XIX, embora eu fosse criticado no Ocidente por admirar o czar e desejar uma volta ao passado. Enquanto isso, os emigrados me acusavam de ter escrito um livro que insultava o último czar, Nicolau II. Mas a verdade é que o descrevi como ele era. Não o elogiei nem critiquei. Simplesmente o retratei como ele era."

A roda vermelha é muito diferente de tudo que Soljenitsyn havia escrito antes, em termos formais. Ele alterna longas biografias com a narrativa histórica, recortes reais dos jornais e outros elementos retirados das fontes mais variadas, de John Dos Passos a Tolstoi. Contudo, o mais espantoso, para o leitor russo, talvez fosse a linguagem de Soljenitsyn — seu uso de palavras russas que caíram em desuso. Por muitos anos, Soljenitsyn dedicou-se a compilar essas palavras, chegando a reuni-las num dicionário com 30 mil verbetes. Embora Soljenitsyn usasse aquela linguagem desde *Um dia na vida de Ivan Denissovitch*, foi este léxico inusitado, mais do que experimentos formais ou o tamanho incomum, que pareceu incomodar o público russo que leu *A roda vermelha* inteiro ou em parte.

"A linguagem não é adequada", Vasily Aksyonov me disse. "É muito estranho ler uma conversa entre guardas imperiais e ver que falam como camponeses. Em *A roda vermelha*, Soljenitsyn é melhor quando escreve sobre algo que conhece bem, algo de que está próximo. As passagens sobre Lênin são magníficas. Mas há muita irregularidade. As descrições da vida nos vilarejos russos, por exemplo, são falsas, e a descrição da antiga sociedade em São Petersburgo também não é bem-sucedida. Está muito distante dele."

Joseph Brodsky é ainda mais crítico. "O que Soljenitsyn fez, antes de mais nada, foi monumental, mas não o defendo totalmente", disse. "Não posso aprovar seus procedimentos estilísticos. É um escritor com talento, com um dom natural. Mas creio que sofre com seu desejo, preponderante no século XX, de que um escritor russo deveria ter um estilo marcante. Soljenitsyn tinha seus motivos para duvidar de que possuísse tal talento, apesar da elegância de *Um dia na vida de Ivan Denissovitch*. Em certo sentido, ele saiu em busca de um estilo, e voltou com duas coisas. Primeiro, ele apela para o dicionário. Ele inventou ou forjou palavras que possuem raízes eslavas, mas que não são realmente russas. Há uma gramática russa, e, em certa medida, um vocabulário que é eslavo, mas não russo. Mais importante, em *A roda vermelha* ele resolveu animar a história por causa da extraordinária ameaça da monotonia. E por isso ele se apoiou numa espécie de técnica cinematográfica ao estilo de Dos Passos, com inclusão de manchetes e peças documentais. Por vezes, parece haver mais recorte e colagem do que redação propriamente dita, pode-se dizer. A meu ver, ficou grotesco. Reflete uma busca por estilo. Como se ele visse o estilo elaborado de Proust, o estilo sem saída de Beckett, a sintaxe truncada de Andrei Platonov e concluísse que precisava de algo que pudesse chamar de seu."

Quando resumi essas críticas para Soljenitsyn, ele me pareceu mais interessado do que defensivo. "Minha linguagem é essa", disse. "Há um rio, ele flui, você pode tomar a água da superfície ou mergulhar e experimentar a do fundo. Eu bebo a água das profundezas do rio da nossa língua. Na Rússia, em conseqüência do declínio geral da cultura russa, ocorreu um declínio geral da linguagem. Se você disser a um russo de hoje palavras como 'briefing', 'establishment', 'consensus', ele entende, qualquer um entende. Mas, se forem palavras russas, ele perguntará: 'O que é isso?'. As pessoas estão perdendo a língua russa. Como nosso povo está perdendo a riqueza da língua a apelando a anglicismos, minha linguagem soa estranha. Claro, seria muito mais fácil escrever com simplicidade, mas não preciso fazer isso. Tento resgatar a antiga riqueza da língua. Há uma camada logo abaixo da linguagem do dia-a-dia que está morrendo por falta de uso comum. Estou tentando resgatar essa camada. Neste ponto, Brodsky não foi correto. Não procuro palavras incompreensíveis ou o eslavo antigo, não invento palavras. Uso as que existem. Quando compilei e publiquei o dicionário, apresentei exemplos de seu uso por vinte ou 25 autores russos. Esta é a responsabilidade do escritor. Sem isso, o escritor é fraco e plano, e não tem nada."

A roda vermelha, que Soljenitsyn terminou em 1991, é composta por *Agosto 1914*, *Novembro 1916*, *Março 1917* e *Abril 1917*. Como o interesse por Soljenitsyn ainda era grande quando Farrar, Straus & Giroux publicaram uma versão inicial de *Agosto 1914* em 1972, o livro vendeu bem. "Ficamos logo abaixo de *Fernão Capelo Gaivota*, na lista dos mais vendidos do *Times*", disse Roger Straus, o editor. "Vendemos centenas de milhares de livros." No entanto,

Straus declarou, quando lançar *Novembro 1916* em 1995 ou 1996, ele calcula uma tiragem de 25 a 50 mil exemplares. "A verdade é que eu me considerarei uma pessoa de sorte se vender tudo isso", disse. "Não há mais muito interesse." O editor francês de Soljenitsyn, Claude Durand, da Fayard, afirmou quase a mesma coisa: "Os jovens nem sabem quem é Alexander Soljenitsyn". Na própria Rússia a indústria editorial, como o resto da economia, está em frangalhos, e *A roda vermelha* continua inédito. Soljenitsyn está resignado com a possibilidade de que os livros considerados por ele fundamentais em sua obra não serão lidos adequadamente e na íntegra até o próximo século. Neste meio-tempo, muitos russos e não russos que leram trechos do livro mostraram desapontamento e até tédio. "A reação comum se baseia numa espécie de fadiga", disse Alexis Klimoff, professor de Vassar que traduziu vários livros de Soljenitsyn. "Um dos problemas de leitura de *A roda vermelha* é: quem tem tempo? A pessoa precisa praticamente de uma bolsa para ler aquilo tudo. São milhares e milhares de páginas que precisam ser lidas ininterruptamente, se for para emitir um julgamento sério. É fisicamente exaustivo, e as pessoas dificilmente terão a oportunidade de fazer isso. A leitura da obra tornou-se uma questão do tipo 'a vida é muito curta'. O que é verdade mesmo. Mas, num sentido fundamental, isso é irresponsabilidade."

Os críticos que leram *A roda vermelha* a comparam a *Guerra e paz*. As duas obras diferem em muitos aspectos — entre eles, que Soljenitsyn quer que sua obra seja considerada um relato histórico confiável, um tratado definitivo sobre a marcha caótica da Rússia até a ascensão do bolchevismo.

"O fato é que o romance *Guerra e paz* de Tolstoi não é muito similar ao meu *A roda vermelha*", Soljenitsyn disse. "Não quero comparar os dois livros, e sim suas respectivas metas. Leon Tolstoi escreveu na década de 1860 sobre eventos de 1812 — aproximadamente cinqüenta anos depois dos fatos. Mas, naquele período, a sociedade russa pouco mudou. A Rússia aristocrática ainda existia; a vida cotidiana era praticamente a mesma. Portanto, sua tarefa foi mais fácil, no sentido de que ele descrevia o mesmo mundo, num estágio anterior. Ele podia transportar facilmente as pessoas de seu mundo para o romance, pois era praticamente o mesmo círculo. Eu comecei em 1937, mas só a partir de 1969 pude escrever seriamente, e entre 1969 e 1917 há praticamente a mesma diferença em anos, mas eu escrevia, pode-se dizer, num mundo inteiramente diferente, num novo planeta. A Rússia pré-revolucionária e a Rússia em que vivi eram distintas uma da outra. Eram mundos diferentes. Eu tive de me transportar a um país que não existia mais. Por isso, não tive a chance de levar as pessoas de hoje para os livros."

Não faz muito tempo, fui dirigindo até o vilarejo de Troitse-Lykovo, na periferia a oeste de Moscou. A estrada principal é a via Rublyov, uma espécie de caminho dourado para a elite do Kremlin, passada e presente, que tem suas dachas a oeste da cidade. Na sexta-feira à tarde limusines Chaika pretas zumbem pela via expressa, ocupando com freqüência a faixa vazia do meio, conhecida como pista do Kremlin — para começar o fim de semana alguns minutos antes. Alexander e Natalia Soljenitsyn estão construindo uma casa na "dachalândia" — num terreno de 40 mil metros quadrados onde viveu um lendário estrategista militar, o marechal Mikhail Tukhachevsky. Os Soljenitsyn demoliram a velha casa de madeira e estão construindo uma casa de alvenaria em forma de V. Haverá uma ala para trabalho, com espaço para arquivos, biblioteca e assistentes de pesquisa, e outra residencial, com seis dormitórios e diversos espaços de convivência. Uma cerca de madeira alta pintada de verde rodeia a propriedade. Se a casa não estiver pronta até a chegada dos Soljenitsyn, em maio — e, se considerarmos o ritmo da construção civil na Rússia atual, isso é praticamente certo —, eles poderão ficar no apartamento de cinco cômodos que possuem no centro de Moscou.

Quando morei em Moscou, do início de 1988 até o final de 1991, a maioria dos intelectuais começava a se dar conta de que seria inevitável publicar Soljenitsyn, e de que ele retornaria. As celebridades culturais de direita — editores de publicações como *Nash Sovremennik* (Nossos Contemporâneos) — estavam esperançosas, calculando que Soljenitsyn representaria uma alternativa nacionalista linha-dura a Andrei Sakharov e aos radicais de tendência ocidental. Muitos liberais ficaram aterrorizados. Vitaly Korotich, editor da revista reformista *Ogonyok* (Pequena Chama), disse-me então que era inteiramente possível que Soljenitsyn voltasse a Moscou como um "aiatolá Khomeini". A publicação de "Reconstruindo a Rússia", em 1990, trouxe uma imensa decepção para a direita e um alívio aos reformistas: o ensaio era antiimperial e pródemocracia. Os reformistas russos e não russos disseram que ele revelava traços do distanciamento de Soljenitsyn, de sua dificuldade de compreender eventos que só podia acompanhar pela televisão ou lendo jornais. De todo modo, no final das contas, foi um alívio.

No momento, as opiniões sobre Soljenitsyn na Rússia são emocionais e variadas. Uma pesquisa eleitoral realizada em São Petersburgo em novembro passado mostrou que 48% dos entrevistados gostariam que Soljenitsyn fosse presidente da Rússia, apesar de sua recusa firme a se candidatar. Só 17% optaram por Boris Yeltsin. Mas, em círculos mais restritos — entre os intelectuais, principalmente —, formou-se uma atitude mais irônica em relação a Soljenitsyn. Percebi que a postura variava da indiferença à galhofa.

"Soljenitsyn está atrasado. A situação evoluiu para além dele. Deve se dar conta de que voltará a um mundo totalmente estranho."

"Ele deveria ter voltado quando os comunistas foram expulsos. Onde estava? Agora, não tem mais nada a dizer. *A roda vermelha* é obra de um grafomaníaco. Tentei ler, mas dormi em todas as tentativas."

"Talvez ele devesse ter voltado depois da morte de Sakharov, em dezembro de 1989. A reação à morte de Sakharov, a explosão de sentimento, indicava o quanto representava um homem honesto naquele momento. Mas o tempo para uma única figura heróica já passou. A autoridade de Soljenitsyn se baseia unicamente no passado."

"Suponho que ele vá voltar e fazer o papel de Tolstoi, o grande escritor que nos dá conselhos, o profeta que recebe visitas e usa barba comprida. A barba é muito importante para o papel."

Soljenitsyn tem noção das múltiplas atitudes que o aguardam. Não apenas sua esposa retornou — três vezes, até agora — como seus filhos também estiveram na Rússia. Além disso, centenas de russos mandaram cartas a Cavendish contando a Soljenitsyn o que ouviram a respeito dele e o que sentem sobre sua volta para casa.

"Muitos aguardam minha chegada com hostilidade", Soljenitsyn me contou. "Há os que lamentam a queda do comunismo e me consideram o principal responsável por sua destruição, o maior culpado. Alguns fanáticos declararam literalmente que querem meu pescoço. Em segundo lugar, os mafiosos acham que, se não fiz as pazes com a KGB, certamente não as farei com eles. Terceiro, há aqueles que acreditam em mitos: por exemplo, que voltarei e me tornarei comandante do Pamyat" — o grupo nacionalista racista — "ou líder da direita. Eles não conseguem entender que não quero nada com o poder ou com posição política. Finalmente, há o poder vigente. Eu não evito comentários críticos. Na Europa, ou aqui com você, hoje, não evito criticar as autoridades ou as reformas atuais e o modo com estão sendo conduzidas. Falo claramente e continuarei a falar. Não me surpreenderia se me negassem acesso à televisão, após algum tempo. Em outras palavras, a vida não será fácil para mim, em nenhum aspecto. Mas eu vou porque cumpri meu dever literário e agora devo tentar cumprir meu dever para com a sociedade, na medida do possível. Mas não sei de que forma isso ocorrerá."

Durante o tempo que passamos juntos Soljenitsyn repetiu com insistência que não se interessava pela política, que jamais concorreria a um cargo público ou aceitaria qualquer tipo de nomeação. Perguntei se ele desempenharia um papel semelhante ao de Sakharov no final dos anos 1980 — de bússola moral para um país à deriva.

"Meu papel só pode ser moral", ele disse. "Que outro papel eu poderia ter? Mas a situação muda muito rapidamente. Muitos anos se passaram desde a morte de Sakharov. Na verdade, não há garantia de que ele manteria sua influência e continuaria sendo tão admirado. A situação muda tão depressa que é difícil dizer como meus esforços morais ecoarão e se serão bem-sucedidos. O fato de que meus livros não foram lidos — isso também interfere muito. Não se pode consegui-los. As pessoas dizem: 'Quem é Soljenitsyn? Ah, claro, aquele sujeito que foi expulso, fez alguma coisa há muito tempo'. Mas não há livros. Isso dificulta tudo."

Um dos aspectos mais notáveis da jornada de Soljenitsyn é que ele pode encerrá-la. Em maio, no momento em que seu avião pousar no Aeroporto Sheremetyevo, para onde a KGB o escoltou até um jato, vinte anos atrás, sua vida estará completa. Como escritor ele também já completou a obra que desejava fazer, reconstruindo a memória do holocausto soviético, dando voz aos que perderam. Sua velhice literária parece com a de Tolstoi, que nos últimos anos, depois de escrever os grandes romances, dedicou-se a obras de ficção mais curtas, escrevendo contos de despedida como "Hadji Murad" e "Alyosha the pot" até a perfeição, depois de dez, quinze, vinte versões.

"Não faz sentido começar um grande projeto na minha idade", Soljenitsyn disse. "Mas estou muito interessado nas formas curtas, e começando a trabalhar de novo. Não é só uma questão de idade. Comecei pelos contos, mas via como tarefa principal à frente meus romances, primeiro, depois *Gulag* e *A roda vermelha*, e precisava cumprir essas tarefas. Finalmente, terei uma chance. Agora recuperarei minhas impressões sobre a vida na Rússia, sobre a Rússia de hoje, e sem dúvida escreverei contos. No momento, enquanto ainda estou em Vermont, estou trabalhando em contos que usam material dos anos 20 e 30, pois não posso escrever sobre a Rússia de hoje sem impressões pessoais a respeito. Eu me lembro bem das coisas da minha juventude. E agora que terminei *A roda vermelha* — esta imensa besta agora abatida — restaram muitas pontas soltas, e não está claro o que devo fazer com elas. Tenho muito material que sobrou e precisa ser organizado."

A casa de Soljenitsyn em Cavendish está lotada de caixotes de mudança. Há malas novas empilhadas no quarto de hóspedes. Os Soljenitsyn não pretendem vender a casa de Cavendish, preferem mantê-la, pelo menos por enquanto, como base para os filhos. Embora Yermolai provavelmente vá passar os próximos anos trabalhando na China, Stephan ainda esteja em Harvard e Ignat no Curtis Institute. Todos eles dizem que pretendem mudar para a Rússia, mas provavelmente não será em breve. O centro da casa, porém, praticamente já deixou a América para trás.

"É como se não morássemos mais aqui", Soljenitsyn disse. "Em espírito, já fomos embora. Antecipo diversas dificuldades e diversas tarefas. Estou pronto para isso, e agradeço a Deus por ter forças para tanto, hoje. Naturalmente, tenho acompanhado de perto o que acontece na Rússia, e me mantenho bem informado. Mas encontrar pessoas específicas e conhecer seu destino específico — isso ainda me aguarda. Precisarei, antes de mais nada, de um período de readaptação, para captar as profundezas da vida na Rússia. Preciso registrar isso cuidadosamente, como cabe a um artista — registrar a situação atual e o humor das pessoas."

Ele sente algum otimismo com esta volta?

"A Rússia levou 75 anos para cair tudo isso, então é óbvio que levará mais de 75 anos para se reerguer", ele disse. "De cem a 150 anos, calculo. É difícil encontrar um país na história moderna que tenha sido destruído sistematicamente durante 75 anos. É importante lembrar que os destruidores destruíram seletivamente: não qualquer um, e sim os mais inteligentes, aqueles que poderiam protestar, que poderiam pensar por sua própria conta — a força vital do povo."

"Mas, claro, o dia do retorno será feliz", Natalia disse. "Mesmo agora, é como se nos livrássemos de um peso terrível. Só saber que terminaremos nossos dias na Rússia já é um imenso alívio. Quando fui para lá, senti prazer só de estar rodeada pela língua russa. Eu me lembro de chegar ao metrô e ouvir aquela voz banal: 'Cuidado! As portas estão fechando... A próxima parada é...'. Mas em russo! E passar nas lojas com dizeres como '*Moloko*' e '*Khleb*', em vez de 'Leite' e 'Pão'. Ah, que prazer há nisso!"

Era hora de partir, para mim. Natalia preparou a derradeira refeição para nós. Ignat tocou uma sonata de Schubert. Natalia me encheu de pastas, recortes e um bolo de Natal para eu levar para minha família. Combinamos um novo encontro, em Moscou. Como pergunta final, mencionei a Soljenitsyn que me lembrava de seu discurso em Liechtenstein, quando ele disse que o homem moderno, ao se colocar no centro do mundo, teme a morte, pois a morte se torna o fim de todas as coisas — e lhe perguntei se ele temia morrer, agora que tinha 75 anos.

"Não, absolutamente", ele disse, e seu rosto se iluminou de prazer. "Será apenas uma transição pacífica. Sou cristão, acredito que haja uma vida após a morte, e entendo que este não é o final da vida. A alma tem uma continuação, a alma continua viva. A morte é apenas um estágio, alguns dirão uma libertação. De qualquer modo, não temo a morte."

"E onde será enterrado?"

"Já fiz uma escolha preliminar", Soljenitsyn disse. "Talvez mude mais tarde, mas tenho uma idéia em mente. Será no centro da Rússia, e o convido para ir até lá, depois que eu me for."

(1994)

PARTE III

Dentro da floresta: Soljenitsyn em Moscou

Há não muito tempo, durante as Noites Brancas, fiz uma caminhada partindo dos portões do Kremlin, passando pelo centro comercial subterrâneo na praça Manezh e subindo a rua Tverskaya, o ponto zero do neocapitalismo russo. Houve uma época em que não era algo simples conseguir, digamos, uma tigela de borche naquela rua. Agora é inteiramente possível pedir (passeando casualmente) um *macchiato* em uma Coffee Bean, um calzone no Sbarro, um Cadillac sedã, um vestido de baile de 10 mil dólares, aparelhos de videocassete e DVD, e, caso você ainda deseje, uma tigela de borche. Todo ano traz um novo acréscimo de comercialismo para a Tverskaya — mais lojas, mais restaurantes, mais hotéis. Dependendo do estado das coisas, há até mesmo alguns moscovitas que, além de olhar, também podem comprar.

De repente, um trovão e uma dessas rápidas tempestades de verão. A chuva caiu torrencialmente. Procurei abrigo em uma livraria Young Guard. Estava cheia, mas não o suficiente para ser desagradável. O ambiente era limpo, com ar-condicionado, uma prestativa equipe de vendedores perambulava pela loja, e as prateleiras estavam cheias das obras reunidas de autores que, pouco mais de uma década atrás, tinham sido banidos pelos censores soviéticos. Enquanto eu folheava rapidamente uma autobiografia de um ator que eu havia conhecido — um ator de cinema que certa vez fez uma performance pública dos poemas de Joseph Brodsky quando isso era perigoso e delicioso —, a gerente da loja, com a voz sedutora que faz parte do arsenal de habilidades de um vendedor, mais para a cadeia de lojas Kmart do que para comissária do povo, disse: "Distintos clientes! Hoje temos um novo título que pode ser encontrado junto aos caixas. É um volume de autoria de Aleksandr Isayevich Soljenitsyn, prêmio Nobel e autor de *Arquipélago Gulag*. O livro se chama *Duzentos anos juntos*, uma história das relações judaico-russas".

Ninguém parou, ninguém pareceu minimamente surpreso. Na verdade, na meia hora seguinte, quase ninguém parou para dar uma olhada nesse curioso livro novo. Na Rússia contemporânea, a história tem sido implacável em sua velocidade, e a memória pública é volúvel. Soljenitsyn tem 82 anos. Para as pessoas mais jovens, em especial, o nome dele assinala apenas um outro acontecimento em um passado soviético parcialmente lembrado: a revolução, os campos, Stalingrado, Yuri Gagárin... Soljenitsyn. Quando Soljenitsyn voltou à Rússia em maio de 1994, depois de vinte anos de exílio forçado, ele foi recebido por uma mistura de celebração, menosprezo e indiferença. Alguns escritores mais jovens pareciam decididos a cavar um lugar para si mesmos declarando que o velho escritor era umególatra reacionário, um tédio, antiquado. Essas saudações rudes, junto com uma recepção crítica geralmente negativa de seu ciclo de romances históricos, *A roda vermelha*, às vezes deixou Soljenitsyn ressentido, embora ele relutasse em admitir isso.

Passando os olhos pelas estantes, peguei um volume dos contos de Soljenitsyn publicados no ano passado. A segunda metade do livro está tomada por histórias que ele tem escrito desde que voltou para casa: "Ego", "Nos extremos", "Geléia de damasco". A primeira metade é composta daqueles primeiras histórias, clássicas, que reordenaram a política e a literatura da União Soviética no começo dos anos 1960: principalmente "Um incidente na Estação Krechetovka" e *Um dia na vida de Ivan Denissovitch*. Quando se lê "O lar de Matryona", vem um arrepio, um presságio dos exílios e retornos do autor:

> Durante o verão do ano de 1956, voltei ao acaso das terras desérticas quentes e empoeiradas — simplesmente para a Rússia. Ninguém estava me esperando nem tinha me convidado para ir a nenhum lugar, porque eu estivera impedido de retornar durante um pequeno período de dez anos. Eu simplesmente queria voltar para o coração do país — sair do calor, para dentro das florestas com fo-

lhas que sussurram. Queria me soltar e me perder no mais recôndito coração da Rússia — se é que existia tal coisa — e viver ali.

Soljenitsyn, assim como o narrador de sua história e como milhões de outros, conseguiu retornar depois de "um pequeno período" nos campos — a miríade de ilhas do arquipélago gulag — e em exílio interno. Ele voltou e durante vinte anos escreveu, principalmente em segredo, a história da tirania soviética. Quando *Arquipélago Gulag* foi publicado no exterior, em 1974, a liderança soviética prendeu Soljenitsyn, colocou-o em um avião e mandou-o para o Ocidente. No exílio, ele não só sonhava com sua volta, mas estava confiante de que ela iria acontecer — assim como estava confiante em relação ao colapso do regime.

No dia 26 de maio de 1994, Soljenitsyn e sua mulher, Natalia, viajaram de avião de sua casa em Vermont até Magadan, no mar de Okhotsk, que fora um dos principais centros do sistema gulag. Durante os dois meses seguintes, ele e a família viajaram de trem em direção a Moscou, parando em Vladivostok, Khabarovsk, Irkutsk, Krasnoyarsk, Novosibirsk — dezessete paradas no total. Foi um retorno não desprovido de um senso de ocasião e ego: a BBC fez um documentário e pagou por vagões especiais. Dessa vez, Soljenitsyn dificilmente se "perdeu" no mais recôndito da Rússia. Multidões vinham ouvi-lo falar em cada parada, ele autografou livros, apareceu na televisão local: foi a maior excursão de um autor na história. Mas havia também uma grande pungência na viagem. Soljenitsyn tinha feito tanto quanto qualquer outro para colocar um fim às sete décadas de opressão na Rússia, e era improvável que voltasse a viajar tanto por seu próprio país novamente. Aquela viagem era, ao mesmo tempo, retorno, boas-vindas e adeus.

Quando o comboio finalmente chegou a Moscou, Boris Yeltsin, que havia se tornado o primeiro presidente de uma Rússia pós-comunista, tentou conquistar Soljenitsyn, da mesma maneira que havia tentado conquistar Andrei Sakharov, no final dos anos 1980. Vyacheslav Kostikov, antigo secretário de imprensa de Yeltsin, escreveu em uma autobiografia:

> Seus assessores procuraram insuflar nele um estado de espírito altivo. Disseram-lhe: "Quem é esse Soljenitsyn? Afinal de contas, ele não é um clássico, não é um Leon Tolstoi. Além do mais, todo mundo está cansado dele. Bem, ele sofreu sob

o totalitarismo, e, sim, ele é um especialista em história, mas existem milhares como ele! Enquanto você, Boris Nikolayevitch, é especial". Yeltsin, no entanto, escolheu um tom diferente. A conversa se deu de maneira tranqüila e sincera, sem quaisquer tentativas de ocultar as diferenças políticas. Eles conversaram durante quatro horas e até tomaram um pouco de vodca.

A reunião pode ter sido amigável, mas a crítica de Soljenitsyn a Yeltsin, na televisão e em dois livros curtos de escritos políticos — *A questão russa no final do século XX* (1994) e *A Rússia prostrada* (1998) —, apenas se intensificou. Soljenitsyn culpava Yeltsin por romper a antiga União sem se importar com os interesses de 25 milhões de russos que agora se encontravam no exterior nas antigas repúblicas soviéticas; por reformas econômicas que "empobreceram" a nação; por se comportar "como escravo" do Ocidente e por vender os interesses da Rússia para o Fundo Monetário Internacional e para a OTAN; por promover a corrupção; por fracassar no estabelecimento de quaisquer instituições democráticas verdadeiras no nível popular. Soljenitsyn declarou que na história russa houve três *smuty*, ou "períodos problemáticos": o levante político no século XVII, que estabeleceu a dinastia Romanov; o ano revolucionário de 1917; e, agora, a crise pós-comunista. Soljenitsyn não estava mais dizendo o que não podia ser dito — a maioria de suas opiniões eram senso comum e nenhuma delas era proibida —, mas seu tom não era menos furioso do que havia sido em *Gulag*. Ao declarar que o presente, mas não, digamos, os anos 1930, fazia parte dos períodos problemáticos, ele relegou Yeltsin a um círculo do inferno inferior até mesmo ao de Stálin.

Em 1998, no octogésimo aniversário de Soljenitsyn, Yeltsin ainda parecia ansioso para agradar ao escritor e concedeu-lhe a mais elevada de todas honrarias do Estado, a Ordem de Santo André. Soljenitsyn recusou-a. "Nas condições de hoje, quando as pessoas estão passando fome e fazendo greve apenas para receberem seus salários, eu não posso aceitar esse prêmio", disse ele. "Talvez daqui a muitos anos, quando a Rússia superar seus problemas intransponíveis, meus filhos possam vir a aceitar esse prêmio." Quando Yeltsin deixou o cargo, às vésperas de 2000, Soljenitsyn ficou furioso porque o novo presidente, Vladimir Putin, havia concedido a seu predecessor imunidade contra processos penais. Soljenitsyn declarou que Yeltsin, "junto com umas cem ou duzentas pessoas, deveria ser autuado".

Àquela altura, Soljenitsyn havia conseguido indispor-se com quase todo mundo. Os comunistas o desprezavam, é claro, e os nacionalistas russos linhas-duras, que um dia tiveram esperança de que ele seria seu porta-voz, achavam-no liberal demais. Os liberais, que olhavam para o Ocidente em busca de seus modelos, não conseguiam levar a sério a opinião de Soljenitsyn de que o Ocidente é um tesouro de materialismo inútil e uma terra estéril, espiritualmente vazia. Muito menos podiam tolerar posições conservadoras como seu apoio ao restabelecimento da pena de morte.

Quando Soljenitsyn chegou pela primeira vez em Moscou, foi citado como um possível sucessor de Yeltsin. Isso sempre foi uma fantasia, mas indicava seu enorme prestígio. E no entanto, com o tempo, e com a exposição semanal de Soljenitsyn na televisão, a maioria do público ficou insatisfeita ou indiferente em relação a ele. Suas aparições na televisão foram canceladas. Ele caiu nas avaliações políticas e desapareceu delas. Começou a aparecer cada vez menos em público. Mas continuava a escrever. Consegui, por meio de seus filhos Ignat, pianista e regente em Filadélfia, e Stephan, consultor de planejamento urbano e ambiental em Boston, um exemplar do primeiro volume de *Duzentos anos juntos* e fiz planos para visitá-lo nos limites da capital.

Por coincidência, cheguei a Moscou pouco depois de George W. Bush ter encontrado Putin na Eslovênia. Bush assumira o cargo prometendo que não seria seduzido por um líder russo da maneira que achava que Bill Clinton fora seduzido por Yeltsin. E assim foi motivo de alegria entre os antigos dissidentes russos ver que Bush, depois de um dia curto na presença de Putin, declarara que havia "olhado nos olhos do homem" e o tinha achado "bastante sincero e confiável". "Fui capaz de captar o sentido de sua alma", disse Bush. Pareceu não significar muito para Bush o fato de Putin ter rejeitado o assunto mísseis de defesa, ou que a Rússia ainda estava travando uma guerra contra os chechenos, no Sul, ou na mídia em Moscou, ou que Putin estava fazendo propostas cada vez mais amigáveis ao Irã. Na ausência de conhecimento e preparação, Bush contou com uma autoconfiança metafísica. O que ele encontrou na alma de um oficial de carreira da KGB foi "um líder notável". O que fez um amigo meu russo lembrar do momento no filme *Noivo neurótico, noiva nervosa* em que Alvy Singer descreve como foi expulso da faculdade por colar em seu exame final de metafísica: ele havia olhado para a alma do garoto sentado a seu lado.

A grande maioria dos russos estava, sem dúvida, igualmente enamorada de Vladimir Putin. O grau de aprovação dele, após um ano e meio no cargo, era em torno de 70%. As pessoas admiravam-no porque ele parecia não sofrer dos pecados de Yeltsin. Se Yeltsin era bombástico e imprevisível, Putin é firme, intencionalmente insensível. Se Yeltsin era um czar, Putin é o chefe dos burocratas. Ele aprendeu a controlar a língua — certa vez prometeu matar os chechenos até "dentro de seus banheiros externos" — e agora quer "pôr um fim à resistência de formações armadas ilegais". Pelo menos em imagem, ele apresentou uma promessa de estabilidade. Parece, por enquanto, não importar que essa estabilidade tenha menos a ver com a sobriedade de Putin do que com o alto preço do petróleo. A recuperação econômica do país depois da crise de agosto de 1998 faz lembrar a estabilidade da era Brejnev: a Rússia ainda não produz muita coisa que o mundo queira, a não ser recursos naturais.

A oposição a Putin é fácil de ser definida — um grupo cada vez mais envelhecido de seguidores do Partido Comunista e alguns liberais, como Grigory Yavlinsky, do Partido Yabloko —, mas, por ora, não representa grande ameaça para ele. Além do mais, existe pouca nostalgia pelas velhas batalhas. Muitos dos guerreiros do final dos anos 1980 e dos anos 1990 se dispersaram, morreram ou caíram em descrédito. E algumas das figuras contemporâneas que se apresentavam como avatares da democracia não chegavam exatamente a ser heróicas. Até que Putin derrubasse a rede NTV — a única emissora de televisão independente e privada do país — e substituísse sua liderança, seu apresentador mais proeminente foi Yevgeny Kiselyov, que mantinha um programa de notícias e variedades nas noites de domingo chamado *Itogi*. A reputação de Kiselyov baseava-se em sua audácia ostensiva. E, ainda assim, ele parecia não dar ouvidos para os russos comuns ou para os pobres. Certa noite, entrou no ar e revelou modestamente, para se humanizar, que tinha uma terrível fraqueza por claretes de safras excepcionais. Para prová-lo, ele levou seus espectadores para dar uma olhada em sua considerável adega. Aquilo não era exatamente Andrei Sakharov com sua sacola de compras e seu terno surrado.

Certa tarde, passei pela Casa dos Jornalistas, no bulevar Ring Road, onde um grupo de ativistas pelos direitos humanos estava realizando um congresso. Durante um intervalo, fui tomar um café com Aleksandr Podrabinek, velho amigo que, desde 1987, vinha publicando um jornal independente chamado *Ekspress-Khronika*, que trazia notícias que os grandes jornais e as redes de televisão ignoravam. Podrabinek é um homem pequeno, quase irrequieto, com pouco menos de cinqüenta anos. De 1978 a 1983, foi forçado a viver no leste da Sibéria em campos de trabalho e em exílio doméstico, pelo pecado de ter escrito um livro, *Medicina punitiva*, sobre o uso de hospitais psiquiátricos pelo regime soviético para lidar com a dissidência política. Ele não tinha ilusões a respeito de Yeltsin e continua sendo um forte opositor à guerra na Chechênia, mas, com todos os erros de Yeltsin, disse ele, o país estava abandonando uma era relativamente "dourada" e movendo-se em direção a algum lugar mais sombrio. "A idéia de democracia fracassou em capturar a imaginação popular em qualquer nível", comentou ele. "Yeltsin era um homem com uma visão e opiniões mais amplas do que Putin. Agora temos alguém que tem o intelecto de um sargento do Exército. Ele dá ordens simples às pessoas e obedece a ordens simples. Ele não tem uma grande visão, a não ser a criação de um constructo vertical de poder."

Putin passou a maior parte de sua vida como oficial da KGB, mas seu currículo revela uma ressonância diferente, mais variada, na Rússia do que no exterior, disse Podrabinek. Até Sakharov certa vez comentou que, apesar do papel da KGB no terror do regime comunista, ela também foi um bastião de competência, de pessoas que entendiam o que realmente estava acontecendo por trás da fachada oficial. "Para a maioria das pessoas, não importa realmente que Putin fosse um oficial da KGB", disse Podrabinek. "A idéia de reputação não é muito importante aqui. As pessoas elegem bandidos como governadores sabendo que eles são bandidos — no Extremo Oriente, por exemplo. Ou eles elegem um oficial da KGB ou um comunista linha-dura. Elas votam nas pessoas que estão mais na frente delas. A mentalidade da Rússia é fácil demais de moldar, como já foi demonstrado diversas vezes."

À medida que o movimento pelos direitos civis na Rússia deslocou-se para as margens, seus jornais e congressos com freqüência ou são custeados por fundações ocidentais, ou não recebem nada. O *Ekspress-Khronika*, com um pico de circulação de 65 mil exemplares, se apoiava antes na generosidade da National Endowment for Democracy. Agora o senso de urgência desapareceu, e o mesmo se pode dizer sobre o apoio financeiro ao movimento. Há um ano Podrabinek não consegue publicar o jornal. Quando lhe perguntei sobre isso, ele simplesmente riu. "Logo vai voltar a ser como nos velhos tempos — só alguns dissidentes e alguns ocidentais gentis trazendo dinheiro secretamente em seus cintos e sapatos. Mas, lembre-se, é possível escorregar muito para trás, sobretudo se o Ocidente não prestar muita atenção [...]. Acho que precisamos realmente é de uma nova geração de políticos que estejam dispostos a dizer que a Rússia, assim como qualquer outro país, precisa de um sistema democrático normal. Até isso acontecer, talvez continuemos vagando no deserto por anos."

Algumas horas depois, encontrei-me com uma das colegas de Podrabinek no congresso, Ludmilla Alexeyeva, que é a presidente do grupo de direitos humanos de Moscou-Helsinque. Alexeyeva deve estar na casa dos setenta. Mora perto da Velha Arbat, uma área comercial proibida para veículos, que há muito tempo possui ambulantes vendendo camisetas com temas de alta ironia pós-soviética. Uma das mais procuradas, anunciando o "McLenin's", justapõe Vladimir Ilyich de perfil com os arcos dourados. Alexeyeva imigrou para os Estados Unidos em 1977 e então voltou, para morar em Moscou, em 1992.

"O maior problema que temos é o problema da lei, o sistema judicial", observou ela. "A constituição foi reescrita em 1993, então existem novas leis, mas ninguém conhece essas leis, ninguém as respeita. Os juízes são corruptos, ignorantes, ou são velhos demais, de forma que todo o seu 'pensamento' e seus hábitos legais foram formados na época soviética. Quase todos esses juízes adotam a perspectiva soviética de que o objetivo do tribunal é, acima de tudo, proteger o interesse do Estado. Há pouco ou nenhum pensamento relacionado aos indivíduos."

Quando sugeri que a queda do Estado comunista, a popularidade de Putin e um declínio geral na política como uma obsessão russa levaram à marginalização do movimento pelos direitos humanos, Alexeyeva discordou, e deu um sorriso condescendente.

"Marginalização, não", disse. "Mudança."

Nos velhos tempos, o movimento era composto por grupos muito pequenos de intelectuais urbanos que coletavam assinaturas em petições secretas, encontravam-se furtivamente com visitantes ocidentais e arriscavam-se a ser presos em cada esquina. Hoje em dia, ele assumiu o perfil de uma sociedade de auxílio jurídico nacional com uma estrutura flexível. Nas cidades e nas províncias, jovens advogados com uma firme compreensão da prática jurídica e da ética modernas estabeleceram-se em escritórios e tribunais.

"Há milhares dessas pessoas", contou Alexeyeva. "Isso não é marginalização. Isso é um verdadeiro passo à frente."

Em uma tarde nublada, saí de Moscou e dirigi até o vilarejo de Peredelkino. Durante o período soviético, o governo incentivou o Sindicato dos Escritores a alocar dachas em Peredelkino para escritores, sobretudo para escritores que eram ideologicamente confiáveis, mas também para verdadeiros artistas como Pasternak e Rostropovich. (Em um momento nos anos 1960, Soljenitsyn morou com amigos aqui.) Algumas das dachas de Peredelkino foram compradas por jovens empresários — há muitas construções sofisticadas acontecendo por trás dos velhos portões verdes —, mas ainda há muitos escritores por ali. Fui até lá para ver Lev Timofeyev, um economista que tinha sido mandado para um campo de prisioneiros nos Urais sob Gorbachev, em 1985, por ter escrito e distribuído um livro sobre a economia ilegal, ou das sombras. Junto com dúzias de outros presos políticos, Timofeyev foi libertado em 1987 e tornou-se uma figura ativa no movimento pró-democracia. Nos anos 1990, voltou à atividade intelectual, publicando uma série de livros sobre economia ilegal e narcotráfico. Ele também escreve textos mais curtos para o *Izvestia* e o *Moscow News* e leciona na Universidade Estatal Russa para as Humanidades. Parecia mais jovem do que há dez anos.

"Bem", disse ele com timidez quando nos cumprimentamos no portão de sua dacha. "Eu me divorciei e me casei com uma jovem. Acontece."

Entramos e fomos a uma varanda com tela, onde havia uma mesa com pêssegos, uvas, morangos silvestres e uma tigela de cerejas.

"A última vez em que nos vimos, você sabe quando foi?", perguntou Timofeyev. "Foi dentro da Casa Branca na última noite do *putsch*." Isso foi no dia 21 de agosto de 1991, a noite em que o golpe liderado pela KGB desmoronou e, com ele, o regime comunista. Até a noite de Natal, Gorbachev já havia transferido o poder para Yeltsin e a União Soviética foi dissolvida.

Timofeyev estava de acordo com seus colegas do movimento pelos direitos humanos em relação à Chechênia e ao ataque à imprensa, mas estava muito mais otimista do que muitos dos outros que encontrei. A opinião de Timofeyev da economia é muito diferente da análise convencional: a de que a Rússia está sofrendo com a ascensão de um pequeno número de oligarcas cruéis que passaram a controlar as grandes indústrias por meio de suas conexões políticas.

"Não há uma única pessoa na Rússia que viva fora da realidade de uma Rússia das sombras", comentou ele. "Assim que sai de sua casa ou apartamento de manhã, a pessoa se vê em um mundo de suborno, contrabando, atividades ilegais, câmbio negro, e o resto." Do lado de fora, começou a trovejar — um estrondo foi tão alto que pulei na cadeira —, e então veio a chuva. Uma névoa fresca atravessava a tela. "Isso não é algo que tenha a ver com os oligarcas", continuou Timofeyev, "nada a ver com os grandes homens de negócios sobre quem você lê nos jornais, mas com todo mundo — camponeses, professores, operários em uma fábrica, todo mundo. E, nesse sentido, nada realmente mudou entre o período soviético e agora. Mudou apenas em quantidade, que se tornou infinitamente maior. A economia de sombras é um mercado normal de compra e venda. Afinal de contas, havia preços para tudo antes: posições no Partido Comunista eram os bens na época, e eles valiam alguma coisa e pagava-se por eles. Agora os frutos do mercado são diferentes, mas não há leis nem estruturas que dêem significado a uma verdadeira economia de mercado. Os exemplos estão em toda parte. Meu vizinho aqui acabou de ir pegar sua carteira de motorista, mas logo ficou claro que a única maneira de conseguir isso era pagar duzentos dólares ao sujeito que aplica o exame. Ele aplica de quinze a vinte desses exames por dia. Ele não pode guardar todo o dinheiro — tem que distribuí-lo um pouco —, mas é um meio de vida... Esse sistema funciona, mas não é produtivo como uma economia aberta. Ele apenas mantém a vida de todos os dias, é um tipo de padrão.

"Eu sou economista, então é isso que me interessa em relação a Putin. Na Rússia, vai ser impossível haver uma mudança democrática séria sem uma economia de mercado desenvolvida. E, a esse respeito, acho que Putin e sua equipe fizeram mais em um ano do que Yeltsin e a equipe dele em dez anos. Yeltsin, é claro, fez o trabalho de base, e provavelmente precisou desse tempo. Mas Putin tem se saído bem. E, o que é mais importante: finalmente existe um imposto de renda nivelado de 13%. Antes, quase ninguém pagava qualquer imposto. Esse é um grande avanço. Agora existe legislação sobre terras para uso não agrícola, legislação sobre julgamentos por júri. E há uma tendência geral a se evitar qualquer pensamento econômico reacionário. Considerando a expectativa de algumas pessoas, não posso pedir mais que isso."

Em 1989, eu havia ido com Timofeyev a uma produção teatral de *Um dia na vida de Ivan Denissovitch*. Quando mencionei que ia visitar Soljenitsyn no dia seguinte, Timofeyev reagiu como os outros ex-prisioneiros e dissidentes que eu havia conhecido no passado. Ele achava que as realizações de Soljenitsyn, especialmente *Um dia* e *Gulag*, eram tão grandiosas, e que sua independência e integridade estavam tão além de julgamento, que criticá-lo, e mesmo abordar suas idéias criticamente, era errado.

"Eu discordo de Aleksandr Isayevich em muitos aspectos, mas não quero discutir com ele", disse Timofeyev. "Provavelmente não existe uma única biografia em todo o século XX que possua tantas qualidades positivas. Ninguém neste século, pelo menos ninguém na Rússia, exceto Sakharov, está no nível dele. Então ele pode dizer o que quiser, é direito dele." Timofeyev fez uma pausa e prosseguiu: "Mas, ao mesmo tempo, sua influência diminuiu. Quando, muitos anos atrás, ele escreveu o ensaio '*Zhit' ne po lzhi!*' — 'Não viva por mentiras!' —, nossa reação foi a mesma que você teve com aquele trovão agora há pouco. O efeito foi igualmente assustador. Mas, quando o vi na televisão, tive que reconhecer que estava claro para mim que ele ainda é um acontecimento da vida literária, mas não é realmente um ator fundamental na vida política ou social".

Perguntei se Soljenitsyn teria perdido sua autoridade moral depois de sua volta para casa.

"No mundo moderno, as autoridades morais são a prova da inabilidade de uma sociedade de viver uma vida decente", observou Timofeyev. "Ter que contar tanto com alguém como Soljenitsyn ou Sakharov é um sinal claro de que alguma coisa está errada. Hoje em dia posso me expressar, não por meio de uma identificação silenciosa com essas pessoas, mas escrevendo, lendo, votando, fazendo negócios, qualquer coisa. Isso é bom. A sociedade precisa de um Soljenitsyn em um período de emergência, mas muito menos agora."

Na tarde seguinte, Natalia Soljenitsyn me pegou em meu hotel em um Volvo cinza. Ela é uma mulher muito inteligente e ativa, com sessenta e poucos anos, e tem ajudado o marido de todas as maneiras possíveis: enquanto

Soljenitsyn escrevia, com freqüência ficando no escritório durante dias, ela administrou os assuntos domésticos, criou os três filhos (um filho de um casamento anterior, Dmitri, morreu em 1994), fez pesquisas, datilografou e redatilografou manuscritos, editou uma série de volumes sobre a história russa, administrou um fundo para veteranos dos campos de trabalho usando o lucro que veio de *Arquipélago Gulag*, organizou os arquivos da família e planejou a mudança de volta para a Rússia. Em Vermont, Natalia fora a ligação de Soljenitsyn com o mundo: ela mantém essa função aqui, lidando com editores, repórteres, leitores, gente importuna. Duvido que Aleksandr Isayevich tenha atendido um telefone em décadas. Natalia cresceu em Moscou e conhece cada rua e beco, mas seu marido não é um verdadeiro moscovita, ele vem de uma cidade provinciana, Rostov, e em sua obra ele celebra, e às vezes até romantiza, a realidade da vida aldeã. A casa deles fica em Troitse-Lykovo, um bolsão verdejante ao lado do rio Moscou, um lugar que só agora, com a expansão urbana, pode ser considerado como parte da capital.

"No começo", contou ela no carro, "quando voltamos para casa, Aleksandr Isayevich vinha até a cidade algumas vezes no mês para fazer várias coisas. Depois passou para uma vez por mês."

"E agora?", perguntei.

"E agora quase nunca. Aleksandr Isayevich não mora realmente em Moscou. Ele mora na floresta."

O tráfego em Moscou tornou-se horroroso nos últimos anos. Levamos 45 minutos para percorrer quinze quilômetros até Troitse-Lykovo. Por fim, Natalia saiu da estrada principal e entrou em um caminho estreito e esburacado. Passamos por alguns pequenos chalés e paramos em frente a um portão alto pintado de verde-escuro.

"Ainda não temos portas automáticas na Rússia", disse Natalia, saindo do carro bastante animada. Ela destrancou o portão e empurrou-o para abrir. O efeito foi incrível: de repente estávamos olhando para uma floresta imaculada. Ela voltou para o carro e passamos lentamente por uma casinha onde seu filho mais velho, Yermolai, morava com a esposa, e em seguida paramos na frente da casa principal, que tem o formato de um V bem aberto. A residência, que eles mandaram construir, era moderna, arejada, elegante — nada que se veja com muita freqüência em Moscou, mesmo atualmente. Se Natalia tivesse me contado que havia trazido a casa de avião de Aspen ou de Telluri-

248

de, eu poderia ter acreditado nela. Membros do antigo Politburo, inclusive o notório chefe da polícia secreta, Lavrenti Beria, viviam naquela área. Natalia mencionou que o primeiro-ministro de Putin morava algumas casas à frente, na mesma rua, mas ia se mudar em breve.

Enquanto andávamos até a casa, vimos a mãe de Natalia acenando de uma das janelas. Ela tem a mesma idade de Soljenitsyn, mas sua saúde, disse Natalia, era melhor do que a do marido. Nos últimos anos, Soljenitsyn havia tido dois ataques cardíacos e sofria com intensas dores nas costas. Desde que voltara para casa, ele continuava trabalhando — contos, poemas em prosa, ensaios sobre outros escritores, escritos políticos, além de *Duzentos anos juntos* —, mas sua energia, sua urgência, não é nada comparada com o que já havia sido. Quando estava escrevendo *Arquipélago Gulag*, ele transformava um dia de trabalho em dois: acordava à uma da manhã e trabalhava até as nove; fazia um intervalo e depois trabalhava novamente até as seis, jantava e ia para cama às sete da noite, dormia até a uma e então começava de novo — sempre na expectativa de que lhe batessem à porta. Ele dormia com um forcado perto da cama.

Natalia levou-nos para uma biblioteca, e Soljenitsyn encontrou-nos lá. Sua aparência não estava muito diferente de quando o encontrei pela primeira vez, em 1994 — a mesma barba ao estilo do século XIX e sobrancelhas com sulcos, a mesma jaqueta safári. Mas agora ele estava andando bastante devagar e usava uma bengala. Estava mais contido na conversa, com mais propensão a recorrer a lugares-comuns conhecidos. Quando lhe perguntei se achava que um dia sua obra estaria terminada, ele respondeu: "Tudo depende da minha saúde. Se eu ainda estiver vivo, mas acamado, então vou ter que parar de trabalhar, é claro. Mas enquanto eu puder me mover, mesmo com a ajuda de uma bengala, vou continuar trabalhando".

Todo líder soviético e russo desde Krushchev teve uma estratégia para lidar com Soljenitsyn. Durante décadas foi a repressão; agora é a sedução. Putin e sua esposa, Lyudmila, foram visitá-lo no ano passado, levando flores. Pouco tempo depois dessa visita, encontrei Putin em Nova York e perguntei-lhe sobre o encontro com Soljenitsyn. "Ah, ele teve muitas idéias interessantes", respondeu, gentil.

Agora Soljenitsyn dizia: "Os encontros com Yeltsin e Putin foram relativamente rápidos e uma vez só com cada um, então seria um erro dar muita importância a minhas impressões pessoais. No entanto, eu observei Yeltsin de longe durante dez anos, então posso julgá-lo como figura histórica. Acho que Yeltsin permitiu uma enorme devastação à Rússia. Uma pessoa imaginaria que as coisas não poderiam ter ficado piores do que a situação à qual o comunismo nos levou. Parecia que qualquer esforço traria alguma coisa melhor. Pelo contrário, Yeltsin conseguiu rebaixar a Rússia ainda mais. Ele apoiou ladrões. Nossas riquezas e recursos nacionais foram privatizados quase de graça, e mesmo os novos mafiosos não têm que pagar nenhum aluguel. O Estado tornou-se um indigente".

"Quanto à liberdade de expressão, essa foi a grande realização de Gorbachev e de sua política de glasnost. Yeltsin simplesmente não interferiu nesse processo. Quanto ao ataque ao Partido Comunista, isso também começou antes de Yeltsin. A partir do fim dos anos 80, muitos funcionários abandonaram seus postos no partido para se juntar a empresas comerciais. Eles fugiram como baratas. Então, quando Yeltsin chegou ao poder, o Partido Comunista não existia mais como um monólito. Em seu embate com o Soviete Supremo, Yeltsin permitiu que o poder estatal enfraquecesse, e então" — em outubro de 1993 — "ele correu para o outro extremo, atirando com tudo contra a Casa Branca. O resto do mundo não gritou alto o suficiente e nem ele foi repreendido o suficiente. Ele foi considerado um grande campeão da democracia mesmo quando agia dessa forma. E então Yeltsin estabeleceu um regime autocrático. A democracia nunca se estabeleceu na Rússia. A democracia não teve tempo para se estabelecer."

Quanto ao atual presidente, Soljenitsyn disse: "A primeira coisa a perguntar é: quem colocou Putin no poder? Foi Yeltsin, ajudado por [o notório oligarca Boris] Berezovsky. Para analisar esse fenômeno de um homem da KGB no poder, você tem que analisar de que maneira ele chegou ao poder. Se ele tivesse chegado ao poder como resultado de um golpe da KGB, teria sido uma coisa, mas nós tivemos outra coisa. Eu encontrei Putin apenas uma vez, e desde esse dia não tive mais contato com ele. Fiquei com a impressão de uma pessoa metódica [...]. Durante nosso encontro, fiz várias sugestões, mas ele não acatou nenhuma delas".

Há quase trinta anos, tornou-se claro que Soljenitsyn possuía uma opinião sobre o Ocidente que sem dúvida diferia daquela de outros pensadores dissidentes. Em discursos em Harvard e na AFL-CIO, Soljenitsyn ralhou contra a fraqueza e ingenuidade do Ocidente, atacou aqueles que criticavam a guerra no Vietnã, fez advertências sobre irreligiosidade e lixo cultural. Nada do que tenha acontecido desde então — nem mesmo o colapso do regime comunista — fez com que ele mudasse de idéia a respeito disso.

"Quando a cortina de ferro ainda estava erguida, as modas mais baratas continuavam a chegar até aqui: modas espalhafatosas, rock-and-roll, drogas, *popsa* — tudo inferior, as coisas mais baratas possíveis. Quando a cortina de ferro caiu, a situação tornou-se ainda mais complicada. Não era só o esterco que vinha até nós. Havia muitas influências ocidentais que entravam, de qualidades diferentes, tipos diferentes de coisas, e eu não diria que todas elas eram negativas. Mas meus compatriotas acolheram todas elas com a alma aberta, tudo! Achamos que um período de felicidade universal iria começar. Gorbachev e depois Yeltsin retiraram nossas tropas da Europa sem quaisquer condições. Eu agora estou lendo uma biografia sobre como Gorbachev disse ao Ocidente: 'Vocês têm certeza de que não vão expandir a OTAN para o leste?'. E eles responderam: 'Ah, não, não, não'. Nunca ocorreu a Gorbachev ter um documento escrito que garantisse isso. Ele simplesmente acreditou nas palavras deles e pronto. Foi assim que saudamos o Ocidente. Foi assim que as coisas começaram, nesse espírito. Aí nós ficamos extraordinariamente desiludidos quando começamos a entender a arrogância, as verdadeiras políticas, das potências ocidentais." Nos anos 1970, Soljenitsyn acusou o Ocidente de fraqueza diante da União Soviética; agora o Ocidente é agressivo demais com a Rússia.

O livro de Soljenitsyn sobre os judeus russos é singular. Durante muitos anos, ele teve que enfrentar acusações de anti-semitismo. As razões são complicadas. Sua visão de mundo, moldada por uma intensa devoção ao patriotismo russo, ao sofrimento russo e à ortodoxia russa, é estranha para muitos ex-dissidentes, que não têm hesitado em chamá-lo de nacionalista linha-dura, czarista, eslavófilo. Além do mais, um intelectual como o matemático Igor Shafarevich, que em certa época fora aliado de Soljenitsyn, é, indiscutivelmente, anti-semita. Nos anos 1970, alguns críticos de terceira categoria pareciam abordar seus livros com o lápis de um contabilista, registrando retratos "positivos" e "negativos" de judeus, e às vezes consideraram-no insuficiente. Soljenitsyn, na verdade, não é anti-semita; seus livros não são anti-semitas, e, em suas relações pessoais, ele não tem nada contra judeus; a mãe de Natalia é judia e não são poucos os seus amigos judeus. No entanto, é verdade que, como patriota russo, Soljenitsyn tem escrito sobre "os incomparáveis sofrimentos de nosso povo", e, como tal, claramente não acredita na singularidade do sofrimento judaico nos últimos dois séculos, ou na idéia que apresenta os judeus como símbolo de perseguição. Boa parte do novo livro constitui-se de um enquadramento do sofrimento judeu dentro de um contexto mais amplo do sofrimento russo. Existe um esforço insistente em apontar que a vasta maioria da população, especialmente os servos e depois o campesinato, foi privada de seus direitos da mesma maneira que os judeus. Soljenitsyn não exatamente nega a perseguição aos judeus — os pogroms, as restrições relacionadas à admissão em universidades, o preconceito geral —, mas também existe uma tendência a enfatizar qualquer exagero de opressão czarista ou de avaliar o sofrimento dos judeus contra o lamentável estado de quase todos os russos. Em seu texto, Soljenitsyn com freqüência parece estar irritado com a existência de um "tabu" contra o debate sobre "a questão judaica", e com o fato de que se deve endossar determinadas noções sobre a história e o sofrimento dos judeus ou arriscar-se a receber o rótulo de intolerante. E no entanto, mesmo quando descreve e condena o grande número de judeus que tomou parte no movimento revolucionário contra o czar, ele não hesita em repudiar "conspirações", e culpa os russos e os fracassos russos — da "arrogância da nobreza" ao "desamparo" do campesinato — pelas revoluções de 1905 e 1917. "Os círculos mais altos de São Petersburgo mesmo assim sucumbiram à explicação sedutoramente simples de que a Rússia de maneira alguma estava organicamente enferma, e que toda a revolução nada mais era do que uma trama malévola dos judeus, parte integrante da conspiração mundial judaico-maçônica. Havia uma única explicação para tudo: os judeus!", escreve ele em *Duzentos anos juntos*, e prossegue dizendo que, na verdade, "foram as nossas próprias fraquezas russas que determinaram o vetor apontado para baixo de nossa triste história".

Esse é um assunto sério com uma literatura gigantesca, mas é intrigante que, nesse ponto de sua vida, Soljenitsyn tenha decidido escrever um livro de história em dois volumes. Além de suas obras clássicas — *Um dia na vida de Ivan Denissovitch* e os três volumes de *Gulag* —, há livros no conjunto da obra de Soljenitsyn que são justificavelmente enfadonhos, ou datados, ou menores, mas nunca superficiais. *A roda vermelha* é arruinado por passagens extensas, enfadonhas, e diálogos que soam artificiais, mas não há dúvida sobre seu intento e ambição: Soljenitsyn se dispôs a escrever um ciclo que iria abranger quase tudo que levou à Revolução Russa. *Duzentos anos juntos* parece irregular, de maneira alguma essencial. Ele o considera um trabalho acadêmico e orgulha-se bastante por haver centenas de notas de pé de página. Na verdade, ele ignora a maior parte da erudição contemporânea. Seria possível que ele, na idade em que se encontrava, quisesse escrever esse texto para rebater velhos ataques?

"Durante 44 anos, trabalhei em *A roda vermelha*, de 1936 a 1990", disse Soljenitsyn. "E durante esse tempo eu me vi diante de muitos fatos e pontos de vista sobre a história russa desde o século XIX até agora. Houve diversos temas que encontrei que eram secundários ao texto de *A roda vermelha*. Um deles, não o único, era o tema da vida comum de russos e judeus. Ele aparecia de vez em quando e tornou-se um tópico de discussão nos primeiros anos, então de década em década esse tema acompanhou meu trabalho em *A roda vermelha*. Eu sentia que ele devia ser abordado também, mas se eu o tivesse incluído em *A roda vermelha* isso teria criado um tom errado. Teria parecido uma tentativa de explicar a revolução devido à interferência dos judeus." Ele descartou a idéia de que estaria respondendo a "críticas".

"A crítica é um julgamento equilibrado, e não foi isso que aconteceu. Nesse caso, eram apenas ataques infundados, fantasiosos, e eu só pude responder com surpresa. Por que *Ivan Denissovitch* foi acusado de ser anti-semita? Bem, é porque uma das personagens, Tsezar Markovich, trabalhava em um escritório e não assentando tijolos. O modelo para Tsezar Markovich, Lev Grossman, é um velho amigo meu. Houve muitas besteiras desse tipo."

O anti-semitismo oficialmente sancionado na Rússia, apesar de toda a sua ressonância histórica — sobretudo para os filhos e netos dos imigrantes russo-judaicos —, praticamente desapareceu. Em seu livro e em conversas, Soljenitsyn prontamente reconheceu a presença e a persistência de anti-semitismo entre muitos russos, mas ele logo acrescentou que sentiu o aguilhão do preconceito anti-russo. "Há muito disso. Programas na Rádio Liberdade, onde se ouvem as coisas mais desprezíveis e denegridoras — elas vinham com freqüência de judeus russos, e os russos eram chamados de *Untermeschen*, sub-humanos."

Depois de algum tempo, Soljenitsyn pareceu cansado, e eu mudei o assunto para um tópico que talvez fosse o mais doloroso. Perguntei-lhe se ele achava que a nova ordem das coisas na Rússia havia diminuído sua autoridade moral, e se isso poderia ser até algo bom, como havia sugerido Lev Timofeyev.

Soljenitsyn baixou os olhos para a mesa e pensou por um momento. Então disse: "Eu sei, pelas muitas cartas pessoais que ainda recebo, que para muitas pessoas eu sou uma fonte de confiança e de autoridade moral. Mas não posso realmente dizer se sou uma autoridade moral ou não. Eu de fato sinto que, para a humanidade — não para a sociedade, mas para a humanidade —, a autoridade moral é uma necessidade. O curso da história mundial e da cultura mundial nos mostra que existem, e deveria haver, autoridades morais. Elas constituem uma espécie de hierarquia espiritual que é absolutamente necessária para cada indivíduo. No século XX, a tendência universal, não só no Ocidente, mas em todos os lugares, foi a de destruir quaisquer hierarquias de forma que todos pudessem agir da maneira que quisessem, sem considerar qualquer autoridade moral. Isso tem não só influenciado a cultura mundial, mas também tem se refletido nela, e em conseqüência o nível dessa cultura abaixou".

Soljenitsyn me informa que minha visita estava perto do final.

"Não estou mais trabalhando com a antiga velocidade", comentou. "Meu dia de trabalho é diferente, porque uma ou duas vezes ao dia eu paro para descansar. Eu nunca tive o costume de fazer isso. E à noite me sinto cansado e vou para cama razoavelmente cedo. Pela manhã me sinto forte, mas essa força não dura tanto quanto antes. É difícil andar, até mesmo ficar em pé. Tenho que usar aquela bengala ali. Tenho alguns problemas com a minha coluna, então até mesmo sentar hoje em dia é uma complicação." Um dos poemas em prosa que ele escreveu desde que retornou a Moscou chama-se "Envelhecendo":

Como é mais fácil, como estamos mais receptivos à morte, quando os anos que passam nos guiam mansamente para o nosso fim. Envelhecer assim não é, em nenhum sentido, uma punição do alto, mas sua própria bênção e uma tepidez de cores muito próprias... Há até mesmo calor que se tira do minguar de suas forças quando se compara com o passado — e pensar o quanto já fui vigoroso!

Não se pode mais atravessar um dia inteiro trabalhando, mas como é bom escorregar para dentro do breve olvido do sono, e que dádiva acordar mais uma vez para a clareza de sua segunda ou terceira manhã do dia. E seu espírito pode encontrar prazer em colocar limites para sua ingestão de comida, em abandonar a busca por novos sabores. Você ainda pertence a esta vida, mas está elevando-se acima do plano material... Envelhecer serenamente não é percorrer um caminho em declive, mas uma ascensão.

Quando era mais jovem, sempre sob o ataque das autoridades, Soljenitsyn costumava fazer pausas e andar, como um soldado de infantaria, para a frente e para trás, na floresta. Ele via sua vida de escritor como uma guerra travada contra a tirania, e via a si mesmo, e sempre disse isso, como um soldado. Então lhe perguntei se ele ainda se via daquela maneira, como um soldado em roupas de escritor. Soljenitsyn sorriu, algo que não faz com muita freqüência ou com facilidade quando está com visitas.

"Não", disse ele. "Não me sinto mais assim." Nós nos despedimos, e ele lentamente levantou da cadeira, pegou a bengala e foi para o outro quarto para se deitar.

(2001)

O último czar

No decadente período final do regime soviético, quando o Partido Comunista foi dirigido por uma sucessão de homens quase mortos em hospitais mal iluminados, um inspetor de alfândega novato chamado Oleg Vasiliyevich Filatov acordou em uma manhã de verão como herdeiro de sapateiros e professores, mas terminou o dia convencido de que era o herdeiro da dinastia imperial dos Romanov. O tempo só fortaleceu a convicção de Filatov de que algum dia o povo russo vai reconhecer a verdade e coroá-lo Czar de Todas as Rússias.

Isso foi no verão de 1983. Filatov estava trabalhando no Aeroporto Pulkovo, o principal aeroporto de Leningrado. Por um salário de 130 rublos por mês, ele revistava carregamentos internacionais à procura de narcóticos e moedas ilegais. E examinava as malas de turistas estrangeiros para encontrar material pornográfico (para os que entravam) e ícones (para os que saíam).

Filatov morava em um apartamento modesto nas margens da cidade. Tinha trinta anos. Casara-se há pouco tempo e, para apresentar a noiva a seus pais e irmãos, voou com ela até Astrakhan, cidade no mar Cáspio famosa por seu esturjão e seu caviar. Os pais de Filatov, depois de viverem muitos anos no frio do norte da Rússia, haviam se mudado para um vilarejo perto de Astrakhan, onde moravam em uma casinha rodeada por um jardim e árvores frutíferas — cerejeiras, pessegueiros, damasqueiros. Membros da família iriam comparecer à reunião vindos de todas as partes.

Oleg, em especial, estava ansioso para ver seu pai, Vasily, que havia criado os filhos com uma rica dieta de música clássica, teatro russo e modos finos. Oleg também apreciava um certo mistério que havia em seu pai. Ele venerava o velho senhor, mas sentia que havia, dentro dele, um segredo, uma história, que Oleg não conseguia alcançar. Vasily Filatov contara aos filhos que havia nascido em Shadrinsk, uma cidadezinha nos Urais, onde o pai dele consertava sapatos. A saúde de Vasily sempre fora ruim. O Exército soviético declarou-o incapaz. Ele sofria de problemas cardíacos, endurecimento das artérias, fortes dores nas costas e muito mais.

Certa vez, quando a família morava em Orenburg, Vasily levou Oleg para pescar. Oleg tinha dez anos. "Quando ele tirou a camisa eu vi cicatrizes em suas costas, e eu as toquei e perguntei-lhe o que eram", contou-me Filatov um dia, enquanto tomávamos chá. "As cicatrizes tinham dois, três, quatro centímetros de comprimento. Ele se movia com grande dificuldade. Seu pé direito era maior do que o esquerdo, e ele tinha duas costelas a menos, e havia uma cicatriz profunda em seu braço esquerdo. Quando lhe perguntei como ele havia ficado daquele jeito, ele disse: 'Houve uma revolução, e as pessoas se mataram e se machucaram. Houve uma guerra por propriedades. Havia pessoas ruins. E estas são as cicatrizes'. Se trabalhasse demais no jardim, as pernas inchavam e doíam. Tinha que ficar de cama durante a semana toda. Ele rezava o tempo todo. Jogava xadrez consigo mesmo como forma de lidar com a dor. Estava sempre em alguma dieta especial. Minha mãe lhe trazia carne, e ele a comia crua. Às vezes, bebia sangue de boi. Comia todos os tipos de ervas e urtigas. Até 1975, ele nunca tinha ido a um médico. Eu percebi cedo em minha vida que meu pai não era como as outras pessoas."

Vasily estava com setenta e poucos anos e, levando-se em consideração seu estado de saúde, os filhos — Oleg e duas filhas — alegravam-se por ver que ele estava bem. Uma tarde, durante a visita, a família Filatov reuniu-se no jardim. O dia estava ensolarado e uma brisa morna soprava através das árvores frutíferas. Todos estavam sentados tomando chá à moda russa, com açúcar e geléia.

A pretexto de puxar conversa com a nova nora, Anjelica, Vasily perguntou-lhe sobre sua família. Ela era de São Pertersburgo, disse a moça, e antes da revolução membros de sua família faziam bordados para a família real.

Vasily então começou a lhe contar algo sobre sua própria família, dizendo que seu sobrenome, Filatov, era grego — derivado de Filaret, o nome do patriarca da Igreja Ortodoxa no século XVII. Vasily raramente falava em primeira pessoa, mas, por algum motivo, ele o fez naquele momento. Contou sobre ser um órfão da guerra civil, sobre como sua mãe fora executada "porque adorava as valsas de Chopin", e como seu pai havia morrido de tuberculose, pouco tempo depois da Primeira Guerra Mundial. Os membros da família aproximaram suas cadeiras, pois nunca tinham ouvido Vasily falar tão abertamente e com tantos detalhes sobre o passado. Então ele contou que ficara sem lar quando garoto, vagando pelos sombrios orfanatos do centro da Rússia.

"Gorki já escreveu sobre a vida que tive", disse Vasily. "E foi assim que aconteceu, mais ou menos."

Alguns meses depois, em outro encontro familiar, Vasily continuou contando sua história por um ângulo diferente. Começou a descrever a Casa Ipatiev, a casa particular na cidade de Iekaterimburgo, nos Urais, onde a polícia secreta bolchevique manteve a família imperial sob guarda durante 1918. Em algum momento depois da meia-noite de 17 de julho de 1918, a polícia acordou os Romanov e os poucos criados que haviam lhes restado e matou todos a tiros. Lênin decidira que era melhor não fornecer aos Brancos — a oposição na guerra civil — um símbolo.

O que aconteceu, disse Vasily, é que "nem todo mundo" foi assassinado naquela noite na Casa Ipatiev — na verdade, Alexis, o filho do czar, havia sobrevivido e fora jogado em um caminhão junto com os cadáveres. Era evidente que os executores acharam que haviam matado todo mundo, mas o garoto recuperou a consciência. Estava chovendo. O caminhão parou perto de uma lagoa, e os guardas começaram a descarregá-lo. Antes que chegassem a Alexis, o garoto — de treze anos, hemofílico, que estivera tão doente nos últimos meses que seu pai tinha que carregá-lo o tempo todo — saiu do caminhão sem ser percebido e se escondeu. Fora da vista dos guardas, ele encontrou uma ferrovia, e de joelhos arrastou-se quase cinco quilômetros até uma estação. Mas lá ele encontrou quatro guardas. Eles o agarraram, jogaram-no em uma cova rasa, golpearam-no com baionetas e o deixaram para morrer. Mais tarde, dois outros guardas, Andrei e Alexei Strekotin, encontraram Alexis e foram complacentes com ele. Os irmãos Strekotin conheciam Alexis da Casa Ipatiev, e ajudaram o garoto a escapar. Ele então foi levado para Shadrinsk, a duzentos quilômetros de Iekaterimburgo. Lá, um homem chamado Mikhail Gladkikh levou-o para a família de sua irmã.

Oleg Filatov entendia bem o que o pai estava lhe contando: Alexis era seu pai.

"Essa família tinha tido um filho que morrera de gripe", contou-me Oleg. "Então eles deram a meu pai o nome do filho morto, Vasily Filatov. Durante meses, Alexis viveu como um garoto camponês, e seus terríveis ferimentos foram melhorando lentamente. Com certeza ele era o único garoto das redondezas que falava fluentemente francês, alemão e inglês, além do russo, e que fora belamente educado em música, literatura e teatro. Gladkikh acabou tendo que mudar Alexis para outros lugares no interior, a melhor opção para mantê-lo longe do Exército Vermelho, que estava avançando e derrotando lentamente os Brancos. Ele o levou para a cidade de Surgut, onde trataram a hemorragia e a desnutrição do garoto. Eles o curaram, usando carne crua de morsa para os sangramentos, e alimentaram-no com carne de veado, peixe congelado cortado em tiras e extrato de pinheiros."

No começo de 1921, Alexis — agora Vasily — estava sozinho, andando pela Rússia, mudando de orfanato para orfanato de maneira extraordinariamente rápida e furtiva. Entre 1921 e 1930, ele morou em Yalta, Baku, Magnitogorsk, Nizhny Novgorod, Kostroma, Yaroslavl, Tula, Kaluga, Moscou, Batumi e Tbilisi. Era tão constante sua movimentação que ele quase não deixou para trás registros de sua infância. Aqueles ainda eram os primeiros anos do poder soviético, e os níveis de controle policial e movimento restrito que se tornariam característicos durante o stalinismo ainda não estavam bem estabelecidos. A União Soviética ainda era um constructo desorganizado e permeável. Foi só depois de 1930, quando Vasily parece ter aparecido na região petrolífera de Tyumen e começado a estudar para ser professor, é que sua vida tornou-se um fato estabelecido, registrado oficialmente na burocracia soviética. Vasily morou na região de Tyumen até 1967, quando ele e a esposa mudaram-se para Orenburg, e depois foram para Astrakhan em 1970. "Faz algum sentido eu lhe dizer o quanto ficamos pasmos?", comentou Oleg. O anseio da família de contar a história de seu pai foi superado pelo impulso mais poderoso de autoproteção.

"Ninguém a repetia, ninguém tagarelava a respeito", disse Oleg. "Pessoas poderiam morrer por esse motivo. Tínhamos que nos proteger e proteger as pessoas que o salvaram, caso ainda estivessem vivas. Não sabíamos se seríamos mandados para uma prisão ou para um hospital psiquiátrico... Depois que nos contou a história daquela vez, ele nunca mais a repetiu. Ele me disse: 'Apenas um doido falaria sobre isso duas vezes'. Ele era meu pai, como eu poderia não acreditar nele? E de que maneira eu poderia verificar aquilo tudo em um livro, ou investigar a história? Estávamos no sistema soviético — um sistema fechado e repressivo."

Mikhail Gorbachev chegou ao poder em março de 1985, e pouco tempo depois, sob a política liberal da glasnost, tornou-se possível escrever e falar de maneira mais livre sobre a história da Rússia e da União Soviética. Publicações como *Moscow News, Ogonyok* e *Literaturnaya Gazeta* começaram a publicar detalhes sobre a Rússia pré-revolucionária, incluindo a prisão e execução dos Romanov. Mas o czarevich, o filho do czar, não viveria para ver sua história ser reconhecida.

No dia 24 de outubro de 1988, Filatov morreu de insuficiência cardíaca. "Apenas seus olhos davam sinais de sua dor, e meu coração se despedaçou", escreveria mais tarde sua esposa, Lidia. "Eu não consegui ajudá-lo. Ele morreu antes de a ambulância chegar." Vasily Filatov foi enterrado perto de Astrakhan.

"Minha família se reuniu e concordamos que iríamos lentamente começar a contar a história dele — a nossa história." Oleg Filatov, que agora está com pouco mais de quarenta anos, disse: "Hoje posso falar a respeito. Mas mesmo agora eu não posso dizer tudo".

No dia 17 de julho, a Rússia vai realizar a primeira cerimônia fúnebre real desde a morte de Alexandre III, em 1894. Depois de oitenta anos de mistério e escândalo, cientistas determinaram que ossadas encontradas perto de Iekaterimburgo em 1979, e exumadas doze anos depois, são, de fato, os restos mortais de Nicolau II e de sua família. Há dois corpos faltando, os de Alexis e uma das filhas — muito provavelmente, Maria. Os pesquisadores acreditam que o grupo de execução talvez tenha queimado completamente os dois corpos, mas, achando que seu tempo era limitado, simplesmente enterraram os outros.

A cerimônia será tão estranha e improvisada quanto qualquer outro ritual da nova Rússia. Espera-se que alguns membros da extensa família Romanov que moram na França, na Espanha e em outros países voem até Iekaterimburgo (que recebeu dos soviéticos o nome de Sverdlovsk) para uma cerimônia de "despedida". Em meados de julho, os ossos, acompanhados pelos parentes dos Romanov e funcionários do governo russo, serão levados de avião até São Petersburgo. As relíquias serão transportadas do Aeroporto Pulkovo em uma espécie de cortejo fúnebre para a fortaleza de Pedro e Paulo, que Pedro, o Grande, fundou em 1703, junto com a cidade. A fortaleza, uma construção de tijolos às margens do Neva, foi usada como posto militar avançado e como prisão pelos czares. O irmão de Lênin, Aleksandr Ulianov, foi aprisionado ali depois de tomar parte em uma trama para assassinar Alexandre III. Em toda a sua extensão, a fortaleza é uma catedral onde gerações de Romanov estão enterradas.

Uma tarde, fui com Oleg Filatov até a catedral para visitar os mortos que ele chama de seus ancestrais. O cabelo e a barba de Filatov são loiros, quase brancos, da cor do trigo descorado pelo verão, e barba e bigode são aparados de uma forma que evoca ninguém menos do que Nicolau II. Seus olhos são azul-claros, brilhantes, como os de um cão siberiano de caça aos lobos, e ele sofre de uma doença que faz os olhos estremecerem nas órbitas. Ele usava um terno leve de poliéster e carregava uma pasta. Na primeira vez que nos encontramos e eu lhe apresentei algumas perguntas educadamente céticas, ele ficou ríspido e desagradável ("Então não acredite! Que diferença isso faz para mim?"), mas pouco depois de uma hora, mais ou menos, mostrou-se bem-humorado, para não dizer lúcido.

"A dúvida é o primeiro passo em direção à razão, mesmo em mim", disse ele depois de se acostumar mais com as minhas perguntas. "É claro que eu tenho dúvidas. Como poderia não tê-las? Minha mulher, naquela primeira vez que viu o meu pai, não disse nada. Minha sogra reagiu chamando-o de santo. O que posso dizer? Se descobríssemos que meu pai falou a verdade, nós seríamos as pessoas mais felizes do mundo."

Desde a queda do comunismo, em 1991, Leningrado foi renomeada como São Petersburgo, como era conhecida quando os czares ainda estavam no poder. Como é adequado aos tempos venais, Filatov agora trabalha em um banco, embora de maneira alguma seja um membro da privilegiada tribo dos "novos russos". Ele ainda mora em um apartamento pequeno. No entanto, quando Filatov toma ônibus ou trens até o centro da cidade, quando passa pelo antigo Palácio de Inverno, ou quando visita os túmulos, ele o faz com uma sensação sobrenatural de posse.

Ao entrarmos na fortaleza, vimos pessoas tomando banho de sol encostadas diretamente nos tijolos. Eram poucos os que se preocupavam com o que normalmente se chama roupa de banho. As mulheres usavam fantásticas roupas íntimas — roupas íntimas industrializadas — e os homens, não importando se estavam acima do peso ou não, usavam minúsculas cuecas de náilon. A pele de todos era da cor de sabão. O inverno havia sido longo e cinzento, e agora o clima estava magnífico. Os mosquitos estavam no ar. As pessoas se sentavam na grama comendo sanduíches caseiros e bebendo garrafas de cerveja alemã ou dinamarquesa.

"Pedro e Paulo, este é um lugar sagrado, um lugar para vir e meditar, para refletir", disse Filatov quando passamos pelos portões.

Passamos pela casa do comandante, pela prisão, por várias outras construções menores antes de chegar à catedral de paredes caiadas.

"Este é o lugar onde todos as famílias dos czares estão enterradas", disse Filatov. "A igreja da família é a catedral Kazan, em Nevsky Prospekt — que foi um museu de ateísmo durante anos —, mas este é o local de sepultamento."

Colocamos alguns rublos em um jarro de coleta e entramos em um transepto fresco e abobadado, com o chão de pedra. Ao nosso redor, sem que houvesse algum padrão perceptível, estavam os túmulos em mármore branco e jaspe dos Romanov: Catarina, a Grande, Pedro III, Ana Ionovna, Pedro, o Grande. Durante algum tempo ficamos parados e em silêncio perto do túmulo do pai de Nicolau, Alexandre III. Um grupo de turistas alemães apareceu desorganizadamente ao nosso redor, liderado por uma mulher robusta segurando um enorme cajado com uma fita vermelha amarrada na ponta.

"Deve ser estranho vir a este lugar e acreditar que este é o cemitério de sua família", comentei.

"Não é mais estranho", disse Filatov. "Minha vida é isso."

Filatov conduziu-me por um corredor até a área na catedral onde a cerimônia deverá ser realizada. A capela estava bloqueada por uma porta branca provisória. Filatov espiou através de uma rachadura na porta.

"Se eles cometeram um erro na identificação dos restos mortais, eu não sei o que vai acontecer", disse ele. "Tenho medo de que tenham se enganado e que esses nem sequer sejam os restos mortais verdadeiros. E onde estão os outros dois corpos? O que eles estão realmente colocando nesses túmulos?"

Voltamos para perto dos túmulos. Oleg ficou em silêncio por bastante tempo, e então começou a falar sobre dinheiro. Disse que existem "enormes" somas no exterior: 27 bilhões de dólares nos Estados Unidos, conjeturou ele, 6 bilhões em um banco em Tóquio — dinheiro que, todo ele, pertence por direito à família Romanov.

"Nicolau estava alocando fundos para a Primeira Guerra Mundial para comprar armas, e o trato era que, se as armas não viessem, o dinheiro seria devolvido", contou ele. "O dinheiro simplesmente foi mantido onde estava, acumulando juros altos."

"Você pensa nesse dinheiro tornando-se seu?", perguntei.

"Se os tribunais garantirem que eu sou a pessoa e que têm que pagar esse dinheiro — bem, eu não penso muito nisso. Tudo ainda tem que ser provado oficialmente."

Saímos da catedral e passamos por um homem que carregava um cartaz monarquista. Passou por Filatov sem olhar para ele.

"Eu conheci alguns monarquistas na cidade, mas receio que muitos deles sejam apenas uns palhaços", comentou.

Isso era o mais surpreendente sobre Filatov: para um homem que achava sinceramente que a coroa dos czares lhe pertencia, ele não parecia ser uma daquelas almas perturbadas que estão convencidas de serem o presidente da Freedonia ou o rei de Lilliput. Em vez disso, sua postura era mais a de alguém que achava que ele e seu pai tinham sido ignorados na hora de preencher o cargo de gerente geral da fábrica de concreto Outubro Vermelho, mas que um dia a justiça prevaleceria.

"Por ora, meu nome é Oleg Filatov", disse. "Por que eu iria andar por aí me chamando de Romanov? Se e quando o povo decidir que sou um Romanov, então eu serei Romanov."

Na saída, vimos uma multidão de umas cem pessoas que assistiam a um grupo de mímicos atuando em uma representação absurda, do tipo que se poderia ver há muitos verões no Greenwich Village. Três jovens com roupas de presidiários saracoteavam com marionetes de baratas enquanto uma mulher vestida com roupa de bruxa tentava acertar os insetos com um enorme pão de centeio. Descobrimos que aquilo fazia parte de um festival em homenagem a Daniil Kharms, um escritor cômico do início do período soviético cujas especialidades eram poesia infantil e miniaturas anárquicas chamadas *sluchai*, ou incidentes. Filatov ficou por algum tempo junto à multidão, observando a velhota esmagar as baratas com seu pão.

"Vamos para casa", disse o czar. "Acho que já vi o bastante."

A revolução a que Gorbachev deu início no final dos anos 1980 foi, em grande medida, uma reavaliação da história russa e soviética, que começou com uma avaliação da era de Stálin e remontou a 1917. Quando eu morava em Moscou nesse período, em qualquer revista se podia encontrar reavaliações históricas — a história eram as notícias —, e um dos momentos mais surpreendentes surgiu quando um dramaturgo e historiador chamado Edvard Radzinsky publicou o testemunho escrito de Yakov Yurovsky, o oficial da polícia secreta em Iekaterimburgo que foi acusado de matar a família imperial. O "apontamento" Yurovsky, como é chamado, esteve enterrado nos arquivos soviéticos durante sete décadas, até que Radzinsky, que estava fazendo pesquisas para um livro sobre Nicolau II, publicou-o na edição de *Ogonyok* do dia 19 de maio de 1989.

O pouco que havia sido escrito sobre a execução do czar nos livros escolares soviéticos fazia o acontecimento parecer comum, benigno, um resultado inevitável de todas as revoluções populares. No entanto, o fato é que a maneira pela qual os bolcheviques trataram a execução dizia muita coisa sobre eles e sobre o regime violento que estavam estabelecendo. Richard Pipes, em sua história da revolução, nota que antes da Revolução Russa dois outros monarcas europeus foram mortos em levantes revolucionários: Carlos I, da Grã-Bretanha, em 1649, e Luís XVI, da França, em 1793. Carlos foi julgado por um alto tribunal de Justiça especialmente constituído, que permitiu que o rei se defendesse. A execução ocorreu a plena vista do público. Luís XVI foi julgado diante da Convenção, que o sentenciou à morte por maioria de votos apenas depois de um prolongado debate. O rei teve seu próprio advogado, e sua execução, também, foi realizada na frente do público — uma decapitação à luz do dia na região central de Paris.

Sem romantizar esses eventos anteriores, é razoável dizer que os bolcheviques tomaram um caminho totalmente diferente — mais secreto e brutal. Nicolau, é claro, abdicou de seu trono diante da Revolução de Fevereiro e foi exilado com a família para Tobolsk pelo governo provisório de Aleksandr Kerensky. Depois que Lênin derrubou Kerensky, os bolcheviques prenderam a família imperial, mantendo-a em uma espécie de prisão domiciliar descuidada. O diário de Alexis a partir de janeiro de 1918 revela um esquema de distrações ao acaso e de espera nervosa:

6/1/18
Levantei às 7. Tomei chá com papai, Tatiana e Anastasia. Jogamos cartas. Maria vestiu-se e está andando pelos quartos. Às 6 horas brincamos de esconde-esconde, gritamos e fizemos muito barulho.

7/1/18
O dia todo foi igual a ontem.

9/1/18
O dia todo foi igual a ontem.

Então, em março de 1918, os bolcheviques mudaram os Romanov para Iekaterimburgo, e a família foi alojada na casa de Nikolai Ipatiev, um engenheiro aposentado do Exército. A casa, uma construção de dois andares branca, foi rapidamente convertida em prisão, com uma paliçada improvisada e uma guarda de 75 homens dia e noite. A princípio, segundo Pipes, Nicolau e sua família ainda tinham permissão para continuar a rotina: acordavam às nove, tomavam chá às dez, almoço à uma, jantar entre quatro e cinco, chá às sete e ceia às nove, e iam dormir às onze. Havia muitas leituras e orações. Quando o tempo estava bom, Nicolau carregava o enfermo czarevich, Alexis, ao jardim, onde jogavam besigue, ou a versão russa de gamão, chamada de *trictrac*. De vez em quando, um padre local tinha permissão para visitar a família para conduzir orações.

Na capital, Lênin, Trotsky e o resto dos líderes bolcheviques tentavam pensar no que fazer com os Romanov. Trotsky propôs um julgamento, mas Lênin nunca levou a idéia adiante. Temendo uma onda de tropas Brancas em

Iekaterimburgo, Lênin sentiu a necessidade de agir o mais breve possível. Em julho, Yurovsky passara a tomar conta dos Romanov. Suas ordens eram claras. Yurovsky investigou possíveis locais para o enterro nas áreas ao redor de Iekaterimburgo e descobriu alguns poços de uma mina abandonada perto do vilarejo de Koptyaki. Ele reuniu uma equipe de execução e uma quantidade de armas suficiente.

No dia 17 de julho, pouco depois da meia-noite, Yurovsky acordou o médico da família Romanov, Yevgeny Botkin, mandando que acordasse os outros, fizesse com que eles se vestissem e fossem para o porão. Yurovsky contou a Botkin que havia agitação nas ruas de Iekaterimburgo e que aquilo era uma medida de segurança. Por volta das duas, a família, e também o médico, o cozinheiro, uma empregada, um valete e Jemmy, o spaniel das meninas, desceram as escadas. O czar ia na frente, carregando o filho; Nicolau e Alexis usavam camisas militares e casquetes. Em seguida vinham Alexandra e as quatro filhas. Todas usavam vestido. Duas cadeiras haviam sido levadas para o porão — uma para Alexandra e outra para Alexis. Um destacamento de executores com revólveres aguardava em uma saleta ao lado.

"Quando o grupo entrou", escreveu Yurovsky, "eu disse aos Romanov que, pelo fato de os parentes deles continuarem sua ofensiva contra a Rússia soviética, o Comitê Executivo do Soviete dos Urais havia decidido matá-los. Nicolau deu as costas para o destacamento e encarou a família. Então, como se recuperasse o controle, virou-se perguntando: 'O quê? O quê?'. [Eu] rapidamente repeti o que havia dito e ordenei ao destacamento que se preparasse. Seus membros haviam sido previamente instruídos sobre em quem atirar e para mirar diretamente no coração, a fim de evitar muito sangue e terminar tudo com rapidez. Nicolau não disse mais nada. Ele se virou novamente para a família. Os outros gritaram algumas coisas incoerentes. Tudo isso durou apenas alguns segundos. Então começaram os tiros, que duraram dois ou três minutos. [Eu] matei Nicolau ali mesmo."

Segundo os relatos das testemunhas, balas ricochetearam por toda parte — algumas desviadas pelas jóias costuradas na estrutura dos espartilhos usados pelas filhas. Por fim, os soldados pararam de atirar e examinaram os corpos. Repararam que alguns ainda estavam respirando, e aqueles que mostravam algum traço de vida receberam tiros na cabeça ou foram esfaqueados. Yurovsky lembra que ele mesmo atirou duas vezes na cabeça de Alexis.

Os cadáveres foram colocados em um caminhão. Quase um dia se passou antes que eles fossem colocados em uma vala ao lado da estrada. Um dos guardas mais tarde vangloriou-se de que podia "morrer em paz porque havia se aproximado da imperatriz e apertado sua [...]".

"Os corpos foram colocados em um buraco", escreveu Yurovsky, "e os rostos e todos os corpos foram mergulhados em ácido sulfúrico, para que não pudessem ser reconhecidos e para evitar que cheirassem mal pela decomposição [...]. Nós pusemos muitos galhos e cal, colocamos tábuas por cima, e passamos com o caminhão por cima muitas vezes — não ficou um vestígio sequer do buraco. O segredo estava guardado". A dinastia Romanov, que começara com a escolha de Miguel Romanov como czar no dia 21 de fevereiro de 1613, havia chegado ao fim.

"A decisão não foi só oportuna, mas necessária", escreveu Trotsky em seu diário anos mais tarde. "A severidade dessa punição mostrou a todos que continuaríamos lutando implacavelmente, sem parar diante de nada."

Seis semanas depois das execuções, os bolcheviques começaram sua campanha de crueldade violenta e aleatória contra inimigos reais e imaginários. Essa campanha viria a ser chamada de Terror Vermelho.

Os bolcheviques esconderam a verdade sobre as execuções não porque tiveram um repentino ataque de moralismo lacrimoso, mas porque queriam ludibriar seus inimigos, queriam manter em um estado de confusão quaisquer inimigos que ainda nutrissem idéias de restauração monarquista. Seria melhor deixá-los em dúvida sobre o que havia acontecido com a família Romanov.

Os bolcheviques anunciaram quase imediatamente que Nicolau havia sido assassinado. Lênin ordenou que a informação fosse publicada no *Pravda* e no *Izvestia*, e já em 22 de julho de 1918 publicou-se nos jornais europeus e americanos a notícia de que o czar fora morto devido à descoberta de uma "conspiração contra-revolucionária" para libertá-lo.

No entanto, a mesma informação enviada aos jornais soviéticos dizia que os outros membros da família haviam sido mandados para um "lugar seguro". Os bolcheviques mantiveram esse mito durante nove anos. O esforço de desinformação foi tão minucioso que mesmo os mais experientes agentes estrangeiros de inteligência e diplomatas não conseguiram desmascará-lo. Sir Charles Eliot, o alto-comissário britânico para a Sibéria, foi a Iekaterimburgo e enviou um relatório ao ministro do Exterior, Arthur Balfour, em Londres, dizendo que no dia 17 de julho "um trem com as venezianas abaixadas" havia deixado Iekaterimburgo e que "acredita-se" que os membros sobreviventes da família estivessem nele.

No final das contas, foi um brilhante engodo, no qual até os parentes dos Romanov no exílio europeu acreditaram. Em 1920, o investigador Branco Nikolai Sokolov foi para a Europa ocidental com uma caixa contendo pequenos pedaços de ossos, terra encharcada de sangue e duas garrafinhas com gordura endurecida — que ele disse serem os restos mortais do czar. Eles nunca foram cientificamente examinados, e são mantidos na Igreja Ortodoxa russa de S. Job em Bruxelas, "em Memória do Mártir Czar Nicolau II e Sua Família". Em 1924, quando Solokov publicou um relatório intitulado "Investigação imparcial sobre o assassinato da família imperial russa", declarando que todos tinham sido mortos e que os corpos haviam sido completamente destruídos por ácido e fogo, os Romanov continuaram se recusando a aceitar a notícia.

Quase do instante da execução dos Romanov até os dias de hoje, tem havido relatos de um ou outro membro da família que escapou à matança. A história de fraude é longa e movimentada, e parece que não pára de aumentar. Há não muito tempo, um amigo em Moscou me mandou uma cópia de um artigo na revista de história *Istochnik* [Fonte], sobre um jovem camponês siberiano chamado Aleksei Shitov, que, no começo dos anos 1920, fora convencido por um grupo de pessoas de que ele era, na verdade, Alexis. Shitov não era hemofílico, e muito menos tinha a menor noção de que pertencia à família imperial, mas de alguma forma passou a acreditar em suas origens reais. Por fim, a polícia secreta local prendeu Shitov e seus "seguidores". Alguns foram executados e outros, sentenciados a longas penas na prisão.

Embora tenha havido muitos pretensos Romanov na Rússia, eles têm aparecido muito mais no exterior. Nos anos 1920, a imprensa dos exilados e os círculos russos Brancos na Europa ocidental impregnaram-se de rumores de que Nicolau ou Alexis, ou alguma das filhas, estariam escondidos em algum lugar. Em 1920, houve um avistamento do czar em Londres, o cabelo agora todo branco. Então houve rumores sobre Nicolau escondido no Vaticano, sobre toda a família em um navio no mar Branco, navegando eternamente de um lado para outro, sem nunca atracar. E houve a autoproclamada Anastasia, que fora vista na Sibéria tentando chegar à China. Ela foi presa e enviada para diversas prisões e campos na Rússia. Em 1934, ela escreveu cartas de um hospital-prisão em Kazan para o parente inglês dos Romanov, o rei George V, pedindo-lhe, em francês e em alemão, que a ajudasse. Quando morreu, em 1971, o diretor do hospital escreveu que "a não ser por sua afirmação de que era Anastasia, ela era completamente sã". O excelente livro de Robert Massie, *The Romanovs: the final chapter*, está repleto de casos pitorescos, incluindo a história épica da mais bem-sucedida das impostoras de Anastasia, Anna Andersen, uma doida astuta, nascida na Polônia, cuja carreira como requerente começou com uma tentativa de suicídio na Alemanha pouco depois da execução dos Romanov e continuou com uma transformação mágica em Anastasia em um hospital para doentes mentais. Andersen conseguiu explorar metade da realeza na Europa. E também houve aquele sociável cavalheiro no Arizona cujo sucesso com as mulheres solitárias de Scottsdale não foi, de maneira alguma, diminuído por sua insistência de que ele era Alexis Romanov. O sr. Romanov nunca sofreu um minuto sequer com seu problema de hemofilia: ele até jogava pólo sem muito medo do bastão. Ele também comercializou uma marca de vodca.

Em Moscou, conheci Edvard Radzinsky, cujos livros sobre o czar e sobre Stálin, junto com inúmeras aparições na televisão, transformaram-no em uma das maiores celebridades do período pós-soviético. Ele mora na área do aeroporto em Moscou, um bairro que em boa parte havia sido território do Sindicato dos Escritores. Radzinsky é um sujeito amigável que se tornou totalmente radiante com sua fama e fortuna. (Seu livro *Último czar: a vida e a morte de Nicolau II* tornou-se um best-seller nos Estados Unidos pela Doubleday; Jacqueline Kennedy Onassis foi sua editora.) Quando ele me cumprimentou na porta, estava acompanhado por um borzói muito bem tratado, quase do tamanho de um pônei. Seu estúdio estava cheio de antigüidades russas, gravuras caras e um computador. Depois que me mostrou a coleção de objetos relacionados a seu sucesso — as edições estrangeiras de seus livros, recortes de jornal atestando o sucesso de seus documentários para a televisão —, ele se acomodou em uma poltrona para me contar sobre sua própria experiência com os Romanov vivos.

"Depois que publiquei o apontamento de Yurovsky na *Ogonyok*, em 1989, comecei a receber telefonemas constantemente", contou Radzinsky. "Era uma época na qual as pessoas no metrô liam a *Ogonyonk* com muita atenção, o período das primeiras verdades, e eu comecei a receber telefonemas sem parar e milhares de cartas. Um dia uma mulher telefonou. Parecia nervosa. Convidei-a a vir até minha casa. Ela veio e me contou que o apontamento Yurovsky era um engano, que todas as meninas Romanov tinham sobrevivido à execução. Ela se ofereceu para me mostrar os túmulos. Fiquei chocado. Meu livro sobre Nicolau II estava pronto. Eu tinha relatos de sete testemunhas oculares da execução que tomaram parte no tiroteio. Eram testemunhos que foram colhidos em lugares diferentes e em épocas diferentes. Mas ela disse: 'Eu lhe mostro os túmulos.'"

"Então partimos em uma longa viagem para a região de Orenburg. Assim que chegamos lá, tivemos que continuar a cavalo até uma pequena aldeia. Eu parei todo o meu trabalho para fazer isso. Ela disse que não tinha visto os túmulos, mas que seus parentes tinham. Contou-me uma história incrível: depois das execuções, as três garotas logo apareceram nessa aldeia, e depois uma quarta. Anastasia, disse ela, veio por último e separada das outras. Ela me levou até o cemitério nessa aldeia e lá estavam os túmulos marcados para Tatiana, Maria, Olga e Anastasia Romanova, com suas verdadeiras datas de nascimento e as datas de morte, todas no começo dos anos 1960. As pessoas na aldeia me contaram que as garotas haviam aparecido e se escondido nos porões por lá, e foram protegidas. Ninguém as traiu, mesmo tendo atravessado o período stalinista! Isso foi realmente um grande feito, comparável a manter Anne Frank viva. Então, depois que Stálin morreu" — em 1953 — "elas saíram dos porões, vieram viver aqui em cima. Um padre que cuidava de três ou quatro aldeias também as ajudou. A igreja dele era usada em parte para o culto e em parte par armazenar batatas. As garotas viviam em segredo e usaram roupas escuras durante muitos anos, porque estavam de luto pela morte de Alexis, do czar e de sua mãe, Alexandra. As garotas nunca explicaram a ninguém como sobreviveram, e contaram para o padre apenas que eram as filhas do czar.

"Eu acreditei! Concluí que era um grande segredo. Mas quando retornei a Moscou isso mudou. Agora recebi um telefonema de Sukhumi, de alguém dizendo que era o filho de Alexis e que Alexis ainda estava vivo. Estranho: ele tinha um sotaque georgiano. Ele me convidou a ir até Sukhumi. Mas depois recebi uma carta que veio de Kalinin, de uma mulher que queria me dar alguns documentos. Ela me contou que era bisneta de Nicolau II e que sua mãe estava morrendo em Kalinin e queria me ver. Então fui até lá. Encontrei essa velhinha que disse ser Olga: era velha e enrugada, e seus olhos eram baços, mas quando falou sobre sua vida em Tsarskoye Selo os olhos brilharam. Disse que não tinha lembrança das execuções, que tinha perdido a consciência. Mas ela fora salva por um dos executores e mostrou-me os ferimentos em um dos lados do corpo. Infelizmente, porém, eu já tinha visto Olga em seu túmulo!

"Então recebi cartas sobre uma história de Alexis ter ido parar no gulag. Eu acreditei — bem, sem muita convicção, exatamente. Os outros não tinham documentos. Recebi uma carta de um hospital em Petrozovodsk. Ele estivera no gulag e fora removido para um hospital. Encontraram sinais de hemofilia e um testículo que não desceu, o que é raro, e ele sabia muita coisa sobre Tsarskoye Selo. A principal coisa em relação a Alexis é que o corpo ainda não foi encontrado. Não há vestígio. Então a história de Alexis levanta suspeitas. E eu comecei a realmente hesitar quando se tratava dele. No entanto, agora, eu não acredito."

Aquilo que já causou grande ansiedade e dúvida em Radzinsky agora o diverte. Ainda hoje ele continua recebendo cartas do mundo todo: um Alexis na Austrália que é motorista de ônibus, um túmulo de Alexis em Miami, outro túmulo em algum lugar do Canadá.

"Quando estava no poder, Gorbachev contou-me que ele recebeu cartas até de Cuba sobre supostos membros da realeza", comentou Radzinsky. "Antes, não era uma questão ligada a dinheiro. Era uma forma de loucura. Aqui na Rússia, nós não tínhamos meios de saber sobre Anna Andersen ou sobre o filme de Greta Garbo sobre Anastasia. As pessoas queriam um milagre, um conto de fadas. Então esses boatos ficaram fora de controle, como aconteceu na época do 'falso Dmitri', que tinha aspirações ao trono no século XVII. Somos um país de impostores. Isso está muito arraigado na alma russa.

"Agora a Rússia é um país de escândalos. Tínhamos uma sociedade muito enfadonha antes, e agora estamos cheios de sensacionalismo. As pessoas querem sua parcela de atenção. Todas as cartas começam assim: 'Meu nome é Romanov, e comecei a pensar que sou um descendente do czar.'"

* * *

Quando fui falar com um investigador no gabinete do procurador russo em Moscou, ele mencionou que "um cara estranho" chamado Nikolai Dalsky tinha ligado, afirmando ser Nicolau III. Ele tinha o nome Nikolai Dalsky-Romanov.

Dalsky, como eu o chamarei até que a história prove o contrário, pediu-me para encontrá-lo em seu estabelecimento de nome imponente, o Instituto para o Novo Pensamento. O instituto revelou-se um prédio baixo, sem elevador, em um pátio coberto de lixo. Quando cheguei, perguntei pelo camarada Romanov, e uma faxineira gorducha revirou os olhos e apontou para um corredor.

Dalsky não decepcionou. Usava um uniforme militar escuro com dragonas. Seu prendedor de gravata tinha a forma de uma águia dupla imperial. Estava com óculos escuros de aviador e tinha um bigode impecavelmente aparado e uma bela cabeleira. Seu escritório era decorado da maneira que convinha a um czar na espera: um retrato oficial de Dalsky e de sua esposa, Natalia, com as vestimentas reais completas, contra o pano de fundo de um tapete de pele de leopardo; um rolo de pergaminho tibetano; uma bandeira russa; um pequeno retrato de Nicolau II; velas; flores de plástico; e um retrato de uma belíssima pop star chamada Anastasia. Dalsky estava acompanhado de alguns homens de aparência estranha, inclusive um autoproclamado duque com um rabo-de-cavalo, que se submetia a ele como se Dalsky não fosse ninguém menos do que afirmava ser.

"Somos tolerantes em relação a qualquer informação a nosso respeito, mesmo que distorcida", Dalsky me informou. "Nós nunca processamos ninguém."

Imensamente aliviado, eu estava pronto para começar nossa conversa, mas o que realmente começou foi sua ária de abertura, que se estendeu por algum tempo. "Ninguém foi morto a tiros na Casa Ipatiev. A execução foi encenada, e nós realmente não sabemos quem foi executado ali", disse Dalsky. "O imperador, a imperatriz e seus filhos foram colocados em instituições para doentes mentais. Ou isso não pode ser excluído como possibilidade. Eles foram mantidos ali, morreram ali, e seus restos mortais foram colocados em um túmulo coletivo. Isto não está descartado [...]. Meu pai, Alexis, morreu em 1965 de hemorragia maciça perto do coração. Antes disso, teve episódios de hemorragia, mas não iguais àqueles que tinha quando jovem. Foi a medicina tibetana que o ajudou a superar sua hemofilia, e não Rasputin, como todos pensam."

Dalsky mostrou-me uma fotografia de sua "coroação", que, segundo ele, aconteceu no dia 19 de dezembro de 1996, em uma catedral em Noginsk. Sua esposa foi coroada como czarina.

"Nós falamos com Deus", disse ele, "e seguimos os sinos da igreja com dois prelados e um bispo. Havia representantes do povo lá, também, e uma procissão com uma cruz. Eu sou a presença espiritual da Rússia."

Quando lhe perguntei se ele estava se preparando para morar no Kremlin, ele respondeu: "Morar no Kremlin? Bem, eu não quero ultrapassar os acontecimentos. Mas não vou fazer segredo dos riscos ou de minhas qualificações. Sou bem-educado. Posso dar o nome de qualquer cidade nos Estados Unidos. Posso lhe falar as regiões que temos aqui, posso lhe falar sobre política externa. E isso é algo raro". Ele também afirmou falar inglês e todas as grandes línguas européias.

"O senhor fala italiano?"

"*Parlare.*"

"Inglês?"

"*I yes understand.*"

"*Parlez-vou français?*"

"*Si.*"

Quando eu estava me preparando para ir embora, perguntei a Dalsky se ele sabia sobre outro filho de Alexis Romanov — Oleg Filatov, de São Petersburgo.

"Nós estudamos os materiais de Filatov, e concluímos que ele é dominado mentalmente pelos serviços secretos", disse Dalsky. "Ele nada tem a ver com a família do czar."

"Sabe", disse eu, "eu preciso lhe dizer que o senhor realmente não se parece muito com seu avô, Nicolau II."

"Não, é verdade", disse Dalsky. "Não me pareço com Nicolau. Mas sou o retrato escarrado de Alexandra."

* * *

Nem Dalsky, nem Filatov vão comparecer à cerimônia fúnebre dos restos mortais dos Romanov no dia 17 de julho. E nem Alexis II, o patriarca da Igreja Ortodoxa russa. E, uma vez que o patriarca e a hierarquia da Igreja não vão comparecer, Boris Yeltsin, que deseja o apoio político da Igreja, também vai ficar longe. A razão para o não comparecimento diz muita coisa sobre o novo Estado russo e sua profunda crise de identidade.

Para começar, não existe nenhuma dúvida razoável de que os restos mortais que serão transportados de Iekaterimburg para São Petersburgo sejam da família imperial. Isso foi estabelecido por meio de duas sessões de testes genéticos, na Inglaterra e nos Estados Unidos. A investigação foi conduzida por uma comissão nomeada pelo governo que inclui membros do governo e da legislatura russos, cientistas, um arqueólogo, um investigador criminal, o chefe dos arquivos oficiais do Estado, e um metropolita, um subordinado do patriarca.

A Igreja decidiu que não vai nem endossar nem condenar inteiramente os achados da comissão. "É como jogar cara e coroa e gritar 'Borda' ", disse Vladimir Solovyov, o investigador do gabinete do promotor que está na comissão desde o início. "Eles não vão negar que os testes genéticos nos dizem sem a menor sombra de dúvida que os ossos são dos Romanov, mas eles continuam dizendo: 'Bem, veja-se a ciência nos séculos XIX e XVIII. Foi tudo derrubado.'"

Pavel Ivanov, o geneticista-chefe do grupo, disse: "As pessoas da Igreja me disseram: 'Esperamos setenta e tantos anos, e se vocês não estiverem cem por cento certos podemos esperar mais setenta'. Se você disser que tem 99,999 por cento de certeza, isso não é o suficiente para eles. E, quanto aos dois corpos desaparecidos, não podemos dizer nada a respeito deles. Talvez tenham sido mortos e queimados. Leva muito tempo para queimar um cadáver até reduzi-lo a nada, e a equipe de enterro não dispunha de tempo ilimitado. Eles não tinham gasolina suficiente, e o gás se esgota rapidamente. Então eles se recusaram a queimar todos. Não havia tempo".

A Igreja Ortodoxa russa é uma igreja particularmente conservadora, cheia de clérigos que duvidam da ciência e da modernidade em geral, mas sua posição é ainda mais complicada. A Igreja, que foi abalada e infiltrada por informantes da KGB nos tempos do domínio soviético, não quer contradizer totalmente a Igreja Ortodoxa do exterior, que já canonizou Nicolau e sustenta que a cerimônia de julho é uma imitação grotesca. O patriarca em Moscou anunciou que não vai mandar representantes para a cerimônia na Pedro e Paulo, e é provável que apenas alguns clérigos locais apareçam.

A tática da Igreja levou a um comportamento desconcertante no governo. Yeltsin não é monarquista, claro, mas durante anos ele tentou expropriar para si mesmo e para o Estado novato a grandeza do passado czarista. Ele adora ser chamado por seus assessores, em particular, de czar Boris, e teria adorado ir a São Petersburgo para a grande cerimônia fúnebre. Uma cerimônia dessas pareceria a Yeltsin quase como uma coroação de si próprio, a passagem da tocha depois de um interregno comunista de oito décadas. Yeltsin também gostaria de se livrar de um fardo de culpa: em 1977, quando era o líder do Partido Sverdlosk, ele ficou encarregado de destruir a Casa Ipatiev. Mas, sem o patriarca, Yeltsin simplesmente não pode ir. Ele não pode se dar ao luxo de ficar fora de sincronia com a única instituição no país que simboliza o espírito russo em um nível profundo para 10 milhões de pessoas. Assim, a cerimônia fúnebre vai ser bem menos grandiosa do que originalmente planejada, e muitos grupos que iriam comparecer, tais como a Assembléia Nobre Russa, provavelmente ficarão em casa.

Nesse meio-tempo, alguns dos oponentes mais radicais da cerimônia estão acusando cientistas como Ivanov, o geneticista, de participar de uma conspiração judaico-maçônica-bolchevique contra a Mãe Rússia, que começou com a derrubada do czar em 1917. Entre os principais céticos está Vladimir Osipov, escritor que colabora com um periódico nacionalista de direita chamado *Moskva*, e antigo dissidente que foi preso por seu ativismo cristão nos anos 1960 e 1970. Conheci Osipov depois que ambos comparecemos a uma coletiva dada por diversos membros da comissão em Moscou. Sentado em um canto do salão, Osipov disse que a cerimônia era a última etapa em "uma conspiração em andamento" para destruir de uma vez por todas "o caminho natural pra o desenvolvimento" da Rússia — isto é, monarquia.

"Ivanov provavelmente não é um chekista, um remanescente dos antigos órgãos de segurança, é apenas um profissional ambicioso", disse Osipov, "mas tudo parece ser uma conspiração. Nicolau era um símbolo do Estado, e sua abdicação foi sem sentido, absurda. Eles mataram o czar de uma grande nação, uma grande potência. Há testemunhos de que a cabeça de Nicolau II foi levada para o Kremlin como prova de sua execução! Sabemos que mostraram essa cabeça a Trotsky como prova. O assunto tem um caráter quase místico."

Então perguntei: o que estaria por trás da conspiração?

Osipov adotou um ar de velho sábio, balançando a cabeça afirmativamente. "Não se pode descartar a idéia de que Yeltsin quer colocar as mãos no dinheiro dos Romanov", observou.

De fato, dinheiro é um problema: o novo túmulo não vai ser feito de mármore, mas de madeira coberto com papel "que imita mármore". O escritor Gely Ryabov, que foi fundamental para a descoberta dos ossos em primeiro lugar, disse que talvez a administração Yeltsin devesse vender uma de suas limusines Mercedes e comprar um túmulo de mármore de verdade, para dar aos Romanov um enterro decente.

Que lugar confuso e desconcertante é a Rússia! Esse espetáculo deprimente — o desfile sério-cômico de pretendentes, a dúvida implacável sobre as razões do governo e sobre os resultados científicos — remonta a centenas de anos de obscurantismo e ao domínio devastador do comunismo que obliterou a história.

"É claro que os ossos são verdadeiros", disse-me Radzinsky. "Mas essa é uma típica história russa. É impossível fazer qualquer coisa séria corretamente na Rússia. Tudo tem a ver com política e atraso. Somos incapazes de tomar decisões válidas, normais. Essa cerimônia deveria unir o país, e em vez disso acaba dividindo-o. As pessoas desconfiam de qualquer coisa feita pelo governo, até um teste de DNA. Pavel Ivanov diz que esses são os verdadeiros ossos do czar, e no entanto pessoas inteligentes ainda me encontram na rua e, num tom conspiratório, me levam para um canto e cochicham: 'Edvard, esses são realmente os ossos do czar?'"

Vladimir Soloyov, o investigador-chefe, disse pesarosamente que toda a confusão é aumentada porque a execução dos Romanov foi o "ponto entre a velha Rússia e a nova Rússia, um evento que define todo mundo: a Igreja, as relações da Igreja com as pessoas, os bolcheviques. Tudo isso leva de volta à pergunta: 'Quem somos?'. Pode não ser importante para o cidadão comum das ruas, mas é essencial para intelectuais, patriotas de certo tipo, monarquistas. Mas agora estamos acabando em confusão, sem resolver nada. No dia 17 de julho, em São Petersburgo, teremos algo novo: o Túmulo do Czar Desconhecido".

Mas e quanto a Oleg Filatov? Não pude deixar de pensar que sua melhor alegação para reivindicar o trono dos Romanov era sua barba (que realmente tem uma bela aparência, muito parecida com a de Nicolau II) e sua fantástica, ainda que equivocada, lealdade a seu pai. "Meu pai entendia a vida nos termos da obrigação de um príncipe russo de procriar e defender a família e o Estado", disse Filatov. "Ele sentiu que havia sobrevivido, procriado e nos protegido."

Com a ajuda de alguns cientistas locais, Filatov colaborou em um livro sobre a reivindicação de sua família, que logo será publicado em São Petersburgo. O livro, que li rapidamente uma noite em meu hotel em São Petersburgo, é bem tedioso e absolutamente não convincente. Tem um monte de informações pseudocientíficas sobre caligrafia, aparência, genealogia e todo o resto, mas o elemento mais óbvio está completamente ausente: um teste de DNA. Não é absurdo pensar que alguém, muito menos um hemofílico, poderia sobreviver ao tiroteio da Casa Ipatiev? Filatov realmente acreditou que, em uma época sem agentes coagulantes, seu pai iria conseguir com sangue de boi e urtigas? É verdade que os restos mortais de Alexis não foram encontrados, mas Yurovsky não testemunhou, dizendo ter metido duas balas na cabeça dele? E por que Filatov não fez um exame genético? (O único pretendente a Romanov que o fez foi Anna Andersen; depois que ela morreu, cientistas fizeram testes em uma amostra de tecido, e provaram que ela era uma fraude.)

Quando fiz essas perguntas a Filatov, ele suspirou. É claro que já as ouvira antes. Ele disse que recorreu a todo mundo, do governo russo ao tribunal internacional em Haia, e seu pedido de auxílio foi recusado. Ele está contando com uma decisão judicial e com doações externas para ajudar a facilitar os testes de que ele precisa.

"Caso contrário vão dizer que estou louco", explicou.

Filatov tentou às vezes moderar sua reivindicação, dizendo que não estava realmente insistindo em sua herança, mas cumprindo uma promessa que fizera ao pai. "Era a cruz que ele tinha que carregar, e não posso me livrar dela", disse. "O assunto assusta as pessoas. Talvez venha um tempo em que receberemos doações particulares. Talvez a universidade, ou talvez seu artigo incentive as pessoas a doar. Agora eu sou imune a insultos. Só vou desistir quando morrer."

E continuou: "Meu pai me disse: 'Quando você tiver quarenta anos, vai aprender tudo'. Em 1993 eu fiz quarenta, e foi aí que comecei a pensar nisso tudo com seriedade. No dia 3 de abril de 1994 eu tive uma visão da Santa Virgem, e ela me disse: 'Você esqueceu o que seu pai lhe disse?'. ".

Perguntei-lhe se ele havia tido outras visões. Filatov deu a impressão de que queria muito responder, mas não o fez.

"Eu não quero causar nenhum mal a mim mesmo", disse ele. "Algumas pessoas invariavelmente vão dizer: 'Ah, é mais um daqueles, ele é louco'."

O preço mais alto que Filatov pagou por sua lealdade aos sonhos do pai morto é a separação de Maksim, seu filho de um casamento anterior.

"Maksim nasceu em 1981 e está sendo criado em outra família", comentou Filatov. "Já faz muito tempo desde a última vez em que o vi. Eles não me deixam falar com ele, porque a família é contra. Não querem que o garoto fique traumatizado. São contra porque continuo leal a meus pais. Mas eu não poderia abandoná-los. Mas a época certa vai chegar, e então ele vai saber."

(1998)

As guerras da tradução

No começo dos anos 1970, dois dramaturgos, Christopher Durang e Albert Innaurato, trabalharam juntos em uma sátira sobre a literatura russa do século XIX chamada *Os idiotas Karamazov*. Em sua interpretação livre de Dostoievski, padre Zósima é um gay que tem fetiche por pés. E isso faz o angelical monge Aliócha se perguntar: "Como pode haver um Deus se existem os pés?". A protagonista baseia-se não em qualquer personagem de Dostoievski, mas, sim, em sua primeira e mais permanente tradutora para a língua inglesa, uma mulher de energia vitoriana e prosa eduardiana, a sra. Constance Garnett.

Na primeira produção de *Os idiotas Karamazov*, no Teatro de Repertório de Yale, o papel de Garnett coube a uma aluna da escola de teatro chamada Meryl Streep, que retratou a idosa "tradutrix" como uma idiota confusa. A destruição da arte da tradutora é um ponto importante da trama. O termo russo que designa "homossexual histérico", insiste a sra. Garnett, é "Tchaikóvski". Quando relembra para a platéia o árduo processo de traduzir *Karamazov*, ela confunde os quatro irmãos com *As três irmãs*, um tropeção que conduz inevitavelmente ao número musical "O we gotta get to Moscow!". A sra. Garnett encerra os trabalhos recitando uma conjugação do verbo "karamazov".

Pobre sra. Garnett! A vida após a morte dos tradutores é ingrata e desconfortável. (Ou eles nem chegam a isso: até que se formasse a comissão do rei Jaime, os tradutores ingleses da Bíblia eram, às vezes, queimados em uma estaca ou estrangulados — ou, como foi o caso de William Tyndale, as duas coisas.) Tradutores são perpetuamente sentenciados, degradados, acusados de falhas mínimas e sem importância e, por fim, destruídos. Os objetos de suas atenções temem seus serviços. Cervantes reclamava que ler uma tradução era "como olhar para uma tapeçaria de Flandres por trás: você pode ver os formatos básicos, mas eles estão tão cheios de fios que não se pode avaliar o brilho do original". E ainda assim eles perseveram: lá vem Edith Grossman, quatro séculos depois, encontrar quixotescamente Dom e seu Sancho no interesse de uma nova geração de leitores ingleses.

Sem tradutores, ficamos à deriva em nossas diversas banquisas lingüísticas, apenas ouvindo os fracos murmúrios de obras-primas em outros lugares do mar. Assim, a maioria dos leitores que falam inglês vislumbram Homero por meio do filtro de Fitzgerald ou Fagles, Dante por Sinclair ou Singleton, ou pelo casal Hollander, Proust por Moncrieff ou Davis, García Márquez por Gregory Rabassa — e quase todos os russos por meio de Constance Garnett.

Como façanha literária, a de Garnett pode ter sido de segunda ordem, mas foi enorme. Com seus olhos opacos, lacrimosos, o cabelo grisalho preso em um coque, ela era o rosto gentil do esforço constante e incansável. Ela traduziu setenta volumes de prosa russa para publicação comercial, incluindo todos os romances de Dostoievski, centenas de contos de Tchekhov e dois volumes de suas peças, todas as principais obras de Turguêniev e quase todas as de Tolstoi, além de textos selecionados de Herzen, Goncharov e Ostrovski. Um amigo de Garnett, D. H. Lawrence, admirava-lhe a persistência prosaica, lembrando-se dela "sentada no jardim, produzindo resmas de suas maravilhosas traduções do russo. Ela terminava uma página e a atirava em uma pilha no chão, sem erguer os olhos do que estava fazendo, e começava uma nova página. Essa pilha ficava deste tamanho — é verdade, quase na altura dos joelhos dela, e era completamente mágica".

Sem Garnett, os "rooshians" (como os chamava Ezra Pound) do século XIX não teriam exercido uma influência tão rápida sobre a literatura americana do início do século XX. Em *Paris é uma festa*, Hemingway se lembra de percorrer as estantes de Sylvia Beach atrás dos russos e descobrir neles uma profundidade e uma realização que nunca conhecera. Antes disso, escreve ele, haviam-lhe dito que Katherine Mansfield era "uma boa escritora de contos, até mesmo uma excelente escritora de contos", mas, depois de ler Tchekhov, ela lhe parecia "cerveja sem álcool". Ler os russos, disse ele, "era como receber um grande tesouro":

> Em Dostoievski há coisas verossímeis e outras em que não se pode acreditar, mas algumas são tão verdadeiras que nos mudam quando as lemos; fragilidade e loucura, perversidade e santidade, e a insanidade do jogo, todas essas coisas estavam lá para serem conhecidas, assim como as paisagens e estradas em Turguêniev, e o movimento de tropas, o terreno e os oficiais, os homens e o combate em Tolstoi. Tolstoi fez o texto de Stephen Crane sobre a guerra civil parecer a brilhante imaginação de um garoto doentio que nunca viu de fato a guerra, mas que apenas leu as crônicas sobre as batalhas e viu as fotografias de Brady, como eu li e vi na casa de meus avós.

Entre os mais severos e competentes críticos de Garnett estavam os exilados russos, especialmente Vladimir Nabokov e Joseph Brodsky. Nabokov, filho de um nobre liberal que foi assassinado em uma reunião política, deixou a Rússia em 1919. Morou na Europa até 1940, quando foi para os Estados Unidos. Em *Lectures on Russian literature*, existe um fac-símile das páginas iniciais do exemplar de *Ana Karênina*, em tradução de Garnett, que usava no magistério. Na página em branco à esquerda, Nabokov anotou uma citação de Conrad, que disse a Edward, marido de Garnett: "Dê lembranças minhas à sua esposa, cuja tradução de Karênina é esplêndida. Eu mal me dou conta de que é uma tradução, o que faz com que o brilho do trabalho seja ainda maior". Nabokov rabiscou, com raiva: "Nunca vou perdoar Conrad por essa bobagem" — para ele, Tolstoi está no topo da lista dos escritores russos de prosa, e *Ana* é sua obra-prima —, e afirmou que a tradução de Constance é "um completo desastre". Brodsky concordava. Certa vez ele disse: "A razão pela qual os leitores que falam inglês mal podem dizer a diferença entre Tolstoi e Dostoievski é que não estão lendo a prosa de nenhum dos dois. Eles estão lendo Constance Garnett".

As falhas de Garnett não eram invenção do esnobismo de um falante nativo. Ela trabalhava com tanta velocidade, tão preocupada em chegar à última linha, que, ao encontrar uma palavra ou expressão que não conseguia entender, pulava-a e seguia em frente. A vida é curta, *O idiota* é longo. Garnett com freqüência é desajeitada em suas opções, às vezes desigual em relação a alguns temas mais intrincados e sentenças especialmente longas e complicadas. As cópias datilografadas das palestras de Nabokov, que ele apresentou quando dava aulas para alunos de graduação em Wellesley e Cornell, estão cheias de farpas contra Garnett. As margens estão repletas de exclamações e objeções rabugentas anotadas a lápis, nos locais onde ela havia "errado". Por exemplo, em uma passagem na tradução de *Ana Karênina* de Garnett que dizia: "segurando a cabeça inclinada à sua frente", Nabokov triunfalmente anotou: "Observe-se que a sra. Garnett decapitou o homem". Quando estava trabalhando em um estudo sobre Gogol, Nabokov reclamou: "Já perdi uma semana traduzindo as passagens de que preciso em *O inspetor geral*, visto que não consigo fazer nada com aquela porcaria feita por Constance Garnett".

Um crítico menos arrogante, mas não menos perspicaz, Kornei Chukovsky (que também foi um famoso autor de livros infantis), apreciava o trabalho de Garnett com Turguêniev e Tchekhov, mas não com Dostoievski. O famoso estilo de "convulsões" e "estremecimento nervoso", escreveu ele, torna-se, sob a pena de Garnett, "um texto facilitado: não um vulcão, mas um gramado macio, aparado à maneira inglesa — o que significa dizer que é uma completa distorção do original".

Garnett (1862-1946) tinha sete irmãos. Seu pai era paralítico, e, quando Constance tinha apenas catorze anos, sua mãe morreu de ataque cardíaco pelo esforço de levantar o marido da cadeira até a cama. Constance ganhou uma bolsa para estudar os clássicos no Newnham College, Cambridge, e depois da pós-graduação se casou com um editor, Edward Garnett, descendente de uma família de aristocratas letrados ingleses.

Quando os Garnett estavam montando sua casa, Edward começou a convidar diversos exilados russos para passar o fim de semana com eles. Constance ficava enlevada pelas histórias de fervor revolucionário e efervescência literária. Em 1891, quando ficou de cama com uma gravidez difícil, ela começou a aprender russo. Em pouco tempo experimentou traduzir textos menores, começando com *Uma história comum*, de Goncharov, e *O reino de deus está em vós*, de Tolstoi, e em seguida passando para o seu favorito entre os russos, Turguêniev. Em 1894, ela deixou o filho pequeno e o marido e fez uma viagem de três meses pela Rússia, onde andou de trenó por longas distâncias e, em meio a tempestades de neve, visitou escolas experimentais e jantou com Tolstoi em sua propriedade.

Quando Garnett voltou à Inglaterra, deu início a uma rotina ascética que duraria toda a sua vida, cuidando da casa, das crianças e traduzindo. De manhã, ela fazia mingau para o filho David, e em seguida, segundo sua biógrafa Carolyn Heilbrun, "ela andava pelo jardim, enquanto o orvalho ainda estava nas plantas, para matar lesmas; esse era um momento de autocomplacência". Garnett era uma mulher suscetível a doenças, sofrendo de enxaquecas, dores no nervo ciático e miopia, e mesmo assim suas enfermidades não a impediram de trabalhar como tradutora. Ela recusou uma oferta de Louise e Aylmer Maude, amigos íntimos de Tolstoi, para ser colaboradora em uma tradução de *Guerra e paz*, e a fez sozinha. (E os Maude também, os únicos rivais dela em Tolstoi.) Garnett ficou quase cega trabalhando com *Guerra e paz*. Contratou uma secretária, que lia o texto em russo em voz alta para ela; Garnett ditava em inglês, às vezes pegando o texto original e segurando-o a poucos centímetros de seus olhos fracos.

Hemingway se lembra de dizer a um amigo, um jovem poeta chamado Evan Shipman, que nunca havia conseguido ler *Guerra e paz* inteiro — não "até conseguir a tradução de Constance Garnett". Shipman respondeu: "Dizem que ela pode ser melhorada. Tenho certeza que sim, embora eu não saiba russo".

Richard Pevear morava em Manhattan em meados dos anos 1980 quando começou a ler *Os irmãos Karamazov*. Ele e a esposa, uma exilada russa chamada Larissa Volokhonsky, tinham um apartamento no quarto andar de um prédio na West 107th Street. Para ganhar dinheiro, Pevear construía mobília e armários sob medida para a classe executiva emergente da vizinhança. Ele sempre havia ganhado apenas o suficiente para sobreviver: em New Hampshire, podava rosas em uma estufa comercial; trabalhou em uma marina, consertando iates. Publicara poemas na *The Hudson Review* e outras revistas trimestrais, e tinha trabalhado em traduções das línguas que conhecia: francês, italiano e espanhol. Ele traduziu poemas de Yves Bonnefoy e Apollinaire, e uma obra filosófica chamada *Os deuses*, escrita por Alain, um professor de Jean-Paul Sartre e Simone Weil.

Larissa nasceu em Leningrado; seu irmão Henri é um poeta que foi rival de Brodsky. Enquanto ainda morava na Rússia, Larissa aprendeu inglês, assistiu como ouvinte a um seminário sobre tradução e, usando uma cópia contrabandeada da *The New Yorker*, traduziu um conto de John Updike. Depois de emigrar, em 1973, ela traduziu *Introduction to patristic theology*, de John Meyendorff, um pensador e padre ortodoxo russo.

Certo dia, quando Richard estava lendo *Karamazov* (em uma tradução de um dos discípulos de Garnett, David Magarshak), Larissa, que havia lido o livro muitas vezes no original, começou a espiar sobre o ombro do marido para ler junto com ele. Ela se sentiu ultrajada. "Não está ali!", pensou ela. "Ele não conseguiu! É um escritor completamente diferente!".

Como experiência, por brincadeira, Pevear e Volokhonsky decidiram se dedicar juntos ao seu próprio *Karamazov*. Depois de olhar as diversas traduções — Magarshak, Andrew McAndrew e, é claro, Constance Garnett —, eles trabalharam em três capítulos de amostra. A divisão de trabalho que adotaram foi — e continua a ser — quase perfeita: primeiro, Larissa escreveu uma espécie de tradução literal hipercorreta do original, completa, com notas intersticiais sobre o estilo, a sintaxe e as referências de Dostoievski. Em seguida, Richard, que nunca conseguiu dominar a conversação em russo, escreveu um texto mais fácil, mais anglicizado, consultando Larissa constantemente sobre o original e as possibilidades que ele permitia ou não. Eles foram e voltaram dessa maneira diversas vezes, incluindo uma sessão final na qual Richard leu sua versão em inglês em voz alta enquanto Larissa acompanhava com a edição russa. A esperança deles era a de serem fiéis a Dostoievski completamente, inclusive a sua inclinação para a repetição, a aparente pieguice e o melodrama.

Quando chegaram a um texto que lhes agradava, enviaram uma cópia a um editor na Random House. O texto voltou com uma breve carta que dizia, segundo a leitura de Richard: "Não, obrigado. Garnett viverá para sempre. Por que precisaríamos de uma nova tradução?". Então eles tentaram a Oxford University Press. Os editores de lá enviaram o texto para um lente de Oxford, que fez objeção ao fato de Aliócha Karamazov ser chamado de "anjo"; na margem ele escreveu "bom sujeito"; outra anotação no canto da página dizia, simplesmente, "bobagem". A Oxford University Press também recusou o trabalho. Eles não se desesperaram. Pevear e Volokhonsky haviam, nesse meio-tempo,

284

se armado com entusiasmadas cartas de endosso vindas de alguns dos melhores estudiosos de língua eslava do país — entre eles Victor Terras, na Brown; Robert Louis Jackson, em Yale; Robert Belknap, em Columbia, e Joseph Frank, o biógrafo supremo de Dostoievski, de Stanford — e enviaram o texto para a Holt, a Harcourt Brace, Farrar, Straus & Giroux, e mais algumas outras. Houve apenas uma proposta: Jack Shoemaker, da North Point Press, pequena editora de San Francisco (hoje extinta), telefonou, oferecendo um adiantamento de mil dólares — o que não chegava a um dólar por página. Eles avaliaram que a tradução levaria de cinco a seis anos — mais de duas vezes o que Dostoievski levou para escrever o romance. Embora os tradutores de autores que já morreram há muito tempo não tenham que dividir royalties, a aritmética era desagradável. Pevear telefonou de volta e perguntou timidamente se, talvez, a North Point não poderia pagar um pouco mais. Shoemaker ofereceu 6 mil. "p/v", como eles viriam a ser conhecidos nos periódicos acadêmicos, começaram a trabalhar em *Os irmãos Karamazov*. Com o tempo se tornariam os tradutores de prosa russa mais competentes e com melhor vendagem desde Constance Garnett.

Alguns meses atrás, visitei Pevear e Volokhonsky em Paris. Eles se mudaram para a França em 1988, convencidos de que a França seria mais barata do que o Upper West Side. Eles moram em um pequeno apartamento no térreo em uma rua secundária chamada Villa Poirier. Estão ambos com pouco mais de sessenta anos e têm dois filhos crescidos. Pevear é um homem suave e amigável, com um cavanhaque grisalho, e uma espécie de sotaque irreconhecível que soa um tanto sofisticado. Volokhonsky é mais simples, mais reservada do que o marido, embora de maneira alguma acanhada. Às vezes Pevear entrava sem pedir licença nas frases de sua esposa, mas ela não se detinha facilmente. Os ambientes são frugais e claros, e me fizeram lembrar de muitos apartamentos que eu havia visitado em muitas cidades russas, apartamentos de um tipo específico de intelectual, com o corredor de entrada cheio de estantes com volumes em russo, inglês, francês e outras línguas. Os intelectuais russos parecem gostar de expor fotografias, não só da família, mas também de seus ícones culturais: Larissa tinha fotos de John Meyendorff e de outro venerável pensador ortodoxo, Alexander Schmemann, em cima de sua escrivaninha.

Pevear e Volokhonsky deixaram claro que seu trabalho é de colaboração — o russo dela, o inglês dele —, mas eles trabalham em escritórios contíguos, e sozinhos. "Não queremos trabalhar juntos com passagens curtas", disse Pevear. "Larissa faz um rascunho inteiro antes. O primeiro rascunho para *Os irmãos Karamazov* levou dois anos para ser completado, e felizmente nós tínhamos uma bolsa da National Endowment for Humanities" — de 36 mil dólares — "que nós esticamos o quanto pudemos."

"Achávamos que iria durar para sempre!", comentou Larissa. "Nunca tivemos nada parecido com essa quantia. Nós nos mudamos ilegalmente para a França com vistos de turista, e foi um policial quem finalmente nos disse que precisávamos 'regularizar nossa situação', nas palavras dele."

Ao contrário de Garnett, que começou pequena e depois foi subindo até chegar nos grandes e encorpados monstros de Dostoievski e Tolstoi, Pevear e Volokhonsky começaram com a maior e mais complexa obra-prima imaginável. *Os irmãos Karamazov* é, para usar o famoso termo de Mikhail Bakthin, o mais polifônico dos romances de Dostoievski, aquele que possui o maior número de vozes, tons e texturas entrelaçados no texto. Tolstoi e Tchekhov são muito mais claros, mais serenos; talvez, entre os principais textos do século XIX, apenas *Almas mortas*, de Gogol, com suas piadas e vocabulário singular, é tão difícil para um tradutor.

"Pensamos que, se podemos fazer isso juntos, deveríamos começar com o livro que era mais significativo para nós e aquele que havia sofrido mais nas mãos dos tradutores que nos antecederam." Pevear disse: "O maravilhoso senso de humor de Dostoievski tinha se perdido. *A divina comédia* é divina, uma obra religiosa, mas também é engraçada: ela tem momentos cômicos. O mesmo acontece com Dostoievski, e a comédia surge quando menos se espera. Iliúcha está morrendo. Seus sapatos estão do lado de fora do quarto. Seu pai está batendo a cabeça contra a porta. Um renomado médico alemão vem de Moscou para tratar o garoto. O médico sai do quarto depois de examiná-lo, e o pai pergunta-lhe se há alguma esperança. Ele diz: 'Estejam pre-parados para tu-do'. Então, 'baixando os olhos, ele mesmo se preparou para transpor o limiar em direção à carruagem'. Dickens nunca teria feito uma piada em um momento como esse. Ele teria nos teria arrancado todas as lágrimas que pudesse".

"Sim, é verdade", disse Larissa. "Os tradutores com muita freqüência procuram pela assim chamada sensibilidade russa e, vejam só!, eles a encontram:

a escuridão, a obsessão, o caráter místico. Tudo isso está lá, é claro. Mas também há uma leveza, uma leveza cristã alegre. Há mortes, suicídio, a morte de uma criança, Ivã fica louco, Mítia vai para a prisão — e no entanto o livro termina com alegria."

Os detratores de Dostoievski acusaram-no de possuir uma prosa irregular, até mesmo sentimentalóide, e de "fanfarronice gótica", na expressão de Nabokov, o mais famosos dos não-fãs. "Dostoievski realmente escreveu com pressa", disse Pevear. "Ele tinha prazos finais terríveis a cumprir. Escreveu *Crime e castigo* e *O jogador* simultaneamente. Sabia que, se não terminasse *O jogador* a tempo, perderia os direitos de todos os seus futuros livros pelos nove anos seguintes. Foi aí que ele contratou a mulher que seria sua futura esposa como estenógrafa e ditou o livro para ela. Tolstoi ganhava melhor, e nem mesmo precisava do dinheiro. Ainda assim, a irregularidade em Dostoievski, apesar da pressa e das pressões, era toda ela proposital. Não importava qual fosse o prazo final, se ele não gostava do que tinha em mãos, ele jogava tudo fora e começava de novo. Do jeito que trabalhava, esse chamado desajeitamento dele pode ser visto em seus rascunhos. É proposital. Seu narrador não é ele; é sempre um mau escritor provinciano que tem esse traço de rudeza, mas que é profundamente expressivo. No começo de *Os irmãos Karamazov*, no prefácio, há a passagem em que diz: 'sem poder resolver essas questões, estou resolvido a deixá-las sem resolução'. Ele hesita. Está em toda parte."

"E é assim que as pessoas falam", disse Volokhonsky. "Nós misturamos metáforas, hesitamos, cometemos erros."

"Os outros tradutores consertam isso", disse Pevear. "Nós, não."

Em seu prefácio, Pevear assinala que a voz da narrativa no romance está cheia de afirmações circunscritas, dicção mista, sintaxe inconstante, adjetivação composta estranhamente incorreta ("Ivã Fiódoróvitch estava, sem dúvida, convencido de sua completa e extremamente enferma condição"), clichês "misturados" (como em sua referência a um monge de Obdorsk como "o visitante distante" — combinando "visitante de longe" com "terra distante"). A fim de recriar alguma percepção do tom do original, Pevear e Volokhonsky têm que confiar em seus próprios instintos literários, mas também planejaram um conjunto de diretrizes. Por exemplo, eles não usam nenhuma palavra do inglês que, segundo o *Oxford English Dictionary*, passou a ser usada depois da publicação do romance que estão traduzindo. Em sua tradução de *Crime e castigo*, Sidney Monas usa a palavra *"pal"* em vez de algo como *"old boy"*. "Não fazemos isso", disse Pevear, com a mesma expressão de uma criança que inadvertidamente comeu jiló.

Volokhonsky acrescentou: "Dostoievski não usa gírias, embora às vezes haja vulgarismos. Por exemplo, ele usa *profiltrovat'sya* — 'filtrar', digamos, para uma sociedade — ou *stushevat'sya*, que Dostoievski parece ter inventado e significa 'retrair-se' ". Não há obscenidades de fato. Em *Os demônios*, um Tolo Santo — um sábio religioso idiota — pragueja, mas Dostoievski usa travessões em vez da própria palavra. Pevear e Volokhonsky não são puritanos, mas seus gostos de leitura têm limites. Mesmo quando precisavam desesperadamente de dinheiro, recusaram uma oferta para traduzir o romance fantasticamente obsceno de Victor Erofeyev, *Beleza russa*. Eles também não tiveram muito que admirar em um recente texto escandaloso russo, *Gordura azul*, de Vladimir Sorokin. "Foi o único livro que pedi para ser retirado de minha casa", disse Volokhonsky. "Eu disse: 'Leve de volta, livre-nos de sua presença. Não nos divertimos.'"

Comparar as traduções de *Os irmãos Karamazov* feitas por Garnett e por Pevear-Volokhonsky é deparar-se com centenas de diferenças sutis em tom, escolha de palavras, ordem de palavras e ritmo.

"Essas mudanças parecem pequenas, mas são essenciais. Elas se acumulam", comentou Pevear. "É como uma composição musical e um músico, uma interpretação. Se os seus dedos são pesados demais ou leves demais, a composição pode ficar distorcida."

"Pode-se comparar também à restauração de uma pintura", observou Volokhonsky. "Não se pode exagerar, mas você tem que ser fiel ao objeto."

O senso de fidelidade de Volokhonsky tem raízes óbvias: ela fica perplexa com qualquer tradução que tenha pouca consciência das qualidades do original que tocam a sensibilidade ou o ouvido russos. A fidelidade de Pevear à "pieguice" de Dostoievski vem de uma ambição bastante grandiosa. "Meu começo foi como escritor, como poeta, e não como tradutor, então comecei com esse conjunto de problemas", disse ele. "A mim me parecia que a prosa em língua inglesa havia se tornado desprovida de textura, de sabor, era rasa, ingênua, uma espécie de primeira pessoa obtusa. 'Acordei. Vi a janela. Sentia-me muito mal. O sol estava se erguendo sobre as colinas.' Agora, Dostoievski escreve com freqüência em primeira pessoa, mas há uma riqueza de textura, idéias e vozes. Assim, a idéia subliminar com a qual comecei a trabalhar como tradutor era a de ajudar a energizar a própria língua inglesa."

"Hemingway leu o Dostoievski de Garnett e disse que foi influenciado pelo texto", continuou ele. "Mas Hemingway foi tão influenciado por Constance Garnett quanto por Fiodor Dostoievski. Garnett quebra tudo em sentenças simples, ela 'hemingwayiza' Dostoievski, se é que você me entende."

A tradução de *Os irmãos Karamazov* feita por Pevear-Volokhonsky recebeu resenhas positivas de maneira quase uniforme, além do prêmio da PEN — associação internacional de poetas, dramaturgos, editores, ensaístas e romancistas — para traduções. "No *The Wichita Eagle,* recebemos uma surpreendente resenha de página inteira com o título KARAMAZOV AINDA INSUPERÁVEL EM CRIATIVIDADE", disse Pevear quando paramos para almoçar certo dia. "O único problema é que eles usaram uma fotografia de Tolstoi."

Tradicionalmente, traduzir fazia parte do trabalho de um escritor russo. Antes do século XIX, a soma total da grande literatura russa — depois de levar em consideração um épico do século XII, *A canção da campanha de Igor,* algumas peças teatrais cômicas e algumas estrelas do ocidentalizante século XVIII, como Derzhavin, Radischev e Karamzin — era relativamente insignificante. As classes superiores, que liam, automaticamente pensavam em literatura como uma importação européia. Alguns liam as obras em tradução, outros no original. Em *Eugene Onegin,* Puchkin nos fornece a lista de leitura de Tataiana Larina — "Desde cedo ela amou os romances, / eram seu único alimento" — e toda ela é estrangeira: Richardson, Rousseau, Lovelace, Sophie Cottin, Madame de Staël. E no capítulo 2 do conto de Puchkin "A dama de espadas", uma velha condessa recorre a um jovem oficial, seu neto:

"Paul", gritou a condessa de trás do biombo, "mande-me um romance novo. Não importa qual, contanto que não seja do gosto moderno."

"Que entende por isso, vovó?"

"Quero um romance onde o herói não estrangule nem o pai, nem a mãe, e onde não haja afogados. Tenho um medo atroz dos afogados."

"Não se escrevem mais romances deste gênero. Não quer um romance russo?"

"Hum. Há romances russos?"

Durante o período soviético, os cidadãos eram privados das obras censuradas, mas podiam ler inúmeras traduções: *Hamlet* por Bóris Pasternak, a *Odisséia* por Vasily Zhukovsky, a *Ilíada* por Nikolai Gnedich. Puchkin fez uma homenagem a Gnedich em forma de epigrama:

Poeta Gnedich, tradutor de Homero, o Cego,
Era, ele próprio, caolho,
Da mesma forma, sua tradução
É apenas metade como o original.

Como parte do projeto da revolução para educar as massas, Máximo Gorki iniciou uma editora em 1918 com o plano de produzir pelo menos 1500 volumes "das mais notáveis obras da ficção mundial"; o projeto foi interrompido em 1927, tendo lançado 120 livros. À medida que o realismo socialista era imposto sobre os escritores soviéticos, uma forma de resistência admissível, de encontrar liberdade interior, era ler traduções de escritores estrangeiros. Nenhuma biblioteca particular estava completa sem Hemingway, Faulkner, London, Fitzgerald, Steinbeck, Salinger — todos oficialmente permitidos na condição de "escritores progressistas" que expunham as "úlceras do mundo capitalista". Havia também clássicos enfadonhos que há muito tempo tinham saído de moda no mundo de língua inglesa (especialmente sir Walter Scott), bem como alguns escritores menores como A. J. Cronin e James Aldridge. Era comum, como no caso de Aldridge, que os escritores fossem traduzidos por serem comunistas, ou, pelo menos, simpatizantes. Entre os pilares essenciais da cultura no período soviético estava o periódico *Innostrannaya Literatura — Literatura Estrangeira —*, que publicava contos e romances em tradução.

Uma das luzes proibidas da literatura russa durante o período soviético foi Vladimir Nabokov. Nenhum de seus livros, nem mesmo os primeiros romances escritos em russo na França e na Alemanha, ou obras posteriores, escritas em inglês quando ele morou nos Estados Unidos e na Suíça, foi aprovado pelas autoridades. Ele foi considerado perigosamente "anti-soviético" e banido totalmente. Até sua tradução de *Eugene Onegin* — com seus três volumes adicionais de comentários (observações tão nabokovianas, tão alegres, intrincadas e eruditas, que se parecem com os dispositivos narrativos de um de seus romances, como o "comentário" de *Fogo pálido*) —, até ela era impossível de encontrar na União Soviética da era pré-Gorbachev, a não ser em edições ilegais e contrabandeadas.

Pevear e Volokhonsky me contaram que consideravam o *Onegin* de Nabokov um dos grandes triunfos de tradução, muito embora não seja nem um pouco parecido com seu próprio trabalho. Nabokov, que considerava *The gift* e *Lolita* como seus melhores romances, achava que seu *Onegin* era, talvez, o projeto mais importante de sua vida e, ao mesmo tempo, como toda tradução, de natureza fútil. Em 1955, quando estava iniciando o projeto, ele publicou um poema na *The New Yorker* sobre a impossibilidade, o insulto, da tradução:

> *Que é tradução? Em um prato*
> *A cabeça pálida e de olhar fixo de um poeta,*
> *O grito de um papagaio, ruídos de um macaco,*
> *E a profanação dos mortos.*
> *Os parasitas com quem foste tão duro*
> *Serão perdoados se eu tiver o teu perdão,*
> *Ó Puchkin, por meu estratagema.*
> *Viajei até teu caule secreto,*
> *Atingi a raiz, e lá me alimentei;*
> *Então, em uma língua recém-aprendida,*
> *Fiz crescer outro talo e transformei*
> *Tua estrofe, moldada como um soneto,*
> *Em minha honesta e vulgar prosa —*
> *Toda espinho, mas parente da tua rosa.*

O poema, que originalmente foi escrito na forma poética característica de Puchkin — catorze versos, 118 sílabas em tetrâmetro iâmbico —, é tanto um tributo quanto um pedido de desculpas à língua russa e a Puchkin.

Nabokov trabalhou em *Onegin* por quase uma década. Sua intenção, como ele deixa claro na introdução, não é apresentar uma tradução "poética" tradicional, um *Onegin* em inglês agradável, como as nobres tentativas de Avrahm Yarmolinsky, James Falen ou Charles Johnston. Ele achava que essas tentativas haviam necessariamente terminado em fracasso.

* * *

Não muito tempo antes de publicar sua própria versão de *Onegin*, Nabokov foi às páginas do *The New York Review of Books* e, como o lepidopterologista que era, arrancou as asas de uma tradução de Walter Arndt — que, para sua raiva, acabou ganhando o prêmio Bollingen. Nabokov não conseguia tolerar os "germanismos", seu sacrifício desregrado da precisão semântica em favor da "beleza" rítmica. De todos os pecados de um tradutor, escreveria ele mais tarde, "o terceiro, e pior, grau de torpeza é atingido quando uma obraprima é aplainada e modelada em um determinado formato, ornamentada de maneira vil de tal forma a se adaptar às idéias e preconceitos de um determinado público. Isso é um crime, que merece a punição no tronco, da mesma forma que acontecia com os plagiaristas nos tempos coloniais".

De sua parte, Nabokov pretendia dar ao leitor uma "cola", como disse certa vez a um entrevistador. "E pela fidelidade da transposição eu sacrifiquei tudo: elegância, eufonia, clareza, bom gosto, usos modernos, e até gramática." Ele não tinha esperanças em relação a *Onegin* como poema em língua inglesa. Seu propósito era peculiar e claro. Da mesma forma que Dante escreveu *A divina comédia* para mover os leitores na direção das Escrituras (ou assim disse ele), Nabokov fez sua tradução para inspirar seu leitor a saber o poema em russo:

> Espera-se que os meus leitores sejam levados a ler a língua de Puchkin e que percorram EO novamente sem essa cola. Na arte, assim como na ciência, não há encanto sem detalhe, e é nos detalhes que tentei fixar a atenção do leitor. Permita-me repetir que, a menos que eles tenham sido minuciosamente entendidos e lembrados, todas as "idéias gerais" (tão facilmente adquiridas, tão lucrativamente repassadas) precisam necessariamente permanecer, mas usando passaportes que permitam a seus portadores tomar atalhos de uma área de ignorância a outra.

Apesar da textura teimosamente extravagante e pouco atraente do *Onegin* de Nabokov, a obra de maneira geral recebeu boas resenhas, especialmente por aqueles que entenderam e aceitaram a intenção dele e não ficaram procurando um poema inglês. A mais notável exceção foi Edmund Wilson, que decidiu em julho de 1965 travar uma batalha contra a tradução nas páginas do *The New York Review.*

Desde 1940, pouco depois da chegada de Nabokov aos Estados Unidos, Wilson e ele mantiveram uma amizade cordial, uma correspondência constante, cheia de formas de tratamento afetuosas e ensinamentos mútuos, competição jocosa e entusiasmo recíproco. Eles combinavam perfeitamente: ambos eram autoconfiantes, supremamente inteligentes e bem treinados na arte da polêmica. Wilson foi extremamente generoso com Nabokov, fazendo apresentações para ele que levaram a empregos no magistério, uma bolsa da Fundação Guggenheim, contratos com editores e publicações na *The New Yorker* e na *The New Republic.* Ainda assim havia uma honestidade incomum, quase assustadora, no relacionamento. Wilson não hesitou em dizer a Nabokov que não gostou de *Bend sinister, Lolita, Ada* e outras obras importantes. (Ele nunca se deu ao trabalho de ler *The gift.*) Nabokov, apesar de sua dívida com Wilson, tratava-o com alegre condescendência, especialmente em relação a assuntos russos: "Caro Bunny, vou roubar uma hora de Gogol e discutir essa questão de versificação russa, porque você não poderia estar mais errado". Wilson ficava perturbado com muitos julgamentos literários de Nabokov, seu desdém pelo "asinino" *Morte em Veneza,* de Mann, pelo "pessimamente escrito" *Dr. Jivago,* de Pasternak, as "crônicas do milharal" de Faulkner — qualquer coisa que recendesse a estilo jornalístico, a cor local, grandes idéias ou propaganda política. E ainda assim, durante um quarto de século, apesar de qualquer atrito e ciúme, a amizade parecia florescer em sua integridade. "Gosto muito de você", Nabokov disse a Wilson em 1945, ao que Wilson respondeu: "Nossas conversas estão entre os poucos confortos de minha vida literária nos últimos anos — quando meus velhos amigos estão morrendo, desaparecendo ou se tornando cada vez mais neuróticos". Entretanto, no fim das contas, o relacionamento não poderia sobreviver ao ataque de Wilson ao *Onegin* de Nabokov. A investida foi violenta demais, arrogante demais, e Nabokov nunca mais recuperou completamente sua auto-estima.

Apesar de seu conhecimento imperfeito de russo, aprendido em livros, Wilson não deixou dúvidas sobre sua capacidade de enfrentar Nabokov. Durante sua carreira, ele aprendeu muitas línguas para poder "desenvolver" seus projetos: russo e alemão para escrever sobre Marx e Lênin em *Rumo à Estação Finlândia,* hebraico para *Os manuscritos do mar Morto,* húngaro para ler

Endre Ady e outros poetas. Ele era especialmente zeloso de seu russo, consultando gramáticas, o dicionário de Dahl (uma espécie de *Oxford English Dictionary* russo mais antigo) e, com muita freqüência, seu amigo exilado.

No que dizia respeito a literatura russa, a correspondência entre Nabokov e Wilson parecia-se com o relacionamento entre um professor paciente e que, ao mesmo tempo, se diverte e um aluno ávido, que falha por ser muito aflito. A publicação no *The New York Review of Books* de "O estranho caso de Puchkin e Nabokov", de Wilson, foi um ataque vindo do fundo da classe:

> Essa obra, embora valiosa em alguns aspectos, causa um certo desapontamento. E o autor desta resenha, ainda que amigo pessoal do sr. Nabokov — por quem sente calorosa afeição às vezes esfriada pela irritação — e admirador de boa parte de sua obra, não se propõe a disfarçar esse desapontamento. Uma vez que o sr. Nabokov tem o hábito de apresentar qualquer trabalho desse tipo que ele realize por uma proclamação de que o mesmo é singular e incomparável, e que qualquer outra pessoa que tenha tentado realizá-lo é um parvo e um ignorante, incompetente como lingüista e como estudioso, geralmente com a implicação de que tal pessoa era de classe baixa e ridícula, Nabokov não poderá reclamar se o autor da resenha, embora sem tentar imitar seus maus modos literários, não hesitar em apontar-lhe suas fraquezas.

Wilson não só desaprovava "a linguagem pobre e deselegante" de Nabokov; ele também percebia no amigo um desejo de "torturar tanto o leitor quanto a si mesmo" ao "achatar" Puchkin. Em *Raízes da criação literária*, Wilson encontrou a chave para a arte imaginativa nos insultos e humilhações sofridos por um escritor em sua juventude — no caso de Nabokov, a humilhação de ter sido privado de sua terra natal, de ser forçado a vagar pelo mundo longe de seu lar e de sua língua. Ele considera que a vingança de Nabokov é "sadomasoquista", e se expressa em uma furiosa perversão de Puchkin:

> Além do desejo de sofrer e fazer sofrer — um elemento tão importante em sua ficção —, o único traço característico de Nabokov que se pode reconhecer nesta tradução desigual e, por vezes, banal é o vício no uso de palavras raras e incomuns, o que, tendo em vista sua intenção declarada de se manter tão próximo ao texto original que sua versão possa ser usada como uma tradução literal, reve-

la-se totalmente impróprio aqui [...]. Ele nos dá, por exemplo, *rememorating, pro-ducement, curvate, habitude, rummers, familistic, gloam, dit, shippon* e *scrab*.

Em resumo, Wilson acusou Nabokov por "erros reais no inglês", "um estilo desnecessariamente canhestro", expressões "vulgares", imodéstia, transliteração imprecisa, "falta de bom senso", "um apêndice tedioso e interminável", um entendimento pobre da prosódia russa, um comentário "excessivo" que sofre por "informações que, de maneira geral, são bastante inúteis", e — "para tentar acabar com todos os pontos que considero negativos" — "falhas sérias" de interpretação. As particularidades resumem o principal do ataque de Wilson, embora ele conclua com um perfeito tributo aos mini-ensaios de Nabokov sobre o período, os colegas e as influências de Puchkin.

Depois de ler o texto de Wilson em sua casa em Montreux, Nabokov telegrafou à co-editora do *Review*, Barbara Epstein, em Nova York: "Por favor, reserve espaço para o meu trovão". Se Wilson viu seu ensaio simplesmente como um aperfeiçoamento de um jogo em andamento, o mesmo não aconteceu com seu alvo. Nabokov, cujo senso de humor era tão superior na página, não estava nem um pouco contente, e seus contra-ataques, publicados na *Encounter* e no *The New York Review*, alfinetavam Wilson pessoalmente e também discorriam sobre particularidades filológicas:

Como o sr. Wilson legitimamente anuncia no início de "O estranho caso de Puchkin e Nabokov", somos, de fato, velhos amigos. Eu compartilho inteiramente a "calorosa afeição às vezes esfriada pela irritação" que ele diz sentir por mim. Nos anos de 1940, durante minha primeira década nos Estados Unidos, ele foi muito gentil comigo em diversos assuntos, não necessariamente relacionados à sua profissão. Sempre lhe fui grato pelo tato que demonstrou ao abster-se de resenhar meus romances. Tivemos conversas hilariantes, trocamos muitas cartas sinceras. Confidente paciente de sua longa e irremediável obsessão pela língua russa, sempre fiz o melhor que pude para explicar-lhe seus erros de pronúncia, gramática e interpretação. Por volta de 1957, em um de nossos últimos encontros, ambos percebemos com divertido assombro que, apesar de meus freqüentes comentários sobre prosódia russa, ele ainda não sabia escandir os versos russos. Ao ser desafiado a ler *Eugene Onegin* em voz alta, ele começou a fazê-lo com grande prazer, deturpando cada segunda palavra e transformando o verso iâmbico de Puchkin em uma espécie de anapesto espasmódico com muitas hesitações que o faziam torcer a mandíbula e adoráveis sons agudos que criavam completa confusão no ritmo, e em pouco tempo estávamos os dois às gargalhadas.

Como um almirante no comando de uma frotilha com a qual seu mal equipado oponente não poderia ter esperanças de competir, Nabokov arremete seu comando superior da língua e da prosódia russas sobre o oponente. Depois de algum tempo, seus contra-ataques sistemáticos parecem desleais:

Ao traduzir *slushat' shum morskoy* (Oito:IV:11), escolhi a expressão transitiva poética e arcaica "*to listen the sound of the sea*" porque a passagem relevante tem em Puchkin um tom arcaico estilizado. O sr. Wilson pode não se importar com essa expressão — eu também não me importo muito com ela —, mas é uma tolice da parte dele supor que eu tenha incorrido em um lapso de russismo ingênuo sem realmente ter consciência de que, como ele nos diz, "*in English you have to listen to something*". Em primeiro lugar, é o sr. Wilson que não tem consciência de que existe uma construção análoga em russo, *prislushivat'sya k zvuku*, "*to listen close to the sound*" — o que, é claro, transforma em absurdo o russismo exclusivo por ele imaginado, e, em segundo lugar, se ele tivesse por acaso folheado um certo canto do *Don Juan*, escrito no ano em que Puchkin começou seu poema, ou uma certa "Ode à memória", escrito quando o poema de Puchkin estava sendo terminado, meu erudito amigo teria concluído que Byron ("*Listening debates not very wise or witty*") e Tennyson ("*Listening the lordly music*") devem ter tanto sangue russo quanto Puchkin e eu.

Wilson nunca cedeu em seu argumento de que a tradução de Nabokov era quase ilegível como poema (e nesse ponto ele estava correto), mas, com o tempo, pareceu lamentar o ocorrido. Ao reler seu artigo original, reconheceu que havia soado "mais danoso" do que havia pretendido. Mas era tarde demais. A correspondência com Nabokov, que fora tão ativa e calorosa, diminuiu e cessou. Wilson sentiu a perda intensamente. Houve umas poucas cartas incoerentes nos anos que lhes restavam, mas Nabokov nunca conseguiu perdoar totalmente o caso *Onegin* e outras desfeitas, incluindo uma passagem ofensiva sobre sua esposa, Véra, na autobiografia de Wilson, *Upstate*. Um quarto de século de intensa amizade terminava. Em uma carta ao *Times Book Review* em novembro de 1971, Nabokov escreveu: "Tenho consciência de que meu ex-amigo está com a saúde abalada, mas, na luta entre os ditames da compaixão e os da honra pessoal, estes vencem". Wilson morreu em junho de 1972.

Pevear e Volokhonsky podem ser os principais tradutores de russo para o inglês de nossa época. Eles com certeza são os mais versáteis e diligentes, e a única equipe desse tipo na qual um dos membros, Richard Pevear, não fala realmente a língua. Pevear contou-me que ele nem sequer passou muito tempo na Rússia — apenas uma viagem de três semanas a São Petersburgo para conhecer os amigos e a família de sua esposa.

"Nunca tive curiosidade de visitar a Rússia", disse ele durante uma de nossas conversas em Paris. "Não tenho curiosidade de ver a cidade de Moscou. Será que eu deveria?"

Larissa pareceu levemente desconcertada pela falta de curiosidade do marido. "Eu não sei o que dizer."

Ouvindo Larissa conversar com os amigos exilados em Paris, revisando milhares de pequenas questões de tradução, Pevear certamente aprendeu muito de russo, mas não seu vocabulário estranhamente rico, a gramática complicada, com suas conjugações verbais enlouquecedoras, diferenças mínimas nos tempos dos verbos, reflexividades, casos, terminações, ginásticas com gerúndios.

Em uma nota paralela, é impossível para mim não concordar com ele. O russo foi a ruína da minha vida acadêmica. Nunca dediquei a uma matéria tanto tempo e concentração, apenas para me sentir arruinado antes mesmo de a tarefa ser realizada. Na faculdade, para desalento das duas dominatrixes que eram minhas professoras, passei centenas de horas estudando um texto de capa marrom e azul chamado Stillman e Harkins (e, mais tarde, um de capa verde, de Charles E. Townsend), centenas de horas mais nos laboratórios de línguas pronunciando errado os verbos, e tudo isso por muito pouco — tão pouco que abandonei a escola por um ano e, quando retornei, mudei para a promessa ensolarada e a lógica matemática do francês. Mais tarde, retomei meus estudos de russo com uma jovem professora particular de Novosibirsk, que, ao me ouvir tentar uma frase participial com verbo de movimento, reflexivo e marcadamente prefixado, em posição de âncora — uma manobra que eu considerava a mais complexa de todo o meu repertório conversacional —, encolheu-se, como se tivesse sido esfaqueada, revirou os olhos e, depois de se recuperar, pareceu ansiosa para voltar ao apartamento comunal que dividira na Sibéria central. Ela tirou da bolsa um texto de capa azul chamado *Russky Yazyk dlya Vsyekh* — "Russo para todos" —, uma gramática para iniciantes publicada em Moscou, e disse: "Então, vamos começar da página 1, sim?".

Como professor, Nabokov se deleitava com as dificuldades que a língua apresentava, quase até o ponto de ter uma confiança absoluta de que nenhum aluno jamais ultrapassaria o que ele chamava de nível *Kak-vy-pozhivaetye-ya-pozhivayu-khorosho* (Como-vai-eu-vou-bem) no aprendizado de russo. Ele preocupava-se especialmente com a pronúncia. "Por favor, garotas, tirem os espelhos das bolsas", o futuro autor de *Lolita* instruía suas alunas em Wellesley, "e vejam o que acontece dentro da boca de vocês." Muitos de seus alunos e alunas iam para seus cursos esperando ler Tolstoi no original (como eu) e saíam satisfeitos se conseguiam murmurar uma simples frase como "Os meninos estão em pé na ponte".

Larissa Volokhonsky é uma professora menos arrogante para seu marido do que Nabokov jamais foi para as mulheres de Wellesley. Seus rascunhos e provas fornecem traduções literais do original e diversas marcas indicativas, mas a palavra final é dele. "Eu cometo erros em inglês", disse ela, "mas há o bastante para explicar a Richard o que está acontecendo no texto e para trabalhar em conjunto com ele."

Desde o grande sucesso de *Os irmãos Karamazov*, Pevear e Volokhonsky traduziram (para diversas editoras) todos os principais romances de Dostoievski e muitas de suas outras histórias; *O mestre e Margarida*, de Mikhail Bulgakov; uma antologia de contos de Tchekhov e um de seus romances curtos; e, o mais famoso de todos, *Ana Karênina*, de Tolstoi.

Estranhamente, Pevear falou prontamente, e com segurança, sobre a linguagem de Tolstoi. Observou que a parte mais difícil de começar um projeto extenso como *Ana Karênina* era "conseguir a voz", captar o tom da narrativa que perpassa todo o livro. "O estilo de Tolstoi é a coisa menos interessante sobre ele, ainda que seja bastante peculiar", comentou. "Parece que a maioria das pessoas, incluindo os tradutores, são insensíveis à crueza do estilo de Tolstoi, mas ele gostava de ser rude, fazia isso de propósito, para provocar. Com freqüência, o interessante em *Ana Karênina* é como a prosa é deliberadamente irregular. Nabokov se desculpa pela má escrita de Tolstoi. Mas o próprio Tolstoi disse que a questão é fazer com que a coisa seja dita, e então, se não tiver certeza de que ela foi dita, dizê-la de novo, e de novo."

Pevear e Volokhonsky concordam com a maioria de seus críticos que dizem ser eles melhores traduzindo Dostoievski e, talvez, Tolstoi. Gogol é notoriamente difícil, Tchekhov, enganosamente simples.

"Tchekhov tem suas próprias dificuldades", disse Larissa. "Seu tom parece ser muito simples e comum, quase banal, e no entanto é muito difícil de ser captado. Quase cai na região de trivialidades, quase clichê."

Richard interrompeu, dizendo: "É, há um ritmo enfadonho. 'E eles viram... E então podiam ver... E se estava claro eles podiam seguir em frente...'. Uma coisa após a outra, sem qualquer paixão evidente, uma monotonia. Veja 'A estepe'" — uma das histórias longas mais conhecidas de Tchekhov. "Os ritmos e parágrafos estão no mesmo nível o tempo todo. A tarefa é manter esse ritmo sem cair na banalidade. Lembre-se, este é o autor de 'Uma história enfadonha'. Ele pega pessoas banais e as coloca em situações banais, mas tem esperança para elas. Como médico, ele sabia que a vida é horrível, e, se todos soubéssemos disso, nós nos enforcaríamos. E ainda assim existe uma fonte de luz oculta em sua obra, uma fonte desconhecida e pouco nítida. Ele fala sobre o horror da vida em 'Na ravina'. E, no entanto, existe algum esplendor em algum lugar. Dostoievski era cristão, então havia uma luz clara e transcendente. Com Tchekhov, a luz é mais suave, mas está lá."

Pevear e Volokhonsky terminaram *Ana Karênina* em setembro de 1998 — ou assim pensaram. Apesar de sua crescente fama nos Estados Unidos, eles não conseguiram impressionar os editores da Penguin em Londres. "Eles nos disseram que o livro era ilegível", disse Pevear. "Disseram-nos que o texto precisava ser mais 'amigável para o leitor'. Mas o próprio Tolstoi não é amigável com o leitor! Eles disseram que não estava pronto para ser editado."

Pevear pensou que havia resolvido o problema tirando algumas das passagens mais repetitivas e de ênfase exagerada. "Então arranjamos um editor de texto exigente que ficava nos dizendo que algumas coisas poderiam parecer obscenas de uma forma que não havíamos pretendido", contou ele. "Por exemplo, Kitty diz: 'I love balls'. Esse editor teve a bondade de nos dizer que isso soaria engraçado. Mas Kitty gostava de ir a bailes! O que podíamos fazer?

E outra sentença dizia: 'Did you come recently?'. Puxa, foi tudo muito penoso.* E então eles começaram a inserir à caneta traduções alternativas de Rosemary Edmonds, dúzias e dúzias de vezes. Eu fiquei com muita raiva. Houve mais de cem ocorrências desse tipo. Precisei de duas semanas, trabalhando doze horas por dia, para restaurar tudo."

Por fim, em 2000, o livro foi publicado no Reino Unido. A Penguin vendeu algumas centenas de exemplares na Inglaterra. Na Viking Penguin em Nova York, Caroline White, editora-sênior, ordenou uma impressão de 32 mil exemplares, na esperança de que algumas resenhas de peso significassem que a nova edição iria desalojar Garnett, o casal Maude, e outras traduções no mercado acadêmico.

Então, certo dia na primavera de 2004, White telefonou para Pevear em Paris. Tinha grandes novidades. Oprah Winfrey ia escolher *Ana Karênina* para seu clube do livro. Nem Pevear, nem Volokhonsky entenderam bem as implicações comerciais. Na verdade, eles não tinham a menor idéia sobre quem era Oprah Winfrey. "Eu achava que ela era uma cantora country", disse Richard.

White informou-os de que a Viking Penguin iria imprimir um adicional de 800 mil exemplares de sua tradução em um só mês. Logo os ônibus, trens do metrô e cafeterias estavam repletos de pessoas lendo Tolstoi. Perguntei a Richard e Larissa o que o "momento Oprah" havia significado para eles.

"Significa que agora eu tenho um contador", respondeu Richard.

Notas do subterrâneo agora vende 8 mil exemplares por ano, *Crime e castigo*, 12 mil, *Os irmãos Karamazov*, 14 mil, *Ana Karênina*, 20 mil. Em boa situação financeira, ainda que não sejam ricos, Pevear e Volokhonsky dividem seu tempo entre o apartamento em Paris e uma pequena propriedade rural na Borgonha. Eles têm pensado em futuros projetos, incluindo as obras de Nikolai Leskov, famoso pela novela *Lady Macbeth de Mtsensk*. Mas eles não podem olhar muito para o futuro, porque a editora Everyman já requisitou uma tradução do romance que E. M. Forster insistiu ser o maior de todos, e que é, com certeza, o mais extenso volume na série do século XIX: *Guerra e paz*. Volokhonsky já fez cerca de dois terços de seu primeiro rascunho, e Pevear quase seiscentas páginas de seu texto.

---

* Em inglês, a palavra "balls" significa "bailes" e também "bolas" (testículos); o verbo "to come" pode significar tanto "vir" quanto "gozar" (atingir o orgasmo). (N. T.)

"Existe um verdadeiro desafio em *Guerra e paz*, uma quantidade enorme de detalhes históricos", observou ele. "O romance tem quinhentas figuras históricas e ficcionais, então temos que escrever comentários para as históricas, que são a grande maioria. Nas cenas de batalha, temos que arranjar palavras para tipos específicos de armas e canhões, para táticas militares. Existe uma extensa cena de caça, então temos que encontrar termos muito específicos para os lobos, as raposas, os tipos de cães, os cavalos, a cor dos cavalos, suas andaduras, o formato de suas patas e ferraduras, e a maneira como abanavam as caudas. Tolstoi sabia tudo isso como uma segunda natureza. Ou os termos da moda e da alta sociedade. Na cena de abertura, a tia, *ma tante,* está vestida com 'fitas caras'. Elena Kuryagina está vestida com *listya i mokh* — 'folhas e musgo'. O que fazemos com isso? Teremos que chamar nossa amiga Sacha Vasiliev, figurinista de teatro, que tem uma coleção de roupas antigas."

O prazo deles é o final de 2006. Embora prefiram Dostoievski a Tolstoi, estão achando *Guerra e paz* imensamente satisfatório. "Mesmo quando as pessoas vão à guerra, com tragédia e luto, ainda há um mundo seguro e harmônico", disse Larissa. "Natasha tem bebês vivendo em um mundo que pode não mais existir amanhã."

Pevear, em especial, leu um pouco de teoria sobre tradução: Walter Benjamin, José Ortega y Gasset, Roman Jakobson e, é claro, Nabokov. Ele disse que tira sua maior inspiração de um poeta e tradutor francês do fim do século XIX chamado Valéry Larbaud. No final de nossa última conversa em Paris, Pevear foi até uma de suas estantes e tirou de lá um volume em francês e leu uma oração de Larbaud dirigida a são Jerônimo, que traduziu a Bíblia para o latim. Seguindo as linhas do trecho com os dedos, Pevear apertou os olhos e, lentamente, traduziu: "Excelente doutor, luz da Santa Igreja, abençoado Jerônimo. Estou prestes a empreender uma tarefa cheia de dificuldades, e a partir deste momento peço-lhe que me ajude com suas preces para que eu possa traduzir esta obra para o francês com o mesmo espírito com o qual ela foi composta".

Pevear fechou o livro com um estalo e pegou a tradução de *Guerra e paz* feita pelos Maude, que ele estivera revendo para seu próprio trabalho.

"Sei como ele se sente", comentou. "É a mesma coisa que estava na nossa cabeça quando começamos."

* * *

No início do outono, a Penguin anunciou a publicação de uma nova tradução de *Guerra e paz* — feita por Anthony Briggs, um acadêmico britânico. Briggs, que de maneira geral recebeu resenhas positivas, pareceu encantadoramente modesto. Um dos jornais britânicos, o *The Daily Telegraph*, citou-o dizendo: "Tradutores profissionais geralmente são pessoas medíocres como eu, e não grandes gênios poéticos". O *Times Literary Supplement* publicou um artigo curto e singular, que apontava para o fato de Briggs, diferentemente de alguns de seus predecessores, ter traduzido todas as passagens em francês de Tolstoi para o inglês e até ter explicitado algumas das obscenidades do general Kutuzov. (Tolstoi havia ocultado as blasfêmias com elipses.) Aquilo que Rosemary Edmonds, a última tradutora do romance, traduziu por "Bem feito para eles, os f. d. p.!", Briggs traduz por "Eles pediram isso, os malditos filhos-da-puta!".

Enquanto isso, Pevear e Volokhonsky estavam trabalhando em sua tradução na casa na Borgonha. Eu lhes escrevi, perguntando sobre a abordagem de Briggs, e aguardei ansioso por uma resposta, mesmo que fosse irritada. Ela veio algumas semanas mais tarde:

> Estamos bem e tivemos um verão atarefado, mas proveitoso. Estou prestes a perder a batalha de Austerlitz (G&P vol. 1 parte 3). [...] Em relação a suas perguntas: Não sei quão "novo" é traduzir as passagens em francês de *Guerra e paz*. Edmonds mantém apenas o "*Eh bien, mon prince*" do trecho de abertura, mas põe o resto em inglês, enquanto Tolstoi tem as dez primeiras linhas em francês, junto com muitos outros diálogos extensos nos capítulos iniciais. Também há palavras e expressões em francês por todo o romance. As versões de Maude e Garnett traduzem tudo para o inglês, assim como o fazem, por exemplo, com a carta de Napoleão para Murat, e com o alemão da disposição de Weyrother diante de Austerlitz. Se, como você diz, Anthony Briggs também traduz tudo, então, pelo que sei, a nossa será a única versão QUE NÃO TRADUZ. Fazemos como Tolstoi faz, e, como as edições russas do romance, colocamos as traduções em notas de rodapé.

Tolstoi usou o francês por uma razão, ou por muitas razões: para dar o tom do período; para divertir-se com as ironias de uma aristocracia russa que falava francês e que de repente se vê atirada em uma guerra contra a França; para sugerir uma certa frivolidade e deslocamento em personagens como o príncipe Vassily e o engenhoso Bilibin [...]. O interessante é que, quando Napoleão brinca com suas tropas, ele o faz em francês, mas quando ele fala a sério Tolstoi empresta-lhe o russo.

Sobre a passagem amenizada com Kutuzov, novamente faremos como Tolstoi fez. Ele nunca teria escrito explicitamente "malditos filhos-da-puta", e, de qualquer forma, Briggs não foi muito inventivo. Nenhum de nós consegue imaginar que epítetos Tolstoi tinha em mente para Kutuzov, mas parece que envolvia abusos das mães.

Com nossos melhores votos...

(2005)

Blues pós-imperiais: Vladimir Putin

Em um dia escuro vinte anos atrás, eu estava em um vagão de trem soviético (Helsinque—Leningrado; as janelas respingadas de chuva), lendo uma coletânea de contos de Vladimir Nabokov. Havia na época, de uma forma que não existe mais, uma certa sensação de ilicitude na travessia do Ocidente para o Oriente: as limpas ruas finlandesas e as casas diminuindo em quantidade até desaparecerem, perto da fronteira. Poucos minutos depois, os sinais da decadência soviética. Um Zhiguli com motor falhando a rebocar outro Zhiguli com uma corda em uma estrada lamacenta. Cartazes encharcados ("Comunismo = Energia Soviética + Eletrificação do País Todo!") pregados nas laterais de uma cabana. Um bêbado sórdido com um casaco acolchoado, ignorando a chuva, batendo os pés com botas em uma poça. O trem parou com um rangido na cidade fronteiriça de Vyborg. O sistema de ventilação tossiu e parou. Um trio de homens uniformizados e glabros — não deveriam ter mais de vinte anos — embarcou e percorreu as fileiras de poltronas, verificando passaportes e vistos, examinando apressadamente nossa bagagem. Como agentes de segurança do Estado, os guardas tentavam assumir uma expressão altiva, mas só conseguiam irradiar nervosismo, a sensação de que, da mesma maneira que eles estavam nos observando, alguém mais importante também os observava.

Quando os guardas alcançaram minha fileira, já haviam recolhido uma pequena pilha de Bíblias amarrada com barbante e achado um esconderijo com revistas pornográficas alemãs. Eles revistaram a minha mochila e não viram nada interessante. Então um deles estendeu o indicador e tocou a contracapa do livro que estava em minha mão para poder examinar a capa desbotada. A ilustração de capa mostrava uma garotinha de cabelos claros, mas que curiosamente não parecia russa, e sim com uma modelo de anúncio de xampu. O guarda fez uma pausa e estreitou os olhos. O livro não era *Lolita*, mas era Nabokov, igualmente ilegal. Os autores não são banidos por seus títulos; eles são completamente banidos. Ele *sabia*. Ainda assim, pareceu não se importar e seguiu em frente, deixando-me entregue ao meu prazer contra-revolucionário.

Alguns minutos mais tarde, o trem retomou sua viagem para o leste, o agradável entorpecimento das horas vendo as bétulas, a chuva e os vilarejos que passavam. Logo escureceu e as janelas ficaram enevoadas. Comecei a ler "A visita ao museu", no qual um exilado russo se vê passeando por um museu interiorano na França. Em um estado onírico, ele percebe que atravessou um portal mágico que o levou para sua terra natal, para a Rússia, e, no entanto, ele passa a ter a sensação de que aquele lugar não é exatamente a sua Rússia. Tudo é vívido: o frescor do ar e "a pedra sob meus pés era realmente uma calçada, polvilhada de neve que acabara de cair, maravilhosamente perfumada". Mas, ao se aproximar de uma sapataria e ver a palavra "sapato", ele percebe que alguma coisa está errada: não há *tvyordy znak*, nenhum "sinal duro" no fim da palavra. O sinal que marcava a intensidade da pronúncia foi completamente eliminado pelos bolcheviques. Eles se dispuseram a refazer o mundo, inclusive sua ortografia:

> Eu sabia irremediavelmente onde estava. Pobre de mim, não era a Rússia de que eu me lembrava, mas a Rússia real de hoje, proibida para mim, desesperadamente escravizada, e desesperadamente minha terra natal. [...] Ah, quantas vezes em meu sonho eu experimentei uma sensação semelhante! No entanto, agora era realidade.

Nabokov deixou a Rússia em 1919 em um navio chamado *Hope*, esperança, e tornou-se um exilado permanente: Berlim, Paris, Cambridge, Ithaca,

Montreux. Seu desgosto com o que a Rússia havia se tornado era tal que, em "A visita ao museu", ele nunca consegue chamar o lugar de "a União Soviética".

O trem diminuiu a velocidade. Os subúrbios de Leningrado, e em seguida os fantasmagóricos prédios de apartamentos da periferia, começaram a aparecer. Com um solavanco, chegamos. A Estação Finlândia. As portas se abriram com o som de um beijo de borracha. O ar que entrou rapidamente estava úmido e frio e cheirava a fumo barato. Na plataforma, comprei um pão recheado com algumas pelotas de carne azulada. Precisava de ajuda para andar por ali e, por alguns copeques, comprei um exemplar do *Pravda* e um mapa e me pus a caminho.

"A visita ao museu" é uma história mergulhada na nostalgia do exílio. Agora, quando volto a Moscou, eu me pego pensando que esse estado de desorientação temporal, até mesmo histórica, também se assemelha a uma qualidade dentro da Rússia, dentro dos russos. Doze anos depois do colapso do comunismo e da própria União Soviética, os russos vivem em um estado de disjunção e simultaneidade históricas. Os copeques que gastei na Estação Finlândia não estão mais em circulação; o número de leitores do *Pravda* caiu de 9 milhões para 100 mil; em algumas cidades, muitos nomes de ruas que estão no mapa foram mudados para nomes novos ou voltaram a ter os nomes pré-revolucionários; em outras, as ruas ainda se chamam Lênin, Trabalho, Bandeira Vermelha. Os russos existem em uma economia que não é nem socialista, nem capitalista. Moram em apartamentos claramente soviéticos, em condições soviéticas, e, no entanto, nos comerciais de televisão eles aparecem confortáveis, limpos, ricos, de uma forma escandinava, por assim dizer. Nas cidades maiores, e mesmo em lugares menores, inesperados, todos os deleites materiais e degradações espirituais conhecidos do mundo moderno estão disponíveis à vista ou a prazo. Ainda assim, existem milhares de pequenas cidades e vilarejos onde homens e mulheres usam botas de cano alto e andam em estradas lamacentas que se encontram nas mesmas condições em que estavam no tempo dos czares.

Há não muito tempo, arranjei um quarto em Moscou na principal rua comercial da cidade, a Tverskaya. No século XIX, a Tverskaya estava entre as mais elegantes ruas da Rússia: Tolstoi perdeu uma fortuna jogando cartas no

English Club; as lojas de alimentos forneciam para os czares. Na era comunista, o English Club tornou-se o Museu Central da Revolução, e a Loja de Alimentos Nº 1 ainda tem seus lustres, mas quase nenhum alimento. Agora as iguarias, o caviar e o caranguejo — a preços de Tóquio — voltaram. Poucos podem se dar ao luxo de comprá-los; muitos aparecem só para olhar, do jeito que faziam com o boné de Lênin e seu Rolls-Royce no museu dedicado à sua memória.

Quando o consumismo (legal ou não) começou a aparecer no começo dos anos 1990, ele parecia importar apenas a uns poucos russos e estrangeiros ricos. Esse foi o período dos "novos russos": vulgares, despudorados e, com bastante freqüência, criminosos. Foi o período dos filmes de gângster americanos, janelas à prova de balas, boates de strip-tease, palácios de pornografia, cassinos com mulheres nuas nadando em enormes tanques com peixes.

As grosserias e a pobreza dos primeiros anos de vida pós-soviética ainda são uma realidade. As mulheres nuas ainda nadam em seus tanques. Existem gângsteres em grande quantidade. Mas agora, no período pós-revolucionário, há algo mais em evidência em Moscou e em muitas outras cidades: uma certa calma sufocante, uma indiferença em relação à política, uma classe média e de profissionais liberais que está crescendo lentamente, um comercialismo mais normal, uma sensação de que, embora uma nova Rússia — independente, próspera, e ligada ao Ocidente — ainda não tenha sido conquistada, ela não é mais inconcebível. E a personificação dos tempos modernos na Rússia é seu presidente, Vladimir Vladimirovich Putin.

Putin não é um homem de imaginação ou brilho. Ele é austero, inteligente, competente, suavemente aprazível — um burocrata autoritário lançado para a linha de frente na história. Sua conduta é a do ouvinte cauteloso, do homem de um órgão de inteligência. Depois de entrar para a KGB, ele costumava dizer a seus amigos mais íntimos: "Sou especialista em relações humanas". Sua linguagem é geralmente insípida, bem à moda soviética. Seu olhar é vazio, quase morto, e não expressa absolutamente nada. É por isso que a maioria dos russos achou tremendamente engraçado quando o presidente Bush declarou em 2001 que havia "olhado nos olhos dele" e conseguido "perceber sua alma". Eles nunca tiveram esse privilégio.

Em vez de se distinguir completamente como um homem do futuro, um democrata, um europeu — ou, ao contrário, um soviético, um homem de valores autocráticos tradicionais —, Putin conseguiu a distinção de parecer tudo para quase todo mundo. Sua aceitação dos ideais do movimento democrático na Rússia — uma imprensa livre, constitucionalismo, liberdades civis — é pequena. Ele nunca lutou por um fim para o comunismo; simplesmente herdou um conjunto de realidades pós-comunistas. Putin é, acima de qualquer coisa, um *gosudarstvennik* — um partidário do estatismo — que valoriza o crescimento e a estabilidade da Rússia antes de qualquer outra coisa. Se isso significa processar um barão da mídia ou algum líder de empresas que demonstrem um traço sequer de ambição política, que assim seja. Se isso significa encher a burocracia estatal com milhares de ex-funcionários do serviço secreto, então é assim que precisa ser. E no entanto, paradoxalmente, não menos que Mikhail Gorbachev ou Boris Yeltsin, Putin decidiu que a Rússia não tem um "caminho especial" determinado de forma mística ou ideológica. Em vez disso, o destino da Rússia está aliado à Europa e aos Estados Unidos — seu futuro pode incluir até ser membro da Comunidade Européia ou da OTAN.

Yeltsin apostou sua reputação histórica na destruição do sistema comunista e do império conhecido como União Soviética. Putin se moldou como um homem de evolução. Ele faz gestos na direção da velha ordem, em parte para aliviar os sentimentos feridos do povo russo. Ele elogia a honestidade do herói dissidente Andrei Sakharov, mas também tem palavras gentis para a duvidosa perspicácia militar de Stálin. Embora Putin seja realista em relação à importância reduzida da Rússia no mundo, e mesmo reconheça (até certo ponto) uma história de crueldades e perdas horríveis, ele constantemente garante a seus compatriotas que a nação deles possui uma grandeza histórica, e que essa grandeza, sob alguma forma nova, certamente vai retornar. Nesta primavera, durante as comemorações do tricentésimo aniversário da cidade onde nasceu, São Petersburgo, ele enalteceu o *imperskii blyesk*, o "esplendor imperial", da cidade. O partido pró-Kremlin no Parlamento, Rússia Unida, usa figuras como Puchkin e Stolypin, o reformista econômico do início do século XX, para apregoar suas virtudes.

Putin, que foi nomeado presidente interino quando Yeltsin inesperadamente renunciou, no dia 31 de dezembro de 1999, venceu a eleição em 2000, com 52% dos votos. Ele certamente será reeleito em 2004. Seu índice de popularidade chega a mais de 70%. Alguns novos livros escolares russos descrevem sua infância nos termos hagiográficos outrora reservados para os secretários-gerais do Partido Comunista.

Por ora, a Rússia está com sorte, flutuando junto com uma onda de lucros da indústria petrolífera. O rublo está forte, os preços mundiais de energia estão altos, a inflação está caindo e o crescimento econômico, pelo quinto ano seguido, está forte. Ainda assim, os oponentes de Putin, sejam eles liberais de Moscou, sejam comunistas provincianos, reclamam que o petróleo proporciona uma segurança que é apenas passageira: eles falam em *zastoi* — estagnação —, um termo evocativo da era Brejnev. Um website chamado vladimir.vladimirovich.ru apresenta dezenas de *anekdoty* absurdas sobre o sangue-frio de Putin e seus hábitos neo-soviéticos; desde os tempos dos últimos dinossauros do Kremlin, no começo dos anos 1980, as piadas políticas não eram tão populares. "A atmosfera não é tão opressiva quanto no tempo de Brejnev, mas é revoltante, e nos diz muito, que um website desses apareça e ganhe tamanha popularidade", disse Masha Lipman, analista de política do Carnegie Moscow Center. Os partidários de Putin dão de ombros. Eles aceitam de bom grado a apatia.

"Putin chegou como o homem que ia parar a revolução", contou-me Gleb Pavlovsky, um intelectual arrogante, com um passado de dissidência que cultivava uma imagem de agente oculto na última campanha de Putin. "É por isso que o tema de sua campanha foi o Termidor. Sua mensagem para os eleitores era de que aquilo seria o fim da revolução.

"Putin é um Luís Felipe não reconhecido", continuou Pavlovsky. "Ele prefere a vida em família e gostaria de manter sua rotina de trabalho de oito horas por dia e esquecer tudo quando acabasse. Nesse sentido, ele é como o resto do país. Depois de vinte anos de revolução e surpresas, as pessoas estão cansadas. Elas estão exaustas com a idéia de pensar sobre um mundo inteiramente novo, um novo Estado, uma nova forma de economia e de pensar — tudo novo! Então eles perdoam as pequenas fraquezas de Putin, porque sabem que ele sente as mesmas coisas que eles."

Quando Yeltsin entregou o poder a Putin, este, por sua vez, entregou a Yeltsin um pacote de presentes (a dacha, segurança, carros, motoristas etc.) e, mais importante, a concessão de imunidade legal. Quando deixou o cargo,

Yeltsin era desprezado por tantas pessoas, e por tantos políticos, que sempre havia a chance de ele ser processado. Sua decisão impulsiva e desastrosa de desencadear uma guerra na Chechênia, a nova economia de vencedores corruptos e perdedores ressentidos, e o colapso das indústrias básicas e dos serviços de assistência social, tudo isso tornou impossível para a maioria dos russos dar a Yeltsin um crédito pela ruptura com o comunismo soviético. Na verdade, a maioria ressentia-se daquilo que o Ocidente mais comemorava: o fim da União Soviética.

Yeltsin e "a Família" — uma equipe composta por sua filha Tatyana Dyachenko, diversos magnatas dos negócios, vários assessores bastante próximos, como Valentin Yumashev (que era casado com Dyachenko) e o chefe de gabinete Aleksandr Voloshin — deram a Putin a presidência russa principalmente porque ele parecia competente e leal. Putin ascendeu, em parte, porque, depois de uma década de revolução, poucas reputações políticas haviam sobrevivido. Como me disse Boris Nemtsov, um dos principais ministros do Kremlin considerados possíveis sucessores de Yeltsin, "as revoluções devoram seus filhotes, sem falar em seus políticos jovens". Em menos de quatro anos, Putin foi convocado para trabalhar como assessor do Kremlin, depois foi nomeado chefe da inteligência, depois primeiro-ministro, depois presidente. "O pessoal de Yeltsin criou Putin de um vaso com barro", comentou Leonid Parfyonov, um dos mais importantes jornalistas de televisão da Rússia. "Nós não temos um sistema de partidos de verdade, então o Kremlin deu à luz esse homem."

Yeltsin reclamou de seu sucessor publicamente apenas uma vez. Foi quando Putin apoiou uma tentativa de restabelecer o hino nacional soviético, composto, com a aprovação de Stálin, em 1943. Putin recorreu ao escritor ultraconservador Sergei Mikhalkov, que foi co-autor da letra do período soviético ("Partido de Lênin, a força do povo / Ao triunfo do comunismo, liderai-nos!"), para que este escrevesse alguns novos versos adequados à era moderna:

Dos mares do sul à região polar
Espalha tuas florestas e campos,
És única no mundo, inimitável,
Terra nativa protegida por Deus!

Yeltsin considerou o gesto uma afronta. Ele havia substituído a bandeira vermelha soviética pela tricolor da era czarista, e a foice e o martelo pela águia de duas cabeças, um símbolo originado no século xv. Durante toda a era Yeltsin, quando era necessário um hino nacional, as orquestras tocavam o hino composto por Mikhail Glinka em 1833, "Uma canção patriótica" — que era apenas instrumental. O hino de Putin era uma ofensa aos líderes do movimento democrático.

"Essa é a música que acompanhou o assassinato de dezenas de milhões de pessoas!", disse-me Aleksandr Yakovlev, um assessor próximo tanto de Gorbachev quanto de Yeltsin. "Toda a intelligentsia literária, musical e artística se manifestou contra — Rostropovich, Soljenitsyn, todos eles! Mas Putin achava que tinha que fazer algum tipo de concessão ao Partido Comunista", que ainda é o principal partido oposicionista do país. "Ele também decidiu reativar a condecoração estatal chamada 'Ordem de Lênin'. No entanto, Lênin foi um criminoso que deveria ter sido julgado por crimes contra a humanidade!"

O argumento de Putin para ter aquilo que os russos chamam de uma coleção "pós-moderna" de símbolos — alguns czaristas, alguns soviéticos, alguns sui generis — faz parte de sua estratégia "tudo para todos". A maioria dos russos não lamenta a perda da ideologia comunista ou seu domínio sobre a Europa oriental, mas eles lamentam a perda da grandeza passada do "império interior", as repúblicas não russas que agora estão independentes. A União Soviética, assim como o império czarista antes dela, impôs respeito e medo no mundo, e o hino era coerente com esse senso de posição. Putin sempre arranca aplausos quando diz a uma multidão: "Qualquer um que não lamente o colapso da União Soviética não tem coração, mas qualquer um que quiser restaurá-la não tem cérebro". O hino de Putin é uma saudação à grandeza do passado e a uma promessa de retorno — um sentimento popular e unificador. E assim Putin achou que poderia desconsiderar sumariamente as objeções de Yeltsin. "Respeitamos o primeiro presidente, ouvimos as opiniões dele e as levamos em consideração na tomada de decisões", disse ele. "Mas agimos por conta própria."

Em Moscou e em São Petersburgo, raras vezes encontrei alguém que não dissesse que Putin é "um cara legal", "um sujeito normal", "fazendo o melhor que pode". Ele é ainda mais inatacável nas províncias. Na verdade, muitos jornalistas e intelectuais urbanos me contaram que acham Putin fraco, ou, com mais freqüência, um autoritário enrustido, culpado por crimes de guerra na Chechênia e decidido a sufocar a dissidência e um Judiciário independente. Para alguns, ele se parece com Alexandre III, o czar conservador que sucedeu a Alexandre II, que libertou os servos. "Estamos em uma época de público inerte", comentou Aleksei Venedikyov, editor-chefe da estação independente de rádio Eco de Moscou. "Putin não compreende a democracia no sentido ocidental. Para ele, a ordem precede qualquer outra coisa no contrato social."

Mas essa é a visão de uma minoria, de uma elite. Putin é igualmente popular entre os aposentados pobres, que votam nos comunistas com freqüência, e entre os profissionais jovens, que mal se lembram de como era o mundo antes da perestroika de Gorbachev. Yeltsin também chegou ao poder com altos índices de aprovação, mas rapidamente exauriu essas reservas instituindo reformas econômicas incômodas (e freqüentemente malfeitas) e cometendo, como no caso da Chechênia, erros horrorosos. Putin está disposto a poupar sua popularidade, não apenas porque ela irá garantir a reeleição, mas também porque seus índices representam a própria imagem de sua presidência: a de calma pós-revolucionária.

Em particular, Yeltsin tem muito mais objeções a fazer do que apenas ao hino stalinista. "Agora Boris Nikolayevich reclama de Putin o tempo todo", disse-me um político amigo de Yeltsin. "Não são só os símbolos. É tudo o que eles defendem. Ele acha que Putin é cauteloso demais. Acho que, se ele não dependesse de Putin para seu bem-estar, Yeltsin seria muito mais franco a esse respeito. Do jeito que as coisas estão, ele fica sentado em casa e reclama para as pessoas nas quais ele acha que ainda pode confiar. E Putin sabe disso. O relacionamento de Putin com Gorbachev agora é mais fácil do que com Yeltsin. Às vezes é mais fácil se dar bem com o avô do que com o pai."

Yeltsin, desde que deixou o Kremlin e transferiu a guarda dos códigos de armas nucleares para Putin ("Cuide da Rússia!", disse ele a seu sucessor ao sair), tem vivido quase ignorado, em um vilarejo a uma hora da capital, na mesma dacha com portões altos que ele usava quando estava no poder. Nos últimos anos de sua presidência, Yeltsin era uma triste visão. Com freqüência estava bêbado, algumas vezes em público, e quase sempre doente. Semanas se passariam com Yeltsin acamado, incomunicável. "Boris Nikolayevich está examinando documentos", é o que a assessoria de imprensa do Kremlin informava aos repórteres. "Você devia vê-lo agora", contou-me há pouco tempo Anatoly Chubais, um de seus conselheiros mais próximos. "Boris Nikolayevich não parece tão saudável há anos. Ele raramente bebe. E faz natação."

No esquema totalitário de mundo de Yeltsin, ou se estava a favor dele, ou contra ele. Em comparação, Putin tem dito repetidamente, por meio de declarações e gestos, que não tem ressentimentos sobre o passado e nem faz julgamentos sobre ele. Para sua posse, em 2000, Putin convidou seu antigo chefe da KGB, Vladimir Kryuchkov, que planejou o golpe fracassado de 1991 contra Gorbachev e que nunca se desculpou por isso. "Não temos nada a lamentar", disse Kryuchkov em uma mesa-redonda de antigos chefes da KGB. "Nós só tentamos salvar a União. Aqueles que desencadearam o atual caos é que deveriam pensar em arrependimento."

"Kryuchkov era um verdadeiro partidário do comunismo que se aliou aos conspiradores", disse Putin, "mas ele também era um homem muito decente. Até hoje, tenho muito respeito por ele." Outro conspirador, o ex-primeiro-ministro Valentin Pavlov, esforçou-se para celebrar o novo regime. "Hoje eles estão tentando fazer o que tentamos fazer na União Soviética em 1991", disse ele. No décimo aniversário da derrota do golpe, dois anos atrás, Putin certificou-se de não atrair a atenção para um acontecimento que ele sabia que o mundo lembrava com alegria e seus compatriotas, com profunda ambivalência: não houve desfiles pelo Kremlin, nem discursos oficiais. O presidente foi pescar trutas em Karélia.

Em um jantar no restaurante "21" promovido por Tom Brokaw alguns anos atrás, sentei-me com Putin, seu tradutor e alguns outros convidados da mídia. Putin falava apenas quando se dirigiam a ele. (E, diferentemente de Yeltsin, mal tocou em seu vinho.) Esquivou-se de nossas perguntas com respostas relutantes, superficiais e até um ocasional revirar de olhos desagradável. Nas entrevistas que tem concedido aos veículos de imprensa ocidentais, geralmente antes de uma visita ao estrangeiro, ele parece se esforçar para ser tão maçante quando possível. Quando falou a alunos e convidados na Columbia University, algumas semanas atrás, e em uma reunião com repórteres americanos em sua dacha nos arredores de Moscou recentemente, ele falou em um tom de voz monótono, em um estilo familiar ao leitor dos *Discursos reunidos de Yuri Andropov*. Sentado com ele no jantar no "21", senti que já havia estado com aqueles homens dezenas de vezes em Moscou — austeros ex-funcionários da KGB que, graças a seu treinamento e anos no exterior, ficavam confortáveis em qualquer ambiente, mas que com freqüência revelavam um desdém ferrenho por toda a ignorância e opulência a seu redor. ("Não estou certo de que você entenda o que está falando", disse ele, a certa altura, para Katie Couric, âncora da NBC.)

Com o tempo, tornou-se claro que a placidez e reserva de Putin são apenas em parte uma questão de caráter inato e de postura profissional; são também uma escolha tática, uma conclusão de que a Rússia suportou por tempo demais os solilóquios de Gorbachev e a natureza autocrática e imprevisível de Yeltsin. Neste ano, um dos mais populares programas de televisão do país foi uma serialização de *O idiota*, de Dostoievski. No romance, o narrador diz, sobre a Rússia, que "as pessoas estão constantemente reclamando de que não temos homens práticos", que o serviço público está cheio de incompetentes que deixam as colheitas apodrecerem nos campos e os trens baterem uns contra os outros. Embora Putin se atrase para cada compromisso, ele tem cultivado cuidadosamente uma imagem do primeiro homem prático da Rússia, um expert em eficiência claramente não russo. Segundo dizem, Putin "é o nosso alemão".

O avô de Putin foi cozinheiro de Stálin em uma de suas propriedades na área rural perto de Moscou. Durante a Segunda Guerra Mundial, a mãe de Putin quase morreu de fome durante o bloqueio nazista a Leningrado, que durou novecentos dias (a certa altura, ela desmaiou de fome e foi jogada em uma pilha de cadáveres); seu pai foi ferido no front e sobreviveu apenas porque um de seus camaradas o arrastou pelo rio Neva congelado até um lugar seguro; um filho morreu de difteria.

Putin nasceu depois da guerra, em 1952. Cresceu em Leningrado, e, como tantos naquela cidade, ele e sua família moravam em uma *kommunalka*, um apartamento comunal, onde não havia banheiro nem água quente, mas havia muitos ratos. "Meus amigos e eu costumávamos caçá-los com pedaços de pau", disse Putin certa vez. Foi um aluno medíocre e passava a maior parte do tempo brincando nos pátios da cidade. Se tinha alguma ambição verdadeira, ela a tirou da leitura de thrillers. "Mesmo antes de me formar na escola, eu queria trabalhar na inteligência. Era um sonho meu, embora parecesse tão provável quanto um vôo para Marte", ele contou a entrevistadores em uma conversa extensa o bastante para produzir um livro chamado *Primeira pessoa*, publicado em 2000. "Livros e filmes de espionagem, como *A espada e o escudo*,* tomaram conta de minha imaginação. O que me surpreendia acima de tudo era como os esforços de um único homem podiam conseguir aquilo que exércitos inteiros não conseguiam. Um espião podia decidir o destino de milhares de pessoas. Pelo menos, era assim que eu entendia."

"A fim de descobrir como me tornar um espião, em algum momento no começo do curso secundário fui ao Diretório da KGB", continuou Putin. "Apareceu um sujeito e escutou o que eu tinha para dizer. 'Quero trabalhar com vocês', eu disse. 'Isso é ótimo, mas há vários problemas', respondeu ele. 'Em primeiro lugar, não aceitamos pessoas que venham até nós por iniciativa própria. Em segundo lugar, você só pode vir trabalhar conosco depois de ter passado pelo Exército ou por algum tipo de educação superior civil.' Fiquei intrigado. 'Que tipo de educação superior?', perguntei. 'Qualquer uma!', ele respondeu. Ele provavelmente só estava querendo se livrar de mim. 'Mas qual tipo é o preferido?', perguntei. 'Direito.' E foi isso. [...] Quando aceitei a proposta do departamento pessoal do Diretório, nem pensei nos expurgos [do período de Stálin]. Minha idéia sobre a KGB vinha das histórias românticas de espiões. Eu era um puro e completamente bem-sucedido produto da educação patriótica soviética." Putin estudou direito na Universidade Estatal de Leningrado, e em seu quarto ano foi recrutado para a KGB.

Putin acabou sendo enviado para trabalhar na Alemanha Oriental. Uma tremenda quantidade de energia jornalística foi gasta para tentar discernir o que ele de fato fez na Alemanha Oriental, e a resposta é, claramente, não muito. A cidade onde ele estava, Dresden, era uma missão de terceira classe, em oposição a, digamos, Berlim. Putin reunia informações sobre estrangeiros visitantes, passava tempo tentando desenvolver agentes e fontes, mas nunca

---

* *A espada e o escudo* (1967): minissérie da televisão russa dirigida por Vladimir Basov. (N. T.)

teve a oportunidade de imitar os heróis de *A espada e o escudo*. Seu trabalho era, no geral, enfadonho. Havia muitos dias e noites livres em Dresden para Putin, sua esposa, Lyudmila, com quem ele se casou em 1983, e suas duas filhas pequenas. "Costumávamos ir a uma cidadezinha chamada Radeburg, onde havia uma das melhores cervejarias da Alemanha Oriental", contou ele em *Primeira pessoa*. "Eu pedia um barrilete de três litros. Você coloca a cerveja no barrilete, encaixa uma torneirinha e pode beber direto do barril. Então eu tomava 3,8 litros de cerveja toda semana. E meu trabalho ficava a um pulo da minha casa, então eu não queimava as calorias extras." Putin ganhou onze quilos em Dresden.

O período mais atribulado da carreira dele como espião ocorreu em suas últimas semanas em Dresden, quando sinais do colapso do comunismo — e do Muro de Berlim — tornaram-se evidentes. Em vez de enfrentar uma insurreição em potencial e a exposição enquanto agentes do opressor soviético, Putin e seus colegas da KGB e da polícia secreta da Alemanha Oriental, a Stasi, começaram a queimar seus arquivos. "Destruímos tudo — todas as nossas comunicações, nossas listas de contatos e nossas redes de agentes", disse ele. "Queimamos tanta coisa que a fornalha explodiu. Queimamos papéis noite e dia. Todos os itens mais valiosos foram levados para Moscou." Multidões começaram a fazer manifestações perto dos prédios da Stasi e do posto da KGB. "Aquelas multidões eram uma ameaça séria. Tínhamos documentos em nosso prédio. E ninguém ergueu um dedo para nos proteger. [...] Aquelas pessoas estavam agressivas. Eu chamei nosso grupo de tropas e expliquei a situação. E o que ouvi foi: 'Não podemos fazer nada sem ordens de Moscou. E Moscou está em silêncio'. [...] Mas aquele negócio de 'Moscou está em silêncio' — eu tive a sensação de que o país não existia mais. De que tinha desaparecido."

Putin viveu o silêncio de Moscou não como uma perda ideológica, mas como uma traição a profissionais leais. Ele era um sátrapa assalariado do império, e, em um instante, não havia mais império, nem rivalidade com os Estados Unidos, nem estatura, nem dinheiro. Putin estava mal preparado para aquilo. Ele e sua família não haviam experimentado em primeira mão as mudanças que Gorbachev havia iniciado em Moscou, as revelações sobre o passado soviético, o protesto contra o partido e contra a KGB. Um ex-funcionário da KGB me contou que, se Putin tivesse tido algum futuro depois de Dresden, ele teria sido enviado para o quartel-general da KGB em Moscou. Em vez disso, foi encarregado de observar estudantes estrangeiros na Universidade Estatal de Leningrado — uma tarefa inferior. A KGB já estava começando a fazer cortes de pessoal à medida que se tornava claro que a Guerra Fria havia acabado, e estava igualmente claro que a carreira de Putin na inteligência estava chegando ao fim.

No entanto, antes que isso acontecesse, ele encontrou Anatoly Sobchak, professor de direito na universidade e um importante democrata, que em pouco tempo se tornaria prefeito. Homem de ideais liberais, mas um administrador irremediavelmente inepto, Sobchak acabou contratando Putin para ajudá-lo a governar a cidade. Putin mostrou-se competente para aprender as novas regras do mercado, embora muitos dos negócios que fez não tenham dado certo. Boris Fyodorov, que atuou como ministro das Finanças de Yeltsin, contou-me que naqueles dias ele encontrou "uma dúzia de vezes" com Putin. "Ele era sempre extremamente cuidadoso. Não olhava nos olhos da gente. Mais ouvia do que falava. Ainda estava morando em um apartamento comunal" — com a esposa e as filhas — "e só falava sobre negócios e política."

Quando os conspiradores enviaram tanques a Moscou na manhã do dia 19 de agosto de 1991, Yeltsin liderou a resistência ali; em Leningrado, o líder da resistência foi Sobchak. Putin, apesar de sua experiência na KGB e de sua grande consideração por Kryuchkov, voltou das férias para ajudar seu chefe. Sobchak, com Putin operando os telefones no palácio Mariinsky, incitou a cidade contra o golpe; a manifestação na praça atrás do Hermitage rivalizou com as maiores manifestações da capital.

A euforia pós-golpe espalhou-se por Leningrado. Sobchak, assim como Yeltsin, era enormemente popular. Mas à medida que os anos passaram, e à medida que o Kremlin de Yeltsin começou a parecer uma corte bizantina, com facções rivais de barões dos negócios e chefes de segurança, idealistas como Sobchak tornaram-se menos bem-vindos. Sobchak concorreu à reeleição em 1996, e a facção mais conservadora do Kremlin, liderada pelo guarda-costas pessoal de Yeltsin, Aleksandr Korzhakov, apoiou um oponente chamado Vladimir Yakovlev, que venceu por uma diferença de menos de 2%.

"Quando Sobchak perdeu a eleição, Putin apresentou seu pedido de demissão", contou a viúva de Sobchak, Lyudmila Narusova. "Ele disse: 'Melhor ser enforcado por lealdade do que viver rico por traição.'" Sobchak morou com a família em sua dacha nos arredores de São Petersburgo por algum tempo e então aceitou um emprego em Moscou, no escritório de propriedades do Kremlin. Mesmo fora do poder, permaneceu como um foco de ataques: a imprensa de São Petersburgo encheu-se de acusações de corrupção. Em 1997, Sobchak, que estava com cinqüenta e poucos anos, sofreu um ataque cardíaco, e Putin, usando suas antigas conexões na KGB, arranjou um avião particular para levar Sobchak clandestinamente até Paris para um tratamento médico. Quando Sobchak morreu de outro ataque cardíaco, três anos mais tarde, Putin chorou durante o funeral. "Ele não morreu de causas naturais", disse ele a Narusova.

As demonstrações de lealdade de Putin para com Sobchak foram parte fundamental daquilo que levou Yeltsin e a Família a acelerar sua carreira e, finalmente, nomeá-lo czar. "Eles acharam que ele era um homem de lealdade", comentou Anatoly Chubais, "e que sua lealdade era transferível."

Não muito tempo depois de se tornar presidente, Putin disse que iria domar o pequeno grupo dos autodesignados "oligarcas" que haviam usado suas conexões políticas para assumir a posse, ou o controle, da indústria petrolífera; dos bancos; das indústrias químicas, metalúrgicas e siderúrgicas; dos interesses imobiliários e de construção civil; e do mais político dos setores econômicos, a mídia. Em 1996, os oligarcas haviam juntado forças para ajudar Yeltsin a conquistar a reeleição, derrotando o candidato do Partido Comunista; eles agiram por puro interesse próprio. "Não esqueça a seriedade daquela ameaça", disse Yegor Gaidar, o mais liberal dos muitos primeiros-ministros de Yeltsin. "Um retorno dos comunistas ao poder na Rússia teria realmente representado um terrível perigo para o mundo. As expectativas são sempre altas depois de uma revolução e as pessoas invariavelmente ficam desapontadas, e aí os comunistas chegariam ao poder novamente." Os benefícios para os oligarcas depois da reeleição de Yeltsin — as propriedades, os contratos — foram incalculáveis.

Como presidente, Putin logo se reuniu com os principais oligarcas e lhes passou uma mensagem: contanto que se mantenham fora da política, vocês terão a permissão de manter suas propriedades, não importando de que maneira elas foram obtidas. O Kremlin já estava se posicionando contra os dois que mostraram o maior descaramento: Boris Berezovsky, industrial e magnata da mídia cujas pretensões políticas eram por demais ostensivas para Putin tolerar, e Vladimir Gusinsky, que havia construído sua fortuna com negócios bancários e imóveis em Moscou, e seu nome com a fundação da NTV, a primeira rede privada de telecomunicações do país. Ambos foram forçados a sair do país. Berezovsky vive principalmente em Londres, de onde tentou, com pouco sucesso, lançar um movimento de oposição contra Putin.

Gusinsky vive em Israel e em Greenwich, Connecticut; ele perdeu o controle da NTV para um monopólio estatal de gás, e agora a rede, apesar de ainda ser menos subserviente do que o resto, é muito menos turbulenta do que já foi.

O mais notório oligarca remanescente é um executivo do petróleo de rosto redondo chamado Mikhail Khodorkovsky. Ex-oficial da Liga Jovem Comunista, Khodorkovsky agora tem quarenta anos e, segundo a revista *Fortune*, é mais rico do que qualquer homem ou mulher na Europa. Durante a era Gorbachev, ele estava entre os jovens privilegiados a quem foi concedida a oportunidade de testar o novo mercado semicapitalista. No final dos anos 1980, usou o patrocínio e as conexões do Partido Comunista para criar um banco bem-sucedido chamado Menatep; e, ao se tornar consultor do governo russo, ele passou a ter acesso incomparável a informações fundamentais. Por fim, Khodorkovsky entrou no mais lucrativo de todos os negócios russos, o petróleo, e por meio de suas conexões, e por meio de uma série de manobras inescrupulosas, passou a dirigir o recém-criado conglomerado petrolífero Yukos-Sibneft. Sua empresa é tão rica, e o restante da economia é tão fraco, que Khodorkovsky, por sua estimativa, contribui com sete 7% do total da receita fiscal da Rússia. Ele vale cerca de 1 bilhão de dólares pessoalmente, e me contou que outros 8 bilhões estão "sob meu controle".

Conheci Khodorkovsky em seu centro de operações em Moscou, um prédio comercial envidraçado que parecia ter sido transportado para lá de avião diretamente de Houston. A Moscou do século XXI está repleta de edifícios assim. Os escritórios soviéticos em estilo antigo que ainda estão funcionando têm o costumeiro tapete vermelho gasto e cheiram a cinzeiro cheio; os escritórios atuais têm cheiro de carro novo, e estão invariavelmente equipados com dúzias de seguranças armados e rainhas da beleza de um metro e oitenta vestidas com terninhos Versace e Armani e carregando pastas de couro. Khodorkovsky cresceu em uma família de classe média, mas seus anos de experiência nos escritórios da Liga Jovem Comunista e na nova economia russa transparecem. Muitas das figuras nos grandes negócios sentiam que nas salas de conferência da Europa e dos Estados Unidos uma década atrás elas eram consideradas simplórias — "Eles nos tratavam como macacos educados", reclamou o banqueiro Pyotr Aven —, mas Khodorkovsky não demonstra nenhum ressentimento. Ele parece à vontade, reservado, como se tivesse nascido em meio à riqueza.

Embora Khodorkovsky nunca tenha sido tão ousado em suas ambições políticas quanto Gusinsky e Berezovsky, ele descobriu que não estava imune à pressão do Kremlin. De vez em quando, Putin reúne-se com os principais nomes dos negócios em Moscou, e em uma dessas sessões, no começo deste ano, o presidente o atacou categoricamente. Quando perguntei a Khodorkovsky a esse respeito, ele corou e sorriu. Ele me contou que fora convocado para falar sobre corrupção envolvendo uma transação financeira entre duas empresas petrolíferas. "Evidentemente, aquela não era a primeira vez em que a questão tinha sido levantada em relação a ele, e isso feriu suscetibilidades", disse Khodorkovsky.

Várias fontes me disseram que Putin ficou bravo com Khodorkovsky e que, em outras palavras, o presidente disse-lhe para tomar cuidado com "o roto falando do rasgado" no que diz respeito à corrupção. Todos, disse o presidente, sabiam como os homens naquela sala haviam se tornado ricos com tanta rapidez.

Khodorkovsky não finge inocência. "Eu não me coloco como um exemplo ilustre", disse-me ele. "E também jamais disse que tenho sido um cidadão-modelo. Por outro lado, é possível se desenvolver e mudar, sobretudo em tempos que mudam tão rápido. Não se pode simplesmente conceder o direito de mudar a sucessivas gerações. Minha vida é um bom exemplo disso. Ela mostra que em uma única existência pode haver dois ou mais divisores de águas. Até eu chegar nos meus vinte e poucos anos, fui criado como um cidadão soviético-modelo. Eu achava que não havia outra maneira de viver. Havia pessoas, que receberam educação mais humanística, que achavam que alguma coisa não estava certa em relação a nossas vidas. Mas eu, não. Eu achava que tudo estava indo muito bem. É engraçado ouvir-me dizer isso agora, mas é a verdade. Então, dos vinte aos trinta, eu me convenci de que tudo tinha sido errado, e que absolutamente tudo era admissível. Você podia se safar sem infringir quaisquer leis, porque realmente não havia leis. As pessoas, mesmo no Ocidente, tentavam dizer que eu havia infringido a lei, mas elas nunca foram capazes de provar isso. Nem tudo era ético. Isso não é algo de que eu me orgulhe. Aqueles tempos foram duros; a maneira pela qual lidávamos com os acionistas minoritários não era ética. Então, a partir dos 35 anos, passei a ter uma terceira vida. Não se pode estar envolvido em negócios e se engajar em política e ser bem-sucedido. Muitos tentaram isso. Eles estão no exterior agora."

Em sua "terceira vida", Khodorkovsky tem sido o defensor de "transparência" na contabilidade corporativa e na economia de maneira geral. Ele estabeleceu uma fundação beneficente que tem contribuído com enormes somas para as universidades, as artes e outras causas. Quando viaja pelos Estados Unidos, ele se encontra com figuras importantes do Congresso e da burocracia federal e se entrosa facilmente com outros barões do petróleo. Esses posicionamentos são tão intencionais quanto a aparente brandura de Putin. Para incentivar os investimentos estrangeiros, para pedir empréstimos dos bancos estrangeiros a taxas normais, homens de negócios russos como Khodorkovsky não podem ter reputação de fora-da-lei. Eles têm que avançar mais uma ou duas gerações, de John D. Rockefeller para David Rockefeller, de barão da roubalheira a herdeiro da indústria estabelecida.

"No Ocidente, as coisas evoluíram mais lentamente", comentou ele. "Levou mais de cem anos para a sociedade contemporânea se desenvolver. Nós começamos do nada. Mas temos um modelo para seguir. É mais fácil fazer a lição de casa quando se tem as respostas."

Algumas semanas depois de nosso encontro, Khodorkovsky e sua empresa foram atacados pelo Kremlin. A polícia prendeu o sócio dele e principal consultor financeiro, Platon Lebedev — ele próprio um bilionário —, sob acusações de roubo, e os promotores anunciaram estar investigando casos de sonegação de impostos, fraude e até assassinato. Durante semanas houve interrogatórios, buscas, ameaças. Analistas em Moscou disseram que o caso era o resultado de uma briga no Kremlin entre os que apóiam os novos capitalistas e os que apóiam a burocracia tradicional. O envolvimento de Khodorkovsky com a política, seu apoio a potenciais facções de oposição, foi algo que nem Putin, nem as forças de segurança iriam tolerar. De sua parte, Putin negou estar por trás da pressão, chamando tal alegação de "completo absurdo"; é apenas a lei em ação.

Putin pode atacar de vez em quando os oligarcas, mas, em geral, os sistemas de poder e influência se alteraram menos do que se poderia pensar. Putin, ao contrário de seu volúvel antecessor, raramente despede alguém. O chefe do Estado-maior de Yeltsin, Aleksandr Voloshin, um homem careca e barbudo de quarenta e poucos anos, permaneceu no cargo com Putin e, no mínimo, está mais poderoso do que antes. Dois dos mais influentes assessores, Igor Sechin e Viktor Ivanov, vêm da antiga casa de Putin, o quartel-general da KGB em São Petersburgo. E então há as facções menores centradas nas empresas petrolíferas, no monopólio estatal de gás e outros interesses.

Existe um constante burburinho nos círculos políticos de Moscou sobre a falta de comprometimento de Putin com os princípios democráticos, especialmente as liberdades civis. Quando perguntei a Anatoly Chubais, que agora dirige o enorme sistema estatal de energia elétrica, se Putin era um democrata, ele riu e perguntou: "Silvio Berlusconi é um democrata?". (Por acaso, Putin tem um relacionamento pessoal próximo com o líder italiano; sua família tem tirado férias com os Berlusconi na Sardenha.) "A pergunta não deveria ser se ele é ou não um democrata", continuou Chubais. "Existe um espectro de democratas que vai, digamos, de Berlusconi até Tony Blair. Putin está em algum lugar desse espectro, mas está mais próximo de Berlusconi do que de Blair. Ele só não é Fidel Castro."

Talvez a comparação com Berlusconi seja adequada. O controle de Putin sobre as telecomunicações é, a seu modo, tão completo quanto o de Berlusconi. Putin neutralizou sistematicamente a oposição séria na mídia. Em um ranking de liberdade de imprensa internacional, a Rússia ocupa o 121º lugar em meio a 139 nações, segundo o respeitado grupo de monitoração Repórteres Sem Fronteiras. Yelena Tregubova, colunista do *Kommersant*, um importante jornal diário, contou-me que assessores presidenciais rotineiramente telefonam para os editores e ameaçam "dar um gelo" em seus jornais se não alocarem correspondentes "mais amistosos" no Kremlin. Tregubova diz que seu próprio editor transferiu-a do Kremlin depois de sentir a pressão. "Putin reage às críticas como uma pessoa da KGB", disse ela. "Tudo que não é elogio é algum tipo de ameaça para ele." Em seu recente encontro com repórteres americanos, Putin reconheceu: "Não gosto de perguntas provocativas".

Doze anos depois da queda do comunismo, não existe uma censura ao estilo soviético em atividade, nem um departamento de ideologia do Comitê Central para rever todos os noticiários. Em vez disso, em 1999, o Kremlin, que tem completo controle sobre a televisão estatal, botou uma pessoa amável e cordata — Konstantin Ernst, um ex-cientista — para dirigir o Canal Um, a principal estação. Putin e seus assessores sabem que podem confiar em Ernst para manter as coisas sob controle. Há, é claro, políticos e comentaristas que criticam o governo. Mas dentro de limites.

"Liberdade de expressão é uma noção relativa", disse-me Ernst certa tarde em seu escritório, um ambiente lustroso de aço e couro onde diversas televisões esvam ligadas sem som. "Em sua forma ideal, ela não existe em lugar algum. É como um gás ideal que não existe na natureza, apenas na teoria. Na realidade, a liberdade de expressão depende do governo, dos editores e produtores. Todo mundo tem uma percepção diferente do que ela significa."

Ernst reconheceu que de vez em quando falava com os funcionários do Kremlin, especialmente com Voloshin, e, quando lhe perguntei o que aconteceria se eles discordassem sobre a política editorial, ele abanou a mão e sorriu, como se descartando uma idéia tão absurda. "Isso é impossível", disse Ernst. "É fácil para mim trabalhar aqui, porque a política externa e doméstica do Kremlin é sempre clara e compreensível para mim. Um mínimo de erros foi cometido. Não existe distância mental entre a perspectiva da maioria e a política do governo."

A oposição a Putin é fraca, dispersa, desorganizada e mal definida. Embora os comunistas continuem sendo o maior partido de oposição na Rússia, eles são um partido envelhecido, que provavelmente perdeu sua oportunidade de capturar o Kremlin em 1996. Os principais partidos liberais de oposição hoje em dia são pequenos e acanhados: a União das Forças de Direita, que é "liberal" no sentido friedmaniano-thatcheriano; e o Yabloko, que é "liberal" no sentido socialdemocrata europeu. Esses partidos são representados na Duma por algumas vozes inteligentes, mas são patologicamente incapazes de formar uma coalizão e tendem a ter quase todos os seus votos em Moscou, São Petersburgo e algumas outras cidades grandes. Quando demonstram qualquer sinal de influência, Putin facilmente os coopta ou derrota.

Conheço Grigori Yavlisnky desde que ele era um jovem economista no círculo de Gorbachev. Desde 1993, ele tem liderado o partido Yabloko na Duma. Agora tem 51 anos, e parece até mais cáustico, mais frustrado, do que quando o vi pela primeira vez. Quando lhe perguntei sobre a oposição a Putin, ele franziu a testa e ficou na defensiva. "Existe uma verdadeira oposição na Grã-Bretanha ou no Japão, ou mesmo nos Estados Unidos?", perguntou. "Então, se você está procurando uma aqui, é difícil achar. Para ter uma oposição você precisa de precondições sérias — uma mídia independente, ou pelo menos uma mídia que não esteja concentrada nas mãos de um único grupo. Você precisa de recursos financeiros independentes, uma sociedade civil, um ambiente especial. A Duma está cheia de pessoas que aceitam suborno, como se fossem membros da administração ou de alguma outra instância interessada. Nós não temos eleições independentes. Este é um sistema corporativista, semicriminoso, e não há alternativas que possam ser apresentadas ao povo. O sistema serve inteiramente a uma pessoa."

Yavlinsky culpou Yeltsin pelo estado de coisas "podre". "Tentamos pôr um fim à era Yeltsin o mais rápido possível. O tempo dele tinha se acabado em 1993", observou. "Tudo o que veio depois foi contraproducente: Chechênia, a ausência em 1998, a privatização criminosa. Mas Yeltsin nos enganou de uma maneira muito especial. Ele trouxe um sucessor para a cena. E seu sistema estava consolidado. Esse sistema pode criar um sucessor atrás do outro. Então, é melhor estar preparado para uma estrada longa e tortuosa. Nessa situação, ou você se torna um dissidente, ou ajuda a criar um partido civil independente. Você precisa de uma estratégia e precisa manter firme o vetor dos direitos humanos, da política liberal, da dignidade humana e da propriedade privada. O desafio é ser independente e, ao mesmo tempo, aceitar dinheiro de tipos como Khodorkovsky" — o Yabloko é financiado quase totalmente por Khodorkovsky — "ou manter um diálogo aberto com Putin, e entender a burocracia regional, que é tão leal ao presidente quanto um animal. Ou as pessoas acordam e agem, ou espera-se indefinidamente por um 'bom czar'. Minha tarefa nesse sistema é criar um partido democrático russo independente. No fim, nós temos que conseguir, temos que criar uma era pós-Yeltsin. Talvez em vinte anos a gente chegue lá."

Nos tempos em que Moscou ainda era a capital de um império, a cidade era militarizada. Não eram apenas os ocasionais desfiles na praça Vermelha, com todos os mísseis balísticos intercontinentais e tanques arrastando-se pesadamente pelas pedras redondas da pavimentação, e os membros do Politburo acenando distraidamente em cima do mausoléu de Lênin. Dirigindo para o trabalho, sempre se estava atrás de um caminhão do Exército com uma placa com a inscrição "*Lyudi*" — "Povo" — presa a um painel de madeira na parte de trás. Dentro, diversos recrutas em uniformes cáqui sentados em bancos, fumando e fazendo piadas: havia recrutas de cada canto do império.

O Exército russo, herdeiro das estruturas, armas e táticas das forças armadas soviéticas, agora está cambaleando: psicologicamente destroçado, materialmente arruinado. O recrutamento ainda é geral, mas apenas na teoria. É fácil subornar alguém para se livrar do alistamento por uma quantia em torno de 2 mil dólares. São apenas os menos habilitados, os menos educados, que se alistam. Muitos dos recrutas são analfabetos e encontram-se em condição física tão ruim que não servem para nada além de bucha de canhão na Chechênia ou como alvos de abuso de seus superiores predatórios. *Dyedovshchina*, o sádico e com freqüência fatal trote dos recrutas, é onipresente: os soldados são rotineiramente humilhados e torturados por seus comandantes, e apanham de pedaços de pau, correntes, cadeiras e qualquer coisa que esteja à mão. Todo ano, milhares são feridos e centenas são mortos ou cometem suicídio; outros milhares mais desertam em conseqüência dos abusos. O Exército russo é absurdamente inchado nas posições de comando — há um número cinco vezes maior de generais do que nas forças armadas dos Estados Unidos — e, para muitos desses oficiais e comandantes, a vida tem sido tão desprovida de um senso de missão e de orgulho que ele se destroem com bebida. Seus salários são tão baixos que eles se entregam a uma vida de corrupção, em graus variados. Em um caso raro de ação penal, o coronel-general Georgy Oleinik, um ex-funcionário de finanças do Ministério da Defesa, foi condenado no ano passado por "apropriação indevida" de fundos. Parece que ele se apropriou indevidamente de 450 milhões de dólares.

Dmitri Trenin, ex-oficial de carreira no Exército soviético, agora é bolsista do Carnegie Moscow Center. Ele continua bem relacionado no Ministério da Defesa. Quando nos encontramos certa tarde para tomar um café, ele descreveu o ministério como "uma cidade fantasma", com inúmeros generais sentados diante de suas mesas limpas, fazendo pouco mais do que tentar manter alguma imagem do status quo e de suas próprias posições. Esses generais e oficiais, disse Trenin, sofrem de "um enorme complexo de inferioridade". Depois de passar suas carreiras como chefes de uma máquina militar colossal, preparando-se para a possibilidade de um Armagedom na Europa, eles se recusam a alterar a estratégia ou as táticas. Mesmo quando Putin fala sobre a possibilidade de a Rússia algum dia se unir à OTAN, os comandantes russos ainda gastam suas energias planejando formas de derrotá-la. Até agora, Putin tem relutado em reformar o Exército, para torná-lo profissional, menor, mais moderno.

O Exército perdeu, de fato, suas últimas três guerras: depois de uma década de combates, as forças armadas soviéticas retiraram-se do Afeganistão; entre 1994 e 1996, Yeltsin tentou ridiculamente bombardear a Chechênia até a submissão, mas fracassou; o restabelecimento dessa guerra no final dos anos 1990 resultou, até agora, apenas na — como dizem os russos — "palestinização" da Chechênia, um conflito que agora inclui homens-bombas. As tropas russas na Chechênia são incapazes de manter qualquer tipo de paz na região, e habitualmente estupram, atormentam, saqueiam apartamentos, exigem pagamento por proteção para os comerciantes locais, executam prisioneiros e até vendem armas para os rebeldes. Importantes grupos de militantes chechenos têm aceitado ajuda de radicais islâmicos, inclusive da Al Qaeda.

"Como potência nuclear, a Rússia continua poderosa. Isso ainda faz dela o segundo país em poder nuclear estratégico", observou Trenin. "Mas, além disso, esse exército é tão ruim que é um milagre que as pessoas estejam dispostas a ir para a Chechênia e arriscar suas vidas para receber uma ninharia de pagamento. O comandante do submarino *Kursk*" — que afundou em 2000 devido a uma explosão misteriosa no mar de Barents, matando 118 marinheiros — "recebia um salário de duzentos dólares por mês. É difícil para mim encontrar um rapaz que venha trabalhar aqui como assistente por menos de quinhentos dólares por mês. E aquele era um submarino nuclear com poder para aniquilar um país grande."

Os políticos que apóiam as reformas fundamentais no Exército insistem que a Rússia precisa de cerca de 500 mil soldados, não os mais de 1 milhão em uniforme hoje, além de uma reconsideração total de suas estruturas e estratégias. Alexei Arbatov, o presidente eleito do comitê de defesa da Duma, disse-me: "Ainda estamos orientados para uma guerra contra o Ocidente. Isso se origina na estratégia militar russa desde os tempos de Pedro, o Grande. Mudar isso é como dizer aos astrônomos para parar de confiar em Newton e Kepler".

A obsessão com o poder dos Estados Unidos é universal. Os russos são obcecados com o poder americano à sua própria maneira. A reação deles é a de um rival humilhado aprendendo a lidar com uma inabitual sensação de fraqueza. Isso pode ser a comoção mais importante em toda a política russa, e ela molda quase completamente a política externa de Putin.

Dois dos principais especialistas em opinião pública na área de política da Rússia, Aleksandr Oslon e Lev Gudkov, disseram-me que o antiamericanismo na Rússia é muito diferente do que é, digamos, na França. O sentimento vem e vai. Durante as ações militares americanas no Kosovo e no Iraque, e durante as últimas Olimpíadas de Inverno, quando os patinadores russos foram acusados de ganhar uma medalha de ouro por meio de uma arbitragem desonesta, a antipatia em relação aos Estados Unidos cresceu. Mas depois diminuiu. "De maneira geral, os russos têm uma postura positiva em relação aos Estados Unidos, mas existe esse complexo de derrota e humilhação e até uma sensibilidade neurótica que explode", disse Gudkov. "Cinqüenta e cinco por cento pensam que o Ocidente e os Estados Unidos estão tentando colonizar a Rússia, mas os Estados Unidos ainda são vistos como uma utopia porque é o exemplo mais vívido de um país normal."

A posição de Putin em relação aos Estados Unidos tem se mostrado flexível. Quando ele iniciou seu mandato, as elites da política externa em Moscou — os vitalícios no Ministério do Exterior, os generais e almirantes — previram que Putin iria "encarar" os Estados Unidos mais do que Yeltsin jamais fez. Com a exceção de políticos liberais razoavelmente marginais, a maioria acreditava que Yeltsin era capaz de falar muito grosso com Washington, mas, no fim, iria ceder a qualquer desejo e exigência dos americanos, fosse em controle de armas, diplomacia ou comércio. A princípio, Putin de fato pareceu ser um parceiro de negociação mais intransigente, mais suscetível, do que Yeltsin. Então aconteceu o Onze de Setembro.

"Logo depois do Onze de Setembro, Putin reuniu muitos políticos para conversar sobre o papel da Rússia na situação", comentou Grigori Yavlinsky, o líder do Yabloko. "A absoluta maioria dos políticos disse que a Rússia deveria se manter neutra, ou mesmo se posicionar ao lado do Talebã. Apenas uns poucos disseram que deveríamos apoiar os Estados Unidos."

Putin ficou com a minoria, com os liberais. Ele acabou sendo o primeiro líder de um país estrangeiro grande a telefonar para George Bush para lhe dar seu apoio. Esse apoio incluía fornecer aos militares americanos relatórios de inteligência sobre as forças do Talebã no Afeganistão. Essas ações permitiram a Putin defender o argumento para o Ocidente de que, àquela altura, a guerra na Chechênia não era um ataque brutal, mas, em vez disso, uma outra linha de frente na guerra contra o terrorismo, e Washington, que sempre se queixou, ainda que ligeiramente, das ações da Rússia na Chechênia, agora faz isso sem a menor convicção.

A decisão de Putin sobre como reagir ao Onze de Setembro foi fácil, quando comparada com a questão do Iraque. Ele foi cauteloso em relação a uma invasão americana, e recebeu forte pressão do chanceler alemão Gerhard Schröder e do presidente francês Jacques Chirac para se juntar à oposição aos Estados Unidos nas Nações Unidas. Ele também estava sofrendo pressões domésticas. "Pessoas na KGB e no complexo industrial-militar queriam bloquear a 'conexão americana' de Putin", disse Sergei Karaganov, ex-consultor de política externa de Yeltsin. Segundo diversas fontes diplomáticas e de inteligência muito bem informadas, Putin ouviu de seus generais e chefes de inteligência que seria impossível para os Estados Unidos encontrar evidências físicas de quaisquer armas de destruição de massa, e que uma invasão levaria meses, se não anos, para ser finalizada.

Putin parece não confiar inteiramente em seu próprio Ministério do Exterior para conduzir as relações do dia-a-dia com os Estados Unidos. Durante a crise do Iraque, ele enviou Voloshin, seu chefe de gabinete, para reuniões na Casa Branca. Em outras ocasiões, despachou Dmitri Rogozin, o presidente do comitê de assuntos estrangeiros da Duma. Rogozin é um nacionalista emotivo e é conhecido em Moscou por seu ceticismo no que diz respeito aos

Estados Unidos. "Vemos alguma coisa de nós mesmos nos Estados Unidos, para melhor ou pior, e eles estão passando por sua era de ouro e nós por nosso nadir", disse-me ele. "Mas estamos em uma montanha-russa, estamos defasados um em relação ao outro. É por isso que nossa atitude em relação a vocês é quase condescendente."

Quando perguntei a Rogozin sobre a guerra no Iraque, ele sorriu e disse: "Todo mundo na Europa pensa que é uma calamidade. Mas nós encolhemos os ombros e percebemos que não havia nada que pudéssemos fazer a respeito. [...] Antes do final dos anos 1980, ainda havia algumas forças que poderiam impedir vocês. Havia a União Soviética e o equilíbrio das pressões. Agora, com o desaparecimento disso, é como uma luta de sumô. Os Estados Unidos simplesmente avançaram por falta de um oponente, e vocês tornaram-se responsáveis por tudo. Durante a Guerra Fria, os dois lados criaram seus próprios cyborgs. Nós criamos o cyborg palestino. Vocês criaram o cyborg Bin Laden, no Afeganistão. E de repente esses cyborgs não estavam mais sob o controle de seus mestres. Agora os Estados Unidos têm que preencher todo o espaço, são responsáveis por tudo — e, portanto, vão ser culpados por tudo".

A perspectiva de Putin é, claramente, de que a Rússia não pode mais esperar ser uma rival ou um contrapeso para o poder dos Estados Unidos. Ela só pode procurar influenciar esse poder no interesse, acima de tudo, da estabilidade doméstica e no exterior, pois é só sob uma condição de relativa calma — preços estáveis de petróleo, relativa calma ao longo das fronteiras do sul e integração com o Ocidente — que a Rússia poderá se desenvolver com regularidade. No fim, Putin jogou certo em relação ao Iraque, apresentando uma oposição razoável à guerra, mas sem danificar suas relações com os Estados Unidos. Se alguém venceu essa batalha diplomática, foi ele.

"Veja bem, muitos na liderança russa ressentem-se dos Estados Unidos, mas decidiram que é melhor se adaptar ao poder americano e fazer o melhor que puderem, porque o Oriente Médio, o Paquistão, o Irã — todos esses lugares podem se incendiar, em revoluções e guerras", disse Karaganov. "Então temos que ter alguém que faça o trabalho sujo de manter tudo junto. E esse papel é dos Estados Unidos. E, embora vocês façam coisas estúpidas, os Estados Unidos são o único rebocador que pode nos puxar na direção da modernidade."

* * *

Certa tarde, fui ao Kremlin para falar com Andrei Illarionov, um dos principais consultores de economia de Putin. Illarionov é jovem, fluente em inglês e casado com uma americana. Mencionei que, ao atravessar a praça Vermelha e a ponte Spassky, reparei que trabalhadores estavam se preparado para um desfile. Uma águia dourada de duas cabeças do período czarista havia sido montada em um dos lados da praça e uma enorme bandeira tricolor russa havia sido colocada sobre o mausoléu de Lênin. O hino de Putin sem dúvida completaria aquela cena pós-moderna.

"É, amanhã é o Dia da Independência", disse Illarionov. "Não são muitas as pessoas que se lembram, mas é o dia em que a Rússia se declarou independente."

"E todos esses símbolos?", perguntei.

Ele encolheu os ombros. "Esses símbolos refletem a complexidade da história russa, é a vida", respondeu. "Nós herdamos o legado do império russo, 73 anos de comunismo soviético, e, agora, doze anos de Rússia independente. O senhor Yeltsin tentou remover o corpo de Lênin da praça Vermelha, mas a resistência do Partido Comunista não permitiu. Com relutância, Yeltsin decidiu adiar essa ação."

Illarionov havia trabalhado no governo Yeltsin, e eu lhe pedi para comparar entre os dois presidentes.

"O período do senhor Yeltsin foi uma era de revolução, e ele foi um revolucionário que começou a destruir o antigo regime", disse ele.

Na era de Putin, sugeri, o mundo praticamente parou de prestar atenção à Rússia. As estações de televisão e jornais estavam fechando seus escritórios de Moscou, ou, pelo menos, reduzindo seu pessoal.

"Talvez o fato de não estarmos nas primeiras páginas em todo o mundo seja uma boa coisa", observou ele. "Nós sempre sonhamos com este momento. É um sinal de normalidade." Às vezes, ele explicou, as pessoas se esquecem do fardo histórico que a Rússia carrega, e elas focalizam as decisões, e as personalidades, que vêm e vão. "Houve 75 anos de guerra civil com milhões de mortos desde 1917: a guerra entre vermelhos e brancos, depois a coletivização, depois uma verdadeira guerra civil novamente, industrialização, os expurgos de 1937, a Segunda Guerra Mundial — uma guerra contra o fascismo, mas também um tipo de guerra civil na qual 1 milhão de pessoas mudaram de lado. Em que outro lugar você encontra isso? Depois vieram os expurgos dos prisioneiros de guerra, a guerra contra os cosmopolitas; uma guerra civil contra nacionalidades como os chechenos, os alemães da região do Volga, os tártaros da Criméia: vinte nacionalidades deportadas ou eliminadas. Uma outra guerra civil. Ao mesmo tempo, dezenas de milhões de pessoas foram criadas sob a ideologia e os ideais comunistas. Não se pode mudar isso da noite para o dia. É como ser criado em algum tipo de fé ortodoxa, alguma forma ortodoxa do islamismo, por exemplo. Existe uma reação séria quando você tenta mudar o mundo deles. É preciso um tempo para as coisas se acalmarem. Assim, o estado das pessoas agora, para a maioria, é ajustado em torno de um senso de sobrevivência. É isso o que realmente se quer. Isso é o que Putin é. É assim que vivemos agora, com história e histórias ao nosso redor, e tudo misturado."

(2003)

O "autoritarismo brando" de Putin endureceu com o tempo. Depois de um julgamento falso, Mikhail Khodorkovsky foi enviado para a prisão na distante Chita. Partidos e movimentos de oposição têm encolhido sob a constante pressão do Kremlin. Putin até ameaçou eliminar organizações tão benignas quanto os institutos estrangeiros de pesquisas interdisciplinares, como o Carnegie Moscow Center. Ele saudou os sinais de independência política na região, especialmente a "Revolução Laranja" na Ucrânia, com hostilidade e inquietação indisfarçáveis. Em 2005, a Freedom House, que monitora as liberdades civis e direitos políticos em países pelo mundo todo, rebaixou o status da Rússia de "parcialmente livre" para "sem liberdade". Era a primeira vez que a Rússia recebera a classificação de "sem liberdade" desde 1991. O próximo mistério da política russa é de que maneira Putin vai lidar com sua própria sucessão quando seu segundo mandato terminar em 2008.

PARTE IV

Sobrevivência: Natan Sharansky

Na Terra de Israel, nada é mais revelador do que o chapéu em sua cabeça. Os seguidores do falecido Lubavitcher Rebbe Menachem Schneerson tendem para os chapéus de feltro antigamente adorados pelos músicos acompanhantes da orquestra de Ellington, enquanto os sefardis marroquinos usam os gorros bordados multicoloridos que eram obrigatórios para pianistas de be-bop no Five Spot. Um *kipa* (solidéu) pequeno e tricotado indica o sionista ortodoxo moderno; uma circunferência ligeiramente maior indica um colono; um modelo de veludo negro é a marca do ultra-ortodoxo e (às vezes, mas não sempre) do anti-sionista. É verdade: um israelense perspicaz conhece chapéus tanto quanto os especialistas da Bergdorf's. Os realmente bem versados, a um breve exame da largura da aba, altura da copa e tipo de pele do *shtreimel* — um tipo de sombreiro hassídico trajado no Shabat e nas festas religiosas —, conseguem identificar a seita específica do hasside em questão, sua atitude em relação a Israel como um Estado, sua renda, sua fidelidade a certos textos e cânticos, e a localização de sua aldeia ancestral na Ucrânia, Polônia, Rússia ou Lituânia.

Quando o dissidente soviético e ativista judeu Natan Sharansky foi libertado do gulag e autorizado a emigrar para Israel, em 1986, muita gente na multidão exultante no Aeroporto Internacional Ben-Gurion ficou curiosa em saber o que ele colocaria (ou não) sobre sua cabeça calva e pálida. Durante nove anos como prisioneiro do regime comunista, Sharansky se tornara o símbolo do judaísmo soviético, a área mais desesperada da diáspora. Durante seu período na prisão, seu rosto fatigado e desafiador projetou a imagem singular do judeu perseguido — uma imagem em cartazes por toda parte, nas manifestações diante das Nações Unidas, Casa Branca, Palácio Eliseu e praça Puchkin. Toda uma geração de judeus — na Europa, em Israel e, acima de tudo, nos Estados Unidos — avaliara seu compromisso com o lema do pós-guerra "Nunca mais!" por seu compromisso com a libertação dos judeus soviéticos em geral e de Natan Sharansky em particular.

Nos primeiros meses como secretário-geral do Partido Comunista, Mikhail Gorbachev repetiu as palavras familiares sobre Sharansky, alegando que ele, à semelhança de Andrei Sakharov e outros prisioneiros e exilados internos, era culpado de conduta "anti-soviética", de traição. Aquilo logo mudou. Uma das primeiras e mais importantes medidas de Gorbachev para fazer as pazes com o Ocidente e seduzir as classes intelectuais em casa foi libertar Sharansky e, pouco depois, suspender as restrições à emigração para os judeus soviéticos. Sharansky rapidamente se tornou o símbolo de um êxodo histórico, de escala bíblica. Desde 1989, mais de 700 mil judeus chegaram a Israel procedentes da ex-União Soviética. Considerando-se o tamanho de Israel, recebê-los foi uma façanha de agilidade demográfica ainda mais impressionante do que, digamos, os Estados Unidos absorverem toda a população do Canadá e, depois, receberem cada australiano também. É difícil saber exatamente quantos judeus restaram na ex-União Soviética, mas Sharansky diz que Israel deveria estar preparado para absorver "ainda outras centenas de milhares".

De início, Sharansky ignorava totalmente a política da identidade em Israel. Ou seja, não sabia quase nada sobre seus chapéus. Como um dissidente jovem em Moscou e, depois, durante o período no sistema do gulag, ele sonhou em finalmente obter um visto de saída e fazer a aliá — imigrar — para um Israel de "irmãos e irmãs, um país unificado no essencial". Sharansky foi um dos muitos *refuseniks* que formaram uma imagem de uma Terra Prometida juntando quaisquer fragmentos de informação que conseguissem encontrar. Na Voz da América ouviu a cobertura, meio perturbada por interferência, da Guerra dos Seis Dias. Leu o romance *Exodus*, de Leon Uris. Absorveu as descrições entusiasmadas e bem-intencionadas do paraíso de visitantes do

Ocidente. Aprendeu hebraico em salas de aula clandestinas, com livros-textos contrabandeados. Os *refuseniks* formaram, naturalmente, uma imagem romantizada — ou, pelo menos, simplificada — de Israel, um antídoto à sua realidade do dia-a-dia. Mesmo o casamento de Sharansky foi um caso de sionismo romântico: ele casou-se com Avital Stieglitz um dia antes de ela emigrar. No aeroporto, fizeram uma promessa: "Ano que vem em Jerusalém".

Muito tempo se passou desde a chegada de Sharansky em Israel, mas ainda é espantoso encontrar com ele em seu apartamento, no bairro de Katamon Velho, em Jerusalém. Quando morei em Moscou, obtive permissão para visitar Perm-35, nos Urais, que foi o último campo de prisioneiros de Sharansky. Ele já havia sido libertado havia vários anos, mas visitei seu antigo alojamento, sua antiga cela de punição, e me encontrei com seu comandante, o tenente-coronel Nikolai Osin, um homem gordo feito uma salsicha, que ficou vermelho de raiva quando mencionei o nome de Sharansky. "Nunca houve prisioneiros políticos aqui!", Osin declarou, e riu alto. Portanto, ver Sharansky agora, em liberdade em Israel, cercado de sua mulher e duas filhas, por uma profusão de flores rosas e púrpuras na sua varanda, pelo sol de deserto escaldante e, por toda parte, pelas pedras claras de Jerusalém, constitui um milagre. De algum modo, ele conseguiu sustentar o drama de sua vida. Sharansky agora é ministro do governo de Benjamin Netanyahu, um homem que ele antes considerava um amigo íntimo. Nos últimos meses, porém, Sharansky se viu na situação de ter de decidir entre retirar seu apoio e derrubar o governo ou permanecer no poder e se arriscar a manchar o que tem sido uma reputação moral inigualável em Israel.

"Na prisão, quando as pessoas perguntavam sobre Israel, ninguém queria saber por quem você sentia mais afinidade, se pela esquerda ou direita, pelos religiosos ou não religiosos", disse Sharansky. "Eu não sabia quase nada a respeito e, quando vim para cá, fui subitamente acossado por essas questões e problemas e todos os debates, e tive de pensar nessas coisas. Foi totalmente desconcertante."

No início, a perplexidade de Sharansky era perdoável. Em 11 de fevereiro de 1986, ele começou o dia como prisioneiro da União Soviética. Os guardas da KGB o levaram de avião até Berlim Oriental, onde mandaram que ele atravessasse a ponte Glienicke rumo ao Ocidente. Sharansky emagrecera tanto com as rações da prisão que, como o mundo inteiro viu pela televisão, sua calça fornecida pelo Estado quase caiu até o tornozelo, enquanto ele caminhava para a liberdade. Ao cair da noite, ele estava no Muro das Lamentações, na Cidade Velha de Jerusalém, carregado nos ombros de centenas de israelenses eufóricos. No muro, leu uma oração de um minúsculo Livro dos Salmos — presente de Avital. Ele conseguira conservar aquele livrinho durante o cativeiro em Lefortovo, Chistipol e Perm-35. Era um talismã, sua comunhão com a língua e seu povo e sua esposa. Depois que Natan foi jogado na prisão, Avital passou quase todos os dias lutando por sua libertação, e, no momento em que se reviram, no dia de sua libertação, Natan disse, em hebraico: "*Slichi le she'icharti k'tsat*" ("Desculpe, cheguei um pouco atrasado"). Após a celebração inicial em Jerusalém, Natan e Avital passaram breves férias na Galiléia. Uma manhã, Sharansky acordou com a fragrância de uma amendoeira em flor e a música dos pássaros canoros da Palestina. Ele acordou a mulher e arrastou a cama deles até a varanda. "Veja", ele disse, "é o paraíso." Nove meses após o reencontro, nascia a primeira filha, Rachel.

Mas Israel não permite aos seus santos luas-de-mel prolongadas. Sharansky teria de se decidir quanto à sua identidade pública — seu chapéu — e muito mais. Para aumentar o problema, durante sua ausência Avital se aproximara do grupo nacionalista religioso Mercaz Ha'rav. O círculo dela era, em todos os aspectos, conservador. Politicamente, ela se identificava com os colonos dos assentamentos de Gaza e Cisjordânia. Agora uma mulher ortodoxa devota, Avital cobria a cabeça com uma manta. Que tipo de israelense seu marido viraria? A especulação começou.

"As pessoas estavam apostando se eu colocaria o *kipa* ou se Avital tiraria a manta, porque só israelenses com a cabeça coberta da mesma maneira conseguem permanecer juntos na mesma sala", disse Sharansky. "Isto realmente me irritou. Eu não queria pertencer a nenhum grupo. Queria pertencer a todos eles juntos. Mas, quando saí da prisão e cheguei em Israel, logo descobri que, embora eu tivesse me juntado ao povo israelense maior, cada um estava em sua própria célula."

Sharansky carrega seu status icônico com uma modéstia acanhada. Sua vaidade está em se ver como um jogador de xadrez pela vida afora, capaz de se safar de qualquer beco sem saída estratégico. Após muita reflexão, encontrou a solução para a charada do chapéu. "Em 1974, uma famosa exposição de arte clandestina em Moscou foi destruída com escavadeiras pela KGB", ele contou. "Alguns turistas estrangeiros haviam me trazido um suvenir: um chapéu usado pelos soldados israelenses. Eu o botei e, quase no mesmo dia, encontrei-me na exposição lutando contra a KGB. Senti-me um verdadeiro soldado. Apeguei-me àquele chapéu, mas depois que fui preso o perdi. Assim, quando cheguei em Israel, botei o mesmo tipo de chapéu, pensando: em primeiro lugar, é do Exército; depois, tem um significado especial para mim; e, finalmente, deixa as outras pessoas quebrarem a cabeça sobre ele. Deixa elas decidirem que tipo de pessoa, religiosa ou não, eu sou."

O Exército aparentemente resolveu o problema da identidade. Representava uma lealdade à instituição nacional singular — o protetor nacional — e, ao mesmo tempo, tratava-se de um quepe do Exército particularmente sem graça, projetando uma imagem de insignificância, como que para dizer: O. k., cobri minha cabeça, não posso ser acusado de indiferença religiosa total, mas também tenho uma lealdade nacional, secular, sem ser muito fanático com isso tampouco. Em todo caso, Sharansky não comprometeu seu chapéu com nenhuma ideologia, seita religiosa ou comunidade, sendo popularíssimo por todo o espectro político: uma proeza quase impossível no Israel dividido moderno.

A informalidade de Sharansky funcionou bem para ele. Quando foi jantar com o rei da Bélgica, esqueceu tudo que lhe haviam explicado sobre o protocolo e dirigiu-se a ele como "Senhor Rei". O sr. Rei ficou encantado. Após trajar uma gravata na visita a Ronald Reagan e Margaret Thatcher, dispensou aquele penduricalho asfixiante para sempre. Na Casa Branca, Bill Clinton perguntou por que não se dera ao trabalho de pôr uma gravata. "Temos uma lei especial em Israel", Sharansky respondeu. "Quem esteve na prisão por mais de nove anos está dispensado da gravata."

Nos primeiros dez anos em Israel, Sharansky manteve distância da política eleitoral e concentrou-se em sua liderança de fato da emigração russa. Não foi uma tarefa pequena. Centenas de emigrados vinham chegando todos os dias no Aeroporto Ben-Gurion. Para ajudar os novos imigrantes, Sharansky fundou o Fórum Sionista, cuja missão era suplementar o orçamento para a absorção dos imigrantes e construir apartamentos e criar empregos e instituições para os recém-chegados. O fórum arrecadou milhões de dólares, grande parte de doadores estrangeiros.

Mas, pouco mais de um ano atrás, Sharansky ingressou no mundo da política eleitoral. Ele pensara sobre a decisão por um longo tempo. Mesmo numa paisagem minúscula rica em sobreviventes da guerra e perseguição, Sharansky sobressaía. Estaria ele arriscando a reputação, a autoridade moral? Mas para chegar mais perto, para exercer mais influência, teria de concorrer ao Parlamento. Enquanto Sharansky refletia de novo no assunto, seu velho amigo Ari Weiss lhe disse: "Se você entrar na política, terá que esquecer o que devo lhe dizer agora, mas escute: você tem que perceber que, na política, seu prestígio inevitavelmente se reduzirá".

Weiss sabia do que estava falando. Antes de emigrar para Israel, havia trabalhado no Congresso americano como um assessor-chave do falecido presidente da Câmara dos Deputados Tip O'Neill.

Sharansky decidiu. "Sem dúvida isto é verdade", ele respondeu ao amigo, "mas de que serve o prestígio se você não o utiliza?" Para as eleições de 1996, ajudou a criar um partido político novo, Israel B'aliyah, que é, acima de tudo, o partido da nova imigração russa. Os emigrados votavam inicialmente no Likud, depois em Yitzhak Rabin e nos trabalhistas, e agora, insatisfeitos, estavam prontos para votar no seu próprio partido. Os líderes do partido são russos. Sua língua franca é o russo. Seus interesses básicos são os interesses da imigração russa. Em quase nenhuma de suas propagandas pelo rádio e televisão, o partido se deu ao trabalho de falar hebraico.

Desde o princípio, a política de Sharansky foi conservadora. Como tantos russos criados sob o socialismo soviético, sua visão de política econômica tende ao thatcherismo. Em grande parte por olhar pelo prisma de um dissidente soviético que achava o Ocidente insensato ao forjar tratados com Estados totalitários durante a Guerra Fria, ele está convencido de que Israel deve ter cautela ao lidar com os autocratas do Oriente Médio, inclusive Yasser Arafat. Um incidente como o atentado suicida de semana passada, em Jerusalém Ocidental, só fortalece a convicção de Sharansky de que o processo de paz de Oslo, sob os governos trabalhistas de Rabin-Peres, foi longe demais, depressa demais, fornecendo poucas garantias.

Sharansky sabia que não podia contar com o apoio da esquerda israelense, apesar de não ser um direitista convencional. Primeiro, por trás dele existe um enorme eleitorado étnico. A política dos novos russos diz respeito, acima de tudo, aos novos russos. Embora estes, por reflexo, desconfiem de um acordo com os palestinos, sua maior prioridade é econômica. O governo israelense não consegue gastar ou construir com rapidez suficiente para satisfazer às exigências de um influxo tão enorme. Eles precisam de verbas para moradia. Eles querem empregos compatíveis com suas qualificações de altíssimo nível como cientistas, matemáticos, acadêmicos, médicos e músicos. Os hotéis de Israel ainda estão repletos de médicos russos trabalhando como camareiros. Sharansky estava ligado a essa comunidade e podia contar com seu apoio. Ele também tinha o apoio entre o tipo de nacionalista e colono que o via como um herói sionista. Podia até contar com uns poucos votos entre os liberais que o admiravam, menos pelo teor de sua política do que por seu caráter, sua honestidade e sua inteligência.

Em 1996, pela primeira vez o sistema eleitoral permitiu que as pessoas votassem separadamente em um partido no Knesset (Parlamento) e para primeiro-ministro. Como resultado, os russos e os conservadores israelenses puderam votar, digamos, num candidato do Likud para primeiro-ministro, Netanyahu, e na chapa do Israel B'aliyah — a chapa de Sharansky — para o Knesset. Conversei também com alguns israelenses em Jerusalém, Tel Aviv e Haifa que haviam votado no candidato trabalhista, Shimon Peres, e no Israel B'aliyah.

Como político, Sharansky deve o carisma à sua biografia e seu caráter. É um orador medíocre e uma presença física nada imponente. Ele é baixinho, ou, como disse certa vez Groucho Marx, "tem muito mais que um metro": cerca de um metro e sessenta. Seu hebraico é, para sermos generosos, limitado no vocabulário, além de desfigurado por um forte sotaque russo. Seu inglês é melhor que o hebraico. Mas ele é engraçado e irônico quanto à sua pessoa. Ostenta pouco do orgulho de mártir visto ocasionalmente em dissidentes famosos.

Encerradas as eleições, o partido novo de Sharansky obtivera sete cadeiras no Parlamento e, após as negociações de praxe para a formação de um governo de coalizão, conseguiu dois postos no Ministério de Netanyahu: ministro do Comércio e Indústria (Sharansky) e ministro da Absorção (Yuli Edelstein, outro ex-prisioneiro político e colono na Cisjordânia). Foi uma vitória incrível, e totalmente inesperada, mas num piscar de olhos Sharansky aprendera o preço de passar da dissidência à neutralidade e, depois, à política partidária.

"A política israelense é brutal, porque a lógica da política de coalizão é que você tem que ceder em seus princípios para formar um governo", contou-me Yaron Ezrahi, um proeminente teórico político. "A política israelense exige isso. Todos os líderes partidários cedem nos princípios. Sharansky viu-se imediatamente submetido a essa lógica cruel. Ele teve de jogar mediante regras incompatíveis com o que o tornara uma figura singular. Nesse aspecto, ele foi subjugado. Ele é o sujeito que enfrentou o Kremlin e venceu, mas agora tem de encarar a perspectiva de não ser capaz de sobreviver ao abraço perigoso de Bibi Netanyahu."

Orwell escreveu, em seu ensaio de 1949 sobre Mahatma Gandhi: "Os santos devem ser sempre julgados culpados até que se prove sua inocência". Orwell admirava Gandhi, mas teve de se perguntar: "Até que ponto ele cedeu em seus próprios princípios ao entrar na política, que por sua própria natureza é inseparável da coerção e da fraude?". Quase todo santo que adentra o domínio da política falha — ou, no mínimo, tem sua santidade abalada. Nelson Mandela é a exceção, não a regra.

Sharansky tem sido um enorme desapontamento para muitos israelenses, especialmente da esquerda. Em primeiro lugar, ele não se mostra muito preocupado com os direitos humanos dos palestinos. Sharansky, que ajudou a criar o Helsinki Watch, o principal grupo de defesa dos direitos humanos na ex-União Soviética, tem relutado muito em se manifestar, mesmo em casos de suposta tortura e maus-tratos a prisioneiros palestinos. Grupos de direitos civis, muitos trabalhistas e partidos liberais menores esperavam um homem diferente, outra espécie de cruzado. "Sharansky escreve em seu livro sobre a ajuda a outros povos perseguidos como parte de sua própria liberdade, mas em Israel ele não tem vivido segundo este princípio", acusou Eitan Felner, o diretor executivo do B'Tselem, uma organização de direitos humanos em Jerusalém. "É como os primeiros sionistas, cem anos atrás, que chegaram como se não morassem outras pessoas aqui. É fácil falar de direitos humanos quando se trata de seu próprio povo."

Em 1996, ainda havia grande esperança em Sharansky como um novo político. Os veículos principais da mídia em Israel — dois dos três maiores jornais, a televisão estatal e a rádio estatal — são claramente liberais, mas o triunfo de Sharansky não os incomodou tanto quanto o de Netanyahu. Talvez nenhuma instituição liberal tenha sido tão otimista sobre a ascensão de Sharansky ao poder político quanto a *The Jerusalem Report*, a principal revista de língua inglesa do país. Alguns anos após chegar a Israel, Sharansky ajudou a fundar a revista com seus amigos Hirsh Goodman, um sul-africano nativo que havia sido, por muito tempo, correspondente de assuntos relacionados à defesa para o *The Jerusalem Post*, e Ze'ev Chafets, um irreverente escritor e colunista.

Na *The Jerusalem Report*, Sharansky era colunista regular e uma força moral. Como repórter, acompanhou o Exército durante a retirada secreta de judeus etíopes de Adis Abeba e escreveu um despacho comovente. Ele redigiu comentários inteligentes sobre o colapso da União Soviética e os problemas dos imigrantes que chegavam. Certa vez, em meio à Guerra do Golfo, convidou o rabino Adin Steinsaltz, eminente sábio religioso, para dar uma palestra aos repórteres e editores da revista sobre a interpretação das leis da calúnia no Talmud. Enquanto todos usavam máscaras contra gases e ouviam, Steinsaltz falou sobre a importância de evitar *lashon harah* — a fofoca maldosa.

"A mensagem de Natan foi simples", Goodman me contou certa manhã na sede da *The Jerusalem Report*. " 'Estas são suas raízes. É assim que o Talmud vê a calúnia, e a punição é tremenda.' Foi bem ilustrativo, e bem ilustrativo da natureza de Natan."

Goodman não poderia ter sido mais íntimo de Sharansky. Este foi fiador da hipoteca de Goodman e testemunha em seu casamento. Sharansky ficou tão contente com o que denominou "meu primeiro emprego fixo" que, num exemplar de suas memórias, *Não temerei o mal*, escreveu a dedicatória "A Hirsh, que me livrou de ser um prisioneiro de Sion". Goodman não votou em Sharansky — estava convencido de que os russos acabariam sendo um "cavalo de Tróia para Bibi" —, mas não ficou descontente com a vitória do amigo.

"A *The Jerusalem Report* foi ótima", Goodman revelou, "mas não era sua vocação. Ele estava destinado a algum tipo de liderança nacional. Assim como o destino de Avital foi lutar pela liberdade do marido, ele via como seu destino trazer 1 milhão de judeus da ex-União Soviética. Natan é um jogador de xadrez, e isto é crucial. Ele sobreviveu na prisão jogando xadrez com as autoridades. Assim, em política, ele viu que a única forma de cumprir sua agenda era jogar xadrez de novo, e Bibi é uma peça no tabuleiro."

Vários meses após as eleições, os velhos amigos de Sharansky na *The Jerusalem Report* tiveram a sensação de que ele estava rapidamente se tornando um ministro conservador um tanto convencional e talvez o defensor mais visível dos colonos da Cisjordânia. Netty Gross, amigo e vizinho de Sharansky, escreveu um perfil dele para a *The Jerusalem Report*. Embora o artigo fosse moderado pelos padrões do jornalismo israelense, Sharansky o achou prejudicial, e, comparado com a cobertura reverente da imprensa durante seus anos como um ícone dissidente, era mesmo. "Natan tem dificuldade com críticas", disse Gross. "Acho que ele tem que abandonar essa postura de herói, essa postura de ninguém-pode-me-criticar. É hora de seus assessores lhe dizerem que ele faz parte de um governo — um governo que tem que pedir aos seus jovens que morram por ele. Tenho a impressão de que ele vê as críticas como traição, mas não são."

No início deste ano, Sharansky viu-se no centro de um dos piores escândalos políticos da história do Estado: o caso Bar-On. Netanyahu, após sua vitória eleitoral, precisava nomear um procurador geral, cargo que, sob os trabalhistas, costumava ser ocupado por algum jurista liberal do mundo jurídico ou acadêmico. Netanyahu, que pretendia resistir ao establishment trabalhista, selecionou um ativista e advogado do Likud relativamente obscuro chamado Roni Bar-On. Bar-On não tinha grande reputação em direito — era mais conhecido como presidente do Betar Jerusalém, um dos times de futebol mais populares do país — e pouco depois renunciou ao cargo. Após duas semanas, um jornalista da televisão israelense revelou que, na verdade, a nomeação de Bar-On havia sido um favor prestado a Aryeh Deri, líder do Shas, o principal partido dos sefardis ultra-ortodoxos — judeus com raízes no Marrocos e outros países muçulmanos —, cujo apoio contínuo era essencial à sobrevivência do governo Netanyahu. Deri está sendo processado por fraude e corrupção, mas o repórter insinuou que, com o amigo Bar-On como procurador geral, ele esperava obter um parecer favorável.

O resultado foi uma histeria nacional. A reportagem dava a entender que o primeiro-ministro designara intencionalmente como principal autoridade judiciária um homem que poderia ajudar Aryeh Deri a se safar das dificuldades. A implicação era que Netanyahu havia feito um pacto com o Diabo.

Sharansky não hesitou em se manifestar. "Se houver ainda que dez por cento de verdade na reportagem da TV de Israel", declarou, "este governo não merece continuar governando."

Em 21 de abril, o procurador geral nomeado após a renúncia de Bar-On, Elyakim Rubenstein, e a procuradora do Estado, Edna Arbel, emitiram um relatório de 75 páginas declarando que, embora as provas fossem insuficientes para indiciar Netanyahu, ocorrera "uma ameaça real ao estado de direito".

Netanyahu foi à televisão e afirmou que o relatório do procurador-geral o inocentara totalmente. Ele atacou a mídia por tentar "solapar a legitimidade do governo". O primeiro-ministro sempre criticara a mídia israelense, mas esse ataque assumiu um tom particularmente sombrio, nixoniano. Não havia o menor sinal de pesar em suas palavras ou em sua voz.

Após sua declaração na televisão, Netanyahu voltou para casa. Mais ou menos às duas da madrugada, encontrou-se com Sharansky. Os dois eram amigos havia uma década. Quando o establishment trabalhista pouco ajudou Sharansky nas manifestações por sua libertação nos anos 80, Netanyahu, como representante nas Nações Unidas, rapidamente fez o que pôde. Através dos anos, ele e Sharansky tiveram muitos encontros particulares e jantares de Shabat. Geralmente, Netanyahu ia à casa dos Sharansky, porque estava disposto a dirigir aos sábados. Mas nos últimos meses eles haviam se afastado. Netanyahu aborreceu-se quando Sharansky não o apoiou na campanha eleitoral (Sharansky preferiu manter-se neutro, a fim de preservar a independência de seu partido em relação ao Likud) e aborreceu-se ainda mais quando ele o pressionou por uma pasta mais importante do que Comércio e Indústria no Ministério. Sharansky, por sua vez, recusava-se a ser tratado como um pupilo obediente. Ele achava que o governo estava ignorando as promessas ao seu eleitorado, os russos. Ainda mais, começara a discordar do estilo de Netanyahu como primeiro-ministro: achava-o arrogante, condescendente, pouco interessado nos conselhos críticos de seus ministros. E agora Netanyahu havia sido humilhado pela observação de Sharansky dos "dez por cento". Na verdade, até uma leitura generosa do relatório sobre o caso Bar-On deixava claro que bem mais do que dez por cento da reportagem original da televisão era verdade.

Netanyahu sabia que Sharansky tinha o poder de derrubar o governo. Netanyahu controlava 68 das 120 cadeiras do Knesset. Dessas 68, Sharansky controlava os sete legisladores de seu partido e dominava quatro outros de um partido aliado, a Terceira Via, liderada pelo ministro da Segurança Interna, Avigdor Kahalani. O poder de forçar novas eleições para primeiro-ministro e o Knesset estava, e está, nas mãos de Sharansky.

Os dois negociaram por cerca de uma hora. No final, Sharansky decidiu recuar. Era impossível para ele renegar a eleição de 1996 com base em um relatório que não indiciava ninguém. Seria insuportável abrir caminho para os trabalhistas. Netanyahu prometeu que consultaria mais seus ministros, que daria mais atenção aos problemas dos russos e que criaria um comitê de nomeações internas dentro do Ministério que incluiria Sharansky. (Sharansky logo descobriu, desanimado, que o comitê era uma farsa: Netanyahu simplesmente o ignorava.)

Goodman não pôde acreditar na falta de reação do amigo. Ele sempre soubera que Sharansky era um conservador, mas agora o via apoiando um governo que jamais passaria pelo teste dos "dez por cento". Ele também se enfureceu por Sharansky votar a favor de uma lei nova que daria aos rabinos ortodoxos o controle *de jure* das conversões religiosas dentro de Israel — lei que foi amplamente interpretada, em Israel e no estrangeiro, como deslegitimando o judaísmo conservador e o reformista. Furioso, Goodman sentou-se na escrivaninha e escreveu uma coluna intitulada "Sr. Dez por Cento" para a edição de 15 de maio da *The Jerusalem Report*. "Correm rumores de que Natan Sharansky está deixando crescer a barba", iniciava a coluna. "Parece que ele não consegue mais se olhar no espelho." Goodman acusou Sharansky de apoiar uma lei das conversões que efetivamente desautorizava metade do judaísmo do mundo, e fazê-lo somente porque "sua sobrevivência política pessoal dependia de se dobrar aos ultimatos dos ultra-ortodoxos". A razão por que Sharansky não reagiu contra um primeiro-ministro corrupto, escreveu Goodman, foi que o partido russo estava dividido e dificilmente voltaria a obter sete cadeiras em eleições novas. "É portanto crucial para ele que o governo atual sobreviva e, não importa o que ele possa achar de Netanyahu pessoalmente ou de seu desempenho profissional, continuará a apoiá-lo politicamente", Goodman escreveu. "E porque Natan Sharansky é essencialmente uma pessoa de princípios, que compreende melhor do que ninguém que se tornou mais um político barato destituído de qualquer princípio que não a sobrevivência política, os rumores sobre a sua barba talvez sejam verdadeiros."

Goodman não quis que Sharansky fosse pego de surpresa, de modo que colocou uma cópia preliminar da coluna e um bilhete pessoal na caixa postal de Sharansky. A coluna acabou com a amizade deles.

Quando fui ver Goodman no seu escritório na *The Jerusalem Report*, algumas semanas após a publicação da coluna, ele não aparentava aquela auto-satisfação comum entre os jornalistas após atirarem a lança. "A coisa toda dói em mim", confessou. "Recentemente, dei uma palestra para um grupo de judeus em

Los Angeles, e havia seiscentas ou setecentas pessoas ali. Quando mencionei o nome de Sharansky, elas vaiaram! Foi como um punhal no meu coração."

Esta primavera e verão tem sido uma época bem deprimente em Israel. O governo de Netanyahu vive em guerra com seus oponentes e consigo mesmo. O processo de paz, que Netanyahu prometeu continuar (ainda que com mais cautela), deteriorou. As bombas no mercado de Jerusalém Ocidental tornarão as negociações sérias quase impossíveis nas próximas semanas ou meses. As suspeitas e divisões que se seguiram ao assassinato de Yitzhak Rabin perduram. Enquanto eu dirigia de Jerusalém a Tel Aviv para encontrar Sharansky, um noticiário de rádio informou que nacionalistas israelenses fanáticos foram até a prisão que abriga Yigal Amir, o assassino de Rabin, para celebrar o vigésimo sétimo aniversário de Amir, levando garrafas de champanhe.

Sharansky, por sua vez, ainda sofria por causa dos ataques de Goodman e muitos outros à sua integridade e sabedoria política. Netanyahu, que estava no mínimo grato porque a observação dos dez por cento de Sharansky não resultara em algo mais desastroso para ele, me disse: "Natan não está desanimado pelo fato de estar levando uma surra de círculos que antes o adulavam".

"Eu não diria que o que Hirsh escreveu foi doloroso. Foi simplesmente errado", afirmou Sharansky. "Ele disse: 'Você é um sujeito que tinha princípios e agora não tem princípio nenhum. É um político que só quer sobreviver no poder e sabe que seus eleitores não votarão novamente em você'. Já é bem ruim ele não entender meus votos, mas ele não entende nada a meu respeito. Dizer que sou um sujeito que só quer estar no poder e mais nada — bem, seria o mesmo que dizer: 'Você é um sujeito que quer ter dois metros de altura e jogar basquete'. Não tem nada a ver comigo. Aliás, eu o compreendo. Hirsh não suporta o primeiro-ministro. Achar que seu amigo tinha o poder de derrubar Bibi e não o fez deixou-o furioso."

"Você vai responder a ele?", perguntei.

"Não é uma coisa para se responder", Sharansky disse. "Alguém lhe diz que você é uma pessoa sem princípios. O que eu deveria fazer? Dizer 'Sim, eu tenho princípios'? Eu mostro meus princípios através da minha vida, e não discutindo a respeito. Não há nada sobre o que falar. É como se seis anos juntos não fossem nada. É possível passar este tempo juntos e não entender nada um do outro. Não há razão para nos reconciliarmos. Por que se reconciliar se é esta a situação?"

A metáfora de Sharansky para quase tudo na vida é o xadrez. Talvez seu maior triunfo, depois de enfrentar a KGB, tenha sido derrotar Garry Kasparov ano passado durante uma partida simultânea em Jerusalém. ("Natan é um jogador amador razoável, e numa partida simultânea isto pode ser perigoso", Kasparov me contou. "Mas é normal que ele jogue bem. Ele é produto das escolas de xadrez soviéticas." Na cela da prisão, Sharansky jogava uma partida após a outra contra si mesmo — "e eu sempre ganhava". Ele encarava os interrogatórios da KGB como se fossem partidas de xadrez elaboradas, com aberturas cautelosas, evoluções intricadas, dilemas, ardis, finais de partida. Uma tarde, acompanhei-o à inauguração de um centro de xadrez na periferia de Tel Aviv patrocinado por Kasparov e pelos filantropos belgas Sol e Sissy Mark. Quando as câmeras cercaram Sharansky, os diretores pediram que ele se sentasse e jogasse uma partida rápida. Com qualquer um.

"Sente-se!", Sharansky ordenou.

"Eu?"

"Você."

A cada lance, Sharansky batia com a peça no tabuleiro e golpeava o relógio. Um filete de suor começou a jorrar atrás do meu pescoço. Sobrevivi a catorze lances e considerei isso um triunfo. A cena foi transmitida naquela noite pela televisão nacional.

"Para mim, o xadrez sempre foi um grande jogo, que ajuda a dar à vida uma ordem, mas nunca foi a própria vida", ele me contou mais tarde. "Mas, se existe algo realmente irritante em política, é que com freqüência para os jogadores a partida não é apenas um meio, mas a essência. Fica difícil se concentrar, e você tem que fazer um esforço constante para lembrar seu objetivo. Francamente, não estou gostando nem um pouco de política. Mas, veja bem, se você sente que tem algumas metas que deseja atingir e está indo naquela direção, você sabe para que está fazendo aquilo. Veja, eu não queria ser um prisioneiro de consciência, tampouco. Mas, uma vez que me tornei e entendi por que o estava fazendo, tive que ir em frente."

Para os críticos que achavam que Sharansky estava tentando conservar sua integridade e também seu poder — ameaçando exercer seu poder moral e político e, depois, recuando a fim de salvar seu lugar no Knesset e no Ministério —, ele disse: "Isso é tudo bobagem. Para mim, a questão não foi a esquerda chegar ao poder ou o governo atual permanecer nele. Para mim, foi se eu tenho o direito moral de cancelar os resultados das últimas eleições. Houve motivo suficiente para isso? [...] Se eu fosse um verdadeiro político, provavelmente não teria feito a declaração sobre os dez por cento. Mas não sinto que tenha sido errado ou mesmo ruim, ou que eu perdi. [...] Não houve prova criminal. [...] Como alguém que conhece bem a diferença entre suspeita e prova, achei que não foi".

No seu escritório do Ministério, Sharansky pendurou um retrato de sua "autoridade máxima": Andrei Sakharov, seu preceptor no movimento dos direitos humanos soviético. O retrato está lá como um lembrete do exemplo de Sakharov: sua honestidade, a pureza de suas intenções e de sua linguagem. "Sua expressão era como a de um santo: pensamento moral reto, puro e claro", disse Sharansky. "Essa ligação de simplicidade e retidão com sua grandeza, aquilo vinha do céu. Era uma sensação muito estranha, que eu praticamente não tive com mais ninguém. Portanto, é importante lembrar sempre que a distância entre o céu e a Terra é muito próxima e que depende de você quão próxima será. É isso que aquele retrato na parede me lembra o tempo todo."

Katamon Velho, onde moram os Sharansky, foi um bairro árabe até a criação do Estado judeu, em 1948, e a Primeira Guerra Árabe-Israelense. A arquitetura é em estilo árabe ou, como no caso do prédio dos Sharansky, uma imitação mais nova do estilo árabe. Excepcionalmente para Jerusalém, a área é mista — religiosa e secular; carros circulam nas ruas no Shabat —, mas é uma área nobre. Os valores dos imóveis subiram tão rápido, no boom recente da economia, que um dos vizinhos dos Sharansky calcula que o apartamento deles vale cerca de três quartos de milhão de dólares.

Sharansky vive bem pelos padrões israelenses. Pouco depois de deixar a União Soviética, ele assinou um contrato editorial com a Random House por 1 milhão de dólares. O livro, *Não temerei o mal*, é um relato da guerra sutil entre os prisioneiros políticos e seus carcereiros. Mas as vendas não foram tão boas como a editora esperava, sobretudo porque, no lançamento, em maio de 1988, Ronald Reagan estava agradando Mikhail Gorbachev na praça Vermelha. O pavor da Guerra Fria vinha rapidamente se tornando uma lembrança do passado. "A Random perdeu um monte de dinheiro", lembra Peter Osnos, o editor de Sharansky. "Mas, como Natan me disse: 'Sei que isso foi um desapontamento terrível para vocês, mas permitiu que eu não me submetesse'. Permitiu que ele tivesse uma vida."

É só Sharansky entrar num elevador para as pessoas se entusiasmarem e dizerem que leram seu livro e como este mudou suas vidas. Ele com certeza poderia ter ficado rico discursando em almoços da Hadassah [organização de mulheres sionistas dos Estados Unidos] e jantares em sinagogas de Oahu a Brooklyn Heights, mas não o fez. Existem outros russos entrando no clube da política de poder (Yuli Edelstein; Avigdor Lieberman, o auxiliar mais próximo de Netanyahu; Eduard Kuznetsov, um ex-dissidente, editor do jornal *Vesti*; e Larissa Gershtein, membro influente da Câmara municipal de Jerusalém), mas, nas palavras de um jornalista israelense, "na nova elite do poder russa, Natan e Avital são o czar e a czarina".

Enquanto eu estava em Jerusalém, a televisão de Israel exibiu um episódio de duas horas de *Hayim Sheka'elah*, uma espécie de *Esta é Sua Vida*, dedicado aos Sharansky. Amigos, colegas e admiradores de todo o país e do exterior se reuniram num estúdio por seis horas para as gravações. Mais tarde, ambos os Sharansky me contaram que, embora gratos por todos os elogios, aquela maratona de recordações acabou se tornando tediosa. "É o passado, mas tivemos uma vida diferente nos últimos dez ou onze anos", Avital me contou certa tarde no terraço de seu apartamento. "Durante anos e anos, passei todo o meu tempo falando sobre Natan e seu caso e nosso passado na Rússia. Tornou-se cansativo ficar repetindo e repetindo. A vida continua." O único momento em que parece valer a pena rememorar o passado é quando eles celebram seu "segundo *seder*", em fevereiro, comemorando a chegada de Sharansky em Israel — uma oportunidade de suas duas filhas sondarem o passado de seus pais.

Segundo todos os testemunhos, os Sharansky são um casal feliz, mas as diferenças entre eles também são claras. Natan vai à sinagoga apenas esporadicamente; em raras ocasiões, longe de Avital, dizem que ele não respeitou cem por cento as leis dietéticas da religião judaica. O quepe do Exército foi um meio de satisfazer não apenas à nação de Israel, mas também a sua esposa. Sua gratidão para com ela não tem limite. Avital, uma mulher tímida por natureza, empreendeu a mais pública das campanhas. Um amigo meu lembra de ter ido a um bar mitzvah em Montreal e observar Avital se aproveitar da ocasião para fazer um apelo apaixonado em prol dos judeus soviéticos. Na verdade, Avital desejava não apenas a libertação de seu marido mas, secundariamente, libertar-se da vida pública.

"Pouco antes de Natan sair da União Soviética, Avital me contou que tudo que queria fazer no mundo era cerzir as meias dele e trocar as fraldas de seus bebês", disse David Bar-Illan, um amigo da família e porta-voz de imprensa de Netanyahu. "Quando enfim vieram para Israel, foram para o norte até Safed, na Galiléia, passar alguns dias de férias. Lembro que minha mulher saiu do banheiro do hotel com lágrimas nos olhos porque olhara para fora e vira as meias de Natan e Avital secando lado a lado na janela. Ela nunca esquecera o que Avital lhe dissera."

Enquanto Natan é racional, Avital é mística, segundo seus amigos mais próximos. Enquanto ele apenas recomenda cautela num acordo com os palestinos, ela é totalmente contra. Enquanto Sharansky é capaz de passar uma noite inteira em clubes de blues em Nova York com seu amigo Ze'ev Chafets, Avital há muito perdeu a curiosidade. Quando os Sharansky foram convidados para visitar a família real no palácio de Buckingham, Avital consultou um rabino, e eles concluíram que não havia motivo suficiente para ir.

A família de Natan nutria sentimentos sionistas, mas os pais de Avital eram verdadeiros crentes, produtos do regime comunista. Ela e seu falecido irmão, Mikhail Stieglitz, eram o oposto deles, rebeldes anticomunistas desde a juventude. "Deixei meus pais muito cedo. Fugi de casa e nunca voltei", contou Avital. "Éramos tão diferentes. Ao final da vida de minha mãe, nós a trouxemos para cá, e ela permaneceu três meses, até morrer, mas estava tão doente que nem sei se chegou a nos reconhecer. Sei que meus próprios filhos vão se rebelar, mas estamos em Israel, e não haverá um abismo tão terrível."

A maior influência sobre a vida de Avital em Israel têm sido os seguidores do falecido rabino Avraham Yitzhak Kook, o primeiro rabino-mor asquenaze da Palestina. Sionista messiânico, ele acreditava que Deus concedeu aos judeus o que mais tarde se tornaria conhecido como o "grande" Israel — um território que inclui a Cisjordânia ocupada. Os kookistas estiveram entre os primeiros israelenses a propor uma interpretação religiosa-política da Bíblia, e sua influência começou a crescer sob a liderança do filho de Kook, Zvi Yehuda, após a Guerra dos Seis Dias, em 1967.

Durante sua campanha em prol do marido, Avital irradiava um glamour heróico. Uma matéria no *The Washington Post* chamou-a de Audrey Hepburn do movimento judaico soviético. Em Israel, ela se retirou totalmente da vida pública. Adotou o aspecto sério e simples das mulheres do Mercaz Ha'rav: saia comprida, uma manta, um porte grave. Ela é gentil e agradável, mas também exala um ar messiânico. Quando perguntei o que achava da situação dos judeus americanos, respondeu: "Os judeus americanos deram uma tremenda ajuda para salvar os judeus soviéticos, e acho que aquela causa foi uma enorme ponte entre os judeus soviéticos e os judeus americanos — é como se tivessem sido unidos pelo destino. Mas espero que, depois que os judeus soviéticos forem salvos, os judeus americanos também se salvem e venham para Israel. Não há vida lá. É assim que sou, é o que me sinto em relação à assimilação. Eles não estão vivendo plenamente. Tive a experiência de não estar em Israel, e sei que, por não estarem aqui, eles perdem algo de si mesmos. Aquilo não é uma verdadeira vida. É apenas passar o tempo. Pode ser luxuoso, pode até ser interessante, mas uma verdadeira vida é quando você tem seu próprio lugar, está com seu próprio povo, tem seu próprio modo de vida e não está com receio de que seus filhos se tornem algo diferente". Aí ela fez uma pausa e observou: "Por favor, não quero ofender ninguém com isto. É apenas a opinião de uma dona de casa israelense".

Ao responder à mesma pergunta, Natan se esforçou para ser mais diplomático. Quando nos encontramos alguns dias após minha conversa no apartamento com Avital, ele respondeu que, embora percebesse a "riqueza" em várias comunidades judaicas americanas e jamais ousasse clamar pela aliá em massa, "sinto que, se você realmente quer fazer parte ativa da história judaica, se quer construir o futuro do povo judeu, o seu lugar é em Israel. Este é o lugar onde você sempre sente que está no meio das coisas. [...] Aqui a vida é bem mais significativa. Mas dizer que a vida na América é vazia... eu não diria isto".

A importância histórica da vitória de Netanyahu sobre Shimon Peres e o governo trabalhista poderá depender menos das políticas e tratados postos em prática por Netanyahu e mais da mudança demográfica e psicológica na política israelense que ele corporifica. Quando conversei com ele, não parecia disposto a se abrir sobre seu relacionamento com Sharansky (eles ainda estavam brigando). Num ponto, porém, ele persistiu: sente que pagou um preço alto por atacar a elite asquenaze, os judeus com raízes nos países europeus. "Recebi uma visita, não faz muito tempo, do dissidente Vladimir Bukovsky, que me contou que o clima intelectual aqui não é bolchevique, mas menchevique", disse o primeiro-ministro. "Você leu o livro de Paul Johnson *Os intelectuais*? É uma expressão interessante da distância sentida pelas pessoas em relação aos intelectuais reinantes. É o que aconteceu por aqui."

Nas cidades costeiras como Tel Aviv, Haifa e Hertzliya, e até em certas áreas de Jerusalém, ainda há muitos israelenses (sem chapéu) que trabalham em atividades de alta tecnologia, aprendem inglês e línguas européias, votam nos trabalhistas, aos poucos começam a aceitar a existência de um Estado palestino e, em geral, esperam que Israel gradualmente perca sua eterna sensação de perigo e excepcionalidade e se torne, enfim, um Estado rico, seguro, pluralista e, talvez, mais comum. Mas, embora os visitantes e repórteres ocidentais se vejam invariavelmente atraídos para esse setor acessível da sociedade israelense, e embora essas vozes ainda dominem o jornalismo, a literatura e as artes, o país está claramente se tornando mais religioso, mais médio-oriental, e menos europeu. A taxa de natalidade, por exemplo, é bem maior nas comunidades religiosas e sefardis do que entre os asquenazes seculares que dominaram a cena desde a fundação do Estado. Ze'ev Chafets está exagerando apenas ligeiramente quando afirma que Israel se tornou, em certo sentido, um Estado dividido: o Estado litorâneo, secular, com Tel Aviv como capital, e o Estado religioso da "Judéia", com Jerusalém como capital. A escolha agora, ele diz, é se você deseja ser um israelense moderno ou um judeu de 3 mil anos. Nas eleições de 1996, os pró-Judéia venceram por uma pequena margem.

"Para pessoas como eu e meus amigos, é quase o fim do mundo", contou-me uma tarde Danny Rubenstein, um conhecido jornalista liberal especializado em assuntos árabe-israelenses, no maior de todos os locais de encontro do establishment, a varanda do hotel Rei David. "Esta nova onda vai totalmente contra os nossos valores", ele prosseguiu. "Fomos educados para trabalhar, e as pessoas novas, especialmente os ultra-ortodoxos, simplesmente não fazem do trabalho um valor. Eles acham que tudo que meus filhos conhecem ou curtem é a MTV. Eles são como a Moral Majority americana. Seu ideal para os filhos é se tornarem alunos de *yeshivas* [escolas religiosas judaicas ortodoxas]. Eles nos dizem: 'Dêem-nos montes de dinheiro, e estudaremos em *yeshivas* e faremos o país retornar aos seus valores básicos'. E nós dizemos: 'Daremos bilhões, mas não para estudarem a cabala.'"

"Os ultra-ortodoxos nos tratam como *goyim* [não-judeus], com tamanho desprezo. Eles não servem o Exército, eles não se importam se morremos. Eles nem sequer nos respeitam. No Memorial Day, uma sirene toca, e todos devem parar suas atividades, sair às ruas e manter silêncio. Eles deliberadamente continuam andando. Talvez Israel esteja se transformando em alguma espécie de regime dos aiatolás, algum tipo de coalizão em que os líderes são ultra-ortodoxos. Meus filhos jamais viverão em Jerusalém. Jerusalém para eles é como Borough Park ou Crown Heights."*

Os ressentimentos do outro lado são igualmente veementes. Os ultra-ortodoxos se sentem transformados em estereótipos e vítimas de zombarias, como se todos fossem tão fanáticos quanto os assassinos de Rabin e dos árabes na Gruta dos Patriarcas. Os sefardis há muito se sentem excluídos da elite israelense: seus níveis de renda e sua representatividade nas profissões liberais, nos negócios, na mídia e nos escalões superiores da política são, em média, bem inferiores aos dos asquenazes. Como Menachem Begin antes dele, Netanyahu fez campanha como defensor das não-elites: os sefardis, os ultra-ortodoxos, os colonos na Cisjordânia. Mas, embora a comunidade secular asquenaze possa ainda estar no centro da explosão econômica de alta tecnologia de Israel, seus membros estão sofrendo da mesma sensação de insegurança e declínio dos wasps americanos. "Acontece que nós, os velhos asquenazes — a comunidade secular, especialmente — somos os dinossauros", disse Avishai Margalit, professor de filosofia da Universidade Hebraica. "Falta-nos identidade e vitalidade. A vitalidade está nas outras comunidades. Mas não é o fim da vida. É o fim de uma espécie — a espécie dos cartazes da propaganda sionista e da Agência Judaica. Este é um país de imigrantes, de modo que você tem que estar preparado para o que vier."

Entre os asquenazes, a sensação de perda pode ser brutal, como com Rubenstein, ou resignada, como com Margalit, mas é marcante. Por isso, a perspectiva da chegada de uma diáspora asquenaze em massa — os judeus russos — foi empolgante, especialmente para a elite antiga. Os russos representavam não apenas os judeus europeus que haviam sobrevivido à guerra, mas tam-

---

* Borough Park e Crown Heights: redutos da comunidade judaica ortodoxa em Nova York. (N. T.)

bém um renascimento, embora em termos. Mesmo assim, quando Sharansky foi libertado da prisão e chegou a Israel, ficou chocado e ofendido ao descobrir que a liderança do país estava cética quanto à perspectiva de um êxodo soviético.

"Tivemos muitas conversas, com Shimon Peres e Yitzhak Shamir e com todos os líderes", Sharansky disse. "Nossa estimativa era então de que 400 mil poderiam vir como uma primeira grande onda de imigração. Foi difícil para as pessoas acreditarem. Claro que elas acharam que alguém que acabou de sair da prisão vive num mundo de sonhos. Peres achava que a União Soviética sempre teve um enorme potencial, mas, devido a um sistema comunista rígido, não conseguia desenvolver todo o seu potencial socialista. Mas agora Gorbachev a estava transformando num país livre e num grande país. 'E veja', ele me disse, 'agora, com Gorbachev, os judeus poderão viver como judeus livres. Por que iriam partir? Claro que temos de atraí-los — ou, pelo menos, ser amigos.' Mas ele era 'realista'. Shamir mostrou-se mais cético. Ele achava que os russos não seriam realmente livres, mas se, enfim, viessem a ser, iriam todos para os Estados Unidos. Por que estariam interessados em Israel?"

Algumas vezes por mês, Sharansky senta-se no banco de trás de um Volvo branco com placa oficial e cobre o máximo de território possível em um dia. Ele me convidou para uma dessas viagens, e visitamos uma cidade recentemente ampliada ao norte de Tel Aviv chamada Yokneam, uma série de aldeias drusas e, em Haifa, o Technion, o equivalente israelense ao MIT ou ao Caltech. Como um bom político, ele participou de uma reunião interminável após a outra, mostrou um interesse fantástico durante cada visita de fábrica ou conjunto habitacional, fez dezenas de chamadas telefônicas do carro e comeu mais *baklava* do que lhe seria recomendável. Seu conhecimento dos detalhes do comércio e indústria começou praticamente do zero; ele depende fortemente de sua equipe. Seu papel mais exato é delegar o trabalho detalhado do Ministério aos especialistas e concentrar a maior parte de seus esforços no objetivo supremo: acelerar a adaptação de três quartos de milhão de russos à vida israelense normal. Uma tarefa dificílima.

De início, e mesmo agora, os russos despertaram um ressentimento tremendo. É um truísmo que todos os israelenses são unânimes na adoração da aliá bem como em sua suspeita em relação aos *olim*: ou seja, eles adoram a imigração, mas não sentem muito entusiasmo pelos imigrantes. Os russos são considerados, alternadamente, esnobes e ordinários. Existe um ressentimento contra o influxo de tantos músicos, cientistas e professores, e ressentimento, também, contra mulheres de cabelos artificialmente loiros, todas com certeza prostitutas, e homens ao volante de Mercedes, todos sem dúvida mafiosos. Grupos como os marroquinos, que têm sido menos bem-sucedidos do que muitos outros grupos, acham que os russos recebem oportunidades demais na aquisição de apartamentos. Eles se perguntam por que não receberam o mesmo tratamento quando chegaram, nos anos 50.

A elite asquenaze, por outro lado, acha os russos presunçosos, relutantes em seguir o padrão normal de imigração, em que a primeira geração sofre, humilde e quieta, suas privações, abrindo o caminho para a segunda. Não passa despercebido, também, que até 30% dos imigrantes russos novos não nasceram judeus. "Nós tampouco entendemos seu apego à literatura e à cultura. A idéia de que qualquer outro livro além da Bíblia possa influenciá-los tanto é estranha", observou Eetta Prince-Gibson, uma jornalista que emigrou dos Estados Unidos. "Além disso, eles não estão implorando para ser parte de nós, e isto é insultante. Existe também aquele peso neles. Eles choramingam. Existe aquele estilo russo de falar que nos deixa loucos, como uma criança choramingando. Os israelenses estão habituados à idéia de que, para a primeira geração, a imigração é dura. Portanto, os israelenses são duros em relação ao choro. Nos incomoda que os russos achem que a sociedade que criamos não é tão maravilhosa assim."

A maioria dos israelenses admite que os russos estão aprendendo o hebraico rápido e se mostram dispostos a aceitar empregos bem abaixo de suas qualificações. O que os irrita, porém, é a pretensão dos russos a todos os direitos e, ao mesmo tempo, um distanciamento de Israel como um empreendimento sionista, como uma causa. "A idéia de que a aliá russa está conscientemente ligada ao movimento sionista é, infelizmente, um mito", contou-me Mikhail Grobman, o mais conhecido artista russo em Israel. "Um ponto essencial a ser lembrado sobre essa imigração é que esses russos vieram para cá sem nenhuma opção real. A maioria teria ido, com a mesma presteza, para os Estados Unidos ou a Europa ocidental, mas esses lugares estão fechados para eles. Culturalmente, o homem soviético traz consigo uma expectativa do Estado como uma vaca leiteira, e isto causa problemas. Isto não desaparece no momento em que você desembarca no Aeroporto Ben-Gurion."

Na viagem, Sharansky se encontrou com um grupo de cientistas russos no Technion. Liderados pelo eminente cientista Valentin Fainberg, todos reclamaram amargamente de que estavam recebendo salários irrisórios, os piores equipamentos de laboratório, além de não terem acesso às conferências científicas. "Nossa situação é a situação de escravos!", gritou um dos cientistas.

Sharansky tinha ouvido tais reclamações umas mil vezes. E, embora simpatize com os russos, sabe também que é natural a comunidade científica defender suas posições, em vez de abri-las aos competidores. Ele se animou mais quando visitamos a cidade de Yokneam, que antes girava em torno de uma metalúrgica e agora está se tornando um florescente centro de alta tecnologia. Centenas de apartamentos novos foram construídos para abrigar imigrantes russos que trabalharão em empresas de software e de tecnologia médica. As autoridades locais bajularam Sharansky, o que o agradou tremendamente.

"Um ano atrás, o líder da população local, na melhor das hipóteses, seria convidado para um encontro de cinco minutos, no máximo, a fim de fazer seu relato, e depois seria convidado a se retirar, para que os sujeitos mais sérios pudessem discutir tudo", ele contou. "Tive a idéia de que, para acelerar a integração, temos de sentar na mesa onde as decisões são tomadas, e a única forma de fazê-lo é tendo poder político."

Em muitos aspectos, a imigração russa se assemelha ao influxo alemão da década de 1930. As populações são bem parecidas no perfil: bem-educadas, compostas em grande parte de profissionais liberais, uma ameaça à velha guarda. "Cada imigração nova é como um transplante de coração", disse-me o ex-primeiro-ministro Shimon Peres. "O coração tem grande dificuldade em se acostumar com a vida em um corpo novo. Lembro quando os judeus alemães chegaram a Israel. A maneira como os recebemos foi vergonhosa. Lembro que, na escola, tratamos muito mal os novos alunos alemães. Dizíamos que tinham de escovar os dentes das vacas! Foi terrível."

O número de alemães nem chegava perto do dos russos atuais, mas eles também fundaram um partido político: Aliyah Hadasha (Novo Partido dos Imigrantes), uma espécie de partido liberal europeu central. Os alemães desempenharam um papel-chave na modernização do *yishuv*, o Estado judeu nascente antes de 1948. À medida que aquela população se fundiu com a sociedade israelense, o partido desapareceu. Os alemães acabaram se juntando à elite israelense.

"Nossa idéia é bem semelhante", disse Yuli Edelstein, o colega conservador de Sharansky no Knesset e no Ministério. "A idéia é integrar centenas de milhares de nós à sociedade israelense o mais rápido possível. Quem sabe possamos até melhorar o país no processo?"

Existem aqueles em Israel, especialmente na direita, que se desiludiram o bastante com o governo Netanyahu para começar a cogitar em outro líder. Possivelmente um russo.

"Veja bem, eu nunca quis ser um prisioneiro de Sion", revelou Sharansky. "Nunca quis ser membro do Knesset. Não quero ser primeiro-ministro. Queria ser apenas um campeão internacional de xadrez. A vida simplesmente não decorreu assim. Em cada etapa, o destino determinou o que eu teria de fazer e o que seria exigido de mim. Então, se eu não tiver que ser, não serei primeiro-ministro."

Em 1992, os israelenses convidaram Gorbachev a visitar o país. Houve um jantar em sua homenagem na casa do presidente. Os Sharansky estavam lá e, como todos os outros convidados, entraram na fila de cumprimentos para falar com o ex-líder soviético.

Quando chegou sua vez, Natan disse: "É um prazer cumprimentá-lo, senhor Gorbachev, do mesmo lado das barricadas".

Gorbachev começou a falar algo sobre as "boas obras" de Sharansky na Rússia e acrescentou: "Veja bem, a primeira vez que ouvi falar de você foi em 1985, durante um encontro de cúpula com Reagan em Genebra".

"Oh, sim", Raisa Gorbachev acrescentou. "Sharansky. A primeira vez que ouvi falar de você foi em 1985, quando sua esposa estava fazendo uma manifestação de protesto por você."

"E aqui está ela", Natan disse, apresentando sua mulher.

Na verdade, Avital havia sido presa em Genebra, ao tentar entregar uma carta a Raisa Gorbachev que dizia: "Pense em mim quando seu marido chegar em casa, ou quando estiver brincando com seus filhos. Pense em como não posso estar com meu marido, como não tenho filhos, por causa da prisão injusta de meu marido". Os Gorbachev, obviamente, estavam se fazendo de desentendidos. Gorbachev fizera parte do Politburo que governava o país enquanto Sharansky sofria na prisão.

Quando voltaram para sua mesa, Natan estava (tipicamente) entretido e Avital estava (tipicamente) enfurecida. "É tudo mentira!", ela murmurou. "Certa vez, quando ele esteve em Londres com uma delegação, perguntaram sobre Sharansky, e ele disse: 'É um espião!'. É tudo mentira!"

Nada do que Sharansky faça em Israel poderá se comparar ao drama de sua chegada. Teme-se até que seu trabalho como um ministro do Comércio e Indústria comum o diminua. Recentemente, o jornal *Ma'ariv* deu-lhe nota baixa como ministro. "Há uma sensação de perda, uma perda daquela pureza original", comentou Yaron Ezrahi, o teórico da política. "Mas suspeito que Sharansky, o ministro medíocre, não consegue destruir Sharansky, o ícone. O ministro é fraco demais, o ícone é forte demais." Sharansky, por sua vez, não mostra nenhum sinal de que deseje ser um curador de sua própria imagem incomum.

Mas mesmo agora Sharansky é capaz de um gesto inspirado e dramático. No último inverno, retornou a Moscou pela primeira vez desde que a KGB o conduziu ao aeroporto, em 1986. Ao desembarcar no Aeroporto Sheremetyevo, em Moscou, Sharansky teve um momento de suprema satisfação. "Quando estive na prisão, sonhei muitas vezes em desembarcar em Israel num avião da El Al — sempre um avião da El Al — e ser recebido por minha esposa, Avital, e seu irmão Misha", ele disse. "Mas nunca sonhei em desembarcar em Moscou num avião da El Al."

Avital não teve a menor sensação de triunfo. Ela nem queria fazer a viagem. "Não tenho ninguém lá", disse. "Os amigos vêm aqui. Além disso, não me identifico nem um pouco com aquele lugar — não sinto nenhuma nostalgia. Mas Natan insistiu. Quando desembarcamos, foi perturbador. Toda aquela neve e o gelo — aquilo trouxe de volta a sensação de estar jovem e sentir frio, despertou lembranças desagradáveis. Havia naquilo algo parecido com quando as pessoas vão a Auschwitz e, de algum modo, juram que conseguem ouvir os sons do passado, os gritos. Quando estivemos na sinagoga de Moscou, aos olhos do meu espírito vi todas as pessoas que conhecíamos, conversando e rindo. Foi realmente uma experiência espiritual."

Os Sharansky se encontraram com políticos e grupos judaicos. Beberam o café ritual em torno da mesa de cozinha ritual com velhos amigos dissidentes. Visitaram o túmulo de Sakharov. Visitaram o túmulo do pai de Natan, na periferia da cidade. (A lápide reza: "Sua alma dormirá em paz. Sua descendência herdará a Terra de Israel".)

O momento principal da viagem, porém, chegou quando os Sharansky visitaram Lefortovo, onde Natan fora inicialmente preso e interrogado. Sharansky brincou que dez anos de trabalhos forçados haviam sido a melhor preparação para dez anos de Israel, e que o slogan de campanha do seu partido era "Primeiro a prisão, depois o Knesset". Mas foi uma viagem séria, até essencial. A prisão havia obviamente sido arrumada para a ocasião, e, quando Sharansky pediu para ver sua antiga cela de punição, na área de confinamento solitário, as autoridades se entreolharam envergonhadas e responderam que não havia mais celas de punição — as coisas haviam mudado. Ele não ouvira falar? As celas de punição eram agora usadas como "depósito". Sharansky não acreditou e, em linguagem diplomática, disse isto. As autoridades se envergonharam e cederam.

"As celas em Lefortovo eram pequenas e frias, dentre as piores", Sharansky contou. "Quando nos trouxeram até a cela, pedi que deixassem a mim e minha esposa sozinhos. Tentei descrever como era. Contei a ela como você pega uma xícara de água quente e vai encostando por todo o corpo para se aquecer no frio. Existe um banquinho no meio da cela, e você só consegue ficar sentado alguns minutos de cada vez. Para mim, foi um momento tão simbólico. Passei tantos dias sentado na cela simplesmente pensando na minha mulher em Israel, e pensar que, quase exatamente vinte anos após minha detenção, venho para cá, onde me ameaçaram, onde disseram que iam me matar, onde leram para mim o testemunho de correspondentes estrangeiros que supostamente me traíram. [...] Aquilo foi o mais difícil. E pensar que, desde aquela época, 1 milhão de pessoas deixaram esta grande cela de punição — a União Soviética — que a KGB vigiava. E o regime já nem existe mais! Percebi então o quanto todos nós sobrevivemos e como, no final, esta cela foi a cena de minha maior vitória."

(1997)

Sharansky teve uma carreira longa como membro do Ministério, mas nos últimos anos sua influência talvez tenha sido maior em Washington do que em Tel Aviv. Em 2004, ele publicou *The case for democracy: The power of freedom to overcome tyranny and terror*, que se tornou um livro (talvez o único) que George W. Bush leu e recomendou publicamente durante sua presidência. No discurso de posse do segundo mandato, Bush disse: "A sobrevivência da liberdade em nosso país depende cada vez mais do sucesso da liberdade em outros países", uma citação direta do livro de Sharansky no intuito de justificar o projeto neoconservador, que inclui desde a decisão de deixar de negociar com Yasser Arafat até a invasão do Iraque. Através dos anos, a influência de Sharansky sobre Elliott Abrams, Richard Perle, Paul Wolfowitz, Douglas Feith e Dick Cheney — todos antigos colaboradores de Ronald Reagan e/ou do senador conservador Henry Jackson, que passaram a orbitar em torno de George W. Bush — tem sido forte. Como contou Sharansky à *Newsweek*: "Muitos deles são meus amigos daquele tempo. E, nos últimos quinze anos, temos mantido o diálogo". Em 2005, Sharansky renunciou ao Ministério em protesto contra o plano de Ariel Sharon de acabar com assentamentos na Faixa de Gaza e se retirar de lá.

O outsider: Benjamin Netanyahu

Se Paris é a Cidade Luz, Jerusalém é a Cidade Opinião. Aqui chovem opiniões. O deserto floresce na umidade das declarações. A frase mais rara nos cinqüenta anos de história de Israel é "Nada a declarar", e com certeza ninguém jamais proferiu esta sentença: "Não tenho nada a declarar sobre Bibi".

Esquerda ou direita, todos se referem ao primeiro-ministro, Benjamin Netanyahu, pelo apelido de infância, embora a familiaridade neste caso não tenha gerado afeição. O estranho sobre Netanyahu é que, embora apoiado — suas táticas paralisantes no processo de paz lhe valeram uma maioria de centro-direita —, ele é pouco respeitado. Uma tarde, fui ver David Bar-Illan, um ex-pianista clássico que está entre os auxiliares mais próximos e os pouquíssimos amigos de Netanyahu. Em questões de política, Bar-Illan é um relações públi-cas extraordinário, o sujeito que aparece sorridente diante das câmeras para defender a ação mais recente do primeiro-ministro. Contudo, quando conversamos sobre as tentativas de Bibi de conquistar o voto dos ultra-ortodoxos, apesar de seus hábitos seculares, ou mesmo de sua admissão de adultério, Bar-Illan girou os olhos e falou sobre o amigo como nenhum equivalente seu em Washington falaria.

"Contornar seu secularismo não foi nada comparado com outras coisas, como o adultério", disse Bar-Illan. "Uma coisa é ter um caso com uma *shiksa*—

mas uma mulher casada! Com uma *shiksa*, até os rabinos traem. Mas uma mulher casada! Agora Bibi irá à sinagoga no Rosh Hashaná, no Yom Kippur, talvez tenha ido ao Muro das Lamentações, ou usará a expressão 'graças a Deus'. Mas ele não está enganando ninguém."

A retórica da democracia israelense sempre foi mais ruidosa que a americana, mas o que se fala sobre Netanyahu é uma loucura. Uma das primeiras coisas que fiz ao chegar em Jerusalém dessa vez foi telefonar para Yitzhak Shamir, o primeiro-ministro anterior do Likud. Shamir atendeu o telefone na primeira chamada, como se estivesse esperando a semana toda pela ligação. "Bibi?", disse Shamir com seu sotaque cansado do Velho Mundo. "Não é um homem muito confiável."

Fez-se uma longa pausa na outra ponta da linha, como se Shamir achasse que já falara o bastante sobre o assunto. "Ele é egoísta demais. Pessoalmente não tenho contato com ele", Shamir prosseguiu. "Não é um homem muito popular. Um homem talentoso, bem-sucedido. Ele teve sucesso bem jovem. Teve muitas vantagens. Mas as pessoas não gostam dele. Eu não diria que ele é admirado. Não acredito que ele acredite em alguma coisa. Ele tem um ego enorme. As pessoas não gostam de gente assim. Não gosto dele."

E assim por diante. Depois que Shamir desabafou, liguei para Shimon Peres. Concorrendo com uma plataforma de acelerar os acordos de paz de Oslo com os palestinos, Peres perdeu a eleição de 1996 para Netanyahu, que conquistou o apoio não apenas da direita durona, mas também de muitos israelenses que acharam que Yitzhak Rabin e Peres haviam ido longe demais, depressa demais. Peres também atendeu à primeira chamada. Disse que ia partir para a China em cinco minutos, mas arrumou dez para criticar seu sucessor. "Perdemos tanta coisa, e em troca de nada", disse, contrariado. "A única preocupação de Netanyahu é com sua própria coalizão. Ele vive com medo de perder o poder — esta é sempre sua maior prioridade. Enquanto isso, perdemos a confiança que conquistamos, perdemos o mundo árabe, perdemos o respeito conquistado no resto do mundo. Tudo isso nos faz parecer uma nação estranha. Obter a paz e não seguir em frente é estranho."

Netanyahu, com 48 anos, é o primeiro primeiro-ministro israelense nascido após a fundação do Estado. Talvez por causa disso, muitos israelenses sentem nele uma falta de seriedade peculiar. Ele costuma dar a idéia de um homem mais jovem tentando impressionar e se prejudicando com isso. Quando fui entrevistá-lo em seu escritório, ele abriu a sessão acendendo um enorme charuto, um Davidoff. Dava para saber que era um Davidoff porque ele deixou o anel. Ele nem sequer ofereceu um ao seu convidado. Falta de educação? Estoque baixo? Ele então encheu o aposento com tanta fumaça que seu jovem auxiliar de imprensa, um sujeito amistoso da cidade americana de Dubuque chamado Michael Stoltz, reagiu como se estivesse preso numa garagem com um carro ligado. Stoltz poderia ter morrido aos poucos, pensei, sem que Netanyahu interrompesse suas baforadas pomposas.

O enigma de Netanyahu é que tantos israelenses o acham pessoalmente insuportável, mas se houvesse uma eleição amanhã ele quase certamente derrotaria o líder trabalhista, seu antigo comandante militar e ídolo, Ehud Barak. Os ortodoxos sabem tudo sobre as imprudências seculares de Bibi — a leviandade, os casos amorosos. Os nacionalistas da extrema direita ainda não concluíram se ele deseja abortar o processo de paz de Oslo (como eles gostariam) ou não. Tanto os emigrados russos como os sefardis sabem que Netanyahu não é um deles. Mesmo assim, esses eleitorados de outsiders acreditam que Bibi atende melhor a seus interesses do que as elites asquenazes do Partido Trabalhista.

Claro que a esquerda não suporta Netanyahu. Ela acha que Bibi "matou a paz", erradicou a chance histórica simbolizada pelos acordos de Oslo, de 1993 e 1995, com os palestinos. Os inimigos de Bibi o consideram um político incompetente, sem imaginação e cínico, com um talento singular para se conservar no cargo. "Netanyahu sabe muito bem o que quer", disse-me Uri Savir, que havia sido o principal negociador de Rabin em Oslo, "e o mais importante é guiar Israel na direção de uma política de mútua dissuasão, porque ele não acredita na paz real. Ele não acredita em uma nova qualidade de relações. Ele também vê tudo pelos olhos de um animal político, e quer ser reeleito. Tudo que faz é para apelar ao seu eleitorado de direita. Para agradá-lo, recorre ao discurso caro à mentalidade de gueto desse eleitorado."

Muitos na esquerda ainda culpam Netanyahu por contribuir para a atmosfera de ódio que levou ao assassinato de Rabin. Mesmo assim, Bar-Illan insiste que, em breve, todos os israelenses acabarão se maravilhando com a perspicácia e agilidade ideológica de Netanyahu. "Bibi quer ir mais longe que o próprio Begin", Bar-Illan me contou, querendo dizer que ele fará algo ainda mais chocante que Menachem Begin ao assinar os acordos de Camp David, em 1978, prometendo devolver o Sinai ao Egito e selando a paz entre Israel e seu vizinho mais poderoso.

Israel está celebrando seu qüinquagésimo ano como Estado. O sionismo sobreviveu às duas grandes ameaças do século XX — o fascismo e o comunismo —, mas ainda assim a celebração é desanimada. Em grande parte, isto decorre da sensação de que a ocupação da Cisjordânia e Gaza se perpetuou, causando sofrimento e desgaste nacional desde 1967. Além disso, a liderança do país é totalmente sem inspiração. Quase universalmente, à esquerda e à direita, Netanyahu é visto como um político dúbio — e pouco competente nisso. Durante a campanha de 1996, Bibi prometeu aos ortodoxos que ele, o mais secular dos homens, seria o avatar do Estado judeu. Ele se encontrou com o líder espiritual dos sefardis, o rabino Yitzhak Kaduri, e sussurrou no ouvido do rabino: "Os esquerdistas esqueceram o que é ser judeu. Eles acham que podem entregar a segurança nas mãos dos árabes — que os árabes cuidarão de nós". O microfone da rádio israelense captou essas observações.

Durante seus dois anos no cargo, Netanyahu ficou famoso por uma série de erros, e rápidos. Após conseguir a indicação pelo Likud em grande parte graças a um processo eleitoral novo e aberto, ele apoiou a revogação desse processo. Cortejou o escândalo ao nomear um procurador geral cuja qualificação principal era uma ligação estreita com o Shas, o partido sefardi. Desafiou seu próprio chefe do serviço secreto e ordenou o assassinato de um líder do Hamas, Khaled Meshal, na capital jordaniana de Amã. Quando a conspiração para envenenar Meshal fracassou (lembrando mais o inspetor Clouseau do que 007) e se tornou pública, o rei Hussein se enfureceu, e os israelenses ficaram perplexos. Como ministro do Exterior, David Levy afirmou que Netanyahu se comprometera com investimentos sociais em cidades sefardis, e depois renunciou quando Netanyahu negou isso. A direita permanece furiosa com a retirada das forças israelenses da cidade de Hebron, na Cisjordânia.

O círculo de Netanyahu sente-se perseguido pela imprensa. Seus defensores observam, por exemplo, que ele não se mostrou militarmente agressivo ou ideologicamente inflexível. Repetidas vezes, eles mencionaram "uma das raras exceções": um artigo longo de Ari Shavit, publicado em dezembro passado no jornal diário liberal *Ha'aretz*, intitulado O ANO DO ÓDIO A BIBI. Shavit é um intelectual liberal que escreveu que seu próprio círculo tem sido injusto para com Netanyahu. Quando comecei a escrever esta reportagem, o próprio pai de Netanyahu me jogou na cara que eu só ia citar os inimigos de seu filho, "os esquerdistas". Pedi-lhe uma lista de pessoas que eu pudesse entrevistar. Naturalmente, algumas pessoas da lista que ele me deu eram partidárias fervorosas, mas outras, embora dissessem que apoiavam as políticas de Netanyahu, admitiram que mal conseguiam suportar o homem.

Uma delas foi Yoash Tsiddon-Chatto, coronel da reserva da Força Aérea e ex-membro de direita do Knesset, que acompanhou Bibi às negociações de paz de Madri, em 1991. "Algo na personalidade de Bibi cria um clima anticonciliação", disse Tsiddon-Chatto. "Eu nem imaginava que ele ia se esquivar e manipular e tramar e se esquivar do jeito que fez como primeiro-ministro. Duvido que seu pai esteja muito contente com a maneira como seu filho tem posto em prática suas políticas."

O pai. Aonde quer que eu fosse em Israel, ao indagar sobre Netanyahu, recebia a mesma resposta: "Para entender Bibi, você precisa entender o pai". Mas, embora a imprensa israelense costume descrever Benzion Netanyahu como profundamente conservador nos pontos de vista e duro no caráter, ele é quase uma lenda, uma espécie de segredo. Benzion não se esconde exatamente do mundo — trata-se de um estudioso controvertido que publicou uma série de livros e artigos extraordinários sobre os judeus na Espanha do século XV —, mas deliberadamente evita jornalistas. Como Bibi, Benzion Netanyahu e sua mulher, Cela, consideram a imprensa israelense, que é quase uniformemente pró-trabalhismo, com um desprezo visível. "Bolchevique" é o termo que usam. Eles não preferem muito a imprensa americana. A cobertura do *Times* de Israel, Benzion me disse, "muitas vezes parece desequilibrada e inclinada para o lado esquerdista da opinião pública de Israel". Ele me recebeu principalmente por compartilharmos o mesmo editor, um amigo.

Quando a nação de Israel foi fundada, Benzion Netanyahu vivia na periferia de sua vida política. Agora ele é seu patriarca. Seu filho mais velho, Jonathan — Yoni —, é um mártir das Forças de Defesa de Israel, cujo nome é conhecido por todo colegial do país. O filho do meio, Benjamin, é o líder do Partido Likud e primeiro-ministro. O filho mais novo, Iddo, é ao mesmo tempo romancista e radiologista.

Benzion, aos 88 anos, goza de uma mente clara, boa saúde e uma personalidade austera. Uma palavra irritada dele espanta os pardais das árvores.

Depois que seu filho, o primeiro-ministro, profere um discurso, Benzion às vezes telefona para corrigir um erro gramatical. "O hebraico de Bibi melhorou muito nos últimos anos", ele admite. Benzion é um homem secular, mas seus julgamentos de Israel, sua história e muitas outras coisas costumam ser tão sombrios, tão rancorosos, que ele às vezes soa como o mais implacável dos profetas do Antigo Testamento. Seus pontos de vista sobre tudo — dos Estados Unidos atuais aos defeitos ideológicos e falhas de diferentes políticos israelenses do presente e do passado — são amiúde desesperadores.

A desaprovação de Benzion cobre uma faixa gigantesca. Cinqüenta anos atrás, na época do nascimento de Israel, sua política já se situava na extrema direita. Quando jovem, foi auxiliar de Ze'ev Jabotinsky, o líder do movimento revisionista de linha dura. Entre os sionistas iniciais, os revisionistas eram os combatentes subterrâneos que achavam que os trabalhistas, liderados por Ben-Gurion, estavam desistindo fácil demais de territórios agora bem além de Israel. Benzion fez parte de um movimento que reivindicava para Israel uma área englobando grande parte da Jordânia atual. O hino pró-Jabotinsky na época rezava: "O Jordão tem duas margens: a de cá é nossa, a outra, também". Sua visão talvez seja um anacronismo, mas foi nela que o primeiro-ministro atual foi educado. Benzion avulta sobre seu filho tanto quanto Joseph Kennedy avultava sobre seu clã, e seus pontos de vista estão na raiz da sensação de Bibi de um mundo ameaçador.

Quando você encontra Benzion pessoalmente, ele não parece tão austero: tem pequenos tufos brancos de cabelo e olhos cansados e pequenos, os olhos de um sábio chinês. No dia da posse de Bibi como primeiro-ministro, no Knesset, em 1996, Benzion estava sentado na platéia. Ari Shavit, do *Ha'aretz*, viu o velho e notou que ele não exibia nenhum sinal externo de orgulho ou júbilo. "Eu estava assistindo na TV, e pensei: 'Meu Deus, é duro ser filho deste homem: mesmo virando primeiro-ministro você não consegue satisfazê-lo'. Isto é realmente o essencial", disse Shavit. "Há essa pessoa que se força a ir até o fim, exigindo o impossível, e até obtendo. É como uma tirania interna constante. Você não consegue parar. Não há celebração."

Dizer que Benzion não tem nenhuma fé em um acordo de paz com os palestinos ou qualquer nação árabe é dizer o óbvio. Tais tratados, segundo ele, são idéias de tolos e ingênuos. "A história judaica é, em grande parte, uma história de holocaustos", disse-me Benzion, "praticados por líderes e facções anti-semitas que conseguiram assumir o controle de países ou regiões inteiras em tempos de anarquia, guerra civil ou rebelião. Nas áreas que caíram sob seu domínio, todas as comunidades judaicas foram exterminadas. Hitler diferiu deles basicamente por ter se tornado o único governante incontestável de seu país e controlar uma área bem maior, o que lhe permitiu assassinar muito mais judeus."

Num grau considerável, a luta interna de Bibi Netanyahu como primeiro-ministro é uma luta entre uma ideologia herdada e as contingências políticas. Seu dilema é sempre até onde ele pode, ou deve, permanecer fiel aos ideais, à obstinação, de seu pai. Ele pode nem sempre agir com base nos imperativos do pai, mas acredita firmemente na justeza dele. Os dois compartilham uma sensação intensa de autoconfiança insular, de estarem certos quando todos os demais à volta são ingênuos, fingidos ou estão errados. Quando encontrei Bibi no seu escritório, ele recordou afetuosamente como, em 1956, seu pai se dirigiu a Ben-Gurion e lhe disse que os israelenses, tendo acabado de capturar o Sinai, tinham de encontrar uma estratégia para conservá-lo. Ben-Gurion respondeu que o conservaria por mil anos. Por que Benzion se preocupava com sua perda?

"Porque os Estados Unidos forçarão você a devolvê-lo", Benzion respondeu a Ben-Gurion.

"Claro que ele estava certo, infelizmente", Bibi disse. "Aquela foi a primeira e última vez que um primeiro-ministro israelense sucumbiu a uma imposição americana." Não é difícil imaginar esse episódio passando pela cabeça do primeiro-ministro quando diplomatas americanos como Dennis Ross e Madeleine Albright se sentam com ele em negociações.

Tanto a esquerda israelense como a Casa Branca diriam que Bibi retardou tanto o processo de paz que os palestinos e Estados árabes como Jordânia e Egito perderam a esperança. Nas últimas semanas, autoridades do governo Clinton têm insistido com Netanyahu que concorde com uma retirada de 13% da Cisjordânia, em troca de garantias palestinas sobre o terrorismo. Netanyahu reagiu a esta cifra, conquanto se mostrasse disposto a recuar 9% do território disputado (talvez até 11%). O importante, ele insistiu no final da semana passada em conversas em Washington com Ross e Albright, era que qualquer acordo preservasse o que ele chamou de "tampão territorial" contra o terrorismo palestino. É verdade que Netanyahu continuou enfrentando uma pressão intensa em casa: palestinos protestaram contra *al nakba* — "a catástrofe" — da fundação de Israel, irromperam distúrbios, e vários palestinos foram mortos por tropas israelenses. E ninguém garante que o Ministério de direita de Netanyahu, em especial o influente ministro da Infra-Estrutura, Ariel Sharon, concordaria com um acordo nos moldes do plano americano.

O argumento geral de Netanyahu é que o sonho da esquerda de um Oriente Médio novo, de relações pacíficas e mercados abertos em uma região de ditaduras árabes, constitui uma fantasia. "O Oriente Médio real não é a paleta maravilhosa com cores maravilhosas", observou. "Há alguns traços bem sombrios aqui. Mais do que traços: grandes faixas de fundamentalismo e regimes ditatoriais. Existe uma luta pela alma dessa civilização árabe islâmica. Eu não os descarto. Acho que podemos influenciá-la, porém, em primeiro lugar, não de uma forma profunda e, de qualquer modo, de uma forma diferente daquela defendida pela esquerda. Ela pensa que, se fizermos mais concessões, desarmaremos a bomba-relógio, o mecanismo que faz com que isso aconteça. Mas isso é bem maior do que a batalha contra o sionismo. É uma batalha contra a modernidade."

Para a extrema direita, porém, Bibi nem sempre foi firme o bastante com os árabes. A decisão do primeiro-ministro, no ano passado, de transferir o controle sobre Hebron à Autoridade Palestina constituiu, ao olhos dela, uma traição da campanha de 1996 e dos princípios revisionistas. O cunhado de Bibi, um colono de nome Chagi Ben-Artzi, contou-me: "Bibi cresceu numa família onde o princípio de conservar a terra, a terra inteira, em mãos judaicas é um princípio sagrado. [...] Ouvi o pai de Bibi criticando fortemente o acordo de Hebron. Ele disse que este não se justifica. Ele não viu nenhum motivo para conceder a Arafat mais terras antes que este cumprisse um só compromisso incluído nos acordos de Oslo". Benzion negou que tivesse discutido com o filho sobre Hebron ou Oslo em geral. Quando Ben-Artzi tornou pública sua própria oposição à política do cunhado, o relacionamento entre eles se deteriorou.

Refletindo sobre seu filho e Oslo, Benzion mais tarde disse: "O que posso concluir das ações e declarações do primeiro-ministro é que ele está lutando para obter, dentro dos limites do acordo de Oslo, e pela implementação dos compromissos assumidos pelas duas partes, esquemas que são vitais para a segurança de Israel e minimizarão a irrupção de terrorismo e guerras em grande escala".

Bibi, por sua vez, descarta qualquer conversa sobre a influência paterna como "psicologismo barato". Seus amigos e colegas que o conhecem há décadas não descartam. Natan Sharansky, um dos ministros atuais e assessores mais próximos de Netanyahu, contou-me: "Veja, não há dúvida de que o pai é crucial para Bibi, especialmente em termos de história, judaica e mundial. Em suas atividades do dia-a-dia, isso ajuda Bibi a manter o foco. Ele se envolve nas batalhas diárias, mas tem sempre em mente essa visão da história".

O que Bibi fará, então, nos próximos meses e anos? Ouvirá o chamado da história e tentará entrar em acordo com os palestinos? Ou dará ouvidos ao eleitorado de direita que o manterá no cargo? "Acho que Bibi está dividido e, às vezes, paralisado pela diferença entre seu coração e sua cabeça", diz David Makovsky, que cobre diplomacia para o *Ha'aretz*. "Suas reações viscerais são ideológicas, como de seu pai, mas, intelectualmente, ele constatou que suas reações viscerais nem sempre estão corretas. O resultado é a paralisia. Movimento sem progresso no processo de paz."

Benzion e Cela Netanyahu criaram os filhos em uma casa espaçosa, na rua Haportzim, no bairro de Katamon Velho, em Jerusalém Ocidental. Eles continuam morando lá. Havia pouca riqueza em Jerusalém naquela época, e os Netanyahu se sentiam quase ricos. O carro deles era americano — um Henry J — e eles possuíam um dos raros telefones da vizinhança. Benzion organizou a populariíssima *Encyclopedia Hebraica*. "Por esse trabalho", ele contou, "eu recebia o maior salário de Jerusalém!" A casa vale agora cerca de 1 milhão de dólares.

Benzion Netanyahu é conhecido nos círculos acadêmicos ao redor do mundo pelo livro *The origins of the Inquisition in fifteenth century Spain*. Em estudos medievais, sua tese é considerada revolucionária. Os judeus foram oprimidos na Espanha mesmo depois de se converterem ao cristianismo. Netanyahu desafiou a visão tradicional de que os espanhóis perseguiram os conversos porque muitos deles continuavam praticando sua fé original em segredo. A obra de Netanyahu argumenta que a imagem consagrada dos conversos como "judeus secretos" é uma ilusão romântica. Ele sustenta que, na verdade, pouquíssimos dos cristãos-novos praticavam o judaísmo, e que a Inquisição foi, na verdade, um momento histórico em que os monarcas cristãos desenvolveram uma teoria de ódio racial visando extirpar e destruir uma ameaça percebida à sua ordem social e política. Netanyahu escreve que, após duas ondas maciças de conversões, em 1391 e 1412, esses cristãos-novos começaram a assumir cargos poderosos na política e na Igreja. Como os espanhóis não podiam mais atacar os conversos com base na fé religiosa, inventaram tratados descrevendo o *povo judeu* como uma raça intrinsecamente poluída, contaminada. Pela primeira vez, escreve Netanyahu, uma sociedade concebeu uma teoria racial da inferioridade judaica, que estabeleceu a base da Inquisição na Espanha, tão certamente como as leis de Nuremberg foram precursoras da Solução Final. Após 1400 páginas, somos levados à conclusão mais sombria possível: ainda que os judeus cheguem ao ponto de se converter, e mesmo que essa conversão seja total e oficial, não importa: o ressentimento contra os judeus como um povo persistirá, a ponto até do exílio forçado e assassinato em massa.

Visitei os Netanyahu em uma bonita manhã de primavera. Cela Netanyahu me recebeu e, depois, rapidamente foi chamar o marido. Cela estudou direito em Gray's Inn, Londres, mas nunca praticou. Em vez disso, criou os três filhos e, acima de tudo, dedicou-se ao marido. Ela o protegeu de perturbações e viajou com ele nos Estados Unidos quando não havia cargos acadêmicos disponíveis em Israel. No total, Benzion e Cela viveram nos Estados Unidos mais de vinte anos: primeiro de 1940 a 1948, a fim de trabalhar para o movimento sionista, e depois de 1963 a 1977, para lecionar em várias faculdades e escrever seus livros.

Enquanto aguardava Benzion, fui até a sala de jantar. Quando os filhos estavam crescendo, a sala de jantar era o gabinete de trabalho do pai, o nexo da casa. "Quando se ia até lá, tomava-se cuidado para não perturbar o velho", disse um amigo da família. "Aquele era o refúgio sagrado." Agora um busto de Yoni domina o aposento. Yoni foi o único soldado israelense morto durante a operação de resgate no aeroporto de Entebbe, Uganda, em 1976.

Através dos anos, os Netanyahu cultivaram uma sensação de singularidade em relação à família. "Sua percepção de si mesmos é como uma família importante na história de Israel", informou um dos amigos de Bibi. "O pai é o grande erudito e sábio. O filho mais velho, Yoni, o soldado mártir. O filho do meio é o primeiro-ministro e salvador de Israel. O mais novo, Iddo, é o escritor que também exerce a medicina. Bibi disse que considera Iddo o 'novo Hemingway de Israel'. Não importa que Israel tenha escritores realmente grandes: A. B. Yehoshua, Amos Oz, Aharon Appelfeld, Meir Shalev. É assim que eles pensam."

Enfim Benzion chegou e se sentou numa poltrona. Por alguns momentos, falou sobre o pai, Nathan Mileikowsky, rabino nascido na Lituânia que ajudou a dirigir o famoso ginásio Krinsky, em Varsóvia. Como um importante orador sionista, Nathan percorreu a Europa e os Estados Unidos discursando a favor do Estado judeu. Quando trouxe sua família para a Palestina, em 1920, chegaram em um pequeno barco em Tel Aviv e mudaram o sobrenome para Netanyahu: "concedido por Deus".

Repetidamente na conversa, Benzion abordou o espectro persistente da esquerda em Israel. Disse que grande parte da imprensa em Israel é pior que o *Pravda*, porque na antiga União Soviética pelo menos os leitores *sabiam* que a imprensa vivia mentindo. Este, em linguagem modificada, é um tema familiar na conversa de Bibi.

Benzion estudou história medieval na Universidade Hebraica. Mais tarde, foi co-editor de uma revista literária mensal, *Beitar*, e depois do jornal diário dos revisionistas, *Ha-Yarden*. Seus contemporâneos lembram dele como extraordinariamente inteligente e encantador e, ao mesmo tempo, arrogante e quase fervendo de ressentimentos e desprezo. Mesmo agora, ele irradia as mesmas qualidades, desfiando uma história fascinante sobre a velha Jerusalém ao seu visitante e, depois, falando com uma complacência ácida (no melhor dos casos) sobre diferentes eleitorados e políticos em Israel. Em seu ponto de vista, o fundamentalismo árabe e o poder nuclear asiático são a ordem do futuro. É um homem de opiniões numerosas e violentas, mas reluta em divulgá-las — temendo talvez constranger o filho.

É difícil descrever por escrito esse homem velho. Por um lado, ele é ardoroso e cheio de vida; por outro, insistiu que nossas conversas fossem "bate-papos amigáveis", não uma entrevista formal. Mas o que se percebe com freqüência é um homem ressentido com o que considera a loucura dos outros.

"Houve sempre um forte mito de perseguição naquela família, sempre um ressentimento", informou-me Shalom Rosenfeld, um contemporâneo no movimento revisionista que foi mais tarde o editor do importante jornal *Ma'ariv*.

"Existe uma sensação de rejeição pela comunidade acadêmica, que foi dominada pela esquerda e negou a Benzion um emprego decente, e, como resultado, os Netanyahu foram forçados a emigrar, o que foi muito doloroso", disse Chagi Ben-Artzi, o cunhado de Bibi. "Parte do motivo da determinação de Bibi em mudar Israel, em torná-lo uma sociedade mais democrática, em acelerar o processo de privatização, está naquele velho ressentimento, porque a esquerda usou a estrutura econômica do país para dominar Israel ideologicamente — as chances econômicas eram negadas a quem não fosse politicamente correto. Esse ressentimento persiste. Não é algo que para eles pertença ao passado."

Os fatos narrados por Ben-Artzi são apenas em parte corretos. É verdade que Benzion não obteve um emprego na Universidade Hebraica, mas a universidade era minúscula naquela época, e quase não havia cargos disponíveis. Para poder trabalhar e ter acesso a bibliotecas superiores, Benzion aceitou empregos no Dropsie College, em Filadélfia, e na Cornell University, em Ithaca, Nova York.

A sensação da família de estar à margem tem mais a ver com a política real do que com a política acadêmica. Alguns seguidores de Jabotinsky, inclusive Begin e Shamir, ingressaram na clandestinidade, realizando missões militares contra os britânicos e os árabes. Netanyahu esteve entre os ideólogos, os combatentes. No início de 1940, viajou aos Estados Unidos para ajudar Jabotinsky a divulgar a idéia sionista entre os políticos americanos. Jabotinsky morreu naquele mesmo ano, mas Benzion permaneceu mais oito anos no país, como diretor da Nova Organização Sionista, encontrando-se com figuras influentes como o general Dwight D. Eisenhower, o secretário de Estado Dean Acheson e membros importantes do Congresso. "Quando chegávamos com Jabotinsky, as pessoas riam de nós no princípio", contou Benzion. "Nenhum judeu ousava sonhar com um Estado judeu. 'Quem irá criá-lo?', perguntavam. 'Os ingleses irão criá-lo? Os árabes são contra!' Até Chaim Weizmann declarou que era impossível, que criar um Estado judeu em Israel não era mais fácil do que em Manhattan."

Quando Benzion e sua família retornaram ao Estado recém-criado, em 1948, ele assumiu a *Encyclopedia* e se retirou da política. Os rivais eventuais de Bibi pela liderança do Likud — o prefeito de Jerusalém Ehud Olmert, o ex-ministro das Finanças Dan Meridor e Ze'ev (Benny) Begin — procedem todos de tradições políticas de direita. São conhecidos como os "príncipes" do Likud. Bibi nunca fez parte dos príncipes, porque seu pai se dedicou, finalmente, ao mundo acadêmico. "Não acredito que meu pai teria entrado na política", contou-me o primeiro-ministro. "Seu temperamento não é adequado."

Mas, quando perguntei a Bibi se ele se considerava outsider em Israel e na política israelense, ele não negou.

"Você está totalmente certo — outsider!", ele disse. "Nem precisa apelar para o psicologismo barato!" Netanyahu dificilmente poderia ter crescido com mais privilégios, mas é um primeiro-ministro eleito por uma coalizão de grupos de outsiders. Seus votos vêm dos sefardis, ortodoxos, colonos, russos — grupos que se vêem como excluídos do establishment asquenaze liberal. Como Ronald Reagan, Netanyahu governa com sucesso como um outsider: mesmo exercendo o poder, ele vive se queixando ao seu eleitorado da imprensa desequilibradamente liberal, dos temíveis esquerdistas do mundo acadêmico, ao mesmo tempo dando a entender que *eles* são o establishment e que *eles* odeiam você. Trata-se de um tema familiar, típico da sua família.

"Acho que o pai já está dentro dele — está embutido", contou-me um dos amigos de Bibi. "O pai sempre falava sobre Eles. *Eles* não entendem bulhufas. *Eles* são ingênuos. *Eles* são tolos. Sempre *eles.*"

O debate político israelense-palestino é quase invariavelmente, em suas raízes, um choque de narrativas históricas. Nenhuma discussão ou incidente é antigo demais para ser considerado. Os sinais disto surgem todos os dias. Uma tarde, enquanto eu bebia uma xícara de café no bairro muçulmano da Cidade Velha e lia os jornais, deparei com uma carta ao editor do *The Jerusalem Post* de David Wilder, um porta-voz de direita da comunidade judaica de Hebron, respondendo a um artigo de uma figura conhecida da política palestina, Daoud Kuttab:

Daoud Kuttab atacou violentamente a comunidade judaica de Hebron em seu artigo "No ponto de ebulição" (1º de março). Aqui está a nossa resposta a várias das acusações de Kuttab: Kuttab se refere à "mesquita Ibrahimi". Esta construção é conhecida pelos judeus como a Gruta de Machpelá, o segundo lugar mais sagrado para o povo judeu no mundo inteiro. Este local serviu de mesquita somente depois de 1267. O prédio foi originalmente construído como um local de culto judaico, por Herodes, rei da Judéia, 2 mil anos atrás.

A parte mais reveladora aqui, claro, é "*somente* depois de 1267".

Para celebrar o qüinquagésimo aniversário do Estado, a televisão de Israel vem exibindo um documentário em 22 partes, nas noites de domingo, intitulado *Tekuma*, "Renascimento". Por acaso assisti a um dos episódios mais controvertidos: um panorama do início da ocupação israelense de Gaza e Cisjordânia e do surgimento do nacionalismo e violência palestinos. Aos olhos americanos, um documentário como qualquer outro: misto de entrevistas e trechos de filmes — o tipo de coisa que você veria no canal A&E ou Discovery Channel. Mostraram Golda Meir, em inglês e hebraico, negando a existência do povo palestino; mostraram a miséria dos campos de refugiados em Gaza; e mostraram, também, os ataques terroristas em Tel Aviv e Jerusalém, o assassinato dos atletas israelenses em Munique, uma mãe lembrando como seus dois filhos foram mortos quando um terrorista atirou uma granada no banco de trás de seu carro.

A diretora do filme, Ronit Weiss-Berkowitz, revelou à imprensa israelense que, mesmo antes que seu segmento entrasse no ar, ela começou a receber ameaças de morte. "Ligam para minha casa", ela contou, "e dizem: 'Vamos tacar fogo em você', 'Seus árabes filhos-da-puta', 'Sua esquerdista maldita, sabemos onde você mora'. Quis mostrar, passo a passo, a criação da ideologia por detrás do terrorismo — que eu rejeito, com que não me identifico, mas cujas raízes eu entendo. Quis mostrar por que e como um palestino começa a pensar no terror como uma solução. Nós, israelenses, achamos que temos o monopólio sobre o sangue, lágrimas e dor, mas claro que isso não é verdade. Conhecemos nosso lado da história. Quis apresentar o outro lado — ruidosamente."

Para a direita, inclusive o primeiro-ministro, a série de documentários foi uma tentativa da imprensa esquerdista de dominar a narrativa nacional, de assumir a culpa pelo "pecado original": a remoção e subjugação dos árabes palestinos pelos judeus. Yoav Gelber, um dos consultores acadêmicos da série, demitiu-se e afirmou que o segmento pertencia a uma série marcando "o qüinquagésimo aniversário da Autoridade Palestina".

Bibi despreza os homens e mulheres que dirigem a televisão israelense — para ele, fazem parte da claque esquerdista que sempre dominou todas as instituições culturais e da mídia em Israel —, e, quando lhe perguntei sobre *Tekuma*, fez um gesto de repulsa. "É brincadeira!", exclamou. "É brincadeira! É pura ideologia, o pequeno segmento a que assisti. Os fatos não são estes. A apresentação do lado palestino, o que vi, está totalmente distorcido, não dá para acreditar. É com fatos que estou lidando. Os fatos podem ter várias interpretações, mas não podem variar. Isto, eu acho, é importante."

Em minhas conversas com Benzion, ele deixou claro que achava que o povo judeu talvez nunca se recuperasse do assassínio dos judeus europeus. Para ele, os casamentos mistos e a assimilação põem em risco a sobrevivência dos judeus. Ele insiste que mesmo Israel atual, incluindo os territórios ocupados, é uma fração do que foi originalmente prometido, e devolver mais terras aos árabes é perigosíssimo, em especial porque um Estado palestino futuro poderia se aliar a países como Iraque e Irã — inimigos jurados de Israel. "Não há dúvida de que muitos dos árabes querem ver o Estado de Israel destruído", ele disse, "e acabariam com a existência de judeus no país se tivessem a chance. Somente o medo de retaliações os detém."

O que Benzion diz na conversa está no livro de Bibi de 1993, *A place among the nations*, a leitura mais conflituosa possível da história do sionismo e do Estado israelense. Quando conversei com Benzion, ele contestou a idéia de unanimidade na família, mas disse: "Não houve choque de gerações. Não concordávamos em tudo — esta não é uma família de robôs —, mas nossa família tem uma coerência". Entretanto, acrescentou logo depois: "Não estou envolvido em nenhum grau em moldar ou influenciar as políticas ou atividades do governo atual de Israel".

Em *A place among the nations*, a metáfora histórica mais sustentada por Bibi para a terrível situação da segurança israelense é a Tchecoslováquia antes da Segunda Guerra Mundial. Para ele, a Cisjordânia são os Sudetos, o pretexto territorial limitado usado por Hitler para invadir o país inteiro. Quando questionei Netanyahu sobre a comparação, ele admitiu ser imperfeita, mas mesmo assim não se consegue ler o livro sem notar o paralelo do autor entre as agressões alemã e árabe. A metáfora tcheca não foi adotada por ele agora, como primeiro-ministro, mas moldou seu pensamento desde a a juventude.

Se havia alguém que conhecia bem Bibi e compartilhava com ele o mundo da família e uma visão do mundo, era seu irmão mais velho, Yoni. Ao decidir que rumo tomar com os palestinos ou a Síria, Bibi tem de enfrentar o legado de seu irmão, um símbolo dos conflitos de Israel com o mundo árabe.

Junto com seus pais, Iddo, Yoni e Bibi se mudaram para Elkins Park, um subúrbio de Filadélfia, em 1963, e freqüentaram uma escola de nível médio local. Um após o outro, cada um dos filhos retornou a Israel para seu serviço militar, enquanto os pais continuavam nos Estados Unidos. Yoni foi o primeiro, e permaneceu em contato estreito com os irmãos através de centenas de cartas, como esta, enviada depois que Bibi se envolveu numa briga: "Na minha opinião, não há nada de errado numa boa briga; pelo contrário, se você é jovem e não se fere gravemente, não faz mal nenhum. Lembra-se do que eu lhe dizia? Quem dá o primeiro golpe vence".

Após a Guerra dos Seis Dias, em que Yoni foi ferido no braço, este escreveu uma carta a Bibi que evocou o espírito de dureza do pai e uma determinação em não permanecer nos Estados Unidos: "O recrutamento de todos esses pequenos terroristas só fortalece minha consciência de que sou um israelense. Se eles vêm lutar, nós — ou pelo menos eu na diáspora — precisamos fazê-lo ainda mais. Minha consciência nacional é, sem dúvida, mais forte que a dos árabes, sou um combatente bem melhor que eles, e o mesmo ocorre com todos os soldados israelenses".

Em outra carta a Bibi, Yoni escreveu: "Você é o único amigo verdadeiro que já tive".

Como o país é muito pequeno, os soldados israelenses costumam ir para casa nos fins de semana e nas férias. Cada um dos filhos de Netanyahu permaneceu com amigos da família enquanto os pais continuavam nos Estados Unidos. "Yoni viveu como um cigano, o que era estranho em Israel", contou-me o professor Avishai Margalit, amigo de Yoni. "Ser um solitário em Israel é incomum, e todos os três o foram, até certo ponto."

Bibi retornou a Israel em 1967 e ingressou na unidade de reconhecimento de elite Sayeret Matkal. Na unidade, era considerado inteligente e diligente, mas não especialmente criativo. Ele se distinguiu em um ataque noturno ao Aeroporto de Beirute, em 1968, e no resgate de reféns a bordo do avião da Sabena seqüestrado em 1972. Durante o ataque de surpresa ao avião, Netanyahu foi um dos membros da unidade de assalto que subiu a bordo vestido de mecânico. Ele agarrou um dos seqüestradores, uma mulher, pelos cabelos e empurrou-a com força contra uma antepara, para que revelasse onde se encontravam os reféns.

Bibi voltou aos Estados Unidos em 1972 a fim de estudar arquitetura e administração de empresas no MIT. Voltou às pressas à sua unidade em Israel por ocasião da Guerra do Yom Kippur em 1973, mas construiu uma vida nos

Estados Unidos, primeiro como estudante, depois como executivo em Boston. Dava palestras sobre a visão da direita de Israel, que soavam a Benzion. Em 1973, encurtou seu nome para Ben Nitay. Netanyahu sempre negou à imprensa israelense que havia mudado legalmente seu nome, e, quando o *Ma'ariv* publicou os documentos legais da mudança, registrada numa corte judicial no condado de Middlesex, Massachusetts, o porta-voz do primeiro-ministro, Shai Bazak, tachou o artigo de "um esforço maldoso de forjar uma história sensacionalista".

Os anos nos Estados Unidos não ajudaram nada a desviar Bibi para a esquerda. Ele foi a favor da Guerra do Vietnã e ficou profundamente deprimido com a virada conciliadora de Israel sob o governo Begin, um antigo companheiro de seu pai. Quando Anwar Sadat veio a Jerusalém, a cunhada de Avishai Margalit deu uma festa em Cambridge e convidou Bibi.

"Quando ele chegou", lembra Margalit, "estava de cara amarrada e disse: 'Estão comemorando o quê? Agora abandonaremos o Sinai e eles estarão na nossa fronteira e haverá outra guerra'. Ele estava vindo para um funeral, não uma festa."

Nenhum acontecimento moldou tanto o futuro de Netanyahu como a morte de Yoni, em Entebbe. Em 4 de julho de 1976 — o bicentenário dos Estados Unidos —, Yoni Netanyahu liderou uma unidade de assalto até Uganda, onde israelenses haviam sido tomados como reféns por terroristas palestinos e alemães. Quando a unidade atacou o prédio do aeroporto onde os reféns estavam sob vigilância, Yoni levou um tiro da torre de comando ou de dentro do próprio prédio. Bibi estava em Boston na época e, tão logo recebeu a notícia, foi de carro até Ithaca para informar os pais. Sua mãe, Cela, ao ver Bibi, correu até a porta e, antes que este pudesse proferir uma palavra, perguntou: "Ele está morto, não é?".

Muitos amigos e conhecidos da família afirmaram que Yoni era o filho que parecia destinado a grandes realizações, talvez primeiro no Exército e, mais tarde, na política. Se tivesse sobrevivido, eles dizem, Yoni poderia ter sido um chefe de Estado-maior ou ministro do governo.

Bibi ficou arrasado. "Não fosse pela morte de Yoni, não sei se Bibi teria ingressado na política", contou-me Uzi Beller, amigo de Netanyahu. "Ele adorava os Estados Unidos, sobretudo a economia, toda a idéia de um mercado livre. Poderia facilmente ter se tornado um homem de negócios americano e feito fortuna." Bibi não conseguiu engolir alimentos sólidos durante semanas após o funeral.

"O irmão era aquela pessoa que ele realmente adorava. Isto é crucial e é a base de sua solidão", disse Ari Shavit, do *Ha'aretz*. "Acho que, por outro lado, ambos estavam na mesma posição. Ambos estavam comprometidos com o pai. Porém o pai vinha da ideologia e política da virada de século, e eles perceberam que teriam de nadar num ambiente contemporâneo. Assim, se por um lado eles tinham de ser fiéis a essa figura paterna singular, por outro lado precisavam ir ao encontro do mundo e agir. Perder Yoni foi pior que perder alguém que você ama. Bibi perdeu a única pessoa capaz de compreendê-lo."

Ao mesmo tempo, Bibi viu a morte de Yoni não apenas como uma perda pessoal, mas como um evento nacional, uma figura na história. Ele estava determinado a garantir que assim fosse. No período de sete dias de luto, Bibi, seus pais e Iddo receberam os votos de condolências de muitos israelenses. Um dos amigos de Yoni chegou à casa e viu Bibi conversando com Chaim Bar-Lev, um ex-chefe de Estado-maior e, depois, ministro da Indústria.

O amigo lembrou: "Assim que Bibi me viu atravessar a porta, deixou Bar-Lev, veio em minha direção e, sem nem sequer dizer olá, falou: 'Estamos em guerra há trezentos anos com os árabes, e cada geração precisa de seu herói. Trompeldor cumpriu este papel, e farei de Yoni o herói desta geração'". Josef Trompeldor lutou no exército do czar e perdeu um braço na guerra contra os japoneses. Depois de vir para a Palestina, foi morto numa escaramuça com os árabes em 1920 e tornou-se um herói, uma lenda do heroísmo judeu renovado, em especial para a direita.

Como a operação de Entebbe havia sido tão espetacular, era inevitável que o nome de Yoni se tornasse um símbolo. Mas, como Bibi prometeu durante o luto, a família ajudou a promover essa imagem. Bibi e Iddo organizaram uma coletânea de cartas de Yoni. Só da edição hebraica, mais de 60 mil exemplares foram vendidos. Bibi também criou um *think tank* denominado Instituto Jonathan para o estudo do terrorismo. Para comemorar o heroísmo de Yoni em Entebbe, Iddo escreveu um livro chamado *Yoni's last battle*. Entretanto, um membro da unidade de assalto, um militar importante chamado Muki Betser, que esteve em Entebbe, tem sido hostil para com a família Netanyahu e ficou indignado com o livro de Iddo. Segundo Betser, o livro exagerou o papel de Yoni e minimizou a bravura dos demais. "Não sei se Yoni teria gostado do que seu irmão mais novo escreveu", Betser contou à imprensa israelense. No início da década de 1990, quando ficou claro que Bibi emergia como um candidato possível a primeiro-ministro, a imprensa começou a publicar histórias sobre Yoni — todas sem provas —, dando a entender que ele cometera erros terríveis durante a missão de Entebbe.

Iddo Netanyahu permanece o principal defensor de Yoni. Vários meses por ano, ele trabalha nos Estados Unidos como radiologista, uma ocupação que rende dinheiro suficiente para viver o resto do ano em Jerusalém com a família e escrever ficção. Encontrei-me com Iddo em sua casa, nas colinas de Jerusalém. Como o pai, Iddo temia ser citado, mas está claramente contrariado com os ataques aos Netanyahu.

Recentemente, Iddo publicou um romance em hebraico intitulado *Itamar K.* Ele pode ser facilmente interpretado como um ataque político velado — e com certeza a imprensa israelense o interpretou assim. O herói é Itamar Koller, jovem cineasta que descobre como é difícil em Israel ter pontos de vista de direita e conquistar o respeito como artista e intelectual. Ao se recusar a abraçar a ideologia esquerdista, Itamar é rejeitado pela elite cultural israelense. Itamar quer fazer um filme, mas a verba acaba indo para um homossexual de esquerda, e Itamar fica para trás com seu "potencial inexplorado, sem saber se conseguiria ou não ter realizado o filme". O romance dá destaque a dois cineastas que se acovardam diante de um ex-terrorista que agora é membro da Autoridade Palestina. Itamar conhece um escritor que se enfurece com os "sorrisos nos rostos de nossos ministros ao entregarem Belém, a cidade onde nasceu David, aos árabes". E assim, outra vez, existe essa solidão, essa singularidade da família: os Netanyahu versus a hegemonia cultural da esquerda.

Enquanto a vida familiar jovem de Netanyahu revela uma complexidade bíblica, sua vida familiar adulta, somada aos casos extraconjugais, constituem uma festa para os tablóides. No final da década de 1970, Netanyahu casou-se com a primeira de suas três esposas, uma mulher israelense chamada Micky, e tiveram uma filha, Noa. Mas em Boston Bibi conheceu uma mulher chamada Fleur Cates, e Micky, quando soube do caso deles, deixou-o.

Netanyahu ingressou na vida pública em 1982, quando Moshe Arens fez dele seu "número 2" na embaixada em Washington. Bibi tornou-se conhecido na televisão americana como o israelense tranqüilo que estava em toda parte, defendendo a guerra do governo Begin no Líbano. Mais tarde, Arens contribuiu para que Netanyahu fosse designado representante de Israel nas Nações Unidas, e ali Bibi se tornou uma figura ainda mais pública com seu apoio aos judeus soviéticos e os ataques a Kurt Waldheim. Netanyahu retornou a Israel em 1988 para conquistar uma cadeira no Knesset e se tornar o vice de Arens no Ministério do Exterior. O casamento com Fleur, já conturbado, rompeu-se uma vez chegados em Israel.

Em 1989, Netanyahu fazia uma conexão no Aeroporto de Schiphol, em Amsterdã, e quando estava numa esteira rolante avistou uma aeromoça da El Al chamada Sara Ben-Artzi. "Estávamos indo em direções opostas", ela contou certa vez numa entrevista. "Ele olhou para mim até que teve de virar a cabeça para trás. Depois, no avião, ele me procurou."

Netanyahu casou-se com Sara em março de 1991, quando ela já estava grávida de vários meses. De acordo com relatos da imprensa israelense, ele adiou o casamento pelo menos uma vez, mas foi enfim levado ao altar por Yisrael Meir Lau, então rabino-mor de Tel Aviv.

Os Netanyahu agora têm dois filhos. Não dá para conhecer os detalhes de seu casamento, mas os sinais externos indicam outra união turbulenta. O primeiro de vários desastres veio em janeiro de 1993, enquanto Netanyahu lutava pela liderança do Partido Likud. Sara recebeu um telefonema anônimo contando que seu marido tinha uma "inclinação" por sua consultora de imagem, uma mulher casada chamada Ruth Bar. Segundo o autor da chamada, existia um vídeo de Bar e Netanyahu em "situações românticas comprometedoras". A reação de Netanyahu foi ir imediatamente à televisão e admitir a infidelidade, e, sem nomear ninguém (mas todo mundo sabia que ele se referia ao rival David Levy), acusar membros de seu próprio partido de "métodos mafiosos". Aquele era "o pior crime político da história israelense, talvez da história da democracia", ele declarou aos telespectadores. Acrescentou que sua única dívida — "se tenho uma dívida, e tenho uma dívida neste caso" — era para com sua esposa e seus filhos.

Na verdade, nenhum vídeo apareceu, e então Netanyahu teve de pedir desculpas a Levy. Levy, por sua vez, chamou Netanyahu de "Napoleão", "mentiroso", "enguia" e se recusou a falar com ele ou pronunciar seu nome até 1996.

A imprensa israelense informou que o casamento de Netanyahu é mantido agora por uma série de diretrizes traçadas por Sara e os advogados da família. Fontes próximas de Bibi revelaram que ele sentiu que não poderia se permitir outro divórcio e continuar querendo liderar uma coalizão política conservadora e religiosa. Netanyahu foge do assunto através de diferentes frases prontas de contrição e renovação, mas seu auxiliar próximo David Bar-Illan não foi nem um pouco evasivo comigo.

"A confissão de adultério, o negócio com Sara, tudo isso o feriu mais do que eu esperava", disse Bar-Illan. "Durante anos em Israel ninguém se importou com essas coisas. Moshe Dayan comeu metade das mulheres do Exército e teve até problemas com isso, mas dizíamos que não nos importávamos. Todos sabiam tudo a respeito, e sobre outros políticos e seus casos amorosos. Mas a atmosfera mudou. É o tal feminismo, que está quase virando vitoriano. Quando Bibi fez sua confissão, não foi particularmente sutil. Ele deixou claro que estava acusando gente de seu próprio partido. Mas foi um erro terrível ir para a televisão e confessar a infidelidade. O crime aqui é ser pego em flagrante, e ele não foi pego."

Desde que Netanyahu subiu ao poder, seu casamento tem permanecido um alvo para a imprensa hostil. Os tablóides acusaram Sara de tudo, desde plagiar trabalhos na pós-graduação até ser uma pirada com mania de limpeza. A babá de seus filhos, Tania Shaw, processou a família, acusando Sara de "escravização" e maus-tratos. Uma longa reportagem no jornal *Yediot Ahronot* descreveu detalhes como Sara atirando sapatos na empregada. Em outra matéria, ela foi descrita invadindo reuniões do alto escalão do governo e mandando um dos auxiliares do primeiro-ministro, um general, se levantar, aos brados de "Você está sentado no meu lugar". A impressão geral na imprensa israelense é de uma megera estúpida que traz o marido pela coleira. Um membro do Knesset chegou a declarar que deveriam ser aprovadas leis para contê-la.

Supõe-se que Bar-Illan tenha domínio sobre a imprensa, mas quando perguntei sobre o casamento, lápis e caderno à mão para que visse que eu pretendia publicar o que dissesse, ele girou os olhos e respondeu: "Veja bem, Sara não é a mulher mais estável do mundo. [...] Agora ela só aparece nos lugares apropriados, recepções para crianças, coisas para os retardados ou destituídos. E funciona. Está tudo bem. Enfim, está se tornando monótono para os israelenses. Se ela tivesse corrido seminua pelas ruas, a coisa poderia ter sido diferente, mas está sob controle".

Bem, não exatamente sob controle. Ano passado, Sara concordou em ser entrevistada pela televisão estatal israelense. Ela armou um tremendo barraco, acusando os membros do Knesset de dar em cima dela, e disse, sobre a esposa de Shimon Peres, que só "porque Sonia não é instruída, lava louças e joga cartas, não quer dizer que eu tenho que fazer o mesmo". Sara então se voltou contra o entrevistador e enfim se retirou. Ela concordou em reiniciar a entrevista somente se a primeira parte fosse destruída. As fitas estão agora num cofre nos estúdios, mas, sendo Israel como é, o material vazou quase imediatamente.

Em outra entrevista, Sara insistiu que seu casamento era genuíno e não politicamente motivado. "Eles não conseguem aceitar que realmente nos amamos", ela disse. "Cada vez que nos damos as mãos acham que é fingimento. Você devia ver quantas vezes damos as mãos quando estamos sozinhos. É incrível."

Grosso modo, a situação pessoal de Netanyahu lembra a de Bill Clinton, mas a comparação é mais fraca do que parece. Ao contrário de Clinton, que tem vários níveis de amigos, dentro da Casa Branca e fora, Netanyahu não tem ninguém. Ele forçou tantos auxiliares e ministros a se demitirem, em seus quase dois anos no governo, que só restaram os subservientes. Dois dos seus amigos mais antigos, Uzi Beller, que é médico, e Gabi Picker, uma dentista, raramente o vêem ou falam com ele. "Ninguém vê Bibi por muito tempo", Beller me contou. "Qualquer líder tem um pequeno círculo de pessoas íntimas, mas Bibi simplesmente não tem." Bar-Illan disse que se considera um dos dois ou três confidentes mais próximos de Bibi, mas até ele confessou: "Bibi é difícil de devassar emocionalmente. Ele é muito fechado. Ninguém consegue saber o que ele sente, nem eu. Nunca sei o que se passa em seu coração ou em sua mente. Acho que ninguém sabe".

Um jornalista israelense que tem observado Netanyahu de perto comentou: "É uma vida difícil a dele. Ele é um prisioneiro em seu escritório. O escritório é uma sala muito pequena. Com toda aquela segurança, no momento em que ele sai aparecem vários sujeitos ao lado dele. Ele então entra num Cadillac claustrofóbico. Aonde ele vai, existem todas essas medidas de segurança. Quando vai para casa, vai para algo pior. Ele não tem nenhum lugar para relaxar, para ficar à vontade. Todos esses problemas — a imprensa, sua família, negociações — correspondem à sua idéia do mundo como sempre hostil e de ele lutando contra tudo e contra todos o tempo todo".

Os poucos prazeres de Netanyahu incluem boa comida (ele engordou mais de vinte quilos depois que assumiu o cargo), mas, embora goste de luxo, ele não gosta de pagar. É famoso por raramente pegar o talão de cheques. O jornal de esquerda *Kol Ha'ir* informou que Netanyahu, no passado, tentava usar seu nome para obter descontos em produtos e serviços. Mesmo o prazer mais característico, os charutos Davidoff, parece ter explodido em seu rosto. Em abril, os jornais descobriram que o governo vinha gastando cerca de 3 mil dólares por mês em charutos que custam trinta dólares cada um. O porta-voz de Netanyahu primeiro alegou que os charutos sempre foram comprados para os hóspedes estrangeiros, uma espécie de brinde de boas-vindas, mas primeiros-ministros anteriores e seus auxiliares logo negaram a história. Shamir, o colega ostensivo de Netanyahu no Likud, informou que os únicos requintes que chegou a oferecer aos hóspedes estrangeiros foram uma xícara de chá "e talvez uma bolacha cream-cracker para acompanhar".

Netanyahu é com certeza um outsider, também, em sua relação com Washington, pois a Casa Branca é, em grande medida, um santuário à memória da sombra de Bibi: Yitzhak Rabin. Na visão de Clinton, Rabin era a definição de seriedade, de alguém capaz de correr riscos históricos. Fotos de Rabin adornam tanto o Salão Oval como a residência do andar de cima. Hillary Clinton aprecia uma pomba de cristal presenteada por Rabin. O presidente guardou seu *kipa* do funeral, e um punhado de areia do túmulo de Rabin pode ser visto num prato em seu gabinete de trabalho. "Existe quase que um culto de Rabin aqui", contou-me um alto funcionário da Casa Branca. "Não há ninguém que o presidente mais admire e de quem sinta mais falta."

Quando Bill Clinton emergiu na cena política, as grandes personalidades do fim da Guerra Fria haviam desaparecido ou estavam se apagando — Gorbachev, Thatcher, Mitterrand —, e o estadista que ele passou a venerar foi Rabin. O primeiro encontro deles foi no Madison Hotel, em Washington, durante a campanha presidencial de 1992. Na área das relações exteriores, Clinton era um neófito, e, quando Rabin desfiou uma palestra sobre a política do Oriente Médio que consumiu 55 dos sessenta minutos reservados ao encontro, Clinton não se sentiu insultado nem entediado, e sim grato. Dali para a frente, Clinton gravitou em direção de Rabin como uma espécie de figura paterna.

"Pareceu-me que Clinton via Rabin como um conselheiro", disse Eitan Haber, um dos auxiliares mais próximos de Rabin. "Eles se falavam pelo telefone constantemente, coordenando cada passo antes que qualquer coisa se tornasse um problema, mesmo o menor dos passos. Até seu acordo de não beijar nem abraçar Arafat em público na Casa Branca — de apenas dar as mãos — foi coordenado."

O assassinato de Rabin, em 1995, foi devastador para Clinton, e ele reagiu comparecendo ao funeral e passando algumas horas com a família de Rabin. (Ao contrário, quando Netanyahu foi abraçar a filha de Rabin, Dalia Pilosof, que ele conhecera quando estudante, ela disse: "Não agora. Por favor, não agora". A viúva de Rabin, Leah, deixou claro que preferia as condolências de Yasser Arafat.) Com Shimon Peres agora como primeiro-ministro, a relação com a Casa Branca continuou politicamente estreita, mas pessoalmente mais remota. Peres era mais um ideólogo: frio, francófilo, altivo.

Na eleição israelense de 1996, porém, Clinton não fez segredo de que preferia Peres a Netanyahu. O fator principal, é claro, foi que Peres era a favor de levar o processo de Oslo em frente; a plataforma de Netanyahu consistia em seu temor quanto a Oslo e sua resistência à pressão americana.

Os espectadores da televisão americana passaram a ver Netanyahu como "americanizado": um político israelense educado no MIT, com um sotaque ianque perfeito e um gosto pela CNN e pelo programa *Nightline* da ABC. Mas a América de Netanyahu era o contrário da de Clinton: era a América de Ronald Reagan. Os amigos políticos de Netanyahu eram os neoconservadores Richard Perle, Ronald Lauder e Jeane Kirkpatrick. Os jornalistas que ele preferia eram, sem dúvida, aqueles que o preferiam: A. M. Rosenthal, William Safire, Charles Krauthammer. Ele sonhava com o surgimento, em Israel, do tipo de movimento neoconservador que havia apoiado Reagan. Deixou claro aos republicanos do Congresso que era um deles, uma espécie de republicano israelense. Desse modo, embora falasse a linguagem dos americanos, Netanyahu suspeitava — e suspeita até hoje — da Casa Branca de Clinton. *Claro* que Clinton adorava Rabin, ele conta para todo mundo. Os americanos sempre nos adoram quando abrimos mão de tudo sem obter nada em troca.

Quando Netanyahu veio a Washington pela primeira vez como primeiro-ministro, parecia determinado a mostrar a todos que havia um homem novo no cargo, alguém que não se deixaria intimidar. Itamar Rabinovich, o embaixador israelense em Washington na época, contou-me: "O que eu teria recomendado a Bibi em sua primeira viagem — não que ele fosse capaz de me perguntar — era ir à Casa Branca e dizer: 'O que passou, passou. Sei que vocês apoiaram Peres na eleição, mas tudo bem'. Em vez disto, quando eles se encontraram, em julho de 1996, Clinton saiu da reunião reclamando que Netanyahu se comportou e falou num tom de quem ignorava que Clinton era o presidente de uma superpotência amiga e que Netanyahu era o líder de uma nação pequena que precisava do auxílio da superpotência". Em suma, Clinton se sentiu insultado pelo líder de um país menor que o estado americano de Vermont, que recebe 3 bilhões em ajuda todo ano.

Um alto funcionário do governo americano comparou a química pessoal entre Clinton e Netanyahu como aquela entre os animais de estimação rebeldes da Casa Branca, o cão labrador Buddy e o gato Socks. Quando o avião presidencial americano Air Force One e o de Netanyahu estavam estacionados lado a lado em Los Angeles em novembro último, Clinton decidiu que não tinha tempo nem para um encontro breve. Sobre o relacionamento, um alto funcionário do governo americano observou mais tarde: "Nós o estamos tratando como o presidente da Bulgária. Aliás, acho que ele" — Clinton — "vai praticar jogging com o presidente da Bulgária, portanto isto não é justo".

Netanyahu começou uma viagem aos Estados Unidos em janeiro passado aceitando a hospitalidade de um grupo de evangélicos cristãos — incluindo Jerry Falwell, que vinha vendendo vídeos acusando o presidente de assassinato. Clinton ficou furioso, mas na manhã seguinte, ao se encontrar com Netanyahu, sugeriu, brincando: "Agora estamos quites". Tanto Netanyahu como David Bar-Illan me asseguraram que não tinham a menor idéia de que Falwell vinha atacando Clinton tão violentamente, e Bar-Illan tentou se justificar dizendo que fora encorajado a se encontrar com os evangélicos por um contato judeu em Nova York devido ao apoio deles a Israel. Considerando-se quão de perto Netanyahu e Bar-Illan acompanham os acontecimentos americanos, suas alegações de inocência são difíceis de engolir.

"As relações nunca foram tão tensas", contou-me um diplomata israelense veterano. "A ironia é que, depois que Bibi retornou dos Estados Unidos sem ter aceitado as coisas, tornou-se um herói para seu povo, como Saddam Hussein resistindo à pressão americana."

Norman Podhoretz, o antigo editor da revista judaica *Commentary*, embora costume apoiar a linha dura de Netanyahu em relação aos palestinos, admitiu estar chocado com seu desempenho. "Ele se saiu muito mal, e eu não esperava isso dele", disse Podhoretz. "Ele tinha o poder de seduzir qualquer um. [...] Mas como amigo não é uma pessoa confiável. É como os Kennedy. Se ele faz uma promessa ou assume um compromisso, não cumpre necessariamente. Depois ele dependerá de seu charme, como Clinton. Esse truque já perdeu a magia."

Quando pedi que definisse seu relacionamento com Clinton, Netanyahu deu uma longa tragada no charuto e expeliu fumaça através do sorriso. Uma compleição de urso com um amplo sorriso, nunca pareceu mais satisfeito do que então.

"É um relacionamento *correto*", respondeu. "No nível pessoal, há momentos interessantes de afinidade, porque acho que ele tem uma tremenda compreensão de certas coisas que provavelmente enganavam seu círculo imediato. Em primeiro lugar, ele é provavelmente um político bem melhor que qualquer um deles. Assim, ele entende certos detalhes interpretando o estado de coisas. Ele compreende a nossa situação política melhor que seu povo, sobretudo aqueles que o levaram a acreditar que pudesse influenciar as nossas eleições. [...] Tenho que lhe dizer que pessoalmente gosto dele. É muito difícil não gostar dele. Eu não diria que desenvolvemos relações calorosas e amigáveis. Não é verdade. É possível. Mas simplesmente não aconteceu."

O que Netanyahu herdou do pai foi uma noção exata do Nós versus Eles, uma sensação de que somente os tolos não vêem o que ele vê: que a história judaica corre perigo permanente de acabar por completo, e que a história judaica, considerando-se o papel da assimilação na diáspora, está nas mãos de Israel e, em grande parte, de seu primeiro-ministro.

"O povo judeu teve uma história diferente de qualquer outro povo, porque faltaram os elementos da sobrevivência nacional", ele disse. "Por outro lado, ele não pereceu completamente. Pereceu *na maior parte*. Os judeus eram cerca de 10% do Império Romano na época do nascimento de Cristo, de modo que, segundo os cálculos, deveriam ser uns 120 milhões hoje, e não 12 milhões. O fato de sermos 10% do que poderíamos ser decorre de muitas forças, mas sobretudo da incapacidade de viver num lugar coerente com uma cultura coerente.

"O problema não é a diáspora em si. Outros povos possuem suas diásporas. Os chineses têm uma diáspora bem ampla, mas possuem um centro coerente. Perdemos o centro coerente e fomos dispersados. Normalmente o que acontece com um povo dispersado é ele conquistar terras novas ou desaparecer. Nós não conquistamos terras novas, mas tampouco desaparecemos, de modo que estivemos sempre no crepúsculo de nossa existência. Entre o aniquilamento e a assimilação, seria normal prever que o povo judeu não sobreviveria até o século XXI ou XXII. O que aconteceu após a pior catástrofe de nossa história é que conseguimos reunir a vontade nacional de voltar a forjar um centro vital para a vida judaica aqui em Israel. Agora acredito que temos um futuro judaico, aqui em Israel. É verdade que, pela primeira vez, a maioria dos judeus estará aqui em Israel a certa altura da próxima década. Isso acontecerá, talvez até sob a minha observação, não tenho certeza. [...]

"Você precisa se proteger. Foi isso que faltou aos judeus. Faltaram-lhes os meios de se protegerem contra o mal, os impulsos mais baixos da humanidade. E eles pagaram um preço maior que qualquer outro povo. Agora temos como nos proteger."

(1998)

Em 1999, Netanyahu perdeu o cargo de primeiro-ministro para Ehud Barak. Depois que o Likud o reconquistou dois anos depois sob Ariel Sharon, Netanyahu serviu em seu Ministério, primeiro como ministro das Relações Exteriores e depois como ministro das Finanças. Poucos dias antes da retirada israelense de Gaza, Netanyahu renunciou ao Ministério em protesto. Ao assumir uma posição à direita de Sharon em relação às concessões aos palestinos, Netanyahu visa claramente recuperar o cargo que perdeu e levar a política israelense ainda mais para a direita. Em novembro de 2005, quando Sharon deixou o Likud para formar um partido de centro novo, o Likud voltou às mãos de Netanyahu e um choque se tornou inevitável. E em janeiro de 2006, quando Sharon sofreu um derrame catastrófico, a sorte de Netanyahu pareceu sorrir outra vez.

Raiva e razão: Sari Nusseibeh e a OLP

Sari Nusseibeh, o principal representante da Organização para a Libertação da Palestina em Jerusalém, é talvez o membro mais moderado nos conselhos de Yasser Arafat. (Além de ser o único que trabalhou num *kibutz* ou escreveu uma dissertação de pós-graduação em Harvard sobre Wittgenstein e o papel das piadas no discurso filosófico.) Em muitas questões de peso dentro da hierarquia palestina — a moralidade dos homens-bomba suicidas, a sabedoria da rejeição, por Arafat, das ofertas israelenses em Camp David e Taba, a reivindicação dos refugiados do "direito de retorno" à Palestina histórica —, Nusseibeh discorda, publicamente e em todas as línguas, dos homens durões da OLP e do Hamas, e mesmo de Arafat (na medida em que este se revela). Para ele, "operações com mártires" são flagrantemente "imorais", a rejeição pura e simples das propostas israelenses, "uma grande oportunidade perdida", e o direito de retorno, uma ilusão dolorosa que deveria ser esquecida. Não está claro por que Arafat, que anseia pelo apoio e suposta autenticidade dos maximalistas do Hamas e da Jihad Islâmica, nomeou um homem moderado, que traja calças de veludo e ternos de tweed, para governar Jerusalém Oriental. Como acadêmico e rebento de uma família distinta, Nusseibeh desfruta de tanta credibilidade nas ruas dos campos de refugiados de Nablus quanto um duque entre os *sans-culottes*. Ele não tem força para oferecer a Arafat nenhum valor imediato, exceto, talvez, como um ornamento da democracia. Não há justificativa para o poder de Nusseibeh — a não ser que se acredite no poder da contenção e do pensamento racional.

Nusseibeh tem 53 anos. Nasceu no bairro de Sheikh Jarrah, de Jerusalém Oriental. Seus antepassados vieram para a cidade no século VII, com o califa Omar. Durante séculos, os Nusseibeh participaram da vida pública. O avô de Sari foi um alto funcionário da cidade sob o Mandato Britânico pré-1948, e o pai de Sari, Anwar, foi, em diferentes pontos de sua carreira, guerreiro palestino, ministro da Defesa jordaniano, governador de Jerusalém e embaixador de Amã junto à corte real britânica. (Sua mãe, Nuzha, nasceu numa família abastada de Ramle, cidade entre Jerusalém e Tel Aviv; eles se tornaram refugiados em 1948, perdendo sua casa e todos os bens, e se reassentando no Cairo e Jerusalém.) Os sinais de uma dinastia Nusseibeh são abundantes. Nos últimos quinhentos anos, a família foi incumbida de guardar as chaves da igreja do Santo Sepulcro, na Cidade Velha, que muitos cristãos acreditam ser o local da Crucificação. Quando Jamal, o filho mais velho de Sari, chegou à idade de ir para a escola secundária, foi mandado para o tradicional Eton College, na Inglaterra. Quando menino, Jamal participara da primeira intifada, uma sublevação delineada no documento do Fatah chamado "O Documento de Jerusalém". O autor principal desse documento foi Sari Nusseibeh.

Nusseibeh ingressou na política por acaso, sem sentir uma vocação para isso. Em 1968, um ano após Israel vencer a Guerra dos Seis Dias e tomar posse da Cisjordânia, Gaza e Jerusalém Oriental — além de obter o domínio sobre mais de 1 milhão de palestinos —, ele estava bem longe, estudando filosofia na Christ Church, a faculdade socialmente mais brilhante de Oxford. (Após a universidade, Sari casou-se com Lucy Austin, filha de J. L. Austin, o professor de Oxford que escreveu *Quando dizer é fazer — Palavras e ação* e ajudou a fundar a escola filosófica da "linguagem ordinária". Eles têm quatro filhos.) Quase todo dia às onze da manhã, Sari caminhava até a cafeteria de St. Aldates Church para se encontrar com um jovem acadêmico israelense do Queen's College chamado Avishai Margalit. "Conversávamos sobre política numa espécie de forma analítica", contou Margalit, agora professor de filosofia em Jerusalém. "Ninguém tentava pregar nada ao outro. Era uma conversa melancólica, eu sabendo que Israel se sentia triunfante e excitado após a guerra e ele sabendo que os palestinos estavam num caos. Sari era uma espécie de moço aristocrático, belamente arrumado e encantador." Anwar Nusseibeh, que se ferira gravemente na guerra de 1948, sentia no filho um temperamento decididamente mais pacífico e privado. Margalit recordou: "Seu pai me disse: 'Eu queria manter Sari fora disso porque ele acabaria em apuros'". De fato, os apuros foram inevitáveis.

Após completar seu PhD em filosofia islâmica medieval em Harvard, em 1978, Nusseibeh começou a lecionar na Universidade Bir Zeit, na Cisjordânia, um centro de ensino superior e política elementar. De início, manteve-se fora da vida pública, concentrando-se em problemas de lógica e filosofia moral. Mas acabou arrastado para a política acadêmica — questões sindicais e assemelhadas — e depois para a política palestina em geral. Nusseibeh não era brando nas opiniões sobre a ocupação. Ele preconizou que os palestinos nos territórios ocupados fossem anexados como cidadãos israelenses plenos (sabendo que, com essa providência, os árabes acabariam se tornando maioria, terminando com o Estado judeu) ou, a perspectiva mais viável, virassem cidadãos de um país novo, adjacente a Israel, chamado Palestina. Entretanto, no início da década de 1980, Nusseibeh enfureceu muitos de seus colegas professores e os membros da organização Fatah, de Arafat, ao comparecer a uma conferência em Harvard para se encontrar com políticos israelenses. À medida que a política palestina se tornava mais radical, Nusseibeh insistia em uma retórica de moderação e no contato com o suposto inimigo. Durante a primeira intifada, ele foi citado no *International Herald Tribune* como tendo dito: "Considero uma espécie de exorcismo atirar uma pedra em Satã", mas ele próprio não atirou nenhuma pedra e pressionou por um levante "em geral não violento". Querer a eliminação de Israel, ele argumentou publicamente, era irracional; os judeus, ele disse, tinham uma relação histórica profunda com Jerusalém tanto quanto os árabes. Este não era um argumento popular em todos os círculos. Certa manhã, no campus de Bir Zeit, vários membros mascarados de um ramo jordaniano do Fatah atacaram Nusseibeh. Ele foi espancado e quebrou um braço.

Nusseibeh sintetizou aquele dia com um sorriso irônico: "Lembro muito bem", ele me disse. "Eu acabava de dar uma palestra na universidade sobre liberalismo e tolerância."

* * *

Não faz muito tempo, encontrei-me com Nusseibeh no Portão de Damasco, um dos portões que levam à Cidade Velha em Jerusalém. Tropas e tanques israelenses continuavam em cidades através da Cisjordânia, e Colin Powell havia sido despachado para a região, viajando por toda parte aparentemente sem chegar a lugar algum.

Nusseibeh estava sentado num degrau de pedra sob um sol de meio-dia. Estava em companhia de algumas dezenas de outros palestinos, e eles entoavam slogans dirigidos contra Ariel Sharon e pedindo a sua morte rápida. Não era uma manifestação especialmente impressionante, e Nusseibeh não tinha o menor jeito de um incendiário exaltado. Trajava um boné de beisebol frouxo e um paletó de tecido quadriculado, e sua expressão, ao segurar um cartaz antiocupação escrito à mão e entoar os slogans, era acanhada. Através dos anos, ele havia repetidamente dito aos amigos que pretendia em breve viver uma vida acadêmica tranqüila, uma vida de aulas e contemplação e anos sabáticos no exterior — "Assim como a vida de Avishai!" —, e quem o visse agora, desconfortável e com calor, acreditaria em suas palavras. Ele parecia insatisfeito e deslocado. No entanto, Nusseibeh é capaz de absorver toda variedade de ameaça política: telefonemas anônimos, cartas agressivas, ameaças de morte. Ainda mais incomum para alguém na vida pública, ele não parece se importar em ser tachado de inútil, como costuma ocorrer. Em janeiro, quando declarou que os palestinos se beneficiariam mais com a criação de um Estado desmilitarizado, o ministro do Meio Ambiente israelense, Tzahi Hanegbi, descartou-o como um "personagem esotérico", e o ministro da Segurança Pública, Uzi Landau, de direita, advertiu que Nusseibeh estava tentando levar a cabo algum "truque". Landau se refere a Nusseibeh como "a face bonita do terrorismo".

Não foi a primeira vez em que Nusseibeh foi alvo de tal acusação. Em 1991, durante a Guerra do Golfo, ele foi preso depois que oficiais da inteligência militar israelense o acusaram de ter telefonado para o embaixador iraquiano na Tunísia e dado instruções de como direcionar melhor os mísseis Scud que Bagdá vinha lançando contra Israel. Após três meses, Nusseibeh foi solto. Ele diz que a acusação de ter ajudado de alguma maneira o Iraque foi "absurda", e que os israelenses vinham grampeando seu telefone, coletando dados e esperando pôr as mãos nele desde a intifada de 1987. Na verdade, tais acusações continuam assomando. Recentemente, um artigo no *The Jerusalem Post* alertou que Nusseibeh é um "vigarista", que se faz de "mocinho", numa encenação na mídia "orquestrada por Arafat". Mesmo assim, políticos de destaque, incluindo o ministro do Exterior de Israel, Shimon Peres, e seu ministro da Defesa, Benjamin Ben-Eliezer, que não têm o hábito de apoiar inimigos do Estado, elogiaram Nusseibeh como um interlocutor corajoso e confiável.

Arafat claramente entende o valor de Nusseibeh. Até o ano passado, o representante de Arafat em Jerusalém havia sido outro membro das famílias tradicionais palestinas da cidade, Faisal Husseini, e, quando Husseini morreu, de ataque cardíaco, em viagem pelo Kuwait, Arafat voltou-se para Nusseibeh. Durante meses, Nusseibeh resistiu, com receio de que seria nomeado apenas para consumo externo. Mais importante, ele achava que a segunda intifada, após a rejeição, por Arafat, das propostas de Israel para um acordo final e a visita de Ariel Sharon ao monte do Templo, em setembro de 2000, não era um levante eficaz — "não realmente uma intifada", mas uma série de erros terríveis e improvisações que levariam à radicalização do lado palestino, a um fortalecimento da direita do lado israelense e, acima de tudo, à dissolução sangrenta da confiança em ambos os lados. Nusseibeh enfim aceitou o cargo, mas suas previsões se mostraram exatas demais.

Após a manifestação, fomos de carro até seu escritório em Al-Quds, uma universidade com 6 mil estudantes em Jerusalém Oriental, da qual ele é o reitor. Nusseibeh tem cabelos bastos e grisalhos, e usa óculos de aro de metal. Num ambiente político frenético, move-se lacônica e pensativamente. Ele desabou numa poltrona Naugahyde e tentou acalmar-se e fumar ao mesmo tempo. Um auxiliar trouxe café. Enquanto sua atenção se alternava entre o café, seu cigarro e um colar de contas azuis, conseguiu descrever o desastre atual "através de nosso prisma", como se fosse uma espécie de aula.

"A escalada tem uma dinâmica objetiva interna", ele começou, soprando fumaça em direção ao teto. "As coisas passaram de um estágio para o outro de uma maneira de certo modo inevitável, levando ao ponto em que as pessoas sentiram que não restava outra forma de reagir senão... esta."

"Esta", é claro, era uma categoria genérica de violência, incluindo os chamados assassinatos dirigidos, explosões de bombas em ônibus, ataques a tiros a celebrações de bar mitzvah, prisões, revistas, destruição de casas por meio de escavadeiras, pedras atiradas, F-16s, Kalashnikovs, helicópteros com metralhadora e, em 27 de março, a explosão de uma bomba em plena Páscoa judaica no Park Hotel de Netanya que deixou 28 pessoas mortas, e as incursões armadas de Sharon em quase toda cidade importante da Cisjordânia.

"Grande parte disto é culpa de Sharon", acusou Nusseibeh. "Ele sabia exatamente como obter de nós os tipos de reação que serviriam então de justificação para ir um passo além."

Após se esquivar de algumas chamadas no celular, Nusseibeh continuou: "Minha visão é esta: antes de Camp David, quando os acordos de Oslo foram originalmente assinados, a população supôs, baseada nas informações de seus líderes, que aquele seria um primeiro passo, e ao final de cinco anos recuperaríamos o território ocupado desde 1967 e estabeleceríamos um Estado tendo Jerusalém Oriental como sua capital. Desse modo, as pessoas apoiaram Arafat e esse processo. Vários passos positivos foram dados. Por outro lado, os palestinos viam os israelenses fazerem coisas incompatíveis com a retirada. Estes continuavam confiscando territórios e aumentando os assentamentos. Assim, os palestinos passaram a desenvolver uma espécie de esquizofrenia. Se você morasse num lugar como Nablus ou Jenin e fosse informado por seus líderes de que as coisas estavam caminhando, e ouvisse falar de negociadores chegando e partindo, acreditaria que aquilo aconteceria. Mas, se olhasse para fora de sua porta, veria o contrário: territórios sendo confiscados, assentamentos, falta de liberdade de movimento. E as coisas estavam sendo adiadas — cinco anos viraram quase sete —, de modo que reinou uma sensação de frustração entre a população.

"Quando eles foram a Camp David e Arafat disse depois que não obtivemos o que achamos que deveríamos, as pessoas nos territórios sentiram que suas suspeitas sobre Israel haviam se confirmado. Da perspectiva palestina, Barak não foi tão longe como elas achavam que deveria. Assim, Arafat voltou de Camp David aborrecido com Barak, e Barak, por não obter uma resposta apropriada ou positiva e se sentir isolado, julgou-se traído por Arafat e toda a liderança da OLP. E Clinton, que queria seu prêmio Nobel da Paz, e queria que tudo se fizesse em dez dias, também saiu de lá furioso."

O problema maior, na visão de Nusseibeh, é que nenhum lado conteve sua raiva, de modo que "o sistema de discussão foi destroçado". Cada lado se entregou às piores suspeitas sobre o outro: um número crescente de israelenses sentiu que Arafat havia sido desmascarado como um terrorista messiânico que jamais quisera realmente um acordo, exceto, talvez, como uma tática; e os palestinos sentiram confirmada a suspeita de que Israel não tinha intenção nenhuma de abrir mão dos assentamentos ou do domínio geral. De acordo com os palestinos, a visita de Sharon ao monte do Templo, a mais disputada de todas as áreas, foi a fagulha que desencadeou o "ciclo de violência armada". De acordo com os israelenses, a insurreição havia sido planejada meses antes.

Com a aceleração da violência, Arafat reconheceu que os líderes do Hamas e outros radicais islâmicos, com seus apelos à insurreição armada e à eliminação de Israel do mapa, vinham se tornando cada vez mais populares, enquanto sua própria equipe, especialmente seus membros ligados ao processo de Oslo, era vista como ultrapassada. Assim, Arafat começou a encorajar alguns de seus lugares-tenentes mais jovens, incluindo Marwan Barghouti e Jibril Rajoub, na Cisjordânia, e Muhammad Dahlan, em Gaza, a usarem as armas da polícia palestina e das forças de segurança a fim de criar, em essência, um exército civil capaz de competir com o Hamas e a Jihad Islâmica. A organização Fatah, de Arafat, passou a patrocinar as Brigadas dos Mártires de Al Aqsa, que logo assumiriam a responsabilidade por mais ataques suicidas em Israel do que o próprio Hamas.

Nusseibeh, porém, negou que os palestinos fossem tão calculistas ou organizados. "No todo, a reação palestina aos israelenses foi basicamente fortuita, emocional, movida pelo ódio", ele diz. "A ação israelense contra os palestinos foi muito determinada, planejada, a sangue-frio. Daí meu pensamento, desde o início, de que a estratégia vinha sendo planejada para provocar os palestinos e arrastá-los a uma batalha da qual não são os controladores — a saber, do confronto violento. O objetivo é a destruição do processo de Oslo e da Autoridade Palestina, a ser seguida pela implementação de uma paz sharoniana imposta aos palestinos. Que é basicamente dar aos palestinos algo que possam chamar de um Estado, talvez algo como 40% da Cisjordânia e Gaza, mas sob total vigilância por parte de Israel." Ele acrescentou: "O bom de Sharon é que ele é um pensador muito sistemático e direto, e determinado. Ele diz o que pretende fazer, e faz. Sharon tem uma visão".

Em sua narrativa, Nusseibeh procurou um compromisso entre história e apologia. Ele não diria, por exemplo, que Arafat é inocente do incitamento à violência. Mas ele dá indiretas. Nusseibeh é corajoso, mas não um tolo.

"Certamente Arafat não é um Gandhi", observou, com um sorriso discreto. "Não é alguém que só acredita na ação não violenta. Ele acredita na utilidade da força."

Nusseibeh recebeu outro telefonema, desta vez da mulher, Lucy, pedindo que viesse para casa. A filha machucara o pescoço no jogo de basquete. Nada de grave, mas estava no hospital.

"Desculpe", ele disse. "Nos veremos mais tarde." Ele saiu, com seus guarda-costas, retornando para casa no banco de trás do seu veículo utilitário esportivo.

Alguns minutos depois, quando eu estava de volta no meu hotel em Jerusalém Ocidental, as sirenes soaram.

Depois o telefone: um amigo israelense contou que fora informado de um ataque suicida no mercado Mahane Yehuda, em meio ao movimento de compras pré-Shabat. Em cinco minutos, eu estava lá, para presenciar as conseqüências de um evento que já ocorrera tantas vezes: de novo, um jovem palestino, explosivos enrolados no corpo, aproximou-se ao máximo do maior número de israelenses possível e apertou um botão. Foi uma mulher desta vez, de vinte anos, Andaleeb Taqtaqah, de uma aldeia próxima de Belém. Um porta-voz da polícia informou que a mulher tentara entrar no mercado, onde dezenas de compradores mais pobres estavam aproveitando os descontos de final de feira antes do anoitecer e início do Shabat. Aparentemente, ao ver que a entrada estava bem guardada, dirigiu-se ao ponto de ônibus próximo. Depois fez o que seus chefes nas Brigadas dos Mártires de Al Aqsa a treinaram a fazer. Seis mortos, oitenta feridos. Ouvimos dizer que uma cabeça humana rolou rua abaixo. Homens religiosos treinados para trabalhar nesses locais vestiram trajes esterilizados e foram recolher partes de corpos e pedaços de carne, pondo-os em sacos de lixo.

A onda de ataques suicidas em Israel vem gradualmente solapando os pressupostos e hábitos do dia-a-dia. Em Jerusalém, guardas controlam as portas de quase todo restaurante e café. As pessoas fazem todo tipo de prognóstico sutil. Elas procuram sentar atrás em salões públicos ou ônibus, para evitar a explosão de um homem-bomba nervoso entrando pela porta. Quem tem dois filhos os manda para o colégio em ônibus separados.

Muitos líderes palestinos apóiam os ataques suicidas como a reação aos F-16s e helicópteros Apache. Os demais, os moderados, tentam explicar, se não justificar, o fenômeno em termos das esperanças frustradas e pressões do dia-a-dia sob a ocupação israelense — ainda que os ataques suicidas não tenham começado numa época de desespero máximo, mas em meados da década de 1990, quando Yitzhak Rabin e Shimon Peres, os iniciadores do processo de Oslo, estavam no poder. Um porta-voz palestino proeminente, Ghassan Khatib, diretor do Jerusalem Media and Communications Center, contou-me que a ocupação, com seus postos de controle e sua violência, "acumula uma sensação de amargura e cria um espírito de vingança, um sentimento de raiva, provocando a única reação que as pessoas julgam possível. Em Ramallah, não muito antes dessas atividades suicidas, uma bala de tanque israelense matou uma mãe e cinco crianças. Os israelenses alegaram que tentaram atirar em policiais palestinos e por engano atingiram os civis. Você pode acreditar neles. Eu posso acreditar neles. Mas a percepção do público é o que resulta disso".

Na teologia islâmica tradicional, o suicídio constitui anátema. O Alcorão diz que quem comete suicídio está condenado à danação eterna, repetindo para sempre o ato. Ocorreram ataques suicidas na região, porém, desde os séculos XI e XII, quando o líder persa Hasan ibn al-Sabah liderou o grupo dos Assassinos em ataques a fortalezas rivais. A revolução islâmica no Irã iniciou a versão moderna. Agora o Irã apóia o Hezbollah no Líbano e os militantes islâmicos nos territórios ocupados e envia armas a Arafat. Este tem sido um período nitidamente violento: recentemente, na Grande Mesquita de Meca, o sheik Abdul-Rahman al-Sudais fez um sermão, transmitido ao vivo, em que pediu a Alá que "aniquilasse" os judeus, "a escória da humanidade, os ratos do mundo, matadores de profetas, porcos e macacos". Suha al-Taweel Arafat, a esposa de Yasser Arafat, foi citada pelo *Al-Majalla*, um semanário londrino, como tendo dito que, se tivesse um filho, não haveria "honra maior" que seu sacrifício pela causa palestina: "Você acha que eu e meus filhos somos menos patriotas e temos mais apego à vida que meus compatriotas e seus pais e líderes que estão buscando o martírio?".

Os líderes por todo o movimento palestino se imbuíram da idéia apavorante da libertação mediante uma campanha prolongada de adolescentes explodindo a si mesmos e israelenses em restaurantes e ônibus. O que eles vêem é que o ataque suicida, como nenhuma tática anterior, funciona. É o supremo ato de terror. Os israelenses prosseguem com suas vidas, mas ao mesmo tempo estão, no sentido mais profundo, apavorados.

Naquela noite, ao voltar para Al-Quds e me encontrar de novo com Nusseibeh, ele contou que soube do ataque a bomba quando os médicos do hospital Hadassah, onde sua filha estava sendo tratada pelo ferimento no pescoço, desimpediram a sala de emergência para receber os feridos que certamente viriam do mercado de Mahane Yehuda.

Nusseibeh nasceu numa família muçulmana, mas, segundo disse, não é praticante. Ele não acredita, por exemplo, numa vida pós-morte, para mártires ou qualquer outra pessoa. No entanto, quando lhe perguntei sobre os homens-bomba, reduziu o ritmo de sua fala, como se estivesse sendo cauteloso para não cometer um erro. Foi difícil saber perante quem: as autoridades da religião ou a OLP?

"Pessoalmente, não acho que se deva temer a morte, nem amar excessivamente a vida", ele disse. "Mas isto é outra coisa. Na minha opinião, alguém que provoca a própria morte e, ao mesmo tempo, a morte de civis inocentes não é um mártir."

"É o quê?"

"Acho que ele tem um problema, psicologicamente", respondeu Nusseibeh.

"Ele é um assassino?", perguntei.

"Não sei se posso chamá-lo de assassino como tal", disse Nusseibeh. "Um assassino é alguém, talvez, que vai atrás de uma pessoa específica, de uma maneira premeditada, para matá-la. Neste caso, se você simplesmente sai para matar um grupo de pessoas que nem conhece, é mais que um assassino. Não sei o que é..."

Perguntei a Nusseibeh se Baruch Goldstein, um colono oriundo do Brooklyn que matou a tiros 29 árabes no Túmulo dos Patriarcas em Hebron, em 1994, foi um assassino.

Nusseibeh reclinou-se na cadeira da escrivaninha e apoiou os pés no peitoril da janela. Deu uma longa tragada no cigarro.

"De novo, eu não o chamaria de assassino naquele sentido", ele respondeu. "Eu chamaria seu ato de um ato terrorista. Eu chamaria um ataque de homem-bomba de um ataque terrorista. Pessoas mortas em ataques terroristas são assassinadas. Mas não sei se a própria pessoa seria chamada de assassino. Um matador? Hmm. Realmente não sei."

"Este é um terrível jogo semântico, não é?", perguntei.

"Não é um jogo", ele respondeu. "Mas, seja o que for, é moralmente injustificado, qualquer que seja seu nome. [...] É certamente anormal, não normal, numa sociedade em que isto é o estado de espírito geral."

Finalmente, perguntei a Nusseibeh se Arafat alguma vez expressou quaisquer reservas quanto à cultura difundida e a celebração do martírio entre os palestinos.

"Ah, não", ele respondeu. "Não se trata apenas de ele não expressar. Em geral, poucas pessoas em posição de liderança o fazem. É uma ordem social, uma atitude social, e as pessoas que fazem parte disso estão espalhadas por toda a comunidade: os imames, os professores, talvez as mães e, portanto, os filhos. Não é Arafat. É generalizado, é predominante na sociedade."

Jenin é uma cidade de uns 30 mil habitantes na região norte da Cisjordânia. É conhecida como um centro de homens-bomba: um quarto dos homens-bomba desta intifada até agora veio de Jenin. As cidades ao norte como Nablus, Tulkarm e Jenin costumam ser mais pobres que as cidades centrais como Ramallah, e a política ali é mais radical, a influência do Hamas e da Jihad Islâmica, mais difundida. Iz al-Din al-Qassam, um pregador islâmico e um rebelde contra os judeus e os britânicos na década de 1930, foi morto pelas forças britânicas em uma aldeia perto de Jenin, e o Hamas deu seu nome a um de seus braços militares. "Para os israelenses ele é um precursor dos terroristas, e para os palestinos, é o primeiro mártir", disse Danny Rubinstein, colunista do *Ha'aretz* que vem cobrindo os palestinos desde 1968. "Ele é um herói, como Joana d'Arc para os franceses."

Antes do ataque à bomba da Páscoa judaica, o governo israelense se valia de assassinatos dirigidos para ir atrás dos líderes das células terroristas, usando mísseis, bombas em carros, explodindo telefones celulares. Ano passado, as forças de segurança israelenses mataram um líder da Jihad Islâmica na região de Jenin num telefone público onde foi instalado um explosivo. Mas agora as operações nas cidades através da Cisjordânia eram menos delicadas e remotas. Em 3 de abril, após cercar Jenin por vários dias e preparar reservistas, os oficiais do Exército israelense ordenaram que tanques, helicópteros Cobra e escavadeiras remotas D-9 entrassem na cidade e no seu campo de refugiados.

Os oficiais do Exército israelense disseram que esperavam certa resistência, como ocorrera em outras partes: algumas trocas de tiros, especialmente no campo de refugiados, mas que ela logo cessaria à vista do poder de fogo superior. Em vez disso, os combatentes palestinos em Jenin, com seus rifles e armadilhas explosivas detonadas de prédios de dois e três andares no campo, resistiram por mais de uma semana. Encerrada a batalha, 23 soldados israelenses haviam morrido. O número de palestinos mortos é controvertido: os palestinos dizem que foram centenas, muitos deles civis; o Exército israelense diz que o número está mais próximo de cinqüenta. O centro do campo de refugiados foi, sem dúvida, reduzido a pó.

Quando me dirigi aos arredores da cidade com alguns colegas, o Exército israelense não estava deixando jornalistas entrarem e havia bloqueado as estradas com postos de controle e tanques. Ainda pior, estava mandando embora trabalhadores de ajuda humanitária e ambulâncias. Os israelenses alegaram que ainda havia franco-atiradores e armadilhas explosivas na cidade, sobretudo perto do campo, e que estavam mais preocupados com a segurança do que com relações públicas.

Na tentativa de contornar as barreiras na estrada e chegar ao centro da cidade, passamos uma hora percorrendo alguns campos, até que um tanque nos alcançou e apontou seu canhão de forma ameaçadora. Aquilo foi um tanto amedrontador. Depois um reservista israelense, óculos de aro de metal e sorriso irônico, surgiu na abertura superior e mandou que fôssemos embora. Rumamos para um bairro na periferia de Jenin e batemos na porta de um guia turístico de trinta anos chamado Hassan al-Ahmad. Hassan contou o que sabia sobre o ataque a Jenin, descrevendo-o, como todos os palestinos com quem falamos, como uma carnificina geral, com execuções e covas coletivas. Então, alguém perguntou sobre os ataques de homens-bomba, doze somente em março, que, segundo os israelenses, os levaram a desencadear a denominada Operação Muralha Defensiva.

"Homens-bomba?", Hassan perguntou.

Sua expressão se abrandou, e ele se calou por uns instantes. "Homens-bomba? Quer saber o que acho? Honestamente, vou dizer. Estão certos. Minha opinião antes era diferente. Mas quando vejo esse massacre, e 75% da população israelense apóia Sharon, bem, o que podemos fazer contra esses tanques? Morei na Alemanha, na Europa, mas não posso morar na minha própria casa com segurança. Eles podem beber à noite nos cafés de Tel Aviv, mas eu não posso na minha própria casa."

A mulher de Hassan, que acabara de nos servir bebidas, assentiu com a cabeça.

Hassan contou que ainda existiam palestinos que estavam preparados para um acordo, dois Estados para dois povos, mas "existem muitas pessoas que não pensam assim, que não querem acordo. Elas acham que os turcos estiveram aqui durante quatrocentos anos e foram embora. Os ingleses estiveram aqui em 1917, e foram embora em 1948. O que é a Grã-Bretanha agora? Ela pertence aos Estados Unidos. E você ouve do Hamas e da Jihad Islâmica que lutaremos até os israelenses irem embora também. Arafat ainda é respeitado, e Israel tem uma chance real com ele. Ele é respeitado porque lutou pelo povo palestino por quarenta anos. Sabe quem vem depois dele? Rantisi. Zahar". Ambos são líderes do Hamas na Faixa de Gaza.

Pouco depois, retornamos ao carro para tentar outra vez chegar ao centro de Jenin, desta vez com sucesso. Estacionamos numa viela com marcas de tiros e caminhamos até o mercado. As fachadas das lojas e casas estavam perfuradas por tiros de tanques e metralhadoras. As casas ainda de pé estavam cheias de furos e queimadas. Os israelenses haviam imposto um toque de recolher, e as poucas pessoas que ousavam sair às ruas nos levaram para dentro de casas que haviam sido destruídas ou totalmente reviradas por soldados em busca de armas. As ruas estavam enlameadas e danificadas pela passagem dos tanques. Alguns cães poeirentos percorriam as ruas e paravam ao sentir as vibrações de um tanque. Em todos os muros do caminho, cartazes de mártires palestinos; o mais comum, de Abu Ali Mustafa, antigo líder da Frente Popular para a Libertação da Palestina, a segunda maior facção da OLP, após o Fatah, que havia defendido os ataques terroristas. Mustafa foi decapitado por um míssil israelense em agosto último enquanto lia jornais em sua escrivaninha em Ramallah. Em retaliação, menos de dois meses depois, atiradores da FPLP assassinaram um ministro israelense, Rehavam Ze'evi, diante de seu quarto em um hotel de Jerusalém.

Outro tanque percorreu ruidosamente uma rua a uns cem metros de distância. Um homem de meia-idade chamou-nos para uma ruela e fez com que subíssemos numa enorme pilha de lajes de concreto.

"Esta era minha casa", contou o homem, cujo nome era Assam Fashafsha. "Quando eles entraram aqui, mandaram todas as pessoas saírem de suas casas. Em árabe, em alto-falantes, eles disseram: 'Se vocês não saírem de casa agora, vamos derrubá-la com vocês dentro'. Isto foi às nove da manhã do primeiro dia. E os tanques chegaram e destruíram a casa." Dois de seus parentes, um sobrinho e uma cunhada, foram mortos, segundo ele, quando a casa foi demolida.

A luta em Jenin foi bem pior do que em qualquer outra cidade. Oficiais israelenses informaram que, depois que treze soldados morreram em um prédio com uma armadilha explosiva, o ataque se intensificou. Os palestinos com quem conversamos, e aqueles que falaram com os muitos outros repórteres que conseguiram entrar em Jenin, descreveram israelenses derrubando casas sem esperar que fossem evacuadas, combatentes e civis feridos abandonados nas ruas para morrer, pessoas obrigadas a se despir em revistas ou algemadas durante dias, vinte ou trinta num só aposento. Em um hospital de Jenin, um professor na casa dos quarenta chamado Ali Sereh narrou como os soldados israelenses o usaram como escudo humano, obrigando-o a descer a rua, bater nas portas e mandar as pessoas saírem de suas casas. Na quinta casa, um franco-atirador israelense confuso, de outro pelotão, atirou na perna de Sereh, que foi abandonado na rua.

"Tentei obter ajuda, mas os soldados não ligaram", Sereh disse. Ele contou que alguém das redondezas chegou até ele, e ele foi passado de telhado em telhado, até enfim chegar ao hospital.

O ataque israelense contra Jenin foi duramente criticado pela Anistia Internacional. Chegou-se a acusar o Exército de crimes de guerra. Em Ramallah e Jerusalém, porta-vozes palestinos começaram a falar de outra Srebrenica ou Sabra e Chatila, acusações que os israelenses descartaram como exageradas. Segundo os israelenses, as táticas dos combatentes palestinos é que levaram à morte de civis e à destruição de tantos lares. Se houve sinais de atrocidades em Jenin, Guy Siri, vice-diretor da Agência das Nações Unidas de Assistência aos Refugiados Palestinos, não os encontrou. "Todo mundo imaginava covas coletivas da maneira como imaginamos Kosovo", ele contou ao *The Washington Post*. "Não creio que tenhamos visto isto." Uma investigação subseqüente da ONU chegou à mesma conclusão e não achou indícios do tipo de atrocidades denunciadas por alguns líderes palestinos.

Mesmo no final de abril, quando os israelenses estavam saindo de Jenin e das outras cidades da Cisjordânia, autoridades do governo cogitavam em voltar para lá. Em entrevista no quartel-general do Exército israelense em Tel Aviv, um general veterano envolvido no planejamento me disse: "Se Powell fracassar, haverá mais violência e uma nova escalada. Aí talvez sejamos obrigados a empreender ações ainda mais agressivas contra a liderança palestina. Talvez, se formos forçados a realizar outras operações, entraremos em todas as áreas palestinas, conquistando-as, destruindo sua infra-estrutura e permanecendo lá. Não que seja agradável, mas poderíamos ser forçados a isso".

Em Jerusalém, as pessoas viam e liam notícias não apenas sobre Jenin, mas sobre as manifestações de protesto anti-Israel no estrangeiro e, é claro, ataques e profanações de sinagogas na Europa e Tunísia. Entre os israelenses, o medo não era apenas de mais homens-bomba — ninguém acreditava que a operação de Sharon acabaria totalmente com os ataques. O medo era do isolamento internacional e, pior, de um impasse destrutivo com os palestinos e uma guerra regional.

Eu estava lendo as provas tipográficas de *Seis dias de guerra*, um relato novo e excelente da guerra de 1967 pelo historiador e diplomata israelense Michael Oren, que teve acesso a fontes de todos os lados. Encontramo-nos em seu escritório em Shalem Center, um *think tank* predominantemente conservador em Jerusalém. Oren, com cerca de 45 anos, nasceu no norte do estado de Nova York e veio para Israel aos 23 anos. Lutou na guerra do Líbano em 1982, uma experiência que o deixou por algum tempo irritado com Ariel Sharon. Ele e seus colegas soldados das forças especiais ficaram furiosos porque Sharon fez com que chegassem a Beirute, bem além da missão inicial.

No almoço, Oren revelou que achava que havia agora, como houvera em 1967, uma chance real de guerra regional contra Israel, encabeçada pela Síria, Irã e Iraque. "A dinâmica dos líderes palestinos tentando arrastar os Estados árabes a um conflito militar com Israel é recorrente", ele disse. "Você pode fechar os olhos e é como se estivéssemos em 1967, mas a linguagem mudou do nacionalismo árabe para o fundamentalismo islâmico, em grande parte."

As esperanças de Oren de uma solução coincidem mais ou menos com as da opinião pública israelense. Ou seja, ele é "esquizofrênico", palavra muito empregada no momento: é a favor de um Estado palestino com fronteiras seguras, mas, ao mesmo tempo, apóia as incursões de Sharon como uma reação necessária à "ameaça existencial" que os homens-bomba representam à sociedade israelense.

"Olhe, tenho minhas dúvidas sobre se o povo palestino sabe o que quer", disse Oren em certo ponto. "Tantas vezes lhes foi oferecido um Estado: em 1937, a Comissão Peel ofereceu um Estado maior que o Estado judaico, e eles recusaram; em 1947, as Nações Unidas ofereceram a partilha, e eles recusaram; e depois veio Camp David, e eles recusaram. Isso dá origem à pergunta: que tipo de povo é este, incapaz de aproveitar uma oportunidade histórica? Em vez disso, eles estão baseando sua identidade no complexo de vítima, o que alimenta o sofrimento."

O que Oren estava dizendo já não era apenas a opinião dos israelenses de direita. Para Oren, e para muitos israelenses de esquerda, direita e centro, Arafat mostrou que não era confiável após encerrar as negociações com os israelenses, em 2000, sem oferecer nenhuma contraproposta e insistindo, outra vez, na ausência de ligação histórica dos judeus com o Muro das Lamentações e no direito dos refugiados palestinos de retornarem ao território israelense. Tal retorno, disse Oren, "é um eufemismo para o não-reconhecimento do direito de Israel existir".

Mencionei Sari Nusseibeh e sua declaração, altamente impopular entre seu próprio povo, de que os palestinos terão de abrir mão do direito de retorno e reconhecer o direito de Israel a uma existência segura, para que haja uma paz real algum dia.

Oren deu um sorriso indulgente, como fazem tantos israelenses e palestinos à menção do nome de Nusseibeh. "Sari é um sujeito maravilhoso", ele disse, "mas quantas divisões armadas ele tem?"

De carro de Jerusalém, são quinze minutos até Belém, ao sul, dez minutos até Ramallah, ao norte, e dez minutos até Abu Dis, a leste (descontando o atraso nos postos de controle militares). David Makovsky, ex-editor executivo do *The Jerusalem Post* e correspondente diplomático do *Ha'aretz*, me disse: "O que as pessoas nunca entenderam é que a razão de tamanha dificuldade de um acordo israelense-palestino é o excesso de história e a falta de geografia. Quando egípcios e israelenses assinaram a paz, passaram a ter 160 quilômetros de deserto entre eles. Eles assinaram um tratado e, na maior parte do tempo, quase não se viram mais. A qualidade das relações após o tratado ficou em segundo plano, como num divórcio. Mas, com os israelenses e palestinos, a qualidade da relação após assinarem um acordo é crucial, como num casamento. E quando os israelenses começam a pensar que o que os palestinos realmente desejam não é terra para a paz, mas terra para a guerra, bem, isso não prenuncia um bom casamento".

Contudo, no ambiente atual de ressentimento, alguém como Sari Nusseibeh só consegue atuar nas margens. Recentemente, quando perguntaram a Ehud Ya'ari, o maior especialista em política palestina da televisão israelense, se Nusseibeh poderia suceder a Arafat, ele respondeu: "A resposta comprida é não".

"Ele é um príncipe com todas as características de um príncipe", disse Nahum Barnea, cuja coluna no *Yediot Ahronot* é a mais popular em Israel. "Na hora da verdadeira luta, ele não estava lá. Faz parte de seu encanto. Ele não virá para uma barricada, nem se envolverá em luta com a polícia. É um cavalheiro, mas esta não é uma guerra de cavalheiros. Esta guerra está tão longe da idéia de cavalheiros que é inimaginável." O que Nusseibeh representa é a persistência da idéia de acordo, certa simpatia não apenas por seu próprio povo, mas pelo Outro. Ele, como certos israelenses, tem a capacidade de pensar tão criticamente sobre seus irmãos como sobre o Outro. Um dos sinais trágicos do que aconteceu desde a decisão de Arafat de promover um levante é que um homem como Nusseibeh é ainda menos representativo de seu povo do que era antes. Visitar os bairros da relativamente pacífica Jerusalém Oriental, sem falar nas áreas enfurecidas da Cidade de Gaza e da Cisjordânia, é entender quão completamente o "espírito de Oslo" — o espírito que permitiu a Nusseibeh abandonar a política, em 1993, e começar a pensar em uma vida acadêmica nova e totalmente privada — foi destruído.

Uma tarde, dei uma passada na universidade para ver Nusseibeh de novo, e mencionei que Abu Ala, um auxiliar de Arafat que conduzira grande parte das negociações para o acordo de Oslo, revelara a Joshua Hammer, da *Newsweek*, que "existem 100 mil palestinos dispostos a se tornar camicases".

Nusseibeh estava de novo fumando e mexendo no colar de contas. Ele pareceu realmente deprimido com o comentário: afinal, Abu Ala era um aliado de Arafat, e não o chefe do Hamas.

Depois ele suspirou e disse: "É perfeitamente possível. As pessoas estão tão desesperadas, tão loucas, tão ressentidas, que é natural esperar mais. Eu esperaria mais nos próximos meses. Será uma luta difícil e árdua para retomar o caminho da sensatez. Da nossa parte, esses atos de violência serão um bom pretexto para os israelenses não cederem. O rompimento não virá — e este é o ponto principal —, se os palestinos não conseguirem, de algum modo, desenvolver um padrão de pensamento novo, um estado mental novo entre eles, na forma de agir com os israelenses."

Ele parou por um momento, como que para pesar suas palavras cuidadosamente. Depois deu de ombros e, ao falar, usou uma metáfora curiosa.

"Os palestinos precisam ressuscitar o espírito de Cristo para absorver a sensação de dor e ofensa que sentem e controlá-la, e não deixá-la ditar a forma de agir contra Israel", disse Nusseibeh. "Eles têm de perceber que um ato de violência não serve a seus interesses. É uma tarefa gigantesca."

(2002)

O nível do espírito: Amós Oz

Amós Oz é o romancista mais conhecido de Israel. Há dezoito anos, mora no posto avançado de Arad, cidade em pleno deserto com 28 mil habitantes, entre Be'er Sheva e o mar Morto. No final da tarde, após um dia de trabalho em sua escrivaninha, costuma se sentar num café no shopping center da cidade. Ele não precisa esperar muito até alguém dizer oi ou se sentar para debater, talvez chegando ao ponto de denunciá-lo pelo apoio público — expresso pela primeira vez em 1967, após a Guerra dos Seis Dias — a um acordo de dois Estados com os palestinos. Oz é um liberal, e os russos, que dominam cada vez mais a população de Arad, em sua maioria não são. Mas ele sempre gosta de conversar, um "menino do mundo", hiperdesembaraçado. Parágrafos completos emanam da conversa com uma facilidade hipnótica, fluida. Mais cedo ou mais tarde, seu aspirante a debatedor é encantado e silenciado.

Oz está com uns 65 anos, tem aspecto elegante e, se formos generosos, estatura mediana. Parece estar sempre olhando, olhos semicerrados, para um sol distante. Quando se tornou famoso, quase quarenta anos atrás, os resenhistas e leitores comentavam rotineiramente o seu aspecto poderoso, emblemático: os cabelos e olhos claros, o bronzeado profundo, as rugas compridas e finas perto dos olhos e nos cantos da boca. Vestindo calça de algodão cáqui amarrotada e uma camisa de trabalho, Oz tornou-se parte da iconografia sionista de meados do século: o *kibutznik*-romancista, o Sabra* com consciência política. Seu rosto ainda é bonito, mas, dependendo do ângulo ou expressão, existe agora numa espécie de fluxo temporal. Um virar da cabeça para um lado, e ei-lo de volta aos vinhedos e oliveiras, uma virada para o outro lado, e ele é uma eminência parda que vive para os estudos. Usa óculos bifocais com prendedor. Vários anos atrás, teve os joelhos substituídos. Caminha como que sobre cacos de vidro.

Oz é sério, romântico, generoso, sentimental e agradavelmente vaidoso. Está bem consciente de sua imagem, e logo diminui sua importância. "Os textos europeus sionistas sustentavam que, no momento em que os judeus pusessem os pés em solo bíblico, renasceriam por completo", ele me contou certa manhã em seu gabinete de trabalho no porão da casa. "Eles serão uma raça nova. Mesmo fisicamente, mudarão. Se tornarão louros, bronzeados de sol. Meus dois pais eram escuros. Numa espécie de milagre genético-ideológico, conseguiram ter um filho louro. O que lhes deu orgulho e alegria infinitos. Eles vibravam com minha louridão! Achavam que era o sol, o ar. É Jerusalém! Costumavam me chamar de *shaygets*. Conhece esta palavra ídiche e o que está por detrás? É um pequeno pastor de porcos ucraniano, que atira pedras nos judeus. Venho de uma linhagem longa de sábios e rabinos eminentes. Por que ficavam tão contentes em chamar o filho de *shaygets*?"

Nascido em Jerusalém, Oz viveu mais de trinta anos num *kibutz* no centro de Israel, onde se casou e criou duas filhas e um filho. Mudou-se para Arad em 1986. Até então, jamais possuíra nada além de alguns livros e das roupas no armário. Quando começou a receber direitos autorais elevados, com seu romance de 1968 *Meu Michel* — a história, contada numa voz feminina, de um casamento em desintegração, tendo como pano de fundo a guerra do Suez de 1956 —, entregou todo o rendimento à conta coletiva do *kibutz*. "Somente depois que fiz 46 anos e me mudei para Arad, passei a ter alguma propriedade privada ou mesmo um talão de cheques", contou. "Você não achará ninguém com uma história mais exótica do lado de cá da Coréia do Norte".

Oz é um homem quase obsessivamente ordeiro: sentenças ordeiras, prateleiras de livros ordeiras. Toda manhã, mais ou menos ao nascer do sol, e to-

---

* *Kibutznik*: morador do *kibutz*; *Sabra*: judeu nascido em Israel. (N. T.)

da tarde ao pôr-do-sol, deixa sua casa modesta e vai até o deserto. Arad foi construída no cerrado rochoso, arenoso e desprezado do deserto do Negev. No livro bíblico *Números*, o rei cananeu de Arad enfrentou Moisés e seu grupo antes que os israelitas tomassem a cidade. Nos 3 mil anos seguintes, o local pouco impressionou. Situada num promontório com vista para o rio Jordão, as montanhas de Edom e o mar Morto (um brilho de mercúrio à distância), a Arad moderna foi fundada em 1962 pelo governo israelense, na esperança de atrair parte da população crescente das cidades da planície costeira. A transformação veio num instante: os sistemas de irrigação e a rede elétrica, as moradias — bangalôs, quarteirões de apartamentos de concreto —, as árvores e torres de radar, o shopping center. Arad logo se tornou uma cidade pioneira tão funcional e sem graça como os subúrbios distantes de Los Angeles.

Uma noite neste verão, acompanhei Oz e sua esposa, Nily, em um de seus passeios no deserto — primeiro de carro, depois a pé. "A paisagem aqui não é diferente do tempo dos profetas e Jesus", observou Oz durante o passeio. Os morros são nus, mas existem lobos, lebres do deserto, chacais. Há acampamentos de beduínos, oásis. Oz faz seus passeios aqui para purificar a mente das notícias mais recentes de Jerusalém e Gaza, para "manter a perspectiva da eternidade".

Nily, que tem cabelos cor de petróleo e uma sagacidade que ocasionalmente procura neutralizar o astro da casa, sorri pacientemente enquanto Amós faz observações que ela já deve ter ouvido umas cem vezes. Amós e Nily se conheceram na adolescência no *kibutz* e estão casados faz 44 anos. Seus filhos já cresceram, e as distrações são poucas. No passeio de carro, mostraram o oásis onde seus netos costumam acampar e montar camelos quando vêm dos subúrbios de Tel Aviv e Haifa. Passamos por umas poucas placas arqueológicas, locais bíblicos. Como que a pedido, passamos por um acampamento de beduínos, um bode, um camelo, o equivalente, para o turista no deserto, ao Empire State Building.

"Amós", disse Nily, cansada do percurso, "vamos ver se a gente volta para uma caminhada. O sol já está descendo."

Oz parou o carro e, sem nenhum tráfego para atrapalhar a manobra, de animais ou automóveis, deu meia-volta em direção à cidade.

* * *

Ano passado, Oz publicou um livro de memórias intitulado *De amor e trevas*, um dos maiores best-sellers literários da história israelense. Por muitos anos, Oz baseou seus romances nos fatos e paisagens de sua vida. O que faz de *De amor e trevas* um evento em Israel é o poder com que entrelaça a história íntima de uma família de imigrantes — uma mãe solitária e deprimida, um pai distante, e o filho — com o pano de fundo histórico mais amplo: a rejeição na Europa, a busca desesperada de refúgio entre árabes na Palestina, o idealismo e os desapontamentos, a criação de Israel e a guerra subseqüente. Amós é um menino precoce e reservado, "um conversador incessante, incansável", confuso com as notícias que ouve de campos de extermínio no exterior e guerra civil em casa. Um menino que inventa a história de um país novo com soldadinhos de brinquedo e mapas espalhados pelo chão da cozinha. O livro é uma obra digressiva e engenhosa que gira em torno do surgimento de um Estado, do destino trágico de uma mãe, da criação de um novo eu pelo menino. "Eu fui, se você quiser, o Tom Sawyer ou Huckleberry Finn da história", diz Oz. "Para mim, foi como navegar sozinho numa jangada pelo rio Mississippi, só que foi um rio feito de livros e palavras e narrativas históricas e segredos e separações."

Em um romance como *Pastoral americana*, de Philip Roth, a história parece tomar de assalto os personagens, destruindo o desejo de tranqüilidade; ela chega como um choque. Isso nunca foi possível na região do mundo habitada por Oz, onde a guerra e a tensão étnica têm sido constantes. "Sei que, para as pessoas no Ocidente, a história é algo que aparece na tela da televisão", ele disse. "O livro inteiro está saturado de história. Não é uma peça de música de câmara trágica tocada contra o pano de fundo de uma enorme tela."

Fania, a mais velha dentre os filhos de Oz, leciona história na Universidade de Haifa. Ela me contou que *De amor e trevas* deveria ser lido, em parte, como um argumento sobre a história do sionismo. O livro, segundo ela, retrata o sionismo e a criação de Israel como uma necessidade histórica para um povo que enfrenta a ameaça de extinção. O livro reconhece o pecado original de Israel — o deslocamento e sofrimento dos palestinos —, mas, ao mesmo tempo, defende o sionismo contra alguns membros da esquerda européia e dos novos historiadores israelenses que contestam a alegação de legitimidade do Estado mesmo agora, quase seis décadas após sua fundação. Enquanto Amós, Nily e eu voltávamos de carro dos vales do deserto para uma área mais perto da cidade onde pudéssemos caminhar ao anoitecer, mencionei a idéia de sua filha.

Oz rapidamente olhou sobre os ombros para trás. "Não fosse o sionismo, 6,5 milhões teriam morrido em vez de 6 milhões, e quem se importaria?", respondeu. "Israel foi uma balsa salva-vidas para meio milhão de judeus."

Alguns intelectuais americanos, europeus e israelenses vinham agora dizendo que o projeto sionista se tornara inviável, e que o único futuro era um Estado binacional, de árabes e judeus, do Mediterrâneo até o rio Jordão — um Estado que, dadas as realidades das fronteiras e taxas de natalidade, bem rápido se tornaria predominantemente árabe. Teria o sionismo, conforme concebido pela geração de seus pais, sido um erro?

"Não creio que tenha havido alguma opção real", Oz respondeu. "Quando o anti-semitismo na Europa se tornou insuportável, os judeus poderiam ter preferido ir para os Estados Unidos, mas não havia chance nenhuma, nos anos 30, de ser admitido na América." Um de seus avôs, na Lituânia, solicitou o visto francês, britânico e vários vistos escandinavos — todos eles negados. "A situação era tão desesperadora que ele chegou a solicitar a cidadania alemã, dezoito meses antes de Hitler chegar ao poder", contou Oz. "Felizmente para mim, o pedido foi negado. Os judeus não tinham para onde ir, e isso é difícil de explicar hoje em dia. As pessoas agora perguntam: 'Foi bom vir para cá? Foi um erro? O sionismo foi um projeto razoável?'. Não havia outro lugar. Houve uma conferência em Evian" — em 1938 — "onde se discutiram o problema dos refugiados judeus e as perseguições nazistas. Acabou com praticamente apenas a República Dominicana expressando sua disposição em aceitar uns mil ou 2 mil judeus, mais uma meia dúzia de outros países. O primeiro-ministro da Austrália declarou: 'Na Austrália, não temos problema de anti-semitismo, graças a Deus. Mas não queremos encorajar mais judeus a virem para cá. Senão, poderemos ter anti-semitismo." Foi uma época, nas palavras de Chaim Weizmann, que se tornou o primeiro presidente de Israel, em que "o mundo parecia dividido em duas partes: os lugares onde os judeus não podiam viver e aqueles onde eles não podiam entrar".

Oz estacionou o carro num meio-fio que marcava o final de Arad e o início do deserto. Saltamos e olhamos para um longo declive. Amós e Nily desceram de mãos dadas por um caminho que levou a uma enorme escultura de aspecto marcial.

"Não sei o que fizemos para merecer esta maravilha", Nily comentou ao nos aproximarmos daquilo. Ela girou os olhos e sorriu.

Não fomos longe. Nily usava um vestido comprido de algodão preto, e uma brisa forte começara de repente.

Amós queria ver o pôr-do-sol, agora nas nossas costas. Demos meia-volta e andamos na direção da cidade. Alguns homens etíopes estavam sentados no meio-fio compartilhando uma grande garrafa de cerveja.

"Você sabe o que 'Adis Abeba' significa?"

Oz sabe muita coisa. Nily tem paciência com isso.

"O que 'Adis Abeba' significa?", ela perguntou docemente.

Os homens olharam para nós e sorriram, ouvindo as nossas palavras.

Nily levantou as mãos e nos deteve.

"Olhem isto aqui no chão, vejam *aqui*", ela disse, apontando um ponto ao longo da trilha. "Formigas."

"Uma sociedade de formigas", Amós disse. "Vamos ignorar as metáforas. E observar."

Eles se inclinaram e observaram com a fascinação extasiada de um casal num safári.

O sol pulsava, laranja, a poucos centímetros do horizonte.

Nily sorria enquanto Amós a abraçava por detrás. "Estou feliz por estar viva", ela disse.

Amós esperou um pouco. Estava mais escuro, mas ainda não anoitecera. Olhou para cima. "Estou com fome", disse, e rumou para o carro.

Alguns minutos depois, paramos num grupo de empresas comerciais baixas na beira da cidade.

"Bem-vindo ao senhor Shay", Nily disse. "O melhor restaurante chinês do Negev."

O sr. Shay, um tailandês que viera parar em Arad e se casara com uma israelense, cumprimentou-nos em nossa mesa. Éramos os únicos fregueses. Fiquei preocupado. Mas o sr. Shay se revelou um bom cozinheiro e, embora famoso por preparar um bom "caranguejo kosher", pedi frango.

Conversamos um pouco sobre *De amor e trevas*. Grande parte do livro resulta claramente da memória, bem como da memória reconstruída com base em leituras e conversas com parentes mais velhos. Existem longas escavações das origens de Oz, as vidas de seus avôs e pais na Europa, um mundo perdido de alta cultura, aprendizado judaico, anti-semitismo virulento. Com base nos fatos, mas também tomando as liberdades de um romancista, Oz procura retratar coisas tão ocultas para ele como os casos amorosos do pai e a vida interior torturada da mãe.

"Não gosto de ser descrito como um escritor de ficção", revelou. "A ficção é uma mentira. James Joyce se deu ao trabalho, se não me engano, de medir a distância precisa entre a entrada do porão de Bloom e a rua acima. Em *Ulisses* ela é exata, mas é chamada de ficção. Agora, quando um jornalista escreve: 'Paira uma nuvem de incerteza...', isto é chamado de fato!"

De amor e trevas se reduz, em última análise, à história da fundação de Israel contada através dos olhos de uma criança — uma espécie de *Pelos olhos de Maisie** sionista. Numa época em que o sionismo vem sendo questionado, o livro fornece uma justificação dramática, mas liberal, da existência de Israel. Oz disse que, embora o conflito entre israelenses e palestinos seja entre o "certo e o certo" — entre duas reivindicações legítimas exigindo um divórcio decente e justo —, o que se perdeu com o tempo foram as condições desesperadoras que precederam a fundação de Israel. Oz só consegue contá-las como uma história.

"A mãe do homem que se casou com minha filha mais velha é uma sobrevivente incomum do Holocausto. Ela foi trazida da Holanda, junto com a mãe e a irmã, até Ravensbrück, um campo de concentração, onde a mãe veio a morrer. As duas moças tinham dezenove e dezoito anos. Em Ravensbrück, as moças ouviram histórias sobre Auschwitz de prisioneiros que haviam estado lá, mas não foram mortos porque provinham de casamentos mistos. Aí aconteceu algo que acho ter sido único na história do Holocausto. O ministro do Exterior em Berlim deu ordens de enviarem as duas moças a Theresienstadt. Ali elas foram apresentadas a Adolf Eichmann, que, junto com vários comandantes da SS, as interrogou. Eichmann perguntou o que elas sabiam sobre

---

* Romance de Henry James publicado em 1897, que conta a história da filha de um casal divorciado e irresponsável. (N. T.)

Auschwitz. Ele alertou: 'Se vocês revelarem alguma coisa sobre sua estada em Ravensbrück ou o que sabem sobre Auschwitz, vão virar fumaça também'. Em Theresienstadt, elas receberam um trabalho. Duas vezes durante a guerra, Eichmann foi ver as duas moças.

"Pois bem, essa mulher cresceu e foi uma das testemunhas no julgamento de Eichmann" — em Jerusalém, no início da década de 1960. "Foi difícil para ela testemunhar. No julgamento, Eichmann tentou alegar que não passava de uma engrenagem na roda, que nem sequer tinha o poder de decidir sobre uma única vida. Estou contando esta história porque, apesar da advertência de Eichmann às duas irmãs de que deveriam ficar caladas, elas não obedeceram. Elas falaram sobre Auschwitz e as câmaras de gás para quem quisesse ouvir, mas ninguém em Theresienstadt acreditou nelas. Elas foram tachadas de histéricas. Moral da história: como pessoas em Jerusalém ou Nova York poderiam acreditar em algo em que até os prisioneiros de Theresienstadt se recusavam a acreditar? Saber é uma coisa. Acreditar, outra. Entender, ainda outra."

Alguns anos atrás, tentei marcar um encontro com Oz em Jerusalém. Ele hesitou, parecendo preferir praticamente qualquer outro lugar: Arad, ou o apartamento em Tel Aviv que ele e Nily compraram para passar os fins de semana perto dos netos. Agora ele disse: "Não costumo passar a noite em Jerusalém. Vou lá a trabalho ou para ver amigos. É uma cidade hiperativa. Todo mundo está esperando algo, seja o Messias, um desastre, ou ambos. Tel Aviv está se tornando cada vez mais mediterrânea, como o sul da França, enquanto Jerusalém está evoluindo na direção de... não sei exatamente, talvez de Qum,* no Irã".

Oz nasceu em Jerusalém em 1939 e seu nome de nascença é Amós Klausner. Seus pais, Yehuda Arieh e Fania, vieram da Europa oriental, na década de 1930, falando ídiche, russo, ucraniano e alemão. Em Jerusalém, falavam hebraico com o filho e russo quando queriam manter um segredo. Naquela época, a Palestina era predominantemente árabe. Mas Jerusalém, não. Exceto na era das Cruzadas, nos séculos XI e XII, houve uma presença judaica contínua na cidade. Quando Amós nasceu, a população era pequena — cerca de 100 mil — e cada bairro era diferente. Os Klausner caminhavam de seu apartamento de porão, na rua Amós, em Kerem Avraham, para visitar seus parentes

---

* Segunda cidade mais sagrada do Irã, depois de Mashhad. (N. T.)

mais ilustres no bairro de Talpiot, e, nas palavras de Oz, "era no mesmo espírito com que os judeus do *shtetl* [antiga aldeia judaica na Europa oriental] pegavam o trem até Varsóvia a fim de ver os prédios de cinco andares".

Certa manhã, encontrei-me com Oz em um hotel da periferia da cidade, e pegamos um táxi até Malchai Yisroel — rua Reis de Israel. O bairro de Kerem Avraham, junto com os dois enclaves vizinhos de Geula e Mea Shearim, são quase completamente ortodoxos. Cartazes anunciavam a inauguração de um açougue kosher novo, as palestras de rabinos proeminentes, uma loja de roupas "para mulheres simples". Oz apontou para uma enorme área murada que havia originalmente sido um orfanato e, depois que os britânicos conquistaram a Palestina, em 1917, foi convertida nos Schneller Barracks. Os Schneller Barracks são uma presença, a corporificação do Mandato Britânico, em muitos dos contos e romances de Oz. Quando menino, junto com amigos, costumava pedir chicletes aos soldados britânicos e, depois, dar meia-volta e gritar "nazista!" e atirar pedras.

"Imagine!", ele diz agora. "Isso foi um ou dois anos depois que os britânicos entraram em guerra contra os nazistas reais." Quando Oz tinha sete anos, o Grupo Stern, uma organização terrorista judaica, explodiu um carrobomba defronte dos Schneller Barracks. "Como os admirei por isso!", ele disse no mesmo tom de autozombaria.

Naquele dia fazia um calor de rachar. Embora ciprestes e pinheiros de Jerusalém tenham sido plantados nos quarteirões, naquele dia as árvores pareciam débeis e queimadas.

Em muitos bairros da cidade, judeus moram em casas que foram expropriadas de famílias árabes durante a guerra de 1948, que os israelenses judeus chamam de Guerra da Independência e os palestinos, de *al nakba*, a catástrofe. Com certo alívio, Oz conta que Kerem Avraham foi construído em terrenos comprados por um missionário inglês, James Finn, que teve a idéia original de um lugar onde os judeus pudessem criar uma fazenda.

A emoção predominante em *De amor e trevas* é de perda. O próprio sionismo naquela época dava a sensação de uma forma de perda: a perda de uma cultura européia que havia rejeitado, e agora estava assassinando, os judeus. "Todo mundo em Jerusalém — a Jerusalém judaica — naquela época sentia falta de algo", Oz havia dito anteriormente. "De outros lugares, outras culturas, outras línguas, outras pessoas. Aquilo era, para a maioria dos judeus, um exílio, um campo de refugiados. Mas ao mesmo tempo era um ímã para todo tipo de lunáticos, redentores, reformadores do mundo e auto-intitulados messias. Nesse aspecto, a cidade não mudou muito; talvez esteja ainda mais assim. Qualquer um que tivesse uma fórmula para salvar o povo judeu num passe de mágica vinha para Jerusalém. A cidade estava repleta de profetas: encadernadores que profetizavam, caixas que profetizavam, sábios que profetizavam. Aquilo era muito empolgante para uma criança, porque, para cada fantasia que eu conseguia evocar em minha pequena mente, conseguia encontrar alguém que confirmava minha fantasia e dizia: 'Sim, sim, este menininho tem uma visão, ele sabe ainda mais que Ben-Gurion.'"

Chegamos ao nº 18 da rua Amos, um modesto prédio de apartamentos com uma loja de ferragens minúscula no centro do que havia sido o apartamento de uma família pequena: os Klausner.

"Está mais decadente do que era", Oz disse ao subirmos uns poucos degraus e olharmos um pequeno jardim de fundos. Havia figueiras, rabanetes, cebolinhas, berinjelas. Agora, pouca coisa além de uma grama rala parecia crescer.

"Se você olhar para este local", Oz prosseguiu, "era aqui que meus amigos e eu trabalhávamos dia após dia, quando tínhamos todos uns sete anos, tentando construir um foguete para incendiar o palácio de Buckingham. Houve um problema com o combustível e o sistema de orientação." Quando não estava tramando a derrubada do rei George VI, Oz escrevia o que chama de "poemas bíblicos sobre a restauração do reino davídico a ferro e fogo". Seu pai estudara literatura e história em Vilna e Jerusalém e sabia ler em dezesseis línguas, embora jamais obtivesse um emprego de professor. Ganhava a vida como bibliotecário e, à noite, escrevia livros e artigos sobre literatura comparada. No Shabat, Fania permanecia dentro de casa sozinha, lendo — Tchekhov, Tolstoi, Kleist, Hamsun, Maupassant, Agnon, Flaubert —, e os homens se sentavam no pátio "discutindo os problemas de Bakunin e Nechayev e se os socialdemocratas alemães eram brandos demais". A política era o tema constante, e quase todos os adultos no círculo de Klausner eram revisionistas de direita, desconfiados dos sionistas trabalhistas e de seus sonhos socialistas.

"O notável é que essas pessoas não eram fascistas", disse Oz. "Em sua própria visão, rejeitavam qualquer idéia racista. Elas simplesmente sustentavam que a nação árabe possui uma massa de terra três vezes maior que a Europa, enquanto o povo judeu não tem nada, e que, mesmo o Grande Israel sendo dado aos judeus e os árabes sendo forçados a migrar, isso significaria para os árabes uma perda de 0,5% da terra natal árabe. Estou apenas tentando explicar o ponto de vista deles. [...] Sim, aquele ambiente de Klausner era muito direitista, muito militarista, intoxicado pelo fato de que os judeus sabem lutar, e lutar bem. Empolgados com isso de uma maneira infantil. Lembre-se de que isso foi dois anos após o Holocausto. Naquela época, os judeus nunca eram acusados de agressores ou brutamontes; eles eram acusados de ser covardes que se escondem e não reagem."

Oz olhou para uma janela de seu apartamento antigo. As cortinas estavam fechadas. Quando ele morava ali, cada quarto, cozinha e até o banheiro estavam apinhados de livros, e, entre os livros, havia pequenas paisagens da Europa recortadas de revistas: lagos, florestas, montanhas com o pico coberto de neve. "Durante anos, durante minha infância, meu pai e outros diziam para mim: 'Um dia, Amós, não durante as nossas vidas, mas nas de vocês, Jerusalém irá evoluir e virar uma cidade de verdade'", contou. "Eu não sabia do que estavam falando. Para mim, Jerusalém era a única cidade de verdade do mundo. A Europa era um mito."

"No fundo, havia uma saudade e nostalgia. Você caminhava por Rehavia, uma espécie de bairro razoavelmente abastado de judeus alemães em Jerusalém, você caminhava ali aos sábados à hora da *siesta*, quando as ruas estavam absolutamente vazias, e ouvia de muitas janelas o som de pianos. Estavam todos sonhando com a Europa, fosse com Chopin ou Mozart ou Brahms."

No final da Segunda Guerra Mundial, as expectativas quanto à fundação de um Estado judeu eram intensas: "Estávamos no corredor da maternidade, éramos como os pais nervosos aguardando o que estava acontecendo atrás da porta". Num Chanuká, quando o pai de Oz acendeu as velas, assegurou ao único filho que, um dia, "não durante a minha vida, mas nas de vocês", até 1 milhão de judeus viveriam no país: "Aquilo soava a ficção científica, uma especulação futurista, maluca".

O que vem a seguir, é claro, é a história diplomática e militar de 1947-48 — as declarações das Nações Unidas da partilha em dois Estados, em 29 de novembro de 1947, e a guerra que se seguiu: Egito, Síria, Transjordânia, Líbano e Iraque de um lado, o recém-declarado Estado de Israel do outro.

Em seu jornalismo e em seus ensaios, em livros como *Terra de Israel* e *Sob esta luz brilhante*, Oz não guarda nenhuma ilusão quanto à natureza daquela guerra — menos ainda quanto à remoção de mais de 700 mil árabes palestinos de suas aldeias e cidades e suas vidas de miséria em campos de refugiados por toda a região. Ao mesmo tempo, ele argumenta, os árabes não tinham "nenhuma obrigação" de iniciar uma guerra após o plano de partilha da ONU. Mas em *De amor e trevas* o narrador não é um historiador desinteressado: o ponto de vista é de um menino vendo o que conseguia ver, ouvindo as transmissões de rádio e discursos e rumores à sua volta. Ele descreve o recolhimento de garrafas vazias para fazer coquetéis molotov, a suspensão das aulas durante um ano inteiro, os rumores na vizinhança de que algumas famílias haviam fugido do país e de que uma havia estocado pílulas de cianureto "em caso de necessidade".

"Todos os sobreviventes do Holocausto haviam visto tudo aquilo antes, a partir das últimas semanas de agosto de 1939", observou Oz sobre os primeiros dias de guerra. "A grande mudança adveio em 14 de maio, com a expiração do Mandato Britânico. Naquela manhã de sexta-feira, vi com meus próprios olhos os britânicos deixando os Schneller Barracks e, em seguida, o Haganá" — o Exército israelense novo — "correr para ocupá-los. Depois, na tarde de sexta-feira, fomos informados de que Israel era uma nação agora, com um governo, mas um minuto após a meia-noite fomos informados de que Israel estava sendo invadido por cinco exércitos árabes regulares e que projéteis e bombas vinham sendo lançados por baterias de artilharia. Não havia para onde enviar as crianças, para onde ir." Durante anos, na Europa, o pai de Oz havia visto pichações em alemão, russo e ucraniano: "Judeus, vão para a Palestina". Anos depois, como cidadão de Israel, ele viu cartazes novos: "Judeus, fora da Palestina".

A certa altura de suas memórias, Oz escreve que, quando criança, esperava "crescer e virar um livro". Quando indaguei a respeito, ele sorriu e respondeu: "Havia medo quando eu era garotinho. As pessoas diziam: 'Aproveite cada dia, porque nem toda criança cresce e vira uma pessoa'. Aquela era provavelmente a maneira de me contarem sobre o Holocausto ou o padrão da história judaica. Nem toda criança se torna um adulto. Sei que os israelenses se tornam maçantes quando dizem que o mundo inteiro está contra nós, mas lá nos anos 40 isso era totalmente verdadeiro. Eu queria virar um livro, não um homem. A casa estava cheia de livros escritos por homens mortos, e eu achava que um livro podia sobreviver".

* * *

O pai de Fania possuía um moinho em Rovno, na Ucrânia ocidental, e veio com a família para Haifa em 1934 para trabalhar como carroceiro nas docas. No livro, Oz descreve o conhecimento de sua mãe, em meados da década de 1940, de que, nos arredores de Rovno, na floresta Sosenki, "entre galhos, pássaros, cogumelos, groselhas e bagas", os nazistas haviam assassinado mais de 20 mil judeus, com submetralhadoras, em dois dias.

Mesmo quando menino, como deixa claro em *De amor e trevas*, Oz sabia perfeitamente que sua mãe estava à deriva e que as relações entre seus pais haviam se desgastado. Fania tornou-se cada vez mais deprimida, distante. "Entre as razões imediatas do declínio de minha mãe estava o peso da história, o insulto pessoal, os traumas, e os temores quanto ao futuro", Oz contou. "Minha mãe tinha premonições o tempo todo, provavelmente devido ao trauma do Holocausto. Ela pode ter sentido que o que aconteceu aos judeus em sua cidade natal poderia, mais cedo ou mais tarde, acontecer aqui, que haveria um massacre total. Não era algo que ela compartilhasse com um menino pequeno, exceto talvez indiretamente, através de algumas das histórias e contos de fadas que contava, dos livros que lia, uma visão de mundo schopenhaueriana de eriçar os cabelos."

No final de 1951, os períodos sombrios de Fania haviam se agravado e tornado mais freqüentes. Amós e seu pai eram, ele escreve, "como uma dupla de padioleiros carregando uma pessoa ferida por uma encosta íngreme acima". Em *De amor e trevas*, o leitor sabe desde cedo que Fania está condenada, e no final do livro, quando ela perambula pelas ruas sob um aguaceiro e, finalmente, suicida-se com uma superdose de sedativos, é possível ter uma idéia da perda e fúria do filho.

Somente agora, após atingir uma idade suficiente para ser o pai de sua mãe perdida, Oz consegue olhar aqueles dias com certo distanciamento, conforme me contou.

Fania Klausner matou-se em janeiro de 1952, disse Oz, por inúmeros motivos: "Ela morreu porque, para ela, Jerusalém representava um exílio. Este clima, ambiente e realidade eram estranhos. E ela morreu porque suas esperanças, se ainda tinha algumas, de que uma réplica da sua Europa pudesse ser construída aqui, sem os aspectos negativos do *shtetl* da diáspora judaica, foram aparentemente refutadas pela realidade da manhã seguinte". Fania tinha apenas 38 anos.

"Depois que minha mãe morreu, meu pai e eu nunca falamos sobre ela", revelou. "Nós nunca mencionamos seu nome, nenhuma vez. Se chegamos a nos referir a ela, foi como 'ela' e 'lhe'. Tínhamos montes de discussões, discussões políticas — ele achava que eu era comunista —, mas nunca sobre ela."

Chegamos à Ben Yehuda, uma rua de pedestres repleta de cafés, restaurantes, livrarias e lojas de quinquilharias para turistas. A área em torno de Ben Yehuda, um dos lugares mais freqüentados de Jerusalém, tem sido um alvo popular de homens-bomba.

Oz não voltava ao seu antigo bairro fazia anos, e estava atipicamente quieto enquanto andávamos. De repente, entrou num beco, subiu um pequeno conjunto de degraus e procurou um café favorito.

"É por aqui", disse. "Fica bem... aí. Achei!... Aqui."

O letreiro dizia "Tmol Shilshom" — "Anteontem" —, o título de um romance de S. Y. Agnon. Na juventude de Oz, Agnon era a presença literária singular em Jerusalém, um imigrante da Galícia que escrevia em hebraico e, em 1966, ganhou o prêmio Nobel.

Oz limpou o suor da testa e pediu uma bebida. Nossa caminhada pela Kerem Avraham havia sido uma espécie de exercício, um espetáculo a pedidos — o escritor volta ao lar para o cenário do seu livro, a cena do crime. Oz parecia esgotado por aquilo.

"Acabamos de visitar um lugar que não existe mais", ele disse. Pelo menos, não como foi na vida e nos livros de Amós Oz. "Quando visitei a cidade de Oxford no Mississippi, tive de voltar aos romances de Faulkner. O local era uma reprodução débil da coisa real." Quase metade dos livros de Oz — entre eles *Onde os chacais uivam*, *Meu Michel*, *A colina do mau conselho*, *Mesmo mar* e agora *De amor e trevas* — decorrem numa área de 2,5 quilômetros quadrados de Kerem Avraham.

Como escritor e professor — ele é professor de literatura da Universidade Ben-Gurion, em Be'er Sheva —, Oz se considera um "provinciano" empenhado. Ele não ignora as outras literaturas, mas está obcecado basicamente com contadores de histórias, ensaístas e poetas que escreveram no hebraico moderno e deram forma ao sionismo cultural.

"Meus pais sabiam hebraico antes de chegarem à Palestina", contou. "Eles sabiam ídiche, mas o ídiche para eles era o linguajar do *shtetl*, o linguajar da geração anterior, e não falá-lo fazia parte de sua rebelião contra seus ancestrais. Para minha mãe, o ídiche era a língua em que seu pais discutiam. O hebraico de minha infância era uma língua dando os primeiros passos abertamente, como uma criatura gerada em um laboratório ou zoológico e depois solta."

Após dezessete séculos de quase dormência, o hebraico foi revivido como um instrumento moderno por um pequeno grupo de nacionalistas da Europa no final do século XIX. "Existe um mito segundo o qual o hebraico foi revivido por razões ideológicas por um louco genial, ou um gênio louco, chamado Eliezer Ben Yehuda, que reinventou o hebraico e inventou milhares de palavras — e tudo isso é verdade", disse Oz. "Isso aconteceu na virada do século aqui em Jerusalém. Mas é claro que nem mesmo um gênio conseguiria persuadir os noruegueses, um belo dia, a falar coreano ou os gregos a falar português. Portanto, o que aconteceu realmente? Na última década do século XIX, com o influxo crescente de judeus europeus para Jerusalém — a maioria não sionistas, mas ultra-ortodoxos, que vieram por razões religiosas, para ser enterrados no monte das Oliveiras —, ao se defrontar com a população judia nativa local, a população sefardi, não falavam a mesma língua. A única maneira de perguntar onde ficava o Muro das Lamentações ou de alugar um apartamento na Cidade Velha era recorrer ao hebraico do livro de orações. Se, cem anos atrás, você pusesse numa ilha deserta mil franceses católicos praticantes e mil lituanos católicos praticantes, o latim seria revivido pelos mesmos motivos."

Além disso, desde o século XVIII escritores escreveram no que a maior parte do mundo considerava uma língua morta: Chaim Nachman Bialik, Yosef Chaim Brenner, Micha Berdichevsky e, mais tarde, S. Y. Agnon. Quando Oz viaja à Europa e Estados Unidos, fazendo leituras públicas ou dando palestras, a maioria das platéias prefere falar sobre os acontecimentos atuais, não as influências literárias, e, mesmo para muitas platéias judaicas, Agnon e os outros pontos de referência literária de Oz não são familiares. É como se os leitores de Gabriel García Márquez nunca tivessem ouvido falar de Cervantes. "Agnon é uma imaginação no nível de Robert Musil e Hermann Broch", informou Oz. "Por que ele se ateve ao hebraico? Ainda que tivesse escrito em ídiche, teria um público maior. Eis um escritor que escreveu romances realistas, miméticos, numa língua que ninguém realmente falava. Parte do motivo provavelmente foi ideologia, neo-sionismo. Aqueles escritores estavam fascinados com a beleza do hebraico como um instrumento musical, e houve também o romantismo do século XIX — 1848, a primavera das nações — e o interesse no folclore, a volta às origens. Esse fenômeno vinha acontecendo na Europa inteira."

O renascimento do hebraico é o maior sucesso do sionismo cultural. Dez mil pessoas falavam hebraico na virada do século, 300 mil, na década de 1940, 7 ou 8 milhões o falam atualmente. "Isto é mais que os falantes de dinamarquês no mundo inteiro", comparou Oz. "E mais que o número de falantes de inglês na época de William Shakespeare. Portanto, esta é a grande história de minha vida, maior ainda que criar um Estado, drenar os pântanos ou conquistar algumas vitórias no campo de batalha."

Curiosamente, Oz sente uma afinidade relativamente pequena pelos romancistas judeus americanos de sua geração. Ele leu Bellow, Malamud e Roth, e sabe perfeitamente que alguns de seus parentes pretendiam emigrar para Nova York, em vez de Jerusalém, sua terra prometida. Contudo, ele parece não meramente indiferente a esses escritores, mas até desdenhoso de suas obras e temas.

"Com um toque de ironia, consigo me imaginar tendo me tornado um dos escritores judeus americanos de origem russa escrevendo predominantemente sobre as neuroses dos imigrantes e sua prole", revelou. "Este provavelmente seria meu tema. Eu não estaria escrevendo sobre o deserto ou as noites estreladas do campo. Até certo ponto, como leitor tenho certos problemas — e isto não é uma categoria profissional e eu não a usaria em meu cargo de professor de literatura em sala de aula — com a literatura dos recintos fechados. [...] Muito do que tenho a dizer está ligado aos espaços abertos, ao deserto, ao campo, à espécie de montanhas áridas em torno de Jerusalém, aos bairros, à rua, ao jardim, ao *kibutz*. Eu me sentiria claustrofóbico."

O *kibutz* Hulda, que com o tempo foi crescendo até cobrir quase mil hectares, fica ao sul da estrada entre Tel Aviv e Jerusalém. Pioneiros judeus compraram as terras em 1904 de um proprietário árabe, e em 1931 um grupo de sionistas jovens, seguidores de A. D. Gordon, um visionário tolstoiano da Ucrânia, fundaram o *kibutz*. Amós saiu de casa para morar em Hulda aos catorze anos. Mudou o sobrenome de Klausner para Oz, uma palavra hebraica para "força", embora, ao chegar em Hulda, mal a possuísse. Estava pálido, fraco, confuso.

"O curioso foi que minha vida nova não estava muito distante da natureza das expectativas de meu pai, pois sempre me transmitiram a idéia de que vocês terão que ser completamente diferentes", Oz contou. "Vocês terão que ser operadores de tratores e soldados simples, descomplicados."

Perguntei a Oz por que ele simplesmente não fugiu para Tel Aviv, para a vida noturna secular, para o hedonismo ou os livros — qualquer lugar, menos um onde o dia de trabalho começava às quatro da madrugada.

"Tel Aviv não era radical o suficiente — apenas o *kibutz* era radical o suficiente", ele respondeu. "O engraçado é que encontrei no *kibutz* o mesmo *shtetl* judaico: ordenhar vacas e conversar sobre Kropotkin ao mesmo tempo, e discordar de Trotsky de uma maneira talmúdica, colhendo maçãs e tendo um desacordo profundo em relação a Rosa Luxemburgo e Karl Liebknecht. Foi um pequeno pesadelo. Toda manhã você acordava e estava no mesmo lugar! Fui um desastre como trabalhador. Tornei-me a piada do *kibutz*."

Os outros jovens já estavam acostumados à vida do *kibutz*: a maneira como os filhos viviam separados dos pais em uma espécie de dormitório militar, a vida sexual livre e fácil dos adolescentes. "Era uma velha história: eu era um menino judeu europeu oriental tentando me integrar em uma sociedade com códigos aceitos, até um conjunto particular de inflexões de voz e uma linguagem corporal", contou. "Era um *Senhor das moscas** adolescente, com um clima melhor e permissividade sexual."

Saímos da auto-estrada e pegamos uma estrada secundária rumo a Hulda.

Nas décadas de 1950 e 1960, as fazendas comunitárias de Israel eram uma bandeira cor cáqui do projeto sionista, sua ousadia, seu semi-socialismo brando — embora mesmo então os *kibbutzniks* constituíssem apenas 4% da população israelense (agora são menos de 2%). Na década de 1980, os jovens estavam saindo do *kibutz*, rebelando-se contra seus pais sérios e idealistas. A vida lá era dura demais, monótona demais. Eles se cansaram da falta de pri-

---

* Alusão ao romance do inglês William Golding, escrito em 1954, sobre um grupo de jovens retirados de uma cidade atingida por um bombardeio atômico, que passam a viver numa ilha deserta do Pacífico. (N. T.)

vacidade e queriam seu quinhão do novo consumismo proto-americano das cidades.

Nossa primeira parada foi um cemitério pequeno coberto de pinheiros.

Enquanto caminhávamos, ele apontava para um túmulo familiar após o outro: Pinchas Lavon, um ministro da Defesa. Os Zuckerman, pais de Nily. Um casal de amigos. Um dândi intelectual conhecido como o Conde que discutia filosofia e produzia seu próprio vinho. Depois uma fileira de vinte túmulos idênticos, todos homens jovens mortos em batalha num só dia em 1948. Nas origens daqueles homens, Oz disse, estava a história do Estado nascente, e ele as leu ao percorrer a fileira de lápides de pedra simples: "Nascido na Polônia. Nascido em Trípoli. Nascido na Rússia. Em Tel Aviv. Gaza. Tchecoslováquia". Depois que as leu, demorou-se um pouco, e então disse: "Muitos aqui morreram em Israel sem nem sequer terem vivido nele, realmente. Eles vieram a Israel e, após três semanas de independência, morreram em batalha".

Paramos no túmulo de um homem jovem que havia sido seu aluno quando Oz lecionava literatura na escola do *kibutz*: "Morreu na guerra de 1967". Depois um menino de quatro anos, que morreu afogado.

"Eu conhecia todas estas pessoas: quem odiava quem, quem amava quem, quem estava traindo quem", contou Oz. "É um cemitério da família estendida. Nós também seremos enterrados aqui."

A manhã estava terminando, e a maioria dos adultos trabalhava nos campos e vinhedos. O sol brilhava forte, o ar estava cheio de poeira e, por toda parte, sentia-se cheiro de excrementos de vaca e feno. Há mais de cinqüenta prédios no terreno. Com a redução da população, alguns prédios foram abandonados. Paramos diante do bangalô de concreto baixo onde Amós e Nily moraram quando se casaram. O sionismo do *kibutz* foi infinitamente mais brando que seu primo alemão-oriental, mas a arquitetura era igualmente brutal. O apartamento, menor que o dormitório de um calouro na universidade. Oz sorriu ao bater na porta. Ao contrário da visita à casa na rua Amos, revisitar aquele lugar aparentemente lhe trouxe prazer. Oz escreveu *Meu Michel* no banheiro minúsculo. "Eu virava a noite fumando, sentado no vaso com a tampa fechada, e um bloco e livro sobre os joelhos, escrevendo", contou. "Eu queria me tornar um operador de trator simples e tolo. Mas comecei a escrever secretamente. Não pude resistir."

Um homem jovem, alto e magro, sem camisa, bebendo uma garrafa de cerveja, nos mandou entrar. Ele reconheceu o rosto.

"Amós Oz?", perguntou.

"Ele mesmo", Oz respondeu.

O homem jovem sorriu e nos mostrou todos os quatro cantos do quarto. Oz inspecionou os cantos cuidadosa e alegremente, como se fosse encontrar seu eu mais jovem sob o colchão, atrás dos montículos de poeira. Finalmente, agradeceu ao seu herdeiro morador, saiu e apontou para uma nogueira-pecã.

"Plantei quando minha filha mais velha nasceu", disse.

Percorremos a fazenda: um depósito de armas abandonado; a "república das crianças", com um playground Jungle Gym, uma escola, e os alojamentos compridos onde as crianças dormiam; depois o salão de jantar, onde Oz trabalhava aos sábados como garçom ("o mais rápido do *kibutz*"). Os prédios decaíram, descascaram, se deterioraram. Por todo Israel, especula-se que, em mais ou menos uma geração, não haverá mais *kibutzim*; as terras se transformarão em fazendas privadas ou conjuntos residenciais suburbanos.

"Em certo sentido, o *kibutz* deixou alguns de seus genes em toda a civilização israelense, mesmo em pessoas que nunca moraram num e rejeitaram a idéia de *kibutz*", explicou Oz. "Veja os colonos da Cisjordânia — não minhas pessoas favoritas, como você pode imaginar. Você verá genes do *kibutz* em sua conduta e até na aparência externa. Se você observa a franqueza dos israelenses, o anarquismo quase latente, o ceticismo, a falta de uma hierarquia de classes inerente... tudo isso constitui, em grande parte, um legado do *kibutz*, e é um legado positivo. Portanto, de forma estranha, o *kibutz*, como algumas estrelas mortas, continua fornecendo luz muito após sua extinção."

Quando Oz começou a publicar seus primeiros contos e solicitou uma folga do trabalho da fazenda a fim de escrever, houve um debate intenso entre os mais velhos: "Quem é este sujeito que, aos 24 anos, se declara escritor? E se todos se considerarem artistas? Quem irá ordenhar as vacas e arar a terra?".

Finalmente, após uma longa discussão, concederam a Oz um dia na semana para escrever. (Ele lecionava durante dois dias e passava três dias no campo.) Mais ou menos a cada livro, ele ganhava um dia extra para escrever. Quando *Meu Michel* se tornou um best-seller, Oz prosseguiu com as práticas socialistas no *kibutz*. "Tornei-me uma divisão da fazenda, mas mesmo assim continuaram me dando apenas três dias por semana para escrever", recordou. "Foi somente nos anos 80 que consegui quatro dias para a minha literatura, dois dias para lecionar e os turnos aos sábados como garçom no salão de jantar."

Embora seus filhos jamais tenham gostado do *kibutz*, Amós e Nily permaneceram lá até bem depois dos anos de apogeu. Mas, em meados da década de 1980, os médicos informaram que seu terceiro filho, Daniel, sofria de asma aguda e precisava de uma mudança de clima. Arad possui provavelmente o ar mais limpo e seco do país — "uma meca para os asmáticos", segundo Oz — e a família se mudou para lá em 1986. "O que me mantinha no *kibutz* eram as amizades pessoais, a lealdade, e também um certo sentimento de que eu não queria desertar de um barco que afundava", ele contou.

Em *De amor e trevas*, em seus romances e nas conversas, há pouca coisa sobre seus anos no *kibutz* que Oz não encare: a solidão inicial, a atmosfera limitada de trabalho e fofocas e sexo e sonhos, a sensação de viver segundo um conjunto de ideais e, depois, ver esses ideais se desgastarem, se desvanecerem. No entanto, quase não há menção à sua participação no verdadeiro universo israelense: o Exército.

No final da década de 1950, no Exército regular, ele fez parte de uma unidade voltada para o *kibutz* chamada Nahal, e se envolveu em escaramuças ao longo da fronteira síria. Durante a guerra de 1967, serviu numa unidade de tanques no Sinai. Durante a Guerra do Yom Kippur em 1973, quando Israel quase perdeu para as forças combinadas da Síria e do Egito, participou de uma unidade nas colinas de Golan, na fronteira síria.

"É difícil para mim, seja numa entrevista ou num livro, falar sobre a experiência de combate", ele revelou. "Nunca escrevi sobre o campo de batalha, porque não me sinto capaz de transmitir a experiência de combate a pessoas que nunca estiveram no campo de batalha. A batalha consiste, antes de mais nada, num terrível fedor. O campo de batalha fede até não poder mais. É difícil imaginar o fedor. Isto não aparece nem em Tolstoi, Hemingway ou Remarque: essa mistura sufocante de borracha queimando e metal queimando e carne humana queimando e fezes, tudo queimando. Uma descrição do campo de batalha que não contenha o fedor e o medo não é suficiente. É onde todo mundo à sua volta cagou nas calças." A certa altura, ele falou sobre como ele e seus colegas soldados pensaram, durante dois ou três dias na guerra de 1973, que não sobreviveriam ao combate e que Israel seria destruído. "Mas não acho que consiga descrever isto sem recorrer a clichês", ele falou. "Tentei escrever a respeito uma série de vezes, muito tempo atrás. Destruí os rascunhos quando percebi que a linguagem, ao menos a minha, não conseguia abarcar essa experiência. Eu conseguia escrever sobre sexo. Eu conseguia escrever sobre o *kibutz*, sobre a inveja, sobre pores-do-sol, sobre chacais uivantes. Mas não sobre a guerra."

Na década de 1990, quando Shimon Peres pensava em se afastar da liderança do Partido Trabalhista, Oz disse que conseguia imaginar três herdeiros: Ehud Barak (que acabou se tornando primeiro-ministro), Shlomo Ben-Ami (que se tornou ministro do Exterior de Barak) e Amós Oz.

"Desde criança, venho administrando este país na minha cabeça, e faço isso até hoje", Oz contou. "Sei o que deve ser feito melhor que os primeiros-ministros." Depois ele sorriu e se tornou convenientemente modesto. "Se eu examino a história, sei o que fazer, mas isto não significa que eu possa ser primeiro-ministro. Sei uma ou duas coisas que Shimon não sabe, mas tenho uma incapacidade física: não sei pronunciar as palavras 'Nada a declarar'. Como posso ser um político?"

Oz é um admirador ardente de Václav Havel. Ele pode até invejar a forma como Havel, um artista político, foi subitamente lançado ao papel de estadista visionário, tornando-se o primeiro presidente democraticamente eleito a governar Praga desde a ascensão do comunismo. Oz emergiu como um ator político apenas dois meses após o fim da guerra de 1967. Aos 28 anos, escritor obscuro em um *kibutz* pequeno, teve a coragem de enviar um artigo intitulado "Terra dos antepassados" ao jornal do Partido Trabalhista, *Davar*, recomendando que o governo iniciasse negociações imediatas com os palestinos em torno da Cisjordânia e Gaza. Como poucos outros naquele momento de exaltação nacional, Oz previu sombriamente o desastre moral e político caso Israel conservasse os territórios. "Mesmo a ocupação inevitável é uma ocupação corruptora", ele escreveu.

O apoio a uma solução de dois Estados — a um fim da ocupação e uma divisão segura de Israel e Palestina — representa agora uma posição quase consensual em Israel. Mesmo Ariel Sharon, agora agindo para desmantelar os assentamentos em Gaza, admite isto. Mas em 1967, enquanto pessoas do mundo inteiro celebravam o triunfo do "minúsculo Israel" e turistas do exterior começavam a acorrer ao Muro das Lamentações libertado, aquela posição era considerada fora de cogitação de tão radical. No *kibutz*, Oz havia claramente abandonado sua formação revisionista de direita em favor de uma política mais liberal, mas mesmo em Hulda não encontrou apoio unânime. Alguns exigiram que fosse impedido de lecionar. Seus filhos sofreram zombarias na escola. Cartas agressivas foram publicadas na imprensa de direita: "traição", "colaborador dos inimigos mortais de Israel", "candidato ao Judenrat local". Perguntei como ele chegou a assumir uma posição pública tão ousada num momento tão prematuro.

"Foi minha imaginação", ele disse. "Não conseguia parar de pensar na minha própria infância sob os britânicos em Jerusalém. Quando criança, eu tinha pesadelos — pesadelos de família, genéticos — com alienígenas uniformizados vindo até a nossa ruela para nos matar: os britânicos, os árabes, os romanos, soldados czaristas, qualquer um do longo martirológio judaico. Meu pai se inclinava diante dos britânicos uniformizados, a mesma reação que tivera na Lituânia. Em 1967, subitamente eu era o alienígena uniformizado. Eu estava na Cisjordânia uniformizado, com uma submetralhadora fornecida aos reservistas, e aquelas crianças palestinas queriam beijar minha mão em troca de chicletes."

Após a Guerra do Yom Kippur, os partidários de uma solução de dois Estados deixaram de ser considerados defensores de uma idéia excêntrica e, em 1978, Oz, junto com vários outros ativistas liberais e ex-oficiais e reservistas do Exército, criaram o movimento da sociedade civil chamado Shalom Achshav — "Paz Agora". A maior parte de seu ativismo tomou a forma de artigos na imprensa. Ele escreveu inúmeras colunas, primeiro para o *Davar,* e depois, quando o *Davar* deixou de circular, uma década atrás, para o tablóide *Yediot Achronot.* Embora suas posições sejam invariavelmente de esquerda, ele raramente escreve para o jornal de esquerda mais sofisticado, o *Ha'aretz.* "Em meus artigos políticos, penso no meu público como Edith Bunker", diz. "Não consigo convencer Archie Bunker.* Ele está além do meu alcance."

Oz acredita (assim como os pesquisadores da opinião pública) que tanto o público israelense como o palestino apóiam uma solução de dois Estados — um "acordo para valer", realista —, mas que nem Sharon nem o líder palesti-

---

* Alusão ao casal protagonista do seriado americano *All in family.* (N. T.)

no doente Yasser Arafat têm a coragem de levar o processo até o fim. ("Os pacientes estão prontos para a operação, mas os cirurgiões são covardes", segundo Oz.) Esta crença agora constitui o pensamento convencional, ao menos em círculos moderados e liberais. O que Oz acrescenta ao debate político é uma dimensão emocional, imaginativa. Sonhador (mas cônscio disto), Oz tenta imaginar uma série de gestos improváveis que romperiam o impasse: "Suponhamos que Sharon faça um discurso no estilo de Sadat à Assembléia Nacional Palestina expressando simpatia, dizendo que faremos todo o possível para curar as feridas palestinas, menos nos suicidar, dizendo que será difícil mas vocês terão um Estado independente com um quinhão de Jerusalém. Suponhamos que ele proferisse o discurso no aniversário do massacre de palestinos em Deir Yassin. Dá para imaginar o terremoto? E suponhamos que Arafat fosse à televisão palestina e dissesse que, após cem anos de guerras sangrentas, enfim percebo que este é o lar nacional judaico também. Precisamos de uma solução de dois Estados. Dá para imaginar? Sei que este não é um cenário provável, mas foi o que faltou na década de 1990. Imagine as reverberações em cada campo de refugiados palestinos e em todo o mundo muçulmano. Mas ninguém está preparado para fazer isto".

Os quatro maiores romancistas de Israel — Oz, Aharon Appelfeld, A. B. Yehoshua e David Grossman — estão todos na esquerda política, apoiando um Estado palestino, mas se distinguem por ênfases diferentes em sua literatura: Appelfeld por suas memórias do anti-semitismo genocida na Europa; Grossman pela empatia com os palestinos em relatos jornalísticos como *O vento amarelo*; Yehoshua por sua ligação com judeus não europeus, os sefardis do norte da África e países árabes; e Oz por seu sionismo liberal. Dos quatro, Oz é o mais conhecido no exterior, não apenas como contador de histórias, mas como artista político. Há algo nele — a eloqüência sublime, as opiniões liberais, o bom aspecto de menino de cartaz de *kibutz* — que continua atraindo multidões para suas leituras públicas. Oz não se importa com a atenção, mas invariavelmente se vê fora de sincronia com suas platéias. (Quando indagado sobre o novo Muro de Segurança de Israel, Oz desconcertou muita gente de esquerda ao responder: "O muro é um mal necessário. O único problema é que está no lugar errado. Deveria se estender mais ou menos ao longo das fronteiras de 1967".) Em especial na Europa, muitas vezes lhe perguntam: "Quanto tempo você passou nas prisões israelenses?" — como se o governo israelense não permitisse opiniões divergentes. Entre alguns escritores e historiadores mais jovens em Israel, também, Oz é repreendido porque continua criticando as lideranças israelenses e palestinas, em vez de ver a situação como uma versão do desastre francês na Argélia.

"Eles estão furiosos comigo porque recuso a analogia colonial", explica Oz. "O sionismo pode ser um monstro, mas não é um monstro colonial. Houve um forte elemento de sentimento de justeza moral e miopia nos primeiros sionistas, e eles negligenciaram a presença da população árabe e sua importância. Seu sentimento de justeza moral era o de vítimas tão preocupadas com sua própria vitimização que nem sequer conseguiam se imaginar capazes de cometer qualquer espécie de injustiça com os outros. Mas aí existe o problema da esquerda: em sua luta pelos direitos dos palestinos, ela negligencia os direitos do povo judeu."

Perguntei a Oz por que ele tinha uma dificuldade especial em transmitir seus pontos de vista na Europa.

"Muitos americanos e europeus são sentimentais quanto à resolução do conflito", ele respondeu. "Eles acham que a primeira medida a tomar é acabar com os ódios, transformar inimigos em amigos, e somente depois fazer a paz. Mas, historicamente, inimigos mortais, que juram em seu íntimo trapacear e trair, assinam tratados de paz. Este seria um divórcio que resulta não em uma lua-de-mel, mas na desescalada emocional que levará gerações. Veja os europeus. Levaram mil anos para fazer a paz. Mesmo quando apontam o dedo para nós como uma governanta vitoriana, têm uma história de rios de sangue. Arriscarei uma profecia: o Oriente Médio levará menos tempo para fazer a paz do que a Europa. E derramaremos menos sangue."

Na imaginação política de judeus israelenses e árabes palestinos, a "Europa" continua desempenhando um papel preponderante. "Os judeus e os árabes tiveram os mesmos opressores", diz Oz. "Os europeus foram culpados pelo anti-semitismo e pelo Holocausto, e os europeus foram culpados pelo colonialismo no Oriente Médio e pela exploração dos árabes."

"Nos poemas de Brecht, os oprimidos dão as mãos e marcham juntos. Mas os dois filhos dos mesmos pais opressivos podem, muitas vezes, ser os piores inimigos. Os palestinos me vêem, o israelense, como uma extensão da

Europa branca, sofisticada, colonizadora, que retornou ao Oriente Médio para fazer a mesma coisa de sempre: dominar, humilhar, como os cruzados europeus. O outro lado, os israelenses, vêem os palestinos não como colegas vítimas, mas como promovedores de pogroms, cossacos, nazistas, opressores de turbante e bigodes repetindo a velha brincadeira de cortar gargantas de judeus por pura diversão. Você ouvirá isto em muitas sinagogas: eles são faraós, os *goyim*, e nós somos cordeiros cercados de setenta lobos. Nenhuma parte abrirá mão da sensação de vítima, e ficarão discutindo para sempre quem foi David e quem foi Golias."

Oz está na esquerda israelense, mas não deve ser confundido com um partidário de um Estado binacional. Em seus romances, o árabe é o Outro: a figura da fantasia, da autenticidade e, quase sempre, visto à distância. Oz cresceu cercado de palestinos, mas não entre eles, e não viajou muito aos países árabes. Um episódio de *De amor e trevas* que soa falso é quando o jovem Amós e sua família visitam o lar de uma família árabe abastada e Amós, sem querer, faz com que um menino árabe sofra um acidente grave.

Embora em Israel a maior parte das críticas a Oz venham da direita, nos últimos anos ele vem sendo cada vez mais atacado pela esquerda, à medida que uma geração mais nova trava uma espécie de batalha edipiana contra a geração de fundadores. Existe uma versão israelense de "pais liberais, filhos radicais" que se manifesta quando acadêmicos como Ilan Pappe, ou o poeta Yitzhak Laor, repreendem os mais velhos por se apegarem às versões e iconografias até mesmo do sionismo liberal.

"Eles perguntavam: 'Como ele pode ser desengajado numa época como esta?'", disse Oz. " 'Por que não está escrevendo panfletos anti-sionistas neste momento de opressão colonial?' Depois eles criticam o tema — Jerusalém dos anos 50, o *kibutz* — como irrelevante, como uma história de faroeste para a geração mais nova."

Oz não tem simpatia por Arafat — "Ele se imagina como uma combinação de Che Guevara e Saladino" —, mas tem pela reivindicação palestina mais ampla. "Os árabes foram profundamente feridos pela criação de Israel, por sua prosperidade relativa, pelo que eles consideram o apoio da maior parte do Ocidente a Israel", ele diz. "Os palestinos foram feridos pelo fato de que perderam uma parte importante de sua terra natal. Mas esta não é uma guerra entre civilizações. A expressão 'choque de civilizações' é algo irremediavelmente hollywoodiano, tipo *Guerra nas estrelas*. Este é um conflito que envolve centenas de milhares de pessoas que perderam seus lares, palestinos e judeus da Europa e dos países árabes. Ocorreu 100% de limpeza étnica dos judeus da Cisjordânia e Gaza em 1948. Ele envolve um país minúsculo infligindo uma derrota terrível, humilhante a um povo que não desfrutou de nenhuma vitória militar desde os dias de Saladino."

Certa tarde, encontrei-me com Oz no centro de Jerusalém Ocidental em um restaurante chamado Cavalier. Não foi um almoço comum. Os outros comensais eram Israel Kantor, um advogado e velho amigo de Oz, e Mo'en Khoury, um cristão palestino e advogado, que mora em Nazaré e tem negócios nos territórios ocupados, em Jerusalém e em outras partes do Oriente Médio. Alguns meses antes, em março, o sobrinho de Khoury, George Khoury, um estudante de 22 anos da Universidade Hebraica, estava praticando jogging na área de French Hill de Jerusalém às sete e meia da noite quando um grupo de homens que passava de carro atirou em sua cabeça, pescoço e estômago. Ele teve sua morte declarada pelo Centro Médico da Universidade Hadassah. De início, a notícia dos tiros foi anunciada na imprensa palestina como uma vitória, e as Brigadas dos Mártires de Al Aqsa, ligadas à organização Fatah de Arafat, reivindicaram a responsabilidade pela morte. Mas quando se soube que Khoury era palestino, e que seu pai, Elias, era um advogado importante que havia contestado na Justiça ocupações de terras por colonos israelenses, o escritório de Arafat telefonou duas vezes à casa de Khoury para pedir desculpas, e as brigadas declararam George um *shaheed* — um mártir — e disseram que a morte foi um caso de "identidade trocada". A família de Khoury desprezou as tentativas de reparação.

"Este é um ato bárbaro que não mudará minha visão de mundo, que inclui uma fé profunda nos direitos palestinos", disse Elias Khoury. Ele apelou ao movimento palestino que parasse de encorajar o terrorismo e aos líderes religiosos que denunciassem o terror "em voz alta e clara". Ele declarou à rádio israelense: "O terrorismo é cego. Não discrimina entre judeus e árabes, entre o bons e os maus".

A polícia prendeu três suspeitos, que confessaram estar percorrendo a área de French Hill em busca de um judeu para matar e, ao divisarem um praticante de jogging jovem, um dos atacantes saiu do carro e abriu fogo. Um dos suspeitos fora recentemente libertado da prisão.

"Estou contente por termos conseguido nos encontrar hoje", Mo'en Khoury estava dizendo agora. "Elias está indo para o exterior hoje."

Durante algum tempo, Khoury, Kantor e Oz conversaram sobre George, e como ele estava planejando estudar direito e ingressar no negócio da família. Khoury lembrou como seu irmão liderara uma luta contra colonos israelenses na década de 1970 em Sebastia e Elon Moreh. Seu pai, Daoud, e doze outras pessoas foram mortas em 1975, quando um refrigerador repleto de explosivos detonou na praça Sion, perto de onde estávamos comendo. O Fatah assumiu a responsabilidade.

A violência dos três últimos anos, Mo'en disse, havia sido uma catástrofe "por toda parte". Em Nazaré, um lugar popular especialmente entre turistas cristãos, "um hotel após o outro fechou as portas", e um inaugurado em 2000 foi convertido em prisão. "Acreditava-se que a visita do papa, em março de 2000, fosse o início de uma nova era", ele contou. "Acabou que ela coincidiu com o desastre" — o início da segunda intifada.

Eles conversaram por algum tempo sobre os assentamentos, concordando que eles haviam sido danosos tanto para os palestinos como para os israelenses. "O pecado original dos judeus israelenses é que eles pensaram demais na terra e pouco nas pessoas", Kantor disse.

A família Khoury estendida, que é tão unida quanto próspera, quis fazer gestos públicos que demonstrassem seus sentimentos sobre a morte de George, além de sua dor privada. Kantor, que conhecia tanto Elias como Mo'en, sugeriu que estes lessem *De amor e trevas* e cogitassem no empreendimento relativamente raro, e até dispendioso, de bancar uma tradução para o árabe. Oz publicou 25 livros, e eles apareceram em dezenas de línguas. Somente dois, *Meu Michel* e *Soumchi*, uma história infantil, foram publicados em árabe. Nem Oz nem Khoury acreditavam que os leitores árabes seriam de algum modo convertidos por *De amor e trevas*.

"É apenas uma questão de conhecer o outro", Khoury disse.

"É uma olhadela pela janela", acrescentou Oz, concordando. "Uma chance de ver a vida privada de outras pessoas."

Finalmente, na hora do café, Khoury concordou em financiar a tradução. A dedicatória da edição árabe seria um tributo ampliado a George, escrito por Amós Oz.

"Por favor, veja se isto é aceitável para sua família", Oz pediu.

"Vou ver, certamente", Khoury respondeu.

Deixamos o restaurante. Khoury dirigiu-se ao seu escritório em Nazaré, e Oz caminhou pelas ruas de Jerusalém, passo rápido, pouco à vontade em sua cidade de nascimento, doido para voltar à sua casa no deserto.

(2004)

Após Arafat

Após três décadas de exílio na Jordânia, Líbano e Tunísia, Yasser Arafat e a liderança da Organização para a Libertação da Palestina retornaram à Palestina em 1994 e acabaram fazendo de Ramallah o centro administrativo da OLP. Eles reformaram um complexo de polícia, construído sob o Mandato Britânico, transformando-o em seu quartel-general, sua *muqata*. Arafat estava convencido de que ali os palestinos negociariam as condições de um Estado independente e se prepapariam para a mudança para Jerusalém.

A *muqata* nunca foi um complexo muito elegante, parecendo mais um hospital da Alemanha Oriental do que o centro de um país nascente. Arafat era um viajante incessante, acostumado ao glamour das visitas oficiais, mas quando esteve em Ramallah trabalhou e dormiu num conjunto de quartos pequenos e modestos. Então, no final de 2000, após o colapso das negociações do status definitivo em Camp David, uma era promissora se encerrou, e a segunda intifada começou. O primeiro-ministro israelense Ariel Sharon reagiu a uma série de atentados suicidas, em 2002, com uma operação militar esmagadora denominada Operação Escudo Defensivo. Subitamente, todas as cidades palestinas importantes estavam sob toque de recolher, lotadas de soldados israelenses. Em Ramallah, tanques convergiram na *muqata* e abriram buracos nas paredes. Às vezes, faltava eletricidade nos prédios, o que interrompia as comunicações. Baterias de telefones celulares eram disputadas. E com os israelenses dando a entender que poderiam enfim eliminar Arafat, ou pelo menos deportá-lo, o líder palestino tornou-se um prisioneiro em seu próprio escritório. Recebia visitantes em uma sala empoeirada que cheirava a canos de esgoto estourados. As conversas eram abafadas pelos sons do estacionamento lá fora, os tanques girando suas torres, suas rodas de tração rangendo no macadame. Ele protegia terroristas mesmo após assegurar aos Estados Unidos que os estava processando. Às vezes, parecia atordoado. "Rezem para que eu alcance o martírio!", Arafat pediu na televisão egípcia. "Existe algo melhor do que sofrer o martírio nesta terra santa?" Quando os israelenses relaxaram o controle, no ano passado, os palestinos esperaram um longo tempo antes de começar a reconstrução da *muqata*. Alguns aposentos foram deixados em ruínas, para dramatizar melhor sua luta. O estacionamento foi deixado cheio de escombros — carros queimados, latas de óleo cheias de concreto — para dificultar o retorno dos tanques.

Menos de três meses atrás, em 11 de novembro de 2004, Arafat morreu, de uma doença não revelada, em um hospital perto de Paris. Tinha 75 anos. Na manhã seguinte, seu corpo foi transportado de avião aos arredores do Cairo para um funeral militar e, em seguida, a Ramallah para um funeral palestino.

Agora Arafat, que imaginou para si um funeral de um fundador junto à mesquita de Al Aqsa, em Jerusalém, está enterrado no estacionamento da *muqata*. E Ramallah, como todas as demais cidades da Cisjordânia e Faixa de Gaza, continua cercada de tecnologia de vigilância e equipamento militar das forças de ocupação israelenses. Quase todos os palestinos vêem Arafat como um patriarca, mas poucos negam que seus últimos anos foram um desfecho prolongado de futilidade política. A primeira intifada, no final da década de 1980, despertou os israelenses para o desastre moral da ocupação; a segunda, com seus suicídios heroificados e assassinatos dirigidos, está praticamente no fim, e o resultado mais tangível são mais de 4 mil mortos, mais assentamentos judaicos na Cisjordânia, mais postos de controle, mais suspeita, e um muro de segurança. Quando Arafat morreu, os palestinos estavam mais distantes do seu Estado do que quando ele chegou em Ramallah, uma década atrás.

Arafat foi um líder revolucionário que pouco se importava com a questão da sucessão. Hussam Khader, um líder da OLP em Nablus, certa vez brincou com a rejeição da mortalidade por Arafat, sugerindo que talvez ele fosse escolhido "o deus da Palestina". Alguns dos companheiros de armas mais antigos de Arafat, como Abu Jihad e Abu Iyad, haviam sido mortos pelos israelenses ou por rivais árabes, como Abu Nidal. Os que sobreviveram ele costumava tratar com desprezo. De acordo com um de seus biógrafos, Saïd Aburish, Arafat chamava os diplomatas da OLP Saeb Erekat de *gahel*, "ignorante", e Hanan Ashrawi de *sharmootah*, "prostituta".

No entanto, houve pouca confusão entre os palestinos quanto ao que viria a seguir. Mesmo com Arafat ainda moribundo em Paris, somente um homem — um refugiado e figura veterana da OLP chamado Mahmoud Abbas — foi levado a sério como um possível sucessor. Abbas, que costuma ser chamado de Abu Mazen, é um homem sereno, sem carisma, de quase setenta anos. Faz parte do círculo de Arafat desde a fundação do Fatah, a facção dominante da OLP, quatro décadas atrás. Serviu como o negociador principal de Arafat nas conversações secretas de Oslo, em 1993, e em muitas outras iniciativas políticas. Abbas, ao contrário de Arafat, não usa uniforme de campanha nem leva uma pistola no quadril. Nunca desempenhou um papel militar no movimento, e veste um terno. As bolsas cinzentas sob os olhos, os cabelos e bigodes brancos e seu comportamento formal dão-lhe um aspecto de certo tipo de ator de cinema desaparecido — Cesar Romero, digamos, no final da meia-idade.

No ano passado, enquanto Sharon e o governo Bush ignoravam Arafat, culpando-o de "obstáculo principal" às negociações de paz, Abbas serviu por um período de quatro meses como primeiro-ministro da Autoridade Palestina. Durante aquele período, ele afirmou várias vezes que a "militarização" da intifada contra Israel — a transição das pedras para o cinturão de bombas do terrorista suicida — representara um "erro" grave e autodestrutivo. Ele também deixou claro que achava que Arafat prejudicara a causa, em 1991, ao apoiar Saddam Hussein na primeira Guerra do Golfo. Essas posições foram recebidas com muito mais entusiasmo em Jerusalém e Washington do que nas ruas de Ramallah, Nablus, Cidade de Gaza ou Khan Yunis, e Arafat, que não estava inclinado a compartilhar o poder, mesmo dispondo de pouco, em nada contribuiu para o progresso das negociações de Abbas com Israel. Arafat passou a zombar do seu primeiro-ministro como sendo um Hamid Karzai palestino, uma referência ao presidente afegão, geralmente considerado entre os árabes como um títere da Casa Branca de Bush. Logo, e previsivelmente, Abbas perdeu o cargo, solapado por Arafat e substituído por um burocrata anódino conhecido como o outro dos "dois Abus": Abu Ala. Estava claro que somente a morte conseguiria arrancar Arafat do poder.

Na tarde do enterro de Arafat, o estacionamento da *muqata* estava lotado com milhares de pranteadores, quase todos homens, muitos armados de pistolas e AK-47s, atirando para o ar. A exibição caótica de dor era genuína: Arafat é considerado, entre seu povo, como o homem que criou o movimento palestino, unificou suas facções díspares e depois, por meio do terror, diplomacia, encenação e sua própria imagem peculiar, manteve a atenção errante do mundo voltada para a causa. Mas, em poucos dias, a emoção abrandou. O período de luto tradicional de quarenta dias pareceu não durar mais de uma semana. Operários ergueram um mausoléu cercado de vidro, mas poucos visitantes vieram. O assunto na imprensa — palestina, israelense e alhures — era só sobre o futuro, sobre uma sensação vaga de oportunidade. O mais proeminente pesquisador da opinião pública palestina, Khalil Shikaki, informou que havia cinco anos o otimismo não era tão alto entre os palestinos comuns. Mesmo os admiradores mais ardentes de Arafat ficaram satisfeitos com a idéia de um novo começo.

Abbas começou sua campanha pela presidência da Autoridade Palestina no dia do Natal. Sua vitória nas eleições de 9 de janeiro era tida como quase certa. O único outro candidato potencial com uma massa de seguidores era Marwan Barghouti, um homem diminuto, com uma inteligência rigorosa e medidas implacáveis. Barghouti, ao contrário de Abbas, era fluente na retórica da luta armada, mas também possuía uma compreensão mais profunda da política israelense do que a maioria dos membros veteranos da OLP. No final, ele decidiu que sua candidatura seria inviável. A decisão foi tomada em uma prisão israelense, onde cumpre cinco penas de prisão perpétua pela participação em diversas operações terroristas. O único oponente digno de nota de Abbas foi Mustafa Barghouti (parente distante de Marwan), um esquerdista e chefe de uma organização humanitária de cuidados médicos, que se anunciou como um adversário mais combativo dos israelenses. Sua propaganda mais difundida o mostrava em confronto com vários soldados israelenses.

Mesmo antes do início da campanha, Abbas se mudara de seus escritórios no norte de Ramallah e ocupara uma suíte na *muqata*. Mas teve o cuidado de não ocupar a ala antiga de Arafat — aquelas salas vazias e em ruínas e os artefatos dentro delas estavam sendo preservados como uma espécie de museu — e, apesar de todas as suas divergências através dos anos, Abbas começava cada aparição pública com um canto de homenagem ao líder morto. Dentre todas as facções, o Fatah dispunha de mais dinheiro para propaganda, pessoal da campanha, televisão, viagens. Sentiu-se até à vontade para deixar a questão do comparecimento nas mãos de um convidado ilustre — o ator americano Richard Gere filmou um comercial para a televisão palestina no qual dizia: "Oi, sou Richard Gere e estou falando para o mundo inteiro. É realmente importante. Saiam para votar".

Abbas sabia que era considerado formal demais, sombrio demais, flexível demais, por demais desaprovador da "luta armada". Sua estratégia na eleição foi direta: as pessoas diziam que ele era um Arafat atenuado, um homem que seguiria a linha de Arafat, mas sem o estilo autocrático, sem os uniformes de campanha ou o compadrio ou os brados por um "milhão de mártires" para marcharem sobre Jerusalém. Um cartaz de campanha muito difundido mostrava Abbas com Arafat, sorrindo, sobre os dizeres: "Da tua maneira, nós realizaremos o sonho palestino".

Uma tarde durante a campanha, num salão de reuniões reformado da *muqata*, encontrei-me com Nabil Aburdeneh, o auxiliar mais próximo de Arafat, o tipo que a gente imagina como o conspirador, o homem da pasta preta. Ele se sentou numa sala agradável e recém-pintada, provida de sofás novos de couro sintético, um tapete novo, spots de luz. Aburdeneh estava cheio de entusiasmo pela eleição. Abbas, ele falou em tom de apoio, é "um de nossos líderes históricos. Ele estava por detrás de Oslo, ele esteve em Camp David, ele esteve em Wye River" — durante o governo Clinton. "Sempre esteve envolvido com Arafat. Abu Mazen está assumindo todas as funções de Arafat. Ele é o homem da paz e da era vindoura." Ele continuou: "Vamos testar Sharon e o governo americano. O tempo todo, eles diziam que Arafat era o obstáculo. Bem, Arafat não está mais aqui. E agora?".

Em 1982, depois que o Exército israelense invadiu o Líbano na tentativa de expulsar a OLP de lá, Abbas voou até Moscou para uma série de encontros. Uma das sessões foi com Meir Vilner, o secretário-geral do Partido Comunista israelense. Vilner descreveu para Abbas um encontro que tivera com o então ministro da Defesa Sharon, em Jerusalém, no Knesset. "Vilner estava saindo quando Sharon entrou", Abbas escreve em suas memórias de 1995, *Through secret channels*:

> Seus olhos se encontraram, mas nenhuma palavra foi trocada. Sharon agarrou o ombro de Vilner e perguntou: "Por que não me cumprimentas? Por que foges de mim?". Vilner respondeu: "Não cumprimento um derramador de sangue". "Estás falando dos palestinos?", perguntou Sharon. "Sim", respondeu Vilner. "Refiro-me ao sangue dos palestinos, refiro-me ao cerco de Beirute. Refiro-me à tua ânsia assassina. Não achas que eles são seres humanos como nós que também têm direitos?" Quando Vilner transpôs a porta de saída, Sharon vaticinou: "Um dia, perceberás que serei eu quem estabelecerá um Estado palestino".

Vinte e dois anos depois, Abbas estava concorrendo à chance de negociar com um homem que ele sempre considerara um assassino, um artífice dos assentamentos em Gaza e na Cisjordânia, mas que agora, com uma popularidade inédita, chegara ao ponto de reconhecer a necessidade de um Estado palestino. Durante décadas, Sharon rejeitara a idéia de que os palestinos tivessem algum direito ao território perdido, quilômetro por quilômetro. Que a Jordânia, um Estado já majoritariamente palestino, receba seus irmãos, ele teria dito. Nas eleições de 2003 para primeiro-ministro, foi o candidato do Partido Trabalhista, Amram Mitzna, quem sugeriu que Israel iniciasse o processo de retirada unilateral de Gaza. Foi esta posição que Sharon estava agora assumindo.

"Não acho que devamos governar outros povos e dirigir suas vidas", Sharon declarou a um entrevistador israelense, Ari Shavit, em 2003. "Não acho que tenhamos força para isto." Aquela foi uma avaliação decorrente menos de injunções morais do que da realidade demográfica. Com a queda da imigração judaica e o aumento da presença palestina entre o rio Jordão e o Mediterrâneo, Sharon decidiu iniciar o processo de "retirada", começando por uma saída civil e militar da Faixa de Gaza, em julho de 2005. Os soldados seriam completamente transferidos para território israelense e mais de 7 mil colonos seriam desenraizados — se necessário, pela força.

Durante a campanha do mês passado, encontrei-me com vários dos velhos companheiros de Arafat na OLP e perguntei se compartilhavam do tipo de otimismo sobre um novo começo refletido nas pesquisas de opinião. Eles disseram que não. As pessoas, eles insistiram, estavam realmente exaustas, desmoralizadas. A intifada não podia ser considerada uma vitória. Sharon estava impondo a situação tão completamente que a maioria dos palestinos esperava coisas bem mais modestas que um acordo definitivo: menos postos de controle ao longo das estradas, retirada militar das cidades. Sharon se mostrara disposto a reiniciar o processo diplomático internacional conhecido como Mapa da Estrada, mas ele também se reserva o direito de retardar o processo, ou mesmo se retirar dele. Hanan Ashrawi, negociadora da OLP há tanto tempo, me disse: "As perspectivas de Abu Mazen são bem difíceis. Parece que, no discurso político israelense, o único palestino aceitável é um palestino sionista, disposto a abrir mão do direito de retorno dos refugiados e que recusa qualquer diálogo com grupos militantes. Eles querem um líder palestino sob medida que jogará conforme as regras israelenses e depois não terá a menor credibilidade para convencer o povo palestino".

Qualquer esperança de que Sharon pudesse estar deixando Gaza como um primeiro passo para um acordo pleno e justo desvaneceu-se no último outono, quando *Ha'aretz* publicou uma entrevista espantosa com Dov Weissglas, um advogado de Tel Aviv e um dos assessores mais próximos de Sharon. Weissglas reconheceu que Sharon se vira obrigado a tomar uma iniciativa por imperativos políticos: ele passou a compreender que "tudo estava estagnado". A economia estava fraca, os soldados estavam se recusando a servir nos territórios ocupados — "Aqueles não eram rapazes esquisitões com rabos-de-cavalo verdes, piercing no nariz, exalando forte cheiro de maconha" — e planos extra-oficiais de uma solução de dois Estados vinham adquirindo uma aceitação popular surpreendente. No entanto, segundo Weissglas, "a retirada é na verdade formaldeído. Ela fornece a dose de formaldeído necessária a fim de que não haja um processo político":

> Ela legitima a nossa alegação de que não há negociação possível com os palestinos. Existe uma decisão aqui de fazer o mínimo possível a fim de preservar nossa situação política. [...] Ela leva [os palestinos] a uma situação em que precisam provar sua seriedade. Não há mais desculpas. Não há mais soldados israelenses

atrapalhando a vida deles. E, pela primeira vez, eles têm uma faixa de terra com continuidade total onde podem correr de uma extremidade à outra em sua Ferrari. E o mundo todo os está observando — a eles, não a nós.

A mensagem era clara. Sharon estava abrindo mão de Gaza — a Gaza apinhada, sem lei nem ordem, que até Yitzhak Rabin certa vez desejou que "afundasse no mar" — enquanto planejava manter muito mais da Cisjordânia do que se imaginara em qualquer conversa anterior com os palestinos.

"Sharon parece querer criar um arremedo de Estado em Gaza, e nada mais", observou Salim Tamari, historiador e sociólogo da Universidade Bir Zeit, na Cisjordânia, expressando uma visão generalizada entre os políticos e intelectuais palestinos. "Moshe Dayan acreditou na possibilidade de continuar nos territórios e esquecer as questões de soberania até que a densidade dos assentamentos se tornasse um *fait accompli*. Esta é a lógica de Sharon, também. [...] A meu ver, as motivações de Sharon são exatamente como Dov Weissglas expressou."

"Mas isto é miopia", Tamari continuou. "Em questão de meses ou alguns anos, os grupos" — como o Hamas e a Jihad Islâmica — "recuperarão a capacidade de realizar operações militares. Nos 37 anos de ocupação, Israel empregou várias formas de força — deportação, destruição de casas, prisões, assassinatos — a fim de impedir a resistência. Nunca teve sucesso, e chegou a hora de os israelenses perceberem que, através da força, nunca alcançarão a segurança. Eles acham que podem manter os palestinos em suas jaulas para sempre?"

Yasser Arafat não deixou um legado democrático. Autocrata até o fim, ele dominava a política, a imprensa, a polícia, o fluxo de caixa; premiava bajuladores, recheava suas próprias contas, recompensava os amigos, punia rebeldes, às vezes com espancamento ou prisão. Mas, como o movimento palestino tem sido uma mistura de secularistas e islamitas, capitalistas e comunistas, Arafat sempre teve que manobrar, para incluir, para permitir um mínimo de debate, num grau impensável em quase todo o resto do mundo árabe. "Tínhamos baathistas, marxistas, pró-sírios, pró-jordanianos, pró-iraquianos", disse Yasser Abed Rabbo, um dos principais negociadores de Arafat. "O que Arafat fez, e é digno de elogio, foi reunir esse mosaico na OLP, onde encontrou uma forma de coexistência. Senão, teríamos nos fragmentado em mil pedacinhos. [...] Essa foi a experiência-mãe, a experiência crucial, da OLP. A experiência do resto do mundo árabe nos teria dado algo bem diferente." O exemplo democrático de Israel, Rabbo logo admitiu, também exerceu uma influência profunda.

No feriado do ano-novo, a campanha prosseguia com uma tranqüilidade quase sobrenatural. Ao fazer paradas em Gaza, nos arredores de Jerusalém e na Cisjordânia, Abbas parecia subitamente estar se adaptando às dimensões teatrais das eleições, estendendo a mão às pessoas, fazendo discursos animados. "Podemos estar estabelecendo as bases da segunda democracia efetiva do Oriente Médio", disse-me um legislador palestino, Ziad Abu-Mar. "No Iraque, vocês, americanos, estão impondo algo. Essa democracia vem sob as condições da ocupação e da luta nacional, mas o povo palestino está impondo seu próprio regime. Se os palestinos conseguem fazê-lo sob pressão, sob a ocupação, aqueles outros países — Egito, Síria e o resto — não podem chamar seus 'referendos' de eleições reais."

Uma semana antes do dia da eleição, juntei-me a alguns colegas em uma viagem à cidade de Nablus, na Cisjordânia, onde a luta havia sido especialmente pesada durante a Operação Escudo Defensivo. Historicamente, Nablus foi um centro mercantil. Para os israelenses, Nablus havia se destacado como um centro do terror: a cidade velha (a Casbah), a Universidade An-Najah e o campo de refugiados próximo eram todos conhecidos como bastiões de apoio a grupos armados, e Beit Furik, uma aldeia fora da cidade, tem fama de "incubadeira" de homens-bomba, assim como algumas cidades da América do Sul são conhecidas por seus zagueiros ou broas de milho. Em 2002, Sharon enviou tropas e cerca de cem tanques e veículos blindados de transporte de tropas para Nablus a fim de prender e, se necessário, matar os combatentes dos grupos armados. A cidade continua sob cerco.

Ao passarmos por um posto de controle israelense e chegarmos nas imediações de Nablus, vimos a *muqata* local de Arafat, também em ruínas. A polícia palestina deixara os escombros como uma espécie de monumento. A banheira de Arafat era visível através da parede destruída. Cartazes por toda parte comemoravam mártires — crianças e adolescentes que haviam explodido israelenses e a si próprios, pela causa — e pichações diziam: "Jerusalém está em nossos olhos".

Em Balata, encontramo-nos com Tayseer Nasrallah, o chefe de direitos humanos do campo de refugiados, onde moram mais de 20 mil pessoas. O termo "campo de refugiados" evoca imagens de aldeias de tendas — e Balata com certeza foi assim no início da década de 1950 —, mas as Nações Unidas e outros órgãos há muito forneceram dinheiro para ajudar a construir prédios de apartamentos e escolas com acabamento precário. Até hoje, Balata fica ao lado da cidade de Nablus, mas depende de poucos de seus serviços. Essa insistência na separação entre cidades e seus campos é típica dos territórios ocupados. "Nossa preocupação em Balata é manter vivo o simbolismo dos campos de refugiados", explicou Nasrallah. "O campo é a testemunha viva da tragédia palestina de 1948."

Nasrallah mantinha seu escritório em um centro cultural pequeno que havia sido pago pelo governo da Bélgica. Como representante dos refugiados, subira ao palanque de Abbas quando este fez seu primeiro discurso da campanha. Nasrallah estava convencido de que a era Arafat pertencia ao passado. "A personalidade de Arafat nunca mais se repetirá. *Inshallah*, se Deus quiser", ele disse. "Nós sofremos por termos alguém que era uma figura tão simbólica e carismática. Queremos alguém que compreenda o nosso sofrimento, crie instituições e não queira ser considerado um deus. Existe um único Deus no céu."

Mas, uma vez tendo Nasrallah expressado seu apoio geral por Abbas, os dilemas mais espinhosos da política palestina — em particular, o problema dos refugiados — afloraram. Mais de 700 mil palestinos fugiram de Israel em 1948. Os palestinos, inclusive Abbas, insistem que as resoluções da ONU e o Direito internacional lhes garantem o direito de retorno — não meramente a um Estado palestino novo, mas, caso assim desejem, a Jaffa, a Haifa, a Ramla, as cidades de Israel moderno. Todavia, se existe um ponto com que quase todos os israelenses concordam, é que um direito de retorno pleno resultará no fim de um Estado majoritariamente judaico, e não pode ser permitido. O próprio Abbas é um refugiado. Ele nasceu em 1935 na cidade de Safed, na Galiléia. Em 1948, sua família partiu para a Síria. Em vários discursos, ele reafirmou a posição palestina sobre os refugiados — de que seu direito de retorno é absoluto e completo —, mas sua imagem de conciliador persiste. Isto não agrada totalmente à maioria dos palestinos. A impressão é de que, embora fale sério ao insistir nas fronteiras vigentes antes da Guerra dos Seis Dias em 1967, ele está disposto a fazer concessões na questão dos refugiados.

Nasrallah disse: "Aceitaremos uma decisão apenas após um referendo de todos os refugiados", incluindo os da Jordânia, Síria e Líbano. "Veja bem", prosseguiu, "não queremos empurrar os judeus para dentro do mar. Esta terra pode absorver todos nós. Se os judeus podem vir de qualquer parte do mundo, então Jaffa pode nos aceitar. Querem que a gente vá para a China? [...] Se eles querem um Estado judeu limpo e puro, procurem em outra parte do mundo, não aqui. Esta terra não estava vaga quando eles chegaram."

Uma tempestade caía sobre os telhados, mas conseguimos ouvir o som de tambores lá fora: uma parada de alunos de colégio, escoteiros do Fatah, ajudando na campanha de Mahmoud Abbas. Em Nablus, como na maioria das cidades palestinas, muitos jovens não hesitam em revelar que sua maior ambição é morrer na luta armada contra os israelenses, aparecer empunhando um rifle ou um cinturão de bombas nos cartazes de mártires espalhados por toda parte. Dava para prever que, se Abbas e Sharon não progredissem nas negociações, alguns dos escoteiros lá fora estariam, um dia, segurando armas em vez de baquetas.

A explicação de Nasrallah para os terroristas em suas fileiras era a mesma de sempre: "Existe uma motivação, eles estão aterrorizados. Assim a sensação é: 'Por que não aterrorizar aqueles que nos aterrorizam?'. A mensagem por trás de um homem-bomba é esta. Após a Operação Escudo Defensivo, a maioria dos jovens estava disposta a se deixar explodir. Em Balata, se você quiser abrir um escritório de homens-bomba, terá mais sucesso do que em qualquer outra atividade. As políticas israelenses estão criando inimigos novos a cada dia."

A curto prazo, o problema político interno mais complicado de Abbas era persuadir os combatentes a depor as armas. Em discussões que tive com autoridades israelenses em Jerusalém e Tel Aviv — com Sharon, vários de seus assessores próximos, e seus dois vice-primeiros-ministros, Ehud Olmert e Shimon Peres; com chefes do serviço secreto; com o ministro do Exterior, Silvan Shalom; e com os aliados de Sharon no Knesset —, nenhuma delas parecia acreditar que Abbas dispusesse dos meios de unificar o grande número de forças de segurança palestinas e controlar o terrorismo por muito tempo. Eles o viam como um homem de intenções positivas, mas pouca força, e nenhuma base de apoio real. "Com sua permissão", um alto funcionário do serviço secreto israelense comentou sobre Abbas, "acho que ele só tem azeitonas, não balas."

A Autoridade Palestina, criada em 1994 como parte dos acordos de Oslo para administrar os territórios até a criação do Estado, está em queda livre desde o início da segunda intifada, quatro anos atrás. Violência, corrupção, facciosismo e a pressão de Israel erodiram a AP. Quando um ex-alto funcionário do Departamento de Estado americano disse a Arafat, ano passado, que a AP corria o risco de ruína política e falência financeira, Arafat respondeu: "Deixe entrar em colapso. Será por culpa dos israelenses e americanos". Cada vez mais, os líderes jovens dos grupos militantes armados vêm adquirindo poder como árbitros das ruas, ignorando a AP, e nenhum líder palestino potencial, nem mesmo Abbas, consegue controlá-los facilmente. No início da campanha, combatentes do Hamas e da Jihad Islâmica declararam que boicotariam a eleição. Os líderes das Brigadas dos Mártires de Al Aqsa — um grupo secular, ligado ao Fatah e, nos últimos anos, tão violento quanto o Hamas — estiveram em contato com Abbas para sondar se este era digno da confiança deles. Abbas parecia estar conquistando o seu apoio, embora incerto. Em Jenin, cidade ao norte de Nablus, o líder das Brigadas é Zakaria Zbeida. Solto da prisão em 1994 sob os acordos de Oslo, Zbeida tem sido o chefe informal da cidade. Dizem que ele certa vez tocou fogo nos escritórios da AP porque não arranjaram um emprego para alguns de seus combatentes. Zbeida, que sobreviveu a uma bomba que estourou no seu rosto enquanto a armava, é procurado por sua participação em uma variedade de missões terroristas, inclusive uma emboscada contra eleitores israelenses em um local de votação, que provocou a morte de seis israelenses e dois atiradores palestinos. Quando Abbas visitou Jenin durante a campanha, obteve uma grande vitória: foi erguido nos ombros de Zakaria Zbeida.

Para dar uma idéia de como os homens armados de Nablus viam a campanha, Nasrallah convidou ao escritório um combatente das brigadas chamado Abu Muhammad. Trajava um gorro preto, uniforme de campanha, botas de combate e um turbante palestino. Tinha uns trinta anos e era musculoso, sem pescoço, parecendo um leão-de-chácara, e usava uma barba preta tão curta que parecia quase pintada em seu queixo.

"Sou procurado pelos israelenses", anunciou, ao se sentar. "Eles já atiraram em mim três vezes."

Quando?

"Não sou bom de datas."

Abu Muhammad pegou um maço de cigarros, retirou o celofane e sacudiu-o para fazer sair um cigarro. Sob a mesa, seu pé tamborilava furiosamente, acompanhando o ritmo, aparentemente, de sua própria ansiedade. Olhou para a porta, procurando seu guarda-costas. Como todos os combatentes da cidade, estava sob vigilância israelense, e sabia disso. Havia incursões pós-meia-noite a Balata e à Casbah, e era preciso tomar cuidado com os informantes. Abu Muhammad dormia num local diferente a cada noite.

Após uma luta desajeitada, ele enfim conseguiu soltar um dos cigarros. "Ainda temos algumas atividades atacando alvos israelenses, mas menos", ele informou, acendendo um cigarro. "Estamos esperando para ver. A perda de Yasser Arafat foi grande, e estamos esperando para ver se a situação nova será adequada ou não. Por que deveríamos cessar nossas operações se eles continuam nos caçando? [...] Temos nossas ressalvas e condições, mas votaremos em Abu Mazen. Mas não entregaremos os nossos rifles."

Alguém perguntou se existia algum líder palestino que os homens armados teriam apoiado com verdadeira convicção. Abu Muhammad riu.

"Claro que prefiro Marwan Barghouti", respondeu. "Nós o chamamos de sheik de nossa luta."

Quando perguntamos por quanto tempo ele ainda pretendia carregar uma arma, Muhammad disse: "Sou um ativista do Fatah, mas você acha que eu realmente quero fazer isto? Fui preso em 1987, 1990, 1992. Fui condenado a dez anos em 1992, mas fui solto em 1994 devido a Oslo. Muitos de meus amigos mais próximos são mártires". Sua expressão pedia simpatia, e o ritmo do pé se acelerou. "Tenho três filhos", ele disse. "Semana passada, fui chamado à escola de minha filha e, mesmo arriscando a vida aparecendo em público daquele jeito, fui. O diretor disse que minha filha estava mal no colégio, que tudo que ela sabe são os nomes dos mártires das brigadas de Al Aqsa. E não é só ela. Todos penduram fotos dos mártires em pingentes no pescoço, como amuletos."

Na Casbah naquela noite, realizou-se um comício, um evento melancólico e ensopado. Folhas de alumínio foram estendidas sobre o aglomerado de lojas, mas mesmo assim havia goteiras. O comício foi marcado para as seis, e durante uma hora fiquei sentado com um grupo pequeno ouvindo marchas da OLP dos anos 60 ressoando num conjunto de auto-falantes. Alguns adolescentes com AK-47s subiam e desciam as ruas, sem ligar para o fato de que os canos das armas estavam apontados para o rosto das pessoas, para meu rosto. Finalmente, o governador de Nablus, Mahmoud Aloul, chegou. Exibia um ar senhorial e usava um sobretudo de caxemira. No Líbano e em Túnis, havia sido auxiliar do substituto de Arafat, Abu Jihad, e membro da ala militar do Fatah. Contaram-me que perdera um filho na intifada — "fuzilado quando atirava pedras".

Alguém desligou as canções marciais, e Aloul subiu ao microfone para fazer um discurso comemorando o 40º aniversário do Fatah. Perdemos Arafat, ele começou. "Ele nos deu coragem. Ele nos deu inspiração." O panegírico durou uns quinze minutos. O governador em momento algum mencionou o nome de Mahmoud Abbas.

Na manhã seguinte, em seu escritório, Aloul pareceu surpreso quando questionei a ausência de Abbas em seu discurso.

"Aquele não foi o objetivo", ele justificou. "O objetivo era o Fatah, o partido." Aí, como tantos outros, ele informou que as instituições palestinas, não um homem isolado, cuidariam agora dos assuntos do povo palestino. Mahmoud Abbas, ele declarou, era "um instrumento das instituições".

"Os americanos e os israelenses precisam saber que, para Abu Mazen ter sucesso, precisam dar algo para ele: libertar prisioneiros, levantar o cerco, ajudar na situação econômica", disse. "Como posso dizer a um combatente: 'Não lute', se os israelenses estão vindo à cidade para matá-lo?"

Quando Abbas veio a Nablus alguns dias depois, proferiu discursos triunfais no campo de refugiados e na universidade, sendo seguido pela cidade por um cortejo aclamador. Nas ruas, muitos dos homens ao lado dele eram comandantes armados das Brigadas dos Mártires de Al Aqsa. Pelo menos por ora, sua artimanha retórica vinha funcionando.

O Oriente Médio é uma região de recados explosivos. Na Cidade de Gaza, vários anos atrás, quando os radicais islâmicos quiseram informar à comunidade secular que o álcool não era permitido, queimaram o hotel Windmill, onde se vendiam bebidas. Recado captado. Agora é quase impossível obter uma cerveja em qualquer parte de Gaza.

Durante a campanha, Abbas esteve na ponta receptora de comunicações igualmente indelicadas. Na Cidade de Gaza, logo após ele começar sua campanha, membros das brigadas dispararam suas metralhadoras contra uma tenda de enlutados durante sua visita, um gesto que apavorou o candidato e seus auxiliares. O recado pareceu claro — Abbas corria o risco de assassinato

— e foi recebido de forma igualmente clara: o líder da facção que dera os tiros foi rapidamente designado gerente da campanha. Nos dias em que Abbas falou sobre as armadilhas da luta armada, o Hamas lançou foguetes caseiros nas muralhas de Gaza. A população da cidade israelense de Sederot também esteve na ponta receptora dessas mensagens. A mensagem de Sharon foi que Israel não absorveria ataques, por menores que fossem: em retaliação por quatro morteiros que quase atingiram um ônibus escolar, um tanque israelense em Gaza disparou contra um grupo de adolescentes num campo de morangos. Sete morreram, seis de uma família estendida. Os israelenses acusaram os jovens de terem disparado os morteiros. Os palestinos sustentaram que eles não passavam de trabalhadores rurais. A mãe de três dos meninos foi até o campo recolher as partes dos corpos de seus filhos.

À medida que Abbas e seu séquito percorreram cidade após cidade, ele tentou equilibrar suas próprias mensagens. Continuou criticando a intifada, conquanto tivesse o cuidado de não denegrir os próprios mártires. E justamente quando parecia estar cruzando a fronteira, parecendo brando demais, pró-Sharon demais, ele lançou um petardo retórico próprio. Ao saber do ataque do tanque israelense, proferiu um discurso furioso em Khan Yunis, referindo-se a Israel como *al adu el-sahyuni*, "o inimigo sionista", termo geralmente empregado pelo Hamas e suas organizações irmãs em Damasco e Teerã. Abbas é um homem calculista, e sua observação foi deliberadamente destemperada.

Mais tarde, ao retornar ao seu escritório em Ramallah na *muqata*, Abbas convidou o colunista político mais famoso de Israel, Nahum Barnea, do tablóide *Yediot Ahronot*, e o correspondente sênior do jornal, Ronny Shaked. Barnea, que perdeu um filho num ataque suicida a um ônibus, e Shaked saudaram Abbas ironicamente: "*Ahlan*" — "oi" — "nós somos o inimigo sionista!".

Abbas se desculpou. "Quando uma tragédia como essa acontece", ele disse, referindo-se ao ataque mortal em represália aos morteiros, "uma pessoa não sabe o que sairá de sua boca."

A campanha foi cheia de situações desagradáveis. Em Rafah, a mais pobre e turbulenta cidade de Gaza, Abbas estava chegando num local de comício quando alguém do seu séquito fechou a janela do carro no seu dedo anular direito, cortando a ponta.

"Embrulhei o dedo em jornal e fui discursar", ele contou a Barnea e Shaked. "Só no final do comício fui ao hospital." No passado, Abbas declarara que o Exército de Israel era capaz de derrotar "as nações árabes", todos os 22 Estados. E agora ele não entendia por que vinha sendo criticado por estar cercado de homens com AK-47s em quase todo local de comício. "Não entendo por que Israel está aborrecido", ele disse. "Seria porque me viram sendo fotografado com as Brigadas dos Mártires de Al Aqsa? Encontrei-me com o pessoal das brigadas por toda parte, e também com membros das outras facções. Queremos trazer todos eles para a estrutura palestina. Faremos isto — contanto que Israel pare de caçá-los."

Mahmoud Abbas passou grande parte de sua vida política tentando equilibrar o maximalismo dos princípios do partido com os perigos da negociação. Foi até designado, em certas ocasiões, para desfazer os equívocos de Arafat. Em 1993, foi despachado à Arábia Saudita a fim de pedir desculpas pelo apoio da OLP ao Iraque, na Guerra do Golfo. Profundo conhecedor dos debates entre as facções sionistas, Abbas vem se reunindo com israelenses desde a década de 1970. Foi uma presença importante em quase todas as negociações palestinas com os israelenses desde o degelo do início da década de 1990. O estilo de Arafat era de blefe, drama, adulação, contradição proposital, mistério, incerteza. Abbas é lógico, austero, árido. Yossi Beilin, o líder do partido liberal Yahad, que passou centenas de horas em reuniões com Abbas, escreveu que ele é "tímido [...] realista [...] pragmático, mas não moderado".

Alguns políticos liberais em Israel, inclusive aqueles que conhecem Abbas há muitos anos, contaram-me que suas declarações ortodoxas sobre a questão dos refugiados, por exemplo, constituíam mera necessidade política, e que, no frigir dos ovos, tratava-se de um líder preparado para correr riscos a fim de obter uma solução de dois Estados, Israel e Palestina como vizinhos. "Abu Mazen é parecido com o sucessor de Fidel Castro", Beilin comentou uma noite em Tel Aviv. "É verdade que não conheço o sucessor de Fidel, mas sei que não usará uniforme de campanha ou o charuto enorme nem fará discursos de sete horas."

Abu Mazen é o sucessor natural de Arafat", ele prosseguiu. "Ele era o nº 2 na OLP, portanto não é um líder imposto. Esteve em Túnis e nos territórios. Num Estado embrionário, isto é importante. Além disso, ele é querido no mundo árabe. Tem contatos no Golfo, Kuwait, Marrocos, Arábia Saudita, Jordânia, Rússia."

Abbas é um muçulmano devoto, embora de um secularismo inflexível em sua política. Tem dois filhos, um deles homem de negócios abastado. Um terceiro filho morreu de ataque cardíaco em 2002. Abbas jamais portou uma arma, nunca lutou em uma batalha, abertamente ou na clandestinidade. Um elemento perturbador em seu passado é sua pretensa carreira como acadêmico em tempo parcial. No início da década de 1980, Abbas escreveu uma dissertação de doutorado no Instituto de Estudos Orientais, em Moscou, sobre as supostas negociações entre alguns líderes sionistas e os nazistas para a transferência de judeus alemães à Palestina, em troca de suas propriedades. Em 1984, Abbas publicou uma versão de sua dissertação em Amã como um livro intitulado *O outro lado: o relacionamento secreto entre os nazistas e o movimento sionista*. (A organização de pesquisa israelense Memri possui arquivada uma cópia da dissertação, em russo, e do livro, em árabe.) A dissertação foi escrita numa quase paródia do estilo soviético: o prólogo cita, incessantemente e sem nenhuma relação com o tema, as obras reunidas de V. I. Lênin. Na versão em livro, Abbas lança dúvida sobre a dimensão do Holocausto:

Durante a Segunda Guerra Mundial, 40 milhões de pessoas de diferentes nações do mundo foram mortas. O povo alemão perdeu 10 milhões; o povo soviético, 20 milhões; e o resto foi da Iugoslávia, Polônia e outros povos. Mas, após a guerra, divulgou-se que 6 milhões de judeus estiveram entre as vítimas, e que a guerra de aniquilação se voltara, em primeiro lugar, contra os judeus, e só depois contra o resto dos povos da Europa. A verdade é que não há como verificar esta cifra. Nem como negá-la totalmente. Em outras palavras, o número de vítimas judias poderia ser de 6 milhões e poderia ser bem menor — até inferior a 1 milhão. Mas uma discussão sobre o número de judeus não diminui, de forma alguma, a atrocidade do crime cometido contra eles, porque a morte de um único ser humano — qualquer ser humano — é um crime que o mundo civilizado não pode aceitar e a humanidade não pode compreender. [...] Parece que o interesse do movimento sionista foi inflar o número de vítimas na guerra, de modo a assegurar ganhos maiores. Foi isso que o levou a confirmar esta cifra, e a instilá-la na opinião pública mundial, despertando com isso mais dores de consciência e simpatia pelo sionismo em geral.

Abbas cita a pesquisa de Robert Faurisson, um negador francês do Holocausto, que sustenta que não houve morte de judeus em câmaras de gás em Auschwitz. A dissertação é um trabalho deplorável e nem sequer pode ser atribuída a uma imprudência juvenil: Abbas tinha quase cinqüenta anos quando foi publicada. Suas explicações subseqüentes soam vazias. Quando um repórter do jornal israelense *Ma'ariv* questionou Abbas sobre o livro, este respondeu: "Quando escrevi *O outro lado*, em 1982, estávamos em guerra com Israel. Hoje eu não faria tais observações". Para o *Ha'aretz* ele afirmou que seu trabalho havia sido mal compreendido, que o Holocausto foi um "crime terrível e imperdoável contra a nação judaica".

Embora Abbas e todos os demais palestinos continuem falando de um acordo que forneça um Estado contido pelas fronteiras de 1967, com Jerusalém Oriental como capital e um acerto para a questão dos refugiados e do controle dos lugares sagrados, a elite política israelense está operando em um universo diferente. Conversas sobre um acordo definitivo, como aquele tentado pelo primeiro-ministro trabalhista Ehud Barak em Camp David em 2000, são coisa do passado. Sharon alterou radicalmente os termos de discussão e, ao mesmo tempo, apresentou-se como a única figura capaz de avançar. Comenta-se que, assim como somente De Gaulle poderia apelar à França que saísse da Argélia ou somente Nixon poderia ir à China, somente Sharon pode deixar Gaza e desmantelar assentamentos. Onde o Partido Trabalhista fracassou, Sharon poderia, à sua própria maneira hesitante, ter sucesso.

A visão cética (entre alguns israelenses liberais e quase todos os palestinos) é que Sharon não mudou: achar que mudou é querer se iludir. Na verdade, ele está cedendo Gaza como uma maneira de encerrar uma ocupação inútil e cara e, ao mesmo tempo, continuar perfurando o mapa da Cisjordânia tão completamente com assentamentos judaicos que não será possível ceder mais de metade do território para qualquer entidade palestina futura. "O obstáculo real à paz sempre foi Sharon e o conluio entre Bush e Sharon", disse Hanan Ashrawi, a negociadora palestina. "Esse compromisso unilateral serve a Sharon: dá-lhe o máximo de vantagem demográfica com o mínimo de perda geográfica, dá a impressão de um plano político e nega o lado palestino, solapando um Estado palestino. Vocês continuam sendo um ocupante, ainda que à distância."

A visão oposta (sustentada por muitos israelenses) é que não importa realmente o que Sharon pretende. Ele não é jovem nem tem mais saúde e, se conseguir entregar Gaza, e os palestinos conseguirem conter os homens-bomba e ataques com foguetes, e os americanos continuarem pressionando pelo Mapa do Caminho... bem, mais concessões virão. É um futuro sem o idealismo dos dias de Oslo nem a temeridade de Camp David, mas é um futuro. Um dos vice-primeiros-ministros de Sharon no governo de coalizão, o líder trabalhista Shimon Peres, disse-me que a retirada é um "plano muito medíocre", mas ele se sentia mais à vontade com as táticas de Sharon do que com a tentativa de Barak de transpor o abismo em Camp David. "Talvez Sharon espere no fundo poder entregar apenas Gaza. Não importa", Peres disse. "Os fatos são mais fortes que os líderes. E o mesmo acontecerá na Cisjordânia, de forma justa para ele, nas melhores condições. Existe uma mudança. Alguns anos atrás, a idéia de que o Likud conversaria sobre um Estado palestino... bem, você tinha que ser maluco. E lá estão eles. Abandonaram a idéia do Grande Israel. [...] O trabalhismo perdeu nas ações, mas vencemos na ideologia. Sharon agora fala a nossa língua."

Os palestinos, assim como os israelenses, convivem com Ariel Sharon desde o surgimento do Estado israelense, quando o jovem comandante era um protegido de David Ben-Gurion, o líder do Partido Mapai e a figura fundadora do Estado. Se bem que Sharon lidere o Partido Likud, que herdou o sonho "revisionista" do Grande Israel de Ze'ev Jabotinsky — Menachem Begin subiu ao poder em 1977 empunhando essa bandeira —, o primeiro-ministro não é uma criatura de ideologia constante.

Parte do motivo por que Sharon obtém um apoio tão geral para a retirada é a brutalidade de sua biografia. No cálculo da política israelense, ninguém pode acusá-lo de brando com os palestinos. "Sharon é um homem que só conhece dois estados mentais", escreveu o filósofo político israelense Avishai Margalit, "lutar e preparar-se para a luta." Ele é lembrado por sua ousadia e impiedade. Após servir na guerra da independência em 1947-48, Sharon passou a integrar a lendária Unidade 101, no início da década de 1950, que realizou incursões além-fronteiras ao Egito e Jordânia. Sharon liderou o ataque à aldeia jordaniana de Kibbiya, em que mais de quarenta casas foram demolidas, algumas com as famílias ainda dentro. Foram mortas 69 pessoas, a maioria mulheres e crianças. Como ministro da Defesa sob Begin, já era o artífice do programa de assentamentos na Cisjordânia e Gaza e foi o principal agressor na guerra do Líbano, ordenando que o Exército continuasse avançando para o norte até Beirute. Uma entidade israelense independente, a Comissão Kahan, concluiu que Sharon teve "responsabilidade indireta" e "responsabilidade pessoal" pelo assassinato, por cristãos falangistas com a conivência do Exército israelense, de centenas de homens, mulheres e crianças palestinas nos campos de refugiados de Sabra e Chatila.

Como político, Sharon jamais mostrou a menor fé mesmo no acordo mais favorável com os árabes. Em 1994, quando o Knesset aprovou por quase unanimidade um acordo de paz com a Jordânia, Sharon se absteve.

Sharon ao mesmo tempo seduzia e preocupava Ben-Gurion, que o chamou de "um homem jovem original e visionário. [...] Se conseguisse superar seus defeitos de não falar a verdade e se distanciar de fofocas, seria um líder militar excepcional". Os sucessores de Ben-Gurion foram ainda mais severos em seu julgamento. Golda Meir tachou Sharon de "um perigo para a democracia" e, uma década depois, Begin afirmou que Sharon seria capaz de cercar o Knesset com tanques. Mesmo os colonos, seus beneficiários, desconfiavam dele. Quando Israel e Egito assinaram a paz, um quarto de século atrás, e Israel se retirou do Sinai, foi Sharon quem assumiu a tarefa de desmantelar Yamit, o principal assentamento ali.

Sharon, como qualquer outro chefe de Estado, está cercado de auxiliares e ministros, mas seus assessores mais próximos não ocupam nenhum cargo oficial. Talvez o mais próximo de todos seja seu filho Omri, um legislador com quase quarenta anos, que parece dirigir a atividade política do pai pelo telefone celular. (O outro filho de Sharon, Gilad, dirige a fazenda da família, considerada a maior fazenda privada de Israel.) Calvo, corpulento, cínico e engraçado, Omri se impõe como um vereador de Chicago: adulando, apelando, negociando, intimidando. Num pequeno jantar em Tel Aviv certa noite — Omri devorou quatro pratos de ossobuco e chupou ruidosamente o tutano dos ossos —, ouvi-o descrever como seu pai forçaria um rabino particularmente recalcitrante, com mais de noventa anos, a apoiar a coalizão governante. "Tudo pode ser feito", Omri explicou.

"Sharon não confia em ninguém", contou-me Yossi Beilin. "Ele não confia no Likud, ele não confia nos trabalhistas, ele não confia nos europeus nem britânicos nem mesmo em Bush, na esquerda nem na extrema direita. Ele depende de seus filhos, o que indica uma pessoa paranóica. Omri, um político secundário no Knesset, é o diretor geral do país. É inacreditável. A importância de Omri é nociva. Israel permanece uma democracia estável, mas é inacreditável."

Já em 2001, Sharon apresentou a noção vaga de que seu país acabaria tendo de fazer "concessões dolorosas". Mas, em vez de entrar em detalhes e arriscar a rejeição pelo próprio partido, valeu-se de um substituto — neste caso, o vice-primeiro-ministro Ehud Olmert — para encher um balão de ensaio, em dezembro de 2003, e soltá-lo.

Olmert, um político esperto e atrevido que foi prefeito de Jerusalém antes de ingressar no Ministério, contou-me como, em dezembro de 2003, no trigésimo aniversário da morte de Ben-Gurion, Sharon havia sido convidado para discursar perto do túmulo. Na noite anterior, porém, Sharon telefonou para Olmert dizendo-se doente e perguntando se ele poderia substituí-lo. Olmert vem de uma velha família revisionista, que se ressentiu quando Ben-Gurion concordou com a partilha da Palestina pelas Nações Unidas, em 1947, e ordenou que soldados israelenses, em 1948, disparassem contra o navio cargueiro *Altalena*, que transportava uma grande carga de armas clandestinas e combatentes rebeldes fiéis a Menachem Begin. Mas, se Olmert continuava ambivalente em relação a Ben-Gurion, foi fiel a Sharon.

Ele prontamente concordou em fazer o discurso. Sharon enviou pelo fax um rascunho para Olmert. A passagem principal citava Ben-Gurion, dizendo que os israelenses "poderiam ter conquistado" muito mais território, mas "e aí?". Aquele Estado "promoveria eleições, e estaríamos em minoria. Quando enfrentamos a opção entre a terra completa sem um Estado judeu ou um Estado judeu sem a terra completa, escolhemos o Estado judeu".

Para os ideólogos revisionistas que acreditavam no Grande Israel, tal pragmatismo continuava sendo, meio século depois, uma heresia. E, quando Olmert leu o discurso na cerimônia, a reação foi rápida. "Quando terminei e me sentei", ele me contou, "o presidente do Knesset" — um ideólogo do Likud, Reuven Rivlin — "olhou-me quase às lágrimas e disse: 'Isto é um desastre, isto é o fim. O fim do Likud, o fim daquilo pelo qual vimos lutando.'" (Rivlin, por sua vez, contou-me mais tarde em seu escritório no Knesset que ficou realmente "inconsolável" ao ouvir seu amigo próximo, falando em nome de Sharon, trair os princípios de Jabotinsky, Begin e do Grande Israel.) Um ano depois, quando Sharon fez pessoalmente o discurso comemorativo e repetiu os mesmos temas, Olmert concluiu que Sharon dera a guinada, em parte, para desviar a atenção de um escândalo financeiro na campanha e devido à pressão dos Estados Unidos e dos europeus, que precisavam ver algum sinal de progresso em alguma parte do Oriente Médio.

Olmert disse: "Você pode me perguntar hoje se eu acredito que a Judéia e Samaria" — nomes bíblicos da Cisjordânia — "são a terra histórica dos palestinos. Besteira. Nunca houve nenhuma nação palestina vivendo aqui, nunca houve um grupo étnico claro e bem definido que tenha criado uma vida nacional além dos judeus. Havia tribos, havia indivíduos, havia famílias, seja o que for. E a maior parte dos territórios estava vazia. Assim, de um ponto de vista histórico, não se sustenta a reivindicação palestina. Mas que diferença isso faz? No final do dia, existem 5 milhões de palestinos entre o Jordão e o mar. Este é o fato mais fundamental."

Olmert, como todos com quem falei no círculo de Sharon, afirmou que as fronteiras em que todo político palestino convencional insiste para um acordo final — as fronteiras de 1967 — estão "fora de cogitação". "Mas isso não significa que não haverá modificações", ele disse, acendendo um charuto cubano. "Para mim, para sempre, essas são partes de Israel. Mas talvez sejamos forçados a sair de partes de Israel. Porque precisamos optar entre o Grande Israel e um Estado judeu democrático. Por quê? Porque acredito que, daqui a dez anos, toda a configuração mudará. O conflito deixará de ser do tipo argelino e passará a ser do tipo sul-africano. Argelino no sentido de que este é totalmente um confronto entre duas nações. Em uma situação sul-africana, [os árabes] dirão: 'O. k., queremos um Grande Israel, com um voto por pessoa'. No dia em que for este o discurso principal, teremos perdido o jogo. Aquele se tornará um Estado palestino com uma maioria de palestinos, governo palestino, uma liderança palestina e o direito de retorno palestino, por opção da maioria das pessoas pelo voto democrático. O que faremos então?"

Perguntei se ele achava que o plano de retirada de Sharon — qualquer que fosse sua motivação — salvaria sua reputação histórica no exterior.

Olmert voltou a acender o charuto e lentamente soltou a fumaça, que quase envolveu sua cabeça. "Quem se lembrará de Sabra e Chatila após a retirada? Bem, alguns historiadores judeus!", ele riu e, depois, deu uma baforada no charuto. "Veja bem", ele disse, "o mundo enfim se concentrará na coisa principal. É assim que funciona a história, você sabe. Sabe quantas falhas Churchill cometeu antes de se tornar a figura histórica do século XX? Quem é que se lembra agora? Este é um lance histórico de Sharon. Eu receberei uma nota de rodapé, mas ele ficará com o capítulo principal."

Os escritórios de Sharon não impressionam — exceto pelo detalhe da segurança, que foi multiplicada desde o assassinato de Rabin, uma década atrás. A sensação de ameaça apenas aumentou. Dois altos funcionários do serviço secreto israelense me contaram que estão preocupados com as vidas de Mahmoud Abbas e Ariel Sharon. "A situação é tensa", um deles revelou. "Temos razões para acreditar que o Hamas está tentando executar um atentado à vida de Abu Mazen. E, dentro de Israel, extremistas — especialmente entre os colonos nos territórios ocupados — "acham que a remoção de Sharon é a única coisa que poderia interromper as retiradas".

No último outono, com o aparecimento, no *Ha'aretz*, dos comentários indiscretos de Dov Weissglas sobre a utilização da retirada para colocar quaisquer negociações adicionais em "formaldeído", Sharon e seu círculo se enfureceram, e desde então seus auxiliares tomam cuidado nas declarações para a imprensa. Mesmo assim, eles falaram, pelo menos anonimamente. Um dos assessores graduados de Sharon me levou ao escritório ao lado daquele do primeiro-ministro e me contou que tudo agora dependia da capacidade de Abbas de deter o terror. Sharon, ele disse, via o 11 de setembro de 2001 como o momento em que o governo americano começou a entender o terror principalmente como uma agressão ideológica que precisa ser detida a todo custo.

"A visão política européia era diametralmente oposta", disse o assessor graduado. "Eles viam o terrorismo como um subproduto da frustração política. Não que os europeus apóiem o terrorismo. Mas na dialética européia, ao contrário da americana, o terrorismo é a conseqüência natural. Com base em nosso conhecimento íntimo da região desde 110 anos atrás — que é quando a grande migração judaica começou —, temos uma compreensão diferente do terrorismo político. As regras são diferentes no Oriente Médio.

"O problema agora entre nós e os palestinos", ele prosseguiu, "não é a substância da solução, mas a capacidade de implementá-la. Mesmo que os palestinos tivessem obtido o território de 1947, não o de 1967, mesmo que todos os refugiados pudessem retornar, mesmo que obtivessem Jerusalém inteira, não apenas uma Jerusalém dividida, o que aconteceria no dia seguinte? Não há nenhuma pessoa na Autoridade Palestina capaz de dirigir-se ao seu povo e dizer: 'O jogo acabou' — como fez Ben-Gurion em 1948 com 30% da terra que temos hoje. Ele foi capaz de enfrentar seus opositores, inclusive Menachem Begin, e dizer: 'Vão para o inferno'. E o Estado foi fundado."

O assessor de Sharon disse que se entendia que Abbas não conseguisse reprimir absolutamente cada terrorista, mas o esforço teria de ser impressionante. "Nós pelo menos queremos ver os palestinos prendendo-os, acabando com a banca deles, e não aclamando-os como heróis", ele disse. Após um momento, o assessor e o secretário de imprensa me levaram para o outro lado do corredor para ver o primeiro-ministro.

Sharon tem 76 anos e está perigosamente obeso. Parecia impaciente, fatigado. No morro que dá para o seu escritório, perto do Knesset, colonos de todos os territórios ocupados haviam armado um acampamento e vinham protestando, dia após dia, contra a retirada. Agitavam faixas laranja e distribuíam adesivos e camisetas com a frase: "O povo apóia Gush Katif". Um número reduzido de colonos de Gush Katif, em Gaza, ostentava estrelas laranja, símbolo de sua condição de vítimas e uma lembrança das estrelas-de-davi amarelas que os judeus foram obrigados a usar sob os nazistas. A maioria achava o símbolo uma afronta. Alguns colonos andavam falando de protestos em massa para impedir a retirada naquele verão. Choques já haviam ocorrido na Cisjordânia entre soldados e colonos quando um pequeno posto avançado — apenas dois trailers — foi removido. Diziam que Sharon, privadamente, estava furioso, mas ele tinha o cuidado de mostrar apenas simpatia.

"Eles estão deixando as suas casas", contou. "O plano de retirada é uma carga pesada. É doloroso para eles e doloroso para mim. Mas temos que fazê-lo."

Sharon não estava pronto para falar sobre concessões além de Gaza. Ele sempre defendera a necessidade de postos avançados no vale do rio Jordão como um plano defensivo contra a Jordânia e o Iraque — a Frente Oriental —, mas agora Saddam estava na cadeia e os jordanianos possuíam um tratado duradouro com Israel. Aqueles assentamentos não poderiam ser abandonados?, perguntei.

"Simplesmente não sabemos", ele respondeu. "Quando você lida com segurança num país minúsculo, precisa olhar para o futuro, e o vale do Jordão é muito importante. Não sabemos como as coisas se desenrolarão com o Irã ou Iraque ou Síria. Precisamos ter muito cuidado."

Quando conversamos, faltavam poucos dias para a eleição. Abbas vinha se saindo bem, quase transformado. Parecia estar adquirindo um gosto pela oratória, e sua posição nas pesquisas vinha subindo. Os críticos de Sharon vinham dizendo que ele talvez fosse a única pessoa no Oriente Médio a sentir falta de Arafat, porque agora teria de lidar com um antagonista e parceiro de negociação democraticamente eleito.

"Como judeu, a coisa mais importante para mim é a possibilidade histórica de defender o povo judeu", Sharon disse. "Nesta parte do mundo, declarações, promessas, propostas, até assinaturas, são uma coisa. Só atos são sérios. Não se trata de eu confiar ou não nos árabes. Só atos podem ser levados a sério. E eles têm de desmantelar as organizações terroristas, recolher suas armas. Eles têm de fazer isso, não apenas prometer isso."

Sharon disse que a retirada de Gaza seria apenas um primeiro passo para trazer os palestinos de volta a um processo de negociação, contanto que o novo líder da Autoridade Palestina realizasse um esforço coordenado para retirar armas e explosivos das mãos do Hamas, da Jihad Islâmica e das Brigadas dos Mártires de Al Aqsa. "Conheço Abu Mazen, conheço-o bem", ele disse. "Encontrei-me com ele aqui várias vezes. Ele precisa desmantelar as organizações terroristas e combater o terrorismo. Ele tem que fazer com que os palestinos se comprometam com o fim do terrorismo. [...] Estaremos observando os acontecimentos."

Sharon vinha usando brometos, e sua atenção parecia fixada na agenda impressa numa folha de papel à sua frente — o único papel na sua escrivaninha. Mas, quando eu me preparava para sair, ele se levantou e, qual ator experiente tentando fazer seu pronunciamento parecer improvisado, o produto da paixão e de um pensamento súbito, ele proferiu: "Quando se trata de segurança, eu jamais faço concessões. Jamais! Não enquanto eu estiver aqui. E não tenho planos de ir embora tão cedo".

Nem todos os colonos — mais de 7 mil em Gaza e cerca de 250 mil na Cisjordânia — compartilham uma ideologia. Alguns dos assentamentos maiores e mais consagrados em torno de Jerusalém e Tel Aviv se assemelham a cidades-dormitórios nas periferias mais remotas de Phoenix e Los Angeles. As pessoas não se mudaram para lá por razões messiânicas, mas porque o governo as encorajou, facilitou a compra da casa, ofereceu incentivos fiscais. Alguns até votam nos trabalhistas. Entretanto, a grande maioria dos colonos é politicamente de direita e, como em toda política, os que mais aparecem na mídia são os ultra-religiosos, os paranóicos, os excêntricos e os perigosos. Há inúmeros colonos nas imediações de Hebron, Nablus e Jenin que se vêem como soldados de um Grande Israel, soldados de Deus — alguns dos mais radicais são chamados de "juventude do alto dos morros". Altos funcionários do serviço secreto israelense me contaram que têm medo de que alguns fanáticos possam ir bem além da desobediência civil, na tentativa de deter o plano de Sharon de desmantelar os assentamentos em Gaza neste verão.

Em reunião do comitê do Knesset, Avi Dichter, chefe do Shabak, o equivalente israelense ao FBI, informou que umas poucas dezenas de colonos extremistas são capazes de espalhar rumores de que franco-atiradores do Exército dispararão em colonos, induzindo-os assim a atirar de volta e provocando uma batalha total. Dichter afirmou que precisava se preocupar tanto com militantes palestinos obtendo mísseis antiaéreos através de túneis cavados sob a fronteira egípcia quanto com colonos judeus roubando armas de guarnições militares israelenses. "A Faixa de Gaza poderia se tornar o sul do Líbano", ele previu.

A principal liderança dos colonos, o Conselho Yesha, emitiu uma proclamação convocando os partidários em Israel e no exterior a se reunirem em torno dos colonos em Gaza e "desobedecerem a essa Lei da Transferência e estarem preparados em grandes números a pagarem o preço de ir para a prisão". O documento, escrito por Pinchas Wallerstein, o chefe do conselho regional Binyamin, e distribuído em todos os assentamentos e na internet, qualificava a retirada de "um empreendimento imoral". O tom era desesperado, de superioridade moral: "Se Martin Luther King estivesse vivo para testemunhar a segregação de moradores judeus para serem expulsos de seus lares, talvez pudesse observar que seu grupo era igualmente segregado para ser impedido de freqüentar escolas, restaurantes e, sim, bairros".

Uma manhã, uma executiva de relações públicas chamada Aliza Herbst apanhou-me no hotel em Jerusalém em uma camionete à prova de balas para me conduzir até Wallerstein. Herbst é uma mulher séria, na casa dos cinqüenta, que, durante nossa viagem para o norte em direção à Cisjordânia, comparou sua vida num assentamento ao engajamento na contracultura dos anos 60 na Universidade de Wisconsin. "Meu marido esteve envolvido com a causa do meio ambiente e participou do primeiro Dia da Terra", ela contou. "Foi daí que veio o idealismo." Estávamos percorrendo a espinha dorsal da Cisjordânia, a Rota 60, passando por aldeias árabes, assentamentos judeus e trechos da muralha. O governo israelense complicou absurdamente a geografia e suas linhas de segurança nos últimos 37 anos. Saímos da estrada principal e subimos um morro até um assentamento pequeno chamado Migron, um grupo de umas poucas dezenas de trailers protegidos por uma cerca e arame farpado. Parecia um lugar questionável para se morar, no alto de um morro vazio e ventoso, cercado apenas de aldeias árabes e memórias bíblicas. Não havia lojas, nem cinemas — só os trailers. Herbst tinha uma visão diferente. "É como um acampamento de verão", comparou. "O que poderia haver de ruim?"

Chegamos em Pesagot, um assentamento judeu bem maior com vista para Ramallah. Wallerstein estava no seu escritório lá. Herbst, que mora no assentamento vizinho de Ofra, saltou da camionete e observou que estava claro para ela que a retirada de Gaza levaria "inevitavelmente" ao fim de Ofra, ao fim de Pesagot, e ela estava, à sua própria maneira, pronta para resistir. "Pinchas está dizendo: 'Acordem! Isto está realmente acontecendo'", ela disse. "Tenho o direito de estar aqui, como você tem o direito de estar no Novo México ou no Tennessee."

Wallerstein nos recebeu em seu escritório. Possui uma calva, usa um grande *kipa* tricotado — um tipo que, na linguagem precisa dos solidéus israelenses, indica um nacionalista religioso — e manca ao andar, resultado de um ferimento da guerra de 1967. Wallerstein mostrou um pequeno buraco em um de seus telefones e outro na moldura da janela — resultado, ele disse, de tiros de uma aldeia árabe vizinha. Wallerstein é um dos fundadores do movimento dos colonos. Ex-professor de biologia, mudou-se para Ofra em 1975 e tornou-se um militante do Gush Emunim (Bloco dos Fiéis) e, mais tarde, membro do Conselho Yesha.

Enquanto falávamos, Wallerstein periodicamente checava seu e-mail. Depois que publicou a convocação à resistência passiva contra a retirada de Gaza, vem recebendo milhares de mensagens do mundo inteiro, quase todas de apoio, e um bom número recomendando medidas mais enérgicas. Virou o monitor do computador em minha direção para que eu visse uma mensagem que acabara de acessar: "Qualquer método é legítimo para proteger contra a ação que Sharon pretende tomar".

Wallerstein conhece o primeiro-ministro há décadas. Eles trabalharam juntos no planejamento de assentamentos novos quando Sharon participou do Ministério de Begin, mas agora, embora cauteloso em sua linguagem, Wallerstein deixa claro que se sente traído. Ele insinuou que Sharon "mudou" após a morte da esposa, Lily, em 2000, que ele estava tentando limpar sua reputação histórica no exterior.

Ao contrário de alguns colonos, Wallerstein disse não ser a favor da velha solução absolutista ao problema palestino: a transferência forçada da população árabe para a Jordânia. Mas, para ele, uma solução de dois Estados, seja ao longo das fronteiras de 1967 ou no sentido provisório e muito mais limitado proposto pelos aliados de Sharon, ainda era impensável.

Perguntei por quanto tempo ele achava que os palestinos tolerariam viver em ilhotas de território cercadas de tropas, postos de controle e assentamentos judeus, e se ele imaginava um sistema de bantustões, como na África do Sul sob o apartheid. Wallerstein não se ofendeu com a analogia. "Bantustões? Talvez. Para ser honesto, o problema não são apenas os árabes na Judéia e Samaria. São os árabes através do país. O mais difícil de engolir na retirada de Gaza é que ela não está sendo feita em troca da paz. O potencial de ataque a Israel agora aumentará."

Ele se ressentia de que os colonos estavam se tornando cada vez mais isolados do resto de Israel, que agora até os partidários de Sharon, não apenas os liberais tradicionais, os viam como obstinados, potencialmente perigosos, habitantes de outro Estado, o "Estado Colono".

"É mais fácil pintar o mundo em preto-e-branco, portanto é melhor se um colono tem chifres na cabeça e uma faca entre os dentes", Wallerstein disse. "Senão você poderá ter que lidar com questões complicadas de história e moralidade. Acredito que faço parte do movimento sionista, que começou a criar fatos concretos cem anos atrás."

No dia da eleição, fui até Gaza. A passagem principal para a faixa, a passagem de Erez, tem visto pouco movimento nos últimos anos. Dezenas de milhares de trabalhadores palestinos costumavam atravessá-la rumo a Israel todas as manhãs para trabalhar como trabalhadores rurais, operários de fábricas e empregados domésticos e, depois, voltar para casa à tarde. A travessia muitas vezes levava de duas a três horas. O desemprego pode estar na faixa de 70% em Gaza, e os salários em Israel constituíam uma relativa fortuna: vinte a cinqüenta dólares por dia. Durante a segunda intifada, porém, os israelenses praticamente acabaram com essa migração diária e optaram pela mão-de-obra barata do Sudeste Asiático.

Mesmo em um dia tranqüilo, sem nenhum ataque de homens-bomba, leva-se cerca de uma hora para passar por todos os controles e percorrer o longo corredor ao ar livre até o outro lado. É uma passagem radical: de um lado, terra cultivada rica e verdejante, estradas excelentes e centros comerciais; do outro lado, casas baratas e apinhadas, esgoto nas ruas, buzinas e poeira, e por toda parte cartazes enaltecendo o martírio de adolescentes enviados a Israel como homens-bomba. Caminhando ao longo do corredor de concreto, notei um buraco enorme na parede e no teto de metal. "Houve um homem-bomba aqui semana passada", alguém informou.

Era domingo. Os eleitores estavam chegando nos locais de votação por toda Gaza, fazendo fila, marcando suas cédulas e saindo com tinta púrpura nos polegares para indicar que haviam votado. Celebridades atuando como observadores — Jimmy Carter, Joseph Biden, John Kerry — estavam em Jerusalém Oriental e nas cidades mais acessíveis da Cisjordânia, mas poucas foram as reclamações.

"Esta poderia ser uma nova era", comentou Ziad Abu-Amr, o legislador palestino. "O interessante na forma como a campanha se desenrolou nas últimas semanas é que o favorito não tinha certeza da vitória. Houve ansiedade real no seu partido. Arafat nunca temeu eleições: nunca se preocupava com o resultado nem se dava ao trabalho de fazer campanha. Abu Mazen teve de se tornar popular num período de tempo curto. A ansiedade no Fatah foi se ele conseguiria ser popular o suficiente.

Figuras políticas como Abu-Amr desempenharão um papel crucial em Gaza nos próximos meses. Há muito tempo, ele serve de canal entre o Fatah e a liderança do Hamas. Até os assassinatos dirigidos de líderes do Hamas, entre eles o sheik Yassin, nos últimos dois anos, o grupo era rigidamente organizado, seus serviços sociais, mesquitas e a reputação de incorruptibilidade facilitando o recrutamento de membros. Agora grande parte da tomada de decisões está nas mãos de Khaled Mashal, o líder do Hamas em Damasco. Abu-Amr contou que não havia mistério em torno da decisão do Hamas de não apresentar um oponente contra Abbas. "Mesmo com a vitória de um candidato do Hamas", ele disse, "este teria que negociar com Israel ou declarar guerra total contra Israel, e o Hamas não tem condições de fazer esta opção." Melhor boicotar a eleição e não correr o risco de desmistificar o Hamas.

Um dos poucos líderes veteranos do Hamas que restam em Gaza, ao que parece, era um médico chamado Mahmoud al-Zahar, que entrevistei antes que a intifada atingisse o pico. Naquela época, Zahar se encontrava regularmente com jornalistas, ministrando os slogans usuais do absolutismo islâmico, teorias da conspiração e ameaças ao Estado israelense. Em setembro de 2003, um F-16 israelense lançou uma bomba em sua casa, matando o filho mais velho e ferindo gravemente sua esposa. Zahar, que saiu mais ou menos ileso, vive na clandestinidade desde então.

Alguns colegas e eu marcamos um encontro com Zahar, em torno da meia-noite, nos estúdios da televisão Ramattan, na Cidade de Gaza. Ele havia claramente calculado que aquele seria um dia em que os israelenses o deixariam em paz.

Chegamos nos estúdios e observamos num monitor Abbas aceitar as boas notícias de Ramallah. Ele obtivera cerca de 62% dos votos. "Em nome de Deus", ele disse aos seus eleitores, "esta vitória é pela alma de Yasser Arafat! [...] É também um presente para o povo palestino de Rafah a Jenin. Também para as almas dos mártires e feridos e os 11 mil prisioneiros nas prisões israelenses! Estão todos celebrando esta vitória com vocês agora! [...] Também as Brigadas dos Mártires de Al Aqsa estão saudando vocês!"

No corredor, alguém tossia forte. "O senhor Zahar receberá vocês."

Zahar nos recebeu num estúdio sombrio. Estava mais robusto do que na entrevista anterior, pálido, anéis escuros sob os olhos. Fechou os olhos, cansado, e nos cumprimentou com um aceno de cabeça. Começou a entrevista apontando falhas nas eleições, no fato de o período de votação ter sido estendido por mais duas horas para aumentar o comparecimento de eleitores de Abbas. "Esperávamos um processo limpo", ele se queixou.

Ainda dava para ouvir Abbas falando no monitor lá fora.

"A nossa atitude em relação a Abu Mazen depende, em primeiro lugar, da sua atitude em relação às facções palestinas e aos movimentos de resistência", Zahar disse. "Desarmar as unidades militares do Fatah, Hamas e Jihad Islâmica criará um confronto militar palestino interno.

"Ninguém lhe dará uma chance de fazê-lo. [...] O Hamas jamais permitirá que Abu Mazen tome as nossas armas enquanto persistir a agressão israelense. Esses soldados estão aqui para proteger os palestinos. Se Abu Mazen atacar o Hamas e denunciar nossos direitos nacionais" — aqui seu tom se tornou ameaçador —, "perderá muita coisa."

Em outras palavras, só havia uma língua que Sharon ou qualquer outro israelense entendia. "Por que Israel deixou o sul do Líbano e não as colinas de Golam? Porque houve uma luta armada eficaz", Zahar explicou. "Por que Sharon está deixando Gaza? Porque a luta armada se tornou cara demais para os israelenses. [...] Não confiamos neles. Mahmoud Abbas irá conversar com eles. Mas nessas pessoas não se pode confiar."

Tudo isso era de se esperar. O mais interessante era que o Hamas, que sempre sustentou uma posição absolutista — Israel não pode ser permitido em terras árabes —, circulara um documento entre o Fatah dizendo-se preparado para colaborar em uma solução de dois Estados ao longo das fronteiras israelenses de 1967. Era difícil saber quão a sério levar esse avanço. "Se vocês deixarem Gaza e cessarem a agressão, poderemos dar uma *hudna*, uma longa *hudna*", Zahar disse, usando a palavra árabe para "trégua". "A OLP tinha pressa. Eles reconheceram Israel sem obter nada. Eles dependiam da boa vontade dos israelenses. Se obtivéssemos a Cisjordânia, Gaza e Jerusalém" — significando Jerusalém Oriental como capital — "eu acreditaria em uma *hudna* de dez anos. Talvez até mais longa. Mas não estamos confiando nos israelenses."

Mencionei que o serviço secreto israelense e alguns comentaristas palestinos estavam receosos de que o Hamas pudesse tomar as medidas mais extremas se não conseguisse chegar a um acordo com o novo líder da Autoridade Palestina. Zahar olhou furioso e retrucou: "Abu Mazen não deveria temer o Hamas. Temos uma fé religiosa que não nos permite matar um homem inocente".

Quem caminha pelos bairros de Gaza custa a acreditar que Abbas possa sufocar o terrorismo rápida ou completamente — não quando uma cultura do martírio e sua glorificação se enraizou tão firmemente. O Cemitério dos Mártires. Cartazes dos mártires. Cartões dos mártires. Camisetas dos mártires. Vídeos dos mártires. Certo dia, passei pela Farmácia dos Mártires de Maslam. Essa distorção da identidade é uma crise tão grande quanto a política. No bairro de Sheikh Radwan, um baluarte do Hamas, falei com um grupo de adolescentes.

"Você quer ser um mártir?", perguntei a um deles.

"Se Deus quiser", respondeu Muhammad Talmas, um estudante de dezoito anos.

"E fora isso, o que você quer ser?"

"Engenheiro, talvez."

"Você pode ser as duas coisas?"

"Bem, veja Ismail Abu Shanab", ele respondeu. O menino entendia de martirológio como os jovens americanos entendem de jogadores de beisebol. "Ele fez as duas coisas. Foi morto num ataque de míssil ano passado. Quero ir para o Céu. O profeta Muhammad [Maomé] costumava dizer: 'Quero ir para o Céu após um longo trabalho e proezas'. *Inshallah.*"

"O que você acha de Abu Mazen?"

"As palavras de Abu Mazen estão em conflito com o interesse nacional palestino. Existem milhares de mártires e prisioneiros em prisões israelenses. Os palestinos deviam receber uma recompensa em nome deles: toda a Palestina."

"Nada de coexistência? Nada de dois Estados?"

"Não, não, não", ele respondeu. "Jamais."

O psicólogo mais famoso de Gaza, Eyad al-Sarraj, disse-me que, se chegasse a haver um acordo entre Israel e os palestinos, a cultura do martírio perderia força. "Quando Sadat veio a Israel e depôs sua espada, a psicologia israelense mudou da noite para o dia", explicou Sarraj. Até que se chegue lá", prosseguiu, "os homens jovens — e até as mulheres jovens — de Gaza e da Cisjordânia buscarão o martírio."

"Os mártires estão no nível dos profetas", continuou Sarraj. "Eles são intocáveis. Posso denunciar os ataques suicidas, o que fiz várias vezes, mas não os próprios mártires, porque eles são como santos. Se você fizer isso, se tornará totalmente desacreditado. O estúpido do Bush foi dizer que eles não são mártires, que são assassinos — como se os únicos mártires fossem cristãos. Nós também temos nossos mártires. [...] Eles se sacrificam pela nação. Se você quiser fazer parte desta cultura, terá de entender isto. Pessoalmente não acredito na religião, mas não posso dizer que Muhammad não passou de um mago ou que os mártires estão errados. Isto coloca você em choque com a cultura."

Nas duas semanas após as eleições, a violência certamente não parou: houve ataques de foguetes, represálias militares, incidentes de fronteira. Mas os incidentes diminuíram com o passar do tempo. Abbas foi até Gaza negociar uma *hudna* com as facções armadas. Os israelenses e palestinos conversaram sobre novos acordos de segurança, até sobre a retirada militar da Cisjordânia. Os jornais estavam repletos de especulação sobre um eventual encontro entre Sharon e Abbas. Sharon falou de um possível "avanço histórico". Quase não se falou mais sobre Arafat, sobre seus últimos anos, sobre seu final misterioso. Não havia mais tempo para isso.

(2005)

Mais tarde em 2005, Ariel Sharon cumpriu a promessa de evacuar e fechar os assentamentos israelenses em Gaza. Cenas emocionantes da retirada, televisionada 24 horas por dia, atraíram a atenção do país, mas a oposição significativa à política de Sharon se limitou basicamente à ala direita do Partido Likud.

Em novembro, Sharon avaliou que, após anos de vilificação pela esquerda devido ao seu papel em Sabra e Chatila e em outros episódios sombrios da história militar e política, e de desconfiança entre a liderança do Likud, ele agora conquistara o apoio do amplo centro do eleitorado israelense. Como resultado, anunciou que deixaria o Likud, criaria um partido centrista novo chamado Kadima (Avante) e concorreria sob aquela bandeira a um novo mandato de primeiro-ministro. O eleitorado palestino, enquanto isso, vinha se dividindo, à medida que o Hamas ganhava força e facções mais jovens do Fatah se desiludiam cada vez mais com a velha guarda, inclusive Mahmoud Abbas, por sua corrupção, má gestão e fracassos políticos.

Até janeiro de 2006, tudo indicava que Sharon seria reeleito e continuaria num caminho mais ou menos unilateral visando ceder um Estado aos palestinos — um Estado nitidamente limitado, constituído de Gaza e porções contíguas da Cisjordânia, embora não dos assentamentos maiores e mais consolidados ou da crucial Jerusalém. Depois Sharon sofreu um derrame catastrófico e, de repente, a liderança israelense — e o rumo israelense — pareciam incertos, carecendo de um político central com capacidade de levar o país para um acordo, ainda que limitado. Ehud Olmert, o vice de Sharon, seria o primeiro a tentar.

O jogo da democracia:
o Hamas chega ao poder na Palestina

Toda sexta-feira, antes das orações do meio-dia, milhares de homens e mulheres da cidade de Dura, na Cisjordânia, param para fofocar e fazer compras nos estandes do mercado que levam aos degraus da Grande Mesquita. Visitei Dura na primeira sexta-feira após o Hamas vencer as eleições palestinas. No entanto, naquela manhã, as conversas se concentravam em cartuns: uma dúzia de caricaturas do profeta Muhammad (Maomé) haviam sido publicadas pelo jornal diário dinamarquês *Jyllands-Posten*, desencadeando um paroxismo mundial de histeria apocalíptica que fez com que se voltasse a empregar aquela expressão que soa a *Guerra nas estrelas*: "choque de civilizações". O imame da Grande Mesquita de Dura é um homem com quase cinqüenta anos chamado Nayef Rajoub. Conquanto o sheik Nayef seja um líder do Hamas, tendo obtido a maior votação de toda a Cisjordânia, seus partidários me contaram que ele também estava concentrado nos cartuns. Falaria naquele dia sobre as caricaturas dinamarquesas como uma "arma dos cruzados ocidentais".

Do lado de fora da mesquita, encontrei um grupo de pessoas em volta de uma loja de frutas e legumes dirigida por um homem chamado Eichmann Abu Atwan. Pensei que tivesse entendido mal o nome, mas ele sorriu, mostrou a carteira de identidade e confirmou: "Eichmann. Como o nazista". Seu pai dera esse nome durante o julgamento de Adolf Eichmann, em Jerusalém, em

1961. "Ele foi um combatente antigo, matou israelenses na década de 1970", Eichmann contou com orgulho. "E meu irmão foi um combatente tão feroz que um jornal sírio o comparou a Abdel-Aziz al-Rantisi" — um dos fundadores do Hamas. Eichmann apoiava o Fatah, o grupo nacionalista palestino fundado por Yasser Arafat cerca de cinqüenta anos atrás, e, como todos os outros com quem eu vinha conversando nos territórios ocupados, disse que o Hamas havia vencido por uma variedade de motivos: a corrupção financeira do Fatah e sua liderança; o fracasso total do processo de Oslo; um aumento acentuado na prática islâmica em Gaza e na Cisjordânia; a dupla capacidade do Hamas de oferecer serviços sociais aos palestinos e lançar ataques armados contra os israelenses. "O tempo se esgotou para o Fatah", afirmou Eichmann.

Enquanto o muezim convocava a população de Dura à mesquita, o gêmeo fraterno de Nayef, Yasir, parou na loja. "Vocês todos vêm ouvir o sheik?", perguntou. À semelhança de Nayef, Yasir se afiliara ao Hamas desde o princípio, mas o irmão mais velho deles, Jibril Rajoub, foi um dos auxiliares mais poderosos de Arafat e um chefão do Fatah. Jibril dirigira o Serviço de Segurança Preventiva na Cisjordânia, e foi um dos perdedores nas eleições.

As orações começaram às onze e meia, e entramos em fila na mesquita e nos ajoelhamos. As paredes estavam caiadas. Uma dúzia de lâmpadas fluorescentes pendiam do teto, emitindo uma luz amarelada turva. O aposento estava lotado de homens, mas eu não era imperceptível. Meu tradutor, um jovem aspirante a jornalista da Cisjordânia chamado Khaldoun, rapidamente percebeu que sua tarefa principal, após verter o sermão do sheik para o inglês, seria explicar a quem perguntasse (e muitos o fizeram) que o visitante estrangeiro não era "dinamarquês". A Al Jazeera e outros canais de televisão em língua árabe haviam mostrado protestos ferozes por toda a Europa, Ásia e Oriente Médio.

"Dinamarquês?", um homem me perguntou.

Khaldoun respondeu com uma explicação prolongada em que se destacou a palavra "Am-rika", que não era algo que alguém devesse alardear nos últimos anos, mas desta vez deu conta do recado.

O sheik Nayef tem uma barba meio grisalha, cabelos bem rentes, e um olhar tranqüilo e estranhamente distante. Sua postura era tão ereta quanto o microfone à sua frente. Contaram-me que, fora da mesquita, sua personalidade era tímida, até distante — um contraste acentuado com seu irmão mundano e de aspecto feroz Jibril —, mas ele logo adotou um tom de indignação no sermão. Os cartuns dinamarqueses, disse, lembravam as calúnias lançadas contra o Profeta 1400 anos antes. Muhammad "foi acusado de ser um mago, de ser louco. O mesmo está acontecendo agora na Dinamarca, na França, embora muitas mesquitas da Europa estejam espalhando a sua mensagem. [...] O que aconteceu na Dinamarca é uma ofensa contra Muhammad e seus seguidores. É um ato de agressão contra nós e contra os nossos sentimentos".

O sheik não pretendia abordar as origens das manifestações: como haviam sido atiçadas não apenas por um imame em Copenhague e diferentes grupos jihadistas, mas também por regimes políticos, como o dos sauditas, que ostentam sua devoção para apaziguar seus súditos islâmicos. "Este não é meu tema hoje", explicou. Seu tema era poder e humilhação, a ofensa ocidental e a vontade islâmica. O caso dos cartuns, ele disse, constituía mais um episódio do ataque dos cruzados contra a fé, e o motivo da "humilhação do Profeta é a fraqueza de nossa nação". As manifestações provaram que o Hamas e o movimento islâmico ao redor do mundo não se deixaram impressionar por "desculpas" como liberdade de expressão, e estavam absolutamente determinados a rejeitar as devoções dos "pagãos".

O sheik continuou: "As pessoas que se ajoelham perante a Casa Branca e o modo de vida ocidental precisam acordar e perceber que essa vida não é adequada para nós. Atualmente elas nos exortam a aceitarmos os nossos inimigos, a abrirmos mão de nossos princípios, a desistirmos da resistência e fazermos o mesmo que o governo anterior" — referia-se à Autoridade Palestina sob o Fatah. "Mas este não é nosso modelo. Nosso modelo é o profeta Muhammad. O que o governo anterior conseguiu com os acordos? Conseguiu o fracasso, a negação de nossos direitos, um cerco — Arafat ficou preso num cerco. Não temos nenhum parceiro em Israel. Um povo com princípios não repetirá essa falha. Se nosso povo repetir isso, a próxima coisa será os israelenses nos mandarem pararmos de rezar, pararmos de jejuar, mudarmos nossos nomes, retirarmos o véu. Não repetiremos esses erros. A Palestina é para os muçulmanos, e ninguém pode entregá-la. [...] Quem ofender a Deus e seu Profeta sofrerá agora e após a morte".

Dura é uma cidade na região de Hebron, e Hebron é a maior cidade da Cisjordânia. É também uma das cidades mais puramente islâmicas dos territórios ocupados e um centro de terrorismo. Um motivo da tensão extraordinária em Hebron, além das privações gerais da ocupação de quase quatro décadas, é a presença, entre 150 mil palestinos, de quinhentos colonos judeus protegidos por mais de 2 mil tropas israelenses. No feriado judaico de Purim em 1994, um médico e colono, natural do Brooklyn, chamado Baruch Goldstein abriu fogo, com um fuzil de assalto, contra árabes que oravam no Túmulo dos Patriarcas, matando 29 pessoas e provocando distúrbios e represálias em toda a região. Alguns anos atrás, no auge da intifada de Al Aqsa, o Jihad, um time de futebol patrocinado por uma mesquita local, instituiu um esquema de treinamento rigoroso: os jogadores jejuavam nas segundas-feiras e quintas-feiras, diariamente juravam fidelidade ao Hamas e treinavam quase toda tarde vestindo camisetas com uma mão brandindo um machado e os dizeres: "Al Jihad: prepare-se para ela". O desempenho impressionante no campo contribuía apenas secundariamente para a fama do time. Oito de seus membros, inclusive o técnico-jogador, realizaram operações suicidas, um após o outro, matando mais de vinte pessoas e ferindo dezenas de outras. A cidade esgotou sua sensação de esperança anos atrás. Agora todo visitante vindo pela estrada ao sul, de Jerusalém a Hebron, é saudado por uma enorme faixa verde dizendo: "Bem-vindo à cidade do Hamas!".

O Hamas, fundado em 1987, durante a primeira intifada, e considerado uma organização terrorista por Israel, Estados Unidos e União Européia, obteve 74 das 132 cadeiras do Conselho Legislativo Palestino. O Fatah obteve apenas 43. O Hamas conquistou uma vitória arrasadora na região de Hebron, obtendo todas as nove cadeiras. Depois que Arafat assinou os acordos de Oslo, em 1993, e a liderança palestina encerrou seu longo exílio em Túnis para estabelecer a Autoridade Palestina na Cisjordânia e Faixa de Gaza, os líderes do Fatah, homens como Jibril Rajoub, passaram a assegurar que militantes islâmicos como Nayef Rajoub não estendessem a sua influência além da mesquita. Jibril mostrou sua valentia como combatente da resistência, passando dezessete anos de sua juventude em prisões israelenses — em grande parte por atirar uma granada, que não explodiu, contra um comboio de tanques israelenses —, mas suas perspectivas políticas na meia-idade foram frustradas. Como chefe da Segurança Preventiva, ele deteve membros do Hamas e outros grupos islâmicos. Em breve, é provável que o Hamas controle a Segurança Preventiva — seus 5 mil soldados e suas armas.

A família Rajoub era conservadora e provinciana, mas não especialmente religiosa. Nayef tornou-se devoto quando estudou direito islâmico na Jordânia. Yasir, que é diretor de uma instituição de caridade islâmica que cuida de órfãos, foi preso nove vezes e passou um total de onze anos em prisões israelenses. Em 1992, ele e Nayef, junto com mais de quatrocentos outros membros do Hamas e da Jihad Islâmica, foram deportados à força por Israel para a aldeia de Marj al-Zahour, numa montanha ao sul do Líbano, onde viveram em tendas durante um ano, até que o governo permitiu sua volta. As reuniões e discussões entre os deportados ajudaram a formar o núcleo da liderança islâmica que está chegando agora ao poder. Os islâmicos chamaram seu exílio de "Universidade Ibn Taymiyya", em alusão a um pensador islâmico medieval. Sete dos nove candidatos do Hamas em Hebron estiveram entre os deportados. Quando perguntei a Yasir Rajoub sobre seu irmão Jibril, ele sorriu magnanimamente e disse que a família era unida e os desacordos entre os irmãos não tinham "nada de pessoal".

"Jibril chegou a me prender por um mês", ele disse. "Fui levado a Jericó", onde a Segurança Preventiva mantinha seus escritórios e celas. "Outras pessoas foram torturadas naquela prisão, mas não eu — talvez por ser irmão de Jibril. Quando os israelenses nos prenderam, Jibril procurou cuidar de nós. Ele enviou dinheiro à minha família."

Após as preces do meio-dia, o sheik Nayef aceitou as congratulações pelo sermão nos degraus da mesquita e nos estandes do mercado. Deu as mãos aos fiéis, abençoou crianças e, depois, como não tem carro, procurou uma carona para casa. Ele me convidou para o almoço.

"Jibril é rico, mas o sheik é pobre, um homem simples", contou-me um de seus admiradores. "Teve de pedir um empréstimo a fim de pagar a taxa para ter seu nome na cédula de votação." Os chefões do Fatah nos territórios têm fama de desviar dinheiro de ajuda humanitária e exigir propinas de negócios como petróleo, gás e concreto. Suas casas opulentas, na praia de Gaza ou nos montes da Cisjordânia, zombam dos prédios de apartamentos caindo aos pedaços de seus subalternos.

A casa modesta do sheik situa-se ao final de uma estrada de terra esburacada na periferia de Dura. Um grupo de mulheres, incluindo sua esposa, filhas e sobrinhas, estava na garagem lidando com um forno a gás e empilhando pães árabes. Num caldeirão, cozinhavam nacos de carneiro e arroz. Seguido por alguns de seus filhos, o sheik levou seus convidados — membros da família, auxiliares e amigos da mesquita — para uma sala da casa guarnecida apenas de tapetes e um abajur de pé. Um filho adolescente espalhou vários encerados sobre o chão e outro trouxe pratos e travessas de comida.

"Vamos lá", disse o sheik. "Não é fácil pregar durante tanto tempo. Vamos comer e depois conversamos."

Constitui uma ironia da história que o primeiro partido islâmico do mundo árabe a chegar ao poder em eleições democráticas não tenha sua sede no Cairo ou Amã, e sim nos territórios ocupados pelo Estado judeu. O presidente Hosni Mubarak do Egito e o rei Abdullah da Jordânia vêm mantendo os ativistas islâmicos de seus países acuados, alternando repressão, cooptação e acesso limitado a cédulas de votação inexpressivas. Mubarak e Abdullah ficaram tão apavorados quanto os israelenses ao verem a ascensão do Hamas nas suas fronteiras.

Israel e os Estados Unidos já estão discutindo maneiras de isolar e desestabilizar a Autoridade Palestina caso o Hamas se recuse a reconhecer Israel e renunciar à violência. De acordo com uma matéria de Steven Erlanger no *Times*, os israelenses poderiam provocar uma crise financeira nos territórios palestinos se recusando a repassar mais de 50 milhões de dólares por mês em impostos e taxas alfandegárias que eles coletam em nome da Autoridade Palestina. Eles poderiam tornar a vida econômica ainda mais dura reforçando o controle sobre o movimento de produtos e trabalhadores entre Israel e os territórios. Os governos ocidentais têm afirmado que também poderiam interromper a ajuda financeira. Essas medidas poderiam resultar em um déficit anual de 1 bilhão de dólares, impossibilitando a Autoridade Palestina de pagar seus 140 mil funcionários, que sustentam mais de um terço da população palestina. Se o Hamas decidir se rebelar em vez de ceder à pressão externa, poderia resultar outro conflito armado com Israel — uma terceira intifada. Os israelenses estão apostando que o Hamas — que venceu as eleições sem maioria dos votos e obteve mais apoio pelas promessas de reforma do que pelas visões extremistas em relação a Israel — preferiria ceder a ser forçado a optar entre pobreza e guerra.

Os movimentos de resistência islâmicos surgiram na Palestina bem antes da criação de Israel. Os batalhões militares do Hamas recebem o nome de Izz al-Din al-Qassam, um sheik de origem síria que, durante o período do Mandato, realizou numerosos ataques contra autoridades britânicas e judias. (Ele foi morto pelos britânicos em 1935.) Em um sermão, ele afirmou: "Nada nos salvará além de nossas armas".

A Fraternidade Muçulmana, a organização que deu origem ao Hamas e a quase todo grupo islâmico contemporâneo do mundo árabe, foi fundada em 1928 por um mestre-escola chamado Hassan al-Banna, que condenou tanto o governo colonial inglês como o nacionalismo árabe secular. Para Banna e os Irmãos Muçulmanos, o Alcorão era um guia espiritual e uma constituição mundana. Na década de 1960, quando a fraternidade se tornou popular, o presidente egípcio Gamal Abdel Nasser reprimiu-a, processando e executando o pensador mais influente e radical do grupo: Sayyid Qutb.

Na mesma série de detenções, a polícia egípcia prendeu por um breve tempo um sheik jovem de Gaza chamado Ahmed Yassin. Quando, após a Guerra dos Seis Dias em 1967, Gaza tornou-se um território ocupado pelos israelenses, o sheik Yassin criou uma série de organizações de caridade e serviço social, e assumiu o controle de associações profissionais e da Universidade Islâmica de Gaza, todas ligadas à autoridade das mesquitas. Como milhares de palestinos trabalhavam diariamente em cidades israelenses como Tel Aviv, Yassin ficou obcecado com a influência moralmente nefasta que tais lugares poderiam exercer sobre seu povo. Em 1973, criou o Centro Islâmico, o Al-Mujamma al-Islami, com o objetivo de fortalecer a autoridade do Islã sobre a população.

"Naquela época, a preocupação de Yassin era com homens e mulheres nadando juntos", contou-me Emmanuel Sivan, uma das maiores autoridades israelenses no Islã moderno. A ênfase de Yassin era no *da'wa* — trabalho social e prece — e ele habilmente obteve ajuda de doadores locais, da diáspora palestina e de outros muçulmanos no exterior. O governo israelense, que concentrava seus recursos no combate a Arafat, concluiu que os ativistas islâmicos ameaçavam mais a OLP do que Israel e quase não se opôs a Yassin. "Israel agiu baseado na lógica ocidental simples de apoiar o rival de nosso inimigo", disse Shaul Mishal, um professor da Universidade de Tel Aviv e co-autor de uma história abalizada do movimento, *The Palestinian Hamas*. "Essa estratégia não durou muito."

No início da década de 1980, muitos homens jovens insatisfeitos entre os ativistas islâmicos palestinos estavam se envolvendo na resistência violenta contra Israel, dominada por combatentes da OLP. Para mantê-los sob a autoridade das mesquitas, Yassin e seus colaboradores começaram a importar armas e organizar milícias próprias. Quando, em dezembro de 1987, a intifada começou — primeiro no campo de refugiados de Jabalia, em Gaza, depois através dos territórios ocupados —, os ativistas islâmicos aderiram plenamente à rebelião, e o Hamas, acrônimo de Harakat al-Muqawama al-Islamiyya, o Movimento de Resistência Islâmico, nasceu. ("Hamas" significa "fervor".)

O estatuto do Hamas, um documento de 9 mil palavras adotado pela liderança em agosto de 1988, permanece a base ideológica do grupo, mesclando fundamentalismo islâmico com um movimento nacional. Desde o início, a OLP incluíra uma variedade de ideologias e tendências, entre elas o nacionalismo árabe e o marxismo, mas o Hamas rejeitou tal influência "estrangeira". Em seu estatuto, a Palestina histórica — o território *min al nahr ila al barh*, do rio Jordão ao Mediterrâneo — é declarada parte da *waqf* (dotação) islâmica, "consagrada às gerações muçulmanas futuras até o Dia do Julgamento", sendo indivisível. Renunciar a qualquer parte da terra — em outras palavras, permitir a presença de um Estado judeu estranho — é proibido. O Hamas "luta para erguer a bandeira de Alá sobre cada centímetro da Palestina", diz o estatuto, pois, sob os judeus, "o estado de verdade desapareceu, sendo substituído pelo estado do mal".

O estatuto do Hamas também reflete uma visão descaradamente anti-semita e conspiratória da história regional e mundial. O artigo 22 afirma que o povo judeu "provocou revoluções" através do mundo de 1789 a 1917. Os judeus desencadearam a Primeira Guerra Mundial a fim de destruir o califado islâmico e a Segunda Guerra Mundial a fim de auferir "lucros enormes transacionando material bélico". Em suma, "nenhuma guerra irrompeu em nenhum lugar sem as impressões digitais dos judeus". Os judeus também formaram "organizações secretas" e entidades de "espionagem destrutiva" — maçonaria, Rotary Club, Lions Club e outras — para promover o projeto sionista, que "não tem nenhum limite. [...] Após a Palestina, lutará para se expandir do Nilo ao Eufrates". Esse plano está "delineado" nos "Protocolos dos sábios do Sião", um falso plano judaico de dominação do mundo forjado na época czarista.

O ponto de vista do estatuto sobre as negociações e "as denominadas soluções pacíficas" é claro. "Não há solução para o problema palestino senão a Jihad. As iniciativas, propostas e conferências internacionais não passam de perda de tempo e pura futilidade."

Após a primeira intifada e o advento do processo de Oslo, em 1993, Arafat passou a suspeitar do Hamas e de sua recusa em aceitar o processo de paz, o direito de existência de Israel ou, acima de tudo, sua autoridade em Gaza e na Cisjordânia. De acordo com o livro de Mishal, Arafat certa vez se referiu ao Hamas como uma "tribo zulu", alusão ao movimento Inkatha, que se recusou a aceitar o comando de Nelson Mandela e do Congresso Nacional Africano. Arafat também se viu competindo com o Hamas por dinheiro. Quando ele apoiou o Iraque na Guerra do Golfo em 1991, a Arábia Saudita, Kuwait e outros Estados da Península Arábica passaram a desviar para o Hamas fundos antes destinados à OLP. No início da década de 1990, de acordo com Gilles Kepel, autor de *Jihad: expansão e declínio do islamismo*, o Hamas conquistou adeptos de três classes sociais: homens jovens pobres, que participavam da resistência armada, as classes médias religiosas e intelectuais islâmicos na região e no Ocidente.

Enquanto isso, Israel e Estados Unidos ficaram profundamente frustrados com a incapacidade, ou falta de vontade, de Arafat de enfrentar o Hamas, que se tornara um pioneiro na arte do terrorismo. O primeiro atentado suicida moderno foi em 1981 contra a embaixada iraquiana em Beirute. Em 1983, o Hezbollah, a milícia xiita do sul do Líbano financiada pelo Irã, usou homens-bomba para atacar alojamentos americanos e franceses em Beirute. Em 1993, o Hamas passou a realizar tais ataques com uma freqüência assustadora.

Após o assassinato de Yitzhak Rabin, em 1995, o Hamas tornou-se talvez o fator mais importante na busca de um sucessor: uma série de atentados realizados pelo Hamas em Israel durante a campanha fizeram com que os eleitores israelenses se voltassem para o Partido Likud de direita, trazendo ao poder Benjamin Netanyahu, que prometeu nenhuma concessão aos palestinos. Netanyahu declarou-se determinado a destruir o Hamas, mas em vez disso acabou retribuindo o favor, ordenando uma operação que ajudou imensamente a liderança do Hamas.

Em 1997, Netanyahu despachou um grupo de agentes do Mossad a Amã para assassinarem Khaled Meshal, o principal líder do Hamas no exterior. Dois agentes se aproximaram de Meshal na rua pelas costas e um deles espetou em seu ouvido uma agulha com uma toxina mortal que afeta os nervos. O guarda-costas de Meshal, porém, revelou-se um exímio atleta: perseguiu os agentes israelenses, primeiro de carro e depois a pé, bateu neles e levou-os a uma prisão local. Tendo os agentes israelenses confessado, em vídeo, o envenenamento, o rei Hussein, furioso com a missão do Mossad em território jordaniano muito depois de ele ter assinado a paz com Israel, telefonou para Netanyahu e exigiu um antídoto para o veneno. Netanyahu recusou. Somente depois que Hussein apelou a Bill Clinton e a imprensa israelense começou a criticar Netanyahu por ordenar uma operação tão desastrosa, ele cedeu. Meshal sobreviveu. Hussein, que tinha sua própria maioria palestina para aplacar, extraiu outra concessão de Netanyahu: para não comprometer a paz com a Jordânia, o primeiro-ministro israelense concordou em libertar da prisão o sheik Yassin.

Durante muitos anos, Yassin serviu como guia estratégico e espiritual do Hamas. Israel afirmava que ele dava o consentimento final às operações terroristas. Em 2004, durante a intifada de Al Aqsa e a tentativa israelense de acabar com a liderança do Hamas, Yassin foi morto num ataque de míssil. Desde então, quando visito líderes do Hamas em Gaza e a sede da Fraternidade Muçulmana no Cairo, vejo retratos de Yassin em todo escritório. "Ele é o nosso homem santo", contou-me Mahmoud al-Zahar, o líder do Hamas em Gaza. "É o nosso maior mártir."

Os principais líderes do Hamas — Zahar e Ismail Haniyeh, em Gaza, e Musa Abu-Marzuq e Khaled Mashel, em Damasco — nunca fingiram inocência a respeito dos ataques cometidos em seu nome, mas eles são razoavelmente escolados nas artes da argumentação diplomática e manipulação da mídia. Sua linguagem pública procura unir objetivos contraditórios. Como os líderes do IRA décadas atrás, eles estão tentando ingressar no domínio da política, sem abrir mão das vantagens da resistência armada nem da pureza do rejeicionismo ideológico. Eles querem conservar o apoio de seus combatentes mais radicais sem perder os recursos financeiros da União Européia. Eles acenam com a possibilidade de uma *hudna* — uma trégua prolongada — se Israel recuar para as fronteiras que existiam antes da Guerra dos Seis Dias, mas também preservam o objetivo "histórico" do domínio absoluto, claramente expresso em seu estatuto.

O sheik Nayef Rajoub é um exemplo típico dos homens e mulheres do Hamas que constituirão a maioria do próximo legislativo palestino. Ao contrário dos políticos do Fatah, que percorreram o mundo, navegaram por recepções diplomáticas e lidaram estreitamente com os israelenses por muitos anos, eles são provincianos, inexperientes e cautelosos ante a tarefa de governar, ainda que um proto-Estado. Poucas pesquisas de opinião pública previram que o Hamas venceria a eleição, e seus líderes ficaram tão surpresos quanto o Fatah ou o serviço secreto israelense. Mas agora o sheik Nayef estava preparado para ser magnânimo para com seu irmão mais velho e famoso.

"No passado, meu irmão e eu tínhamos motivos para tensão", ele disse enquanto comíamos o último pedaço de carneiro. "Atualmente, nosso relacionamento é melhor do que nunca. Somos pessoas civilizadas, e cada um teve sua opção, incluindo a religião. Minha opção foi pelo Islã e a opção de Jibril foi algo diferente. Acho que Jibril rezava durante algum tempo, mas depois parou. Isso me entristece."

O sheik sentia-se parte de uma "onda histórica mundial". Ele disse que o Hamas, após anos mantendo distância da política oficial, decidira "aceitar o jogo democrático", e ele tinha certeza de que, se a mesma oportunidade fosse dada em outras partes do mundo árabe, os partidos islâmicos prevaleceriam. "O fracasso de todas as outras ideologias está trazendo os muçulmanos para o Islã, e é isso que está acontecendo na Palestina", ele disse. "Vinte anos atrás, quando eu trabalhava na mesquita, cerca de 150, duzentas pessoas vinham na sexta-feira. Agora são mil. Naquela época, havia uma só mesquita em Dura. Agora existem doze." O Hamas conseguiu uma votação considerável mesmo em cidades com populações cristãs significativas, como Ramallah e Belém.

O sheik contou que sabia que, apesar da forte votação no Hamas, a maioria dos palestinos, nas pesquisas de opinião pública, se diz a favor do fim da ocupação e de uma solução de dois Estados. Mas o Hamas, ele acrescentou, "jamais" se dobraria aos israelenses, americanos, europeus, e mesmo aos pedidos egípcios de que reconheça a existência de Israel e se desarme.

"Como pode o mundo querer que reconheçamos o Estado de Israel quando Israel não nos dá o direito de existirmos, quando tomou nossas terras e impôs a ocupação e não reconhece os nossos direitos?", ele perguntou. "A resistência para nós é uma ação legítima. As leis divinas e as humanas nos dão o direito de resistir."

479

O Hamas não realizou nenhum ataque suicida nos últimos meses, mas os israelenses não acreditam que a trégua reflita um desejo nascente de acordo. "O conflito com Israel não é uma questão de terras", afirmou o sheik Nayef. "É uma questão de ideologia. Todos os slogans israelenses — o 'povo escolhido', a 'terra prometida' — mostram que a base de seu Estado é religiosa. Mas estas são lendas religiosas, falsas histórias. Deus não deu esta terra aos israelenses, aos judeus, como se fossem preferidos, acima de todos os outros povos da Terra, e todos os outros povos devessem servi-los." O sheik prosseguiu: "Duzentos anos atrás na Europa, eles eram pessoas conservadoras, mas agora o mundo da moda, a mídia, são controlados pelos judeus. E seu povo é sexualmente aberto. Freud, um judeu, foi quem destruiu a moral, e Marx destruiu as ideologias divinas. Se não foram todos os judeus, bem, pelo menos eles tiveram uma grande participação nisso. E agora o lobby judeu nos Estados Unidos está ditando a política no mundo e levando os Estados Unidos a travarem guerras por todo o mundo".

Um dos maiores financiadores do Hamas tem sido o regime xiita fundamentalista de Teerã, de acordo com os serviços de inteligência israelenses e americanos. Numa conferência em Teerã em outubro passado intitulada "Um mundo sem sionismo", o presidente atual do Irã, Mahmoud Ahmadinejad, instou os palestinos a manterem uma posição maximalista em relação a Israel. Citando a declaração do aiatolá Khomeini de que Israel "precisa ser eliminado das páginas da história", Ahmadinejad instruiu os palestinos a jamais cederem às exigências da diplomacia. Eles não devem reconhecer Israel — e quem o fizer , ele declarou, "deve saber que arderá no fogo da *Ummah*", a nação islâmica.

Perguntei ao sheik se ele concordava com o argumento de Ahmadinejad, muito divulgado nos últimos meses, de que o Holocausto foi um mito e um pretexto para a criação de Israel.

A questão, disse o sheik, tinha uma relação direta com a pregação daquela manhã sobre os cartuns dinamarqueses e a vontade dos muçulmanos de resistirem à humilhação. "Quando Ahmadinejad falou, todos no Ocidente o condenaram, mas por que o Ocidente não disse que Ahmadinejad tinha seu direito à liberdade de expressão?" O sheik sorriu como alguém que lançou um argumento irrefutável. "Quando a questão envolve os judeus, é sempre anti-semitismo, anti-semitismo, mas, quando diz respeito a outras religiões, é uma questão de liberdade de expressão."

Mas ele concordava com o líder iraniano?, perguntei.

O sheik voltou a sorrir, desta vez satisfeito.

"Se eu responder, você me dará uma verdadeira dor de cabeça, não é?", ele respondeu. "Prefiro não dizer minha opinião a respeito. Sem dúvida, é controvertido demais. Se eu digo que concordo com Ahmadinejad, o Hamas será acrescentado na lista dos que negam o Holocausto. Se eu não concordar com ele, os judeus terão a desculpa de que, já que sofreram tanto na Segunda Guerra Mundial, o que fazem agora se justifica. O que conheço com certeza são os crimes dos judeus no Líbano, na Cisjordânia e em Gaza."

Chegou a notícia de que o irmão do sheik, Jibril, estava vindo visitá-lo. Pela janela pudemos ver um comboio liderado por um Land Cruiser blindado e um sedã BMW — as recompensas do poder do Fatah — parando diante da casa. O sheik suspirou. Não parecia totalmente preparado para saudar seu irmão mais velho. A fim de animá-lo, perguntei o que mais ele fazia além de rezar e ensinar o Alcorão.

"Também sou o líder da União dos Apicultores de Hebron", respondeu.

Perguntei se ele levava muitas ferroadas.

O sheik girou os olhos. "Nem queira saber", ele disse.

Em meados da década de 1990, Jibril Rajoub, Marwan Barghouti, que comandava a milícia do Fatah, e Muhammad Dahlan, chefe de segurança da Autoridade Palestina na Faixa de Gaza, eram considerados sucessores potenciais do "Velho Homem" — Arafat. Ao contrário de Jibril, seus colegas conquistaram cadeiras no novo Parlamento, apesar de alguns problemas: Barghouti cumpre cinco penas de prisão perpétua (mais quarenta anos) por ajudar a matar dois israelenses e um monge grego. Quanto a Dahlan, acredita-se que enriqueceu a si e sua família estendida de forma escandalosa e ilegal. Jibril, porém, não conseguiu superar as complexidades de sua história e personalidade. Durante a campanha, sua reputação foi prejudicada não apenas pela arrogância — o ar de superioridade, a riqueza supostamente adquirida —, mas também porque ele havia perdido o contato com seus eleitores potenciais. Desde que voltou à Cisjordânia do exílio da OLP em Túnis, morou e trabalhou quase só em Jericó e Ramallah.

Como revelou Khalid Amayreh, um jornalista de Dura que escreve para o site da Al Jazeera: "Jibril é exuberante, ostentoso, um egomaníaco que se acha o maioral, um megalomaníaco. Sua língua costuma ser mais rápida que sua mente. Ele não é intelectual. Como diz o ditado inglês: '*Manchester born, Manchester bred, / Strong in the arm, weak in the head*' ['Nascido em Manchester e lá criado, braço forte, mas cérebro embotado']. Em seus discursos, ele atacou seus oponentes de forma histérica e frenética, xingando-os de todas as maneiras. Ele dizia: 'Eu já estava atirando nos israelenses quando o sheik Nayef ainda brincava com criancinhas'. E debochou do Hamas. Foi tudo um desastre de relações públicas".

Debochar do Hamas, que conseguiu conquistar, entre os palestinos, uma reputação de caridade para o povo e incorruptibilidade, foi uma estratégia questionável para qualquer candidato do Fatah. Aos olhos palestinos, o Hamas criou uma espécie de sociedade civil paralela muito antes de se tornar conhecido pelos atentados suicidas.

Certa manhã, visitei a Sociedade de Caridade Islâmica, em Hebron, uma instalação ampla para milhares de crianças, que inclui escolas, uma clínica e um orfanato. O diretor, um ex-gerente de marketing chamado Khalil Herbawi, informou que a sociedade era mantida por várias organizações não governamentais ocidentais, grupos árabes e doadores privados. O predecessor de Herbawi era do Hamas e foi preso em 2002 por ajudar a financiar e planejar um ataque ao assentamento vizinho de Adora. Herbawi revelou que nas eleições votara no Hamas, mas acrescentou: "Eu próprio não pertenço ao Hamas". Em setembro passado, tropas israelenses invadiram o prédio administrativo da sociedade, confiscaram documentos, aparelhos de fax, impressoras e computadores e, depois, lacraram as portas como se aquela fosse a cena de um crime, ação que revoltou Herbawi.

"Os israelenses nos acusam de cuidar de filhos de mártires", Herbawi disse. "Mas aceitamos todos os órfãos, aqueles cujos pais são homens-bomba ou morreram de câncer ou ataque cardíaco. Dos mil órfãos aqui, apenas vinte ou 21 são órfãos por causa de ataques suicidas. Outros vinte, mais ou menos, são filhos de colaboradores que foram mortos. A coisa se equilibra."

Ao olharmos lá dentro as salas de aula cheias de crianças aprendendo matemática e ciência e depois, de uma sacada, uma área de recreação repleta de meninas, todas trajando véu, Herbawi comentou: "Isto é terrorismo? Talvez eles me prendam também".

Tais instituições compreensivelmente ajudaram a popularizar o Hamas. Gaza e a Cisjordânia são pobres, e, embora nos últimos dez anos os governos ocidentais e árabes tenham despejado bilhões de dólares nas contas da Autoridade Palestina, a maioria dos palestinos acredita que a corrupção do Fatah os tenha sistematicamente privado de grande parte do dinheiro de ajuda humanitária. Os serviços secretos ocidentais acreditam que o Hamas utilizou suas instituições sociais para operações armadas, doutrinar crianças nas escolas, incitar a violência e recrutar militantes nas mesquitas, criar aparelhos terroristas e fornecer dinheiro para armas e para as famílias dos homens-bomba mortos pela causa.

Em 1998, o sheik Yassin afirmou que os ramos político e social do Hamas não podiam ser distinguidos do militar. "Não podemos separar a asa do corpo", ele disse, segundo um informe da Reuters. "Se o fizermos, o corpo não conseguirá voar. O Hamas é um só corpo."

Na maioria das cidades palestinas, as eleições foram tão absorventes que, durante semanas, cartazes de campanha substituíram os retratos usuais de homens e mulheres jovens levantando rifles AK-47 em seus últimos momentos de vida. A democracia eclipsou o culto do martírio. O Fatah superou em gastos o Hamas e os partidos menores, e o governo Bush canalizou cerca de 2 milhões de dólares através da USAID, financiando projetos nos territórios ocupados na esperança de aumentar as chances eleitorais do Fatah.

O Hamas conseguiu contratar Nashat Aqtash, um professor de estudos de mídia da Universidade Bir Zeit, para assessorá-lo em relações públicas. Aqtash me contou, quando o visitei em Ramallah, que seu trabalho não foi tão difícil como parecia para os observadores externos. "Para vocês, o Hamas são ataques suicidas e nada mais", ele disse. "Mas os ataques suicidas são apenas uma fração pequena do que o Hamas significa para o povo palestino." O Hamas, ele insistiu, possuía "muito mais pontos positivos do que negativos". Sua imagem de ministrar caridade e ter arcado com o peso da intifada de Al Aqsa, em contraste com a desorganização quase surreal do Fatah, eram apenas parte da história. As contribuições americanas saíram pela culatra. "Os palestinos são obstinados e não querem que ninguém lhes diga o que devem fazer, muito menos os Estados Unidos", ele disse.

O Hamas apresentou três comerciais na televisão na última semana da campanha, e nenhum deles explorou a imagem familiar de mártires adolescentes e declarações de jihad. Aqtash me mostrou as propagandas na tela de seu computador. Uma delas alternava imagens de crianças palestinas sofrendo nas mãos de soldados israelenses e os dizeres: "Nosso sangue" — em vermelho — "é uma cerca para proteger nossos lugares sagrados". Bem moderado pelos padrões do Hamas. Outra mostrava Ismail Haniyeh, o principal candidato do Hamas na chapa eleitoral nacional, que deverá se tornar primeiro-ministro. "Iremos proteger o movimento de resistência até recuperarmos os territórios ocupados", Haniyeh dizia, quase sussurrando.

Aqtash havia aconselhado os candidatos do Hamas a não falarem sobre matar israelenses e a limitarem seus discursos sobre a retomada de toda a Palestina histórica. "Veja bem", disse com orgulho, "ele se refere claramente aos territórios ocupados em 1967. Só gente louca fala em ir além das fronteiras de 1967."

Se um governo liderado pelo Hamas atrairia recursos do estrangeiro para os palestinos, perguntei, qual seria sua próxima estratégia de relações públicas?

Aqtash sorriu e me lembrou de que seu contrato expirara no dia da eleição. Mesmo assim, ele ofereceu alguns conselhos finais. "Nossa retórica era ineficaz porque empregávamos uma retórica islâmica que é compreensível para nós, mas incompreensível, e assustadora, para vocês", ele explicou. "Nos funerais, vocês viam pessoas mascaradas carregando rifles. Em Gaza, isso é cultural, tentando mostrar nossa dor e apoio às famílias. Mas essas imagens no Ocidente significam: 'Vamos matar vocês'. Precisamos organizar a mensagem palestina para o Ocidente e colocá-la em um contexto que o Ocidente consiga entender. Os israelenses matam os palestinos, mas eles também têm o talento de se explicar".

Robusto, sorrindo em sua carranca e sentado na cadeira com um braço pendendo do espaldar, como um sultão, Jibril Rajoub instantaneamente virou o centro das atenções da sala de estar de seu irmão mais novo. Um menino surgiu equilibrando uma bandeja com vários copos de chá. Jibril foi servido primeiro. O sheik Nayef pôs-se a mexer no colar de contas num ritmo fantástico, enquanto Jibril falava em se dedicar à recuperação do Fatah e tentar coexistir com o Hamas como uma questão de dever familiar.

"Ter um irmão no Hamas é normal, e me orgulho dele", ele disse. "O sheik Nayef é um moderado, ele é realista, um pragmático. Ele nunca foi um extremista. Politicamente, na década de 1990, havia duas estratégias diferentes. Nós, do Fatah, víamos certas coisas como as regras do jogo quando se tratava das negociações. Mas, nos últimos cinco anos, os israelenses pararam de lidar com a Autoridade Palestina como parceira, e a diferença entre as duas facções palestinas diminuiu. [...] Permaneceremos na oposição como um parceiro honesto, e não tentaremos solapar a autoridade do Hamas. Desejamos sucesso a eles."

Jibril prendeu vários ativistas do Hamas quando no poder, mas agora representava o papel do oponente derrotado oferecendo gentilmente conselho aos sucessores. "A maioria do pessoal no Hamas é realista", ele disse. "Não acredito que algo aconteça no plano social — tipo forçar as mulheres a usarem véu. O Hamas tem que se concentrar na legitimidade internacional e garantir à comunidade internacional que uma liderança islâmica contribuirá para a estabilidade regional."

Alguns dias depois, visitei Jibril em seu escritório em Ramallah. Durante a intifada de Al Aqsa, os israelenses bombardearam o prédio, mas agora ele estava reformado e repleto de auxiliares comentando o futuro de Jibril e o advento do Hamas. Jibril entregou-me uma cópia de sua "autobiografia" — uma série de entrevistas do tamanho de um livro sobre seus anos nas prisões israelenses, sua ascensão ao círculo de Arafat e seus contatos com o serviço de inteligência israelense e americano. O livro mostrava fotos dele como um jovem sob custódia israelense e outras — mais velho e pesado — com George Tenet, Nelson Mandela e autoridades israelenses. Jibril sabia que tais relacionamentos, remanescentes dos anos de Oslo, contribuíram para reduzir suas chances eleitorais.

"Circula todo tipo de história sobre quão próximo eu era dos americanos, da CIA e todo o resto", Jibril comentou, amargurado. "Mas será que eu era tão próximo assim? Quando sofri de câncer, em 2002, depois de deixar a Segurança Preventiva, fui tratado primeiro no Egito, e eles recomendaram que eu fosse para a Clínica Mayo, em Minnesota. Mas o visto americano foi recusado." Ele foi para a Inglaterra em vez dos Estados Unidos. "Nunca conversei com os israelenses sem o sinal verde de Abu Amar", ele prosseguiu, usando o nome de guerra de Arafat. "E logo depois de me encontrar com os israelenses, eu o informava do resultado."

Jibril estivera do lado de Arafat, mas o relacionamento sempre foi complicado. Em Túnis, de acordo com o livro de Matt Rees, *Cain's field*, certa vez Rajoub recusou o pedido de Arafat de levar a futura esposa dele, Suha Tawil, ao aeroporto sob a alegação de que não serviria de "chofer para uma prostituta". Em maio de 2002, Arafat demitiu Jibril da chefia da Segurança Preventiva depois que os israelenses exigiram que os diferentes órgãos de segurança palestinos fossem postos sob o controle de Rajoub. Um mês antes, Israel havia atacado o complexo de prédios de Jibril. Deixaram que Jibril e seus homens escapassem, mas somente após entregarem os prisioneiros islâmicos sob sua custódia. Em 2003, Arafat trouxe Jibril de volta à liderança palestina, nomeando-o consultor de segurança nacional. "Nosso relacionamento teve altos e baixos, o que acontece com qualquer relacionamento que se estenda por muitos anos", Jibril explicou. "A certa altura, Arafat sentiu que eu representava uma ameaça ao seu regime, mas sempre fui leal a ele. Ele sempre foi o símbolo do povo palestino e contribuiu para a causa mais do que ninguém."

Depois que Arafat morreu, em novembro de 2004, e seu sucessor no Fatah, Mahmoud Abbas, venceu a eleição para presidente da Autoridade Palestina, ficou mais fácil para o Hamas apresentar-se como o defensor incorruptível da resistência e o Fatah como uma força desgastada. Entre os que duvidam dele, Abbas é considerado tímido, indeciso e incapaz de extrair qualquer coisa dos israelenses. Jibril discordou de Arafat em muitas questões, mas admite: "Se Arafat continuasse vivo, o Hamas jamais teria ganhado. A morte de Arafat foi uma perda para todos e em todos os sentidos. Ele era o único líder palestino realmente comprometido com a reconciliação de dois povos. Ele tinha uma visão ampla".

Se Arafat tinha uma visão tão ampla, perguntei, por que rejeitou um acordo em Camp David, em 2000, que, com todos os seus defeitos, teria sido um acordo bem mais favorável do que qualquer coisa admitida pelos israelenses atualmente? O sheik Nayef havia me dito que Camp David teria sido uma "traição inaceitável". Seu irmão não respondeu diretamente, mas estava claro que sua opinião não era a mesma.

"Desculpe! Para que esta pergunta?", ele disse. "Os israelenses falam de unilateralismo agora. Camp David acabou faz muito tempo. Não adianta chorar sobre o leite derramado."

Os israelenses iniciaram sua própria campanha eleitoral para escolher o sucessor de Ariel Sharon, em coma desde o início de janeiro, quando sofreu um derrame. E embora saibam que a retirada unilateral de Sharon de Gaza, no ano passado, foi interpretada pelo Hamas como uma vitória da resistência armada, todas as pesquisas de opinião mostram que o Partido Kadima, liderado por Olmert, o vice-primeiro-ministro de Sharon, vencerá. Olmert deu uma entrevista ao Canal 2 de Israel deixando claro que, assim como Sharon, planejava fechar dezenas de assentamentos menores na Cisjordânia, mantendo apenas os blocos principais de Ariel, Gush Etzion e Ma'ale Adumim. Ele disse que também manteria o "controle" sobre o vale do Jordão e a soberania sobre Jerusalém inteira. Isto é menos do que Ehud Barak e Bill Clinton propuseram a Arafat cinco anos atrás, e não surpreende que a liderança do Hamas tenha recebido a oferta de Olmert com zombarias. No Cairo, Musa Abu-Marzuq, que anteriormente chefiou o escritório político do Hamas do norte da Virgínia, disse: "Quando restaurarmos a Palestina histórica, os judeus poderão vir morar conosco. Eles então adquirirão a nacionalidade palestina".

No início de fevereiro, enquanto a liderança do Hamas fazia planos para um novo governo, a situação da segurança se deteriorava. Gaza estava se tornando uma terra sem lei, com milícias palestinas lançando foguetes Qassam em território israelense e o Exército israelense matando militares, principalmente do ar. Em Hebron, militantes islâmicos locais atacaram a sede de uma equipe de observadores europeus. Uma dúzia de dinamarqueses da equipe teve de ser escoltada para fora de Hebron pelo Exército israelense — exatamente os soldados que eles vieram observar. Na mesma semana, os israelenses prenderam um grupo de militantes religiosos que "se identificam com o Hamas", acusando-os de matar seis judeus no ano passado.

Em Israel, a impressão não era de que a subida do Hamas pudesse ser minimizada como um simples voto de protesto. Mesmo um acadêmico liberal como Emmanuel Sivan, um especialista em fundamentalismo que se encontrou com o sheik Yassin e outros representantes do Hamas através dos anos, afirmou: "Se você está vivendo em Israel, convém estar apreensivo. Somos um Estado vivendo no limite". Ele me disse, porém, que "a reação de lamento do judeu americano típico não se justificava".

"Um amigo árabe contou-me: 'O Fatah é o crime, e o Hamas, o castigo'", disse Sivan. "Três quartos dos palestinos desejam um acordo de longo prazo com Israel e acham que não conseguiram muita coisa com a violência, mas eles também querem os canalhas fora da terra deles." O maior perigo enfrentado por Israel, segundo ele, era que a anarquia começasse a predominar, com milícias descontroladas e gangues criminosas gerando tamanha intranqüilidade que elementos da Al Qaeda pudessem explorar a situação e vir até Gaza e a Cisjordânia.

A comunidade de segurança israelense está particularmente preocupada com o relacionamento entre o Hamas e o regime islâmico de Teerã. "Estou preocupado com os esforços do Irã em subjugar Israel com grupos terroristas fundamentalistas islâmicos na fronteira: o Hezbollah no sul do Líbano e o Hamas em Gaza e na Cisjordânia", revelou Yuval Steinitz, o presidente da comissão de Defesa e Assuntos Estrangeiros do Knesset. "Se o Hamas assumir o controle das forças armadas e polícia palestinas, isto significa que estabelecerá uma ameaça armada bem ao lado de Jerusalém, Tel Aviv e do Aeroporto Ben-Gurion." Avi Dichter, que recentemente deixou a chefia do Shin Bet, o FBI israelense, e concorre agora a uma cadeira no Knesset, observou que, embora os militares israelenses tenham matado, prendido ou confinado dezenas de combatentes e líderes do Hamas durante a intifada de Al Aqsa, o apoio do Irã e a nova capacidade de operar em Gaza com menos interferência israelense fazem com que as milícias continuem uma ameaça. Além disso, os próprios batalhões do Fatah, que adotaram os ataques suicidas como uma tática para disputar com o Hamas a credibilidade nas ruas, não se dispersaram, apesar de declarações repetidas de Abbas condenando a violência.

Apesar de toda a ansiedade em relação ao Hamas, permanece na sociedade israelense um amplo consenso a favor de uma solução de dois Estados: um desejo resultante menos do otimismo da era de Oslo com um "novo Oriente Médio" integrado e mais do puro desgaste com a ocupação e da compreensão de que conservar os territórios representa um risco à idéia sionista de manter uma maioria judaica num Estado democrático.

"Não vejo nenhuma chance de obter um acordo que se possa chamar de paz real entre israelenses e palestinos", contou-me Shlomo Gazit, um general do Exército moderado e aposentado que costumava comandar a Cisjordânia e Gaza. "Isto não está escrito nas estrelas para os próximos cem anos. O mundo árabe não aceita um povo estrangeiro, uma religião estrangeira, no Oriente Médio. Tudo pelo que podemos lutar é a coexistência útil."

"Não há solução para este conflito", diz Yehoshua Porath, um estudioso da história do Oriente Médio. "É como uma pessoa vivendo com uma doença crônica incurável. Você toma paliativos e remédios não de todo eficazes. Você sabe que não há cura final, mas continua investindo na pesquisa. Aqui a cura final é um acordo de paz."

Em Gaza e na Cisjordânia, os políticos, acadêmicos e ativistas que se chocaram com a vitória do Hamas também procuraram meios de atenuar o golpe. O argumento mais comum é que o Hamas não recebeu muito mais votos do que o Fatah: conquistou 56% das cadeiras, mas com apenas 44% dos votos. Parte do motivo dessa vitória esmagadora é que o Fatah realizou uma campanha inábil, muitas vezes apresentando mais de um candidato contra um único candidato do Hamas, dividindo assim os votos. O Hamas também se beneficiou de um protesto coletivo contra a incapacidade da Autoridade Palestina de lidar com Sharon e Olmert, e a afronta da ocupação. Mas a idéia de que o Hamas modificará sua ideologia diante da necessidade de cumprir suas promessas de criar empregos, coletar o lixo, enfim, do governo do dia-a-dia, não impressiona muitos analistas palestinos. No Irã, afinal, Ahmadinejad chegou ao poder não devido à insistência em desenvolver uma arma nuclear ou à retórica anti-semita. Ele também obteve popularidade, em grande parte, por causa das questões sociais.

Ghassan Khatib, ministro do Planejamento da Autoridade Palestina, contou-me que a hierarquia do Fatah está preocupada com uma possível relação entre pobreza e fundamentalismo radical, e se a situação nos territórios piorar, o Hamas se tornará ainda mais radical.

"A Fraternidade Muçulmana acredita ser possível restabelecer os regimes islâmicos no mundo islâmico e atingir o ponto de uma só superpotência islâmica, como nos velhos tempos", disse Khatib. "Ela deseja ser um Estado moderno imenso e competir com as superpotências modernas. Mas isso é fantasia. Não é possível governar por meio do Islã. A ideologia islâmica não é adequada para isso. Ela possui idéias fixas sobre economia e governo que são inflexíveis e impraticáveis nos tempos modernos.

"O Hamas pode se moderar no sentido tático, mas não fundamentalmente. Ele será tático na questão da violência e em seus slogans políticos. O que ele quer é a liberdade de manobra, transformar as pessoas em 'muçulmanos reais e corretos', continuar desenvolvendo sua base. [...] Isto é muito perigoso para os palestinos, e eles deveriam pensar em acabar com esta maioria do Hamas. Os israelenses precisam aproveitar a oportunidade para negociar com Abbas e o lado da paz. Faltam três anos até as próximas eleições presidenciais. Esta é a janela histórica de oportunidade. Se o Hamas conquistar a presidência, será o fim dela."

No momento, Abbas possui mais poder que o legislativo. Mas o Hamas tem toda intenção de continuar jogando o que seus líderes denominam "o jogo democrático" e vencê-lo completamente. Uma noite em Hebron, passei pela sede do Hamas para ver Aziz al-Dweik, que estará ingressando no legislativo no próximo mês como presidente do Parlamento.

Quando jovem, Dweik estudou na Jordânia e, depois, obteve um doutorado em planejamento urbano e regional pela Universidade da Pensilvânia. A geografia de sua vida tem sido variada: passou oito anos em Filadélfia, um ano no sul do Líbano com seus colegas ativistas islâmicos no exílio forçado, e quatro em uma prisão israelense.

Quando Dweik retornou a Hebron em 1988, ele disse: "Falei o que pensava, como fiz na mesquita na Universidade da Pensilvânia". Os israelenses não gostaram, prendendo-o várias vezes por incitação à violência e por ser membro do Hamas, que havia sido prescrito por Israel.

Mencionei que o *The Jerusalem Post* havia publicado um cartaz do Hamas do período da intifada de Al Aqsa que juntava retratos do sheik Yassin, Shamil Basayev, um líder rebelde checheno e Osama bin Laden. Se o Hamas pretendia se apresentar como um grupo político racional, eu perguntei, por que estava se associando à Al Qaeda?

"Bin Laden é um combatente pela causa do Islã, e este homem tem sua maneira de servir ao seu Deus", Dweik respondeu. "Ele ofereceu ao Ocidente uma trégua várias vezes, prometendo depor as armas se o Ocidente parasse de interferir em nossos assuntos. Não temos o direito de odiar Bin Laden. Nós o respeitamos. Ocultar este fato não serve à verdade."

Aquele era o aspecto mais impressionante dos líderes do Hamas: seu pensamento — o estatuto, os objetivos a curto e longo prazo — era visível e calmamente explicitado. Enquanto diplomatas e jornalistas perscrutavam a linguagem à procura de sutilezas de sentido, o Hamas vinha respondendo de forma polida a cada pergunta. O Hamas está voltado basicamente para a questão da Palestina, da formação de um governo e resistência à ocupação israelense, mas também vê a eleição como parte de um fenômeno regional, uma onda histórica, que, com o tempo, não apenas expulsará algumas centenas de colonos de Hebron, mas poderia transpor fronteiras até o Egito, Jordânia e além.

"Sempre e onde quer que se permita ao povo escolher, é isto que acontece", Dweik disse. "O secularismo é uma importação. Não é nativo. O Islã é uma forma de vida prática e idealista. O Islã é a religião de Deus, que Deus escolheu para guiar a humanidade.

"Por favor, parem de pedir que reconheçamos o ocupante e não as necessidades de nossas próprias vidas. Isto é escravidão, escravidão de uma espécie que não ocorreu sequer na África ou em qualquer outro país! Os judeus sofreram o Holocausto, mas ele apenas aconteceu por um breve período de tempo. Os palestinos têm vivido um século inteiro em um holocausto. [...] A verdade está do nosso lado. Os israelenses têm a ilusão de que a verdade está do lado deles, mas o Alcorão é a última revelação. Os israelenses nesta cidade têm de se mudar para outra parte. Eles têm de reconhecer os fatos práticos. O futuro é nosso.

"A situação entre os irmãos Rajoub, bem, você pode chamá-la de conflito permanente entre secularismo e Islã. O irmão mais velho é um secularista, e o mais novo é um islamita. Mas o islamita venceu num voto democrático. Os dois irmãos lhe deram a feição da História: um prevaleceu e o outro desaparecerá."

(2006)

PARTE V

Kid Dynamite explode: Mike Tyson

As convenções do ringue exigem que um lutador em treinamento se torne um monge. Durante meses seguidos, ele enrijece o corpo com longas corridas e bifes, e pratica uma solidão forçada — até (segundo a tradição) solidão sexual — para concentrar melhor a mente na guerra. O mosteiro de Mike Tyson no deserto de Nevada é uma mansão vizinha da mansão do cantor Wayne Newton, de Las Vegas, e pode-se dizer que lhe falta a austeridade costumeira. Existe um candelabro digno de Cap d'Antibes. Existe uma pintura sobre seda de Diana Ross. Existem livros, revistas, uma televisão grande, sofás de couro. Mas as distrações não são o que poderiam ser. Quando Tyson não está se preparando para lutas, mantém leões e tigres soltos como animais de estimação e luta com eles. "Às vezes vou nadar com o tigre", ele contou a um visitante. "Mas, pessoalmente, sou um homem dos leões. Os leões são muito obedientes, como cães." Tyson estava mantendo seus animais em outro lugar, porém. Ele tem propriedades em Ohio, em Connecticut, de frente para um campo de golfe do Congressional Country Club, em Bethesda, Maryland. Os felinos grandes costumam ficar em Ohio. A mansão de Nevada está cercada de estátuas em tamanho real de heróis guerreiros sobre os quais Tyson leu e que passou a reverenciar: Genghis Khan, o revolucionário haitiano negro Toussaint-L'Ouverture, Alexandre Magno, Aníbal. "Aníbal foi muito corajoso", disse Tyson. "Ele conduzia elefantes pela cartilagem." Em uma semana, Tyson também iria destruir cartilagens.

Após passar três anos em uma prisão de Indiana por estuprar uma adolescente chamada Desiree Washington, Tyson voltou a lutar em 1995. Ele negou até o fim que tivesse estuprado alguém, mas confessou-se um homem melhor agora. Tyson converteu-se ao Islã — aliás, o adesivo no pára-choque de seu Bentley diz "Eu ♥ Alá" — e contava aos visitantes na prisão que passava o tempo estudando o Alcorão, Maquiavel, Voltaire, Dumas, a vida dos gângsteres Meyer Lansky e Bugsy Siegel e "um monte de literatura comunista". Ele providenciou ícones para seus ombros, um díptico da tatuagem: o tenista negro americano Arthur Ashe, de um lado, e Mao Tse-tung do outro. Ele se declarou pronto para recuperar sua posição no boxe. Recuperaria não apenas o título, mas também a imagem de invencibilidade. Iron Mike. Kid Dynamite. De novo, ele seria o lutador que expressara apenas desapontamento após nocautear um certo Jesse Ferguson, declarando: "Eu queria atingi-lo mais uma vez no nariz para que o osso penetrasse no cérebro".

Mas, após despachar facilmente uma seleção de lutadores menores que proporcionaram um prolongado exercício de aquecimento valendo dezenas de milhões de dólares, Tyson finalmente enfrentou um lutador de verdade, se não um grande lutador, chamado Evander Holyfield, que o fez recuar e o derrotou. Holyfield apoderou-se do título de Tyson em novembro passado, em uma das mais inteligentes exibições de malícia num ringue desde fevereiro de 1964, quando Muhammad Ali, então Cassius Clay, abalou outro lutador invencível: o precursor pugilístico de Tyson, Sonny Liston. Liston, assim como Tyson, crescera em um ambiente de crime e nunca o deixou. Liston cumprira pena por assalto a mão armada, agredia pessoas, espancou um policial, quebrou cabeças para a Máfia. E, como Tyson, era considerado um matador no ringue, imbatível. Contra Clay, o favoritismo de Liston era tamanho que o colunista de boxe do *The New York Times* faltou à luta, mandando em seu lugar um novato na redação, Robert Lipsyte. Mas Clay, com sua velocidade magnífica, esquivou-se das bombas lentas de Liston e manchou de sangue o olho do homenzarrão. No intervalo, Liston abandonou a luta, alegando ter machucado o ombro. Contra Holyfield, Tyson havia sido igualmente desmascarado. "Ele é como qualquer valentão", disse Gil Clancy, um dos treinadores lendários do boxe. "Uma vez que Tyson viu seu próprio sangue, recuou." O juiz interrompeu a surra no décimo primeiro assalto. Quando a luta terminou, Tyson estava tão aturdido que se dirigiu a um de seus treinadores e perguntou: "Em que assalto eu o nocauteei?".

Na revanche, Tyson ganharia 30 milhões de dólares e Holyfield, 35 milhões. O organizador da luta, Don King, cujas boas notícias são mais do que bem-vindas, prometeu uma renda recorde do público ao vivo e do pay-per-view: "Cento e cinqüenta milhões, talvez 200 milhões. Afinal, temos 3 bilhões de pessoas só na China Vermelha!". Será? Se Tyson ganhasse, recuperaria, além do título, a fama de "o homem mais malvado do planeta". Holyfield seria lembrado como o lutador que, numa dada noite, se elevara sobre si mesmo e, depois, na revanche, caíra de volta na terra.

Depois de solto da prisão, Tyson mostrou sinais de estabilidade doméstica. Em abril, casou-se com uma médica chamada Monica Turner. (O primeiro marido de Turner havia sido condenado a dez anos de prisão por tráfico de cocaína.) Tyson e Turner têm um filho; o segundo deve nascer neste verão. Até agora, Tyson não teve sorte com casamento. Sua primeira mulher, a estrela da televisão Robin Givens, tinha fama de manipuladora. Ela havia estudado no tradicional Sarah Lawrence College e, mesmo em público, tratava Tyson com certa condescendência arrogante. Em alguns círculos céticos, suspeitava-se de que Givens havia se casado por dinheiro. Tyson não tardou em expressar o aborrecimento. O ex-campeão do peso meio-pesado José Torres certa vez perguntou a Tyson qual o melhor golpe que já dera. "Cara, nunca vou esquecer aquele soco", Tyson respondeu. "Foi quando lutei com Robin no apartamento de Steve. Ela realmente me ofendeu e aí, *pum*, dei um soco e ela voou para trás, batendo em todas as porras das paredes do apartamento." O casamento acabou em divórcio.

Ao contrário de Givens, Turner não costuma se intrometer nos negócios do marido e evita as câmeras, não tendo havido notícias de brigas, físicas ou não. Turner tem se mantido distante de Las Vegas. As visitas mais freqüentes à casa de Tyson no deserto eram os membros de seu séquito, cada um à sua maneira uma ótima influência: Don King, um ex-banqueiro de loteria clandestina de Cleveland que certa vez pisoteou um homem até a morte numa briga por seiscentos dólares e, depois, se tornou o maior pregoeiro desde Barnum; os co-empresários de Tyson, Rory Holloway, um velho amigo, e John Horne, um cômico fracassado de Albany especializado em berrar com os repórteres;

o treinador de Tyson, Richie Giachetti, um sujeito das ruas de Cleveland que trabalhou com Larry Holmes; e um auto-intitulado "mestre motivador" chamado Steve (Crocodile) Fitch, que admite que "em outra encarnação" passou cinco anos na prisão por homicídio. ("Mas eu não o cometi", ele me explicou, "foi uma total armação.") Crocodile se mostrou um personagem profético. Durante a semana que antecedeu a luta, ele podia ser visto em uniforme de campanha e óculos escuros entoando seus sugestivos brados de guerra: "Tá na hora da batalha final! Batalha final! Hora de reagir! Hora de reagir!".

Tyson evitava a imprensa — especialmente a mídia impressa. Horne e Holloway tinham conseguido convencê-lo de que os jornais estavam cheios apenas de mentiras, de que os repórteres de Nova York que cobriam boxe — Michael Katz, do *Daily News*, Wallace Matthews, do *Post* — saíam atrás delas. No início da manhã, com o sol ainda baixo, Tyson corria ao longo de estradas vazias no deserto. Depois treinava boxe no ginásio. Treinava sozinho. Como distração, assistia a um filme de gângster após o outro, às vezes virando a noite. Ele gosta dos atores antigos James Cagney, Edward G. Robinson e John Garfield. Consegue recitar cenas inteiras de *Touro indomável*, *Sindicato de ladrões* e — seu favorito — *A trágica farsa*.

Tyson teria preferido ficar sozinho — ou, pelo menos, sozinho com seu séquito e seus filmes —, mas Don King sabia que para estimular os pedidos de pay-per-view as pessoas precisavam estar informadas. Tyson não permitia entrevistas em sua casa, porém, cinco dias antes da luta concordou em se encontrar, na casa de King, com um grupo de jornalistas. Assim, numa tarde de sombras compridas e um calor de quase quarenta graus, um par de camionetes brancas partiu do estacionamento do MGM Grand Hotel e se afastou do novo centro da cidade freqüentado por famílias, da ponte do Brooklyn e da pirâmide de Quéops de vidro preto, do palácio dos Césares e do Folies Bergere, enfim, da música incessante da cidade, do zumbido do ar-condicionado e do tilintar das moedas de prata despejadas em bandejas de prata côncavas. Don King não mora no centro de Las Vegas. Ele mora lá fora onde há silêncio, no local mais afastado da cidade, onde o deserto recomeça.

Com toda franqueza, ninguém iria de carro até a beira do deserto a fim de conversar com Evander Holyfield. Ninguém ligava muito para Evander

Holyfield. Ele era afável demais. Mas como matéria jornalística era tedioso. Ele não tinha estuprado ninguém. Ele não fora para a cadeia. Falava de Jesus Cristo o tempo todo e literalmente cantava canções evangélicas enquanto batia no saco de pancadas. Parecia um bom sujeito, mas que matéria ele oferecia? Falava naqueles clichês polidos de dar o melhor de mim, tendo fé em minhas habilidades e na vontade de Deus — mas e daí? As lutas de campeonatos de pesos pesados, a partir da época de John L. Sullivan, são matérias de jornal, dramas populares, e aquela matéria, qualquer que fosse seu final, girava em torno de Tyson. Aquela era uma guerra entre a aspiração da classe média e a insolência do gueto, entre a música gospel e o rap. Sem Tyson não havia sensação de perigo, nem interesse, nem 100 milhões de dólares.

"As pessoas são cheias de merda. Elas querem ver algo sombrio", disse-me o ex-treinador de Tyson, Teddy Atlas. "As pessoas querem se sentir próximas da coisa e por dentro da coisa, mas claro que à distância de suas casas suburbanas. Elas querem ter o benefício do conforto, segurança, respeito, e ao mesmo tempo o privilégio de observar algo fora de controle — até promover sua falta de controle —, contanto que possam estar certas de que não são responsáveis por aquilo. Com Tyson, a coisa sombria foi sempre a impressão de que alguém seria nocauteado. Aquela coisa toda de Kid Dynamite. Mas queríamos acreditar que o monstro era também um sujeito legal. Queríamos acreditar que Mike Tyson era uma história americana: o cara que cresce no gueto horrível e, depois, converte aquele poder sombrio numa causa boa, no boxe. Mas aí a história dá uma guinada. O lado sombrio o domina. Ele é cínico, ele está fora de controle. E agora a história é ainda melhor. É como uma sessão dupla de cinema agora, é como se você estivesse obtendo *Heidi* e *Godzilla* ao mesmo tempo."

Os apaniguados de King queriam que os repórteres entendessem que aquele era um convite especial — um convite bem raro hoje em dia. Aquele mistério todo parecia absurdo aos repórteres que vinham cobrindo o boxe por algum tempo. Até pouco tempo atrás, os lutadores, antes de uma luta importante, eram atletas disponíveis, os homens menos guardados. Como sultões, costumavam saudar seus visitantes apoiados em alguns travesseiros na cama. Os repórteres se empoleiravam na beira da cama ou sentavam no próprio chão duro, cadernos à mão, prontos para captar pérolas. Archie Moore, o grande peso meio-pesado, conseguia desabafar num monólogo digno de Molly Bloom ou do duque de Gloucester.* Os boxeadores estavam livres daquela empáfia solene dos atletas modernos dos esportes coletivos. Eles gostavam de ter pessoas em volta. Nos momentos que antecediam as lutas pelo campeonato, Floyd Patterson tirava uma soneca em seu vestiário, e alguns jornalistas eram autorizados a ficar por perto, o suficiente para registrar o movimento sob as pálpebras do campeão, o timbre de seu ronco. Patterson contava seus sonhos, a profundeza de seu medo. Ele conversava e conversava, um dos grandes analisandos do ringue de boxe.

Tyson era assim. Quando estava emergindo como lutador, e mesmo como um jovem campeão, adorava conversar com a imprensa, contar sua história. Tinha total consciência de si mesmo como o astro de um filme contínuo com James Cagney. Alguns jornalistas chegavam a ver certa doçura nele, o anseio pelo amor e por um lar. Com certeza aquela era uma vida além da imaginação dos repórteres de classe média que o assediavam. Ele era o menino de Amboy Street em Brownsville, no Brooklyn, um delinqüente especialmente mau e incorrigível. Aos seis anos, seu conceito de travessura era cortar o braço do irmão mais velho com uma gilete enquanto ele dormia. Seu pai vivia ausente, sua mãe era dominada pela pobreza. Tyson idolatrava os cafetões e ladrões do bairro, e aos dez anos estava assaltando velhinhas e atirando em multidões por prazer. Ao contar sua história, conseguia sentir a excitação do jornalista, e mais detalhes jorravam: "Eu atirava bem perto deles, machucava eles ou coisa parecida, fazia com que arriassem as calças e corressem pelas ruas". Depois de acumular dezenas de prisões e ser enviado ao reformatório, Cus D'Amato, um velho e excêntrico treinador que se fixara ao norte do estado, ao longo do rio Hudson, o aceitou. D'Amato era um paranóico gentil. Quando ainda trabalhava no Gramercy Gym, em Manhattan, costumava dormir nos fundos sem nenhuma companhia além de uma espingarda e um cão. Para seus lutadores, era uma espécie de Father Divine,** ao mesmo tempo inspirador e cheio de papo-furado moralista. Ele pregava o valor do terror, a maneira como todos os lutadores enfrentavam o medo e os bons aprendiam a dominá-lo, a fazer dele um amigo. Era um ascético. O dinheiro, dizia, "era

---

* Molly Bloom: mulher de Leopold Bloom, personagem do livro *Ulisses*, de James Joyce. Duque de Gloucester: protagonista da peça *Ricardo III*, de William Shakespeare. (N. T.)
** Líder espiritual negro americano, fundador do movimento International Peace Mission, mas acusado de charlatanismo. (N. T.)

algo para se atirar da traseira dos trens". Os jornalistas adoravam D'Amato, do jeito que qualquer jornalista teria adorado, digamos, Moll Flanders* se ela fosse apresentada, em carne e osso, na vida real, e disponível para citação.

Tyson representava a última esperança de D'Amato: a chance, após Patterson e José Torres, de ter um terceiro campeão do mundo. Como que para satisfazer todas as convenções dos filmes de boxe, D'Amato "adotou" Tyson, tornou-se seu guardião legal, mas morreu um ano antes de o "filho" conquistar a coroa. Ao ganhar o título, Tyson chorou. Se ao menos Cus tivesse visto isto, ele disse, se ao menos Cus estivesse aqui. Aquilo foi exagerado, mesmo para Hollywood, mas não para as convenções da história do boxe.

Tyson também dava boas matérias jornalísticas em parte por ser brutal e não ter vergonha disso. Ao contrário de Ali, cujo discurso tinha mais a ver com comédias sentimentais ou as profecias de Elijah Muhammad** do que com a violência de sua profissão, Tyson era direto, clínico. Sabia que havia sido treinado para machucar outros homens, e não via nenhum motivo para desviar a atenção desse fato. Seu negócio era porrada, e jamais adquirira a sofisticação ou o reflexo de dizer que não gostava disso. Em sua voz comicamente alta, falava em dar socos com "más intenções em áreas vitais", em golpes no coração, nos rins, no fígado, e do prazer que tinha em dá-los. Falava da vontade de romper o tímpano do adversário, de destruir sua vontade, de fazê-lo "chorar feito mulher".

Ao mesmo tempo, Tyson tinha consciência de si e era quase acadêmico em seu respeito pelo boxe. Numa época em que a maioria dos jogadores de beisebol mal conhecem o nome do antigo craque Jackie Robinson, Tyson se tornou obcecado não apenas pelos contemporâneos óbvios e quase contemporâneos, mas também por Harry Greb e Kid Chocolate, por Willie Pep e Stanley Ketchel. Os jornalistas engoliam aquilo. Com o boxe sob ataque como violento, atávico e cruel, a conversa dele fazia com que sentissem que seu entrevistado era, de alguma maneira, importante — não apenas uma série de surras nos estacionamentos das casas de apostas, mas uma questão de estética e história. Tyson passava centenas de horas assistindo a lutas antigas, e com aqueles fil-

---

* Personagem do romance de Daniel Defoe *Os amores de Moll Flanders*. (N. T.)
** Líder da Nação do Islã, organização espiritual e política negra americana. (N. T.)

mes aprendeu não apenas os detalhes de seu ofício, mas também adquiriu certos traços de seus precursores favoritos. Ele cortava o cabelo da mesma maneira que Jack Dempsey. Passou a usar suéteres volumosos com botões porque viu tais suéteres em alguns dos velhos lutadores dos cinejornais antigos. Assim, embora a história de Tyson não fosse a de Ali, embora lhe faltasse aquele nível de sagacidade, improvisação física e senso do épico, sua história era boa, boa o suficiente para meia dúzia de biógrafos, suficientemente boa, com certeza, para torná-lo o atleta mais bem pago da história.

Saímos da Flamingo Road, passando pelas clínicas de cirurgia plástica, pelas boates caça-níqueis e palácios de software que parecem ter sido construídos na semana anterior. Chegamos numa "comunidade fechada", um dos condomínios de mansões de alta segurança que se vêem agora em toda cidade onde existe sol, dinheiro e medo de ladrões. Tocamos a campainha, e os portões se abriram. A casa de Don King é em estilo espanhol, talvez — um tumulto de estuque branco. Havia Range Rovers e BMWs estacionados do lado de fora e uma enorme antena parabólica no telhado. Subimos os degraus dianteiros e fomos saudados por um retrato de Don King. A pessoa real estava na cozinha.

"Bem-vindos! Bem-vindos à minha casa!", ele gritou. King convidou-nos para um jantar cedo. Ele encomendara comida do Popeyes.

King é o gênio mau do boxe, o último de uma longa linhagem. Seu cabelo eletrificado é apenas uma forma de usar a "personalidade" para ocultar sua substância. À sua maneira, ele é ainda mais poderoso que a denominada Octopus Inc. dos anos 50 — o corrupto Clube de Boxe Internacional de James Norris. Tyson, como tantos boxeadores, não suporta King. Ele não confia exatamente em King. Mas ele faz negócios com King, porque King é a presença singular no boxe de primeiro time. Eles ganham um dinheirão juntos, de modo que Tyson engole os conluios de King, como King engole os ataques de raiva de Tyson.

Na cozinha, King estava me contando que 3 bilhões de pessoas assistiriam à luta. O principal era a penetração, ele disse — ou seja, quantas pessoas pagariam a taxa de cinqüenta dólares para ver a luta pelo pay-per-view. "Se conseguirmos 10% do universo, será ótimo", ele acrescentou. Ele não explicou exatamente o que aquilo queria dizer. Sabia que eu não me daria ao trabalho de perguntar. "Mike gera mais capital do que qualquer outro na história do mundo. Por que querem destruí-lo, a galinha dos ovos de ouro?"

Após uma longa espera, Tyson apareceu. Ele ocupou seu lugar num sofá de couro branco. Enquanto esperava pela primeira pergunta, assumiu a expressão de um homem que comeu um ovo estragado e acha que vai passar mal. Uma a uma, as perguntas vieram, e Tyson respondeu como se quisesse fazer com que o entrevistador se sentisse um idiota. Sim, ele se sentia bem. Não, ele não repetiria os mesmos erros contra Holyfield. Sim, ele esperava ganhar. Mas não, sua vida não mudaria se perdesse. "Da maneira como meus negócios estão organizados, minha vida está garantida." Às vezes, ele falava como um homem obcecado menos com uma luta do que com a distribuição racional de seus fundos mútuos.

Estar com Tyson ainda que por apenas algumas horas é testemunhar o poder do fatalismo de um garoto do gueto. Segundo seus contadores, ele tem tudo que possa desejar. Ele nunca terminará como o mito da história do boxe Joe Louis, viciado em cocaína nos cassinos de Las Vegas e trabalhando como recepcionista de um hotel. Mesmo assim, ele vive dizendo: "Minha vida acabou" e "Estou sofrendo os golpes por meus filhos". Ele tem um senso dramático ilimitado, de futuro sombrio. Mesmo aqui, cercado de seus co-empresários Rory Holloway e John Horne, disse que não tinha nenhum amigo, que não confiava em ninguém. E quem poderia duvidar dele?

"Temos que confiar, mas as pessoas por natureza não são dignas de confiança", Tyson afirmou. "É assim que as coisas são. Adquiri uma visão maquiavélica quanto a isto. Não sou filósofo, não sou Maquiavel nesse aspecto, mas você não pode ser uma pessoa sempre disposta a fazer o bem num ambiente onde as pessoas estão sempre dispostas a fazer o mal. Sabem o que estou querendo dizer?

"Não tenho amigos, cara. Quando saí da prisão, mandei embora todos os meus amigos antigos. Se você não tem um objetivo na vida, cara, você tem que ir embora. [...] Para que ter alguém na sua vida sem nenhum objetivo? Só para ter um amigo ou companheiro? Eu tinha uma esposa. Minha esposa pode ser minha amiga ou companheira. Não estou tentando ser frio, mas é algo que aprendi. [...] Se é para me ferrarem, não quero ser ferrado pelas pessoas que me ferraram antes. Quero ser ferrado pelas pessoas *novas*.

"Durante toda a minha vida, as pessoas se aproveitaram de mim. As pessoas me usaram, me desumanizaram, me humilharam e me traíram. Este é basicamente o resultado de minha vida, e estou tipo amargurado, tipo zangado com certas pessoas por causa disto. [...] Todo mundo no boxe se dá bem, exceto o lutador. Ele é o único que sofre, basicamente. Ele é o único que está no submundo. Ele é o único que perde o juízo. Ele às vezes enlouquece, ele às vezes começa a beber, porque é um esporte muito intensivo, de muita pressão, e muitas pessoas perdem. Existe um limite até onde você pode chegar, e depois você desmorona."

Num esforço para melhorar o humor de Tyson, alguns jornalistas começaram a perguntar sobre um tema que lhe é caro: sua nova família. Durante alguns momentos, ele foi tão vago como um personagem do seriado *Thirtysomething*.

"Isto é tudo que tenho, meus filhos", ele disse. "As esposas são conhecidas por fugirem e se apaixonarem por outras pessoas. [...] A maneira como vejo as coisas é que cada luta que faço é pelo futuro deles. Cada luta. Cada luta é um futuro diferente para meus filhos." Tyson contou que jogava games com os filhos, tomava sorvete com eles. "Eles adoram o *Barney*", ele contou. "Eu *odeio Barney*.

"Tenho uma enteada, e um dia ela estava chorando e disse: 'Mamãe, a Jane não está querendo brincar comigo hoje'. Eu estourei: 'Ela não quer brincar com você? Foda-se ela!'. Minha mulher não gostou muito daquilo. Mas somos pessoas diferentes. Ela estudou psicologia e acredita em influenciar a mente de uma criança. Eu acredito em ser rigoroso — se você sair da linha, leva uma surra! Eles são novos demais para isso agora, mas acredito fortemente nisso. Acho que as crianças deveriam aprender disciplina. Se saem da linha, têm que aprender disciplina. Em que idade? Não sei. Dez anos?

"Veja bem, levei porrada a vida inteira. Meus filhos têm pais: uma mãe que é médica, uma mulher brilhante, e um pai que é um... um pai que é rico. Tive uma alcoólatra e um cafetão como pais. Assim eles vão ter uma vida ótima, se não acabarem sendo maus filhos. [...] Simplesmente não quero eles lá fora nas ruas, porque aqueles bandidos, eles podem ser muito empolgantes, as pessoas gravitam em volta deles. Eu sobrevivi a isso, mas eles podem não ter a sorte de sobreviver. Todos os meus amigos reais estão na prisão ou mortos. Os que ainda estão soltos estão tão envolvidos com drogas que não sabem nem o próprio nome."

Era como se Tyson soubesse algo que ninguém mais sabia — nem seus contadores, nem seus empresários. Ele estava convencido de seu próprio final desgraçado. Nada, salvo o bem-estar de seus filhos, agradava a ele. No verão passado, Tyson deu a si mesmo uma festa de três dias e 1 milhão de dólares pelos trinta anos, em sua propriedade em Farmington, Connecticut. Havia garrafas grandes de champanhe Cristal, e charutos produzidos especialmente para o evento. Tyson presenteou seis de seus bajuladores com BMWs e Range Rovers. Mesmo assim, ele detestou. "Não conheço metade das pessoas aqui", observou, ao percorrer seus muitos hectares. "Não era isto que eu queria."

Horne e Holloway podem não entender nada de boxe, mas conseguiram incutir em Tyson uma sensação de perseguição. "Ninguém está do nosso lado", Tyson se queixou, enquanto seus co-gerentes assentiam com a cabeça como titereiros orgulhosos. "Os tribunais estão contra nós, as empresas estão contra nós, os repórteres estão contra nós, os jornais — os seus patrões — estão contra nós. Não temos ninguém do nosso lado, e continuamos lutando e tendo sucesso. Se tivéssemos vocês do nosso lado, seríamos um fenômeno!"

Do fundo da sala, King berrou: "Se vocês publicassem a verdade! Vocês publicam o que as pessoas apresentam para vocês como cortina de fumaça!".

"O fato é que eles nos chamam de monstros, dizem que somos desumanos, querem que as pessoas tenham medo de nós", prosseguiu Tyson. (Na verdade, Tyson sempre cultivou essa imagem. Ele certa vez contou ao ex-amigo José Torres: "Gosto de ferir as mulheres quando faço amor com elas. Gosto de ouvi-las gritarem de dor, vê-las sangrarem. Isto me dá prazer".)

"Você está falando de quem?", perguntou um dos repórteres. "Quem está chamando vocês de monstros?"

"Vocês. Não você individualmente, mas os repórteres em geral", Tyson respondeu. "Eles escrevem que somos monstros, que somos horríveis, que cometemos crimes terríveis."

"Tomemos o livro de Newfield, por exemplo", disse King, referindo-se à biografia meticulosa dele escrita por Jack Newfield. "O livro de Newfield só tem mentiras, mas todos o usam como meu fator definidor! Tudo ali é uma mentira! Portanto, um sujeito que é bom escritor sabe como *especular* e *dramatizar* essas mentiras! Entendem o que quero dizer?"

"Eles esperam com isso provocar sua prisão", disse Horne, que estava de pé atrás de Tyson.

"Vejam bem", disse Tyson. "Don é um idiota de chamar vocês à casa dele e conversar com vocês. Ele teve que me implorar para vir aqui e conversar com vocês, por causa do que vocês escrevem sobre mim. As pessoas que me conhecem, que me amam, lêem isso. É uma merda.

"E esse sujeito, sabendo que vocês serão injustos com ele, mesmo assim, estupidamente, recebe vocês na casa dele e conversa com vocês, sabendo que vocês vão escrever que foi uma boa luta e depois tentarão meter ele na prisão. Vão escrever umas histórias loucas, como ele roubou fulano e matou beltrano. Não sei de nada. Eu não estava lá quando ele matou o cara, mas, porra, se um cara foi morto, devia estar fazendo alguma coisa errada. Estão entendendo? Acredito muito nisso. Não num disparo no drive-in, mas muito poucas pessoas são mortas sem nenhum motivo no lugar de onde venho."

King estava encantado com aquela demonstração comovente de apoio. "Simplesmente me vejam provar que ele me atacou", ele disse. "Tudo que quero é um jogo limpo! Ainda sou bastante louco para adorar os Estados Unidos!"

Nós, americanos, devíamos nos sentir comovidos até as entranhas. Houve um longo silêncio. Um jornalista europeu timidamente se voltou para Tyson e perguntou: "Mike, depois de tudo isto que disse, por que você não vem mais a público, não vai ao programa de Larry King novamente, e ao programa do David Letterman, e coloca as coisas em pratos limpos?".

Tyson contraiu os olhos. Suas mãos se agitaram de indignação. "Ah, fodam-se todos. Fodam-se todos", xingou. "Não sou obrigado a chupar o pau de vocês pra mostrar que sou um bom sujeito. Ouçam bem, caras. Sou um homem! Não costumo implorar a ninguém que me adore."

"Não é implorar", ousou o europeu. "É..."

"É, sim!", Tyson retrucou. "Vejam só o O. J. Simpson, o tempo todo saindo por aí tentando provar sua inocência. Pelo tribunal, ele é inocente. Não vou sair por aí dizendo: 'Bem, fiz isto ou aquilo para esta organização'. Vá tudo pro diabo, cara."

Agora Horne começou a encorajar Tyson. "Quando a intenção desde o princípio é destruir você, você não consegue um campo de jogo nivelado para acabar com os mal-entendidos", Horne disse. "Deixem eu dizer uma coisa. Cada um de nós vive uma vida diferente. Nenhum de vocês viveu a vida que nós vivemos. Temos percepções diferentes das coisas. [...] Vocês vão para a sala dos fundos, vocês conferenciam sobre tudo, vocês ajudam uns aos outros para destruir alguém que é a única razão pela qual vocês todos estão aqui. Nenhum outro lutador leva vocês para fora do país, nenhum outro lutador torna o emprego de vocês tão interessante."

Finalmente, Tyson teve a presença de espírito de interromper Horne e acalmar King. Tudo que queria que soubéssemos de fato era que não dava pra conhecê-lo. Ele havia provavelmente dado mais entrevistas, em sua época, do que a paciente Dora chegara a dar a Freud, mas não importava. "Vejam", ele disse, "sou mais rigoroso comigo do que os malditos repórteres. Mas eles não me conhecem o bastante para escrever como sou, que sou um monstro, que sou isto ou aquilo. Ninguém me conhece. [...] Gostaria de ser descrito como os lutadores de antigamente. Não há dúvida a respeito, sou um cara violento. Tive meu quinhão da boa vida. Mas isto faz parte do negócio, é assim que Mike é. Trabalho duro, sou duro de viver, faço jogo duro, e sou duro de morrer."

Como a ficção medíocre, as lutas pelo campeonato mundial dos pesos pesados são invariavelmente sobrecarregadas com a solenidade de sentidos mais profundos. Não basta que um homem abale o cérebro do outro e o deixe cambaleante. É preciso haver política também — ou, pelo menos, grandes porções de símbolos, subtramas históricas, uma cobertura metafísica. Nos esportes coletivos — futebol, beisebol, basquete — existem astros individuais, existem rivalidades, mas, no frigir dos ovos, o esporte é o importante. O talento de um atleta de equipe costuma resultar do domínio de alguma invenção peculiar e relativamente recente: atirar uma bola de futebol entre duas traves, empunhar um taco de freixo polido, atirar uma bola dentro de uma cesta. O boxe é antigo, simples, solitário. Quase não há artifícios. Luvas acolchoadas e a bandagem e esparadrapo embaixo mal protegem os lutadores: apenas impedem mãos quebradas, e permitem mais socos, mais dor. Os boxeadores entram no ringue sozinhos, quase nus, e seu sucesso ou fracasso depende dos critérios mais elementares: sua capacidade de infligir e suportar a dor, a vontade de dominar o próprio medo. Como o caráter — a vontade de uma pessoa levada ao extremo — é tão obviamente central ao boxe, existe um impulso inegável em conhecer os lutadores, em extrair algum sentido do conflito desses personagens.

Os triunfos de John L. Sullivan foram triunfos da classe operária, da onda de imigrantes, do "povo". Joe Louis travou uma guerra moral contra o fascismo alemão — o fascismo na pessoa contundida e prostrada de Max Schmeling. Acima de tudo, as lutas se tornaram parábolas matizadas com as questões e conflitos de raça. Na verdade, algumas das primeiras lutas de boxe nos Estados Unidos ocorreram nas fazendas antes da Guerra Civil americana. Os proprietários brancos de escravos (os organizadores) promoviam lutas entre seus bens móveis. Os escravos muitas vezes recebiam ordem de lutar até a morte. Foi tão grande assim o salto daí ao MGM Grand? "Se [os pesos pesados] se tornam campeões, eles começam a ter vidas interiores como Hemingway ou Dostoievski, Tolstoi ou Faulkner, Joyce ou Melville ou Conrad ou Lawrence ou Proust", escreveu Norman Mailer, 26 anos atrás, na *Life*.

Dempsey estava sozinho e Tunney nunca conseguia se explicar e Sharkey nunca acreditava em si mesmo nem Schmeling nem Braddock, e Camera era triste e Baer, um palhaço indecifrável; grandes pesos pesados como Louis tinham a solidão das eras em seu silêncio, e homens como Marciano eram iludidos por um poder que parecia lhes ter sido concedido. Com o advento, porém, dos grandes pesos pesados negros modernos, Patterson, Liston, depois Clay e Frazier, talvez a solidão tenha dado lugar àquilo de que se vinha protegendo — uma situação surrealista inacreditavelmente instável. Ser um campeão peso pesado negro na segunda metade do século XX (com as revoluções negras se espalhando por todo o mundo) não era agora muito diferente de ser Jack Johnson, Malcolm X e Frank Costello reunidos numa só pessoa.

Os lutadores negros se viram travando guerras intricadas a favor de tipos raciais, a favor de conceitos mutáveis de masculinidade, decência e classe. Em 1962, com as aprovações do presidente Kennedy e da National Association for the Advancement of Colored People, Floyd Patterson lutou em nome da classe média negra e dos liberais brancos contra Liston, o ex-criminoso rude, que representava, nas palavras de Amiri Baraka (mais tarde LeRoi Jones), "o negão na entrada da casa de todo homem branco, esperando para matá-lo". Mas Patterson não estava fisicamente à altura de sua tarefa moral absurda. Liston derrubou-o no primeiro assalto. De tão envergonhado, Patterson saiu do Comiskey Park disfarçado com barba e bigode falsos e viajou a noite inteira de carro até Nova York. Ele não havia apenas sido derrotado. Ele decepcionara a raça; ele não havia desempenhado seu sentido, seu papel na história.

É difícil imaginar hoje em dia a sensação de desapontamento pela derrota de Patterson. Um colunista do *Los Angeles Times* escreveu que ter Liston como campeão "é como encontrar um morcego vivo preso por um barbante na sua árvore de Natal". Alguns jornais se sentiram livres para tachar Liston de uma "fera selvagem", um "gorila". Somente Murray Kempton, escrevendo no *Post*, conseguiu encontrar um toque provocador de otimismo na subida de Liston. "Os pesos pesados negros, como acontece com os negros, têm dado a impressão de ser homens que vão além de seu dever", Kempton escreveu. "Floyd Patterson soava como um Freedom Rider.* Voltamos à realidade com Liston. Temos enfim um campeão dos pesos pesados no nível moral dos homens que o reconhecem. Eis a causa do horror que Liston despertou: ele é o símbolo perfeito do boxe. Ele nos diz a verdade sobre esse esporte. O campeonato dos pesos pesados é, afinal, um negócio bem sórdido."

Liston tentou desesperadamente agradar. Prometeu ser um bom campeão e imitar Joe Louis. Explicou que sua mãe tivera 25 filhos, que havia sido criado no interior do Arkansas, que era analfabeto e havia sido maltratado por um pai violento. Ele pediu desculpas por seus "erros terríveis". Mas o país aparentemente não aceitou as desculpas. Era difícil tanto para os brancos como para os negros encorajar um homem que, quando questionado por que não participava das marchas pelos direitos civis dos negros no Sul, respondera: "Meu traseiro não é à prova de cães". As pessoas apenas riram quando Liston começou a conviver com sacerdotes. Após Cassius Clay derrotar Liston em Miami — e depois, como Muhammad Ali, derrotá-lo novamente —, sua vida tomou um rumo trágico. Liston retirou-se para Las Vegas, onde lutou um pouquinho, conviveu com gângsteres como Ash Resnick e, em 1971, morreu com uma agulha no braço. O cortejo fúnebre desceu por Las Vegas Strip. Durante alguns minutos, as pessoas saíram dos cassinos, apertando os olhos ao sol e dizendo adeus para Liston. Os Ink Spots cantaram "Sunny".

---

* Grupo de homens e mulheres que se dirigiram, de ônibus, trem e avião, ao Sul dos Estados Unidos para testar a lei da Suprema Corte de 1960 que proibia a segregação racial nos transportes públicos interestaduais. (N. T.)

Faz muito tempo, especialmente depois que voltou da prisão para casa, que Tyson se identifica com Liston. Assistir a filmes de Liston treinando ao som da velha interpretação de James Brown de "Night train", ele disse, foi "orgástico".

"Sonny Liston é com quem eu mais me identifico", ele revelou. "Isso pode soar mórbido ou brutal, mas me identifico muito com aquela vida. Ele queria que as pessoas o respeitassem e amassem, o que nunca acontecia. Para que as pessoas o respeitem e amem, não basta desejar isso. É preciso *exigir* isso.

"As pessoas podem não ter gostado dele por causa dos antecedentes, mas quem o conheceu intimamente tem uma opinião bem diferente. Ele tinha uma esposa. Com certeza ela não achava ele um lixo. [...] Todo mundo respeitava a capacidade de Sonny Liston. O problema é respeitá-lo como homem. Ninguém pode criticar minha capacidade tampouco. Mas eu serei respeitado. Eu exijo isso. Vocês não têm escolha. Vocês não poderiam estar em minha presença se não me respeitassem."

Algumas semanas antes da luta, subi até o Michigan para ver o derrotador de Liston. Muhammad Ali vive numa fazenda bem cuidada em uma cidadezinha perto da fronteira com Indiana chamada Berrien Springs. Era óbvio para quem o viu tremendo ao acender a tocha olímpica em Atlanta que o mal de Parkinson praticamente silenciou Ali e colocou uma máscara amarga no que havia sido o rosto mais animado do século. Mas fora do alcance das câmeras da televisão, que o deixam nervoso e ainda mais rígido do que normalmente, Ali consegue mostrar alegria. Ele fica especialmente feliz ao ver a si mesmo quando seu corpo era ágil e sua voz, a mais amplamente reconhecida no mundo. Passamos boa parte de uma tarde assistindo a vídeos de suas lutas, as lutas iniciais com Liston e, depois, a primeira luta contra Patterson. Ali reclinou-se e sorriu ao assistir a si mesmo, em preto-e-branco, dissecando Liston, evitando seus socos e o atormentando com seus *jabs* até Liston parecer bem lento e bem triste.

"Ah, Sonny", disse Ali. "O grande e feio urso!"

Agora Liston estava admitindo a derrota. Estava sentado na banqueta, curvado. Agora o eu mais jovem de Ali estava de pé junto às cordas, histérico em seu triunfo, berrando para os repórteres que o haviam desprezado como um tagarela e uma fraude. "Engulam suas palavras! Engulam suas palavras! Sou o maior!"

"Todos pensaram que eu fosse perder", Ali comentou. "Acharam que ele iria me arrebentar."

Após uns instantes, perguntei a Ali sobre Tyson e se este se comparava com Liston.

"Liston era mais ligeiro que Tyson, mas seus golpes eram convencionais", ele respondeu. Sua voz estava sussurrante, quase pura respiração.

"Tyson poderia ter derrotado você?", perguntei.

"Não me faça rir", Ali respondeu, e estava rindo. "Tyson não tem isto. Ele não *tem* isto." Por um segundo, fiquei curioso em saber o que era "isto", mas aí O Maior deixou claro. Ele apontou para sua cabeça.

Cerca de uma semana depois, peguei a balsa para Staten Island a fim de visitar Teddy Atlas, que havia treinado Tyson quando este estava aprendendo a lutar no ginásio de Cus D'Amato. Atlas é um dos personagens mais cativantes do mundo do boxe, filho de um médico que tratava pacientes no gueto por um punhado de dólares. Ele foi rebelde, um menino das ruas que aprendeu a lutar boxe. Uma luta de faca em Rikers Island deixou uma cicatriz no seu rosto que vai da testa ao maxilar. Quando Atlas mal chegara aos vinte anos, D'Amato ensinou-o a treinar lutadores e, depois, confiou-lhe Tyson. Atlas ensinou a Tyson o catecismo segundo D'Amato — o estilo de manter as luvas erguidas, como na brincadeira que se faz com os bebês de esconder o rosto, a necessidade de superar o medo interior. Durante uma luta amadora, Tyson queixou-se a Atlas entre dois *rounds* de que sua mão estava quebrada e ele não poderia prosseguir, mas Atlas sabia que aquilo era medo, o medo do vexame, e impeliu Tyson de volta ao ringue para a vitória.

Atlas, porém, foi se desiludindo ao ver D'Amato proteger Tyson em uma série de incidentes lamentáveis. Tyson molestava meninas na escola, batia nos meninos, ameaçava os professores, e D'Amato quase sempre dava um jeito de acertar as coisas com a escola, com a polícia. Ele teria seu campeão, de um jeito ou de outro. Ele não estava criando um filho, afinal de contas. Estava criando um lutador. Mas em 1982, quando Tyson molestou a cunhada adolescente de Atlas, este perdeu a paciência. Ele apontou uma arma na cabeça de Tyson e ameaçou-o. D'Amato nunca puniu Tyson. No entanto, livrou-se de Atlas.

O co-empresário de Tyson, John Horne, havia me contado que "a única diferença entre Mike Tyson e o jogador de basquete Michael Jordan é o senhor e a senhora Jordan", no sentido de que Jordan tinha pai e mãe. Mas Atlas achou que as coisas eram simples demais, fáceis demais para Tyson. Quando lhe perguntei se ele havia exagerado ao apontar a arma na cabeça de Tyson, respondeu: "Tratava-se de um rapaz que não hesitaria em destroçar a alma de outro ser humano. Ele violava completamente as outras pessoas. E depois simplesmente ia embora".

"Mike é muito egoísta. Ele foi criado para ser egoísta. Lembro que, certa vez, eu estava sentado na cozinha da casa de Cus e havia dois pratos de espaguete, para Mike e para algum outro rapaz, outro lutador que ainda não havia se sentado. Tyson ia pegar a comida do outro rapaz também, e Camille" — a companheira de D'Amato — "disse: 'Mike, não, não pegue'. Mas Cus disse: 'Não, vai fundo, pega sim. Você vai ser o próximo campeão do mundo. Coma'. Tyson tinha só quinze ou dezesseis anos, e aquela foi a lição errada. Ouça, há um monte de rapazes de Brownsville com aquela formação, e alguns são ótimas pessoas, pessoas que encontram algo dentro de si para despertar um senso de responsabilidade, a sensação de que alguém mais no universo é importante."

Atlas disse que Tyson era um lutador que dependia somente de mãos rápidas e da imagem de extrema violência. Quase todos os seus adversários eram derrotados antes mesmo de entrar no ringue. Tyson nunca enfrentou um peso pesado realmente grande (como Tunney enfrentou Dempsey e Ali enfrentou Joe Frazier) e, nas duas ocasiões em que deparou com um adversário à sua altura, perdeu: a primeira, para Buster Douglas, em Tóquio, em 1990, e depois para Holyfield, em novembro último.

"Você pode mentir para si mesmo no ringue de cem maneiras diferentes", Atlas explicou. "Você pode abandonar a luta aos poucos. Você pode parar de dar socos, achando, por absurdo que pareça, que o outro sujeito vai parar também. Aí você pode dar desculpas para si mesmo, e as pessoas à sua volta repetirão as desculpas, e tudo parecerá bem. Você pode até cometer uma infração e, depois, alegar que teria ganhado se tivesse tido a chance. Lembre-se, este é um rapaz que costumava se esconder entre as paredes de prédios condenados para não ser espancado. Quando você vive assim, aprende a mentir, a persuadir as pessoas de que você é o mais durão — você aprende a assustar as pessoas, a manipulá-las. E, quando não consegue fazê-lo, está perdido.

"Quando vejo Tyson, vejo um sujeito que está assustado, um sujeito que não consegue ser correto. Em seu mundo, nunca lhe permitiram estar assustado, ou mesmo ser honesto, de modo que ele não é nenhuma destas coisas. Ele está perdido. Quando Tyson está a sós consigo mesmo, não sei se ele acredita que exista alguém à sua volta que está ali devido aos seus méritos como pessoa. Nem sei se as mulheres o assediariam sem sua capacidade de ganhar dinheiro. Ele teria que mostrar algo além do ringue e de sua capacidade de mandar as pessoas para orgias de compras de 200 mil dólares."

No dia da luta, perambulei por Las Vegas Strip. No início da semana, os cassinos dos hotéis como o MGM Grand, New York New York e Excalibur — os novos lugares freqüentados pelas famílias — estavam lotados de pais de classe média empurrando carrinhos de bebê pelas mesas de vinte-e-um à meia-noite. Las Vegas é mais negócio do que Disney World. Em Las Vegas, você pode arranjar um quarto de hotel barato, visitar a Esfinge (no Luxor), tirar retrato junto de um personagem de cinema de pelúcia, morrer de susto na montanha-russa e estar na piscina na hora do almoço. Mas no final da semana (quando a diária de meu quarto disparou de 79 dólares por noite para 399), todos os carrinhos de bebê haviam sumido. Os aviões no Aeroporto Internacional McCarran vomitaram apostadores de Nova York, Tóquio, Taipei e Pequim, atletas e membros de gangues, estrelas do cinema trajando Armani e piranhas trajando Moschino. A mente se agitava — e o pescoço virava — diante do efeito das academias e do silicone sobre a forma física americana no final do século. Toda aquela malhação e cirurgia séria. Pelo aspecto das mulheres na esteira das bagagens, não deve ter sobrado uma só garota de programa na área da Grande Los Angeles. Todas pegaram o avião para ver a luta.

Instigado por meu amigo Michael Wilbon, colunista esportivo do *The Washington Post*, passei a tarde percorrendo as lojas mais caras da cidade. Dia de luta, Wilbon me explicou, é um dia de grandes compras, e muitas das lojas badaladas — Neiman Marcus, Versace, Escada, Cucci, Armani — contrataram costureiras e alfaiates extras para que tudo ficasse pronto à noite. Ninguém compra um terno de trezentos dólares para não vestir no evento principal. Mesmo que você não tivesse ingressos — e isso significava a grande maioria que "veio para a luta" —, não correria o risco de aparecer nos cassinos malvestido.

Na Neiman Marcus, observei Louis Farrakhan tomar de assalto a butique italiana. Enquanto meia dúzia de seus seguranças tomavam posição perto das prateleiras de gravatas e camisas, o líder islâmico negro experimentou belas calças cor de mostarda. Zegna é evidentemente um de seus estilistas prediletos. Observei-o experimentando calças durante quase meia hora. Quando perguntei a um de seus seguranças se poderia entrevistar o pastor, ele tirou os óculos escuros e piscou. Interpretei o gesto como um não.

As Forum Shops do Caesars Palace se revelaram um bom lugar para ficar zanzando. Os tetos estão pintados como um céu azul, com nuvens bíblicas perfeitas, e o chafariz diante da loja Versace é melhor que a Fontana di Trevi em Roma — afinal, a Roma de Las Vegas tem ar-condicionado.

Versace parecia o quartel-general escolhido pelos fãs de Tyson, e pelo próprio Tyson. Antes da primeira luta contra Holyfield, os gerentes fecharam a loja para Tyson. "Ele comprou muito bem", um gerente me contou, sem entrar em detalhes. A cifra mítica entre os jornalistas de boxe foi que, da última vez, Tyson deixou ali 150 mil. Enquanto eu tocava numa blusa que valia mais que um bom carro usado, um sujeito com antebraços avantajados e um olhar decidido entrou: o guarda-costas de Tyson. Mesmo para quem não o conhecesse de rosto, havia sinais: uma tatuagem da "Equipe Tyson" no braço e uma jaqueta de couro "Team Tyson Rules". O gerente, assim que o avistou, veio correndo atendê-lo. Chegou a esfregar as mãos de satisfação. Em poucos segundos, entregaram ao guarda-costas um porta-terno. "O Mike agradece", o guarda-costas disse. Pelo celular, chamou uma "camionete imediatamente" e saiu andando.

O público das lutas nem sempre foi assim. Nos filmes das grandes lutas dos anos 50 e 60, dá para ver que as cadeiras perto do ringue eram ocupadas sobretudo por homens brancos parrudos em ternos azuis quadradões — mafiosos, como Blinky Palermo e Frank Carbo ou, num plano ligeiramente superior, membros do clã de Sinatra. Quando Ali retornou do exílio, em 1971, para enfrentar Jerry Quarry em Atlanta, o público da luta mudara: de repente, havia negros em torno do ringue. Eles exerciam as mesmas profissões respeitáveis ou suspeitas de seus predecessores brancos, mas a plumagem era diferente. O estilo do mafioso mudara da lã austera de Carbo (ele era conhecido como o Senhor Cinzento) para os ternos iridescentes de seus sucessores negros. Foi como se pardais enfileirados num fio tivessem alçado vôo, sendo substituídos por um bando de cacatuas.

Ainda havia muitos figurões brancos por ali, muitos penteados *pompadour* e anéis ostentosos. Certa noite, ao jantar no restaurante italiano Trevesi, no MGM Grand, uma mulher atirou seu cálice de vinho no namorado figurão. Depois se levantou da cadeira e, após um segundo de verdadeira reflexão, pegou o copo e o estilhaçou na cabeça do namorado. Àquela altura, havia sangue no crânio do namorado e lascas de vidro no *capellini* da mulher da mesa do lado. Aquele se revelaria o golpe menos sujo da semana.

É costume numa luta importante cercar o ringue de jornalistas, apostadores anônimos e, principalmente, "luminares do mundo dos esportes, política e da indústria do entretenimento". No setor de imprensa, recebemos uma lista alfabética das celebridades presentes: Paul Anka, Patricia Arquette, Stephen Baldwin, Matthew Broderick, Albert Brooks, James Caan, John Cusack, Rodney Dangerfield, Lolita Davidovich, Ellen DeGeneres, Larry Flynt, Michael J. Fox, Cuba Gooding Jr. etc. Claro que a lista estava "sujeita a mudanças", conforme nos advertiu o pessoal de King.

Também é costume, nas lutas importantes, chegar na última hora, ignorando as lutas preliminares. Mas eu havia visto todos os coletes de couro vermelhões, calças amarelo-esverdeadas e corpos siliconados que queria, de modo que rumei para a arena do MGM Grand. King informara a todos que a luta seria "o maior evento de boxe de todos os tempos". Estranho, portanto, que ele tenha promovido as lutas preliminares mais sinistras de todos os tempos. O destaque foi sem dúvida a luta feminina, que deixou a lona manchada de poças de sangue. A mulher de short rosa, Christy Martin, venceu. Ela havia adquirido os melhores hábitos do boxe. Provocara a adversária, Andrea DeShong, na entrevista coletiva antes da luta, dizendo-se contente por DeShong enfim usar um vestido. "É a primeira vez que vejo você com aspecto respeitável, como uma mulher", disse Martin, provando assim sua... masculinidade.

Às oito e meia da noite, os assentos estavam lotados e o local, agitado, ruidoso e nervoso, um som típico da antevisão de violência pela massa, uma agitação mais maníaca do que numa final de basquete ou convenção política. Don King deu início aos trabalhos fazendo com que o locutor do ringue informasse que a luta era dedicada à memória da viúva de Malcolm X, Betty Shabazz, e às "muitas e muitas vítimas inocentes do crime e da violência". Todos nos levantamos, e o cronometrista soou o gongo dez vezes, o equivalente no boxe à salva de 21 tiros.

Tyson, o desafiante, adentrou a arena ao som de gangsta rap. Nas entranhas da arena, ele havia reclamado que dava para ouvir a música de Holyfield, música evangélica elétrica: será que Holyfield poderia abaixar a música? Tyson, como sempre, usava seu uniforme de guerreiro: calção preto, sapatos pretos, sem meias. Chegou cercado por Giachetti e Horne e Holloway e Crocodile e uma dúzia de outros homens, todos com ares de muito importantes. Eles tentaram ao máximo parecer perigosos.

Depois Holyfield, com um séquito bem menor, desceu o corredor em direção ao ringue. Trajava calção roxo e branco com o logotipo Fil. 4:13" ("Tudo posso naquele que me fortalece"). Enquanto Tyson assumia sua máscara mortuária, seu rosto intimidador, Holyfield sorria. Proferiu a letra de uma canção gospel que só ele conseguia ouvir. Tyson andava com passos lentos e regulares, e Holyfield ficou de pé no seu corner, satisfeito em sacudir os músculos dos braços e pernas. Um de seus assistentes técnicos massageou os cordões de músculo do seu pescoço.

No cassino, Tyson era o favorito. Você tinha que apostar 180 dólares nele para ganhar cem. As chances se baseavam quase inteiramente na fama de Kid Dynamite de Tyson. Holyfield, porém, foi o escolhido na fila da imprensa por ampla margem. No entanto, sabíamos por que estávamos ali. Não era para ouvir Holyfield cantar "O Senhor é meu pastor".

Mills Lane, um juiz calvo e de voz sussurrante de Reno, foi o árbitro. No centro do ringue, Lane lembrou aos dois lutadores suas obrigações para com a lei, o boxe e a Comissão Atlética do estado de Nevada, e os homens assentiram com a cabeça. Claro que eles nem sonhariam em transgredir o regulamento. Foi o que indicaram seus rápidos movimentos da cabeça, o toque das luvas.

Quando soou a campainha de início da luta, Tyson ficou se movimentando pelo ringue, mas com certo ar autoconsciente. Ele perdera a primeira luta até porque havia esquecido os velhos movimentos defensivos. Durante meses, Giachetti, seu treinador, apelara para que ele mexesse a cabeça, desse uns *jabs*, esquecesse o nocaute de um soco só. Mas, após meio minuto, Tyson retornara ao jeito antigo, desferindo um gancho enorme de cada vez. Holyfield evitou os ganchos facilmente e depois assumiu o controle, impondo-se sobre Tyson ao redor do ringue. Da última vez, nós havíamos nos surpreendido ao ver que Holyfield era mais forte que Tyson, que ele conseguia colocar Tyson na defensiva, que ele conseguia agarrar o braço esquerdo de Tyson no clinche e evitar traumas inenarráveis nos rins e na têmpora. E agora aquilo estava se repetindo. Todo o treinamento, todas as instruções estavam indo por água abaixo. Tyson não conseguia intimidar Holyfield — ele não conseguia, como fizera com tantos outros adversários antes, aterrorizar aquele homem para que abrisse a guarda e cometesse algo como um suicídio no boxe. Holyfield estava empenhado em ganhar novamente, e passou o primeiro assalto controlando o ritmo e ganhando muitos pontos com dois ganchos de esquerda e, depois, uma direita no maxilar de Tyson.

Entre os rounds, enquanto Tyson bebia água e cuspia no balde, Giachetti instruiu-o a não ter pressa.

"Dê um *jab* na garganta!", ele instruiu.

Tyson fez que sim com a cabeça, mas quem saberia dizer o que ele estava ouvindo — que voz interior?

No segundo assalto, o padrão se repetiu. Holyfield desferiu ganchos de esquerda na carne do flanco de Tyson e empurrou-o pelo ringue e para trás em direção às cordas. Tyson deu uns *jabs* ocasionais, mas com mais freqüência desferiu murros grandes e dramáticos, e Holyfield desarmou-os, evitou-os. Aí chegou o momento crucial do assalto — o momento que desencadeou em Tyson certa torrente de raiva que acabaria estragando a luta e possivelmente arruinando-lhe a carreira. Enquanto os dois lutavam, Holyfield sem querer bateu com o crânio na sobrancelha bem desenhada sobre o olho direito de Tyson. Após alguns segundos, riachos de sangue desciam no lado do rosto de Tyson, e no clinche ele ergueu o olhar para Lane e disse: "Ele me deu uma cabeçada". O lado físico era bem grave: o corte com certeza incomodaria Tyson durante a luta. O sangue escorreria nos olhos, e Holyfield, sentindo a vantagem, se aproveitaria do corte — daria murros nele, esfregaria a cabeça nele no clinche — e tentaria ganhar por nocaute técnico. O pior para Tyson foi o medo tremendo que a cabeçada despertou nele, o modo como a dor forte evocou a luta passada, sua humilhação. Da última vez, os dois homens tinham dado marradas como dois carneiros furiosos, e Tyson acabara se ferindo, se atordoando e sangrando. Era como se seu pesadelo tivesse virado realidade. Estava tudo acontecendo de novo. Ele estava no ringue, sangrando, e enfrentando um oponente que não recuaria.

Lane alertou os dois homens contra o excesso de violência (imagine!), mas não descontou nenhum ponto pela penalidade. Agora, no clinche, Tyson ficou mais desesperado. Ele empurrou um antebraço na garganta de Holyfield. Mas seus murros, seus grandes murros, continuavam inoperantes, e estavam vindo em descargas isoladas, e não em combinação. De novo, Holyfield venceu o assalto graças à força superior, à capacidade de fazer Tyson valsar pelo ringue, e à eficiência de seus golpes. Quase todos certeiros. Os três juízes deram vitória dos dois primeiros assaltos a Holyfield, dez a nove.

Após o gongo, um cirurgião plástico cuidou do corte de Tyson.

Enquanto o médico pressionava uma compressa na testa de Tyson, o lutador deu uma recuada.

"Aaaiii", Tyson gemeu.

"Desculpe", disse o médico.

Tyson respirava com dificuldade agora — com mais dificuldade do que deveria após seis minutos no ringue e meses de corridas ao ar livre. Ele não disse nada. Não deu nenhuma pista a ninguém de que algo estava errado — de que algo "fugira ao controle", como diria dias depois. Tyson levantou-se da banqueta e aguardou a campainha. Enquanto os dois lutadores estavam de pé cara a cara, Holyfield subitamente apontou para a boca de Tyson, lembrando que seu treinador esquecera de colocar seu protetor bucal. Tyson voltou até Giachetti e abriu a mandíbula; Giachetti colocou o protetor bucal.

No gongo do terceiro assalto, Tyson marchou para a frente, e ele estava claramente enraivecido, doido para terminar a luta antes que seus olhos falhassem. Estava relativamente controlado de início, desferindo seus primeiros ganchos fortes da luta. Holyfield resistia aos golpes e continuava avançando para a frente, comprimindo Tyson, mas de repente ele não estava mais no comando. Por mais de dois minutos de luta, Tyson mostrou-se capaz de reviver seu velho estilo. Agora seus murros vinham em combinações. Manteve a cabeça em movimento, de um lado para o outro, para cima e para baixo, sem deixar Holyfield dar um *jab* no seu corte. Nos clinches, porém, Holyfield continuava no controle. Parecia estar dizendo a Tyson que, embora este pudesse vencer o assalto, não conseguiria vencer a luta, e Tyson parecia captar o sentido daquilo. Faltando apenas quarenta segundos para o fim do assalto, Holyfield conduzindo Tyson pelo centro do ringue, Tyson subitamente cuspiu seu protetor bucal e desatou a morder a orelha direita de Holyfield. Durante um segundo, Holyfield pareceu não sentir aquele ataque lunático, mas depois a dor o atingiu. Ele recuou, dando saltos, apontando para a orelha e o sangue que agora a banhava. Ao mesmo tempo, Tyson virou a cabeça obliquamente e cuspiu mais de um centímetro de orelha. Lane interrompeu o assalto. Holyfield foi até seu corner. Tyson foi atrás e empurrou-o. Holyfield agia de forma exagerada, balançando loucamente nas cordas, como que para realçar a loucura daquilo tudo.

Don Turner, o treinador de Holyfield, disse ao seu homem que ficasse frio, que pensasse em Jesus, que mantivesse a calma.

Lane informou ao representante da Comissão Atlética do estado de Nevada junto ao ringue que estava pronto para desclassificar Tyson — e teria todo o direito de fazê-lo —, mas primeiro chamou o médico do ringue, Flip Homansky, à lona para olhar a orelha de Holyfield. Homansky examinou seriamente a orelha e, aparentemente no interesse de Nevada e da boa fama do boxe, declarou Holyfield apto a continuar. Lane foi até os dois corners e explicou aos treinadores reunidos o que havia acontecido. Contou a Giachetti que Tyson "mordeu ele na orelha".

"Não, não mordi", Tyson afirmou.

"Cascata", Lane retrucou. Ele já havia examinado a orelha, as marcas de dentes. "Pensei que minha orelha tivesse sido arrancada!", Holyfield disse mais tarde. "Estava cheia de sangue!" Lane descontou dois pontos de Tyson — um pela mordida, um pelo empurrão — e, ou pelo menos inventou isto numa entrevista após a luta, avisou Tyson que, se fizesse aquilo de novo, a luta se encerraria.

A interrupção havia durado mais de dois minutos, tempo suficiente para a multidão ver replays do incidente nos telões em volta da arena e começar a vaiar, tempo suficiente para Tyson decidir se havia "perdido o controle emocional" ou se faria aquilo de novo, e tempo mais que suficiente para as piadas e trocadilhos começarem a circular pelo setor de imprensa: "Tyson's a chomp", "a lobe blow", "pay per chew",* "Ele é Hannibal Lecter", "Se você não pode vencê-los, morda-os". Surgiriam umas cem dessas piadinhas.

---

* Respectivamente trocadilho com *champ* (campeão) e *chomp* (mordida ruidosa); trocadilho com *low blow* (golpe baixo) e *lobe blow* (golpe no lóbulo); trocadilho com *pay-per-view* (pagar para ver) e *pay per chew* (pagar para mascar). (N. T.)

Finalmente, Lane desimpediu o ringue e reiniciou o pouco que restava do terceiro assalto. O público, que havia torcido ora para Holyfield, ora para Tyson, agora se sentia fortemente insultado. Vaiaram com força total. Claro que estávamos todos preparados para ver um lutador desferir um golpe violento no cérebro do outro, mas uma mordida na orelha estava além da imaginação. Estávamos indignados, enojados, talvez até um tanto excitados. O boxe é um esporte sangrento. Agora havia sangue.

Holyfield estava disposto a atender ao pedido do treinador de manter a calma. Marchou ringue adentro e desferiu um gancho firme no rosto de Tyson. Sua mensagem: você pode fazer o que quiser, você pode trapacear, você pode ameaçar, você pode até abandonar a luta, mas você não vai me intimidar.

Os lutadores ficaram de novo em clinche. Faltavam cerca de vinte segundos para o fim do assalto. E, incrível, o nariz de Tyson outra vez procurou o pescoço suado de Holyfield, quase delicadamente, resolutamente, como se estivesse farejando trufas. Encontrou a orelha esquerda e mordeu. De novo, Holyfield encenou sua dança saltitante de raiva e dor. O gongo soou.

Os treinadores de Tyson agora tinham um olhar de culpa; seus olhos oscilavam. Eles sabiam o que vinha pela frente.

Holyfield não tinha tanta certeza. "Coloque meu protetor bucal", pediu aos seus treinadores. "Vou nocauteá-lo."

Mas Lane não podia deixar aquilo continuar: "Uma mordida é bastante grave. Duas mordidas é o fim".

"Eu tive que pensar um pouco", Lane contou, sensatamente, mais tarde. "Pensei sobre aquilo e pensei novamente, e concluí que aquela era a coisa certa. Que aconteça o que tiver que acontecer." Tyson foi desclassificado. Holyfield foi declarado vencedor e "ainda campeão mundial dos pesos pesados". Depois da luta, Tyson declarou que foi forçado a retaliar a cabeçada do segundo assalto. Afinal, Tyson disse, como se tivesse razão, "Esta é a minha carreira. [...] Tenho filhos para criar".

Na confusão que se seguiu ao anúncio de Lane — Tyson ainda furioso no ringue, empurrando os policiais, e depois os fãs atirando pedras de gelo e pragas, enquanto ele se retirava para o vestiário —, em tudo aquilo, um detalhe quase foi esquecido. Um funcionário do hotel chamado Mitch Libonati encontrou o pedaço de orelha que pertencera a Evander Holyfield. Encontrou-o na lona do ringue, embrulhou-o numa luva de borracha e levou-o ao vestiário do campeão.

"No início, olharam para mim como se eu estivesse zoando, mas contei que eu tinha um pedaço da orelha de Evander e achava que ele iria querer aquilo", Libonati contou. "Ela nem estava sangrenta, na verdade. Parecia uma pedaço de salsicha."

Após deixar a arena e a tenda da imprensa, percorri o cassino do MGM Grand em direção aos elevadores. Eu queria tomar algumas notas no meu quarto antes de sair para Las Vegas Strip. Não dava para perder as comemorações da vitória. Mas, ao passar por umas máquinas caça-níqueis, vi um bando de umas vinte ou trinta pessoas correndo na minha direção. Havia gritos: "Abaixa!" e "Estão dando tiros!" e "Eles estão armados!". Eu já havia visto antes algumas brigas de socos entre fãs de Tyson e fãs de Holyfield. Era bem capaz que alguns visitantes estivessem armados. Mergulhei atrás de uma fileira de máquinas caça-níqueis, sentindo-me ao mesmo tempo amedrontado e ridículo.

"Fiquem agachados!"

"Estão ouvindo os tiros!"

As pessoas estavam de cara para o tapete, mergulhando sob mesas de vinte-e-um, mesas de roleta. Depois houve silêncio. Nenhum tiro — ao menos nenhum que pudéssemos ouvir. Parecia seguro ir até os elevadores.

Mas aí, quando as portas do hotel se abriram, mais pessoas começaram a correr, mergulhando atrás de máquinas caça-níqueis e entrando nos elevadores. Subi ao décimo quarto andar e, depois, desci de volta por um elevador de serviço. Eu tinha que chegar ao grupo de elevadores que me levassem ao vigésimo primeiro andar. Quando eu estava saindo do elevador de serviço, o reverendo Jesse Jackson e um grupo de policiais estava entrando no hotel.

"É triste. Tudo isto é muito triste", disse Jackson. "É a única palavra que me ocorre para descrever isto. É uma tragédia que ninguém consegue explicar. Quanto ao Tyson, acredito que a cabeçada desencadeou algo nele. Estou concentrado nele e no que acontece na sua cabeça. E agora isto. Lá fora estão atirando com Uzis, esses bandidos."

Jamais ficou totalmente claro se houve algum tiroteio. Eu duvido. Mas a Patrulha Rodoviária de Nevada fechou Las Vegas Strip, de Tropicana Avenue até Koval Lane. Ninguém queria uma repetição dos acontecimentos após a luta entre Tyson e Seldon em setembro passado, quando o astro do rap Tupac Shakur morreu baleado dentro de um carro.

Os rumores do tiroteio com Uzis atrapalharam o movimento do MGM Grand, mas em outras partes de Las Vegas Strip os apostadores estavam satisfeitos. Havíamos todos testemunhado um espetáculo: a queda de Mike Tyson. Nos dias seguintes, ele pediria desculpas. Ele recorreria à "ajuda profissional dos médicos". Mas quem se importava com ele agora? No ringue, no seu momento de prazer máximo, ele perdera tudo: ele mostrara ser o que, em épocas mais brandas, seria chamado de safado. Mordidas não são inéditas no boxe — o próprio Holyfield certa vez mordeu Jakey Winters numa luta amadora quando tinha dezoito anos —, porém Tyson fizera aquilo não apenas uma vez, mas duas, numa luta de campeonato assistida por "3 bilhões de pessoas", ou seja lá quantas pessoas Don King conseguira atrair. O final abissal e solitário que ele parecera prever para si mesmo chegara muito cedo.

"Acabou", ele disse no vestiário. "Sei que acabou. Minha carreira acabou."

Ninguém antevira aquele final mais claramente do que o próprio Tyson. Na véspera da luta, ele fora até um cemitério perto do aeroporto depositar um buquê de flores no túmulo de Sonny Liston. Dali para a frente, a música para Tyson não seria mais o rap, mas algo mais fúnebre. "Um dia vão compor uma música de blues só para lutadores", seu ídolo, Liston, certa vez disse. "Será para guitarra lenta, trompete suave e um gongo."

(1997)

Treinador: Teddy Atlas

A maioria dos treinadores não tem muito mais a oferecer a um lutador de boxe do que um balde para ele cuspir. Enquanto lidam com seu atleta — passando gelo nos vergões, matando sua sede —, oferecem freneticamente quaisquer clichês que lhes venham à mente. Existem vários. Existe o clichê da persistência ("Continue com os *jabs!*"); o clichê da violência exacerbada ("Dá uma porrada no fígado!"); o clichê da precaução urgente ("Fique longe das cordas!"); e, não raramente, quando todo o resto falha, a garantia-clichê da presença sagrada ("Jesus te ama!"). Dos almofadinhas de esquina do período da Regência inglesa aos sujeitos mafiosos dos anos 40 e 50, o treinador é uma figura de segundo plano, o Polônio* discreto. Ele sabe que seus pedidos e instruções quase sempre não são ouvidos. Os lutadores, afinal de contas, não são zagueiros modernos de futebol americano: eles não usam capacetes equipados com radiotransmissores; eles não se beneficiam da análise instantânea, gerada por computador, em seus ouvidos. Finalmente, um lutador está sozinho. Se sua mente continua clara o suficiente, ele ouve a si mesmo. Do contrário, ouve o instinto ou medo.

Com o tempo, porém, surgiram treinadores que, naquele minuto frenético entre os rounds, foram capazes de salvar uma luta ou uma carreira, até

---

* Personagem de *Hamlet*, peça de William Shakespeare. (N. T.)

mesmo uma vida. O inglês James Figg, o mestre singular de lutadores do século XVIII. Ray Arcel, Mannie Seamon e Whitey Bimstein: os grandes adeptos do Stillman's Gym, na Eighth Avenue. E, mais recentemente, homens como Angelo Dundee e Eddie Futch. Quando Cassius Clay ficou cego no quarto assalto de sua luta pelo campeonato contra Sonny Liston, em 1964, e quis abandonar a luta em vez de enfrentar o quinto assalto ("Não consigo enxergar! Tira minhas luvas!"), Dundee umedeceu seus olhos com uma esponja, e instruiu-o a manter Liston à distância com seus *jabs* e aguardar a visão clarear. "Esta é a grande luta, Daddy!", Dundee disse a Clay, que estava quase histérico em seus protestos. "Pára com essa frescura! Não vamos jogar a toalha agora." Clay sabia que podia confiar em Dundee, que este não o prejudicaria. Sua visão melhorou. Logo, sob um nome novo, ele entraria na história. Onze anos depois, na terceira luta Ali-Frazier, em Manila — talvez a disputa pelo título dos pesos pesados mais acirrada de todos os tempos —, o treinador de Joe Frazier, o sagaz Futch, não deixou que ele retornasse ao ringue para o décimo quinto assalto. "Sente-se", ele disse calmamente. "A luta acabou." Os olhos de Frazier, de tão inchados, não o deixavam enxergar os murros de Ali, e Futch, em nome de Frazier, estava se rendendo. Frazier não tinha o hábito de se render — seu estilo, sua ética, se baseavam na disposição em absorver a punição para se aproximar suficientemente do golpe de nocaute —, mas sabia que podia confiar na experiência de Futch. Este tinha consigo a experiência da morte. ("Eu estava lá quando Davey Moore foi morto", Futch certa vez revelou. "Eu estava lá quando Talmadge Bussey foi morto. Eu estava lá quando Kid Dynamite foi morto.")

Esses momentos de inspiração — de habilidade inspirada ou compaixão inspirada — surgem raramente. Mas eles acontecem. Como um curandeiro ou um xamã, o treinador está impregnado de conhecimentos especializados. A sabedoria do treinador costuma ser transmitida oralmente, mas existem textos importantes. O professor Michael J. Donovan, um campeão dos pesos médios de meados do século XIX e supremo mestre no fim daquele século, escreveu o guia definitivo da arte da preparação: *How to train for a fight*. Alguns dos conselhos do professor estão datados — "Antes de começar o treino para valer, digamos uns três dias antes, todo homem deveria tomar doses moderadas de purgante para agir nos intestinos, fígado e rins" —, mas, no principal, ele é nosso contemporâneo. Seus conselhos sobre corridas, sono ("Ele necessita de dez horas de sono e repouso"), pular corda, o "saco de pancadas", evitar as correntes de ar, e o cuidado com as mãos do lutador fazem parte do pensamento convencional sem o qual nenhum treinador consegue se diplomar. Donovan, como todos os modernos, é um expert em nutrição atlética: "Se você deseja aumentar seu peso, beba uma cerveja preta Guinness em vez da cerveja clara Bass". Em tudo isto o lutador tem que prestar atenção, mas é o treinador, como um pai, protetor e repreensor, quem está ali para dirigir o programa.

O treinador mais esperto da geração mais nova é um nova-iorquino com uns 45 anos chamado Teddy Atlas. (O boxe, assim como o beisebol, está cheio de nomes que parecem saídos de histórias em quadrinhos: Rocky Kansas, Kid Chocolate, Peppermint Frazer... Teddy Atlas.) Para o boxe, que sempre foi um esporte de marginais e dos desesperados, Atlas é de uma estirpe incomum. Ele é filho de um médico. É também o único filho de médico que conheço cujo traço facial mais proeminente é a marca de uma luta de faca: uma cicatriz que começa na linha do cabelo, contorna o canto do olho esquerdo e desce longitudinalmente até embaixo da mandíbula. As lutas, no ringue e nas ruas, proporcionaram a Atlas o tipo de credibilidade instantânea: sem a cicatriz e o nariz achatado, ele pareceria um sujeito bem-apessoado que você encontraria na balsa para Wall Street; com eles, somos avisados de que se trata de um lutador — Não se meta comigo! Atlas mora em Staten Island, onde cresceu. Ele também morou em Rikers Island. Ele treinou Mike Tyson quando este era adolescente; e treinou um campeão dos pesos pesados chamado Michael Moorer, um lutador instável, de habilidades modestas, que jamais teria conquistado um título sem ele. Atlas treinou uma série de lutadores, mas se afastou daqueles que não lhe deram ouvidos. Atlas, com todas as suas imperfeições, é um moralista. Isto não é uma coisa comum no boxe, agora ou em outras épocas. Atlas admira um código de ética profissional. Por ser um homem honesto e direto num esporte dominado pelos traiçoeiros e astuciosos, ele é um favorito de um grupo pequeno e fiel de jornalistas de boxe: Ron Borges, do *The Boston Globe*, Mark Kriegel, do *Daily News* de Nova York, Jack Newfield e Wally Matthews, do *New York Post* —, mas, verdade seja dita, ele também convive com tipos menos edificantes, um ou dois dos quais já estiveram às voltas com o sistema judicial federal. "Não sou um cara totalmente inocente", Atlas confessa.

Ocasionalmente, as habilidades de Atlas foram reconhecidas além dos círculos cultuadores do boxe. Quando a coreógrafa e dançarina moderna Twyla Tharp decidiu, aos quarenta e poucos anos, entrar em forma e voltar aos palcos, recorreu a Teddy Atlas. Ele a treinou como uma lutadora, fez com que ela subisse correndo lances de escadas e treinasse boxe sozinha ou com um adversário. No ringue, Atlas não hesitou em bater nela, não com força, mas o suficiente para ela não esquecer de mexer com a cabeça e os pés — uma crença comum a Nijinsky e Willie Pep. Quando, mais tarde, Tharp se apresentou na Academia de Música de Brooklyn, alguns membros do público atiraram flores no palco. Atlas jogou um par de luvas de boxe aos pés de sua aluna. Tharp pendurou as luvas na parede de seu apartamento, em Central Park West. Ela passou a respeitar a arte do treinador. "Na dança, se você erra, fica constrangido", ela declarou certa vez a um jornalista da *Ballet News*. "No boxe, se você erra, morre."

No início deste verão, fui de carro até o Rocky Marciano Gym, em Jersey City, onde Atlas vinha treinando um peso meio-pesado jovem, um albanês do Kosovo chamado Elvir Muriqi. Já não restam muitas academias de boxe na área metropolitana. A academia de Stillman e o Times Square Gym há muito desapareceram. A de Gleason, que ficava perto do Madison Square Garden, mudou-se quinze anos atrás para o Brooklyn, sob a ponte. Existe a de Lou Costello, em Paterson, a Red Brick, em East Newark, a Kinsway, em Manhattan. O Marciano Gym não fica num local particularmente elegante — está bem ao lado de uma oficina de automóveis Punjabi Brothers e perto de um terreno baldio —, mas tampouco se assemelha às "saunas" mofadas do passado. Os treinadores da geração de Stillman não reconheceriam o Marciano como um território familiar. O andar térreo é um salão com espelhos reluzentes repleto dos instrumentos de tortura das aulas de malhação: esteiras mecânicas, StairMasters, máquinas Nautilus, halteres. No andar de cima fica a área de boxe, com dois ringues e, pendendo de um complexo de vigas expostas, uma série de sacos de pancadas de diferentes tamanhos — o de sempre. Ela também é limpa e, estranho, sem cheiro. Quando cheguei, Muriqi, uma figura robusta mas fisicamente corriqueira, estava se aquecendo, pulando corda, esmurrando o saco de pancadas e bufando o tempo todo. A única visão familiar e confortante no local era um grupo pequeno de lutadores da velha guarda sentados em cadeiras dobráveis e comentando sobre um *fight card** que eles todos haviam visto algumas noites antes na International Brotherhood of Electrical Workers, em Long Island.

Atlas vinha preparando Muriqi para uma revanche contra um lutador de Massachusetts chamado Dan Sheeban. Na primeira luta entre eles, no Blue Horizon, na Filadélfia, Atlas se desdobrara como treinador de Muriqi e comentarista do programa *Friday Night Fights* do canal ESPN2, um bico habitual. Muriqi tinha perspectivas, mas, como Atlas informou aos telespectadores (durante os assaltos) e ao lutador (entre eles), sua inexperiência era visível contra Sheeban. Muriqi estava mantendo o controle, mas, em sua frustração, sua incapacidade em derrotar o bruto mas decidido Sheeban, vinha recorrendo a golpes baixos. A cada baixaria, Atlas se mostrava contrariado.

"Ele é um pouco imaturo, não vou mentir para vocês", Atlas informou aos espectadores. O público da TV podia ouvir Atlas dizendo a Muriqi que "parasse com aquela merda". O público do Blue Horizon é instruído, mesmo em questões de geopolítica, e estava irritado.

"Você luta como um sérvio!", alguém gritou.

Faltando apenas doze segundos para o final da luta, o juiz desclassificou Muriqi por seu quarto golpe baixo. Um lutador jovem que sonhe com o sucesso não pode se dar ao luxo de tamanha mancha em seu currículo. Quase todos os treinadores de Muriqi ficaram em volta se lamentando ou consolando seu lutador. Atlas se mostrou impassível. Com seu fone de ouvido ligado, informou aos telespectadores: "Neste momento ele está devastado. Agora ele vai ter que voltar ao ginásio, melhorar o treinamento, ou mudar de profissão".

Pois ali estavam eles, de volta ao ginásio. A revanche ocorreria dentro de poucas semanas, em Hyannis, Cape Cod.

"Tive que explicar para ele que ele vacilou na última luta. Não foi profissional, que é o que você procura se tornar", Atlas me disse enquanto observávamos Muriqi pulando corda. "Ele não estava preparado mentalmente para

---

* *Fight card*: emparelhamento das lutas, em que vários finalistas lutam entre si segundo uma combinação de sorteio e escolha. (N. T.)

fazer as coisas que um profissional está preparado para fazer. É como um advogado numa sala de audiência que topa com um oponente mais duro do que ele previa, ou um médico que abre uma pessoa e descobre que a doença é pior do que pensava. Um profissional vê o que está acontecendo e enfrenta o problema. O meu cara foi até lá, estava ganhando de treze a zero, achou que ia ser barbada, e aí ele daria uma bela declaração de meio minuto para o ESPN. Bem, o outro camarada não quis cooperar, e isto atrapalhou seu trabalho. Profissionais não se deixam atrapalhar em seu trabalho."

Atlas tem estado com lutadores no ringue do Madison Square Garden e no estacionamento do Caesars Palace, em Las Vegas. Por que se incomodar com o rapaz do Kosovo?

Atlas deu de ombros. Respondeu que Muriqi poderia se revelar um rapaz de caráter. "Ele vem de um lugar onde não há muita coisa, e seu pai e sua irmã lutaram no ELK pela liberdade. Com esse tipo de pressão em torno... talvez isto signifique algo", Atlas disse. "Se vai ajudá-lo a se superar e ser um profissional, vamos ver."

Todos os bons treinadores se imaginam senhores da psique. Eles são freudianos. Atlas é ainda mais. Está convencido de que o boxe é, em grande medida, psicológico, de que o perdedor é o lutador que mente para si próprio, que acha meios de racionalizar sua passividade e faz um "contrato silencioso" com seu oponente: não vou agredir você se você não me agredir. Eles se seguram e agarram e recuam e, embora possam achar que estão sendo espertos, estão na verdade assinando o contrato.

Atlas caminhou em direção a Muriqi. Aproximou-se do rosto de seu lutador, onde pudesse ser visto e ouvido, e falou calma e gravemente.

"Veja bem, você precisa pensar em 17 de julho", ele começou. "Você venceu todos os assaltos da última vez, mas não fez as coisas que precisa para ser um profissional. Por isso hesito em aceitar pessoas no seu nível.

"Posso não ser muito bom em outras coisas, mas disto eu entendo. Vou dizer coisas que vão incomodá-lo às vezes, mas são para o seu bem. Na sua cabeça, lutar é fácil. O que estou tentando lhe dizer é que não é fácil, não. Você atingirá o ponto em que não será fácil. É para isso que estamos nos preparando.

"*Um profissional não pode relaxar.*" Atlas fez uma pausa, como se procurasse nos olhos de Muriqi algum sinal de que suas palavras estavam sendo assimiladas. "Um profissional não pode relaxar. Você não pode se permitir só fazer o que é fácil e simplesmente estar ali. Tudo é doloroso. Tudo é doloroso. Há uma diferença entre tornar as coisas suportáveis para você e fazer algo mais. Existe dor se você quer ser algo diferente: um profissional, um campeão. E rico."

Muriqi sorriu ante esta última palavra. Rico. Não tinha jeito: rico é o que ele quer ser. Atlas afastou-se dele por um minuto. Ele pensa muito sobre esses discursos, e não se incomoda de mostrar que está pensando. O lutador pode aguardar. Atlas olhou para baixo e coçou a cabeça, como um homem tentando lembrar onde estacionou o carro. Muriqi olhou de soslaio. Depois Atlas perguntou: "Então, o que você vai fazer nessa luta? O que você acha?".

Muriqi parecia contente porque a preleção havia acabado. Parecia ansioso por dar a resposta certa à pergunta de Teddy.

"Bem", ele começou. "Se eu tiver que lutar de perto..."

"Errado!", Teddy interrompeu. "Foi bom que eu perguntei. Não diga 'se'. Nunca diga 'se'. Se é 'se', ele chega na frente de você. Você luta de perto porque você quer lutar assim. Nunca 'se'."

Quando Muriqi acabou de se aquecer, Atlas aplicou-lhe bandagem e esparadrapo nas mãos e colocou-lhe as luvas. O próprio Atlas pôs um conjunto de aparadores de soco vermelhos, que parecem umas luvas de beisebol achatadas: só que, em vez de agarrar bolas, elas agarram murros. Os dois homens entraram no ringue e começaram uma espécie de luta de treinamento unilateral, em que Atlas mantinha os aparadores em movimento e Muriqi tentava melhorar suas combinações. Com certa freqüência, para que Muriqi levasse aquilo a sério, Atlas o provocava com um murro no rosto. A coreografia era tão intricada como qualquer coisa do repertório de Tharp. De repente, Atlas vociferava instruções, dicas, avisos.

Entre os assaltos, Atlas dava água ao seu lutador, como se fosse um bebê: havia grande solicitude na maneira como segurava a garrafa com uma mão e mantinha um dedo sob o lábio de Muriqi, para impedir que ele babasse. Esse tipo de intimidade física, esses mimos, são próprios do boxe. Bill Parcells não dá água na boca de seu zagueiro; Joe Torre não massageia o arremessador.

"Seja bom nisto", Atlas aconselhou Muriqi. "Seja realmente bom. Senão, o que mais você pode fazer? Você tem que ser bom nisto!"

Depois eles voltaram a treinar, assalto após assalto. Logo a camiseta laranja de Atlas estava empapada de suor. Ele foi um peso meio-médio ligeiro quando rapaz. Agora não é mais meio-médio nem rapaz. No entanto, era Muriqi quem respirava mais profundamente. A cada murro, ouviam-se aquelas explosões agudas de respiração típicas dos lutadores:

Ffff... fff!

Ix! Ix!.. Ix!

A certa altura, Atlas golpeou Muriqi com um *jab*, com fins pedagógicos, e Muriqi recuou. Ele parecia tímido. Atlas instruiu-o a não ser.

"Tudo bem que você esteja um pouco assustado", explicou. "A maioria das pessoas expulsa essa sensação para não ter que pensar nisso. Não. Fique assustado. Mas reaja. Faça o medo trabalhar a seu favor."

Após o treino vieram alguns abdominais e uma preleção mais curta, e Atlas desceu para o térreo a fim de praticar um pouco de esteira mecânica. Antes de ir para o chuveiro, Muriqi me contou que insistiu muito para que Atlas o treinasse.

"Teddy já passou por tudo na vida", ele disse. Muriqi tinha um ligeiro sotaque, mas um pouco mais do Bronx do que de Pristina. "Quando jovem, ele lutou, ele viu coisas, ele *sabe de tudo*. Teddy sabe o que você está pensando. Você não consegue enganar Teddy. Ele vê tudo."

O pai de Teddy Atlas, Theodore Atlas Sr., era o tipo de médico que não existe mais. (Ou, se existe algum, por favor mande seu telefone.) Ele trabalhava sete dias por semana, de doze a dezesseis horas por dia. Fazia visitas domiciliares por toda Staten Island. Pelo menos metade de seus pacientes pagavam apenas uns poucos dólares ou simplesmente nada. Alguns pagavam com um bolo, uma fôrma de gelatina. Ele ajudou a fundar o hospital Sunnyside, e quando o Sunnyside foi demolido, em 1962, para abrir caminho para a Via Expressa de Staten Island, ele ajudou a fundar o Doctors' Hospital. Sua dedicação era absoluta. Ele e a esposa, Mary Riley, tiveram cinco filhos. Seu filho Todd nasceu retardado e com problemas cardíacos; ele morreu durante uma cirurgia cardíaca aos cinco anos. No dia do funeral, o dr. Atlas foi ao serviço religioso e, depois, tratou de um paciente, um menino doente.

"Meu pai foi o único homem que cheguei a admirar, e sua força era seu problema", Teddy Jr. me contou certa tarde. Estávamos sentados em frente ao ginásio, no meio-fio, curtindo o sol. "Meu pai era incapaz de demonstrar uma emoção", ele contou. "Eu me orgulhava dele, embora eu não soubesse disso na época. Ele foi o único sujeito que já conheci — incluindo aí todos os lutadores profissionais, os mafiosos, os metidos a mafiosos e os caras legais —, o único em quem eu podia confiar, que nunca me desapontou, que era sempre quem ele dizia que era sem precisar dizer."

Quando menino, Teddy costumava acompanhar o pai nos atendimentos domiciliares. Mesmo na calada do inverno, ia junto com ele, esperando que seu pai dissesse algumas palavras, e depois ficava aguardando no carro, no frio, enquanto ele atendia o doente. Se preciso, o pai trabalhava no Ano-Novo, Páscoa e Natal. "Seu grande prazer era, vez ou outra, após trabalhar um dia inteiro, voar até Porto Rico, apostar no cassino a noite inteira, passear à beira do mar, comer uma fatia de abacaxi fresco e, depois, voar de volta para as visitas domiciliares do domingo. Ele não tinha tempo para outras coisas. Se depois de voltar das visitas aos doentes nos domingos ele jogasse dez minutos de futebol comigo, aquilo era um milagre."

Depois que seu irmão morreu, a mãe de Teddy sofreu um colapso nervoso, e os outros filhos moraram com parentes durante cerca de um ano. Teddy ficou com um tio que usava o *saloon* do bairro como creche.

"Eu media o tempo no bar pelo número de Cocas e sacos de batatas fritas que me deixavam pegar", Atlas disse. A comoção de sua infância, a reserva absoluta de seu pai, ele disse, deixaram-no "um pouco perturbado". Na adolescência, ele se tornou um delinqüente juvenil por completo. Metia-se em brigas de rua, usava armas, assaltava postos de gasolina, lojas de conveniência, bares.

"Outras pessoas faziam aquilo para ganhar dinheiro", ele disse. "Eu queria me prejudicar e chamar a atenção do meu pai."

Atlas obteve sua cicatriz épica numa briga de rua. Ele e um camarada estavam andando de carro na área de Stapleton. Alguns sujeitos deram uma fechada neles. Logo *neles*. Todos saltaram dos carros para a briga.

"Enfiei um cara por uma janela. Eu estava me saindo bem por algum tempo! Mas aí outro cara me atingiu com uma porrete. [...] Fui atrás de outro sujeito, mas ele pegou um canivete automático 007. Lembro de ter pensado: é um 007. Portanto eu sabia que o próximo movimento dele seria para baixo, e eu estava tentando me aproximar dele. Claro que cheguei tarde demais. Um movimento em falso. Lembro que cobri o rosto. Minha mão simplesmente foi para *dentro* do meu rosto. A sensação era de uma substância viscosa e quente. Enquanto isso, meu amigo estava no teto do carro. Estava com medo. Acharam que eu ia morrer. Me levaram para dentro de uma loja, me deitaram no chão e me cobriram com toalhas. Encharquei três ou quatro toalhas de sangue. Meu camarada pulou o balcão, ligou para 911 e informou à polícia que eu havia levado um tiro. Lembro que na ambulância o guarda disse: 'O rapaz pode morrer de tanto sangrar'. Fomos ao hospital da Marinha, na região de Bailey. Eles me levaram para dentro numa maca e tudo que pude fazer foi ficar pedindo que deixassem meu pai fazer aquilo. [...] A última coisa que me lembro de ter pensado depois que recebi o anestésico foi no horário do meu pai. Aquela noite, ele apareceu. Não houve conversa. Recebi quatrocentos pontos: duzentos por dentro, duzentos por fora. Ele examinou as suturas, e mais nada."

Se Atlas estava no processo de deixar o pai com o coração na mão, seu pai fez todo o possível para esconder as emoções. Durante outra briga de rua, alguém atingiu a cabeça de Atlas com um ferro de desmontar pneus. Com a camisa cheia de sangue, Atlas foi a pé até o consultório do pai. Como sempre, o local estava lotado de pacientes que teriam de esperar duas ou três horas para ser atendidos pelo dr. Atlas. A enfermeira correu até Teddy e deixou-o entrar no consultório na frente dos demais.

"Mas meu pai simplesmente disse: 'Ele vai ter que esperar como todos os outros' ", Atlas lembrou. "Quando chegou a hora de eu receber os pontos, a enfermeira entrou com uma seringa cheia de Novocaína. Mas meu pai disse: 'Ele não quer isto. Se ele pretende viver dessa maneira, vai ter que aprender a suportar a dor.'"

Junto com um colega de rua chamado Kevin Rooney, Atlas estava aprendendo um pouco de boxe. Ele treinava na Liga Atlética da polícia local. Um bom esmurrador, e ainda melhor nos socos no queixo. Impossível nocautear Teddy. Ao mesmo tempo, estava se tornando violento. "Eu era um ladrão", contou. "O problema era que eu não era bom naquilo." Uma noite, Teddy foi preso com um revólver na cintura ao sair de um bar que ele e seus companheiros estavam pensando em assaltar. Dois dias depois, enquanto aguardava o resultado do inquérito, foi preso novamente. Dessa vez, ele e seus amigos gênios estavam assaltando um posto de gasolina na Forest Avenue.

"Não conseguimos nada, mas, com a janela do carro aberta, atirei para o ar e decolamos", Atlas contou.

"Assim, estamos descendo a rua feito idiotas, e um carro da polícia aparece. Vínhamos realizando assaltos havia horas — bares, postos de gasolina — e, mesmo assim, achamos que os guardas estavam ali por coincidência. Assim, olhamos para trás e — bum! —, uma barricada de carros da polícia: sete carros. Eu estava com o revólver. Os guardas sacaram os revólveres, e estavam gritando para mim: 'Não se mova, seu filho-da-puta, senão estouramos seus miolos'. E tudo em que eu pensava era: 'Onde posso esconder o revólver?'. O quebra-sol! É isso aí! O quebra-sol! Assim, começo a levantar o revólver um pouquinho em direção ao quebra-sol, e eles estão berrando: 'Mãos ao alto! Não se mova'. Nada daquilo parecia real. O revólver. Os assaltos. Eu era o sujeito perigoso porque tinha um objetivo louco: chamar a atenção do meu pai. Finalmente, enfiei o revólver embaixo do assento, e eles correram até o carro e nos algemaram e nos deram umas porradas. Estávamos presos."

Aquela foi a segunda detenção de Teddy Atlas em três dias. Ele foi posto numa cela em Rikers Island correndo o risco de pegar até dez anos de prisão. A fiança foi fixada em 40 mil dólares. Seu pai se recusou a pagar.

Numa noite de sábado em junho, a noite da luta entre Mike Tyson e Lou Savarese, jantei com Atlas e o jornalista Jack Newfield no Ballato's, na Houston Street. No jantar, Atlas previu que Tyson ganharia no primeiro assalto. Quando conheci Atlas, três anos atrás, ele previu que Tyson perderia para Evander Holyfield. Com Newfield, ele havia entrado em ainda mais detalhes: Tyson descobriria que não conseguia derrotar Holyfield de cara e, antes que decorresse tempo demais, cometeria uma falta — daria uma cabeçada ou mordida em Holyfield, qualquer coisa para terminar a lutar por desclassificação.

Mais tarde, depois que Tyson realmente mordeu Holyfield duas vezes e perdeu, Atlas se empolgou com Ron Borges, o jornalista de boxe do *The Boston Globe*: "Eu acertei. Não que eu seja um gênio, mas conheço a natureza humana. Conheço os lutadores. Conheço esse sujeito em particular". Atlas podia afirmar aquilo. Seu conhecimento de Tyson vem de vinte anos atrás.

Atlas permaneceu em Rikers por algumas semanas até que seu pai enfim pagou a fiança (até porque sua mulher ameaçou se divorciar dele se não pagasse; o dr. Atlas deixou sua casa como garantia). Enquanto Teddy aguardava o julgamento, Kevin Rooney o apresentou ao treinador de boxe Cus D'Amato, que fizera de Floyd Patterson e José Torres campeões mundiais, e Teddy começou a praticar boxe seriamente sob a tutela de D'Amato. Atlas escapou da prisão em grande parte porque D'Amato compareceu ao tribunal e contou ao juiz que havia conhecido o jovem lutador e que este tinha um "caráter especial". Seria um erro colocá-lo na prisão, ele disse. D'Amato, um homem emocionalmente teatral, chorou no banco das testemunhas. O juiz confiou na avaliação e intuição de D'Amato, e libertou Atlas por um período de experiência sob a condição de que morasse e trabalhasse com D'Amato na sua casa e campo de treinamento no norte do estado, em Catskill. Teddy tinha dezenove anos; D'Amato tinha quase setenta.

Àquela altura, D'Amato já estava quase aposentado. Não tinha mais esperança de treinar um novo campeão, mas gostava de receber lutadores jovens. Enchia-os com suas filosofias simplórias: que um lutador precisa converter seus medos em força, que ele não pode se permitir mentir para si próprio. Parecia bastante com o ator Rod Steiger, mas no corner soava bastante como Burgess Meredith em *Rocky, um lutador*. Às vezes, D'Amato entrava em acordo com o mundo dissoluto do boxe, mas também mantinha distância de homens como Frankie Carbo e Blinky Palermo, os mafiosos que controlavam quase todo campeão e candidato a campeão de sua época. Os jornalistas de esportes o adoravam. Teddy Atlas passou a adorá-los também. Atlas conquistou um título Golden Gloves, mas não pôde prosseguir como atleta: ele teve um problema na espinha. Por alguma razão obscura, D'Amato viu Atlas como um treinador, um professor, e colocou-o à frente do treinamento do dia-a-dia em sua academia.

Em 1980, Tyson veio do Tryon School for Boys, um reformatório para rapazes ao norte do estado, para Catskill, e D'Amato entregou-o a Atlas para ser treinado. Tyson tinha treze anos e 86 quilos, e logo D'Amato falava sobre ele como o próximo campeão mundial dos pesos pesados. O laço emocional que se formou entre Tyson e Atlas foi fortíssimo. No Brooklyn, onde Tyson morou quando criança, e depois no reformatório, ninguém lhe dera a menor atenção, ninguém se dera ao trabalho de orientá-lo, de impor limites a ele. Tyson e Atlas às vezes brigavam, mas depois se beijavam. Quando Tyson começou a chorar antes de uma luta amadora em Colorado Springs, Atlas sabia quais as palavras certas para fazê-lo enfrentar o ringue. O negócio era aproveitar sua ferocidade e confiná-la ao ringue e, ao mesmo tempo, manter coesa sua psique frágil.

D'Amato gostava de Atlas. Além de Atlas cuidar bem de Tyson, conduzindo-o a uma luta após outra, D'Amato também via a dedicação de Atlas com seus lutadores mais fracos, levando-os todos nos sábados à noite, em uma camionete emprestada, até um ginásio na Westchester Avenue, no sul do Bronx, para lutas amadoras organizadas às pressas que os ajudavam a melhorar suas habilidades, sua experiência, sua auto-estima. O local no Bronx cheirava a suor, urina e cigarro, e às vezes o juiz estava bêbado, e os freqüentadores apostavam nas lutas, mas valia a pena: os rapazes estavam aprendendo. Às vezes, Atlas tinha que batalhar para que D'Amato os notasse.

"Cus ficava assistindo a *Barney Miller* e *MASH* o tempo todo na casa lá em cima, enquanto eu ficava no ginásio até dez da noite", Atlas contou. "Eu implorava para ele vir. Eu dizia: 'Cus, foda-se *Barney Miller*! Venha para o ginásio! Veja isto'. E finalmente ele viu que tínhamos trinta rapazes, e quinze deles eram realmente bons. E ele disse: 'Atlas é um professor'. E isto fez com que eu me sentisse muito bem."

Durante algum tempo, Atlas via Cus D'Amato como seu pai adotivo, um pai mais presente e expressivo. Em todos os seus anos em Catskill, Atlas nunca recebeu um salário, mas mesmo assim estava convencido de que vinha obtendo uma educação preciosa de um mestre e, junto com D'Amato, construindo algo importante. O problema era Tyson. Eles estavam divergindo por causa de Tyson. Ao ficar mais velho, Tyson desenvolveu uma sensação de invulnerabilidade.

Ele podia fazer de tudo. Quando entrava em apuros na escola por ameaçar um professor ou molestar meninas (o que fazia com freqüência), Atlas procurava discipliná-lo, suspendendo-o do ginásio, mas acabava sendo contrariado e solapado por D'Amato. Na visão de Atlas, D'Amato vinha aparando as arestas para Tyson porque, acima de tudo, queria um último campeão, mais um antes de morrer. Nada importava tanto, nem mesmo seus princípios.

Enquanto estava em Catskill, Atlas casou-se com uma moça local chamada Elaine. Saíram da casa de D'Amato e estavam morando num apartamento pequeno no centro. Um dia, em 1982, Atlas chegou em casa e viu Elaine e sua irmã de onze anos sentadas à mesa da cozinha, chorando. Elas contaram a Atlas que Tyson, então com dezesseis anos, se aproximara da menina, tocara-a e pedira certas coisas a ela, coisas sexuais. Atlas deixou o apartamento, enfurecido. Estava convencido de que Tyson sabia exatamente o que estava fazendo: ao agredir a cunhada de onze anos de Teddy, estava exibindo seu poder sobre a menina e sobre ele.

"Aquilo foi maldade", Atlas me contou. "Aquilo foi tirar o que ninguém tem o direito de tirar. Às vezes, é melhor tirar a vida de alguém do que a vida dentro dele."

Atlas foi até um amigo, um dono de boate na cidade. "Eu sabia que ele tinha uma arma. Era um revólver 38. Abri-o, vi que estava carregado, enfiei na cintura e saí."

No final da tarde, ele treinou com seus lutadores jovens e, depois, ficou esperando por lá, pensando no que fazer. Estava escurecendo. Por acaso, um táxi parou diante do ginásio, e Tyson saltou.

"Eu ia fazer o que fosse preciso. Ele teria que entender o que havia cometido, o que aquilo significava para as pessoas — as pessoas reais — e jamais voltar a fazê-lo."

Tyson veio em direção a Atlas, e este agarrou-o pela cabeça e puxou-o para uma ruela fora do ginásio. Pegou o revólver e encostou com força na orelha de Tyson.

"Eu disse: 'Seu pedaço de merda! Seu pedaço de merda. Nunca mais meta suas mãos na minha família. Eu mato você. Entendeu?'. Se ele tivesse sorrido, se tivesse dito que não, eu o teria matado. E teria vivido com aquilo. Não estou dizendo que está certo, mas naquele momento era o que eu sentia. Quando tive dúvida de como salvar sua vida, como lhe dar uma chance, afastei o revólver de sua orelha e apertei o gatilho. Atirei. Naquele momento, ele ficou sabendo. Ele ficou bem fraco. Pude ver nos seus olhos. Aquilo foi para ele saber que a coisa não era brincadeira. Seu ouvido devia estar zumbindo, e ele recuou um pouco. [...] Cus jamais deixara Tyson saber que o que ele fazia com as pessoas era real. Eu estava deixando."

A forma como D'Amato resolveu o problema foi manter Tyson e enviar um emissário a Atlas com uma proposta: se Atlas partisse, ganharia 5% dos rendimentos de Tyson pelo resto da vida. Embora Atlas não pudesse adivinhar que Tyson ganharia dezenas de milhões de dólares, estava claro que ele seria um candidato ao título dos pesos pesados. Atlas recusou a oferta. Uma semana depois, após levar seus rapazes à competição Adirondack Golden Gloves, ele e Elaine deixaram Catskill e nunca mais lidaram com D'Amato ou Tyson.

"Pois agora eu tinha meu título precioso de aprendiz, meu diploma de Harvard", Atlas disse ironicamente. "Elaine e eu fomos morar no porão da casa dos meus pais, e eu comecei a trabalhar com lutadores no Brooklyn."

Após o jantar, Teddy, Jack e eu fomos à casa de Newfield, na Charlton Street, para assistir à luta entre Tyson e Savarese na televisão. Os clipes antes da luta percorreram a história: D'Amato morreu em novembro de 1985; um ano depois, Tyson tornou-se, aos vinte anos, o campeão mundial dos pesos pesados mais jovem de todos os tempos, e o mais desgraçado: a condenação por estupro, a prisão, a mordida na orelha de Holyfield, as inúmeras notícias de maus-tratos à esposa, as brigas de rua. Antes da luta contra Savarese, em Glasgow, contam que Tyson teria intimidado o organizador.

Tyson não teve problema com Savarese, cujo estilo de luta parecia o de um carvalho. A previsão de Atlas foi exata. Tyson atingiu Savarese com um gancho de esquerda, fazendo-o desabar. Savarese parecia aliviado. Ele estava vivo, afinal. Antes que tudo terminasse, Tyson ainda ignorou o juiz quando este tentou separar os dois lutadores. Tyson derrubou o juiz também. Ele estava, como de hábito, descontrolado. E, após a luta — uma luta de 38 segundos —, começou uma arenga sobre comer os corações de seus oponentes, devorar seus filhos e querer demolir o atual campeão, Lennox Lewis. "Sou Sonny Liston! Sou Jack Dempsey!", ele continuou gritando com raiva.

"Tyson adora este papel", Atlas comentou. "Deve ser o melhor de todos os tempos neste papel."

A equipe em torno de Tyson ganhou uma fortuna. Atlas lutava para pagar suas contas. Nos dez anos seguintes, ele teve alguns lutadores bons, alguns candidatos ao título, mas um boxeador com a habilidade de Tyson não aparece todo dia. No final de 1993, um candidato ao título chamado Michael Moorer estava atrás de um treinador. Ele já tinha esgotado a paciência de muitos treinadores. Moorer não estava na mesma categoria de Tyson como um ator mau, nem era um Gentleman Jim.* Usava uma camiseta com os dizeres: "Vo-

---

* Apelido de James John Corbett, que se tornou campeão mundial dos pesos pesados em 1892. Tinha diploma universitário e, além de lutador, era ator. É considerado o pai do boxe moderno. (N. T.)

cê tem o direito de permanecer violento". Na escola, golpeou a cabeça de um colega — com um martelo, insistiu o pai do menino ferido. Sua coleção de armas incluía Uzis, AK-47s, espingardas e pistolas. Sua curiosidade sobre a física era ilimitada: "Quero quebrar uma maçã do rosto para ver como ela é virada para dentro", ele certa vez anunciou.

Contudo, como lutador, Moorer tendia para a passividade. Com todo o seu potencial, parecia fazer o que D'Amato e Atlas denominavam o contrato silencioso: o tratado tácito com um oponente de não infligir grandes danos.

A missão de Teddy foi preparar Moorer para a luta de sua vida, pelo campeonato dos pesos pesados, contra Evander Holyfield, em abril de 1994. (Tyson estava em uma prisão de Indiana cumprindo pena pelo estupro de Desiree Washington.) Moorer ouvira falar tudo sobre Atlas, sobre os discursos motivadores, a disciplina, o código de ética, e achou que queria aquilo. Mas primeiro ele tinha, aparentemente, de testar Atlas e a si mesmo.

Moorer treinou para a luta contra Holyfield em Palm Springs, Califórnia. Certa noite, mais ou menos às dez, Moorer telefonou para Atlas e disse: "Não vou correr amanhã".

Atlas sorriu. "Tive que refletir: por que ele iria me telefonar e avisar?", contou. "Calço meus tênis e vou até seu quarto. Ele abre a porta um pouquinho — a corrente está fechada — e diz: 'O que você quer?'. Eu digo: 'Vim aqui contar uma porra de uma historinha para você dormir. O que acha que eu vim fazer? Você vai correr amanhã. Abra a porta'. Ele abre, e a próxima coisa que acontece é que a gente vai para lá e para cá. Quase trocamos socos. Você nem imagina. 'Você vai correr ou então pegar um avião e voltar para casa. Mas você vai carregar pelo resto da vida o peso de não ter lutado esta luta, de não estar preparado para disputar o campeonato dos pesos pesados contra Evander Holyfield.' Empurramos um ao outro. Estávamos peito a peito. Aquela baixaria toda. Ele só queria ver se eu manteria pé firme se houvesse um risco para mim. Ele estava com medo. Isto foi logo depois de Holyfield derrotar Riddick Bowe. Ele praguejou, e lutamos um pouco, e enfim ele colocou os tênis e saiu para correr em plena noite! E às cinco da madrugada correu de novo. Veja bem, Michael queria ser o campeão do mundo, mas não sabia como. E ele tinha que me testar, para ver se eu sabia. Sua tática havia sido desistir no campo de treinamento. Ele queria que alguém o fizesse ser bom, ser corajoso. Mas ninguém pode tornar você corajoso."

A luta entre Moorer e Holyfield tornou-se tão carregada de significado para o treinador como para o lutador. Alguns meses antes, Theodore Atlas Sr. havia morrido. Teddy enterrou seu pai e foi ao ginásio naquela tarde. "Finalmente entendi as coisas do ponto de vista do meu pai. Ele nem sempre foi o melhor pai do mundo, mas era o melhor profissional."

Na casa de Newfield, assistimos ao vídeo da luta entre Moorer e Holyfield.

"Veja bem, nunca mais vi esse vídeo desde aquela noite", Teddy disse. "Michael estava cheio de dúvidas, e vi que teria que ajudá-lo a enfrentar a luta. Teria que provar um monte de coisas. Se não tivéssemos vencido, teria sido quase como se meu pai não existisse."

O que se seguiu não foi a luta mais incrível que alguém já viu na vida (em certos momentos, era tão desinteressante como uma tarde de agosto em Savannah), mas foi o momento de treinamento, de aconselhamento, mais inspirado que se possa imaginar. Repetidamente, Moorer aderia ao contrato silencioso, recuava, ficava em clinche, esmurrava sem propósito, como se estivesse fazendo hora esperando um ônibus. E cada vez que Moorer atingia a lista crítica, cada vez que parecia estar prestes a abandonar a luta, Atlas se aproximava de seu rosto, berrando: "Faça esse cara recuar como fizemos no treino. Senão nem queira voltar para esta porra deste corner! Está me ouvindo?". Após uma dessas arengas, Moorer abriu um corte acima do olho de Holyfield. Depois, voltou a recuar.

Após oito assaltos, Moorer não estava fazendo o suficiente para vencer. Sua maior preocupação era não se machucar. Foi a coisa mais curiosa: Holyfield estava claramente exausto, em má forma, mas Moorer não queria nem saber.

No corner de Holyfield, seu treinador estava dizendo coisas como "Respire fundo" e "Relaxe" e "Jesus te ama".

Atlas, como os consultores costumam dizer, estava mais proativo. Antes de Moorer voltar ao corner, Atlas pegou a banqueta, sentou nela e começou a berrar o mais alto possível. Moorer, respirando fundo, suor escorrendo pelo rosto e corpo, olhou para ele com ar de incredulidade.

"Você quer que eu troque de lugar com você? Quer que eu lute? Quer que eu troque de lugar com você? Ouça! Este cara já era." Atlas então se levantou da banqueta. Moorer se sentou. Atlas continuou sua admoestação, mas com a modulação de um ator, pois com certeza ele deve ter apanhado as cadências de *Réquiem para um lutador.** Ele falou da mesma maneira.

"Chega um momento na vida de um homem em que ele toma a decisão de simplesmente viver, sobreviver — ou ele quer vencer. Você está tomando a decisão de apenas sobreviver. Você está fazendo apenas o suficiente para mantê-lo afastado de você e espera que ele deixe você em paz. Você está *mentindo* para si mesmo, e eu estaria mentindo para você se não dissesse isto. E, se você não mudar, vai se arrepender amanhã! Agora vá lá e faça ele recuar e lute um round para valer."

Após cada assalto, até o último, o décimo segundo, Atlas continuou batendo nas mesmas teclas.

"Você está desperdiçando a chance! E vai se arrepender depois porque ele perderá a próxima luta, em vez desta. Esta é a luta da sua vida! Este é o resto de sua vida!"

"Michael, na sua cabeça, você está dando o melhor de si. Mas você não está dando o melhor de si. Alguma vez menti para você?"

Enfim inspirado, Moorer começou a esmurrar. Na hora certa. Ele conquistou uma decisão controvertida e o campeonato dos pesos pesados — título que, ainda que por um breve tempo, garante a um lutador dezenas de milhões de dólares. A realização de Atlas foi sem dúvida maior do que se tivesse levado Tyson ao título, pois o talento de Tyson era enorme. Michael Moorer foi o campeão dos pesos pesados menos talentoso desde Primo Carnera.

No ringue, Moorer foi abraçar Atlas, mas este não conseguiu dar uma trégua. "Você poderia ter feito mais, Michael", ele reclamou. E aí Atlas começou a procurar seus dois filhos.

"Sentia-me como se tivesse enterrado meu pai, e agora eu queria meus filhos", explicou.

Atlas e eu estávamos sentados numa pizzaria não longe do Marciano Gym, em Jersey City. As coisas iam bem para ele. Ele dirigia um carro esporte Lexus vermelho, presente de Moorer após a luta pelo título. Ele e Elaine

---

* Filme clássico sobre boxe, de 1962, estrelado por Anthony Quinn. (N. T.)

haviam acabado de construir uma casa. Ele tinha seu emprego no ESPN e seu lutador, Muriqi. Mas não havia muito dinheiro. Atlas teria ganhado 800 mil dólares dos 8 milhões de Moorer pela revanche contra Holyfield, mas os dois brigaram quando Moorer pensou em trocar de treinador.

Durante algum tempo, Moorer estava mais satisfeito com seu treinador novo, Freddie Roach, porque, segundo ele, "Freddie me permite ser eu mesmo".

Quando repeti a frase de Moorer, Atlas riu. "Minha tarefa *não* era deixar Michael ser Michael", ele observou. Moorer perdeu para Holyfield na revanche, e praticamente desapareceu de cena.

Moorer costumava telefonar para Atlas vez ou outra, geralmente quando bebia. Fazia propostas para que Atlas voltasse a treiná-lo. Mas Atlas recusava o pedido. Uma vez, quando furioso com Moorer, escreveu uma carta acusando o lutador de traição. A carta começou sem nenhuma saudação: "Não vou chamar você pelo nome. Você não tem nome no que me diz respeito. Estou escrevendo esta por um motivo — para que você não iluda a si próprio à minha custa". A certa altura, perguntei a Atlas se ele não estava sendo rigoroso demais, implacável demais. Afinal, ele também recebeu segundas e terceiras chances, e foi perdoado mais de uma vez.

Atlas fez uma pequena pausa, e depois disse: "Há uma chance de que você esteja certo. De que adianta ser tão rigoroso com outras pessoas? Mas você tem que entender meu mundo. Não estou lidando com corretores de ações ou médicos. Este é um mundo em que, se você não retorna da maneira apropriada, não pode ser um treinador de primeira. Existe um certo equilíbrio, certos códigos que precisam ser respeitados. Quando estou num ginásio exigindo que uma pessoa faça certas concessões, preciso de certo cenário para isso. Dar espaço demais a alguém nesse mundo significa que você perde. Michael me ligou bêbado de um bar, e depois foi preso no Tennessee por atirar o carro dentro de uma vala. Eu disse que ele lembrasse quem ele era, que ele não deveria estar ali com aqueles imbecis com quem ele convive. Ele respondeu que me amava, e eu disse: 'Olha, Michael, ame a si próprio e saia desta'.

"Veja bem, o boxe é um grande nivelador. É uma metáfora para um monte de coisa. No boxe, você precisa ver tudo. As pessoas ficam expostas. As tentações são grandes, e estão contidas numa área pequena. E a serpente é sempre o dinheiro ou o ego. Mas não posso me afastar. Eu não poderia simplesmente deixar tudo. É isto que eu faço."

* * *

Algumas semanas depois, voei até Hyannis para ver a revanche de Elvir Muriqi contra Dan Sheehan. A luta fazia parte de um programa do ESPN2 de sexta à noite, e a rede vinha promovendo-a como "The war at the shore 3".* A arena, a Cape Cod Melody Tent, recebe no verão um monte de bandas de rock excêntricas. O show do Chicago foi um sucesso de bilheteria.

Os vestiários se situavam num galpão fora da tenda. Quando cheguei ali, cerca de uma dúzia de lutadores e seus treinadores, alguns com família e namoradas, circulavam nervosos por aposentos mal iluminados. Muriqi tentava tirar uma soneca num sofá, mas sem muito sucesso. Todos os lutadores pareciam nervosos, do peso pesado mais promissor aos eternos "candidatos ao trono" (um antigo do Panamá tinha um histórico de oito vitórias, 42 derrotas e um empate). Eles praticavam socos diante do espelho, ficavam parados fitando a parede, conversavam — não importava o que fizessem, dava para ver que estavam nervosos.

Atlas entrou e olhou em volta. "Isto nunca muda", ele comentou. "Através dos anais do tempo, isto nunca muda."

Parei no outro vestiário e vi o oponente de Muriqi, Dan Sheehan, um homem jovem e musculoso com mandíbula quadrada. Ele se levantou. Seu calção era de lantejoulas vermelhas, como o vestido de Dustin Hoffman em *Tootsie*. Muriqi trajava calção preto.

O produtor do ESPN informou aos treinadores que seus lutadores deveriam estar prontos às nove horas, quando começaria a primeira luta televisionada da noite.

Enquanto untava a testa de Muriqi, Atlas dizia suavemente: "Você sabe o que tem que fazer. A pressão faz a pessoa esquecer. Um bom profissional sempre lembra".

Eles marcharam até a tenda. Cerca de metade das cadeiras estava ocupada, na maior parte por rapazes irlandeses de todo o estado que estavam ali para ver seus amigos. Um desses amigos era Dan Sheehan. Assim que a luta

---

* "A guerra na margem", episódio da Guerra da Independência americana ocorrido à margem do rio Toms. É também o nome de vários torneios nos Estados Unidos, de tênis, beisebol, golfe. (N. T.)

começou, ficou claro que Muriqi deveria ganhar. Sua mecânica, bastante adequada, parecia um balé comparada com a de Sheehan. Mas, assalto após assalto, Muriqi desperdiçava as oportunidades. Ele golpeava uma vez e depois recuava, como que para admirar sua obra. Ele se defendia de um murro, mas não aproveitava a chance. No linguajar de Atlas, ele não estava fazendo o que precisava ser feito. Após cada assalto, Atlas dizia essas coisas em seus termos habituais: "Esmurre mais! Faça a opção de esmurrar!", "Pare de mentir para si mesmo!".

Ao descer a escada com a banqueta e se acomodar na arena para observar Muriqi no quinto assalto, Atlas virou-se para mim e disse: "Ele está optando por simplesmente fazer o mínimo de esforço. Ele está satisfeito, mas não posso deixar que ele fique satisfeito. Tenho que dizer a ele. Tenho que bancar o pai ou mãe ruim".

Muriqi terminou bem o sexto assalto, o assalto final, mas em nenhum momento machucou Sheehan. Isso não condizia com seus sonhos. Ele não ficará rico, não com o boxe.

Enquanto esperávamos no ringue pela decisão, Muriqi e Sheehan se abraçavam. Uma, duas, três vezes Sheehan beijou Muriqi na testa. Os fãs das lutas muitas vezes se espantam com essas demonstrações de afeto, mas elas são genuínas. Parecem gestos de alívio mútuo, como passageiros que acabaram de sobreviver a uma pane a bordo do avião. *Conseguimos.* O locutor do ringue anunciou a decisão: Muriqi nas papeletas dos três juízes. Muriqi foi abraçar Atlas, mas este, quase imperceptivelmente, recuou, dando um tapinha no ombro dele. Sua lição ainda não tinha acabado.

"Você tem que esmurrar mais", ele orientou. "É preciso melhorar agora, que mais tarde será difícil."

Na manhã seguinte, voei com Atlas de volta para LaGuardia, e perguntei por que um lutador como Muriqi, com boas habilidades e disposição para ouvir, não conseguia seguir as instruções repetidas no corner.

"É a pressão, aquela cúpula de pressão que o civil não consegue entender", ele respondeu. "A natureza, a natureza de todos nós, é evitar o que aproxima você do perigo e do risco. A razão por que ele não deu esses socos extras, por mais que me escutasse e fizesse que sim com a cabeça, foi ele deixar sua natureza mais fraca dizer: 'Você não *precisa* fazer isto'. A base da natureza é sobreviver. O que estou dizendo para ele é contra a natureza. Estou dizendo para ele como ser bruto, e não simplesmente sobreviver. O treinador precisa conduzir um lutador a um lugar sombrio, e são poucos os que querem ir."

(2000)

Retorno: Larry Holmes

Como a poesia épica, o boxe é uma arte morta. Em ambos os casos, existem praticantes modernos, alguns até interessantes — James Merrill e Vikram Seth* fizeram incursões no épico; Mike Tyson teve seu momento épico uma década atrás —, mas em ambos os casos a era não é de bronze, mas de chumbo. Somente numa era tão decadente, na esteira do grande episódio da mordida da orelha do adversário por Tyson, a arte do boxe tentaria se redimir com o espetáculo de Larry Holmes, 47 anos de idade (e 119 centímetros de cintura), enfrentando um jovem delgado chamado Maurice. A luta da semana passada ocorreu não no Madison Square Garden, mas em sua miniatura anexa, onde normalmente os pais enfrentam a missão de acompanhar os filhos ao *Sesame Street Live.*

Em sua época, Holmes foi um campeão notável, apenas um nível abaixo das alturas ocupadas outrora por seu velho colega de luvas Muhammad Ali. Acima dos ombros, Holmes tem quase o mesmo aspecto, exceto que agora não tem o bom senso de permanecer em casa. Sua cabeça é afilada como um projétil, tornando-o, no passado pelo menos, difícil de atingir. Ele adentrou a

---

* James Merrill: poeta americano do século xx ganhador do prêmio Pulitzer; Vikram Seth: poeta e romancista indiano contemporâneo. (N. T.)

arena ao som de "Ain't no stopping us now" ["Não nos deterão agora", canção de McFadden e Whitehead de 1979], uma melodia tão estranha aos jovens como a ária de Puccini "E lucevan le stelle". Uma vez dentro do ringue, Holmes manteve seu roupão de seda o máximo possível; porém, como qualquer homem de meia-idade enfrentando o terrível ajuste de contas do dia na praia, logo teve de tirar o roupão. Dava para ver que ele vinha treinando à base de donuts e cochilos. Sua musculatura volumosa estava recoberta pelo tipo de camada isolante espessa tradicional nos banqueiros do século XIX e nos técnicos de televisão modernos. Estava muito gordo. Os organizadores esperavam que Holmes triunfasse e depois realizasse uma luta envolvendo muito dinheiro contra outro dos praticantes geriátricos pesadões do esporte, George Foreman. Por isso, escolheram um oponente mais ou menos como os guardas de caça reais costumavam escolher um veado particularmente coxo para a caçada vespertina do rei. Maurice — Maurice Harris, de Newark — tem 21 anos e, ao vir para a luta, ostentava um "histórico de vitórias" bem fraco: nove vitórias, oito derrotas e dois empates.

Desde que soou o gongo inicial, Maurice descobriu que o velho homem estava muito velho realmente, e adquiriu confiança. Cada vez que desferia um *jab* no rosto de Holmes, a família de Holmes, sentada em frente ao ringue, estremecia de forma sincronizada.

"Vai, papai! Derruba ele!"

Papai não conseguia derrubar Maurice, nem mesmo se lhe entregassem um taco de beisebol. A luta se prolongou, dez assaltos, e temia-se que Holmes acabasse sofrendo um ataque de angina. Seu rosto estava inchado e cheio de equimoses. Ele não poderia ter ganhado mais de três assaltos. Mas sendo o boxe como é, os juízes lhe concederam a vitória.

"Eu gostaria que papai parasse de lutar", desejou Kandie, a filha de Holmes, quando a família saiu em fila para os vestiários. O Campeão estava em fim de carreira, e parecia que o boxe também estava, embora ambos prometessem continuar.

(1997)

O moralista: Lennox Lewis

De plagas distantes, é difícil entender por que tão poucos britânicos se mostraram supremos no ringue de boxe após o período da Regência e o advento da luva acolchoada. Uma era de futilidade sucedeu a alegação patriótica do ensaísta William Hazlitt de que "a nobre ciência do boxe é toda nossa". A Inglaterra com certeza não perdeu o gosto pela luta — ainda existem aspirantes a campeão treinando em ginásios de Merseyside a Brixton —, mas a maioria dos britânicos modernos, especialmente os pesos pesados, homens pálidos e ossudos como Henry Cooper, tem se notabilizado mais por uma firmeza de alma que é inevitavelmente solapada por uma propensão a sangrar.

Até agora, o último campeão britânico entre os pesos pesados era Robert Prometheus Fitzsimmons, que conquistou seu título em Carson City, Nevada, em 1897 (um soco no plexo solar derrubou "Gentleman Jim" Corbett), perdendo-o dois anos depois para James Jeffries, em Coney Island. Fitzsimmons não era um campeão do primeiro time. Nem era um espécime impressionante. Alto e fino, tinha o joelho valgo e estava rapidamente perdendo seus cabelos cor de cenoura. "Em traje de luta, parecia um pelicano vermelho velho", escreveu o estimado historiador do boxe O. F. Snelling. Piorando as coisas para os britânicos fiéis, Fitzsimmons era inconstante em sua nacionalidade. Ele e sua família trocaram a Inglaterra pela Nova Zelândia quando ele tinha nove anos, e ele morreu, em 1917, em Chicago — cidadão dos Estados Unidos.

Lennox Lewis, o campeão atual dos pesos pesados, é um legítimo bretão. Tem 36 anos e nasceu na Inglaterra, tendo passado a infância no bairro operário de East End. Mas a partir daí a história fica bem cosmopolita. Lennox passou a adolescência em Kitchener, Ontario, ganhou uma medalha de ouro olímpica pelo Canadá, em 1988, e, como seus pais são jamaicanos, ele se descreve como "parcialmente rastafári". Lewis fala no que se pode denominar High Plains-cockney-Bob Marley, um sotaque lapidado pela influência dos bairros de aluguéis caros que ele agora habita em Hertfordshire e Miami, sem falar no saguão de espera do Concorde. Lewis, em outras palavras, é um homem do mundo moderno fluido. Isto não é algo que os ingleses costumem apreciar: deixar Londres e fazer sucesso em outra parte costuma ser um sinal de traição. Entretanto, nas lutas de Lewis, onde quer que ocorram, seus fãs mais ardentes, seus torcedores mais fiéis, são britânicos. Quando Lewis enfrentou Evander Holyfield, no Garden, três anos atrás, e os juízes roubaram no resultado — eles declararam, absurdamente, um empate depois de Lewis esmurrar Evander a noite inteira —, a Eighth Avenue viu-se subitamente invadida por homens de camiseta com a bandeira britânica estampada e roupas esportivas de *sharkskin* no estilo Bob Hoskins, que improvisaram canções agradavelmente obscenas descrevendo sua raiva e a afeição eterna por Lewis.

Não é por culpa de Lewis, mas o título de campeão dos pesos pesados, assim como o trono britânico, é uma função cada vez mais marginal. Assim como Elizabeth luta para abafar as notícias do tablóide *News of the World* sobre seu clã irrequieto, Lewis vem, há anos, sendo assolado por seu próprio fantasma dos tablóides, Mike Tyson. Não importa que Tyson não seja mais o atleta de antes desde a sua prisão, no início da década de 1990, por estuprar uma participante de um concurso de beleza em Indianapolis. De algum modo, o legado da ferocidade juvenil de Tyson — sua sucessão de nocautes no primeiro ou segundo assalto quando mal saíra da adolescência —, e seu gosto por comportamentos teatralmente tóxicos e entrevistas cujo script parece ter sido escrito por um Jean Genet hip-hop acabaram com o escasso fascínio cultural que as lutas de boxe ainda exerciam. Lewis estava convencido, com toda razão, de que não seria reconhecido como um "*supreme sweet scientist*" (ele adora a terminologia da Regência britânica) enquanto não derrotasse Tyson.

Em 22 de janeiro, os lutadores e a multidão de assistentes técnicos se reuniram no Hudson Theatre, na West 44th Street, para anunciar que a luta ocorreria em Las Vegas. Infelizmente, Tyson decidiu fazer uma das suas, e caminhou em direção ao oponente no que Lewis me descreveu como "um jeito totalmente provocador". De repente, os dois lutadores e seus assistentes estavam esparramados pelo chão numa cena típica de uma partida de rúgbi, e em algum ponto da pilha, oculto das câmeras, Tyson mordeu Lewis na coxa, um eco poético de sua dupla mordida na orelha de Evander Holyfield, em 1997. Lewis sabidamente manteve em segredo a ferida em forma de meia-lua: revelá-la seria colocar em risco uma luta pela qual ele ansiava, sem falar no prêmio de pelo menos 17 milhões de dólares. Tyson se declarou arrependido (ele admitiu que não era nenhum anjo, mas tampouco era um assassino em massa). Nevada não se mostrou compreensivo, mas Memphis, ávida por espetáculo e receita, foi mais complacente. A luta foi marcada para 8 de junho.

Algumas semanas antes da luta, visitei Lewis em seu campo de treinamento em Poconos. Fui lá duas vezes, primeiro com um grupo de outros repórteres e da segunda vez sozinho. No encontro inicial, Lewis achou que poderia então confirmar a mordida sem risco de cancelamento da luta. "Fiquei surpreso de que ele tenha confundido minha perna com uma costeleta de porco", ele disse, sentado na beira de uma lona de ringue. Lewis trajava roupas de corrida, e suas tranças rastafári estavam discretamente escondidas sob um chapéu tricotado jamaicano. "Subi até meu quarto do hotel e tomei minha antitetânica", ele continuou. "Eu não revelei nada, para ele não poder escapar da luta." Lewis mostrou uma foto que havia sido tirada da coxa: uma desgraça terrível, todos concordamos, ao passarmos aquela prova do crime de mão em mão. A mordida, Lewis declarou, "mudou a coisa toda". Ele lutaria tendo em mente, além da simples vitória, a vingança. Aquilo era difícil de acreditar. Lewis é enorme — 1,96 metro, quase 110 quilos e musculatura de um ponta de futebol americano —, mas nem seu estilo de luta nem seu caráter sugerem uma tendência à raiva. Ele é descontraído, meticuloso nos hábitos de treinamento, um moralista. Há algo de elevado nele, pelo menos em relação a Tyson. Lewis foi ofendido não apenas pela mordida em Nova York, mas também por uma entrevista concedida por Tyson a alguns repórteres convidados em seu campo de treinamento no Havaí, alguns dias antes. Um desempenho típico de Tyson, pleno de desprezo por seus visitantes e fúria com o mundo. Há mais niilismo em uma hora com Tyson do que em um capítulo de *Os possessos* de Dostoievski.

"Sou apenas um sujeito sombrio do antro da iniqüidade", Tyson contou aos repórteres. "Vocês prefeririam estar com algum outro sujeito do mesmo nível de vocês. Tiger Woods,* ou sei lá quem. Eu sou visto como um obtuso, um homem de Neandertal, um idiota tagarela às vezes. Gosto de lhes mostrar essa pessoa. Gosto dessa pessoa. Ela faz com que vocês queiram vir me escutar.

"Vocês têm escrito tanta coisa ruim a meu respeito que já nem consigo lembrar da última vez que transei com uma mulher decente. Tenho que pegar mulheres de boate e putas e piranhas porque vocês impõem essa imagem a mim."

Tyson expressou um desejo de "matar" Lewis, de "esfregar seus miolos" pelo ringue. Disse que havia sido desrespeitado. No Crustacean, um restaurante de Beverly Hills, a mulher de Tyson naquela época havia visto Lewis e sugeriu ao marido que fosse cortês, que se dirigisse a Lennox e dissesse "oi". Tyson concordou, relutante, e foi ao encontro do campeão, mas Lewis nem retribuiu o cumprimento. Ele apenas ficou olhando Tyson com ar superior, e Tyson se sentiu humilhado. Tyson explicou o momento nestes termos: "Minha mulher tirou meus colhões de mim. Ela deu minhas bolas para aquele filho-da-puta".

E assim por diante. Na ausência de um comediante como Muhammad Ali ou de um gentleman encarquilhado como Archie Moore,** Tyson é visto no mundo do boxe como "exuberante". Pedem que nós entendamos que ele representa certo "sentimento" racial e da geração do hip-hop, mas ele raramente revela o prazer de um artista do rap nas mordomias a que se permitiu: as frotas de carros, as casas, os pombos de corrida, os tigres de estimação. À medida que se aproximava a luta, os sentimentos de Tyson se resumiam ao ódio de si próprio e do mundo. "Gostaria que vocês tivessem filhos, para que

---

* Jogador de golfe americano, considerado um dos maiores golfistas de todos os tempos. (N. T.)
** Archie Moore (1913-98): lendário lutador americano de boxe que bateu vários recordes e se manteve em atividade até mais ou menos seus cinqüenta anos. (N. T.)

eu pudesse esmurrá-los na porra da cabeça ou pisar seus testículos para que vocês sentissem a minha dor", ele disse.

Quando esses comentários foram relatados a Lewis, em Poconos, sua reação foi sardônica. "Já ouvimos estas palavras antes — embora não o negócio dos testículos, isto foi novidade", ele disse. "É assim que ele se conduz. A vida é evolução, e ele mostrou que não se diplomou. Depois de algum tempo, você tem que se auto-ensinar. Ele soa como um personagem de desenho animado quando diz essas coisas. Ele soa como uma pessoa ignorante. Mike Tyson quer ser visto como o homem mais malvado do planeta. Mas, ouvindo o que ele está dizendo, acho que ele nem quer lutar. Você só pode ter pena dele. Definitivamente, trata-se de um abusado com alguns problemas."

Alguns dias depois, voltei de carro para o campo de treinamento de Lewis. Ele e seu séquito, liderado pelo treinador Emanuel Steward, um "confidente principal" de Gana chamado Prince e sua mãe Violet, estavam instalados em uma série de cabanas na cidade de Scotrun, Pensilvânia, perto do parque de recreação nacional Delaware Water Gap. As cabanas faziam parte de um resort modesto: as suítes de lua-de-mel tinham banheira em forma de coração e havia minigolfe e arco-e-flecha para as crianças e vapores de rodas num lago. Era o tipo de recanto silvestre sossegado procurado pelos boxeadores quarenta ou cinqüenta anos atrás. Toda tarde, Lewis realizava seus exercícios de aquecimento e lutas de treinamento num ginásio parecido com um celeiro perto do lago. Seus treinadores reclamaram do fato de eu estar sendo autorizado a observar o treino, como se seu plano de luta contra Tyson fosse imprevisível. (Sobreviver aos ataques iniciais de Tyson, defender-se dele com o *jab* de esquerda longo, cansá-lo e depois acabar com ele.) No ringue, Lewis estava treinando com um simulacro atarracado de Tyson chamado Egerton Marcus, gorducho na parte do meio, mas capaz de imitar bem o estilo de Tyson de balançar a cabeça. Lewis estava em boa forma física e mais rápido que de hábito, e enchia Marcus de pancadas, desferindo um *jab* após o outro perto da testa de seu protetor de cabeça. Lewis cresceu idolatrando Muhammad Ali e, como dezenas de lutadores de sua geração, assumiu todos os hábitos duvidosos dele, especialmente a forma como ele mantinha as mãos abaixadas e dependia, para a defesa, da capacidade de se esquivar dos murros. A imitação é razoável — Raymond Chandler dando uma de Hemingway —, mas não é perfeita. Lewis jamais teve a velocidade dos pés ou mãos de Ali ou sua capacidade de mudar de tática no meio da batalha. Mesmo assim, parecia afiado, e somente o seu respeito cavalheiresco aos costumes o impedia de exterminar a cópia de Tyson à sua frente. Após oito assaltos, Lewis saltou para fora do ringue, sorriu para mim e disse: "Você não vai acreditar que somos bons amigos, vai?".

Enquanto eu esperava Lewis tomar sua ducha, conheci sua mãe, uma mulher roliça e tranqüila, na casa dos sessenta, que estava presente no campo de treinamento de seu filho desde o início. Lewis tem uma namorada, também, mas ela foi barrada no campo. No treinamento, Lewis, ao contrário de Tyson e de muitos dos lutadores modernos, pratica o código espartano: trabalho, celibato, tédio e jogos — principalmente xadrez. A presença materna proporciona calor humano, mas também certa disciplina adicional. "Minha mãe me controla", Lewis me contou naquele mesmo dia. "Ela ainda me manda arrumar o quarto."

Violet Lewis cresceu pobre em Port Antonio, Jamaica, e um de seus poucos prazeres era observar as pessoas ricas na ilha, entre elas Errol Flynn, chegarem e partirem em seus iates. Quando era adolescente, sua família embarcou-a num navio com destino a Londres, onde acharam que as perspectivas econômicas seriam melhores. Em Londres, ela morou em casas de cômodos e trabalhou como auxiliar de uma enfermeira. Tinha um namorado, um operário de montadora de automóveis chamado Carlton Brooks, mas, quando Violet ficou grávida de Lennox, Brooks enfim revelou que já tinha uma família lá na Jamaica. Ele não podia se casar com Violet. "Fiquei pensando o tempo todo: devo abortar o neném?", ela contou ao *ghostwriter* de seu filho, Joe Steeples. "A enfermeira no hospital marcou um horário para mim, mas não consegui fazer aquilo. A enfermeira sabia que eu já tinha um filho, e avisou: 'Vai ser ainda mais difícil para você, Vi. Vai ser muito difícil. Pense nisto.'" Ela pensou, e deu à luz Lennox, já um gigante de quase cinco quilos. Anos depois, em outra busca de um emprego melhor, Violet deixou Lennox com uma tia em Londres enquanto tentava ganhar a vida em Kitchener. Encontrou um emprego numa fábrica de isopor — emprego que conservou por dezessete anos, até Lennox se tornar um lutador profissional e mandá-la deixar o emprego. Lennox era um rapaz grande, atlético e um lutador, um cabeça quente, que parecia trilhar um caminho errante, em especial durante os anos em que esteve longe da mãe. "Penso que algo me predispunha a me tornar um delinqüente, mas dentro de mim sempre fui governado por boa ética e bons códigos morais", ele disse certa vez. "Quando minha mãe me chamou para me juntar a ela no Canadá" — ele tinha onze anos —, "acho que fui pego na hora certa. Foi uma mudança completa para mim, uma mudança para melhor."

Manny Steward estava esperando Lewis se vestir. Steward, que dirige o Kronk Gym, em Detroit, é excepcionalmente calmo, um treinador superexperiente. Quando Lewis perdeu, em 1994, para uma mediocridade chamada Oliver McCall, sensatamente roubou o treinador de McCall, e Lewis e Steward vêm trabalhando juntos desde então. Nos últimos anos, os homens no corner de Tyson normalmente têm sido histéricos com parcos conhecimentos. Esta talvez fosse a vantagem mais clara de Lewis. Ao olharmos, pela janela do ginásio, um barco a vela no lago, observei a Manny que nenhum dos viajantes ali parecia ligar para o fato de que o campeão dos pesos pesados estava treinando lá. "Bem, os campos de treinamento são sempre um reflexo do lutador", Steward disse. "Lennox gosta da tranqüilidade daqui, da organização. Mas, veja bem, Lennox é meu vigésimo nono campeão — trabalho no boxe há cinqüenta anos —, e é o maior festeiro deles todos. Ele sabe aonde ir em qualquer cidade que você possa imaginar. Ele é melhor que Leon Spinks, melhor que qualquer um. Ele é capaz de me pegar às três da madrugada, e dali nós partimos. Mas quando estamos treinando — nada. Ele é o profissional consumado. Se ele tem um defeito, é pensar demais, é ser inteligente demais. Mas ocasionalmente ele muda. Quando apanha, aquilo como que o estimula. E aí ele reage."

Outro ganense no campo de treinamento de Lewis, um "homem da mídia" chamado Kojo, levou-me a uma cabana do outro lado do lago. Joguei xadrez ali com Prince, que conhece Lewis há anos.

"Lennox joga o tempo todo", Prince disse, "e ele sempre me derrota."

"O que temos aí?", perguntou Lewis ao entrar e se acomodar num sofá. Estava relaxado, satisfeito por ter encerrado seu trabalho do dia. Aguardava ansiosamente o jantar, um jogo de pingue-pongue, talvez um vídeo. Todos os dias seguiam a velha receita: corrida ao ar livre antes do amanhecer e luta de treinamento à tarde.

"O boxe é uma profissão. É minha profissão", ele disse. "E aqui sou como um homem que se levanta e veste seu terno e vai para o trabalho."

Lewis contou que, às vezes, tinha dificuldade para dormir, tamanha sua obsessão por derrotar Tyson. "Sonho com a luta. Penso nela o dia inteiro, e à noite, quando vou dormir, e depois, no sono. Vejo a luta como um problema de matemática e tenho que me mexer e resolvê-lo. Como resolver o problema desse boxeador? Para mim, Mike Tyson é um problema fácil. Ele é unidimensional. Ele virá direto, como um redemoinho, acho. Não vou precisar procurá-lo." Lewis disse que ele e Manny Steward haviam discutido sobre como reagir se Tyson tentasse algum golpe sujo. "Não posso fazer o jogo da loucura dele", disse. "Tive um sonho em que ele me mordia e eu mordia de volta."

Lewis viu uma revista escondida sob o meu caderno.

"Posso ver?", perguntou.

Era uma edição da *Sports Illustrated* com uma fotografia de Tyson na capa, cara de mau, e uma matéria que destacava a sua prodigalidade entre 1995 e 1997: 338 858 dólares para "cuidar dos gramados (Ohio)"; 309 133 dólares para "cuidar dos gramados (Las Vegas)" etc.

Lewis olhou furioso para a capa.

Depois, ele observou: "Meus amigos dizem: 'Você acredita que estão pondo Mike Tyson na capa da *Sports Illustrated*?'". Ele soava mais como Lady Astor* agora. "Eles focalizam as coisas ruins e não as coisas boas. Ninguém quer celebrar a bondade, os cavalheiros. Como eu. A maldade vende nos Estados Unidos. Posso entender a atração de olhar trens destroçados, mas há pessoas sendo mortas enquanto isso."

Lewis não foi totalmente crítico. Pareceu quase saudoso dos quatro dias que passara treinando em Catskills com Tyson, quando ambos não passavam de adolescentes com potencial.

"Naquela época, eu era apenas um lutador novato e ainda via o boxe como um esporte", ele disse. "Ambos precisávamos de treinamento, e eles nos reuniram. No primeiro dia em que estivemos juntos, ele partiu para cima de mim — ainda lembro claramente — e tentou me machucar. Foi aquilo que me abriu os olhos para a violência do boxe, aquele momento, e pensei: 'Certo! É assim que o jogo funciona'. E me adaptei. Você precisa de certos dramas na

---

* Primeira mulher a integrar a Câmara dos Comuns britânica. (N. T.)

sua vida a fim de despertá-lo para certas coisas. Tyson foi o drama que me despertou para a realidade do boxe."

Lewis recordou afetuosamente como os dois se enfrentavam no ringue nas manhãs e depois dependuravam um lençol branco na parede do quarto à noite e, usando um projetor caindo aos pedaços, projetavam horas de lutas antigas: Marciano, Louis, Willie Pep. Mas aquilo foi há muito tempo, antes da condenação de Tyson por estupro e dos muitos outros ataques ao que Lewis denominou "sociedade decente".

"O boxe adquiriu uma má fama, e por causa dele", Lewis disse. "Quando eu estava começando no esporte, tentando obter um patrocínio, eles diziam: 'Não, cai fora, boxeadores estupram pessoas'. Foi isso que ele criou. Sou o cavaleiro na armadura reluzente. E sabe do que mais? Sou o matador de hienas, o leão no meu posto, observando aquelas hienas incomodarem meu bando. Quando estou pronto, desço correndo e quebro seus pescoços. Depois volto para o meu posto e me arrepio."

Quarenta anos atrás, quando o boxe não era o espetáculo secundário de hoje em dia, os presidentes se interessavam pelas lutas de qualquer momento, especialmente quando algum princípio moral precisava ser reforçado. O presidente Kennedy, na esperança de defender a virtude contra o vício, encorajou Floyd Patterson, que tinha o aval da Associação Nacional para o Avanço das Pessoas de Cor, a defender seu título dos pesos pesados contra Sonny Liston, um ex-criminoso sem o mesmo aval. O Vício nocauteou a Virtude em dois minutos e seis segundos do primeiro assalto. Em Memphis, alguns dias antes da luta Lewis-Tyson, a suposta peça de moralidade do evento não era tema de muita conversa. A pergunta era se a luta acabaria acontecendo. Tyson encontraria um pretexto para cancelá-la? Ele morderia Lewis? Tentaria quebrar-lhe o braço? Como precaução, os dois lutadores só poderiam se encontrar depois que soasse o gongo inicial: eles teriam suas próprias entrevistas coletivas à imprensa e pesagens. Guardas de segurança com camisas amarelas formariam uma barreira humana através do ringue para manter os dois campeões separados até o soar do gongo.

No dia das pesagens, no centro de convenções de Memphis, perguntei a um dos treinadores de Tyson, Stacey McKinley, sobre aquelas providências estranhas. "Lennox é o covarde", ele disse. "É ele quem está chorando que precisamos de entrevistas coletivas separadas, vôos separados para Memphis, separação no ringue. Ele está com medo de esbarrar com Mike na Blockbuster. Ele é o covarde. Veja bem, tirando o Mike, os lutadores atuais são fraudulentos. Eles fazem cera, ficam esperando o gongo para beber água. Todo mundo sabe que, quando Mike Tyson luta, oferece a você três minutos completos. As pessoas querem vê-lo. Ele é o artista original do nocaute. Lennox está morrendo de medo. Ele luta relutante. E um grande lutador como Mike Tyson consegue sentir isso."

Os apostadores não estavam conseguindo. Lewis era o franco favorito. O pensamento era simples: nos últimos dez anos, Tyson havia enfrentado apenas um peso pesado de primeira, Evander Holyfield — e perdera duas vezes. Lewis, por outro lado, embora tendesse a se perturbar contra lutadores inferiores, estava cada vez mais forte, afiado, dominante.

Com a aproximação da luta, os aviões costumeiramente lotados de apostadores e prostitutas chegaram na cidade. (A mudança demográfica podia ser claramente observada no saguão do Peabody Hotel nas noites e na Beale Street à meia-noite.) Memphis não é uma cidade de lutas. Geoff Calkins, colunista esportivo do *Commercial Appeal*, escreveu que, até a luta Lewis-Tyson, os principais embates na cidade incluíram a briga de socos de Elvis Presley, em 1956, com um atendente de posto de gasolina; a vez em que a namorada de Al Green atirou uma panela de canjica fervendo quando ele estava na banheira; e a "luta profissional dadaísta" do humorista Andy Kaufman, em 1982, contra Jerry (o Rei) Lawler. A maior multidão para um conflito na história da cidade se reuniu às margens do rio Mississippi, em 1862: 10 mil habitantes do Tennessee viram a Marinha da União derrotar a Marinha dos Confederados, assegurando assim a estação de Memphis durante toda a Guerra Civil. Os promotores da luta Lewis-Tyson estavam prometendo um público mais próximo de 15 mil na Pirâmide, mas não garantiam que a lotação se esgotaria.

Na noite da luta, o céu sobre a Pirâmide estava coalhado de helicópteros. Levava-se um bom tempo para passar pelos detectores de metais e seguranças que revistavam as pessoas, embora parecesse que as mulheres de vida fácil, com seus acompanhantes masculinos vulgares, eram tratadas com mais cortesia do que o resto de nós. Havia celebridades garantidas por toda parte, sobretudo astros do cinema como Denzel Washington, Morgan Freeman e Samuel L. Jackson, e um bando de jogadores da NBA, a associação nacional de basquete americana. Ficava-se aliviado ao descobrir que no banco da frente não se sentaria nenhum gigante tipo Dikembe Mutombo ou Magic Johnson. Às dez e quinze, o cerimonial começou. Tyson, sendo o desafiante, foi conduzido ao ringue primeiro, saltando ao som de um compasso de rap, em seu vestuário no estilo Jack Dempsey preto costumeiro. Lewis deixou que esperasse ali por um tempo, e aí o sistema de alto-falantes começou a tocar "Crazy Baldheads", de Bob Marley, e o campeão entrou. Eu estava sentado ao lado de duas figuras professorais, Michael Eric Dyson, da Universidade da Pensilvânia, e Stanley Crouch, do *Daily News*, e ambos afirmaram que Tyson ainda conservava bastante de seu antigo poder para vencer com um só murro (embora não garantissem) e que o desafiador teria o público a seu favor. Fiquei surpreso ao ouvir as duas opiniões. Eles estavam certos quanto ao público. Todos os aplausos eram para Tyson. O patriotismo americano prevaleceu sobre considerações de caráter.

Ao soar o gongo, Tyson reprisou sua rotina de *el toro*, investindo contra Lewis, bufando quase sempre, e, por algum tempo, sua agressão foi recompensada. Ele desferiu uma série de socos de direita. Tyson não estava golpeando Lewis especialmente bem ou forte, mas a expressão de Lewis era preocupante. Olhos bem abertos, nervoso, levantava as mãos para o ar como um potro empinado. Mas depois, faltando um minuto para terminar o assalto, as coisas começaram a ocorrer como Manny Steward havia previsto. Os socos de Tyson pareceram despertar Lewis: primeiro sua preocupação, depois seu interesse e, enfim, sua própria destreza. A transformação em Lewis lembrava a de Wilberforce (Lutador) Billson no livro *He rather enjoyed it*, do escritor britânico P. G. Wodehouse:

Um momento antes, o público havia sido maciçamente anti-Billson. Agora eles eram unanimemente a favor. Pois aqueles socos, embora aparentemente não o afetassem fisicamente, pareceram ter despertado os melhores sentimentos do sr. Billson, como se alguém tivesse aberto uma torneira. Eles haviam suscitado, na alma do sr. Billson, aquele entusiasmo pelo combate tão difícil de achar no primeiro assalto. Por um instante após receber aquela pancada na orelha, o Lutador quedou-se imóvel sobre seus pés chatos, como que em profunda reflexão. Depois, com ar de quem de repente se lembrou de um compromisso importante, mergulhou em frente.

No segundo assalto, o padrão foi perfeitamente urdido: Tyson começaria o round atacando; Lewis o repeliria, o imobilizaria e depois começaria desferindo perto de sua testa o *jab* de esquerda mais firme desde os de Ali em meados de carreira. No seu auge, Tyson investia contra o tórax de seu oponente e desferia seus golpes. Agora, com Lewis enchendo sua mandíbula de *jabs*, não conseguia se aproximar o suficiente para dar seus socos. Durante o resto da luta, Tyson exibiu uma constante cara de dor — a dor do golpe que acabara de receber e a dor da antevisão do próximo.

"Tyson teve dificuldade em chegar perto de mim", Lewis me diria alguns dias depois. "E pareceu que ele consumiu toda a sua energia bem depressa. Ele se esforça tanto em fazer coisas simples e depois já era. Assim, eu estava bancando o matador e ele era o touro, esgotando suas forças. No primeiro assalto, parecia um redemoinho, e eu simplesmente deixei o redemoinho se exaurir."

A cada *jab*, uma auréola de suor aparecia ao redor do crânio de Tyson, e sua cabeça balançava para trás sobre a base de seu pescoço. No terceiro assalto, havia um corte acima de seu olho direito e pequenos vergões haviam começado a aparecer por toda parte. No terceiro e no quarto, Lewis estava totalmente confiante, convencido até, e começou a acompanhar os *jabs* de cruzados de direita e *uppercuts* mais fortes, golpes que teriam nocauteado praticamente qualquer outra pessoa.

Os treinadores também refletiam o rumo da luta: no corner de Tyson, pânico e conversas atravessadas, duas ou três pessoas tentando dar ordens ao mesmo tempo. Pouco tinham a oferecer a Tyson além das imprecações de "chega mais perto" e "use as mãos". Já Steward considerava sua obrigação mostrar a Lewis quão mal Tyson parecia — "Você tem um homem morto à sua frente!" — e encorajá-lo a encerrar a luta antes que algum fator *x* (uma decisão errada, uma cabeçada, uma mordida, algo desagradável) o privasse de uma vitória garantida. Logo, Steward estava berrando: "Bota esse filho-da-puta pra fora!". Mas Lewis tinha o olhar vago. Estava fazendo o possível. O que ele não contou para Steward foi que, no quarto assalto, machucara a mão direita golpeando Tyson no alto da cabeça.

Os assaltos cinco, seis e sete foram repetitivos ao extremo, com Lewis vencendo todos os embates: estava dando quatro vezes mais murros do que recebendo, de acordo com os altos matemáticos perto do ringue. No corner antes do oitavo assalto, os homens de Tyson cuidavam de seus vergões e removiam o sangue de suas narinas, e um dos treinadores, Ronnie Shields, implorava ao seu homem que desferisse murros. Mas Tyson disse tranqüilamente: "Parem com isso".

Se era possível ter pena de Tyson, aquela era a hora. Ele rumou corajosamente para o centro do ringue para receber a porrada final. Após pouco mais de um minuto, Lewis cumpriu seu papel, aplicando um *uppercut* de esquerda e, depois, um de direita que fizeram com que Tyson se ajoelhasse, mas sem cair totalmente. O juiz, Eddie Cotton, que havia sido tão solícito quanto um avô para com Tyson, interveio e pareceu declarar um *knockdown* antes que realmente ocorresse um. Tyson logo voltou para a refrega, mas não lhe restava nada além de aguardar o golpe final. Este adveio quando restava menos de um minuto de luta: um soco de direita rápido e despercebido na mandíbula, e agora Tyson estava na lona, aturdido, esfregando de leve o sangue sob os olhos. Cotton contou até dez e gentilmente ajudou Tyson a ir até seu corner.

Após a luta, Tyson exibiu seu melhor desempenho, e mais vitorioso, da noite — entenda como quiser. Longe estavam a brutalidade e o niilismo de Maui. Tyson elogiou Lewis como imbatível, um lutador "magnífico" e "prolífico", e amavelmente agradeceu a Lewis pela consideração.

"O dia do pagamento foi maravilhoso", Tyson prosseguiu. "Realmente gostei. E, se você me fizer essa gentileza, gostaria de repetir a dose. Acho que eu poderia derrotar você se tentássemos outra vez." Tyson assegurou a Lewis e qualquer um disposto a acreditar que toda a conversa em Maui havia sido uma impostura: "Tudo que eu disse foi só para promover a luta". Quando Lewis teve chance de falar, Tyson fez seu gesto físico mais significativo da noite. Olhar de ternura, delicadamente limpou um pouco de sangue da bochecha do campeão. Sangue, é claro, do próprio Tyson.

"Lennox sabe que adoro ele e sua mãe também", Tyson disse finalmente, e beijou Violet para enfatizar sua afirmação.

Mais tarde, no vestiário, Tyson admitiu que provavelmente não tinha a menor esperança de vencer contra Lewis e acabaria caindo no "esquecimento". Sua única motivação para levar outra surra daquelas seria pagar os milhões de dólares que deve ao governo americano, ao seu consultor, Shelly Finkel, ao canal Showtime, que o apóia, e supostamente às firmas que cuidam de seus gramados e animais de estimação. "Se me pagarem bastante dinheiro, lutarei com um leão", disse.

Lewis, seu séquito e sua namorada deixaram Memphis assim que puderam e passaram quase uma semana comemorando em Nova York. Apareceram nas colunas de fofocas com a champanhe que escolheram: Cristal. Lewis ocupou um tríplex de 10 mil dólares de diária nos andares superiores do Palace Hotel, na Madison Avenue. Quando fui visitá-lo, exibia um meio sorriso constante, um gato gigante que havia bebido toda a nata da cidade. Estava estendido num sofá dourado e ronronava razoavelmente.

Não pude evitar a pergunta: "Qual a sensação, campeão?".

"Olhe para mim", ele respondeu. "Estou no topo da cadeia alimentar!" Na verdade, Lewis pode não estar entre os maiores pesos pesados da história — Johnson, Dempsey, Louis, Ali, Marciano —, mas agora ele podia se considerar um membro do nível seguinte, com Charles, Frazier, Foreman e Holmes, e por enquanto não havia ninguém para desafiá-lo.

Os poucos inchaços no rosto de Lennox agora haviam desaparecido, mas ele não conseguiu me dar a mão. Seus dedos e pulso ainda estavam inchados. "Manny achou que o juiz estava me prejudicando na luta e criando possibilidades para Tyson mais adiante", ele comentou. "Assim, ele queria que eu o vencesse. Mas eu realmente machuquei a mão no quarto assalto e não pude ir pra cima dele como queria."

Lewis tem fama de cavalheiro, mas ele polidamente se recusou a fingir amizade pela versão nova e mais gentil de Tyson, ou mesmo a acreditar nela. "Acho que o modo como ele falou no ringue depois foi admirável, mas algumas pessoas só acreditam naquilo que vêem", ele disse. "Elas não mostram respeito até você enfiá-lo na cabeça delas." O campeão deu um último e breve sorriso de satisfação e fez um gesto aos seus assistentes: eles tinham um vôo pela frente para Londres. Havia limites para a sua boa vontade, afinal de contas.

(2002)

O aperto de Tyson

É sempre perigoso prever o fim de qualquer coisa (Francis Fukuyama que o diga), mas um sinal seguro do declínio do boxe foi que, entre as 15 mil pessoas que pagaram para ver Mike Tyson lutar contra uma lata de tomates muito alta chamada Kevin McBride na outra noite no MCI Center, em Washington, muitos conheciam mais os detalhes das dívidas de Mike (só com a Receita Federal são mais de 12 milhões de dólares) do que a situação atual e perigosa da divisão dos pesos pesados.

Como atleta, Tyson perdeu seu manto escuro de invencibilidade quinze anos atrás em Tóquio, quando um buldogue anão pálido e dócil chamado Buster Douglas o nocauteou. Desde então, o padrão tem sido o mesmo. Aqueles que Tyson conseguia intimidar rapidamente com ganchos de esquerda surdos e a lembrança de sua reputação criminosa logo eram seguramente despachados, mas os oponentes corajosos capazes de enfrentar dois ou três assaltos do redemoinho de Tyson se beneficiavam da fúria desesperada que inevitavelmente se seguia: as mordidas na orelha, as cabeçadas, as tentativas de quebrar um membro. Tyson se revelava, fracassava ou era desclassificado.

Assim, ninguém em Washington estava pagando por uma exibição atlética. Tyson era o espetáculo bizarro de todo mundo, um entretenimento grotesco e vergonhoso, ao mesmo tempo violento, imprevisível, assombrado, emocionante — mas realmente perigoso apenas para ele, seu oponente ou aqueles que, como Desiree Washington, a participante de um concurso de beleza, acabaram testemunhando no tribunal. As pessoas pagavam para ver Mike Tyson, uma ex-esposa sugeriu, com o mesmo espírito com que viam filmes de terror ou andavam em montanhas-russas.

Todavia, Tyson também proporcionava aos seus públicos e cronistas uma espécie de Raskolnikov e Bigger Thomas de três vinténs.* Ele pedia para ser lastimado, adorado e desprezado; acima de tudo, ele lastimava, adorava e desprezava a si mesmo. Ele exalava autenticidade. John McEnroe** era revoltante na medida em que o filho de um sócio do escritório de advocacia Paul, Weiss, Rifkind, Wharton & Garrison consegue ser revoltante. Ele nunca mordeu Björn Borg, nem ameaçou engolir os filhos de Jimmy Connors. Tyson era analfabeto em delicadezas. Ele não conheceu seu pai, nem tinha a menor idéia de quem poderia ter sido. Sua mãe, Tyson certa vez contou, morreu numa caixa de papelão, e ele estava certo de que sofreria o mesmo fim. Quando criança, era um brutamontes, seguindo velhinhas em elevadores e batendo nelas para roubar suas compras. Quando se tornou campeão, a renúncia à pobreza foi absoluta. Durante um período de 33 meses em meados dos anos 90, ele gastou 4 477 498 dólares em carros e motocicletas. (No decorrer dos anos, teve um Lamborghini Countach vermelho, um Bentley e um "jipe" Lamborghini que havia sido montado para o rei saudita.) Ele gastava 95 mil dólares por mês em jóias e roupas, 411 777 dólares em pombos e gatos, e uma quantia tremenda em leões e tigres de estimação e cães shar-pei chineses de "sangue azul". Quando não estava treinando, redirecionava suas energias. Para uma maratona erótica, um braço direito providenciou 24 mulheres para a noite. As influências culturais eram variadas. Quando todas as tatuagens ficaram prontas, seu rosto era o de um guerreiro maori: Mao sorria mortiferamente de um bíceps, e o pacífico ás do tênis Arthur Ashe era retratado no outro. A viúva de Ashe, Jeanne, certa vez disse: "Se pudesse processar uma parte do corpo, eu o faria".

---

* Raskolnikov: personagem do romance *Crime e castigo*, de Dostoievski; Bigger Thomas: personagem de *Native son*, de Richard Wright. (N. T.)
** Tenista americano que se notabilizou pela má educação e pelas partidas épicas contra Björn Borg e outros. (N. T.)

Aquele era o Tyson que todos vieram ver em Washington. Mas ele já não era mais Kid Dynamite. Antes da luta, Tyson ameaçou "estripar" McBride "como um peixe", mas disse aquilo brandamente, sem convicção. Os excessos já estão, na maioria, liquidados, e hoje são uma lembrança. Ele mora agora numa casa térrea de tijolos, num bairro de classe média em Scottsdale, Arizona, com uma namorada e seus dois filhos. Ele se recusa a ser um monstro. "Não quero mais ser aquele sujeito", disse alguns dias após a luta.

A luta foi o capítulo habitual da fase maneirista tardia de Tyson. Ele foi generoso ao referir-se a McBride como um "lutador de categoria C". O físico de McBride sugere um gosto pela cerveja Guinness e por tardes ociosas numa cadeira de jardim. Entretanto, nos primeiros três assaltos, ele absorveu os simulacros do antigo poder que Tyson conseguia projetar. Tyson o atingia direto na mandíbula, e McBride meramente recuava e piscava algumas vezes, parecendo mais confuso do que dolorido. Confuso, talvez, por não sentir mais dor do que sentia. No quarto assalto, McBride teve a ousadia de tentar alguns murros próprios, e Tyson estava mascando o polegar de sua luva, sinal seguro, para observadores experientes, de que estava cansado e procurando uma saída. No corner, o treinador de Tyson só tinha a oferecer conselhos de sobrevivência: "Respire, Mike, respire!". E, no sexto assalto, Tyson tentou de tudo. Tentou quebrar o braço de McBride no clinche, e, quando aquilo não levou a nenhum ferimento convincente, virou a cabeça para a direita e de volta para a esquerda, batendo com ela na testa de McBride e abrindo um corte sangrento. O juiz descontou dois pontos de Tyson e deu a McBride um momento para clarear a cabeça. Recuperado e inabalável, McBride empurrou Tyson até as cordas e bateu algumas vezes com força nele e depois, como um homem esperando algum estímulo de um amigo, comprimiu os ombros de Tyson. Tyson não conseguiu suportar o peso. Despencou na lona. E foi ali, deitado de costas, que Tyson (se podemos confiar nas suas promessas subseqüentes) encerrou a carreira. Uma vez na banqueta, declinou o sétimo assalto. Ele abandonara a luta.

Depois da luta, Tyson foi gentil com seu oponente, ambos suados, e permaneceu para examinar sua própria psique uma última vez. "Sou um camponês", disse. "A certa altura, eu pensava que a vida consistia em adquirir coisas. Mas a vida consiste totalmente em perder tudo." Indagado sobre o que faria a seguir, Tyson respondeu: "Vou procurar algum trabalho humanitário". Talvez na África, talvez na Bósnia. Não sabia ao certo como pagaria suas contas. Talvez simplesmente não as pagasse. Só tinha certeza de que a selvageria desaparecera. "Não a tenho mais em mim", ele disse. "Não consigo nem matar os insetos em casa."

(2005)

Agradecimentos

Sou muito grato a todos os colegas da *New Yorker*. Sem a complacência deles, eu não teria a oportunidade de fazer reportagens e escrever para a revista. E sem a ajuda deles nestas matérias — sem seus conselhos, revisões e checagem de fatos — eu estaria em todo tipo de apuros. Gostaria de agradecer a Dorothy Wickenden, Henry Finder e Jeffrey Frank, meu amigo e editor por tantos anos, pelo trabalho inteligente e meticuloso nestes perfis e ensaios, e a S. I. Newhouse Jr. pelo apoio constante. Sonny Mehta, Dan Frank, Pamela McCarthy e Kathy Robbins tornaram este livro possível. Brenda Phipps, Beth Johnson, Dana Goodyear, Kate Taylor e Louisa Thomas ajudaram de mil maneiras. Lillian Ross forneceu um título. E, acima de tudo, meu amor e gratidão à minha família.

Posfácio

Ouvido, instinto e paciência

João Moreira Salles

I.

Ao longo dos seus 81 anos de vida, a *New Yorker* teve apenas cinco editores-chefes. O primeiro deles, Harold Ross, fundador da revista, exerceu a função de 1925 a 1951. A sua *New Yorker* era divertida, ágil, irônica e casta. William Shawn assumiu o cargo em 1951 e o deixou 36 anos mais tarde, em 1987. Ele e Ross são os maiores responsáveis pelo peculiaríssimo DNA da revista, por aquilo que a torna, até hoje, inconfundível. A *New Yorker* de Shaw era elegíaca, suave, civilizada, atemporal. Robert Gottlieb sucedeu a Shaw e ocupou o posto até 1993. A revista ficou menos aristocrática e puritana, mais informal, sem receio de flertar aqui e ali com o mau gosto. Depois veio Tina Brown. Bum. A mulher era uma espoleta. Aos olhos da velha guarda, sua indicação para o cargo de editora-chefe da *New Yorker* equivaleria assim a Joãosinho Trinta ser empossado no papel de diretor artístico do Teatro Municipal. A revista abandonou seus bons modos. Deixou de ser o restaurante no qual só convém entrar engravatado e renasceu como o bistrô em que as celebridades fazem ponto, todos falam aos gritos, alguns se drogam no banheiro e quase ninguém vai embora sóbrio. Tina Brown fez o impensável: transformou a veneranda senhora numa revista picante, profana, contingente, ruidosa, fútil, escandalosa e insolente. A festa durou cinco anos, até 1998, quando Brown pediu as contas e foi para Hollywood fundar uma revista (fracassada).

David Remnick é o quinto editor-chefe da *New Yorker*. Quando assumiu o cargo, tinha apenas 39 anos. Sua experiência anterior em edição era mínima, para não dizer inexistente: Remnick havia editado o jornal do seu colégio. Como repórter, tornou-se especialista em três áreas: Oriente Médio, Rússia e boxe. Começara na grande imprensa como repórter policial do *Washington Post* e em pouco tempo foi transferido para a editoria de esportes. Foi designado para cobrir boxe pelo simples fato de que ninguém se interessava muito pelo assunto. Mais tarde, e por razões semelhantes — "não apareceram outros voluntários (faz frio na Rússia e a comida é indigesta)" —, tornou-se correspondente do *Post* na União Soviética. Acompanhou de perto o esfacelamento do regime, mas teve a má idéia de deixar Moscou doze horas antes do golpe conservador que derrubaria Gorbachev. Em 1992, Robert Gottlieb o contratou para escrever sobre a Rússia na *New Yorker*. A essa altura, já havia ganhado um Pulitzer com um livro sobre o fim da União Soviética, *Lenin's tomb* [O túmulo de Lênin].

A *New Yorker* talvez seja a revista semanal mais admirada do mundo. Se hesito em afirmar peremptoriamente que sim, é porque existe a *The Economist*, a única que lhe faz concorrência em prestígio. Tomando de empréstimo os termos empregados pelo jornalista Mario Sergio Conti em outro contexto, e simplificando um pouco, pode-se dizer que a *Economist* é mais útil, enquanto a *New Yorker* é mais sábia. O pendor à sabedoria e o horror à utilidade foram levados às últimas conseqüências por William Shawn. O oposto deu-se com Tina Brown. O primeiro era olimpicamente alheio às urgências do mundo; Brown só pensava nelas. Shawn se recusava a publicar artigos com gancho; Brown hesitava em publicar matérias sem gancho. Shawn levava tempo, preferia chegar depois. Duas matérias clássicas que editou, *Hiroshima* e *A sangue frio* (ambas já publicadas na Coleção Jornalismo Literário), chegaram às mãos do leitor, respectivamente, um ano e seis anos depois do fato desencadeador. Em contraste, durante os anos Brown, uma velha leitora reclamou do excesso de cobertura no caso O. J. Simpson. Sem levar em conta capas, cartuns e pequenas notas (que, juntos, somaram 33 menções ao julgamento), foram mais de cinco grandes matérias. É provável que nenhuma delas tivesse sido publicada na *New Yorker* de Shawn, não por serem ruins — a cultura da revista expeliria, como ainda expele, toda mediocridade —, mas por serem artigos de circunstância. Shawn jamais usou a palavra "artigo" para descrever as matérias que publicava. Só as chamava de "histórias". Para ele, era a diferença entre o que permanece e o que se vai.

Foi no contexto desse Fla × Flu cultural que Remnick assumiu a revista. Ao contrário dos seus quatro antecessores, é o único editor-chefe com formação de repórter. Ross era antes de tudo um grande agregador de talentos. Shawn foi o maior de todos os editores, o homem que transformava bons textos em textos irrepreensíveis, quando não em obras-primas. (Em 54 anos de *New Yorker*, seu nome jamais apareceu na revista. Escreveu 21 obituários de antigos colaboradores, anonimamente, e só.) Gottlieb tinha trânsito no mundo das artes e sabia reconhecer um grande escritor quando era o caso — antes da *New Yorker*, fora responsável pela respeitável editora Knopf —, mas não tinha especial apreço pelo trabalho de reportagem. Certa vez declarou: "Não sou jornalista nem gosto de jornalismo". Tina Brown teve o mérito de espanar a poeira que cobria a revista e trazer sangue novo para a casa, mas seu maior talento era farejar pessoas e temas que seriam novidade no dia seguinte, mesmo que por apenas duas semanas. Remnick, ao contrário, é antes de tudo repórter. Isso é essencial para compreender os rumos da *New Yorker* nos últimos anos, bem como a natureza dos textos desta coletânea. Até ser alçado ao topo da revista, Remnick foi extraordinariamente prolífico. Todos os textos de *Dentro da floresta* foram escritos para a revista que hoje dirige.

Do ponto de vista editorial, Remnick é mais clássico (alguns diriam conservador) do que Brown. Sabe que é depositário de uma tradição de excelência que corre o risco de sair chamuscada com o excesso de deslumbramento pelo próximo escândalo de Hollywood. Na sua administração, os textos voltaram a aumentar de tamanho (Brown os reduzira drasticamente), a ponto de certas matérias chegarem a 10 mil palavras, o equivalente a 25 páginas deste livro. O duro trabalho de apuração voltou a ser valorizado. Remnick afirma que alguns escritores da *New Yorker* — no vocabulário particular da revista, são sempre escritores ou autores, nunca jornalistas — chegam a trabalhar seis meses numa única matéria. Não há quase artigos sobre celebridades. Do ponto de vista gráfico, houve o retorno a uma certa concepção cautelosa de civilidade e bom gosto — mais Sempé e (bem) menos Art Spiegelman, o grande artista gráfico trazido por Brown.

O maior mérito de Remnick como editor foi ter percebido que as visões de William Shawn e de Tina Brown não eram mutuamente excludentes. Como tem alma de repórter, nunca despregou o olho das notícias. Se a revista de Shawn era gelada e a de Brown, *caliente*, a de Remnick é ao mesmo tempo quente e fria, o que é diferente de ser morna. Num mesmo número é possível encontrar um furo jornalístico de proporções colossais e uma matéria irresistível sobre a dificuldade de produzir um bom ketchup industrial. Foi a *New Yorker*, por exemplo, que abriu as comportas do escândalo de Abu Graib. Nos seus quadros fixos trabalha o maior repórter investigativo da imprensa norte-americana, Seymour Hersh, e é através do seu trabalho que ficamos conhecendo melhor as zonas cinzentas do poder americano. Alguns números da revista editada por Remnick conseguem o prodígio de ser, ao mesmo tempo, úteis e sábias. Há pouco tempo, pela primeira vez, a circulação da *New Yorker* passou de um milhão de exemplares.

II.

Grande parte das matérias de Remnick reunidas aqui pertence a uma família jornalística praticamente inventada pela *New Yorker*, a dos perfis. A família tem dois ramos: a dos anônimos — cujo maior praticante foi Joseph Mitchell, autor de *O segredo de Joe Gould* (publicado nesta coleção) —, e a dos célebres e poderosos. Remnick se interessa mais pelo segundo ramo. Nestas páginas, o leitor conhece de perto alguns dos protagonistas da história dos últimos vinte anos.

É sintomático, porém, que o primeiro perfil seja exatamente de um homem que *deixou* de ser protagonista. Trata-se do estupendo retrato de Al Gore quatro anos depois da campanha presidencial que ele perdeu (ou não) no olho mecânico. À moda de Shawn, a *New Yorker* não hesita em publicar o perfil de um personagem à margem do noticiário. Quase sempre essas matérias conseguem reacender o interesse por quem parecia inevitavelmente relegado ao escaninho dos perdedores. Recentemente, Gore voltou ao noticiário, e muita gente compreendeu que tinha sido um equívoco considerá-lo uma carta fora do baralho da política americana.

Ainda que de forma sutil, Al Gore ajuda a apresentar as credenciais ideológicas do próprio Remnick — um liberal da Costa Leste americana, um cosmopolita para quem George W. Bush soa a piada de mau gosto. Remnick não esconde sua admiração por Gore. Em determinado momento, chega a fazer exercícios de história subjuntiva. O que teria acontecido se Gore tivesse vencido? Se o desfecho da votação na Flórida tivesse sido outro? Se na Suprema Corte houvesse um juiz conservador a menos, um só? "Gore, junto com uma parcela do país que não é pequena, está convencido de que [...] os Estados Unidos não estariam na situação em que se encontram."

O perfil é um exemplo da fórmula narrativa aperfeiçoada pela *New Yorker*. Em síntese, trata-se de uma alternância entre a observação miúda e a análise geral, entre o pequeno e o grande.

> "Ei, Dwayne!... Dwayne!"
> "Sim, senhor vice-presidente?"
> "Poderia me trazer mais um pouco de café?"
> "Sim, senhor vice-presidente. Já estou indo..."
> "Obrigado, Dwayne."
> Eram dez da manhã em Nashville, um dia de semana tranqüilo; a maioria dos vizinhos tinha saído para trabalhar, e Albert Gore Jr. estava sentado à cabeceira da mesa da sala de jantar, tomando o café-da-manhã. O prato estava cheio, com ovos mexidos, bacon, torrada.

Assim começa o perfil de Al Gore. Do ponto de vista da história, não é particularmente essencial que saibamos que Gore tem um mordomo chamado Dwayne e que come ovos mexidos, bacon e torrada no café-da-manhã. No entanto, são essas trivialidades que nos aproximam do homem; adiante, quando Remnick passa a tratar Gore como protagonista da história americana recente, não conseguimos mais esquecer que suas predileções matinais incluem ovos mexidos. Isso o reduz à nossa escala. Trata-se de uma velha lição dos perfis da *New Yorker*. Pode-se defini-la como uma retórica das coisas, de acordo com a qual o personagem se revela não só pelo que diz, mas também pelo que o cerca. Isso exige disciplina e olho vivo. A observação de que na casa de Gore o telefone mal toca desobriga de informar que ele está no ostracismo. É um modo de não desperdiçar energia narrativa. O objeto fala, o narrador pode se calar.

Essa linguagem das miudezas está também em gestos ou ações banais. O perfil do escritor Amós Oz começa com uma frase trivial: "Amós Oz é o romancista mais conhecido de Israel". É um lead como qualquer outro. Os primeiros parágrafos do texto se incumbem da descrição de Oz, de sua aparência física, sua personalidade, seus hábitos, suas posições políticas. É a grande-angular. E então vem a miudeza. Todos os dias, ao nascer do sol e de novo ao entardecer, Oz deixa sua casa e, com a mulher, vai passear no deserto. Muito pouca coisa acontece nesses passeios. Seria possível resolvê-los numa só frase: "Oz passeia no deserto duas vezes por dia". Remnick escolhe prestar atenção.

> Oz estacionou o carro num meio-fio que marcava o final de Arad [a cidade onde mora] e o início do deserto. Saltamos e olhamos para um longo declive. Amós e Nily desceram de mãos dadas por um caminho que levou a uma enorme escultura de aspecto marcial.
>
> [...]
>
> "Olhem isto aqui no chão, vejam *aqui*", ela disse, apontando um ponto ao longo da trilha. "Formigas."
>
> "Uma sociedade de formigas", Amós disse. "Vamos ignorar as metáforas. E observar."
>
> Eles se inclinaram e observaram com a fascinação extasiada de um casal num safári.
>
> O sol pulsava, laranja, a poucos centímetros do horizonte.
>
> Nily sorria enquanto Amós a abraçava por detrás. "Estou feliz por estar viva", ela disse.
>
> Amós esperou um pouco. Estava mais escuro, mas ainda não anoitecera. Olhou para cima. "Estou com fome", disse, e rumou para o carro.

É uma cena quieta, sem pompa. O escritor observa uma colônia de formigas, abraça sua mulher, evita imagens fáceis, fica com fome e vai embora. A partir de quase nada, intuímos que Oz é um homem curioso, atento às coisas do mundo, refratário a clichês e, se não feliz, ao menos afortunado. É um modo de compreender melhor sua escrita.

A disciplina da observação minuciosa e da atenção constante é apenas uma parte do segredo que faz estes perfis serem tão bons. É a parte fácil, ao alcance de qualquer um. A outra parte é mais difícil. Tome-se, por exemplo, a seguinte frase: "Pouco antes de fazer uma série de visitas ao número 10 da Downing Street, eu estava lendo o romance sobre o qual todos em Londres pareciam estar debruçados, nos cafés e nos bancos do St. James's Park".

Ao longo de sua carreira, um jornalista, por melhor que seja, terá pouquíssimas oportunidades de fazer uma visita a Downing Street, que dirá várias. Em larga medida, essa prerrogativa independe do seu talento ou da sua capacidade de persuasão. É uma questão mais institucional do que pessoal. As portas não se abrem para Remnick, mas para a revista *New Yorker*. Nas páginas deste livro, Remnick janta ao lado de Putin, conversa com o primeiro-ministro Benjamin Netanyahu (e também com o pai dele), liga para o número pessoal de Yitzhak Shamir (que atende ao primeiro toque), liga para Shimon Peres, troca idéias com Václav Havel no último fim de semana de seu governo, assiste à patética (e divertidíssima) entrevista de TV que Tony Blair, em tempos eleitorais, concede a dois fedelhos de dez anos cuja especialidade são perguntas impertinentes — "'O senhor tem inveja da rainha?', Little Ant perguntou a Blair. 'Não. Ela é a rainha, e eu não'" — e, num dos perfis mais extraordinários do livro, tem vários encontros com Soljenitsyn durante os anos de exílio nos Estados Unidos. Se trabalhasse no diário de La Paz, Remnick provavelmente não teria tanta sorte.

Durante muito tempo, a revista obedeceu ao princípio de só perfilar quem lhe concedesse acesso. Uma das conseqüências disso é que o leitor se vê diante de personagens que só conhecia a distância e impessoalmente — a figura pública das entrevistas formais e das coletivas de imprensa. Ao longo das décadas, a tradição de excelência da *New Yorker*, bem como a repercussão de suas matérias, agiram como um poderoso abre-alas. Poucas personalidades negam acesso. Pelas características dos perfis, quase sempre longos, fica implícito que o contato não se resumirá a um encontro só. Quase sempre, o resultado é o melhor retrato de alguém que a imprensa seria capaz de oferecer ao leitor. Os personagens que aparecem aqui são, quase todos, homens e mulheres com segredos a guardar, "reputações a proteger, agendas públicas e particulares a considerar, às vezes até uma máquina de relações públicas para manter os repórteres na baia". É um jogo de malandros, no qual o personagem precisa do repórter, e o repórter, do personagem — mas não pelas mesmas razões. Ao jornalista, cabe esperar a hora em que o homem célebre abaixará a guarda. Remnick sabe reconhecer esses momentos. Escreveu extensamente sobre boxe. É autor de uma biografia de Muhammad Ali, *O rei do mundo* (também traduzida pela Companhia das Letras). Descreveu minuciosamente como um lutador deve minar o adversário. Conhece as virtudes da paciência, a hora demorada em que se desfere o golpe, a pergunta certeira.

Evidentemente, a espera implica tempo, mercadoria escassa no jornalismo tradicional, mas não na *New Yorker*. Às tantas, no perfil do escritor Philip Roth, Remnick escreve: "Quando iniciamos as entrevistas, no inverno, Roth me disse que estava 'entre dois livros', pensando no que viria após *A marca humana*. Poucos meses depois, fazia graça a respeito da Newark antiga, dizendo: 'Nasci antes da meia-calça e da comida congelada'". A parte importante, no caso, é "poucos meses depois". O repórter se encontra com seu personagem no verão e no inverno, antes e depois da glória (ou do fracasso), neste e naquele continente. Philip Gourevitch, cujo livro sobre o genocídio de Ruanda, *Gostaríamos de informá-lo de que amanhã seremos mortos com nossas famílias* (Companhia das Letras, 2000), nasceu como uma série de reportagens, conta que, para apurar as matérias, foi mandado nove vezes à África. Nove.

III.

Proximidade e convívio longo aumentam substancialmente as chances de o repórter ouvir a frase que interessa. Remnick tem bom ouvido. "Oi, meu nome é Al Gore. Eu costumava ser o próximo presidente dos Estados Unidos" — essa é uma frase que deve ter sido repetida dezenas de vezes pelo ex-candidato, mas coube a Remnick destacá-la. É ao mesmo tempo engraçada e melancólica. E se torna ainda mais pungente quando compreendemos como é difícil para Gore soar informal e divertido. "A diferença clássica entre um extrovertido e um introvertido é que, se você manda um introvertido a uma recepção ou a um evento com outras cem pessoas, ele sairá de lá com menos energia do que quando entrou. [...] Gore precisa de descanso depois de um evento. Clinton sairia revigorado, porque lidar com pessoas era natural para ele." Está aí, em síntese, não só a diferença essencial entre os dois homens, mas a razão pela qual o segundo venceu duas vezes, enquanto o primeiro, ainda que muito mais preparado do que seu adversário, acabou por fracassar. Política para Gore é esforço; para Clinton, é segunda natureza.

Além de possuir um bom ouvido, Remnick tem um talento especial para construir imagens que ficam na cabeça do leitor. Numa passagem de "As guerras da tradução" ele descreve o embate entre Edmund Wilson e Vladimir Nabokov. Nabokov havia traduzido para o inglês *Eugene Onegin*, de Pushkin, e Wilson, com sua suprema arrogância, decidiu estraçalhar publicamente a empreitada. Entre outras bombas, teve a petulância de afirmar que Nabokov — Vladimir Nabokov, repita-se — possuía uma compreensão rudimentar da prosódia russa. Da Suíça, onde morava, Nabokov não esperou dois minutos para contra-atacar. "Por favor, reserve espaço para o meu trovão", escreveu à editora da *New York Review of Books*, que publicara a diatribe. A resposta veio na forma de um passa-fora que entrou para a antologia da história (extensa) das disputas literárias. Remnick escreve: "Como um almirante no comando de uma flotilha com a qual seu mal equipado oponente não poderia ter esperanças de competir, Nabokov arremete seu comando superior da língua e da prosódia russas sobre o oponente". Dá para ver o último chumaço de cabelo do grande sábio das letras americanas desaparecer debaixo da água.

Remnick também tem o bom senso de fugir do cacoete das metáforas, esse mal que assola os textos (e os filmes) de não-ficção. É um pecado que transforma toda observação factual numa lição exemplar. Tudo significa, como se a superfície dos fatos não bastasse. O mal infesta todas as áreas do jornalismo, mas parece ser particularmente virulento na cobertura esportiva. Remnick não perdoa: "Como a ficção medíocre, as lutas pelo campeonato mundial dos pesos pesados são invariavelmente sobrecarregadas com a solenidade de sentidos mais profundos. Não basta que um homem abale o cérebro do outro e o deixe cambaleante. É preciso haver política também — ou, pelo menos, grandes porções de símbolos, subtramas históricas, uma cobertura metafísica".

Quando a coisa é mais do que a coisa, o repórter se põe no lugar do moralista, do filósofo, do sábio. É um mau lugar. Não tanto porque revela pretensão, o que seria apenas ridículo, mas por desviar a atenção do fato, o que resulta em jornalismo ruim (na melhor das hipóteses) ou em escrita cafona (na pior delas), quando não em ambos. Sobriedade é tudo. Ao terminar de ler os perfis e artigos desta antologia, dizemos: É isso.

É o que basta.

ESTA OBRA FOI COMPOSTA PELO ESTÚDIO ACQUA EM MINION E IMPRESSA EM OFSETE
PELA GEOGRÁFICA SOBRE PAPEL PÓLEN SOFT DA SUZANO PAPEL E CELULOSE
PARA A EDITORA SCHWARCZ EM OUTUBRO DE 2006